주관 및 시행처 한국산업인력공단

2025

무료 동영상 강의 제공

디자인듀스 검색!

유튜브 선생님에게 배우는

예제 파일 및
실습 자료
제공

저자 ─ 김가온

처차직강 무료강의!

Craftsman Computer Graphic

컴퓨터그래픽기능사
|실기| 합격노트

| 1권 | 프로그램 이해하기, 기출유형문제 따라 하기

Ver. Adobe CC
따라 하기 쉽게 풀어쓴 상세한 설명
기출유형문제 11회분 수록
저자 직강 유튜브 무료 동영상 강의 제공

시대에듀

PROFILE

저자_김가은

- 디지털 출판 편집, 그래픽 자격증 강의
  - 컴퓨터아카데미(강남, 종로 등), 강동여성인력개발센터
- '디자인툴스' 유튜브 채널 운영

[자격사항]
직업훈련교사(디자인, 문화콘텐츠, 출판), 컬러리스트기사,
컴퓨터그래픽기능사, 웹디자인개발기능사, GTQ(포토샵) 1급,
GTQi(일러스트) 1급, GTQid(인디자인) 1급

편 집 진 행	노윤재 · 한주승
표지디자인	김도연
본문디자인	김예슬 · 고현준

유튜브 선생님에게 배우는
유·선·배 컴퓨터그래픽기능사 실기 합격노트

저자 직강 **무료 동영상 강의** 제공

빠른 합격을 위한 맞춤 학습 전략을
무료로 경험해 보세요.

| 혼자 하기 어려운 공부, 도움이 필요할 때 | 체계적인 커리큘럼으로 공부하고 싶을 때 | 온라인 강의를 무료로 듣고 싶을 때 |

김가은 선생님의 쉽고 친절한 강의,
지금 바로 확인하세요!

 디자인툴스

머리말

나와 비슷한 사람들 속에서도 왜 어떤 사람은 뭔가 다르게 보일까 하는 경험을 해본 적이 있나요? 그 차이는 바로 시각적 소통에 있습니다. 소셜 미디어의 발전으로 자신을 표현하는 방식이 다양해진 지금, 자신을 효과적으로 표현하는 데 있어 컴퓨터그래픽은 중요한 역할을 합니다. 그리고 이 과정에서 컴퓨터그래픽기능사 자격증은 큰 도움이 됩니다.

컴퓨터그래픽기능사 자격증은 실력을 공식적으로 인증받을 수 있는 방법일 뿐만 아니라 디자인 툴을 능숙하게 다룰 수 있는 능력을 기를 수 있어 자격증을 통해 전문성을 쌓고, 트렌드에 맞는 디자인 역량을 강화할 수 있습니다.

이 책은 컴퓨터그래픽기능사 실기시험을 준비하는 분들을 위해 한국산업인력공단에서 제공한 공개문제를 바탕으로 시험에서 자주 나오는 문제들을 해결할 수 있는 다양한 방법을 다루고 있습니다. 실기시험은 실제 작업 능력을 평가하는 중요한 부분이므로 각 문제에 맞는 효율적인 작업 방법을 익히는 것이 중요합니다.

처음 공부를 시작하는 분들도 쉽게 이해하고 따라 할 수 있도록 기초부터 실전까지 체계적으로 구성하였습니다.

실기시험을 준비하는 과정이 쉽지만은 않지만 반복적인 연습을 하다보면 원하는 결과를 얻을 수 있습니다. 이 책과 함께 차근차근 학습하며 목표를 향한 여정을 만들어가시길 바랍니다.

여러분의 도전을 진심으로 응원합니다!

저자 **김가은**

자격증・공무원・금융/보험・면허증・언어/외국어・검정고시/독학사・기업체/취업
이 시대의 모든 합격! 시대에듀에서 합격하세요!
www.youtube.com → '디자인툴스' 검색 → 구독

시험안내

※ 정확한 시험 일정 및 세부사항에 대해서는 시행처에서 반드시 확인하시기 바랍니다.

응시료 및 응시자격

구분	응시료	응시자격
필기	14,500원	제한 없음
실기	23,700원	

검정방법

구분	문항 및 시험방법	시험 시간	합격 기준
필기	1. 시각디자인일반 2. 컴퓨터그래픽스	1시간	100점 만점 60점 이상
실기	컴퓨터그래픽 실무 작업	3시간 30분 내외	

실기시험 일정(2025년 기준)

회차	원서접수	시험일	합격자 발표
정기 기능사 1회	02.10~02.13	03.15~04.02	04.18
정기 기능사 2회	04.21~04.24	05.31~06.15	07.04
정기 기능사 3회	07.28~07.31	08.30~09.17	09.30
정기 기능사 4회	10.20~10.23	11.22~12.10	12.24

이 책의 구성과 특징

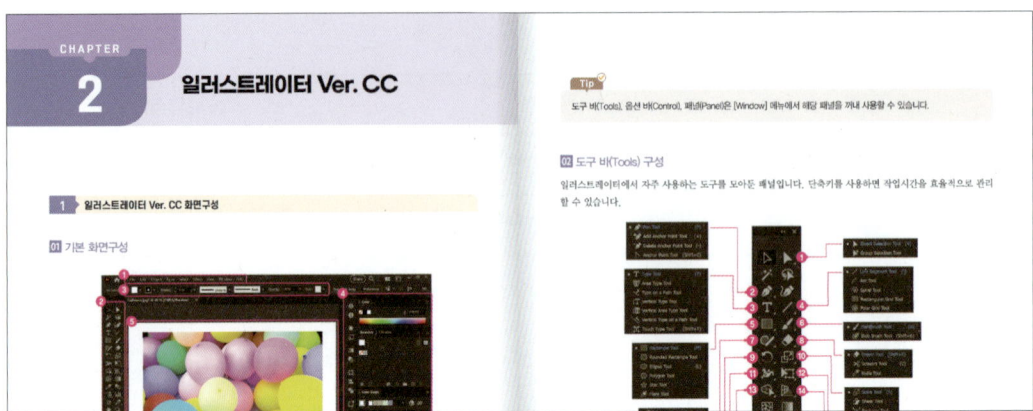

▶ 기본화면 구성부터 상세하게 설명하니 디자인 초보자라도 걱정 없습니다.

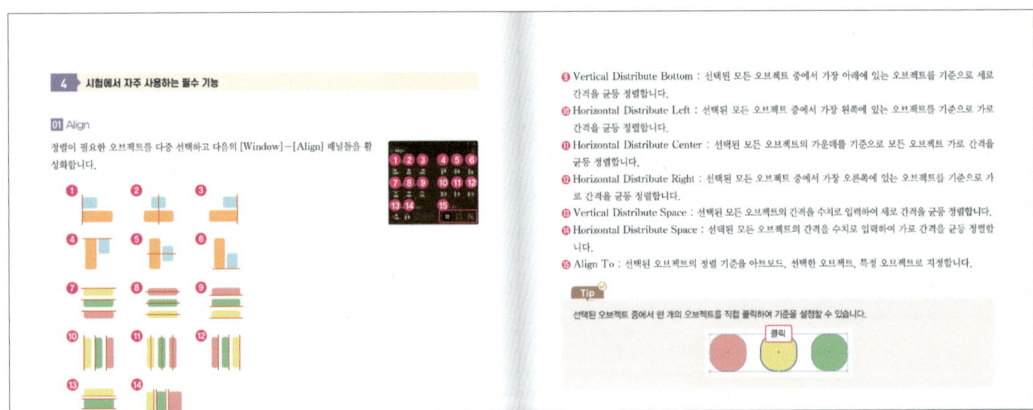

▶ 본격적인 문제 풀이 전 각 프로그램들의 핵심 기능을 자세한 설명과 함께 학습할 수 있습니다.

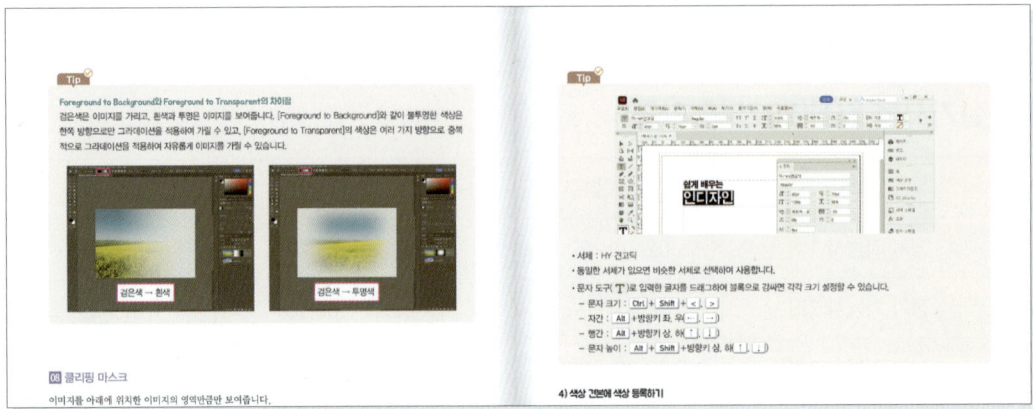

▶ Tip 박스를 통해 기본 학습 중 추가적인 궁금증까지 해결할 수 있습니다.

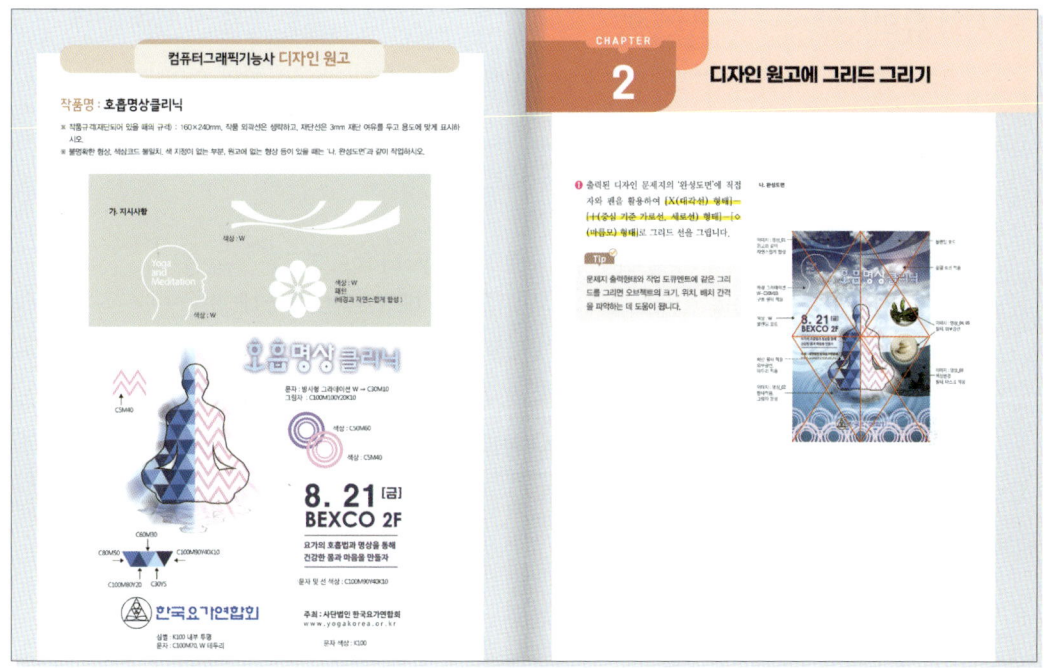

▶ 디자인 원고 분석부터 그리드 그리기까지 실제 시험처럼 높은 완성도로 작업할 수 있습니다.

▶ 전문가가 모든 과정을 이해할 수 있도록 꼼꼼하게 설명하였으니 작업 순서대로 차근차근 풀어볼 수 있습니다.

시험 유의사항 및 진행 순서

🔲 시험 유의사항

❶ **수험생 준비물** : 수험표, 신분증, 연필(1개), 사인펜(1개), 눈금자(30cm), 가위, 양면테이프

❷ **실기시험장에서 제공되는 것**
- ▶ 시험지시서 – 실기시험의 요구사항 및 유의사항
- ▶ 디자인 원고 – 지시사항 기입 및 작업 완성물
- ▶ 참고 자료(이미지) – 제작 시 필요한 사진 자료 제공(컴퓨터 하드 저장)
- ▶ A4출력 용지 – 제작물을 프린트 출력 시 1인 1~2매 제공(프린트기에 내장)
- ▶ A3마운팅 용지 – A4출력 원고를 부착하여 제출할 용지 제공(감독관이 지급)

※ 국가기술자격 실기시험 지급재료는 시험종료 후 수험자(기권, 결시자 포함)에게 지급하지 않습니다.

❸ **시험장 기본 시설**(각 시험장마다 소프트웨어 버전이 다르니 시험 전 문의하여 대비하시기 바랍니다)

IBM	MAC
• Illustrator CS2 이상 • Photoshop CS2 이상 • InDesign CS2 이상	• Illustrator CS2 이상 • Photoshop CS2 이상 • InDesign CS2 이상

🔲 시험 진행 순서

❶ **입실** : 수험표와 신분증을 제시하여 감독관에게 자리배정과 비번호를 받습니다.

❷ **시험안내와 규정 설명 및 컴퓨터 점검** : 감독관이 시험 절차를 안내하고 규정을 설명하며, 소프트웨어 점검은 감독관의 지시에 따라 진행됩니다.

❸ **시험지시서와 디자인 원고 배부** : 시험 시작 전, 시험지시서를 먼저 받고, 그다음 디자인 원고를 배부받습니다. 디자인 원고를 받는 즉시 실기시험이 시작됩니다.

❹ **파일 작업** : 과제 수행시간은 3시간 30분으로 일러스트 작업, 포토샵 작업, 인디자인 작업순서로 시간을 배분하여 작업합니다. 출력시간은 과제 수행시간에 포함되지 않습니다.

❺ **파일 전송** : 완료된 과제 파일은 감독관에게 제출합니다.

❻ **출력** : 출력 지정 자리에서 프린트합니다.

❼ **마운팅(제출)** : 출력된 파일을 가지고 마운팅 지정 자리로 이동한 후, 시험장에서 제공하는 제출용지 중앙에 부착한 후에 감독관에게 제출합니다.

❽ **퇴실**

이 책의 목차

1권

PART 1 프로그램 이해하기

- CHAPTER 1 과제수행 Tip 및 주요 단축키 · 3
- CHAPTER 2 일러스트레이터 Ver. CC · 9
- CHAPTER 3 포토샵 Ver. CC · 52
- CHAPTER 4 인디자인 Ver. CC · 93

PART 2 기출유형문제 따라 하기(호흡명상클리닉)

- CHAPTER 1 유의사항 및 디자인 원고 확인하기 · 117
- CHAPTER 2 디자인 원고에 그리드 그리기 · 122
- CHAPTER 3 일러스트레이터 작업 · 124
- CHAPTER 4 포토샵 작업 · 160
- CHAPTER 5 인디자인 작업 · 183

2권

PART 3 일러스트 핵심 기출유형문제

- CHAPTER 1 황금의 도시 경주전 · 3
- CHAPTER 2 구워먹는 채소 & 과일 · 62
- CHAPTER 3 국제 청소년 태권도 한마당 · 118
- CHAPTER 4 스마트팜 포스터 디자인 · 176
- CHAPTER 5 레트로 음악회 · 225

PART 4 포토샵 핵심 기출유형문제

- CHAPTER 1 살아있는 면발의 맛 · 283
- CHAPTER 2 울산고래축제 · 340
- CHAPTER 3 꽃피는 봄날 · 400
- CHAPTER 4 장미꽃말 · 463
- CHAPTER 5 국가 정원 포스터 디자인 · 522

예제 파일 및 실습 자료 다운로드받는 방법

1

www.sdedu.co.kr/book에 접속 후 화면 상단에 있는 「프로그램」을 누릅니다.

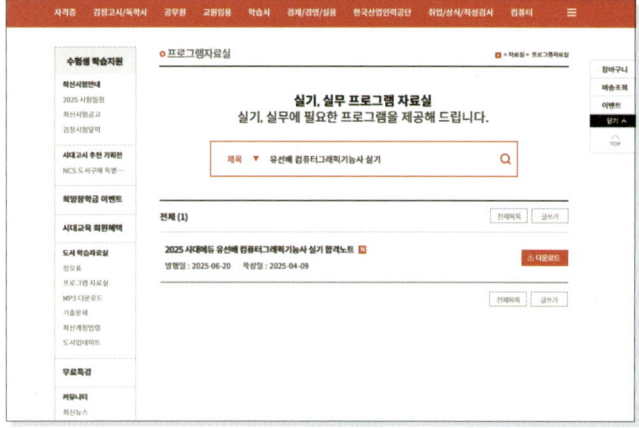

2

검색창에 「유선배 컴퓨터그래픽기능사 실기」를 검색합니다.

3

첨부파일을 다운로드받습니다.

유튜브 션생님에게 배우는

유선배

PART 1
프로그램
이해하기

CHAPTER 1 과제수행 Tip 및 주요 단축키
CHAPTER 2 일러스트레이터 Ver. CC
CHAPTER 3 포토샵 Ver. CC
CHAPTER 4 인디자인 Ver. CC

 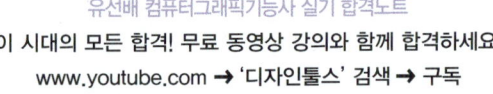 

CHAPTER 1
과제수행 Tip 및 주요 단축키

1 과제수행 Tip

01 파일명 설정

작업 폴더와 작업 파일 이름은 시험장에 입실한 후 받은 수험자 '비번호'로 설정합니다.
(*수험번호는 실기 접수 시 받는 번호이며, 비번호는 시험장에 입실한 후 배정받는 번호입니다)

02 그리드 작업

과제수행 시 원고의 배치와 레이아웃 구성은 채점에 영향을 미치는 중요한 요소 중 하나입니다. 이를 위해 디자인 원고지에 눈에 띄는 컬러 펜을 사용하여 16등분 선과 대각선을 다음과 같이 그립니다.

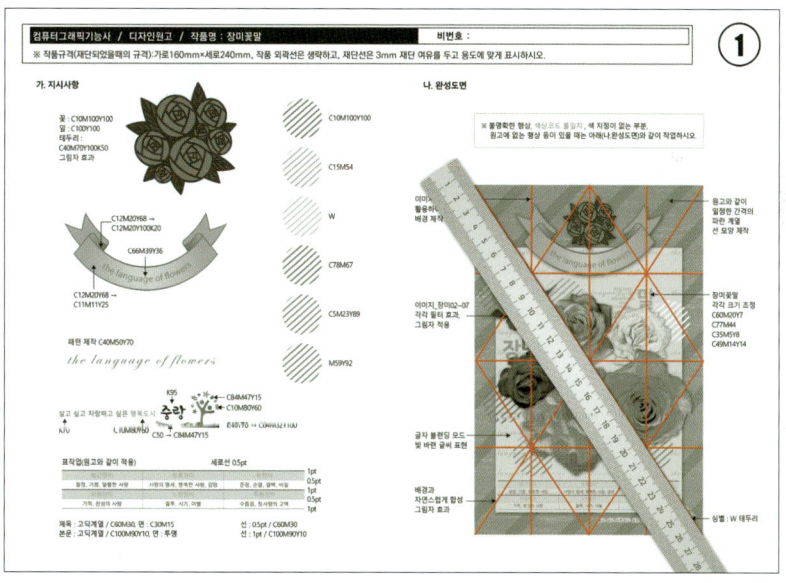

03 외곽선 표시

작품 외곽선 표시는 '디자인 원고'의 상단에 작품규격과 같이 표기되어 있습니다.

❶ '외곽선은 생략하고'의 경우는 다음과 같이 인디자인에서 외곽선 없이 재단선만 표기합니다.

❷ '외곽선을 표시하고'의 경우는 다음과 같이 인디자인에서 사각형 도구(▢)로 면색은 없음, 선색은 검정, 선의 두께 : 1pt로 설정하여 작업규격(재단되었을 때의 규격) 크기로 사각형을 그려 표기합니다.

04 RGB와 CMYK 색상 모드

컴퓨터그래픽기능사 시험은 인쇄물을 위한 디자인이기 때문에 일반적으로 CMYK 색상 모드를 사용해야 하지만 잉크젯 프린트로 출력하는 시험장의 특성상 RGB Color를 사용해야 선명하게 출력됩니다.
이에 따라, 일러스트레이터와 인디자인은 CMYK 모드로 설정하여 작업하고, 포토샵에서는 RGB 모드로 설정하여 색상값은 CMYK Color로 입력하는 것이 적절합니다.

05 파일 전송

수험자의 비번호로 바탕화면에 폴더를 생성합니다. 폴더를 열어서 비번호로 명명된 .indd 및 .jpg 파일을 넣고, 모두 선택하여 용량이 10MB를 초과하지 않는지 확인합니다(용량이 초과할 경우 .jpg 파일을 포토샵에서 열어 [Image]-[Image Size]에서 해상도를 200~250ppi 사이로 조정하고 저장합니다). 작업이 완료된 파일은 감독관의 안내에 따라 USB에 저장하거나 네트워크 컴퓨터로 전송합니다.

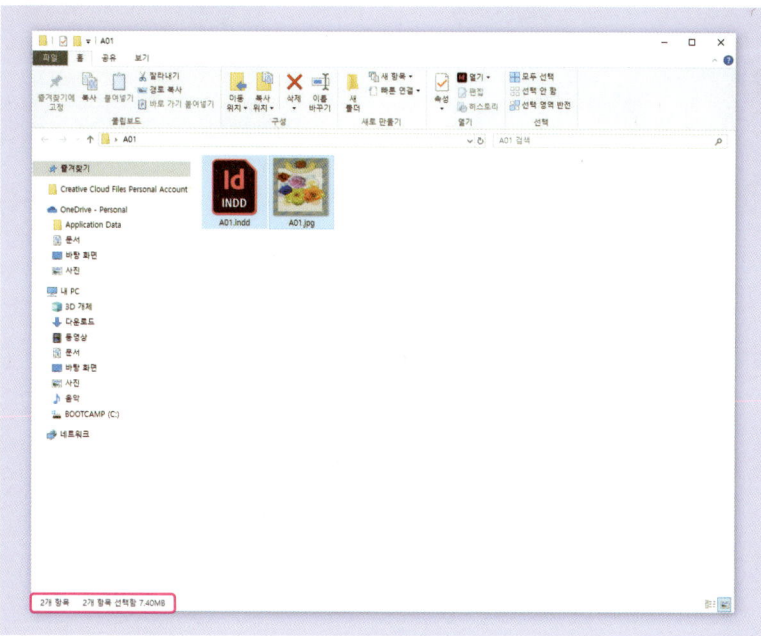

06 마운팅 하는 법

출력된 A4용지 뒷면의 네 모서리에 양면테이프를 붙인 후, 제공된 제출용지 가운데에 부착하고 수험자의 인적사항을 수기로 기재합니다.

〈뒷면 양면테이프 위치〉　　　〈제출용지 중앙에 마운팅(부착)〉

2 주요 단축키

그래픽 소프트웨어를 사용하는 경우 단축키를 사용하면 작업 속도가 빨라지고 작업 효율이 향상되며, 작업 과정에서의 편의성과 유연성이 높아지므로 단축키를 숙지하고 활용하는 것이 매우 중요합니다.

01 공통

기능	단축키	기능	단축키
환경설정	Ctrl + K	새 문서	Ctrl + N
파일 열기	Ctrl + O	색상 위치 교체	Shift + X
파일 저장	Ctrl + S	전 단계 취소	Ctrl + Z
복사	Ctrl + C	앞으로 갱신	Shift + Ctrl + Z
붙여넣기	Ctrl + V	그룹	Ctrl + G
레이어 한 단계 이동	Ctrl + [(뒤),] (앞)	그룹 해제	Shift + Ctrl + G
레이어 맨 앞, 뒤 이동	Shift + Ctrl + [(뒤),] (앞)	눈금자 설정	Ctrl + R
화면 확대	Ctrl + Space Bar	전체 선택	Ctrl + A
화면 축소	Alt + Ctrl + Space Bar	화면 이동	Space Bar + 드래그
작업 창 종료	Ctrl + W	프로그램 종료	Ctrl + Q

02 일러스트레이터

기능	단축키	기능	단축키
오브젝트 잠그기	Ctrl + 2	아웃라인 보기	Ctrl + Y
오브젝트 잠그기 해제	Alt + Ctrl + 2	글씨 이미지화시키기	Shift + Ctrl + O
패스점 이어주기	Ctrl + J	오브젝트 안에 그리기	Shift + D
변형 반복	Ctrl + D	오브젝트 뒤에 붙여넣기	Ctrl + B
클리핑 마스크 만들기	Ctrl + 7	오브젝트 앞에 붙여넣기	Ctrl + F
클리핑 마스크 해제	Alt + Ctrl + 7	왜곡	Alt + Shift + Ctrl + W

03 포토샵

기능	단축키	기능	단축키
크기 조정	Ctrl + T	레이어 전경색 채우기	Alt + Delete
레이어 복사	Ctrl + J	레이어 배경색 채우기	Ctrl + Delete
선택영역 해제	Ctrl + D	선택영역 반전	Shift + Ctrl + I
레벨	Ctrl + L	커브	Ctrl + M
색상/채도	Ctrl + U	컬러밸런스	Ctrl + B
레이어 병합	Ctrl + E	병합된 레이어 복사	Alt + Shift + Ctrl + E
클리핑 마스크 (만들기, 해제)	Alt + Ctrl + G	패스 선택영역으로 만들기	Ctrl + Enter

04 인디자인

기능	단축키	기능	단축키
미리 보기	W	겹쳐진 오브젝트 선택	Ctrl + 클릭
이미지 가져오기	Ctrl + D	페이지 번호	Alt + Shift + Ctrl + N
이미지 프레임에 맞추기	Alt + Shift + Ctrl + C	안쪽에 붙여넣기	Alt + Ctrl + V
크기 조정	Alt + Ctrl + < , >	복제	Alt + Shift + Ctrl + D
행간 조정	Alt + ↑ , ↓	단계 및 복사	Alt + Ctrl + U
자간 조정	Alt + ← , →	효과	Alt + Ctrl + M
탭	Shift + Ctrl + T	클리핑 패스	Alt + Shift + Ctrl + K
표 선택 셀	Ctrl + /	개체 잠그기	Ctrl + L
페이지 이동	Ctrl + J	개체 잠그기 해제	Alt + Ctrl + L
숨겨진 문자 표시	Alt + Ctrl + I	작업물 내보내기	Ctrl + E

CHAPTER 2
일러스트레이터 Ver. CC

1 일러스트레이터 Ver. CC 화면구성

01 기본 화면구성

① 메뉴 바(Menu) - 일러스트레이터에서 제공하는 명령들을 카테고리로 분류하여 풀다운 형식으로 보여줍니다.
② 도구 바(Tools) - 작업하기 위한 필수 도구를 아이콘 형식으로 모아 보여줍니다. [Window]-[Toolbars]에서 Basic 또는 Advanced를 선택하여 사용할 수 있습니다.
③ 옵션 바(Control) - 선택한 오브젝트에 대한 세부 속성을 설정할 수 있습니다. 활성화된 도구(Tools) 패널에 따라 옵션 바의 종류는 다르게 보여집니다.
④ 패널(Panel) - 일러스트레이터에서 제공하는 기능들을 패널 형식으로 보여줍니다. 개체의 속성을 세밀하게 설정할 수 있습니다.
⑤ 작업 영역(Document) - 실제 작업이 이루어지는 공간으로 출력되는 영역입니다. 아트보드, 캔버스, 작업 창 등 여러 가지 이름으로도 불립니다.
⑥ 상태 표시줄 - 작업 중인 도큐멘트의 정보를 표시합니다.

도구 바(Tools), 옵션 바(Control), 패널(Panel)은 [Window] 메뉴에서 해당 패널을 꺼내 사용할 수 있습니다.

02 도구 바(Tools) 구성

일러스트레이터에서 자주 사용하는 도구를 모아둔 패널입니다. 단축키를 사용하면 작업시간을 효율적으로 관리할 수 있습니다.

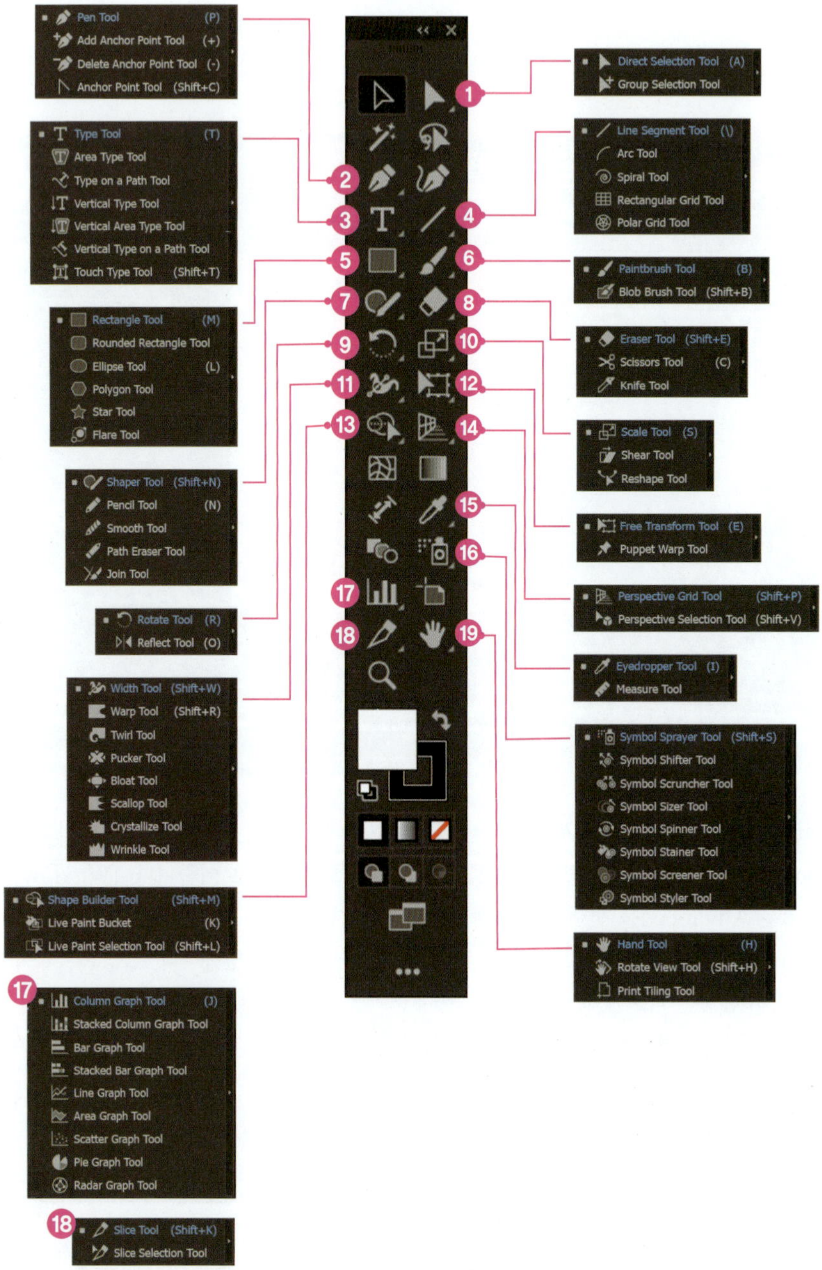

숨겨져 있는 도구 선택하기

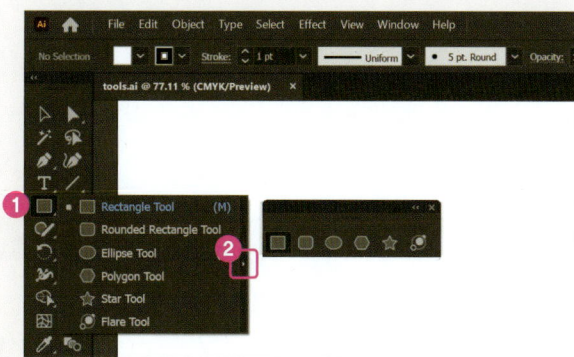

❶ 도구 아이콘 오른쪽 아래의 작은 삼각형을 클릭하여 길게 누르면 숨어있는 도구를 볼 수 있습니다. 숨겨져 있는 도구는
❷ 오른쪽 가운데 삼각형을 누르면 분리하여 꺼내놓고 사용할 수 있습니다.

2 핵심 툴(Tools) 기능 익히기

01 Selection Tool(, V)

오브젝트를 선택, 이동, 복사, 조절 등을 할 수 있는 가장 많이 사용되는 기본 도구입니다. 오브젝트를 클릭하면 오브젝트를 감싸는 Bounding Box(조절 박스)가 생성되며 박스의 포인트를 조절하여 오브젝트를 변형할 수 있습니다.

▲ 선택　　　　　　　　　　　　　▲ 복사와 크기

▲ 회전　　　　　　　　　　　　　▲ 변형

안 보이는 Bounding Box 활성화하기
[View]-[Show Bounding Box] 또는 Shift + Ctrl + B 를 누릅니다.

02 Direct Selection Tool(▶, A)

오브젝트를 구성하는 고정점(Anchor Point)의 위치를 수정하거나 패스를 개별적으로 선택하여 세밀하게 수정할 수 있습니다.

오브젝트의 면을 선택하면 Selection Tool과 같이 전체 선택과 이동이 가능합니다.

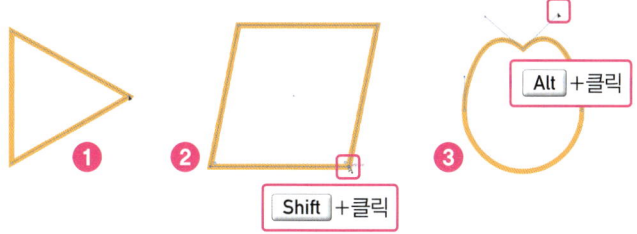

❶ 고정점 한 개를 클릭하여 오른쪽으로 이동
❷ 고정점 두 개를 클릭하여 오른쪽으로 이동(고정점 한 개 클릭 후 Shift 를 누른 채 다른 고정점을 추가로 클릭하여 다중 선택합니다)
❸ 곡선 패스의 상단 고정점 클릭 후 위로 이동(Alt 를 누른 채 방향점을 조절하면 반대 곡선에 영향을 주지 않습니다)

03 Group Selection Tool(▶)

그룹으로 묶어진 오브젝트 중에서 특정 오브젝트를 선택하여 사용할 수 있습니다.

04 Magic Wand Tool(✨, Y)

클릭한 오브젝트와 동일한 색상을 가지고 있는 오브젝트를 한꺼번에 선택할 수 있습니다.

05 Lasso Tool(, Q)

원하는 영역을 자유롭게 드래그하여 점 또는 선을 선택할 수 있습니다.

06 Pen Tool(, P)

직선, 곡선, 면을 패스로 그려 다양한 형태의 모양을 그릴 때 자주 사용하는 도구입니다.

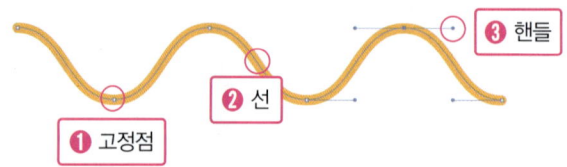

❶ 고정점(Anchor Point) : 선과 선을 연결하며 선의 진행 방향을 바꿀 수 있습니다.
❷ 선(Path Segment) : 고정점과 고정점 사이를 연결하는 선으로 직선과 곡선이 있습니다.
❸ 핸들(Direction Line/Point) : 고정점을 선택하면 양쪽에 나타나는 선과 끝점으로 곡선의 방향과 형태를 조절합니다.

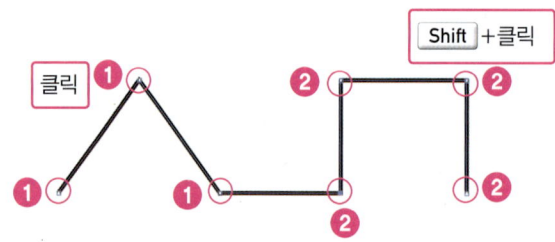

• 직선 그리기 : ❶ 펜 툴 선택 후 작업 창에 이동하면서 클릭하면 직선으로 연결됩니다. ❷ Shift 를 누른 채 클릭하면 수직, 수평, 45°의 각도로 직선이 그려집니다.

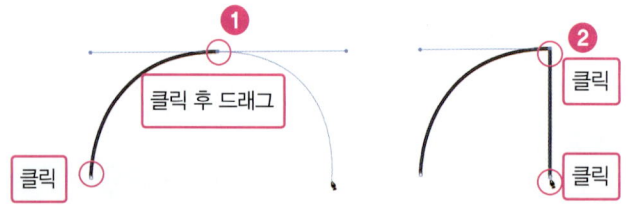

• 곡선 그리기 : ❶ 펜 툴 선택 후 작업 창에 고정점 클릭 후 이동하여 클릭한 채 드래그하면 곡선으로 그려집니다. ❷ 핸들이 있는 고정점을 클릭 후 이동하여 클릭하면 직선이 그려집니다.

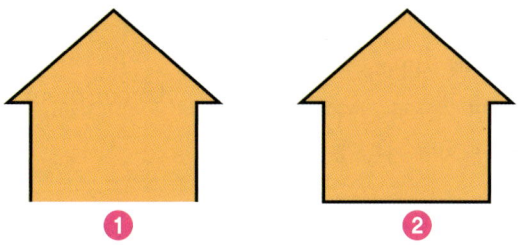

❶ 열린 패스(Open Path) : 시작점과 끝점이 서로 연결되지 않은 선으로 열린 패스입니다.
❷ 닫힌 패스(Close Path) : 시작점과 끝점이 연결되어 면으로 닫힌 패스입니다.

＊ 패스가 열린 상태에도 면색과 선색을 넣을 수 있지만 추후 효과 작업을 할 때 오류가 생길 수 있습니다. 추가 작업이 필요한 경우 닫힌 패스로 그리는 것이 좋습니다.

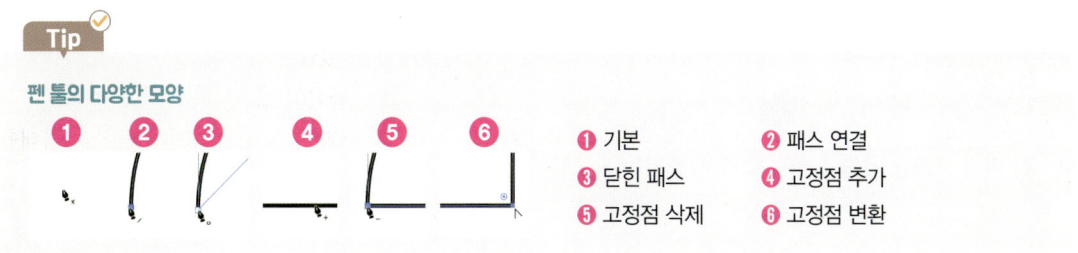

07 Curvature Tool( )

곡선으로 그릴 때 사용되는 도구입니다.

08 Add Anchor Point Tool(, +)

패스에 부족한 고정점을 추가하여 수정할 때 사용되는 도구입니다.

09 Delete Anchor Point Tool(, -)

패스에 불필요한 고정점을 삭제하여 수정할 때 사용되는 도구입니다.

10 Anchor Point Tool(, Shift + C)

곡선의 고정점을 클릭하여 직선으로 만들거나, 직선의 고정점을 드래그하여 곡선으로 만드는 도구입니다.

11 Type Tool(T, T)

가로 방향으로 글자를 입력할 때 사용하는 도구입니다.
① 작업 창을 클릭하여 사용하면 가로로 글자가 입력되고,
② 드래그하면 글상자의 너비로 글자가 자동 줄 바꿈이 되어 입력됩니다.

① Lorem ipsum

② Lorem ipsum dolor sit amet, consectetuer adipiscing elit, sed diam

12 Area Type Tool(T)

오브젝트의 안쪽 영역에 가로 방향으로 글자를 입력할 때 사용되는 도구입니다.

13 Type on a Path Tool

패스를 따라 흐르는 글자를 입력할 때 사용되는 도구입니다.

14 Vertical Type Tool(IT)

세로 방향으로 글자를 입력할 때 사용되는 도구입니다.

15 Vertical Area Type Tool(IT)

오브젝트의 안쪽 영역에 세로 방향으로 글자를 입력할 때 사용되는 도구입니다.

16 Vertical Type on a Path Tool

패스를 따라 흐르는 글자의 방향을 세로로 입력할 때 사용되는 도구입니다.

17 Touch Type Tool(T, Shift + T)

글자를 개별적으로 선택할 때 사용되는 도구입니다.

18 Line Segment Tool( )

직선 또는 사선을 그릴 때 사용되는 도구입니다. Shift 를 누른 채 드래그하면 수직, 수평으로 직선을 그릴 수 있습니다. 작업 창에 클릭하면 옵션 상자에 수치를 입력하여 그릴 수 있습니다.

❶ Length : 길이
❷ Angle : 각도
❸ Fill Line : 면 채움

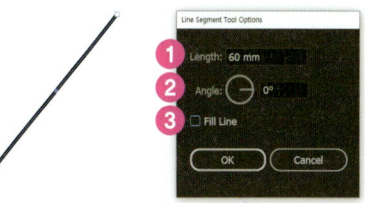

19 Arc Tool( )

곡선을 그릴 때 사용되는 도구입니다. 작업 창에 클릭하면 옵션 상자에 수치를 입력하여 그릴 수 있습니다.

❶ Length X-Axis : 곡선의 가로축 길이
❷ Length Y-Axis : 곡선의 세로축 길이
❸ Type : 곡선의 형태
❹ Base Along : 곡선의 기준 방향
❺ Slope : 곡선의 기울기
❻ Fill Arc : 곡선 안을 색으로 채움

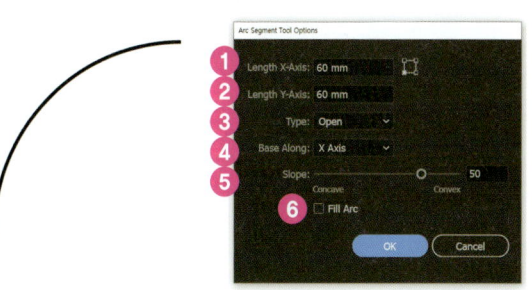

20 Spiral Tool( )

나선형 모양을 그릴 때 사용되는 도구입니다. 작업 창에 클릭하면 옵션 상자에 수치를 입력하여 그릴 수 있습니다.

❶ Radius : 반지름
❷ Decay : 곡선과 곡선 사이 떨어지는 간격
❸ Segments : 나선형이 그려지는 곡선의 개수
❹ Style : 방향

21 Rectangular Grid Tool( )

사각형 그리드를 그릴 때 사용되는 도구입니다. 작업 창에 클릭하면 옵션 상자에 수치를 입력하여 그릴 수 있습니다.

❶ Default Size(Width, Height) : 크기(가로, 세로)
❷ Horizontal Dividers : 가로 선(행)의 개수
❸ Vertical Dividers : 세로 선(열)의 개수
❹ Use Outside Rectangle As Frame : 사각형으로 외부 틀 사용
❺ Fill Grid : 면 채움

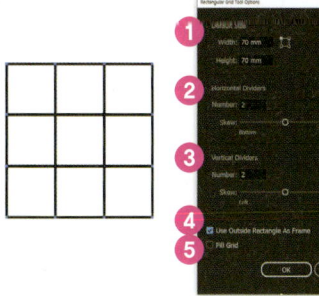

> **Tip**
> 컴퓨터그래픽기능사 실기 문제 제작 시 가이드 선으로 활용하면 크기 및 배치의 정확도가 높아집니다.

22 Polar Grid Tool()

원형 그리드를 그릴 때 사용되는 도구입니다. 작업 창에 클릭하면 옵션 상자에 수치를 입력하여 그릴 수 있습니다.

❶ Default Size(Width, Height) : 원의 너비와 높이
❷ Concentric Dividers(Number, Skew) : 원의 개수와 간격
❸ Radial Dividers(Number, Skew) : 방사형 선의 개수와 간격
❹ Create Compound Path From Ellipses : 겹쳐진 원을 하나로 묶음
❺ Fill Grid : 격자 안을 색으로 채움

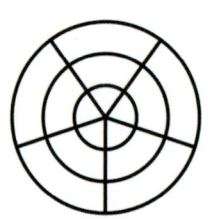
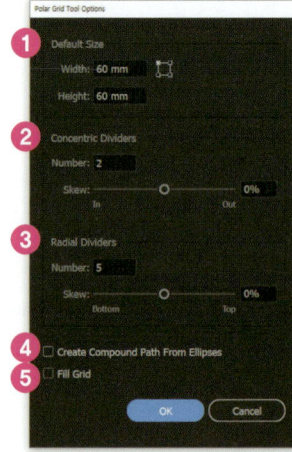

> **Tip**
> 20~22번 도구는 마우스로 드래그 한 채 키보드의 방향키(←, →, ↑, ↓)를 눌러 사용하면 반지름, 방향, 행, 열의 개수 등 옵션값을 조절하면서 그릴 수 있습니다.

23 Rectangle Tool(, M)

사각형의 모양을 그릴 때 사용되는 도구입니다. 작업 창에 클릭하면 옵션 상자에 수치를 입력하여 그릴 수 있습니다.

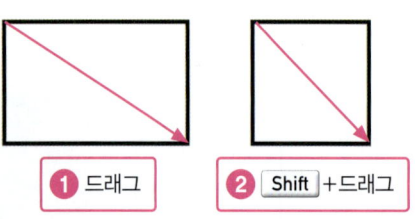

❶ 작업 창에 드래그한 만큼 직사각형으로 그려집니다.
❷ Shift 를 누른 채 드래그하면 정사각형으로 그려집니다.

24 Rounded Rectangle Tool(■)

모서리가 둥근 사각형의 모양을 그릴 때 사용되는 도구입니다. 작업 창에 클릭하면 옵션 상자에 수치를 입력하여 그릴 수 있습니다.

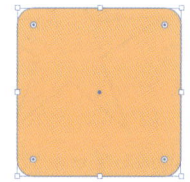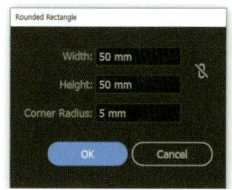

Tip ✓
① 드래그를 한 채 키보드 방향키(↑, ↓)를 누르면 모서리 둥근 값을 조절할 수 있습니다.
② CC 버전 이상의 프로그램에서는 도형 안에 있는 Live Corner 점을 움직여 모서리의 둥근 값을 조절할 수 있습니다.

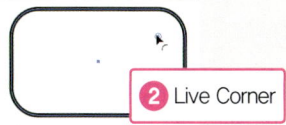

25 Ellipse Tool(●, L)

원형의 모양을 그릴 때 사용되는 도구입니다. 작업 창에 클릭하면 옵션 상자에 수치를 입력하여 그릴 수 있습니다.

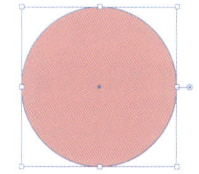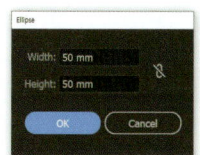

26 Polygon Tool(⬡)

다각형의 모양을 그릴 때 사용되는 도구입니다. 작업 창에 클릭하면 옵션 상자에 수치를 입력하여 그릴 수 있습니다.

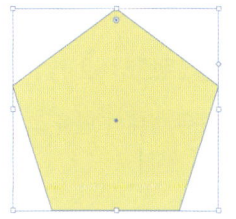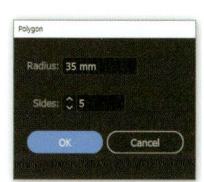

27 Star Tool(★)

별의 모양을 그릴 때 사용되는 도구입니다. 작업 창에 클릭하면 옵션 상자에 수치를 입력하여 그릴 수 있습니다.
Ctrl를 누른 채 드래그하여 별의 뾰족한 정도를 조절할 수 있습니다.

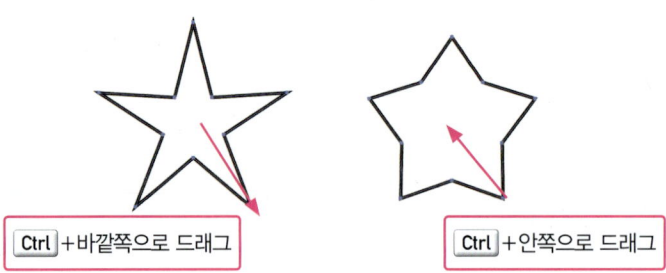

> **Tip**
>
> Polygon Tool(⬡)과 Star Tool(☆)은 마우스로 드래그 한 채 키보드의 방향키(↑, ↓)를 눌러 사용하면 모서리 꼭짓점의 개수를 조절하면서 그릴 수 있습니다.

28 Flare Tool(◎)

조명 빛을 만들 때 사용되는 도구입니다. 클릭하거나 드래그하면 플레어 도형이 그려집니다.

29 Paintbrush Tool(🖌, B)

붓으로 그린 듯한 효과로 자유 형태의 선을 그릴 때 사용되는 도구입니다.

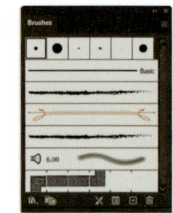

30 Blob Brush Tool(🖌, Shift + B)

붓으로 그린 듯한 효과로 자유 형태의 면을 그릴 때 사용되는 도구입니다.

> **Tip**
>
> ❶ Brush Tool은 [(축소) 또는] (확대)로 굵기를 조절하여 사용할 수 있습니다.
> ❷ Paintbrush Tool을 더블 클릭하여 옵션 상자의 Edit Selected Path를 체크 해제하면 연결되지 않게 그릴 수 있습니다.

31 Shaper Tool(✓, Shift + N)

도형을 드래그하여 자유롭게 그리면 반듯한 도형으로 변경되는 도구입니다.

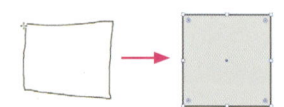

32 Pencil Tool(✏️, N)

자유 형태의 패스 선을 그릴 때 사용되는 도구입니다. Pencil Tool을 더블 클릭하여 매끄러운 강도를 조절하여 그릴 수 있습니다.

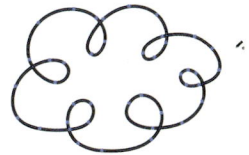

33 Smooth Tool(🖊️)

오브젝트의 거친 패스를 매끄럽고, 부드럽게 수정할 때 사용되는 도구입니다.

34 Path Eraser Tool(✏️)

오브젝트의 패스 일부분을 삭제할 때 사용되는 도구입니다.

35 Join Tool(🖌️)

열린 패스를 드래그하여 연결할 때 사용되는 도구입니다.

36 Eraser Tool(🧽, Shift + E)

오브젝트의 일부분을 삭제할 때 사용되는 도구입니다.

37 Scissors Tool(✂️, C)

오브젝트의 패스를 자를 때 사용되는 도구입니다. 잘린 부분은 열린 패스를 갖습니다.

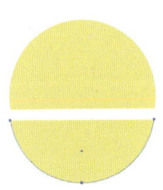

38 Knife Tool(🔪)

오브젝트의 일부분을 자유롭게 자를 때 사용되는 도구입니다. 잘린 부분은 닫힌 패스를 갖습니다.

39 Rotate Tool(🔄, R)

오브젝트를 회전시킬 때 사용되는 도구입니다. 오브젝트 선택 후 Rotate Tool을 더블 클릭하면 옵션 상자가 바로 나타나며 Alt 를 누른 채 클릭하면 회전 중심축을 변경할 수 있습니다.

회전 값 지정하여 Copy를 클릭하면 Ctrl + D 를 여러 번 눌러 반복적으로 복사할 수 있습니다.

40 Reflect Tool(, O)

오브젝트를 상하 또는 좌우 반전시킬 때 사용되는 도구입니다. 오브젝트 선택 후 Reflect Tool을 더블 클릭하면 옵션 상자가 바로 나타나며 Alt 를 누른 채 클릭하면 반전 중심축을 변경할 수 있습니다.

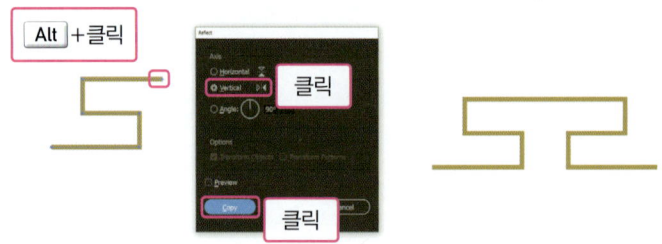

41 Scale Tool(, S)

오브젝트의 크기를 조절할 때 사용되는 도구입니다. 오브젝트 선택 후 Scale Tool을 더블 클릭하면 옵션 상자가 바로 나타나며 Alt 를 누른 채 클릭하면 중심축을 변경하여 크기 조절할 수 있습니다.

42 Shear Tool(　)

오브젝트에 기울기를 적용할 때 사용되는 도구입니다.

43 Reshape Tool(　)

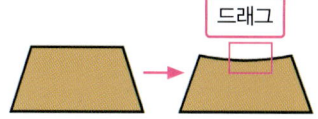

오브젝트의 선 또는 면의 일부분을 부드러운 형태로 변형할 때 사용되는 도구입니다.

44 Width Tool(　, Shift + W)

선의 두께를 자유롭게 조절할 때 사용되는 도구입니다. 선의 일부분을 드래그하면 선의 폭이 넓어지거나 좁아집니다. 고정점을 더블 클릭한 후 옵션 상자의 Delete 를 눌러 삭제할 수 있습니다.

선은 [Object]-[Expand Appearance]를 선택하면 면으로 변경됩니다.

45 Warp Tool(　, Shift + R)

오브젝트의 일부분을 마우스 포인트의 크기로 자유롭게 드래그하여 변형할 때 사용되는 도구입니다. 도구를 더블 클릭한 후 옵션 상자에 수치를 입력하여 크기를 조절할 수 있습니다.

46 Twirl Tool(　)

오브젝트를 드래그하여 소용돌이처럼 말려드는 모양으로 변형할 때 사용되는 도구입니다.

47 Pucker Tool(　)

오브젝트를 오목하게 구겨지듯 변형할 때 사용되는 도구입니다.

48 Bloat Tool(　)

오브젝트를 볼록하게 팽창하여 변형할 때 사용되는 도구입니다.

49 Scallop Tool( )

오브젝트를 드래그하는 방향의 안쪽으로 밀리듯 찌그러트려 변형할 때 사용되는 도구입니다.

50 Crystallize Tool( )

오브젝트를 드래그하는 방향의 바깥쪽으로 밀리듯 찌그러트려 변형할 때 사용되는 도구입니다.

51 Wrinkle Tool( )

오브젝트를 드래그하는 쪽으로 주름지게 변형할 때 사용되는 도구입니다.

52 Free Transform Tool(, E)

선택한 오브젝트의 바운딩 박스를 드래그하여 크기, 회전, 기울기를 자유롭게 조절할 때 사용되는 도구입니다.

53 Puppet Warp Tool( )

이미지 안에 점을 추가하여 변형할 때 사용되는 도구입니다.

54 Shape Builder Tool(, Shift + M)

겹쳐진 여러 오브젝트를 선택하여 간편하게 합치고, 나누고 삭제할 때 사용되는 도구입니다.

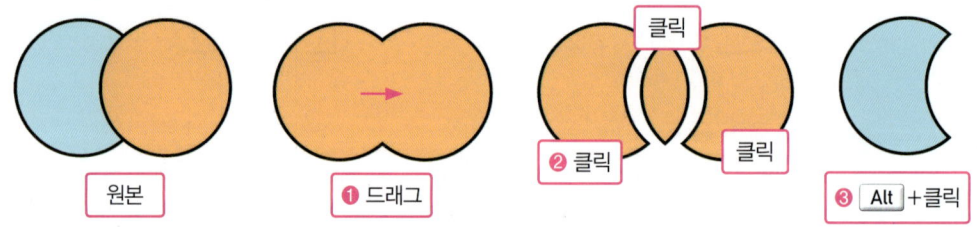

❶ 선택한 도형을 클릭한 채 드래그하면 겹쳐진 부분을 모두 합칩니다.
❷ 선택한 도형을 클릭하면 각각의 면으로 나누어집니다.
❸ Alt 를 누른 채 클릭하면 삭제됩니다.

55 Live Paint Bucket Tool(, K)

Eyedropper Tool로 복제된 오브젝트의 속성을 다른 오브젝트에 적용시킬 때 사용되는 도구입니다.

56 Live Paint Selection Tool(, Shift + L)

라이브 페인트 통으로 작업된 개체를 선택할 때 사용되는 도구입니다.

57 Perspective Grid Tool(, Shift + P)

원근감이 있는 격자에 도형이 투시되는 도구로 거리감을 표현할 때 사용됩니다.

58 Perspective Selection Tool(, Shift + V)

Perspective Grid Tool 위젯의 위치 설정에 맞추어 변형할 때 사용되는 도구입니다.

59 Mesh Tool(, U)

오브젝트에 그물 형식의 격자를 만들어 포인트에 색상을 추가하여 그라데이션을 적용하는 도구입니다. Direct Selection Tool로 포인트를 클릭하여 색상을 변경할 수 있습니다.
Alt 를 누른 채 포인트를 클릭하면 격자를 삭제할 수 있습니다.

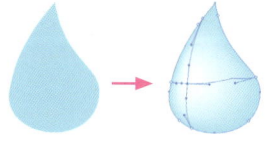

60 Gradient Tool(, G)

오브젝트에 한 가지 이상의 색이 연속적으로 변화되도록 적용하는 도구입니다. Gradient Slider에서 색상을 추가하거나 삭제할 수 있습니다.

Linear(선형)

Radial(원형)

Freeform(자유형)

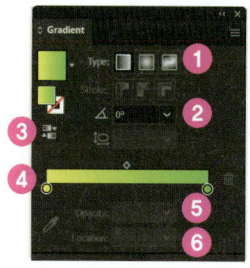

❶ Type : 종류
❷ Angle : 그라데이션의 방향
❸ Reverse Gradient : 색상 반전
❹ Gradient Slider : 색상 바
❺ Opacity : 투명도
❻ Location : 색의 위치

61 Dimension Tool( )

오브젝트의 길이, 각도, 반지름을 측정할 때 사용되는 도구입니다.

62 Eyedropper Tool(, I)

벡터 방식으로 만들어진 오브젝트에 적용된 속성(색상, 텍스트, 효과 등)을 추출하여 다른 오브젝트에 적용할 때 사용되는 도구입니다.

63 Measure Tool( )

Info 패널을 통하여 오브젝트의 거리, 위치, 크기, 각도, 색상을 측정할 때 사용되는 도구입니다.

64 Blend Tool(, W)

두 개 이상의 오브젝트를 연결하면 중간 단계를 만들어 자연스럽게 보여지는 도구입니다. 도구를 더블 클릭하여 옵션 상자에 설정값을 지정하여 조절할 수 있습니다.

 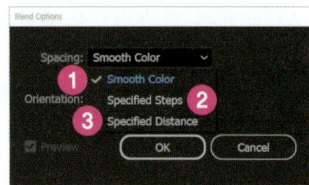

❶ Smooth Color : 오브젝트 사이의 255단계 색상변화를 보여줍니다.
❷ Specified Steps : 오브젝트 사이의 중간 단계 개수를 입력할 수 있고 개수만큼 보여줍니다.
❸ Specified Distance : 오브젝트 사이의 간격을 입력하여 설정할 수 있습니다.

Blend는 [Object]-[Blend]-[Expand] 또는 [Object]-[Expand]를 선택하면 수정 가능한 오브젝트로 변경됩니다.

65 Symbol Sprayer Tool(, Shift + S)

등록한 심벌을 작업 창에 뿌리듯 추가할 때 사용되는 도구입니다. Alt 를 누른 채 뿌린 심벌을 다시 클릭하면 삭제할 수 있습니다.

66 Symbol Shifter Tool( )

심벌의 위치를 이동할 때 사용되는 도구입니다.

67 Symbol Scruncher Tool( )

심벌을 모을 때 사용되는 도구입니다. Alt 를 누른 채 사용하면 분산됩니다.

68 Symbol Sizer Tool( )

심벌의 크기를 조절할 때 사용되는 도구입니다. 클릭하면 크기가 커지고, Alt 를 누른 채 클릭하면 크기가 작아집니다.

69 Symbol Spinner Tool( )

심벌을 드래그하는 방향으로 회전시킬 때 사용되는 도구입니다.

70 Symbol Stainer Tool( )

심벌에 지정된 면색을 적용할 때 사용되는 도구입니다. Alt 를 누른 채 클릭하면 처음 색으로 돌아갑니다.

71 Symbol Screener Tool( )

심벌에 투명도를 적용할 때 사용되는 도구입니다. Alt 를 누른 채 클릭하면 원상태로 돌아갑니다.

72 Symbol Style Tool( )

Graphic Styles 패널에서 선택한 스타일을 적용할 때 사용되는 도구입니다.

73 Colum Graph Tool(, J)

그래프툴의 기본형으로 막대그래프를 만들 때 사용되는 도구입니다.

74 Stacked Column Graph Tool( )

볼록형 그래프로 세로 형태의 막대그래프를 만들 때 사용되는 도구입니다.

73 Bar Graph Tool()

가로 형태의 막대그래프를 만들 때 사용되는 도구입니다.

76 Stacked Bar Graph Tool()

볼록형 그래프로 가로 형태의 막대그래프를 만들 때 사용되는 도구입니다.

77 Line Graph Tool()

데이터의 값이 점과 선으로 그래프를 만들 때 사용되는 도구입니다.

78 Area Graph Tool()

데이터의 값이 영역 안에 면으로 채워지는 그래프를 만들 때 사용되는 도구입니다.

79 Scatter Graph Tool()

분산형의 그래프를 만들 때 사용되는 도구입니다.

80 Pie Graph Tool()

원형의 그래프를 만들 때 사용되는 도구입니다.

81 Radar Graph Tool()

방사형의 그래프를 만들 때 사용되는 도구입니다.

82 Artboard Tool(, Shift + O)

아트보드의 크기를 조절하거나 새로운 아트보드를 추가 및 삭제할 때 사용되는 도구입니다.

83 Slice Tool(, Shift + K)

도큐멘트를 분할할 때 사용되는 도구입니다.

84 Slice Selection Tool()

분할한 영역을 선택하여 수정할 때 사용되는 도구입니다.

85 Hand Tool(, H)

작업 화면을 이동할 때 사용되는 도구입니다. 다른 도구가 선택되어 있을 때 Space Bar 를 누르는 동안 Hand Tool을 사용할 수 있습니다. 도구를 더블 클릭하면 작업 창에 맞는 크기로 화면이 조절됩니다.

86 Rotate View Tool(, Shift + H)

화면을 회전할 때 사용되는 도구입니다.

87 Print Tiling Tool( )

인쇄할 영역을 지정할 때 사용되는 도구입니다.

88 Zoom Tool(, Z)

화면을 확대하거나 축소할 때 사용되는 도구입니다. 도구를 더블 클릭하면 100%로 화면이 조절됩니다.

> **Tip**
> 다른 도구가 선택되어 있을 때 Ctrl + Space Bar 로 확대 또는 Alt + Ctrl + Space Bar 로 축소할 수 있습니다.

89 Color Mode

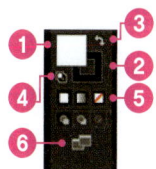

❶ Fill : 오브젝트의 면에 색을 칠할 때 사용됩니다.
❷ Stroke : 오브젝트의 선에 색을 칠할 때 사용됩니다.
❸ Swap Fill and Stroke : 면색과 선색의 위치를 변경할 때 사용됩니다.
❹ Default Fill and Stroke : 면과 선에 기본색을 칠할 때 사용됩니다.
❺ Color & Gradient & None : 색상/그레이디언트/색 적용 안 함 등을 설정할 때 사용됩니다.
❻ Change Screen Mode(화면모드) : 표준 화면/메뉴 바와 패널이 있는 전체 화면/전체 화면을 선택할 때 사용됩니다.

3 핵심 패널(Panel) 기능 익히기

일러스트레이터에서 다양하게 제공하는 패널은 각 패널의 용도에 따라 개체의 속성을 설정하여 사용됩니다. [Window]에서 패널을 클릭하여 필요한 패널만 사용할 수 있고 패널의 위치를 변경할 수 있습니다.

01 Align

선택한 오브젝트를 정렬 기준을 설정하여 배열할 때 사용됩니다.
❶ Align Objects는 두 개 이상의 오브젝트가 선택되어 있을 때, ❷ Distribute Objects는 세 개 이상의 오브젝트가 선택되어 있을 때, ❸ Distribute Spacing은 Align to Objects를 선택 후 입력값을 입력으로 배열할 때 사용됩니다.

02 Appearance

오브젝트에 적용된 효과를 확인하고 수정할 때 사용됩니다.

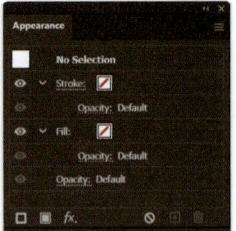

03 Artboards

아트보드를 추가 및 삭제, 아트보드의 순서를 변경할 때 사용됩니다.

04 Brushes

Brush Libraries에 저장되어 있는 브러시를 선택하여 선의 질감이 다른 다양한 종류의 브러시를 사용할 수 있고, 사용자가 제작한 브러시를 등록하여 사용할 수 있습니다.

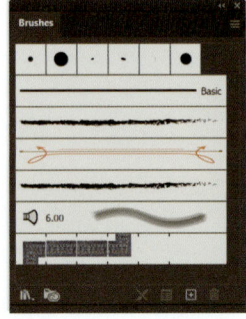

05 Color

선택한 오브젝트에 색상 값을 입력하여 면색과 선색을 변경할 수 있고, 색상 모드를 변경하여 사용할 수 있습니다.

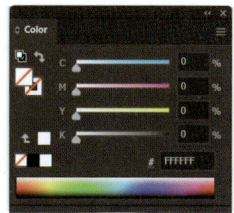

06 Gradient

두 가지 이상의 색을 연속적으로 변화하여 자연스럽게 보여지도록 표현됩니다. Linear(선형), Radial(원형), Freeform(자유형)의 형태로 모양을 선택하여 사용할 수 있습니다.

07 Image Trace

비트맵 이미지의 형태를 추적하여 벡터 이미지로 변환하는 기능입니다.

08 Layers

층을 분리하여 오브젝트를 쌓아서 작업할 때 사용됩니다. 레이어의 순서를 변경하거나 새로운 레이어를 추가하거나 삭제할 수 있습니다.

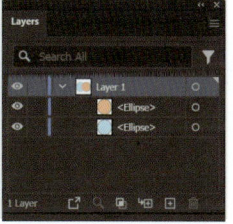

09 Pathfinder

두 개 이상의 겹쳐진 오브젝트를 합치거나 나누고, 특정 부분을 삭제하여 새로운 형태로 만들 때 사용됩니다.

10 Pattern Options

패턴의 속성을 조절할 때 사용됩니다.

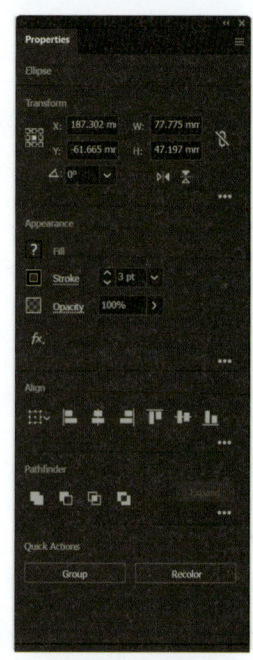

11 Properties

오브젝트의 속성을 확인하고 조절할 때 사용됩니다.

12 Stroke

선의 굵기와 모양, 모서리의 종류를 선택할 수 있고 점선과 화살표 등 다양한 선을 만들 때 사용됩니다.

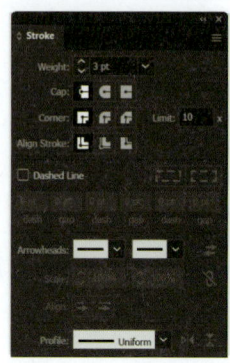

13 Swatches

일러스트레이터에서 제공되는 색상, 그라데이션, 패턴을 적용할 수 있고 추가 및 삭제할 때 사용됩니다.

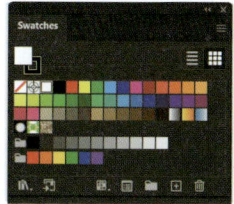

14 Symbols

일러스트레이터에서 제공되는 심벌을 사용할 수 있고 추가 및 삭제할 때 사용됩니다.

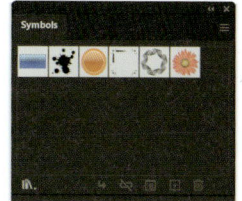

15 Transform

오브젝트의 위치, 크기, 각도, 기울기, 회전 등을 조절할 때 사용됩니다.

16 Transparency

오브젝트의 투명도, 블렌딩 모드, 마스크를 적용할 때 사용됩니다.

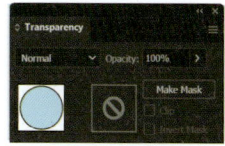

17 Character

[Window]-[Type]에 있으며 글자의 속성을 조절할 때 사용됩니다.

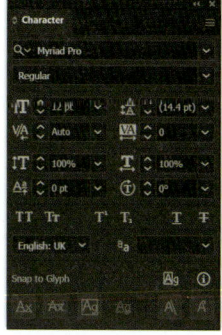

18 Paragraph

[Window]－[Type]에 있으며 문단의 속성을 조절할 때 사용됩니다.

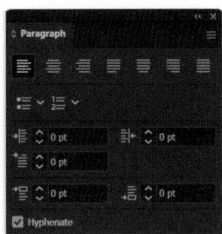

19 Glyphs

[Window]－[Type]에 있으며 특수 문자를 입력할 때 사용됩니다.

20 Tabs

[Window]－[Type]에 있으며 입력한 글자의 위치를 조절할 때 사용됩니다.

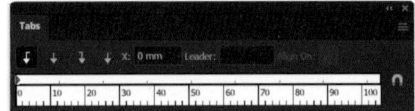

4 시험에서 자주 사용하는 필수 기능

01 Align

정렬이 필요한 오브젝트를 다중 선택하고 다음의 [Window]−[Align] 패널들을 활성화합니다.

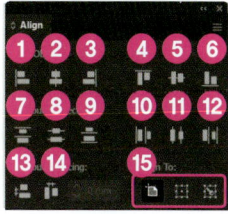

❶ Horizontal Align Left : 선택된 오브젝트 중에서 가장 왼쪽에 있는 오브젝트를 기준으로 모든 오브젝트를 왼쪽으로 정렬합니다.

❷ Horizontal Align Center : 선택된 모든 오브젝트를 가로 방향의 가운데로 정렬합니다.

❸ Horizontal Align Right : 선택된 오브젝트 중에서 가장 오른쪽에 있는 오브젝트를 기준으로 모든 오브젝트를 오른쪽으로 정렬합니다.

❹ Vertical Align Top : 선택된 오브젝트 중에서 가장 위쪽에 있는 오브젝트를 기준으로 모든 오브젝트를 위쪽으로 정렬합니다.

❺ Vertical Align Center : 선택된 모든 오브젝트를 세로 방향의 가운데로 정렬합니다.

❻ Vertical Align Bottom : 선택된 오브젝트 중에서 가장 아래쪽에 있는 오브젝트를 기준으로 모든 오브젝트를 아래쪽으로 정렬합니다.

❼ Vertical Distribute Top : 선택된 모든 오브젝트 중에서 가장 위에 있는 오브젝트를 기준으로 세로 간격을 균등 정렬합니다.

❽ Vertical Distribute Center : 선택된 모든 오브젝트의 가운데를 기준으로 모든 오브젝트 세로 간격을 균등 정렬합니다.

❾ Vertical Distribute Bottom : 선택된 모든 오브젝트 중에서 가장 아래에 있는 오브젝트를 기준으로 세로 간격을 균등 정렬합니다.
❿ Horizontal Distribute Left : 선택된 모든 오브젝트 중에서 가장 왼쪽에 있는 오브젝트를 기준으로 가로 간격을 균등 정렬합니다.
⓫ Horizontal Distribute Center : 선택된 모든 오브젝트의 가운데를 기준으로 모든 오브젝트 가로 간격을 균등 정렬합니다.
⓬ Horizontal Distribute Right : 선택된 모든 오브젝트 중에서 가장 오른쪽에 있는 오브젝트를 기준으로 가로 간격을 균등 정렬합니다.
⓭ Vertical Distribute Space : 선택된 모든 오브젝트의 간격을 수치로 입력하여 세로 간격을 균등 정렬합니다.
⓮ Horizontal Distribute Space : 선택된 모든 오브젝트의 간격을 수치로 입력하여 가로 간격을 균등 정렬합니다.
⓯ Align To : 선택된 오브젝트의 정렬 기준을 아트보드, 선택한 오브젝트, 특정 오브젝트로 지정합니다.

> 선택된 오브젝트 중에서 한 개의 오브젝트를 직접 클릭하여 기준을 설정할 수 있습니다.
>
>

02 Arrange

레이어의 순서를 변경할 때 사용됩니다. 오브젝트를 선택 후 [Object]-[Arrange] 또는 마우스 우클릭하여 [Arrange]를 클릭하면 다양한 순서의 기능을 사용할 수 있습니다. 자주 사용하는 기능이므로 단축키를 사용하는 것이 좋습니다.

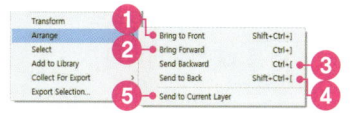

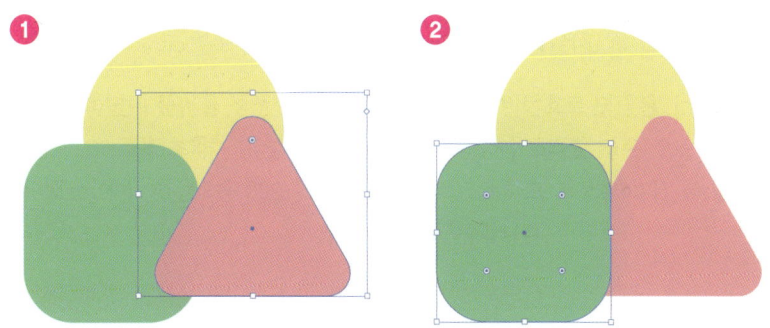

❶ Bring to Front : 선택한 오브젝트가 맨 앞으로 이동됩니다.
❷ Bring Forward : 선택한 오브젝트가 한 단계 앞으로 이동됩니다.

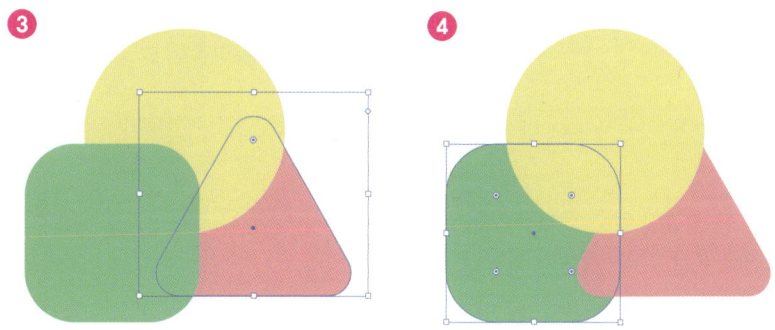

❸ Send Backward : 선택한 오브젝트가 한 단계 뒤로 이동됩니다.
❹ Send to Back : 선택한 오브젝트가 맨 뒤로 이동됩니다
❺ Send to Current Layer : [Layers] 패널에서 다른 레이어에 선택한 오브젝트가 이동됩니다.

03 Pathfinder

두 개 이상의 겹쳐진 오브젝트를 합치거나 나누고, 특정 부분을 삭제하여 새로운 형태로 만들 때 사용됩니다.

❶ Unite : 겹쳐진 오브젝트를 합쳐 하나의 면으로 만듭니다.

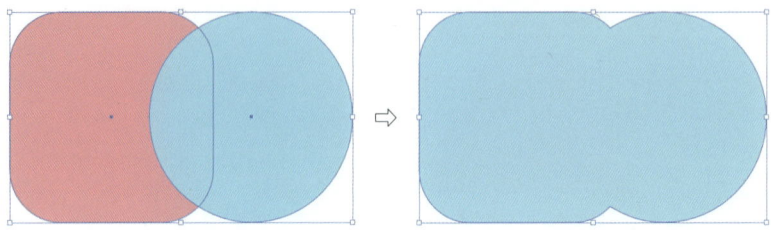

❷ Minus Front : 겹쳐진 오브젝트 중 뒤에 있는 오브젝트만 남기고 삭제됩니다.

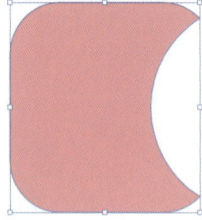

❸ Intersect : 겹쳐진 오브젝트의 영역만 남깁니다.

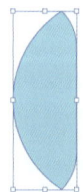

❹ Exclude : 겹쳐진 오브젝트만 삭제됩니다.

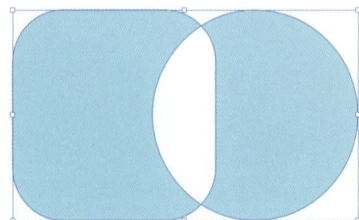

❺ Divide : 겹쳐진 오브젝트가 나뉘어 여러 개의 면이 됩니다.

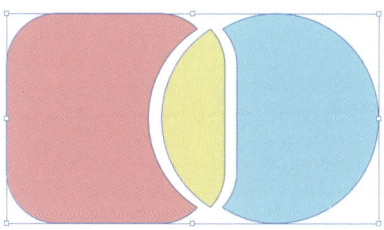

❻ Trim : 겹쳐진 오브젝트 중 아래쪽 오브젝트의 특정 영역만 삭제됩니다.

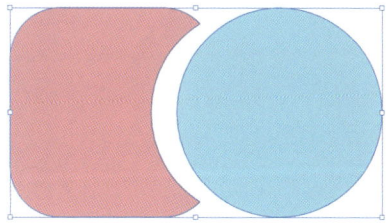

❼ Merge : 겹쳐진 오브젝트의 색상이 다를 경우 아래쪽 오브젝트의 특정 영역만 삭제되고, 색상이 같을 경우 하나의 면으로 합쳐집니다.

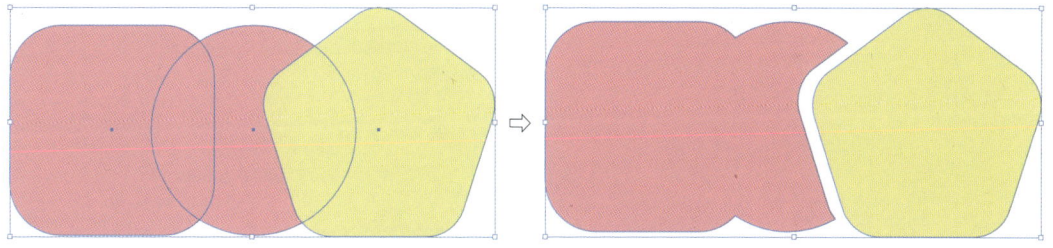

❽ Crop : 겹쳐진 오브젝트 중 위쪽 오브젝트의 형태와 아래쪽 오브젝트의 교차되는 부분만 남기고 삭제됩니다.

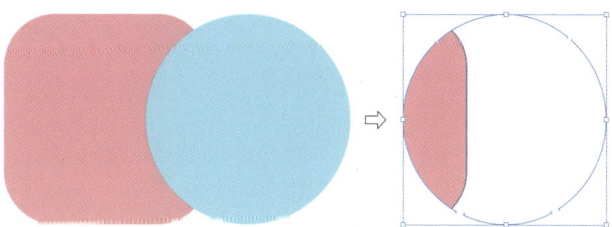

❾ Outline : 겹쳐진 오브젝트를 나누고 외곽선만 보여집니다.

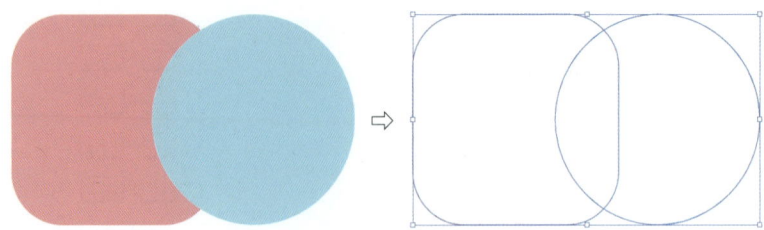

❿ Minus Back : 겹쳐진 오브젝트 위에 있는 오브젝트만 남기고 삭제됩니다.

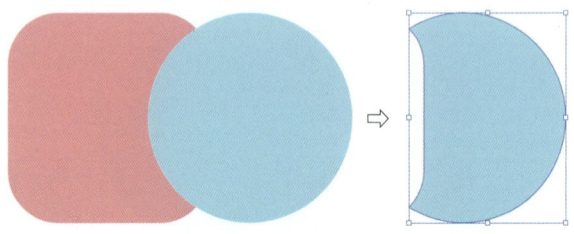

[Pathfinder]를 적용한 오브젝트에 [Expand]를 누르면 수정할 수 없는 오브젝트로 만듭니다. Alt 를 누른 채 [Pathfinder]를 클릭하면 패스는 유지된 채 적용되어 수정할 수 있습니다.

04 글자 변형하기

[Type]-[Create Outline] 기능을 사용하면 입력된 글자를 오브젝트로 변경하여 다른 형태로 새롭게 타이포그래피 디자인을 할 수 있습니다. 자주 사용하는 기능이므로 단축키인 Shift + Ctrl + O 를 사용하는 것이 좋습니다.

❶ Type Tool( )을 선택하고 작업 창 빈 곳 클릭하여 'SMILE'를 입력합니다. [Window]-[Type]-[Character] 패널에서 서체, 크기, 자간 설정 등을 오른쪽 이미지와 비슷하게 설정합니다.

> **Tip**
> 서체 : Hobo Std Medium

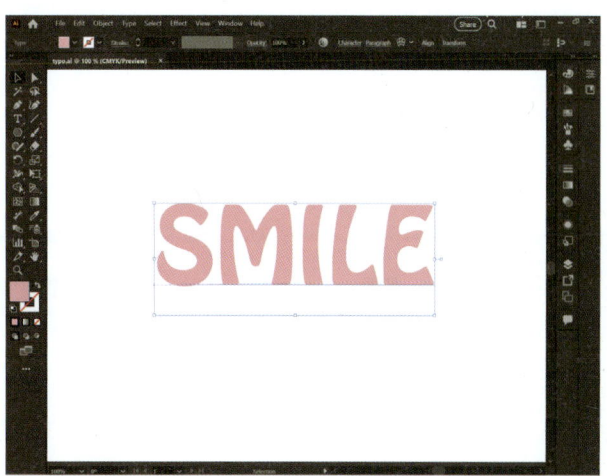

❷ Selection Tool(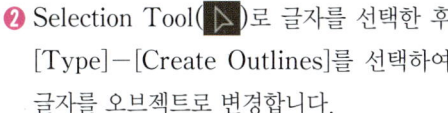)로 글자를 선택한 후 [Type]-[Create Outlines]를 선택하여 글자를 오브젝트로 변경합니다.

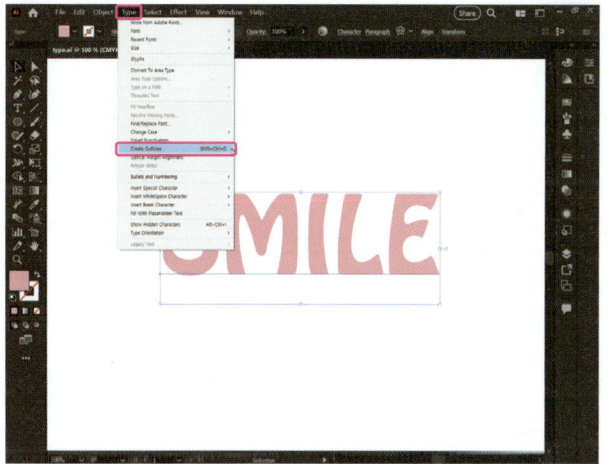

❸ 마우스 우클릭 후 [Ungroup]을 선택합니다.

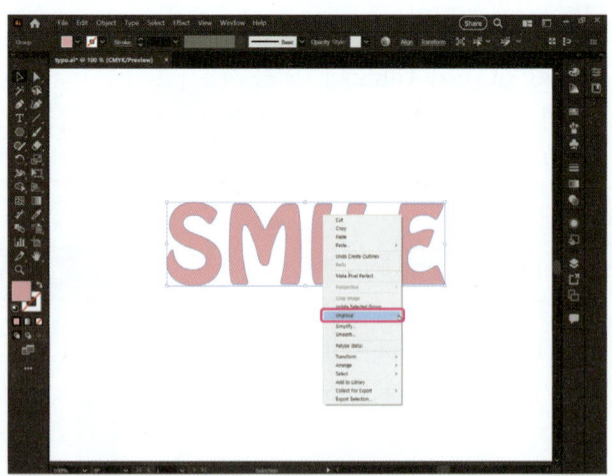

❹ Selection Tool(▶)로 크기와 위치를 이동시켜 그림과 같이 배치합니다.

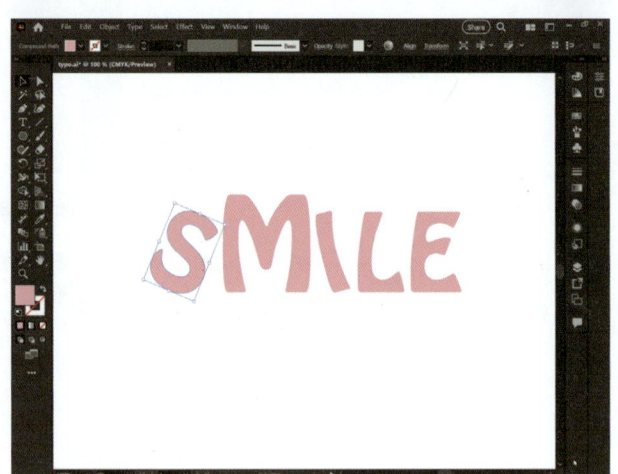

05 Offset Path를 이용하여 테두리 글자 만들기

[Object]-[Path]-[Offset Path]를 이용하면 선택한 오브젝트의 패스에 일정한 간격을 두고 패스를 이동해 크기를 조절할 수 있습니다.

❶ Offset : 수치를 입력하여 패스의 간격을 조절합니다.
❷ Miter : 기본 모서리의 모양이 유지되어 패스가 이동됩니다.
❸ Round : 모서리의 모양이 둥글게 변형되어 패스가 이동됩니다.
❹ Bevel : 모서리의 모양이 선으로 변형되어 패스가 이동됩니다.
❺ Miter limit : 각의 한계치를 조절합니다.

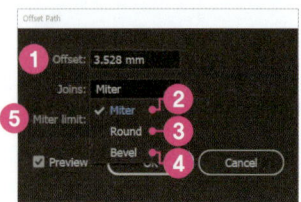

❶ '04 글자 변형하기'의 완성된 글자를 Selection Tool(▶)로 모두 선택한 후 Ctrl + G 를 눌러 그룹 지정합니다.

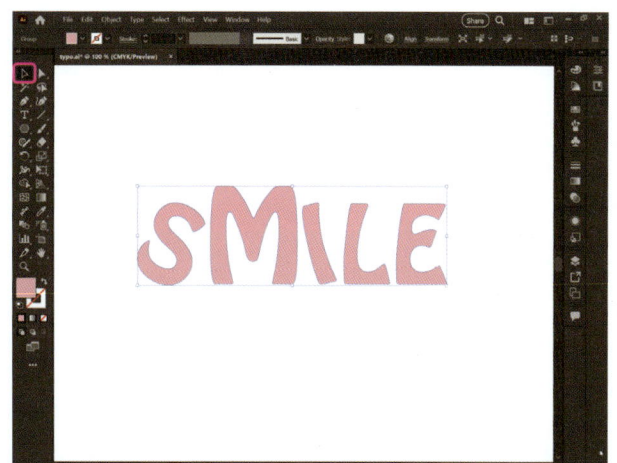

❷ 선택된 글자는 Selection Tool(▶)로 Alt 를 누른 채 드래그하여 복사합니다.

Tip

[Offset Path]는 각 오브젝트에 패스가 생성되기 때문에 오브젝트를 복제하여 적용하는 것이 좋습니다.

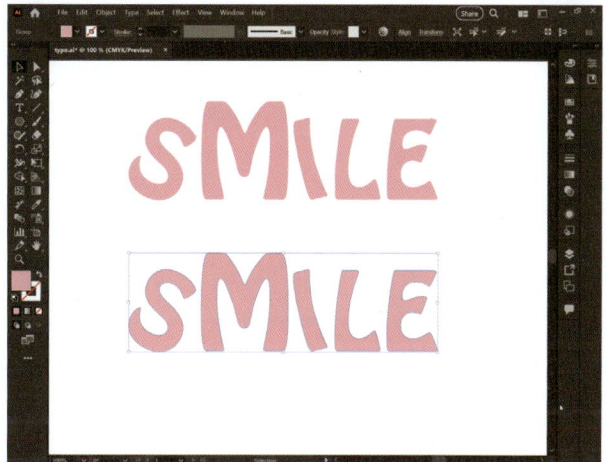

❸ 복제한 글자는 [Object]-[Path]-[Offset Path]를 눌러 옵션 상자에 Offset : 2mm, Joins : Round를 설정하고 [OK]를 누릅니다.

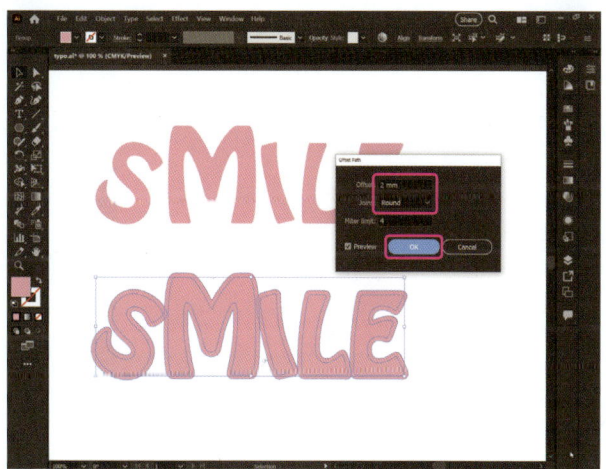

❹ 패스가 생성된 오브젝트는 [Window]－[Pathfinder] 패널에서 Shape Modes : Unite를 선택하여 하나의 면으로 만듭니다.

❺ D를 눌러 기본 면색과 선색으로 표기하고, 마우스 우클릭 후 Arrange : Send to Back을 누릅니다.

❻ 원본 오브젝트와 [Offset Path]를 적용한 이미지는 같이 선택하여 [Window]－[Align] 패널에서 Align Objects : Horizontal Align Center, Vertical Align Center를 선택하여 가운데 정렬합니다.

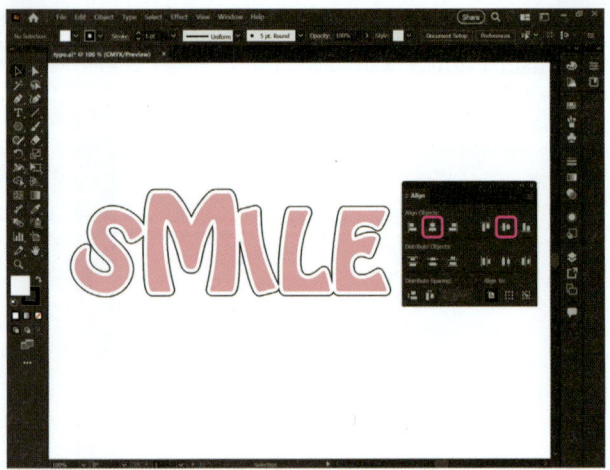

06 패턴 만들기

❶ Ellipse Tool( )로 작업 창을 클릭합니다. 옵션 상자에 Width : 10mm, Height : 10mm으로 입력 후 [OK]를 누릅니다.

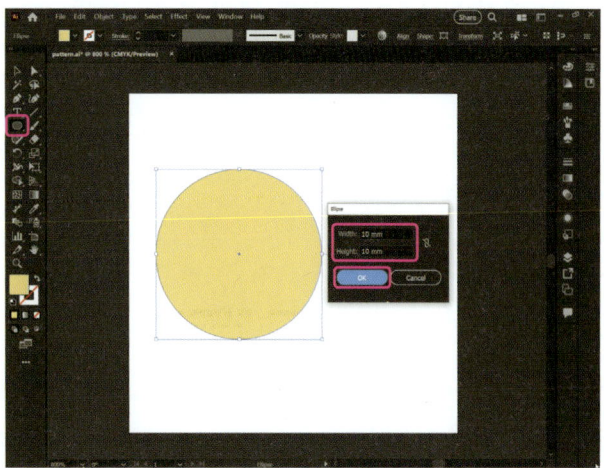

❷ Selection Tool( )로 Alt 를 누른 채 드래그하여 복사 후 이동시켜 그림과 같이 배치합니다.

❸ 이미지를 모두 선택한 후 Ctrl + G 를 눌러 그룹으로 지정하고 [Object]-[Pattern]-[Make] 또는 [Window]-[Swatches] 패널에 드래그하여 패턴을 등록합니다.

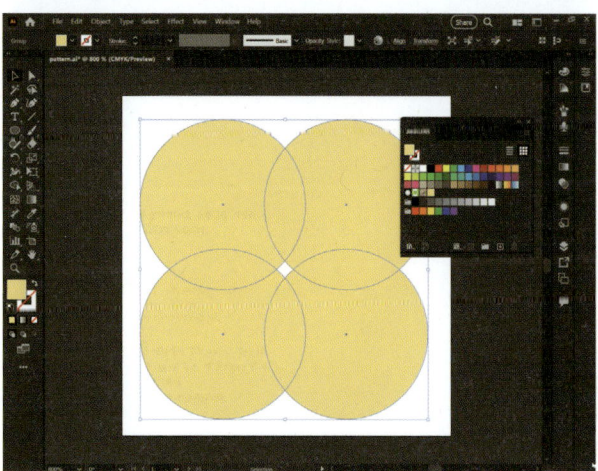

❹ ⓐ Rectangle Tool( )로 작업 창에 드래그하여 사각형을 그린 후 ⓑ 면색에 [Swatches] 패널에 등록한 패턴 아이콘을 클릭합니다.

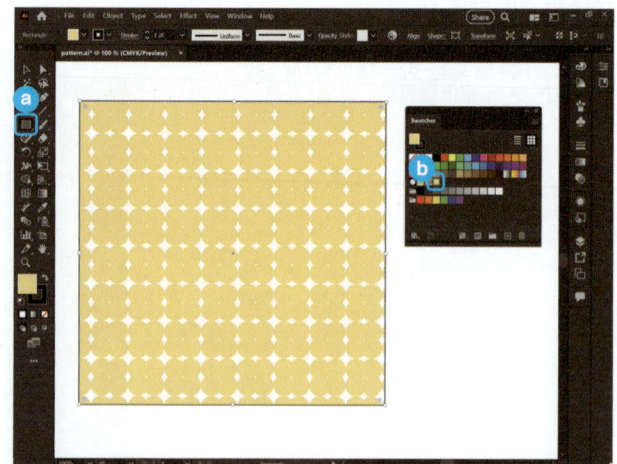

❺ [Window]-[Pattern Options] 패널 또는 [Swatches] 패널에 등록한 패턴 아이콘을 더블 클릭합니다.
패턴의 속성에서 ⓐ Size Tile To Art를 체크하고 ⓑ H Spacing : 4mm, V Spacing : 4mm를 입력한 후 ⓒ [Done]을 누릅니다.

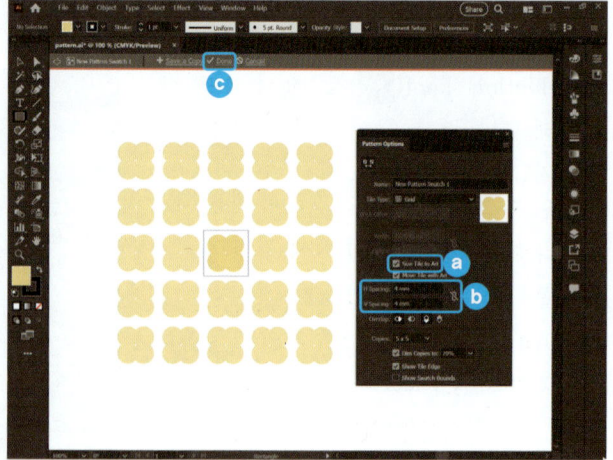

07 하프톤 만들기

시험에 자주 나오는 하프톤 이미지 제작은 다양한 방법으로 작업할 수 있습니다.

1) 패턴 활용하기

일러스트레이터 프로그램에서 제공하는 패턴을 활용하여 하프톤을 만들 수 있습니다.

❶ Rectangle Tool( )로 작업 창을 클릭한 후 Width : 150mm, Height : 150mm로 입력하고 [OK]를 누릅니다.

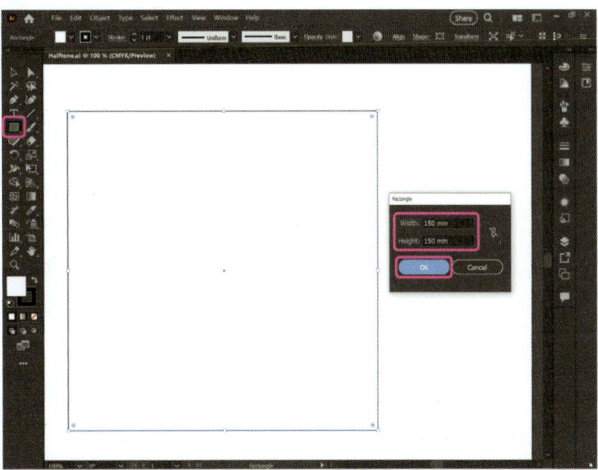

❷ 사각형 면에 [Window]−[Swatches] 패널을 선택한 후 [Swatches Libraies Menu]−[Patterns]−[Basic Graphics]−[Basic Graphics_Dots]에서 0 to 50% Dot Gradation를 선택합니다.

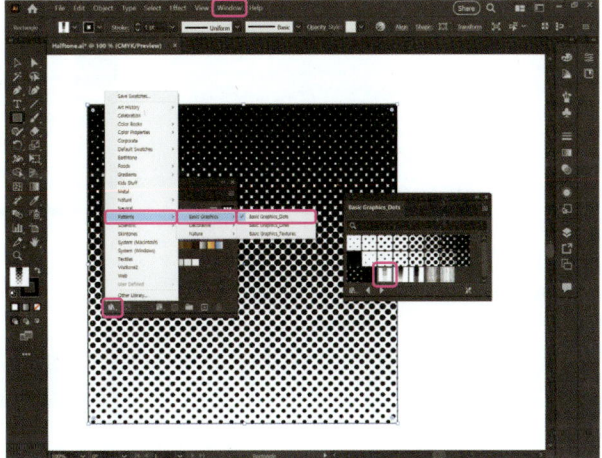

> **Tip** ✅
>
> [Basic Graphics_Dots] 패널에서 오른쪽 상단 옵션 아이콘을 클릭한 후 'Small List View'를 선택하면 패턴이 이름으로 표시됩니다.

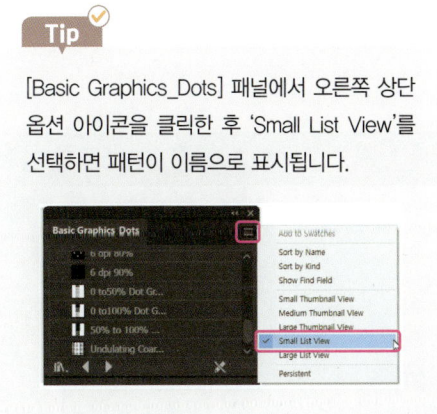

❸ 패턴 색상 수정하기 : [Swatches] 패널에서 0 to 50% Dot Gradation 아이콘을 더블 클릭한 후 Ctrl + A 를 눌러 패턴 이미지를 선택하고, 선색은 C100으로 입력한 후 [OK]를 클릭합니다. 작업 창 상단의 [Done]를 누릅니다.

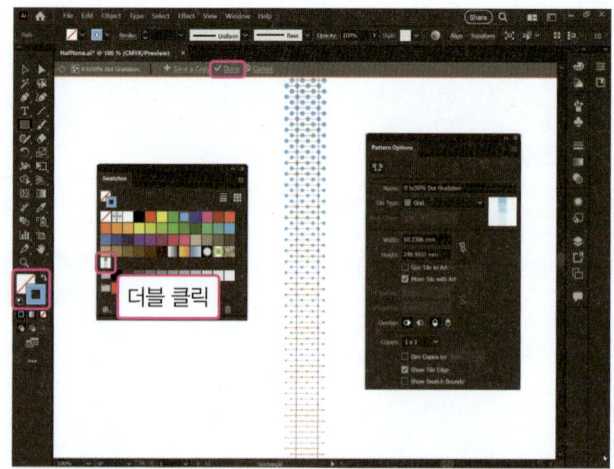

❹ 패턴 반전하기 : Reflect Tool( )을 더블 클릭한 후 [Options]에서 ⓐ Transform Objects는 체크 해제하고 Transform Patterns는 클릭, ⓑ Axis : Horizontal을 선택 후 [OK]를 누릅니다.

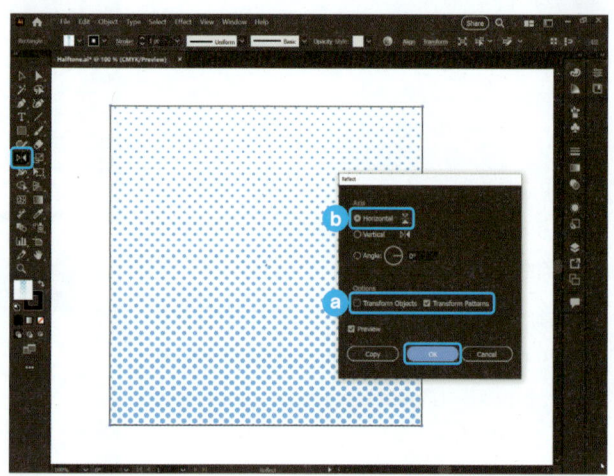

2) 그라데이션 이용하기

❶ Rectangle Tool( )로 작업 창을 클릭한 후 Width : 150mm, Height : 150mm로 입력합니다. ⓐ [Swatches] 패널에서 White, Black 아이콘을 클릭한 후 ⓑ [Gradient] 패널에서 Angle : −90°로 입력합니다.

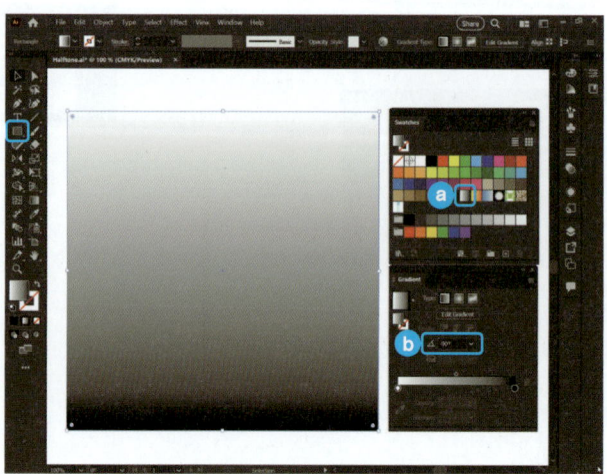

48 PART 1 프로그램 이해하기

❷ [Effect]−[Pixelate]−[Color Halftone]을 선택하고, 옵션 상자에 Max. Radius : 20, Channel 1~4 : 45로 입력합니다.

ⓐ Max. Radius : 최대 반지름의 크기(숫자가 커질수록 원의 크기가 커짐)

ⓑ Channel : 색상의 각도(45 또는 90 추천)

Tip
색은 명도가 어두울수록 원이 크기가 크게, 밝을수록 원의 크기가 작게 생성됩니다.

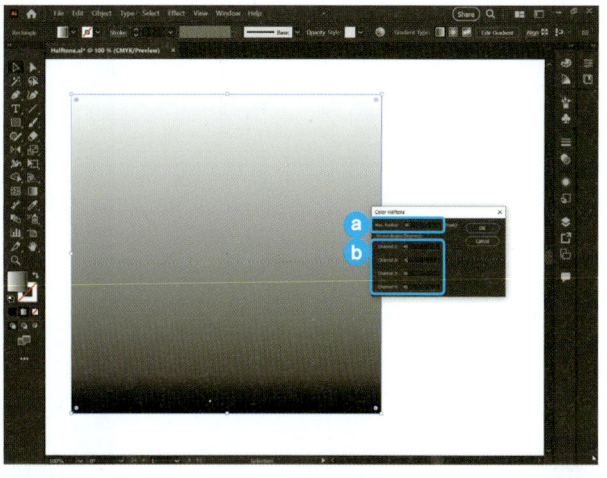

❸ 래스터 이미지 벡터 이미지로 바꾸기 : [Effect]로 작업한 이미지를 벡터 이미지로 변경하면 수정할 수 있습니다.

ⓐ 하프톤 이미지는 [Object]−[Expand Appearance]를 클릭하여 수정할 수 없는 오브젝트(래스터 이미지)로 변경합니다.

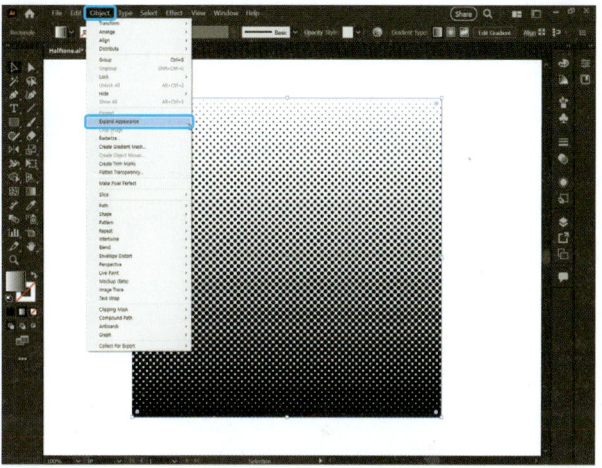

ⓑ [Object]−[Image Trace]−[Make and Expand]를 클릭한 후 확인 창에서 [OK]를 누릅니다.

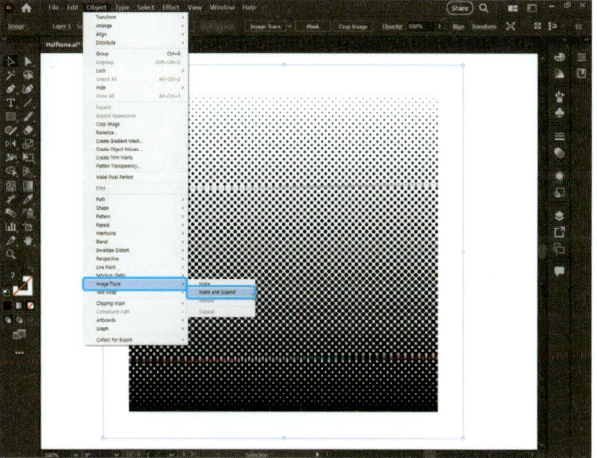

ⓒ 변경된 벡터 이미지는 자유롭게 수정하여 사용합니다.

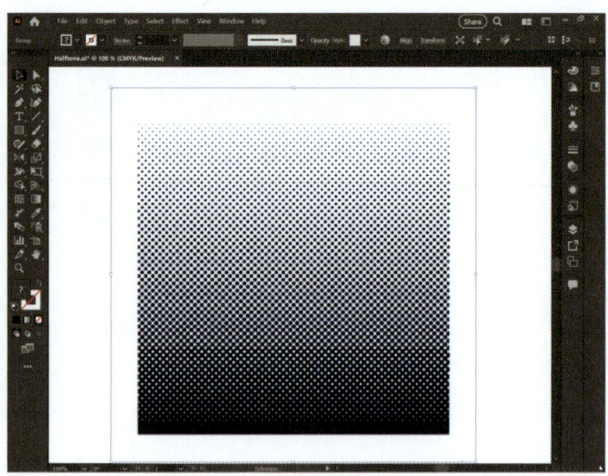

3) Blend Tool 활용하기

❶ Ellipse Tool(◯)로 원 1은 Width, Height : 1mm, 원 2는 Width, Height : 4mm로 입력하여 정원을 만들어 세로 방향으로 간격을 넓게 배치합니다.

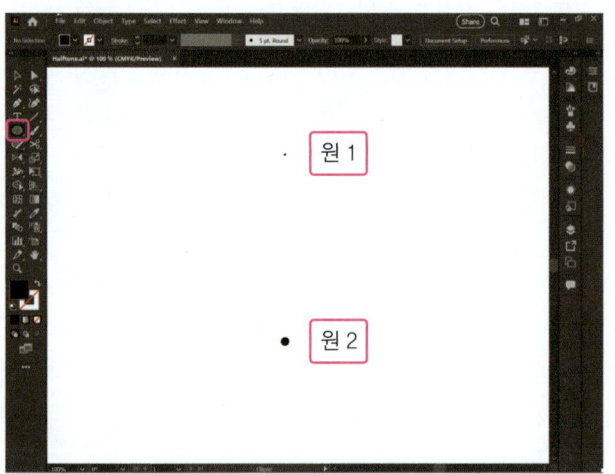

❷ 원 1과 원 2는 Selection Tool(▶)로 모두 선택하고 [Object]-[Blend]-[Make]를 클릭합니다. [Object]-[Blend]-[Blend Options]를 선택한 후 Spacing : Specified Steps, 30으로 입력하고 [OK]를 누릅니다.

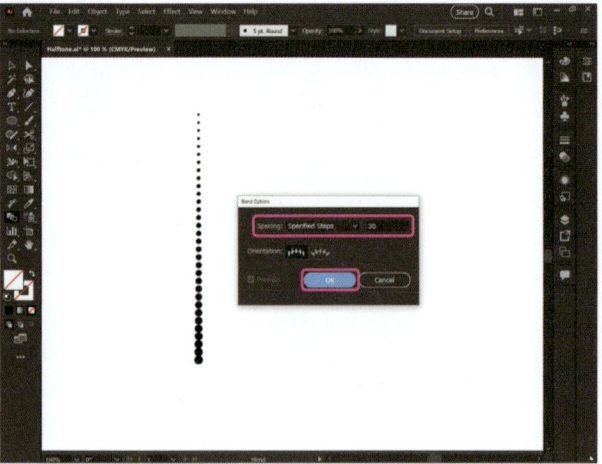

❸ 적용된 블랜드는 Selection Tool(▶)로 Alt 를 누른 채 대각선 방향으로 복사한 후 모두 선택하여 [Object]−[Pattern]−[Make] 또는 [Window]−[Swatches] 패널에 드래그하여 패턴을 등록합니다.

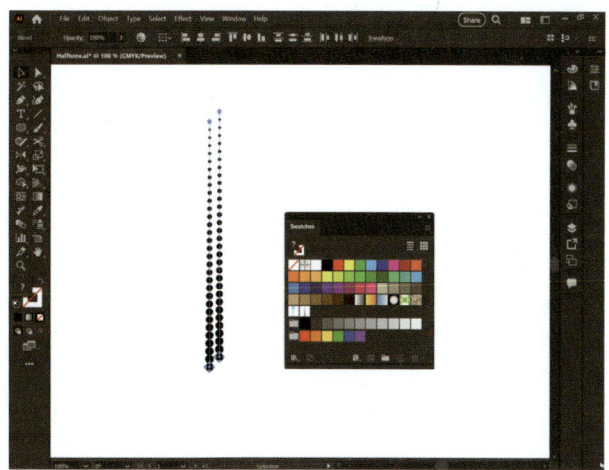

❹ Rectangle Tool(▭)로 작업 창에 드래그하여 사각형을 그린 후 면색에 [Swatches] 패널에 등록한 패턴 아이콘을 클릭합니다.

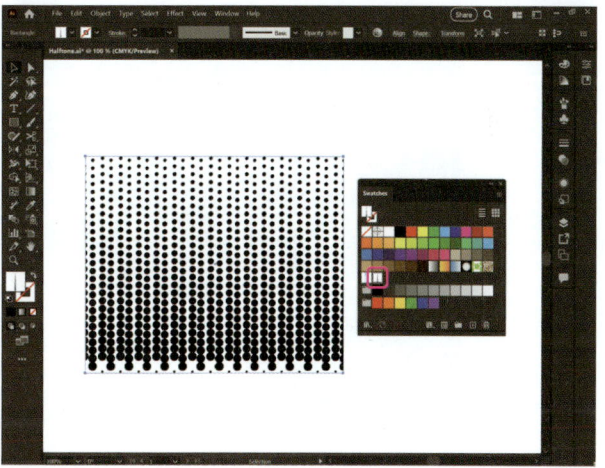

CHAPTER 3 포토샵 Ver. CC

1 포토샵 Ver. CC 화면구성

01 기본 화면구성

❶ 메뉴 바(Menu) – 포토샵에서 제공하는 명령들을 카테고리로 분류하여 풀다운 형식으로 보여줍니다.
❷ 도구 바(Tools) – 작업하기 위한 필수 도구를 아이콘 형식으로 모아 보여줍니다.
❸ 옵션 바(Control) – 선택한 오브젝트에 대한 세부 속성을 설정할 수 있습니다. 활성화된 도구(Tools) 패널에 따라 옵션 바의 종류는 다르게 보여집니다.
❹ 패널(Panel) – 포토샵에서 제공하는 기능들을 패널 형식으로 보여줍니다. 개체의 속성 및 효과를 세밀하게 설정할 수 있습니다.
❺ 작업 영역(Document) – 실제 작업이 이루어지는 공간으로 출력되는 영역입니다. 아트보드, 캔버스, 작업 창 등 여러 가지 이름으로도 불립니다.
❻ 상태 표시줄 – 작업 중인 도큐멘트의 정보를 표시합니다.

도구 바(Tools), 옵션 바(Control), 패널(Panel)은 [Window] 메뉴에서 해당 패널을 꺼내 사용할 수 있습니다.

02 도구 바(Tools) 구성

포토샵에서 자주 사용하는 도구는 단축키를 사용해 작업시간을 효율적으로 관리할 수 있습니다

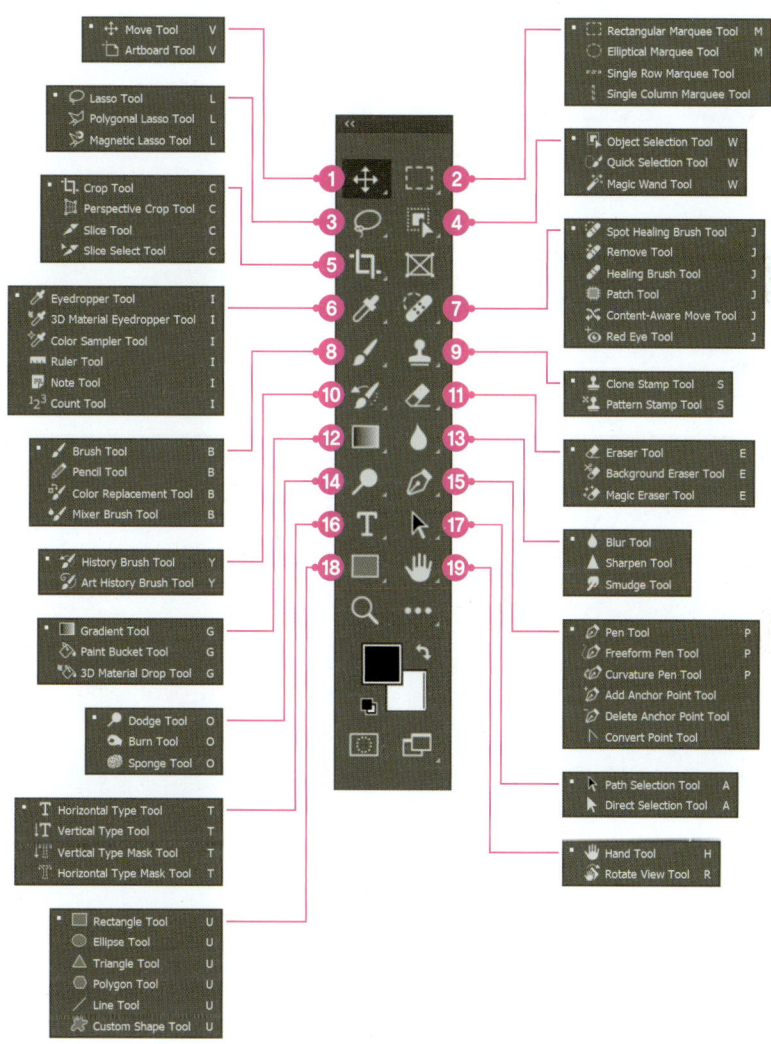

숨겨져 있는 도구 선택하기

도구 아이콘 오른쪽 아래의 작은 삼각형을 클릭하여 길게 누르면 숨어있는 도구를 볼 수 있습니다.

2 핵심 툴(Tools) 기능 익히기(이미지 폴더 : tools-photoshop)

01 Move Tool(✥ , V)

이미지나 선택 영역을 이동하거나 복사할 때 사용됩니다.

❶ Move Tool(✥)로 선택 영역을 드래그하여 이동하면 비워진 자리는 배경색으로 채워집니다.

❷ Move Tool(✥)로 Alt 를 누른 채 선택 영역을 드래그하여 이동하면 이미지가 복사됩니다.

Shift 를 누른 채 드래그하면 수직, 수평, 45° 각도로 이동시킬 수 있습니다.

02 Rectangular Marquee Tool(▭, M)

선택 영역을 직사각형이나 Shift 를 누른 채 드래그하여 정사각형 모양으로 선택할 때 사용됩니다. 선택 영역은 마우스 우클릭 후 [Transform Selection]으로 선택 영역의 크기와 각도를 조절할 수 있습니다.

 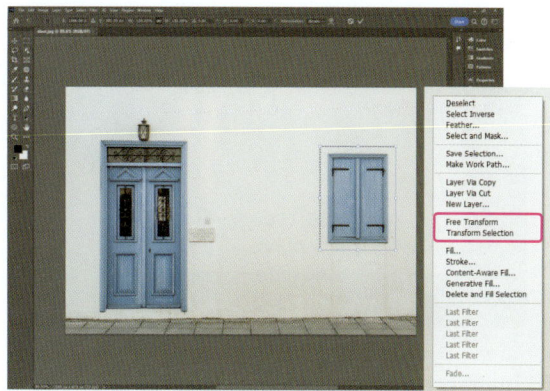

❶ Add to Selection : 옵션 바의 [Add to Selection]을 선택하거나 Shift 를 누른 채 드래그하면 기존 선택 영역에 새로운 선택 영역이 추가됩니다.

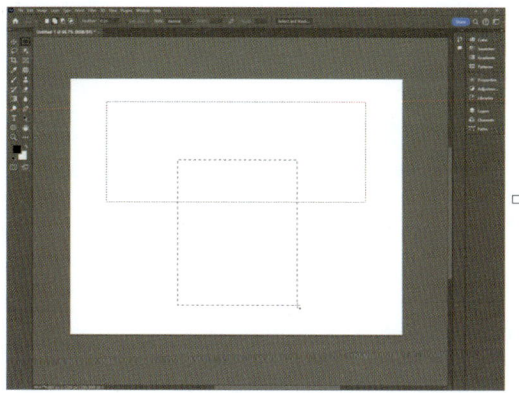 

❷ Subtract from Selection : 옵션 바의 [Subtract from Selection]을 선택하거나 Alt 를 누른 채 드래그하면 기존 선택 영역의 일부분이 삭제됩니다.

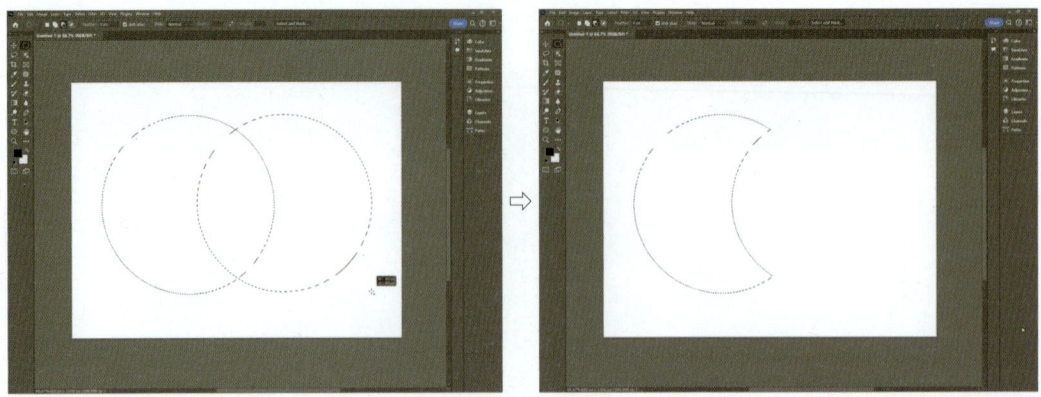

❸ Intersect with Selection : 옵션 바의 [Intersect with Selection]을 선택하거나 Alt + Shift 를 누른 채 드래그하면 기존 선택 영역과 겹치는 공통된 부분만 선택됩니다.

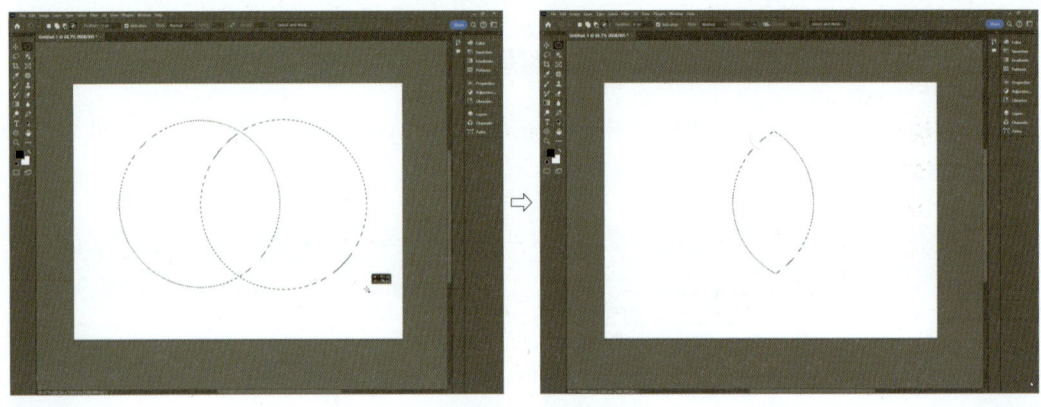

03 Elliptical Marquee Tool(◯)

선택 영역을 타원형이나 Shift 를 누른 채 드래그하여 정원 모양으로 선택할 때 사용됩니다.

04 Single Row Marquee Tool( )

1픽셀의 가로 선을 선택할 때 사용됩니다.

05 Single Column Marquee Tool( )

1픽셀의 세로 선을 선택할 때 사용됩니다.

06 Lasso Tool(, L)

자유 곡선으로 원하는 영역을 선택할 때 사용됩니다.

07 Polygonal Lasso Tool( )

다각형으로 원하는 영역을 선택할 때 사용됩니다. 작업 중 Delete 를 누르면 한 단계 뒤로 취소할 수 있습니다.

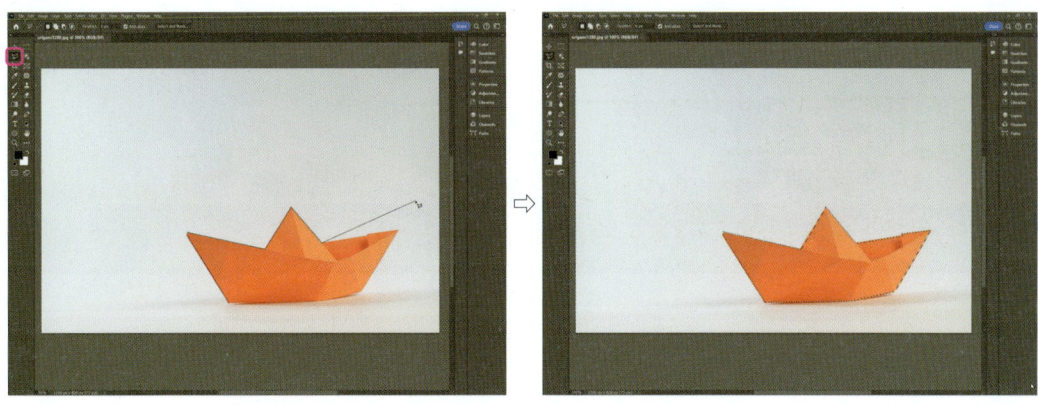

08 Magnetic Lasso Tool( )

색상이 대비되어 있는 이미지의 경계를 따라 드래그하여 영역을 선택할 때 사용됩니다.

09 Object Selection Tool(, W)

드래그하여 이미지의 형태를 빠르게 선택할 수 있습니다. 색상대비가 있는 이미지일수록 선택 영역의 정확도가 올라갑니다.

10 Quick Selection Tool( )

색상대비가 있는 이미지의 경계를 기준으로 영역을 선택할 때 사용됩니다. 마우스 포인터의 크기를 조절하여 좁은 면적과 넓은 면적을 선택할 수 있습니다.

11 Magic Wand Tool( )

클릭한 영역의 색상과 비슷한 색상의 영역을 선택할 때 사용됩니다. 옵션 바에서 [Tolerance]로 선택 영역 범위를 지정할 수 있고 입력값이 높을수록 선택 범위가 넓습니다.

Tip

오브젝트의 색보다 배경색이 단순한 이미지는 배경을 선택 영역으로 지정한 후 [Select]-[Inverse]로 반전시켜 쉽게 선택할 수 있습니다.

12 Crop Tool(⌧, C)

이미지의 선택한 부분만 남기고 자를 때 사용됩니다. 선택 영역 지정 후 Enter 를 눌러 적용합니다.

13 Perspective Crop Tool(⌧)

원근감을 적용해 원하는 부분만 남기고 자를 때 사용됩니다.

14 Slice Tool(⌧)

이미지를 분할하여 각각의 독립된 이미지로 저장할 때 사용됩니다.

15 Slice Select Tool(⌧)

분할된 이미지를 선택하거나 조정할 때 사용됩니다.

16 Frame Tool(⌧)

이미지를 사각형과 원형의 모양으로 마스크를 적용할 때 사용됩니다.

17 Eyedropper Tool(⌧, I)

선택한 이미지의 색상을 전경색과 Alt 를 누른 채 클릭하여 배경색에 추출할 때 사용됩니다.

18 3D Material Eyedropper Tool( )

3D 오브젝트의 색상을 추출할 때 사용됩니다.

19 Color Sampler Tool( )

선택한 이미지의 색상을 [Info] 패널에 표시합니다.

20 Ruler Tool( )

이미지의 길이나 각도 등을 측정하여 [Info] 패널에 표시합니다.

21 Note Tool( )

이미지에 메모할 때 사용됩니다.

22 123 Count Tool( )

오브젝트의 개수를 셀 때 사용됩니다.

23 Spot Healing Brush Tool(, J)

사진의 작은 얼룩을 주변과 자연스럽게 합성하면서 제거할 때 사용됩니다.

24 Remove Tool( )

드래그하여 필요하지 않은 개체 및 얼룩을 제거할 때 사용됩니다.

25 Healing Brush Tool( )

Alt 를 누른 채 복제하여 합성할 때 사용됩니다.

26 Patch Tool( )

선택 영역을 드래그하여 이동시켜 마우스를 놓으면 선택한 영역에 복제되어 주변과 자연스럽게 합성됩니다.

27 Content-Aware Move Tool(⤫)

선택 영역을 이동할 때 빈 공간을 주변의 배경으로 채워 합성합니다.

28 Red Eye Tool(⊕)

눈동자의 적색 빛을 보정할 때 사용됩니다.

29 Brush Tool(🖌, B)

전경색의 색상으로 자유롭게 드래그하여 색을 칠할 때 사용됩니다.

30 Pencil Tool(✏)

딱딱한 선으로 그릴 때 사용됩니다.

31 Color Replacement Tool(🖌)

칠해진 영역을 드래그하여 다른 색상으로 대체할 때 사용됩니다.

32 Mixer Brush Tool(🖌)

색상을 혼합하여 칠할 때 사용됩니다.

33 Clone Stamp Tool(🏛, S)

Alt 를 누른 채 클릭하여 이미지를 다른 위치에 복제할 때 사용됩니다.

34 Pattern Stamp Tool(　)

등록한 패턴을 사용하여 드래그하여 적용할 때 사용됩니다.

35 History Brush Tool(　, Y)

작업 중인 이미지의 효과를 원본으로 복구할 때 사용됩니다.

36 Art History Brush Tool(　)

회화적인 기법으로 만들 때 사용됩니다.

37 Eraser Tool(　, E)

이미지의 특정 부분을 지울 때 사용됩니다.

38 Background Eraser Tool(　)

[Background] 레이어를 지울 때 사용됩니다.

39 Magic Eraser Tool(　)

클릭한 부분과 유사한 색을 지울 때 사용됩니다.

40 Gradient Tool(　, G)

색이 연속적으로 변화되도록 적용하는 도구입니다. Linear, Radial, Angle, Reflected, Diamond의 종류로 사용할 수 있습니다. 작업 창 전체 또는 선택된 특정 부분에 그라디언트를 적용할 수 있습니다.

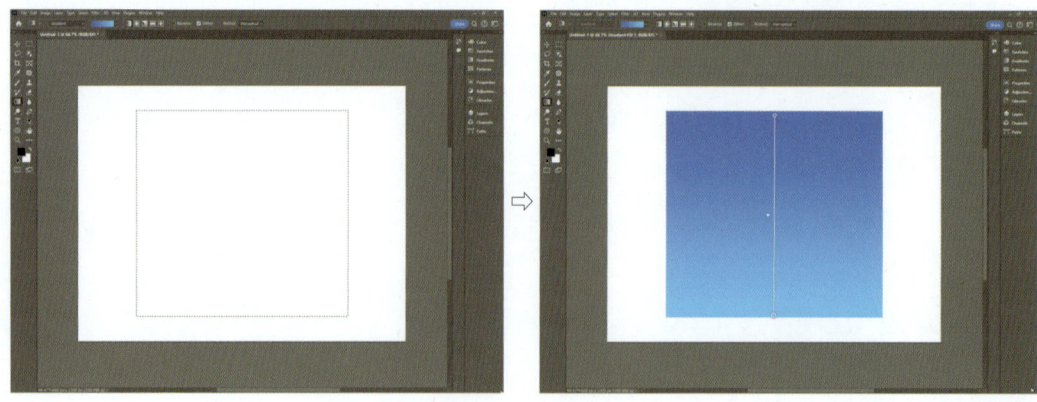

❶ Click to edit to the gradient
　색상 바를 클릭하면 그라디언트의 옵션 상자가 활성화됩니다.

- ⓐ Presets : 포토샵에서 제공하는 그라데이션의 색상을 사용할 수 있습니다.
- ⓑ Color Slider : 선택된 그라데이션의 색상을 보여주며, 색상을 추가하거나 삭제할 수 있습니다.
- ⓒ Opacity Stops : 색상의 불투명도를 조절합니다.
- ⓓ Color Stops : 그라데이션의 색상을 지정합니다.

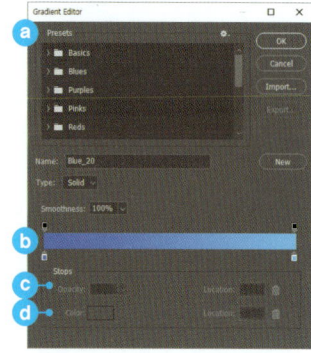

41 Paint Bucket Tool(🪣)

이미지를 전경색이나 패턴으로 채울 때 사용됩니다.

42 3D Material Drop Tool(🪣)

3D 오브젝트에 전경색 또는 패턴을 적용할 때 사용됩니다.

43 Blur Tool(💧)

이미지의 특정 부분을 흐리게 만들 때 사용됩니다.

44 Sharpen Tool(▲)

이미지의 특정 부분을 선명하게 만들 때 사용됩니다.

45 Smudge Tool(👆)

이미지의 특정 부분을 밀어 형태를 왜곡할 때 사용됩니다.

46 Dodge Tool(🔍, O)

이미지의 특정 부분을 밝게 만들 때 사용됩니다.

47 Burn Tool(◐)

이미지의 특정 부분을 어둡게 만들 때 사용됩니다.

48 Sponge Tool(◉)

이미지의 특정 부분을 무채색으로 만들 때 사용됩니다.

49 Pen Tool(✒, P)

직선, 곡선, 면을 패스로 그려 다양한 형태의 모양을 그릴 때 자주 사용하는 도구입니다.
옵션 바에서 [Shape Mode]를 선택하면 도형으로 패스가 만들어지고, [Path Mode]로 선택하면 기본 패스로 만들어집니다. 기본 패스로 작업 후 Ctrl + Enter 를 누르면 선택 영역으로 지정됩니다.

 ⇨

50 Freeform Pen Tool(✒)

자유롭게 드래그하여 패스를 그릴 때 사용됩니다.

51 Curvature Pen Tool(✒)

점을 이용하여 곡선 또는 직선의 패스를 자유롭게 그릴 때 사용됩니다.

52 Add Anchor Point Tool(✒)

패스에 부족한 고정점을 추가하여 수정할 때 사용되는 도구입니다.

53 Delete Anchor Point Tool(　)

패스에 불필요한 고정점을 삭제하여 수정할 때 사용되는 도구입니다.

54 Convert Point Tool(　)

곡선의 고정점을 클릭하여 직선으로 만들거나, 직선의 고정점을 드래그하여 곡선으로 만드는 도구입니다.

55 Horizontal Type Tool(　, 　)

가로 방향으로 글자를 입력할 때 사용됩니다.

56 Vertical Type Tool(　)

세로 방향으로 글자를 입력할 때 사용됩니다.

57 Vertical Type Mask Tool(　)

세로 방향의 글자 형태로 선택 영역을 만들 때 사용됩니다.

58 Horizontal Type Mask Tool(　)

가로 방향의 글자 형태로 선택 영역을 만들 때 사용됩니다.

59 Path Selection Tool(　, 　)

전체 패스를 선택할 때 사용됩니다.

60 Direct Selection Tool(　)

특정 부분의 패스를 선택할 때 사용됩니다.

61 Rectangle Tool(▭, U)

사각형의 모양을 그릴 때 사용되는 도구입니다. 작업 창에 클릭하면 옵션 상자에 수치를 입력하여 그릴 수 있습니다.

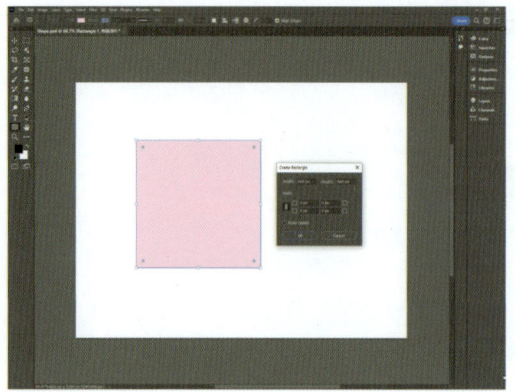

62 Ellipse Tool(○)

원형 모양을 그릴 때 사용되는 도구입니다. 작업 창에 클릭하면 옵션 상자에 수치를 입력하여 그릴 수 있습니다.

63 Triangle Tool(△)

삼각형을 그릴 때 사용되는 도구입니다. 작업 창에 클릭하면 옵션 상자에 수치를 입력하여 그릴 수 있습니다.

64 Polygon Tool(⬡)

다각형의 모양을 그릴 때 사용되는 도구입니다. 작업 창에 클릭하면 옵션 상자에 수치를 입력하여 그릴 수 있습니다.

65 Line Tool(/)

다양한 선을 그릴 때 사용되는 도구입니다. 작업 창에 클릭하면 옵션 상자에 수치를 입력하여 그릴 수 있습니다.

66 Custom Shape Tool(✿)

제공되는 다양한 도형을 선택하여 사용하거나 사용자가 직접 등록할 수 있습니다.

67 Hand Tool(✋, H)

작업 화면을 이동할 때 사용되는 도구입니다. 다른 도구가 선택되어 있을 때 Space Bar 를 누른 동안 [Hand Tool]을 사용할 수 있습니다. 도구를 더블 클릭하면 작업 창에 맞는 크기로 화면이 조절됩니다.

68 Rotate View Tool(🔄, R)

화면을 회전하여 볼 때 사용됩니다. 옵션 바의 [Reset View]를 클릭하면 원상태로 보여집니다.

69 Zoom Tool(🔍, Z)

화면을 확대하거나 축소할 때 사용되는 도구입니다. 도구를 더블 클릭하면 100%로 화면이 조절됩니다.

70 Edit in Quick Mask Mode(⬚, Q)

브러시나 선택 툴을 사용하여 영역을 선택할 때 사용됩니다.

71 Change Screen Mode(🖥, F)

표준 모드나 마스크 모드로 선택할 때 사용됩니다. 프로그램이 실행되면 초기 상태로 보입니다.

72 Color Mode

❶ Foreground Color : 전경색으로 색을 칠할 때 사용됩니다.
❷ Background Color : 배경색으로 색을 칠할 때 사용됩니다.
❸ Switch Foreground and Background Colors : 전경색과 배경색의 위치를 변경할 때 사용됩니다.
❹ Default Foreground and Background Colors : 전경색과 배경색을 기본색으로 설정됩니다.

3 핵심 패널(Panel) 기능 익히기

포토샵에서 다양하게 제공하는 패널은 각 패널의 용도에 따라 개체의 속성을 설정할 수 있습니다. [Window]에서 필요한 패널을 선택하여 사용할 수 있고 패널의 위치를 변경할 수 있습니다.

01 Layers 패널

층을 분리하여 이미지를 구성할 수 있고 다양한 효과를 적용할 때 사용됩니다.

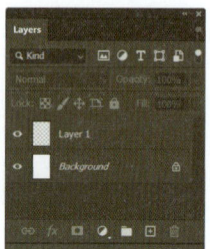

02 Character 패널

문자의 종류, 크기, 자간, 행간 설정 등 글자를 설정할 때 사용됩니다.

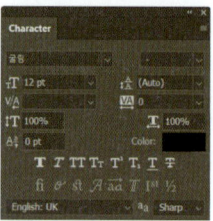

03 Adjustments 패널

이미지의 보정 기능을 쉽고 빠르게 적용할 때 사용됩니다.

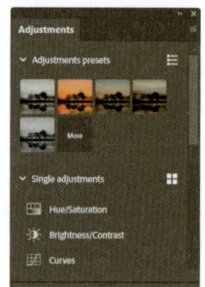

04 Brush Settings 패널

다양한 종류를 선택할 수 있고, 사용자가 제작한 브러시를 등록하여 사용할 수 있습니다.

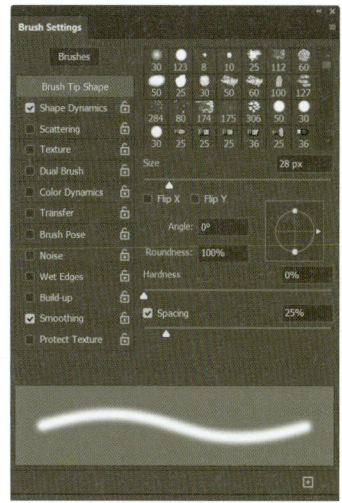

05 Brushes 패널

브러시의 옵션을 조절할 때 사용됩니다.

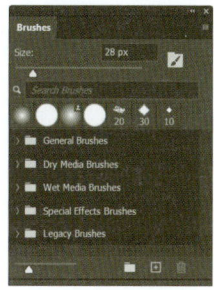

06 Channels 패널

이미지 색상 정보를 알 수 있습니다.

07 Color 패널

전경색과 배경색을 선택할 때 사용됩니다.

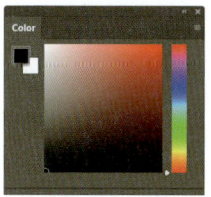

08 Glyphs 패널

기본 글자 외의 종류로 특수문자, 다양한 문자 또는 숫자를 입력할 때 사용됩니다.

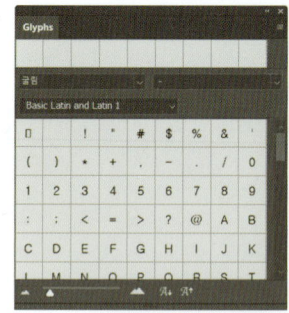

09 Gradients 패널

제공되는 그라디언트의 색상을 사용하거나 등록할 때 사용됩니다.

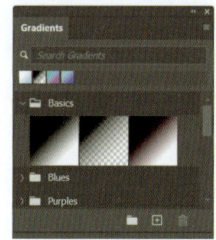

10 History 패널

작업 과정이 단계별로 기록되어 확인할 수 있고 작업을 취소할 때 사용됩니다.

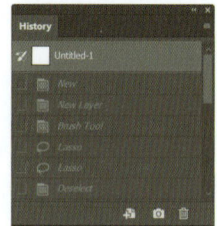

11 Info 패널

현재 마우스 포인터의 색상, 위치 등 정보를 알 수 있습니다.

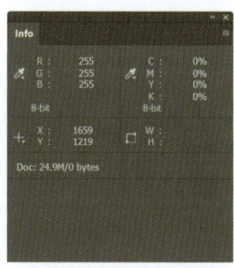

12 Navigator 패널

이미지의 위치를 확인할 수 있고 화면을 확대, 축소할 때 사용됩니다.

13 Paragraph 패널

단락의 정렬 등 다양한 속성을 설정할 때 사용됩니다.

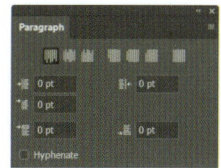

14 Paths 패널

작업된 패스를 저장하거나 선택 영역으로 지정할 때 사용됩니다.

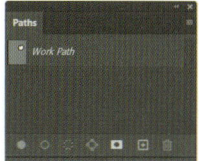

15 Patterns 패널

제공되는 패턴을 사용하거나 등록할 때 사용됩니다.

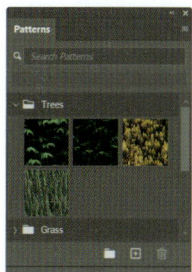

16 Properties 패널

이미지의 속성을 확인하고, 제어할 때 사용됩니다.

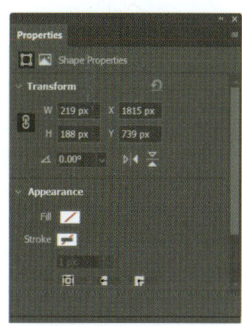

17 Shapes 패널

제공되는 셰이프를 사용하거나 등록할 때 사용됩니다.

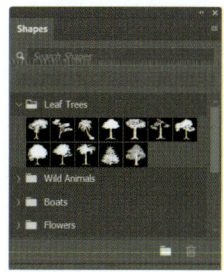

18 Swatches 패널

제공되는 색상을 사용하거나 자주 사용하는 색상을 등록할 때 사용됩니다.

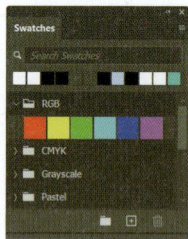

19 Timeline 패널

이미지에 애니메이션 효과를 적용하여 움직이는 GIF 파일을 제작할 때 사용됩니다.

20 Tool Presets 패널

자주 사용하는 도구를 저장해 관리할 수 있습니다.

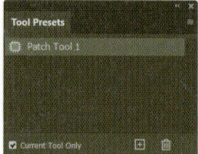

4 시험에서 자주 사용하는 필수 기능

01 레이어 이해하기

레이어는 투명한 종이에 그림을 겹쳐 놓아 하나의 이미지로 보여지도록 합성할 때 사용됩니다. 각 오브젝트는 각각의 레이어로 분리해 두면 수정하기가 편리합니다.

1) Layers 패널

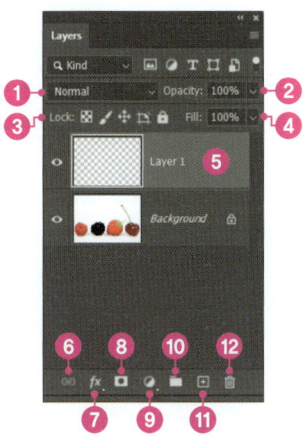

❶ Blending Mode : 두 이미지의 색상이 혼합되어 보입니다.
❷ Opacity : 레이어의 투명도를 조절합니다.
❸ Lock : 레이어를 변형할 수 없습니다.
❹ Fill : 면의 투명도를 조절합니다.
❺ 투명 레이어 : 오브젝트를 쌓아 합성합니다.
❻ Link layers : 레이어를 연결합니다.
❼ Add a layer style : 레이어에 효과를 넣습니다.
❽ Add layer mask : 레이어에 마스크를 적용합니다.
❾ Create new fill or adjustment layer : 레이어의 색상을 조절합니다.
❿ Create a new group : 레이어를 그룹으로 지정합니다.
⓫ Create a new layer : 새로운 레이어를 추가합니다.
⓬ Delete layer : 레이어를 삭제합니다.

2) 이미지 합성하기(준비 파일 : 포토샵-01-room.jpg, plant.png)

❶ [File]-[Open]을 실행하고, '포토샵 – 01 – room. jpg, plant.png' 파일을 선택하여 불러옵니다.

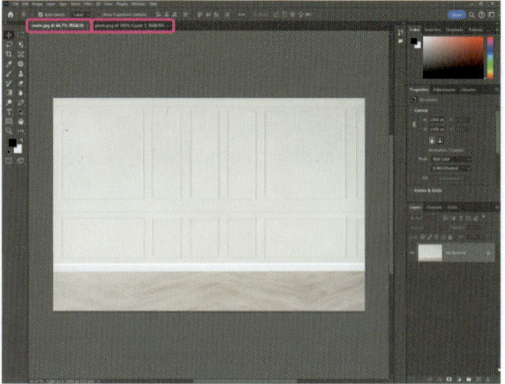

> **Tip** ✓
>
> Shift 를 누른 채 클릭하면 이미지 파일을 다중 선택하여 불러올 수 있습니다.

❷ Move Tool()로 'plant.png' 파일을 드래그해서 'room.jpg' 도큐멘트로 이동하여 알맞게 배치합니다.

 ⇨

드래그

> **Tip** ✓
>
> 도큐멘트의 파일 이름을 드래그하면 탭에서 분리된 창으로 변경할 수 있습니다.

02 이미지 크기

[Edit]−[Transform] 또는 Ctrl+T를 누른 후 마우스 우클릭하여 이미지의 크기, 회전, 기울기, 변형 등을 할 수 있습니다.

❶ Scale : 이미지의 크기를 조절합니다. 드래그하면 정비율로, Shift를 누른 채 드래그하면 비율이 변형되어 크기 조절이 됩니다.

❷ Rotate : 이미지를 회전하여 각도를 조절합니다. Shift를 누른 채 드래그하면 15°씩 회전됩니다.
  ⓐ Rotate 180° : 이미지를 180°로 회전합니다.
  ⓑ Rotate 90° Clockwise : 이미지를 시계방향으로 90° 회전합니다.
  ⓒ Rotate 90° Counter Clockwise : 이미지를 시계 반대 방향으로 90° 회전합니다.

❸ Skew : 이미지의 기울기를 조절합니다.

❹ Distort : 이미지의 기울기를 자유롭게 조절합니다.

❺ Perspective : 이미지의 기울기를 원근감으로 조절합니다.

❻ Warp : 이미지의 형태를 자유롭게 왜곡시키거나 옵션 바의 Warp : Custom의 종류를 선택하여 조절합니다.

❼ Flip Horizontal : 좌, 우 반전합니다.

❽ Flip Vertical : 상, 하 반전합니다.

03 패턴 저장하고 적용하기

(준비 파일 : 포토샵-01-Pattern-cloud.png, sky.jpg)

❶ [File]-[Open]을 실행하고, '포토샵-01-Pattern-cloud.png' 파일을 선택하여 불러옵니다. [Edit]-[Define Pattern]을 선택하고 [OK]를 누릅니다.

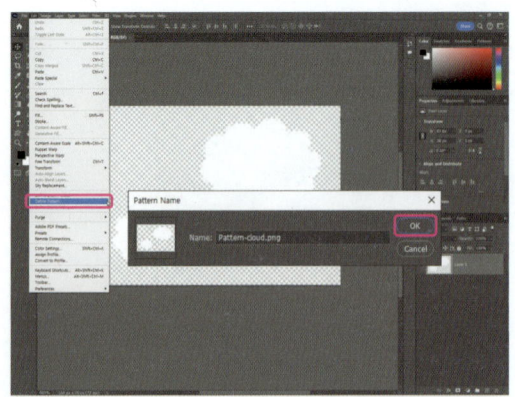

❷ [File]-[Open]을 실행하고, '포토샵-01-sky.jpg' 파일을 선택하여 불러옵니다.
[Layer] 패널에서 Create a new layer( ) 아이콘을 클릭하여 투명한 레이어를 생성합니다.

❸ [Edit]-[Fill]-[Contents : Pattern]을 선택 후 등록한 패턴을 클릭합니다.

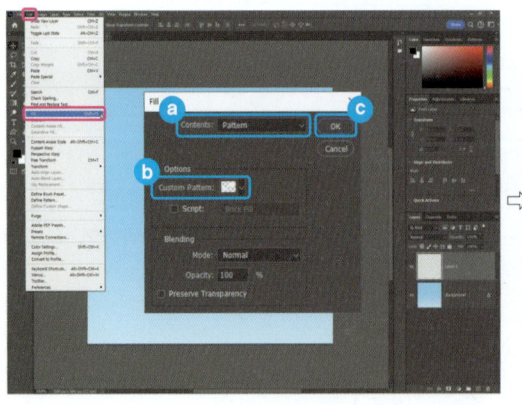 

04 색상 변경하기

[Image]-[Adjustments]-[Hue/Saturation]
색상, 채도, 명도 및 Colorize의 기능으로 이미지의 색상을 조절할 수 있습니다.

❶ Hue : 이미지의 색상을 조절합니다.
❷ Saturation : 이미지의 채도를 조절합니다.
❸ Lightness : 이미지의 명도를 조절합니다.
❹ Colorize : 이미지의 색상을 모노톤으로 변경합니다.

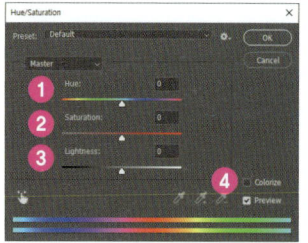

1) 부분 색상 변경하기(준비 파일 : 포토샵-01-houses.jpg)

❶ [File]-[Open]을 실행하고, '포토샵-01-houses.jpg' 파일을 선택하여 불러옵니다.
　Quick Selecton Tool( )을 선택하고 노란색 부분을 드래그하여 선택 영역으로 만듭니다.

❷ [Image]-[Adjustments]-[Hue/Saturation] 또는 Ctrl + U 를 눌러 Hue : -120으로 조절한 후 보라색 계열로 변경합니다.

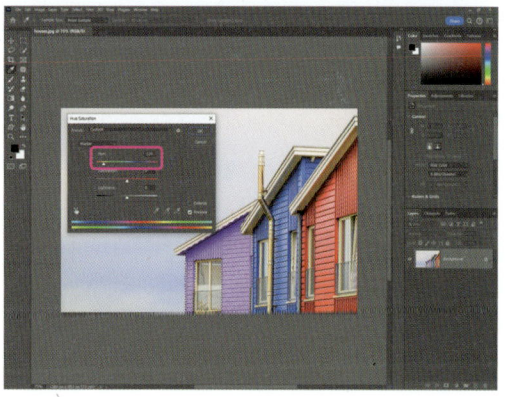

2) 흑백 사진 만들기

[File]-[Open]을 실행하고, '포토샵-01-houses.jpg'
파일을 선택하여 불러옵니다.
Ctrl + U 를 눌러 Saturation : -100으로 입력하고
[OK]를 누릅니다.

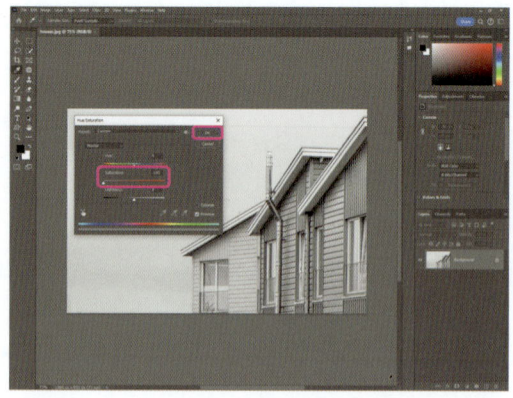

05 Layer Style

레이어에 그림자, 테두리, 광선 등 다양한 효과를 적용합니다. [Layer]-[Layer Style] 또는 [Layer] 패널의
이미지의 레이어를 더블 클릭합니다.

1) 스타일 종류 알아보기

❶ Bevel & Emboss : 이미지에 입체감이 적용됩
니다.
❷ Stroke : 이미지 바깥쪽에 테두리(선)가 적용됩
니다.
❸ Inner Shadow : 이미지 안쪽에 그림자가 적용
됩니다.
❹ Inner Glow : 이미지 안쪽에 빛이 적용됩니다.
❺ Satin : 이미지에 광택 질감이 적용됩니다.
❻ Color Overlay : 이미지에 색상이 적용됩니다.
❼ Gradient Overlay : 이미지에 그라디언트 색상
이 적용됩니다.
❽ Pattern Overlay : 이미지에 패턴이 적용됩니다.
❾ Outer Glow : 이미지 바깥쪽에 빛이 적용됩니다.
❿ Drop Shadow : 이미지 바깥쪽에 그림자가 적용됩니다.

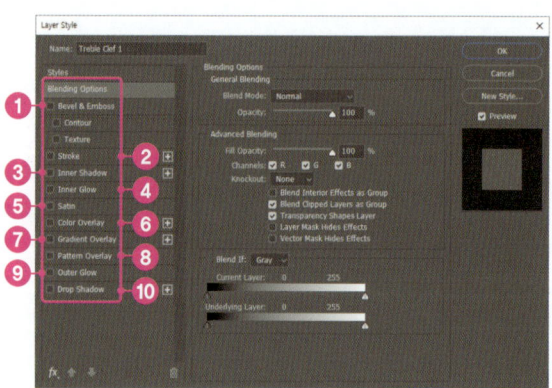

2) Layer Style로 입체감 있는 이미지 제작하기(준비 파일 : 포토샵-01-water.jpg)

❶ [File]-[Open]을 실행하고, '포토샵-01-water.jpg' 파일을 선택하여 불러옵니다.
Custom Shape Tool(🟊)을 선택하고 옵션의 'Shape' 종류 중 'Music' 메뉴에서 '높은음자리표' 이미지를 클릭한 후 드래그하여 배치합니다.

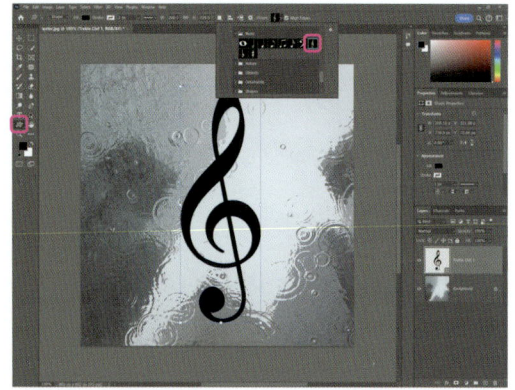

❷ 이미지는 옵션의 색상은 Fill : None, Strock : None로 선택한 후 레이어 패널을 더블 클릭하여 [Layer Style] 창을 실행합니다.

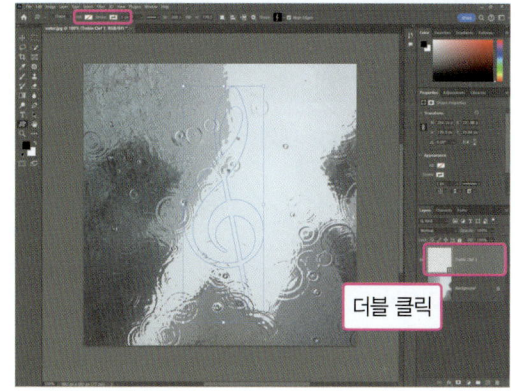

❸ Styles : Inner Shadow를 선택한 후 옵션값을 조절하여 입체감을 줍니다.

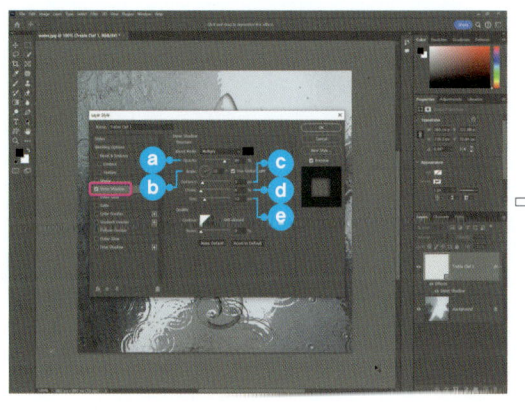 

ⓐ Opacity : 그림자의 투명도, ⓑ Angle : 그림자의 방향, ⓒ Distance : 그림자의 거리, ⓓ Choke : 그림자의 퍼지는 정도, ⓔ Size : 그림자의 크기

> **Tip**
>
> **Inner Shadow 옵션값**
> Opacity : 80%, Angle : 30˚, Distance : 5px, Choke : 0%, Size : 15px

06 Blend Mode

두 이미지의 색상이 혼합되어 보입니다. 자연스러운 합성을 할 때 많이 사용되는 기능입니다(준비 파일 : 포토샵-01-night.jpg, fireworks.jpg).

❶ [File]-[Open]을 실행하고, '포토샵-01-night.jpg, fireworks.jpg' 파일을 선택하여 불러옵니다. 'fireworks.jpg' 이미지는 Move Tool()로 드래그하여 'night.jpg' 레이어 위에 옮겨 배치합니다.

> **Tip**
>
> 도큐멘트의 파일 이름을 드래그하면 탭에서 분리된 창으로 변경할 수 있습니다.

❷ [Layer] 패널에서 [Normal]을 클릭한 후 [Lighten]을 선택합니다.

07 레이어 마스크

이미지의 원하는 부분을 보여주거나 가려줍니다. 마스크 레이어에 흰색(#ffffff)으로 칠해진 영역은 보이고 검은색(#000000)으로 칠해진 영역은 보이지 않습니다(준비 파일 : 포토샵-01-field.psd).

❶ [File]-[Open]을 실행하고, '포토샵-01-field.psd' 파일을 선택하여 불러옵니다.
[Layer] 패널에서 'Layer 1'을 선택한 후 Add layer mask( ) 아이콘을 클릭합니다.

❷ D를 눌러 전경색은 검은색, 배경색은 흰색으로 설정하고, Gradient Tool( )을 선택하고 옵션 상자에서 [Presets]의 [Foreground to Transparent]을 누릅니다.

❸ 작업 창에 상단에서 하단 방향으로 드래그하여 하늘 부분을 가립니다.

CHAPTER 3 포토샵 Ver. CC **81**

Foreground to Background와 Foreground to Transparent의 차이점
검은색은 이미지를 가리고, 흰색과 투명은 이미지를 보여줍니다. [Foreground to Background]와 같이 불투명한 색상은 한쪽 방향으로만 그라데이션을 적용하여 가릴 수 있고, [Foreground to Transparent]의 색상은 여러 가지 방향으로 중복적으로 그라데이션을 적용하여 자유롭게 이미지를 가릴 수 있습니다.

검은색 → 흰색

검은색 → 투명색

08 클리핑 마스크

이미지를 아래에 위치한 이미지의 영역만큼만 보여줍니다. 마스크를 적용할 이미지 사이를 Alt 를 누른 채 경계선을 클릭하거나 Alt + Ctrl + G 를 사용합니다(준비 파일 : 포토샵-01-flowers.psd).

❶ [File]-[Open]을 실행하고, '포토샵-01-flowers.psd' 파일을 선택하여 불러옵니다.
Horizontal Type Tool(T)로 작업 창을 클릭하고 'flower'를 입력합니다.

❷ [Window]-[Character] 패널에 서체 : Arial Bold, 문자 크기 : 300pt를 입력하고 알맞게 배치합니다.

❸ [Layer] 패널에서 '문자' 레이어를 '이미지' 레이어 아래쪽에 배치하고 '이미지'와 '문자' 레이어의 경계선을 Alt 를 누른 채 클릭하거나 Alt + Ctrl + G 를 눌러 클리핑 마스크를 적용합니다.

09 Image Size

이미지의 크기, 용량, 해상도의 정보를 파악하고 조절할 수 있습니다. 컴퓨터그래픽기능사 실기 시험은 10MB의 용량 제한이 있으므로 용량이 큰 파일은 해상도를 조절하여 저장합니다.

[Image]-[Image Size]
❶ Image Size : 이미지 용량
❷ Dimensions : 화면 해상도의 가로, 세로 크기
❸ Width/Height : 가로/세로 크기
❹ Resolution : 해상도
❺ Resample : 선택하지 않으면 이미지의 크기와 해상도를 자유롭게 변경할 수 있습니다.

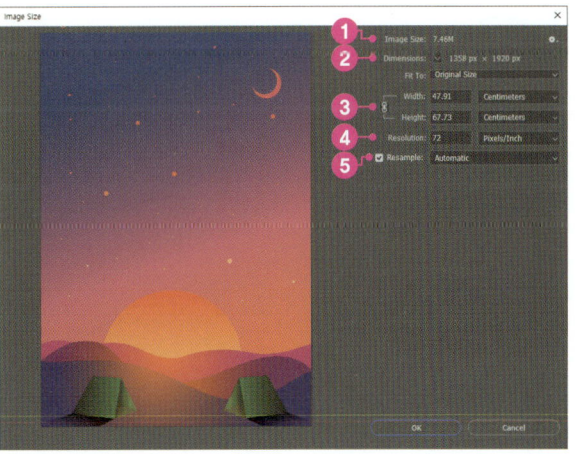

10 필터

이미지에 질감, 분위기 등 다양한 표현을 적용할 수 있습니다. 시험에 많이 출제되는 부분이므로 다양한 필터 종류를 익혀주세요.

1) Filter Gallery

[Filter]-[Filter Gallery]

❶ Artistic(예술 효과)

❷ Brush Strokes(브러시 선)

ⓐ Accented Edges(강조된 가장자리)

ⓑ Angled Strokes(각진 선)

ⓒ Crosshatch(그물눈)

ⓓ Dark Strokes(어두운 선)

ⓔ Ink Outlines(잉크 윤곽선)

ⓕ Spatter(뿌리기)

ⓖ Sprayed Strokes(스프레이 선)

ⓗ Sumi-e(수묵화)

❸ Distort(이미지 왜곡)

ⓐ Diffuse Glow(광선 확산)

ⓑ Glass(유리)

ⓒ Ocean Ripple(바다 물결)

❹ Sketch(스케치)

ⓐ Bas Relief(저부조)　　ⓑ Chalk & Charcoal(분필과 목탄)　　ⓒ Charcoal(목탄)

ⓓ Chrome(크롬)　　ⓔ Conté Crayon(크레용)　　ⓕ Graphic Pen(그래픽 펜)

ⓖ Halftone Pattern(하프톤 패턴)　　ⓗ Note Paper(메모지)　　ⓘ Photocopy(복사)

ⓙ Plaster(석고)　　ⓚ Reticulation(망사효과)　　ⓛ Stamp(도장)

ⓜ Torn Edges(가장자리 찢기)　　ⓝ Water Paper(물 종이)

❺ Stylize(스타일)

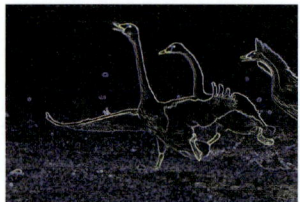

ⓐ Glowing Edges(가장자리 광선효과)

❻ Texture(텍스처, 질감)

ⓐ Craquelure(균열) ⓑ Grain(그레인) ⓒ Mosaic Tiles(모자이크 타일)
ⓓ Patchwork(이어붙이기) ⓔ Stained Glass(채색 유리) ⓕ Texturizer(텍스처화)

2) Filter

❶ Blur(흐림)

ⓐ Blur(흐림)   ⓑ Gaussian Blur(가우시안 흐림)   ⓒ Motion Blur(동작 흐림)

ⓓ Radial Blur(방사형 흐림)   ⓔ Surface Blur(표면 흐림)

❷ Distort(왜곡)

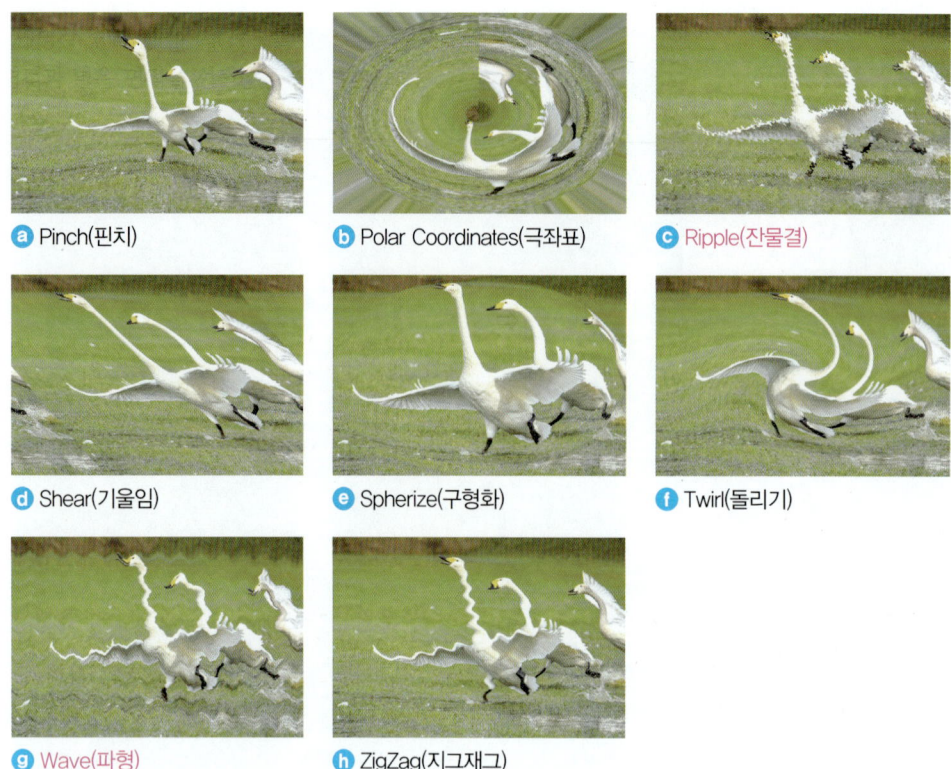

ⓐ Pinch(핀치) ⓑ Polar Coordinates(극좌표) ⓒ Ripple(잔물결)

ⓓ Shear(기울임) ⓔ Spherize(구형화) ⓕ Twirl(돌리기)

ⓖ Wave(파형) ⓗ ZigZag(지그재그)

❸ Noise(노이즈)

ⓐ Add Noise(노이즈 추가)

❹ Pixelate(픽셀화)

ⓐ Color Halftone(컬러 하프톤)

ⓑ Crystallize(수정화)

ⓒ Facet(단면화)

ⓓ Fragment(분열)

ⓔ Mezzotint(메조틴트)

ⓕ Mosaic(모자이크)

ⓖ Pointillize(점묘화)

❺ Render(렌더)

ⓐ Clouds(구름)

ⓑ Fibers(섬유)

ⓒ Lens Flare(렌즈 플레어)

❻ Sharpen(선명 효과)

ⓐ Shapen(선명하게)

❼ Stylize(스타일화)

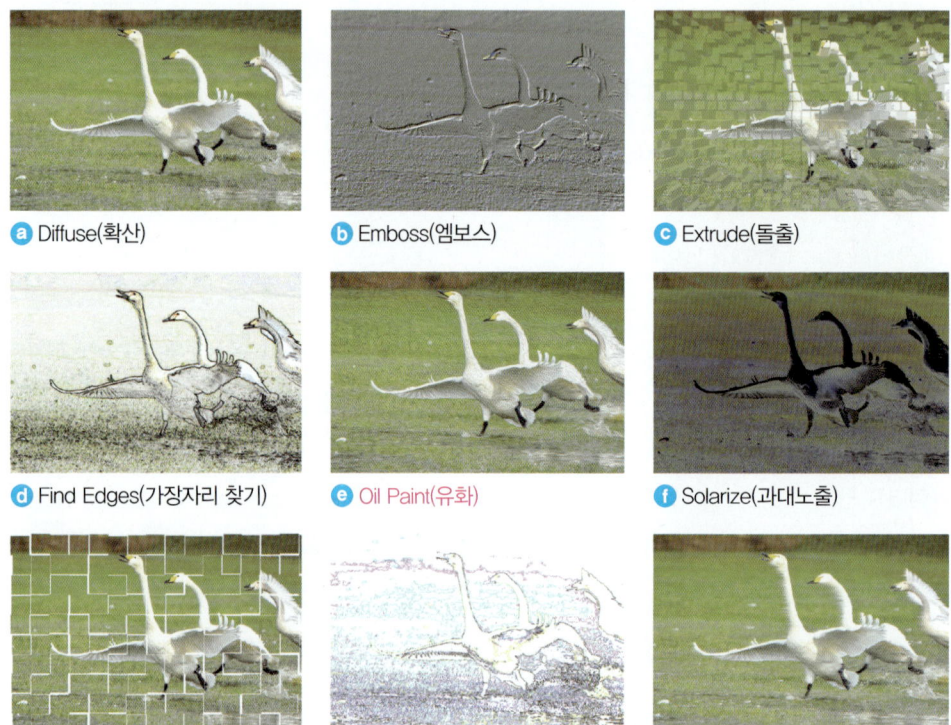

ⓐ Diffuse(확산) ⓑ Emboss(엠보스) ⓒ Extrude(돌출)

ⓓ Find Edges(가장자리 찾기) ⓔ Oil Paint(유화) ⓕ Solarize(과대노출)

ⓖ Tiles(타일) ⓗ Trace Contour(윤곽선 추적) ⓘ Wind(바람)

CHAPTER

4 인디자인 Ver. CC

1 인디자인 Ver. CC 화면구성

01 기본 화면구성

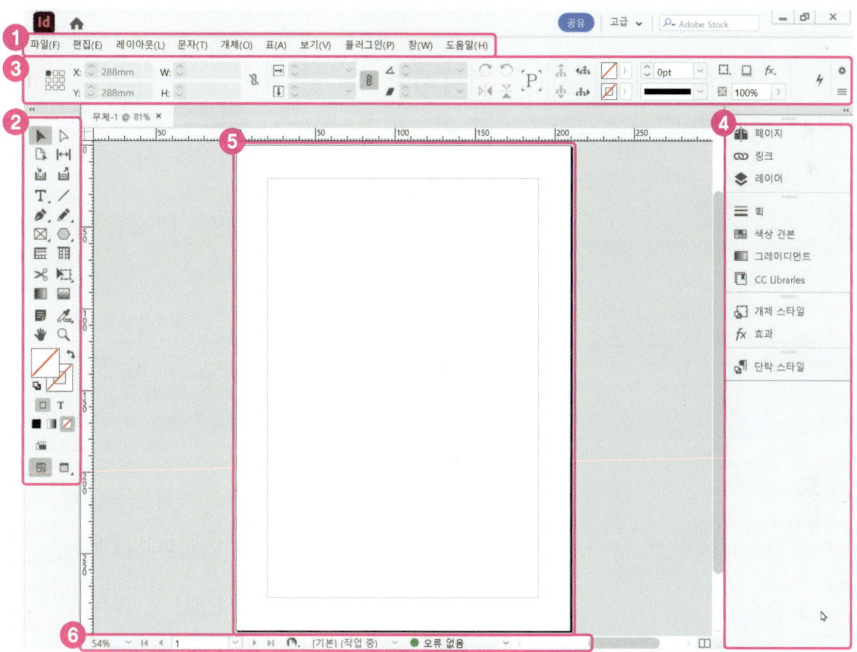

① 메뉴 바(Menu) – 포토샵에서 제공하는 명령들을 카테고리로 분류하여 풀다운 형시으로 보여줍니다.
② 도구 바(Tools) – 작업하기 위한 필수 도구를 아이콘 형식으로 모아 보여줍니다.
③ 옵션 바(Control) – 선택한 오브젝트에 대한 세부 속성을 설정할 수 있습니다. 활성화된 도구(Tools) 패널에 따라 옵션의 종류는 다르게 보입니다.
④ 패널(Panel) – 인디자인에서 제공하는 기능들을 패널 형식으로 보여줍니다. 개체이 속성 및 효과를 세밀히게 설정할 수 있습니다.
⑤ 작업 영역(Document) – 실제 작업이 이루어지는 공간으로 출력되는 영역입니다. 아트보드, 캔버스, 작업 창 등 여러 가지 이름으로도 불립니다.
⑥ 상태 표시줄 – 작업 중인 도큐멘트의 정보를 표시합니다.

도구 바(Tools), 옵션 바(Control), 패널(Panel)은 [Window] 메뉴에서 해당 패널을 꺼내 사용할 수 있습니다.

02 도구 바(Tools) 구성

인디자인에서 자주 사용하는 도구는 단축키를 사용해 작업시간을 효율적으로 관리할 수 있습니다.

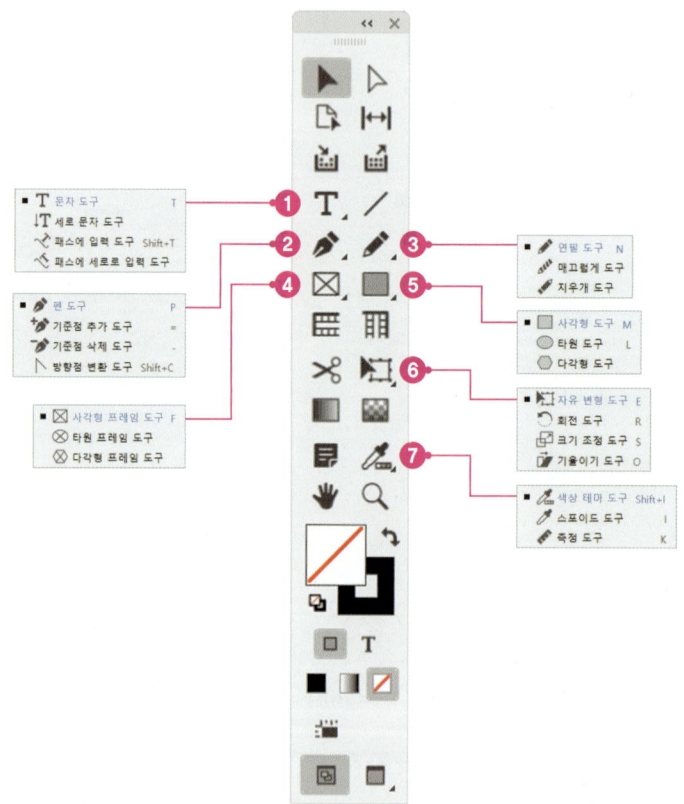

숨겨져 있는 도구 선택하기
도구 아이콘 오른쪽 아래의 작은 삼각형을 클릭하여 길게 누르면 숨어있는 도구를 볼 수 있습니다.

2 핵심 툴(Tools) 기능 익히기

01 선택 도구(▶, V, ESC)
오브젝트를 선택, 이동, 복사, 조절 등을 할 수 있는 가장 많이 사용되는 기본 도구입니다.

02 직접 선택 도구(▷, A)
프레임 또는 프레임 안의 패스 점을 조정하고 내용을 직접 선택할 때 사용하는 도구입니다.

03 페이지 도구(⬚, Shift + P)
선택한 페이지의 판형의 크기를 조정할 때 사용하는 도구입니다.

04 간격 도구(↔, U)
여러 오브젝트 사이의 간격을 조정할 때 사용하는 도구입니다.

05 내용 수집 도구(⬚, B)
오브젝트를 열린 문서에 사용할 수 있도록 컨베이어에 불러올 때 사용하는 도구입니다.

06 내용 배치 도구(⬚, B)
내용 컨베이어에서 선택한 오브젝트를 가져올 때 사용하는 도구입니다.

07 문자 도구(T, T)
문자 프레임을 만들고 입력할 때 사용하는 도구입니다.

08 세로 문자 도구(↓T)
세로 방향으로 글자를 입력할 때 사용하는 도구입니다.

09 패스에 입력 도구(✑, Shift + T)
패스를 따라 흐르는 글자를 입력할 때 사용되는 도구입니다.

10 패스에 세로로 입력 도구()

패스를 따라 세로 방향으로 흐르는 글자를 입력할 때 사용되는 도구입니다.

11 선 도구(/ , W)

직선 또는 사선을 그릴 때 사용되는 도구입니다. Shift 를 누른 채 드래그하면 수직, 수평으로 직선을 그릴 수 있습니다.

12 펜 도구(, P)

직선, 곡선, 면을 패스로 그려 다양한 형태의 모양을 그릴 때 사용하는 도구입니다.

13 기준점 추가 도구(, =)

패스에 부족한 고정점을 추가하여 수정할 때 사용되는 도구입니다.

14 기준점 삭제 도구(, -)

패스에 불필요한 고정점을 삭제하여 수정할 때 사용되는 도구입니다.

15 방향점 변환 도구(, Shift + C)

곡선의 고정점을 클릭하여 직선으로 만들거나, 직선의 고정점을 드래그하여 곡선으로 만드는 도구입니다.

16 연필 도구(, N)

자유 형태의 패스 선을 그릴 때 사용되는 도구입니다.

17 매끄럽게 도구( )

거친 패스를 매끄럽고, 부드럽게 수정할 때 사용되는 도구입니다.

18 지우개 도구( )

오브젝트의 패스 일부분을 삭제할 때 사용되는 도구입니다.

19 사각형 프레임 도구(⊠, F)
사각형 모양의 속성이 없는 프레임을 만들 때 사용되는 도구입니다.

20 타원 프레임 도구(⊗)
원형 모양의 속성이 없는 프레임을 만들 때 사용되는 도구입니다.

21 다각형 프레임 도구(⊗)
다각형 모양의 속성이 없는 프레임을 만들 때 사용되는 도구입니다.

22 사각형 도구(■, M)
사각형 모양을 그릴 때 사용되는 도구입니다. Shift를 누른 채 드래그하면 정사각형으로 그려집니다.

23 타원 도구(●, L)
원형 모양을 그릴 때 사용되는 도구입니다. Shift를 누른 채 드래그하면 정원으로 그려집니다.

24 다각형 도구(●)
다각형 모양을 그릴 때 사용되는 도구입니다. 작업 창에 클릭하여 옵션 상자에서 면 수를 지정할 수 있습니다.

25 가로 격자 도구(▦, Y)
가로 문자 격자를 만들 때 사용됩니다.

26 세로 격자 도구(▦, Q)
세로 문자 격자를 만들 때 사용됩니다.

27 가위 도구(✂, C)
오브젝트의 패스를 자를 때 사용되는 도구입니다.

28 자유 변형 도구(⬚, E)

오브젝트의 크기를 조절하거나 회전하여 자유롭게 변형할 때 사용되는 도구입니다.

29 회전 도구(⟳, R)

오브젝트를 회전할 때 사용되는 도구입니다.

30 크기 조정 도구(⬚, S)

오브젝트의 크기를 조정할 때 사용되는 도구입니다.

31 기울이기 도구(⬚, O)

오브젝트의 기울기를 조정할 때 사용되는 도구입니다.

32 그레이디언트 색상 견본 도구(■, G)

오브젝트에 한 가지 이상의 색이 연속적으로 변화되도록 적용하는 도구입니다.

33 그레이디언트 페더 도구(▨, Shift + G)

오브젝트의 한쪽 부분이 희미해지게 적용하는 도구입니다.

34 메모 도구(⬚)

주석을 추가할 때 사용되는 도구입니다.

35 색상 테마 도구(⬚)

선택한 오브젝트의 색상 테마를 표시할 때 사용됩니다.

36 스포이드 도구(⬚, I)

선택한 오브젝트의 색상 또는 문자의 특성을 복사하여 다른 오브젝트에 적용할 때 사용됩니다.

37 측정 도구(✏️, K)

오브젝트의 위치나 크기 등 속성을 확인할 때 사용됩니다.

38 손 도구(✋, H)

작업 화면을 다른 페이지로 이동할 때 사용되는 도구입니다.

39 확대/축소 도구(🔍, Z)

화면을 확대하거나 축소할 때 사용되는 도구입니다.

40 색상모드

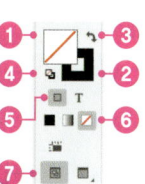

❶ 면색(X) : 오브젝트의 면에 색을 칠할 때 사용됩니다.
❷ 선색(X) : 오브젝트의 선에 색을 칠할 때 사용됩니다.
❸ 면색과 선색 교체(Shift + X) : 면색과 선색의 위치를 변경할 때 사용됩니다.
❹ 기본 면색과 선색(D) : 면과 선에 기본색을 칠할 때 사용됩니다.
❺ 오브젝트/문자에 서식 적용(.) : 오브젝트/문자에 색을 칠할 때 사용됩니다.
❻ 색상 적용, 그레이디언트 적용, 색 적용 안 함
❼ 화면모드(W) : 미리 보기, 도련, 인쇄 가능 영역, 프레젠테이션으로 화면을 볼 때 사용됩니다.

3 핵심 패널(Panel) 기능 익히기

01 페이지 패널

작업 페이지 추가, 삭제, 이동 등 페이지를 수정할 때 사용됩니다.

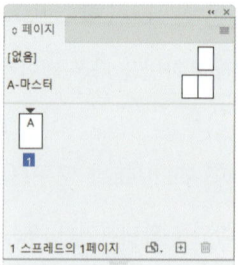

02 링크 패널

작업 창에 연결된 오브젝트의 정보가 나타나며 수정 및 편집할 때 사용됩니다.

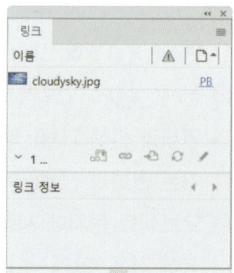

03 레이어 패널

작업 오브젝트를 각 다른 영역으로 구분하여 작업할 때 사용됩니다.

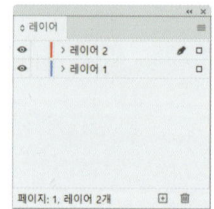

04 획 패널

선의 굵기와 모양, 모서리의 종류를 선택할 수 있고 화살표 등 다양한 선을 만들 때 사용됩니다.

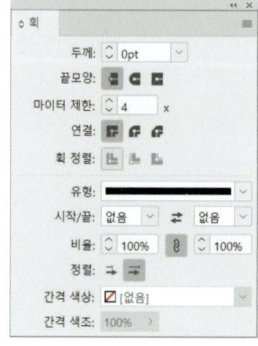

05 색상 견본 패널

제공되는 색상을 사용할 수 있고, 직접 색상을 만들어 저장할 때 사용됩니다.

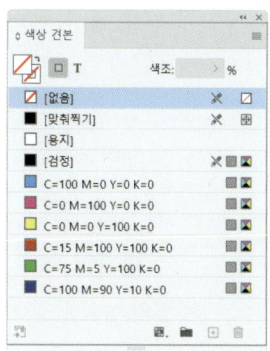

06 그레이디언트 패널

두 가지 이상의 색을 연속적으로 변화하여 자연스럽게 표현할 때 사용됩니다.

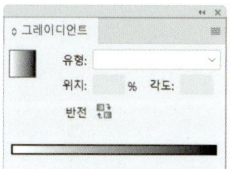

07 색상 패널

칠과 획의 색상을 설정할 때 사용됩니다.

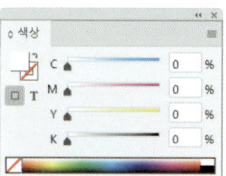

08 개체 스타일 패널

개체 스타일을 추가할 때 사용됩니다.

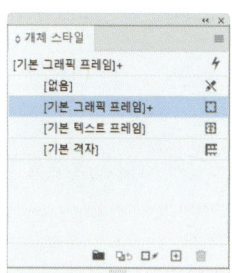

09 단락 스타일 패널

단락에 스타일을 추가하여 적용할 때 사용됩니다.

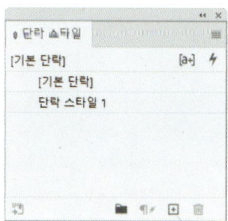

10 효과 패널

투명도, 그림자, 광선, 페더 등 효과를 적용하거나 옵션을 설정할 때 사용됩니다.

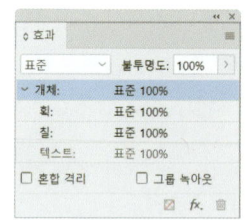

11 텍스트 감싸기 패널

텍스트 주변의 여백을 설정할 때 사용됩니다.

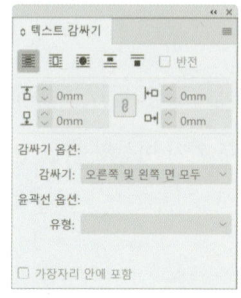

12 문자 패널

서체, 크기, 자간, 행간 등 글자의 속성을 조절할 때 사용됩니다.

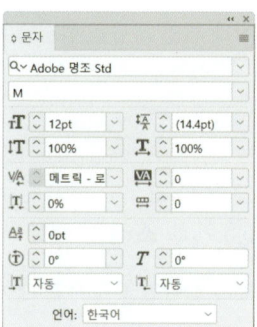

13 단락 패널

문단의 속성을 조절할 때 사용됩니다.

14 글리프 패널

특수 문자를 입력할 때 사용됩니다.

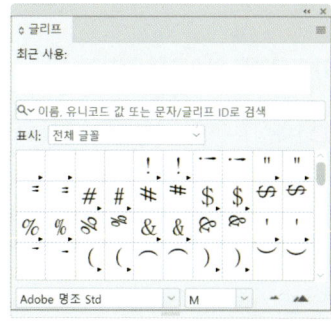

15 변형 패널

오브젝트의 위치, 크기, 각도, 기울기, 회전 등을 조절할 때 사용됩니다.

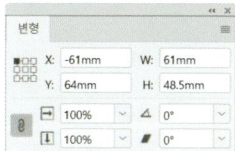

16 정렬 패널

선택한 오브젝트를 정렬 기준을 설정하여 배열할 때 사용됩니다.

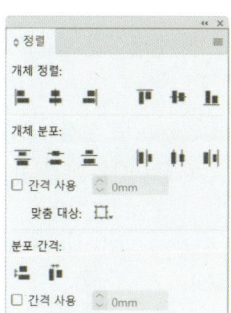

17 패스파인더 패널

두 개 이상의 겹쳐진 오브젝트를 합치거나 특정 부분을 삭제하여 새로운 형태로 만들 때 사용됩니다.

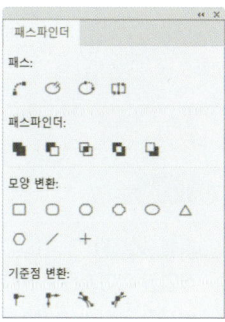

4 시험에서 자주 사용하는 필수 기능

1) 도큐멘트 및 여백 설정하기

❶ [파일]-[새로 만들기]-[문서] 또는 Ctrl + N 를 눌러 새로운 도큐멘트 대화상자를 활성화합니다. 대화상자 상단 탭에서 [인쇄]-[새 A4 문서 - 210×297mm 시작]을 선택하고 페이지 : 1, 페이지 마주보기 : 체크 해제한 후 [여백 및 단]을 누릅니다.

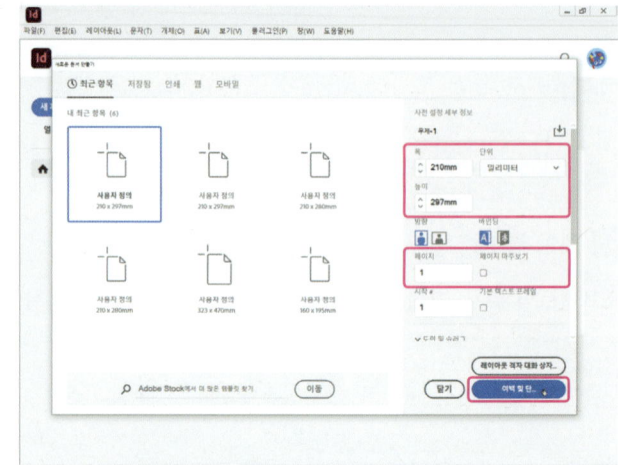

❷ 여백 및 단 대화상자의 링크 아이콘을 클릭하여 끊어진 링크로 설정합니다. 여백의 위쪽과 아래쪽 : 25.5mm, 왼쪽과 오른쪽 : 22mm로 설정하고, 열의 개수 : 1로 입력 후 [확인]을 누릅니다.

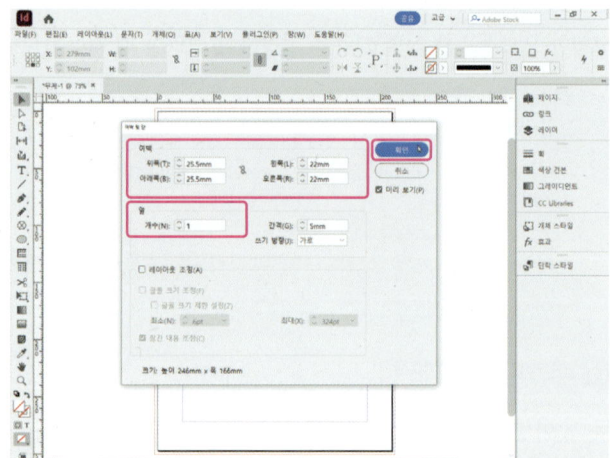

Tip

여백 계산하기

작업된 이미지는 A4용지의 중앙에 배치하기 위해 아래와 같이 여백을 계산합니다.

인쇄할 용지의 크기 : 210×297mm, 작업 이미지 크기 : 166×246mm

- 좌우 여백 : 210mm-166mm = 44mm, 44mm를 이등분하여 왼쪽 : 22mm, 오른쪽 : 22mm로 설정합니다.
- 상하 여백 : 297mm-246mm = 51mm, 51mm를 이등분하여 위쪽 : 25.5mm, 아래쪽 : 25.5mm로 설정합니다.

2) 이미지 가져오기

❶ 사각형 프레임 도구 만들기

    ⓐ 사각형 프레임 도구(⊠)를 선택 후 드래그하여 이미지가 들어갈 프레임을 만듭니다.

> **Tip**
>
> 사각형 프레임 도구로 작업 창을 클릭하여 옵션 상자에서 폭과 높이를 입력할 수 있습니다.

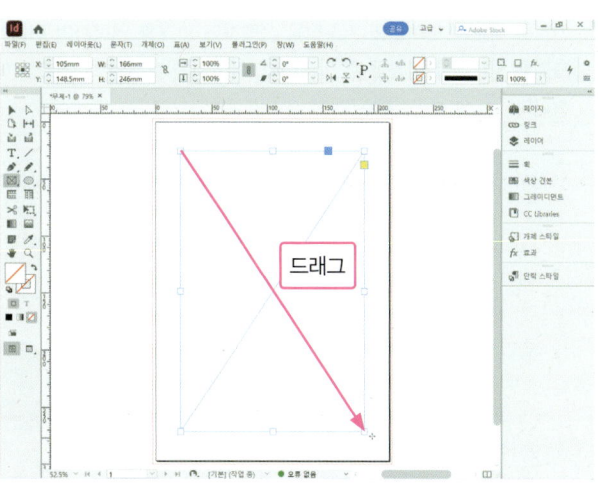

    ⓑ [파일]-[가져오기] 또는 Ctrl + D 를 눌러 'Sun.jpg' 파일을 선택한 후 [열기]를 누릅니다.

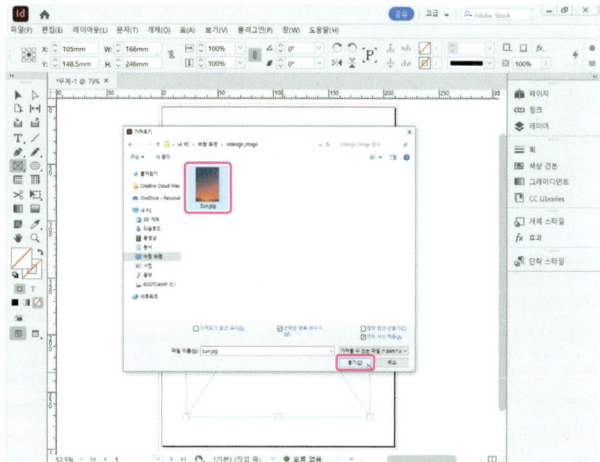

❷ 프레임 없이 이미지 가져오기

[파일]-[가져오기] 또는 Ctrl + D 를 눌러 'Sun.jpg' 파일을 선택한 후 [열기]를 누르고 작업 창을 클릭합니다.

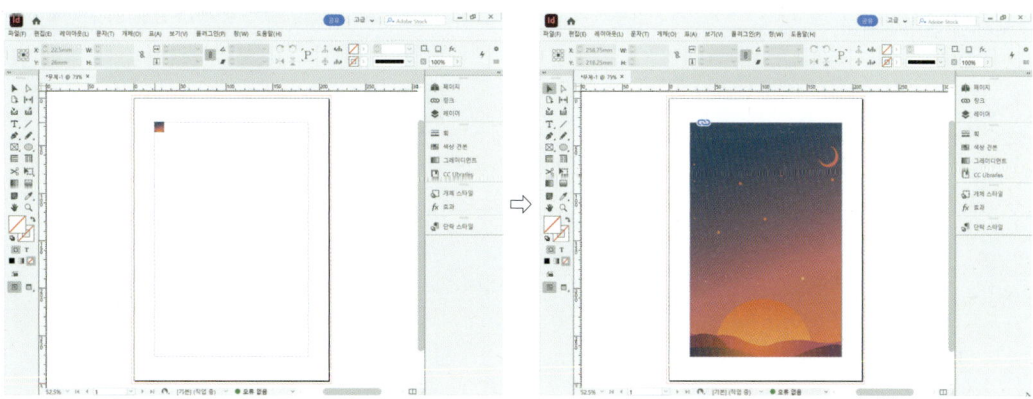

> **Tip**
>
> 컨트롤 바에서 이미지의 기준점을 선택하고 X, Y를 입력하여 이미지의 위치를 설정할 수 있고 W, H의 수치로 이미지의 크기를 확인하고 변경할 수 있습니다. 이미지를 불러온 후 컨트롤 바에서 반드시 크기를 확인하여 실수하지 않도록 주의합니다.

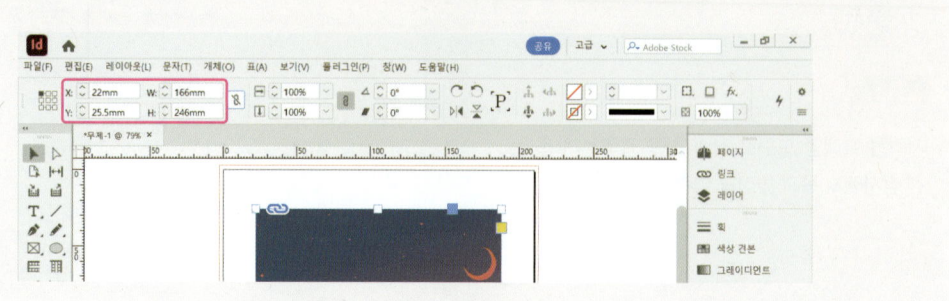

3) 문자 연습

❶ 문자 도구(T)로 드래그하여 글자가 들어갈 프레임을 생성하고 '쉽게 배우는 인디자인'을 입력합니다.

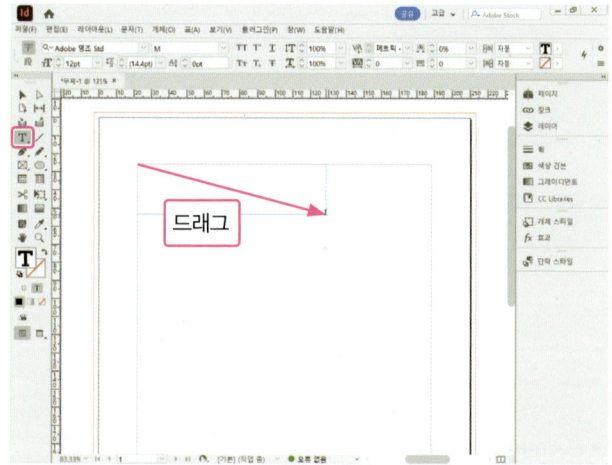

❷ [창]-[문자 및 표]-[문자] 패널에서 서체, 크기, 자간 설정, 띄어쓰기 등을 그림과 비슷하게 설정합니다.

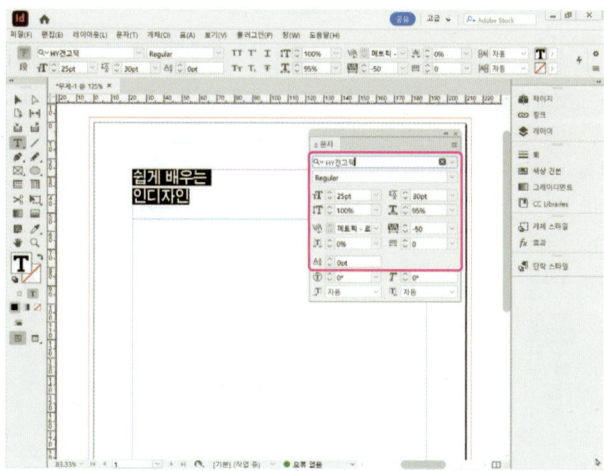

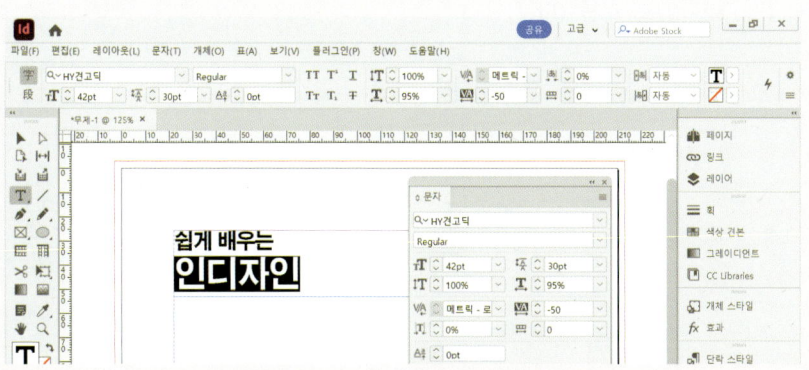

- 서체 : HY견고딕
- 동일한 서체가 없으면 비슷한 서체로 선택하여 사용합니다.
- 문자 도구(T)로 입력한 글자를 드래그하여 블록으로 감싸면 각각 크기 설정할 수 있습니다.
  - 문자 크기 : Shift + Ctrl + < , >
  - 자간 : Alt +방향키 좌, 우(← , →)
  - 행간 : Alt +방향키 상, 하(↑ , ↓)
  - 문자 높이 : Alt + Shift +방향키 상, 하(↑ , ↓)

4) 색상 견본에 색상 등록하기

❶ [창]-[색상]-[색상 견본] 패널의 오른쪽 상단에 있는 옵션 아이콘을 클릭하여 [새 색상 견본]을 누릅니다.

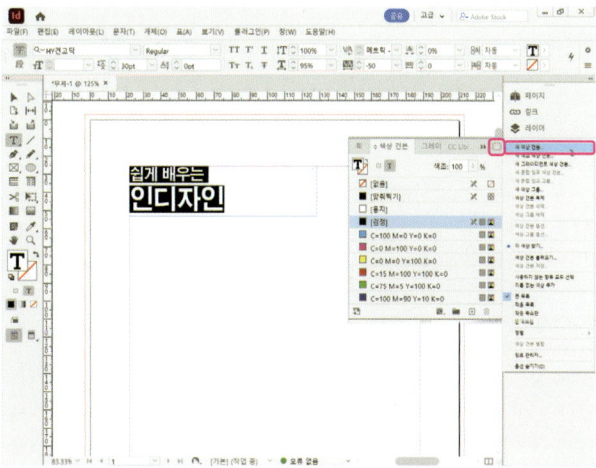

CHAPTER 4 인디자인 Ver. CC **107**

❷ 색상 모드 : CMYK를 선택, 녹청 100%, 자홍 50%를 입력 후 [확인]을 누릅니다.

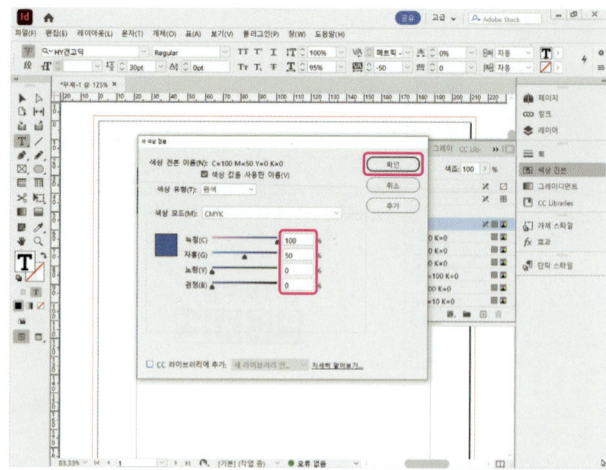

5) 글자에 색상 넣기

선택 도구(▶)로 '**3) 문자 연습**'에서 입력한 글자상자를 선택합니다.
텍스트 아이콘을 선택한 후 녹청 100%, 자홍 50% 색상 아이콘을 클릭합니다.

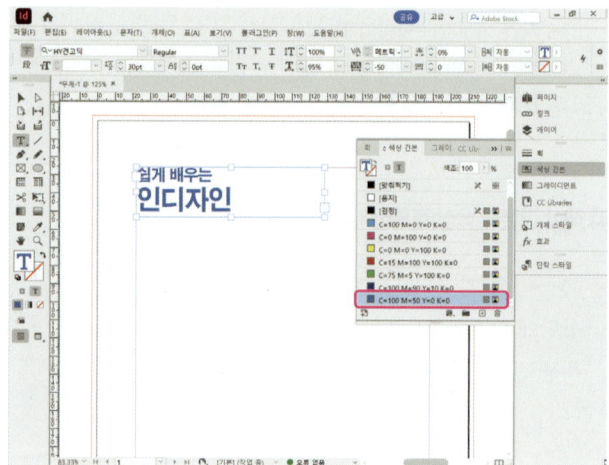

6) 표 만들기

❶ 문자 도구(T)로 드래그하여 표가 들어갈 프레임을 생성합니다. [표]-[표 삽입] 또는 Alt + Shift + Ctrl + T 를 눌러 표 상자에 본문 행 : 3, 열 : 2로 입력합니다.

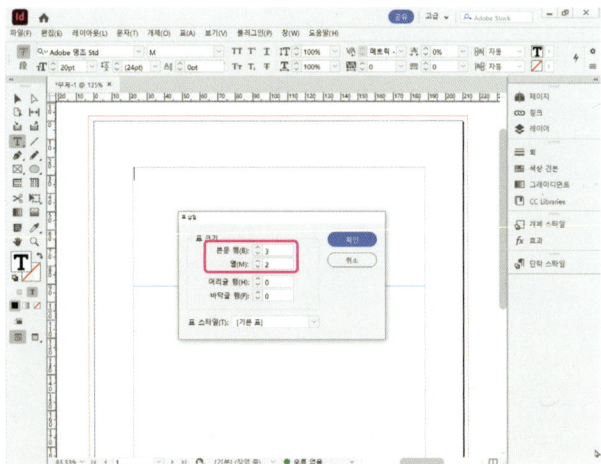

❷ 문자 도구(T)로 셀을 드래그하여 [창]-[문자 및 표]-[표] 패널에서 표의 넓이와 크기 등 표 속성을 변경합니다.

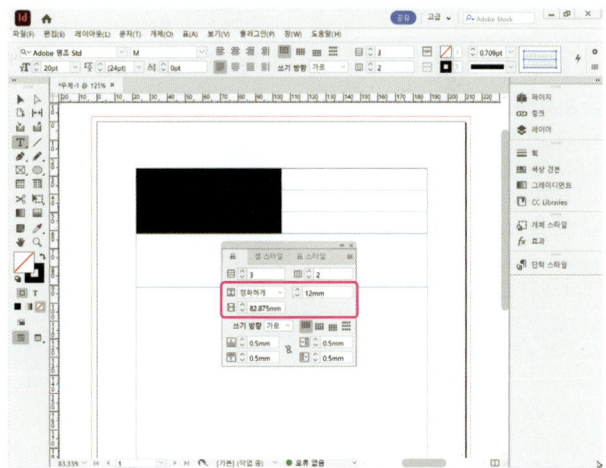

❸ 문자 도구(T)로 셀을 드래그한 후 컨트롤 바에서 테두리 속성을 변경합니다.

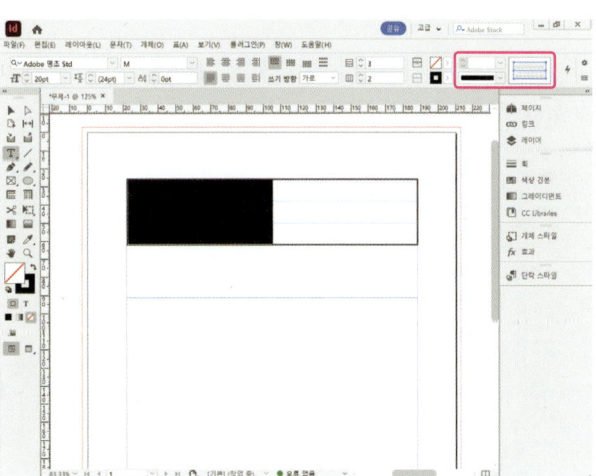

❹ 문자 도구(T)로 셀을 드래그하여 셀 색상을 변경할 수 있습니다.

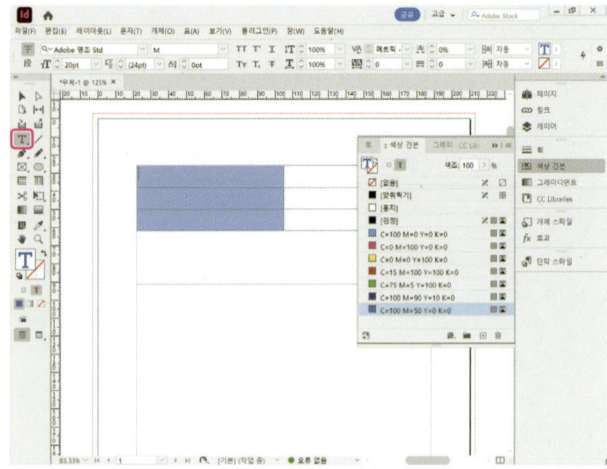

7) 안내선 만들기

❶ Ctrl + + 를 눌러 작업 창의 왼쪽 상단을 확대하고, 눈금자의 기준점을 왼쪽 상단의 여백에 드래그하여 눈금자의 숫자를 '0'으로 설정합니다.

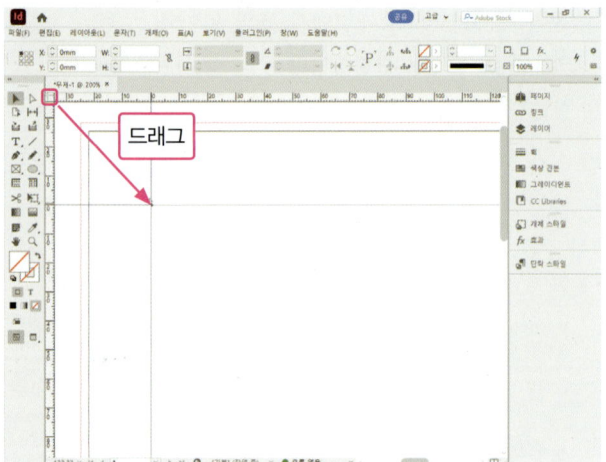

❷ 눈금자를 드래그하여 안내선의 위쪽, 아래쪽, 왼쪽, 오른쪽을 3mm만큼 안쪽으로 이동시켜 가이드 선을 배치합니다.

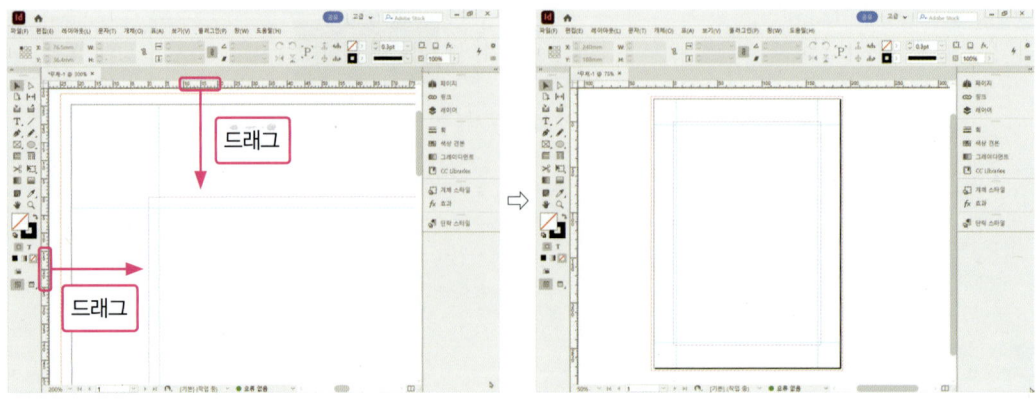

눈금자의 기준점을 각 모서리에 드래그하여 각각의 모서리를 모두 '0'으로 설정할 수 있고 안내선을 선택 후 옵션 바에서 X 또는 Y : 3mm 또는 −3mm를 입력하면 쉽게 가이드 선을 제작할 수 있습니다.

- 눈금자 : [보기]-[눈금자 표시] 또는 Ctrl + R
- 안내선 잠그기 : [보기]-[격자 및 안내선]-[안내선 잠그기]

8) 재단선 만들기

❶ 선 도구(✏)를 이용하여 Shift 를 누른 채 세로 방향으로 드래그합니다. 옵션 바에서 L : 5~10mm, 두께 : 0.3pt로 입력하고 세로 선을 만듭니다.

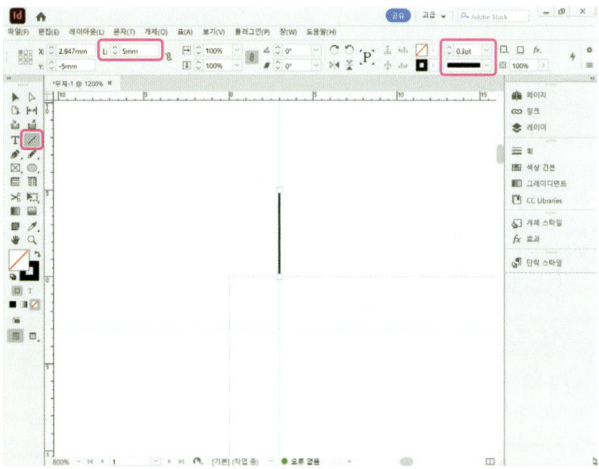

❷ 선택 도구(▶)로 세로 선을 세로 안내선에 배치합니다. 세로 선은 선택 도구(▶)로 Alt 를 누른 채 드래그하여 복사하고 Shift 를 누른 채 회전시켜 가로 안내선에 배치합니다.

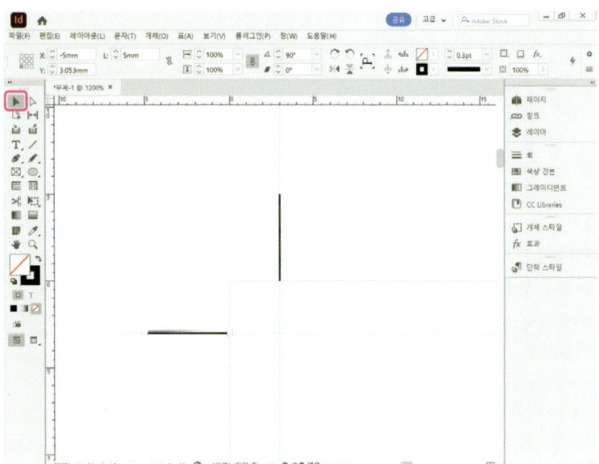

❸ 각 4개의 모서리를 위와 같은 방법으로 복사한 후 가로 안내선과 세로 안내선에 알맞게 배치하여 재단선을 만듭니다.

> **Tip**
> 안내선 가리기 : Ctrl + ;

9) 비번호 만들기

❶ 왼쪽 아래에 문자 도구()로 입력할 영역을 드래그하여 문자 프레임을 생성한 후 비번호 'A01'를 입력합니다.

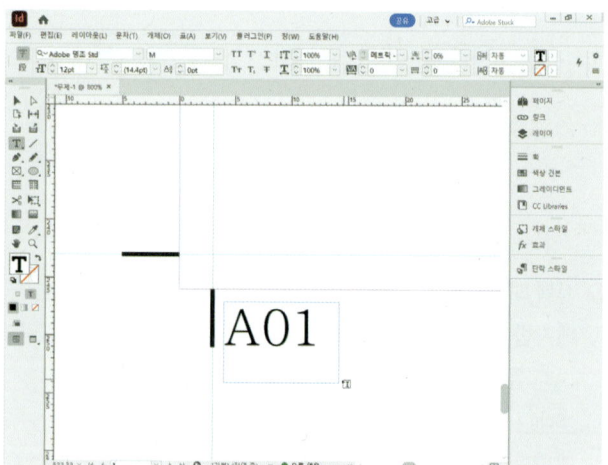

❷ [창]-[문자 및 표]-[문자] 패널에 서체 : 돋움 또는 Arial(고딕), 문자 크기 : 10pt 로 입력합니다.

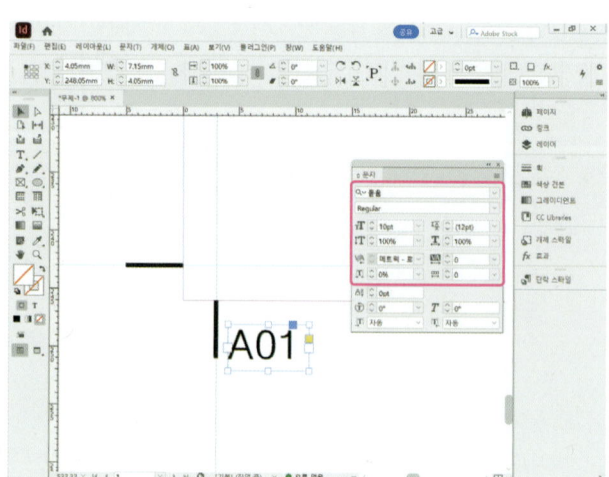

❸ 선택 도구(▶)로 문자와 왼쪽 하단의 세로 재단선과 같은 위치에 배치하기 위해 [창]-[개체 및 레이아웃]-[정렬] 패널에서 왼쪽 정렬 아이콘을 누릅니다.

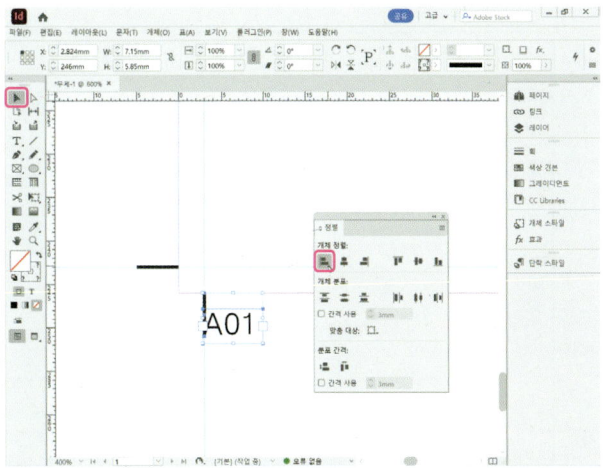

❹ [정렬] 패널의 분포 간격에서 간격 사용을 체크하고 3mm를 입력합니다. '수평 공간 분포' 아이콘을 눌러 재단선에서 3mm를 띄어 배치합니다.

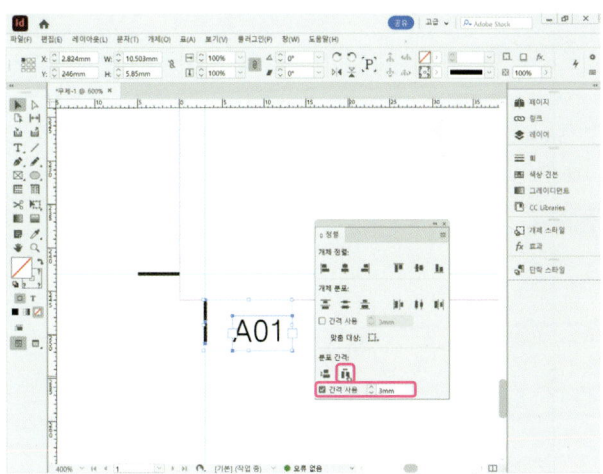

10) 저장하기

바탕화면에 새 폴더를 생성한 후 폴더 이름은 비번호 'A01'로 변경합니다. 인디자인 프로그램에서 [파일]-[다른 이름으로 저장]을 눌러 'A01 폴더'에 파일 이름 : A01.indd(비번호)로 입력하고 [저장]을 누릅니다.

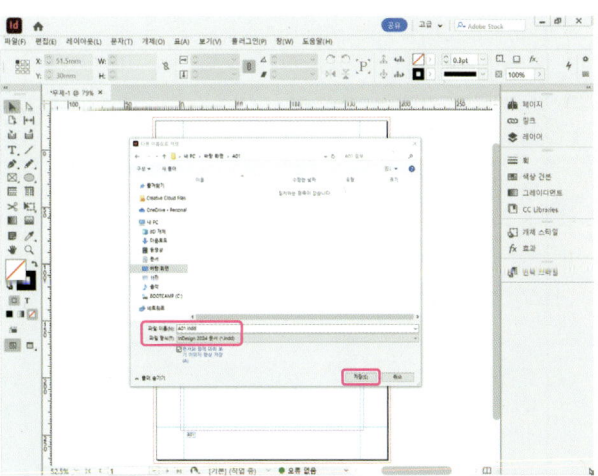

유튜브 선생님에게 배우는
유선배

PART 2
기출유형문제 따라 하기
(호흡명상클리닉)

CHAPTER 1 유의사항 및 디자인 원고 확인하기

CHAPTER 2 디자인 원고에 그리드 그리기

CHAPTER 3 일러스트레이터 작업

CHAPTER 4 포토샵 작업

CHAPTER 5 인디자인 작업

합격의 공식 ▶ **시대에듀**

유선배 컴퓨터그래픽기능사 실기 합격노트
이 시대의 모든 합격! 무료 동영상 강의와 함께 합격하세요!
www.youtube.com ➜ '디자인툴스' 검색 ➜ 구독

CHAPTER 1 유의사항 및 디자인 원고 확인하기

국가기술자격 실기시험 문제

| 자격종목 | 컴퓨터그래픽기능사 | 과제명 | 호흡명상클리닉 |

※ 시험시간 : 3시간 30분

1. 요구사항

※ 다음의 요구사항에 맞도록 주어진 자료(컴퓨터에 수록)를 활용하여 디자인원고를 시험시간 내에 컴퓨터 작업으로 완성하여 A4용지로 출력 후 A3용지에 마운팅(부착)하여 제출하시오.
※ 모든 작업은 수험자가 컴퓨터 바탕화면에 폴더를 만들어 저장하시오.

가. 작품규격(재단되었을 때의 규격) : 디자인원고 참조 A4용지 중앙에 작품이 배치되도록 하시오
- 원고 규격 : 160×240mm

나. 구성요소(문자, 그림) : 디자인원고 참조
● 문자요소
- Yoga and Meditation
- 호흡명상클리닉
- 8. 21(금) BEXCO 2F
- 요가의 호흡법과 명상을 통해 건강한 몸과 마음을 만들자
- 주최 : 사단법인한국요가연합회
- www.yogakorea.or.kr

● 그림요소

명상_01.jpg   명상_02.jpg   명상_03.jpg   명상_04.jpg   명상_05.jpg

다. 작업내용
1) 주어진 디자인원고(그림, 사진, 문자, 색채, 레이아웃, 규격 등)와 동일하게 작업하시오.
2) 디자인원고 내용 중 불명확한 형상, 색상코드 불일치, 색 지정이 없는 부분, 원고에 없는 형상 등이 있을 때는 수험자가 「5 - 5」페이지 (나. 완성도면) 내용과 같이 작업하시오.
3) 디자인원고의 서체(요구 서체)가 사용 컴퓨터 및 소프트웨어와 맞지 않을 경우는 가장 근접한 서체를 사용하시오.
4) 상하, 좌우에 3mm 재단여유를 갖도록 작품을 배치하고, 재단선은 작품규격에 맞추어 용도에 맞게 표시하시오(단, 디자인원고 중 작품의 규격을 표시한 외곽선이 있을 때는 「5 - 5」원고의 지시에 따라 표시여부를 결정한다).
5) 디자인원고 좌측 하단으로부터 3mm를 띄어 비번호를 고딕 10pt로 반드시 기록하시오.
6) 출력물(A4)은 어떠한 경우에도 절취할 수 없으며, 반드시 A3용지 중앙에 마운팅 하시오.

라. 컴퓨터 작업범위
1) 10MB 용량의 폴더에 수록될 수 있도록 작업범위(해상도 및 포맷형식)를 계획하시오.
2) 규격 : A4(210×297mm) 중앙에 디자인원고 내용과 같은 작품(원고규격)을 배치하시오.
3) 해상도 및 포맷형식 : 제한용량 범위 내에서 선택하시오.
4) 기타
   ① 제공된 자료범위 내에서 활용하시오.
   ② 3개의 2D 응용프로그램을 고루 활용하되, 최종작업 및 출력은 편집 프로그램(퀵 익스프레스, 인디자인)에서 하시오(최종작업 파일이 다른 프로그램에서 생성되어진 경우는 출력할 수 없음).

2. 수험자 유의사항

1) 수험자 인적사항 및 답안작성은 흑색 필기구만 사용해야 합니다.
2) 시설목록상의 소프트웨어 및 참고자료가 하드웨어에 설치되었는지 확인한 후 작업하시오(단, 시설목록 이외의 동등한 소프트웨어, 폰트 등 [반드시 정품에 한함]을 설치하고자 할 때에는 시험 시작 전 감독위원의 입회하에 설치할 수 있으며, 무료폰트, 프리웨어 소프트웨어는 설치할 수 없습니다).
   ※ 수험자가 지참한 펜마우스, 그래픽 타블렛, 디지타이저, 스캐너 등 입력장치는 사용할 수 없습니다.
3) 지참공구 『수험표, 신분증, 연필(1개), 사인펜(1개), 눈금자(30cm), 가위, 양면테이프』 이외의 참고자료 및 저장매체 등 어떠한 물품(핸드폰 전원 Off)이라도 시험 중 지참할 수 없습니다.
   ※ 작업 중 계산이 필요한 경우는 컴퓨터 내 계산기를 사용할 수 있습니다.
4) 수험자의 컴퓨터 활용 미숙 등으로 인한 시험 진행이 어렵다고 판단되었을 때는 감독위원은 시험을 중지시키고 실격처리를 할 수 있습니다.
5) 바탕화면에 폴더를 생성하여 주기적으로 작업한 파일을 저장하시오.
6) 작업이 끝나면 생성한 비번호 폴더에 10MB 용량 이내로 출력과 관련된 파일만(최종 작업 파일)을 저장하고 감독위원의 지시에 따라 전송하시오(단, 시험시간은 저장한 파일이 포함된 폴더를 전송한 시점까지이며, 전송 후에는 일체의 재작업을 할 수 없음).
7) 프린트는 감독위원의 별도 지시에 따라 순서에 의해 수험자 본인이 출력하며, 1회 출력을 원칙으로 합니다(단, 기계 이상 또는 출력 오류 등의 사유로 인쇄가 잘못되었을 시 감독위원의 확인 후 다시 출력할 수 있으며 잘못된 인쇄본은 감독위원에게 제출하시오).
8) A3용지 좌측 상단 표제란에 인적사항을 기재하고, 작품(출력물, A4)은 표제란을 제외한 A3용지의 중앙에 마운팅(부착)하며, 작품 부착 경계선상에 감독위원의 확인 날인을 받으시오(단, 마운팅 소요시간 5분 이내).
9) 지급된 A3용지 및 컴퓨터 작업 내에는 불필요한 내용의 표시를 하지 마시오.
10) 모든 작품을 감독위원 또는 채점위원이 검토하여 카피된 작품(동일작품)이 있을 때에는 관련된 수험자 모두를 부정행위로 처리합니다.
11) 컴퓨터 H/W에 작업된 모든 내용과 시험자료는 A3용지에 마운팅 한 후 삭제하고, 출력물을 부착한 A3용지를 제출하시오.
12) 장시간 컴퓨터 작업으로 신체에 무리가 가지 않도록 적절한 몸풀기(스트레칭) 후 작업하시오.
13) 다음 사항에 대해서는 실격에 해당되어 채점 대상에서 제외됩니다.
    가) 수험자 본인이 수험 도중 시험에 대한 포기(기권) 의사를 표시하고 포기하는 경우
    나) 지정 작업범위(용량)를 초과한 경우
    다) 요구사항과 현격히 다른 경우(채점위원이 판단)
    라) 제한시간을 초과하여 미완성인 경우
    마) 과제기준 20% 이상 완성이 되지 않은 경우(채점위원이 판단)
    바) 최종작업을 편집프로그램으로 하지 않았거나, 수험자 미숙으로 출력을 못하였을 경우
14) 주요 채점 항목은 다음과 같습니다.
    가) 응용프로그램의 활용능력 및 최종 편집 프로그램 사용
    나) 색채, 그림요소의 표현
    다) 그림 및 문자요소의 레이아웃
    라) 타이포그래피(서체특성 및 크기, 자간 및 행간의 정확도, 오타 등)
    마) 원고규격, 재단선의 적합성, 디자인원고의 배치

3. 지급재료 목록

일련번호	재료명	규격	단위	수량	비고
1	복사 용지	A3	장	1	1인당
2	프린터 용지	A4(360dpi 이상 또는 일반용지)	장	2	1인당(프린터기에 내장)

컴퓨터그래픽기능사 디자인 원고

작품명 : 호흡명상클리닉

※ 작품규격(재단되어 있을 때의 규격) : 160×240mm, 작품 외곽선은 생략하고, 재단선은 3mm 재단 여유를 두고 용도에 맞게 표시하시오.

※ 불명확한 형상, 색상코드 불일치, 색 지정이 없는 부분, 원고에 없는 형상 등이 있을 때는 '나. 완성도면'과 같이 작업하시오.

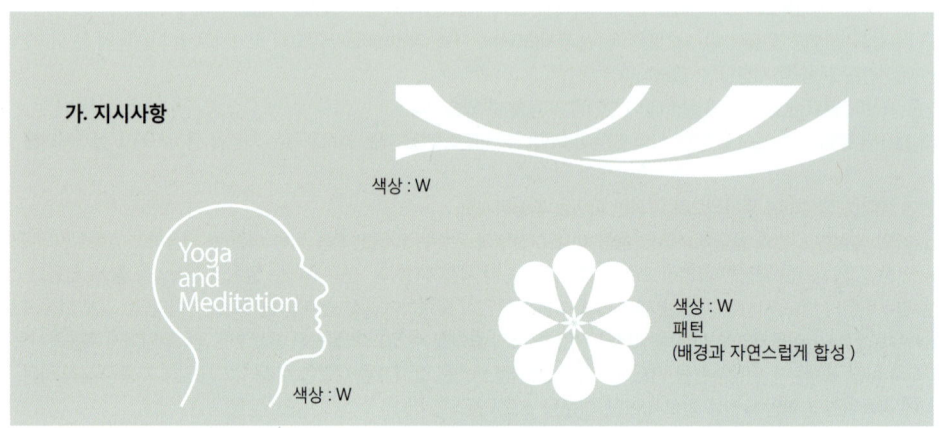

나. 완성도면

CHAPTER 2

디자인 원고에 그리드 그리기

❶ 출력된 디자인 문제지의 '완성도면'에 직접 자와 펜을 활용하여 [X(대각선) 형태]—[＋(중심 기준 가로선, 세로선) 형태]—[◇(마름모) 형태]로 그리드 선을 그립니다.

Tip

문제지 출력형태와 작업 도큐멘트에 같은 그리드를 그리면 오브젝트의 크기, 위치, 배치 간격을 파악하는 데 도움이 됩니다.

나. 완성도면

❷ ❶에서 그린 1차 선을 기준으로 가로 선과 세로 선을 추가하여 16등분 선으로 다음과 같이 그립니다.

나. 완성도면

빨간 펜 등 눈에 띄는 색상의 펜으로 그리드 선을 작업하는 것이 좋습니다.

CHAPTER 3

일러스트레이터 작업

01 작업 준비하기(도큐멘트 설정, 가이드 선 레이어 만들기)

1) 도큐멘트 설정하기

❶ 일러스트레이터에서 [File]−[New] 또는 Ctrl + N 을 눌러 Width : 166mm, Height : 246mm, Color Mode : CMYK Color, Raster Effects : High(300ppi)로 설정한 후 [Create]를 클릭합니다.

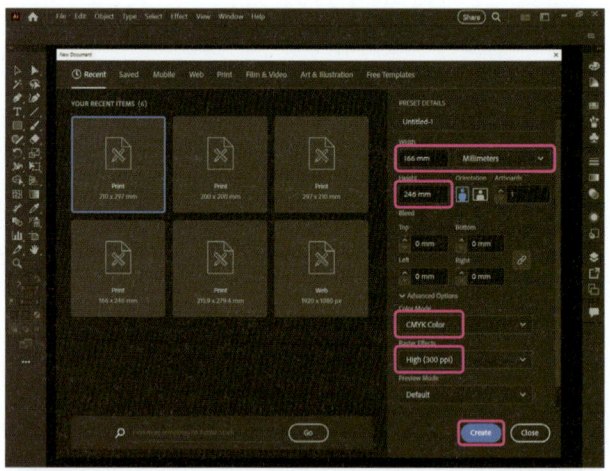

❷ 바탕화면에 새 폴더를 생성한 후 폴더 이름은 비번호 'A01'로 변경합니다. 일러스트레이터 프로그램에서 [File]−[Save]를 선택하여 파일 이름은 비번호 'A01'을 입력하고 파일형식 : Adobe Illustrator(*.Ai)를 선택한 후 [저장(S)]을 누릅니다. [Illustrator Options] 창이 활성화되면 [OK]를 눌러 저장합니다.

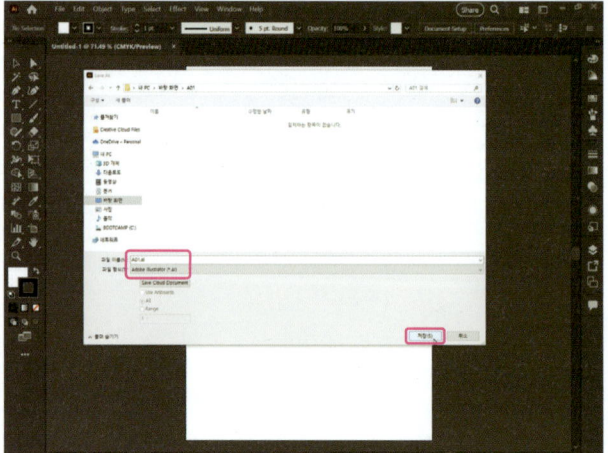

Ctrl + S 를 눌러 작업한 내용을 수시로 저장하는 습관을 들이면 프로그램 오류에 빠르게 대처할 수 있습니다.

❸ 작업 창에 가로와 세로를 16등분 하는 격자 선을 그리드로 그리기 위해 Line Segment Tool( ) 아이콘 아래의 작은 삼각형을 길게 눌러 Rectangular Grid Tool( )을 선택하고 작업 창을 클릭합니다.

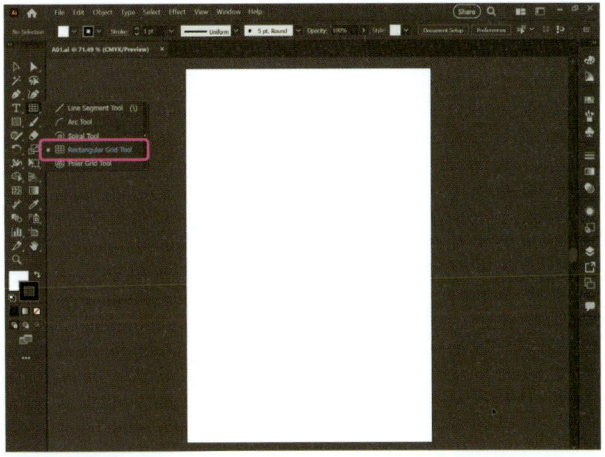

> **Tip** ✓
>
> 문제지 출력형태와 작업 도큐멘트에 동일한 그리드를 적용하면 오브젝트의 크기, 위치, 및 배치 간격을 파악하는 데 도움이 됩니다. 그리드 작업이 필수 사항은 아니지만 디자인에 숙련될 때까지 적극적으로 활용할 것을 권장합니다.

❹ [Rectangular Grid] 옵션 상자를 활성화합니다. Default Size Width : 160mm, Height : 240mm, Horizontal Dividers Number : 3, Vertical Dividers Number : 3을 입력하고 [OK]를 클릭합니다.

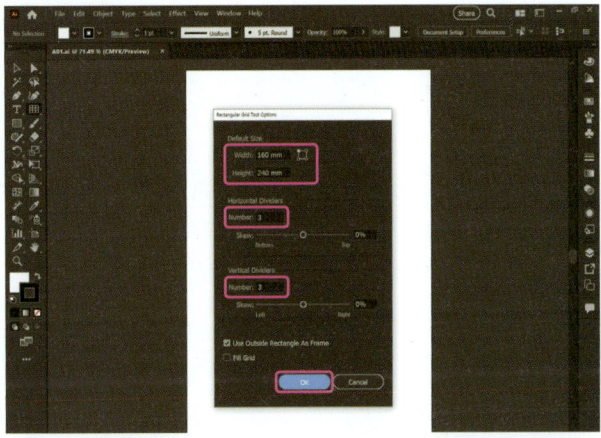

❺ 격자 선이 도큐멘트의 가운데에 정렬될 수 있도록 Selection Tool( )로 격자 선을 클릭하여 선택합니다.
[Window]-[Align] 패널을 활성화하고 Align To : Align to Artboard, Align Objects : Horizontal Align Center, Vertical Align Center를 눌러 작업 창 가운데 격자 선을 배치합니다.

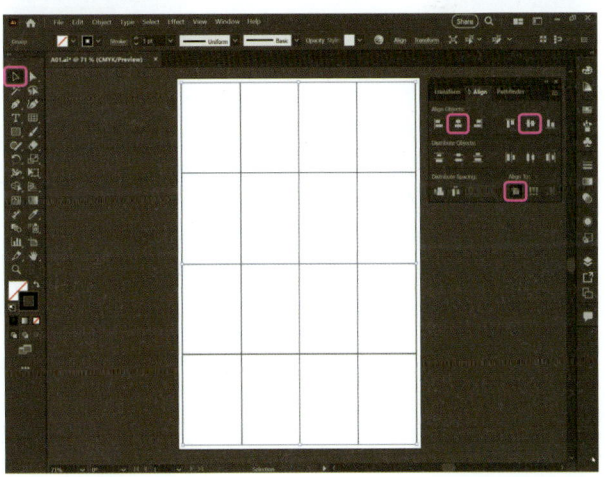

❻ 격자 선은 상단 메뉴의 [Object]-[Lock]-[Selection] 또는 Ctrl + 2 를 눌러 격자 선이 움직이지 않도록 고정합니다.

> **Tip**
> Pen Tool( )로 기존 고정점을 클릭하면 삭제되기 때문에 고정점이 선택되지 않도록 잠그고 추가 선을 그립니다.

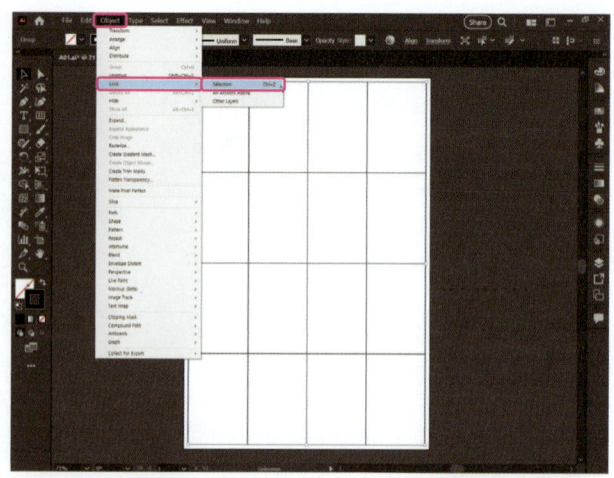

❼ Pen Tool( )로 격자 선의 상, 하, 좌, 우 가운데 점을 연결하여 마름모(◇) 형태로 선을 그립니다.

> **Tip**
> [Menu]-[View]-[Smart Guide] 또는 Ctrl + U 를 활성화하면 오브젝트를 그릴 때 교차점이나 고정점을 정확하게 맞추는 데 도움이 됩니다.

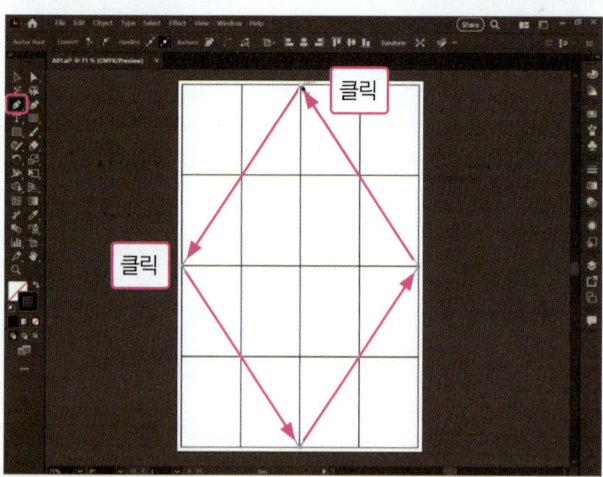

❽ Pen Tool( )로 X 형태로 추가 선을 그립니다.

> **Tip**
> Pen Tool( )로 X선을 그릴 때, 왼쪽 상단에서 오른쪽 하단으로 대각선을 그린 후 Ctrl 을 누른 채 작업 창의 공간을 클릭하여 선 끝내기를 하고 반대 방향으로 대각선을 그립니다.

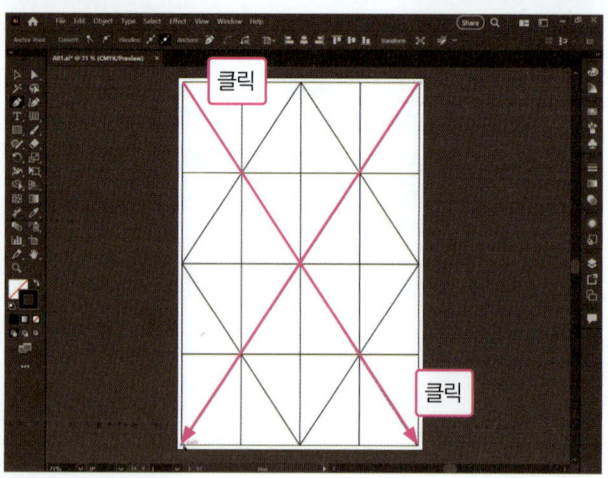

❾ [Object]-[Unlock All] 또는 Alt + Ctrl + 2 를 선택하여 잠근 격자 선을 풀고, [Select]-[All] 또는 Ctrl + A 를 눌러 격자 선을 모두 선택합니다.

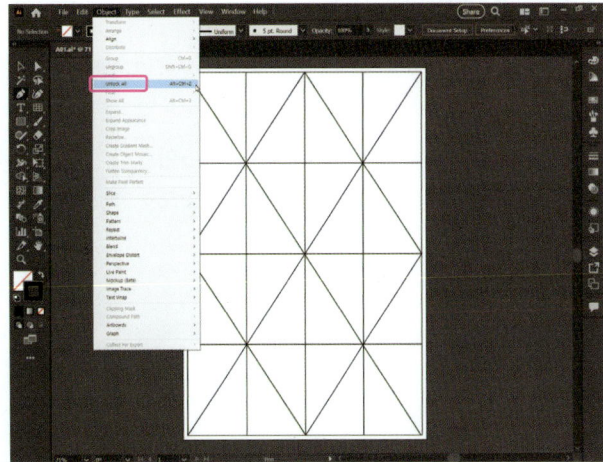

❿ [Stroke Color] 아이콘을 더블 클릭하여 [Color Picker] 대화창에 빨간색 색상값 M100Y100을 입력합니다.

문제지에 표기되지 않은 색상은 0%로 입력합니다.

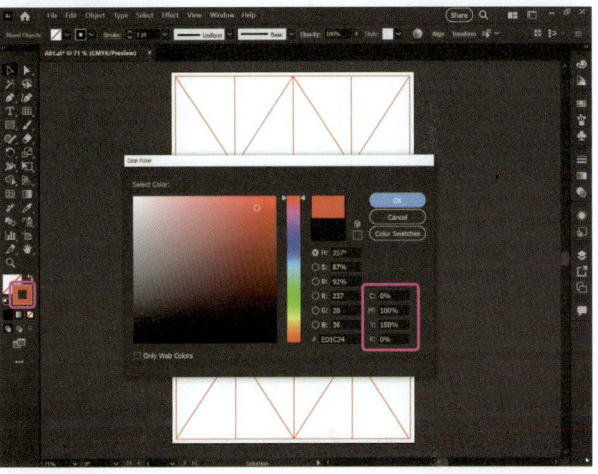

⓫ [Object]-[Group] 또는 Ctrl + G 를 눌러 그룹으로 지정합니다.

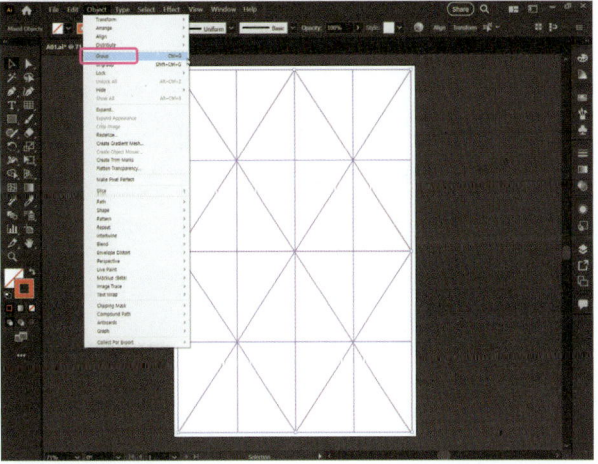

CHAPTER 3 일러스트레이터 작업 **127**

2) 가이드 선 레이어 만들기

❶ [Window]−[Layers] 패널을 활성화합니다. 'Layer 1' 이름을 더블 클릭하여 '가이드 선'으로 변경합니다. '가이드 선' 레이어는 [Toggles Lock]을 눌러 변경되지 않도록 고정합니다.

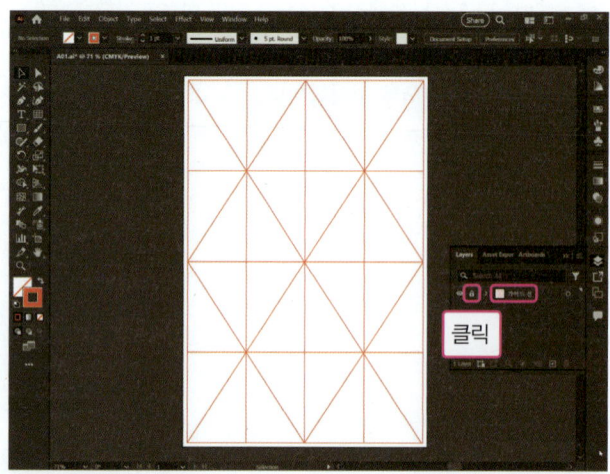

❷ [Layers] 패널에서 'Create New Layer' 아이콘을 눌러 새 레이어를 추가하고, 'Layer 2'를 더블 클릭한 후 레이어 이름을 '이미지'로 변경합니다.
일러스트레이터 작업물은 '이미지' 레이어에 작업합니다.

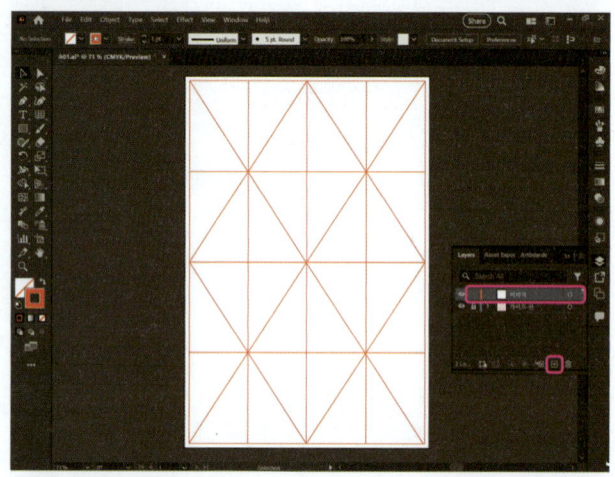

Tip ✓

[Layers] 패널에서 '이미지' 레이어를 더블 클릭하여 [Layer Options] 대화창을 활성화합니다. 레이어 색상을 변경하여 작업하기 편한 환경을 만듭니다.

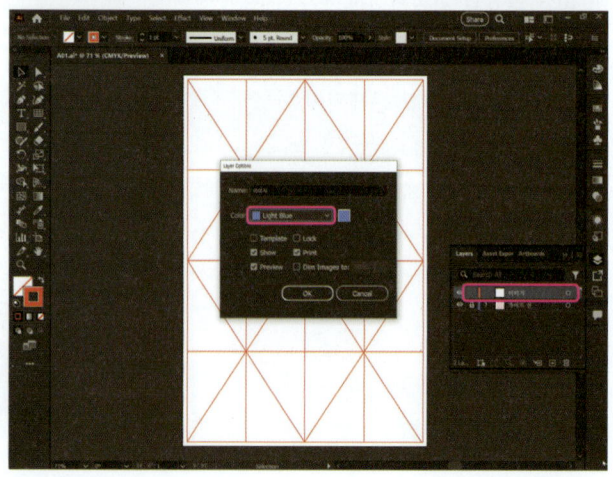

02 이미지 제작

1) 얼굴과 바람

❶ [도구] 패널에서 Rectangle Tool(▭)을 선택하고 작업 창을 클릭합니다. Width : 166mm, Height : 35mm를 입력 후 [OK]를 누릅니다.

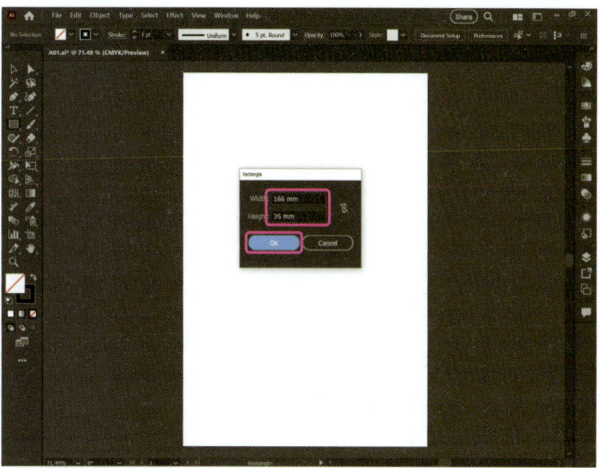

❷ 임의의 위치에 있는 직사각형은 [Window] -[Align] 패널에서 Align To : Align to Artboard, Align Objects : Horizontal Align Center, Vertical Align Top을 클릭하여 사각형을 작업 창 위에 배치합니다.

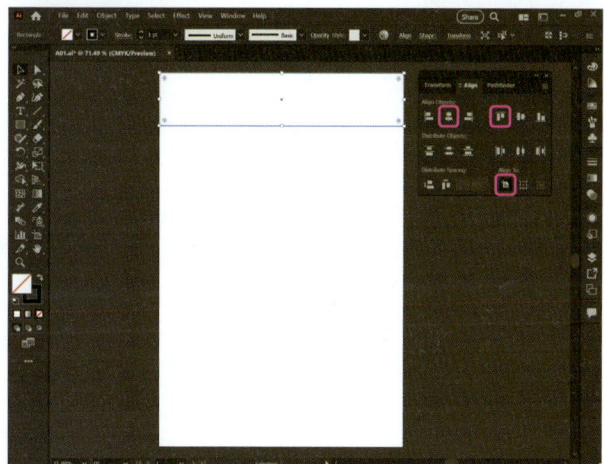

❸ Pen Tool()로 문제지 출력형태와 같이 곡선으로 그립니다. 사각형 도형과 선을 잘라 사용하기 위해 곡선은 사각형 바깥쪽으로 연장하여 그립니다.

> **Tip**
>
> [View]-[Overprint Preview]를 선택하여 작업 창과 바깥 여백 색상을 같은 흰색으로 사용할 수 있습니다.

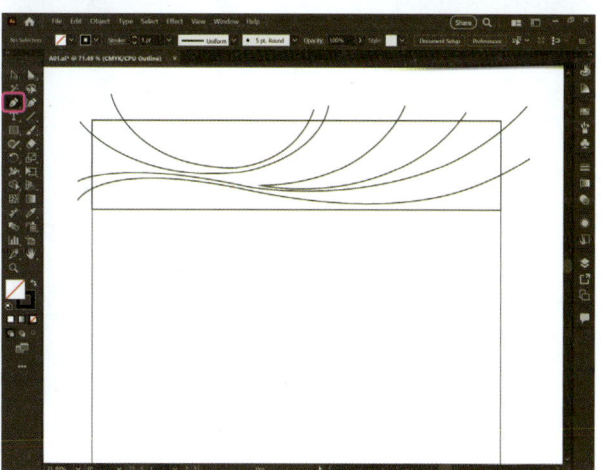

④ Selection Tool( )로 직사각형과 곡선을 모두 선택한 후 [Window]-[Pathfinder] 패널에서 Pathfinders : Divide를 선택하여 면을 나누고, [Object]-[Ungroup] 또는 Shift + Ctrl + G 를 눌러 그룹 해제합니다.

Tip

[Pathfinders : Divide]를 실행하면 자동으로 그룹으로 지정됩니다. 오브젝트를 개별 수정하기 위해 그룹 해제합니다.

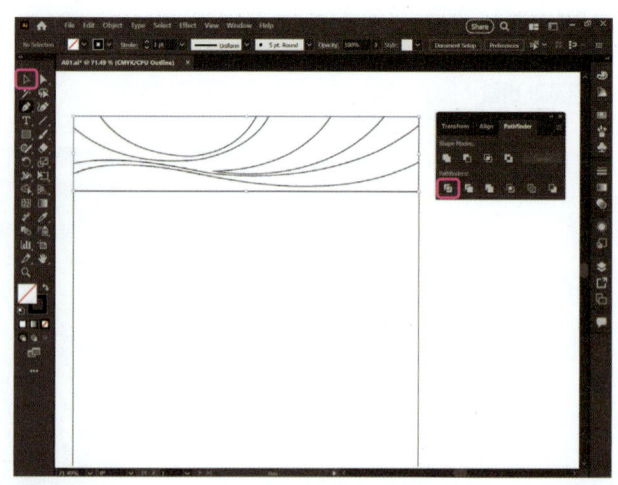

⑤ Selection Tool( )로 필요 없는 이미지를 각각 선택한 후 Delete 를 눌러 삭제합니다. 면색은 C0M0Y0K0, 선색은 None으로 지정하고 그린 이미지는 [Object]-[Group] 또는 Ctrl + G 를 눌러 그룹 설정합니다.

Tip

1. 색상 'W'는 흰색이므로 C0M0Y0K0으로 입력합니다.
2. 분리된 오브젝트는 유실되거나 배치 간격이 달라질 수 있습니다. 그룹으로 만들어 오브젝트를 보호합니다.

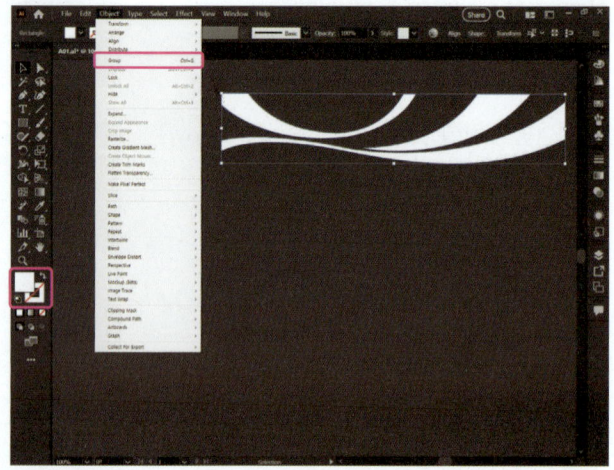

⑥ Pen Tool( )로 그림과 같이 곡선으로 그립니다. 선을 강제 종료하기 위해 Ctrl 을 누른 채 작업 창을 클릭합니다. 면색은 None, 선색은 C0M0Y0K0으로 지정합니다. [Window]-[Stroke] 패널에서 'Weight'를 입력하여 선의 두께를 조정합니다.

Tip

1. 이미지의 거친 선은 Smooth Tool( )로 매끄럽게 정리하여 완성도를 높여줍니다.
2. 얼굴 이미지 크기 : 40×45mm(이미지 크기는 정확하지 않아도 되며, 디자인 원고를 참고하여 비율을 맞춰 비슷하게 그림)

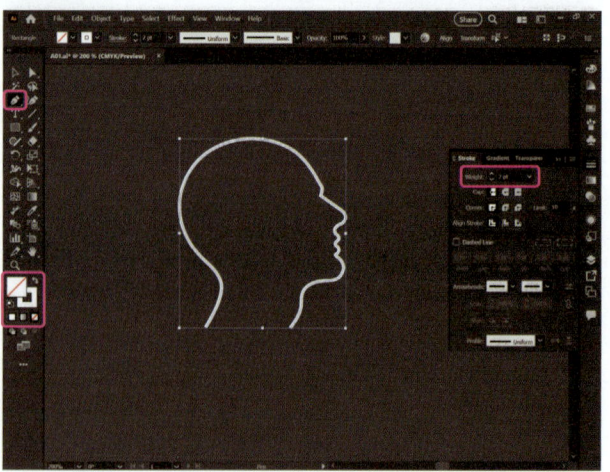

❼ Type Tool(T)을 선택하고 작업 창의 빈 곳을 클릭하여 'Yoga and Meditation'를 입력합니다.

❽ [Window]-[Type]-[Character] 패널을 선택하고 문제지 출력형태와 비슷한 서체, 크기, 자간을 설정합니다. 면색에 문자 색상은 C0M0Y0K0으로 지정합니다.

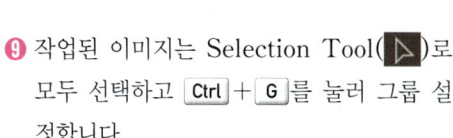

- 서체 : Myriad Pro(다음과 같은 서체가 없으면 비슷한 서체를 선택하여 사용)
- 글자 크기 : 18pt

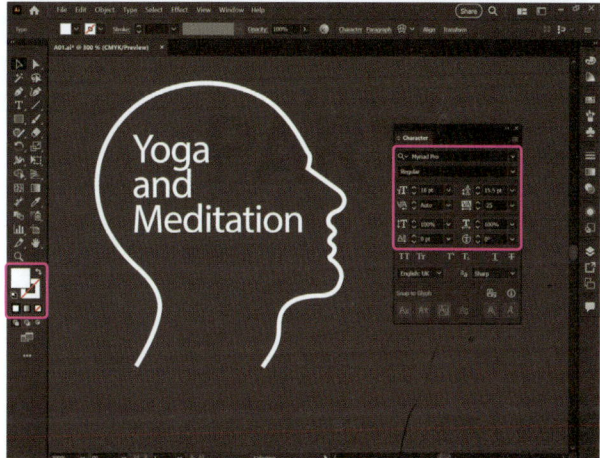

❾ 작업된 이미지는 Selection Tool( )로 모두 선택하고 Ctrl + G 를 눌러 그룹 설정합니다.

2) 꽃 패턴

❶ Ellipse Tool( )를 선택하고 작업 창을 클릭합니다. 옵션 상자에서 Width : 10mm, Height : 10mm로 입력하여 정원을 그립니다.

> **Tip**
> 이해를 돕기 위해 위와 같이 수치를 입력했지만 실제 시험장에선 임의의 크기로 비슷하게 그려 시간을 단축합니다.

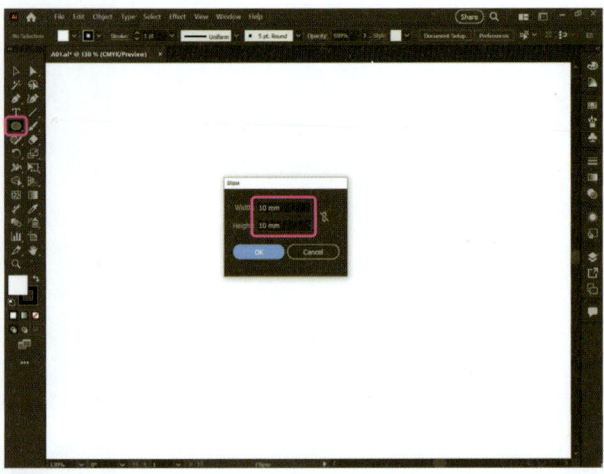

❷ Direct Selection Tool( )을 선택하고 원 아래의 고정점을 클릭합니다. 선택한 고정점은 아래로 잡아당겨 역방향 물방울 모양으로 만듭니다.

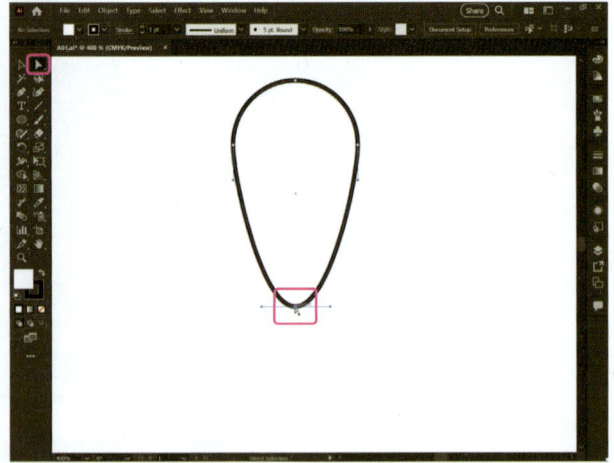

❸ Rotate Tool( )을 선택하고 아래의 고정점을 Alt 를 누른 채 클릭합니다. [Rotate] 옵션 상자에서 Angle : 45°로 입력하고 [Copy]를 누릅니다.

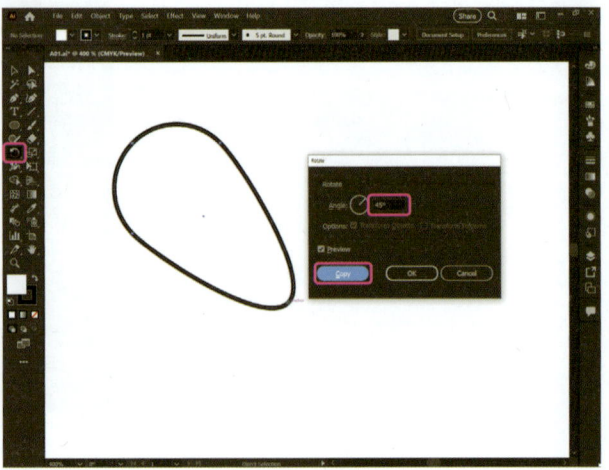

❹ [Object]−[Transform]−[Transform Again] 또는 Ctrl + D 를 6회 더 누릅니다.

> **Tip** ✓
>
> Ctrl + D 는 이전에 실행한 복사 작업을 반복적으로 실행하는 기능으로 일러스트레이터에서 자주 쓰입니다.

❺ Selection Tool( )을 선택하여 문양 이미지를 모두 선택합니다. [Window]−[Pathfinder] 패널에서 Shape Modes : Exclude를 선택합니다.

> **Tip** ✓
>
> Exclude : 겹쳐진 오브젝트 영역만 제거합니다.

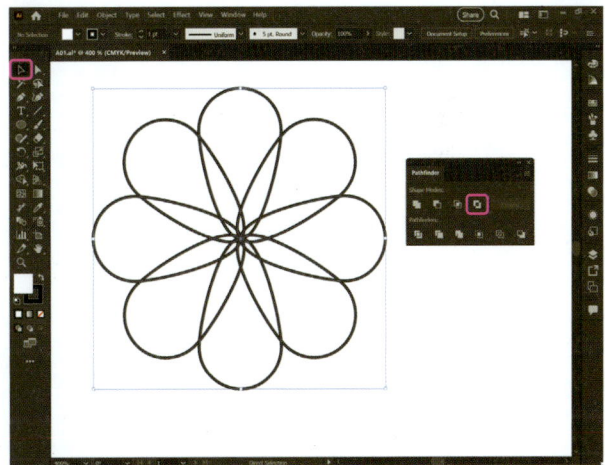

❻ 면색은 C0M0Y0K0, 선색은 None으로 지정합니다.

❼ 패턴을 만들기 위해 Selection Tool( )로 문양을 선택하고 Scale Tool( )을 더블 클릭합니다. Uniform : 55%로 입력한 후 [Copy]를 누릅니다.

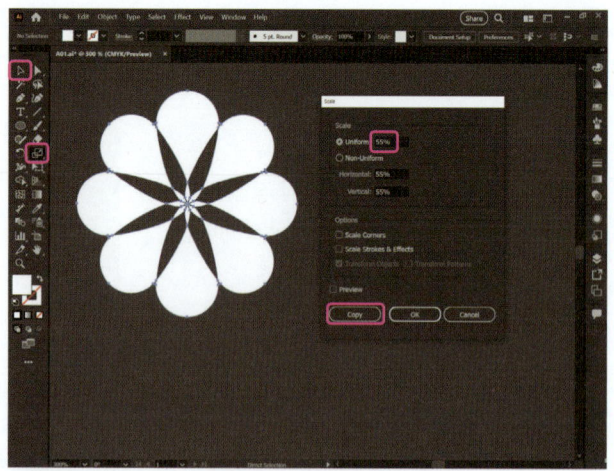

❽ 작은 문양은 큰 문양 왼쪽에 적당한 간격으로 배치 후 Ctrl + G 를 눌러 그룹 지정합니다.

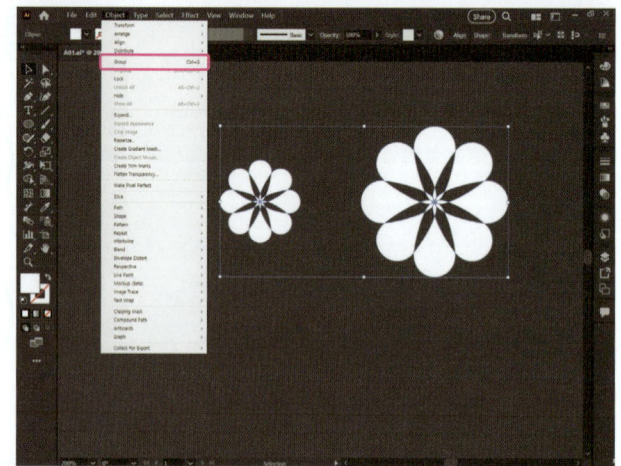

❾ 문양은 Scale Tool( )을 더블 클릭한 후 Uniform : 30%로 입력하고 [OK]를 눌러 패턴 이미지를 축소합니다.

패턴으로 등록하기 전에 출력형태와 이미지 크기를 비슷하게 설정하면 수정하는 시간을 단축할 수 있습니다.

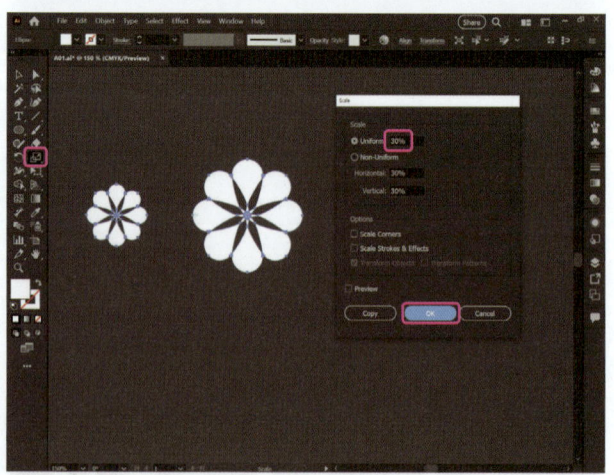

❿ [Window]-[Swatches] 패널의 컬러 아이콘 빈 공간에 클릭한 채 드래그하여 패턴으로 등록합니다.

> **Tip**
> - 패턴 등록 : [Object]-[Pattern]-[Make]
> - 패턴 옵션 : [Window]-[Pattern Options]

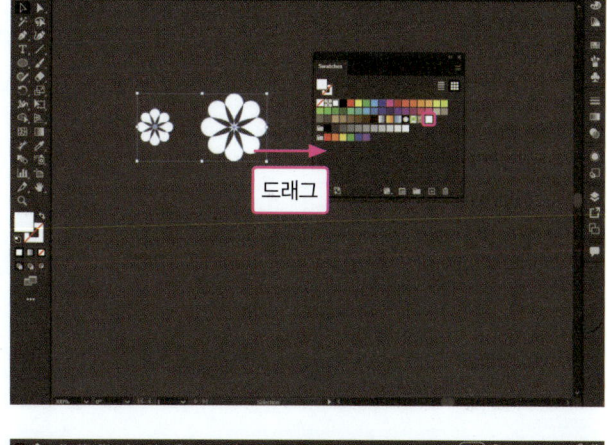

⓫ Rectangle Tool( )을 선택한 후 작업 창을 클릭합니다. 옵션 상자에서 Width : 110mm, Height : 110mm로 입력하여 패턴이 들어갈 사각형을 그립니다.

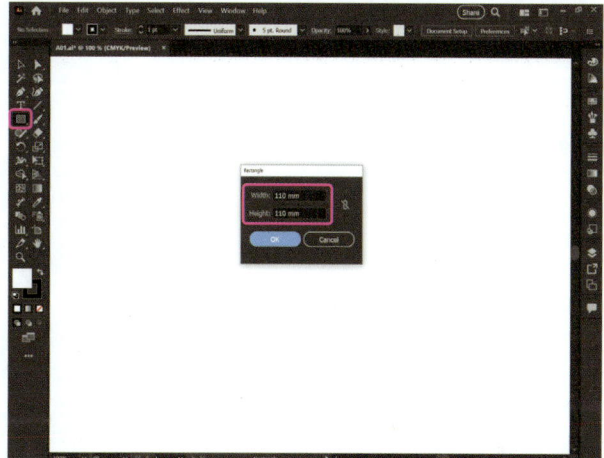

⓬ [Window]-[Swatches] 패널에서 등록한 패턴 아이콘을 클릭한 후 면에 패턴을 적용하고 선색은 None으로 지정합니다.

CHAPTER 3 일러스트레이터 작업   135

⑬ [Swatches] 패널에서 등록한 패턴을 더블 클릭하여 [Pattern Options] 패널을 활성화합니다.
Tile Type : Brick by Row, Size Tile to Art 체크, H Spacing, V Spacing 간격을 적당한 너비로 지정한 후 상단 [Done]을 눌러 작업 화면으로 전환합니다.

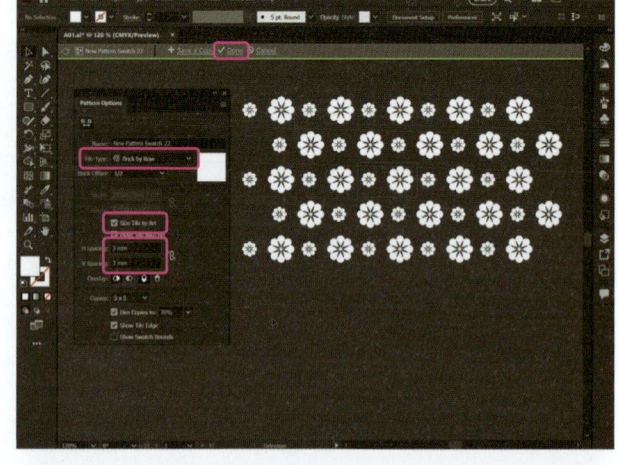

⑭ Scale Tool( )을 더블 클릭하고 Options : Transform Patterns만 선택, Uniform을 적당한 값으로 입력하여 패턴의 크기를 조정한 후 [OK]를 누릅니다.

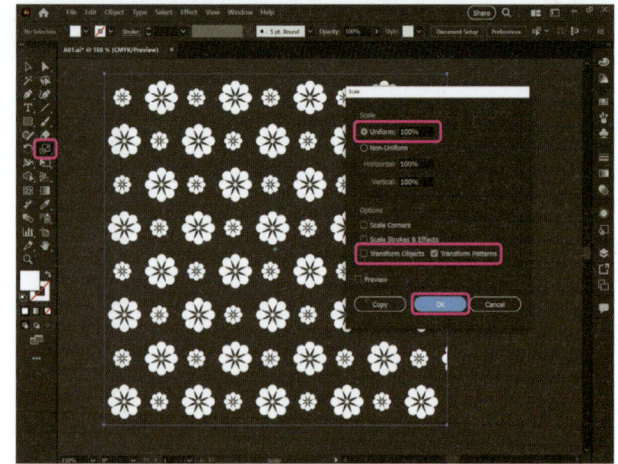

⑮ Selection Tool( )을 더블 클릭하고 Options : Transform Patterns만 선택, Position : Horizontal(좌, 우 이동), Vertical(상, 하 이동)을 적절히 입력한 후 [OK]를 클릭하여 알맞게 배치합니다.

 Tip

Scale, Move Options의 Transform Objects가 선택되어 있으면 이미지의 크기, 이동과 패턴의 크기, 이동이 모두 조절되므로 Transform Objects는 선택 해제합니다.

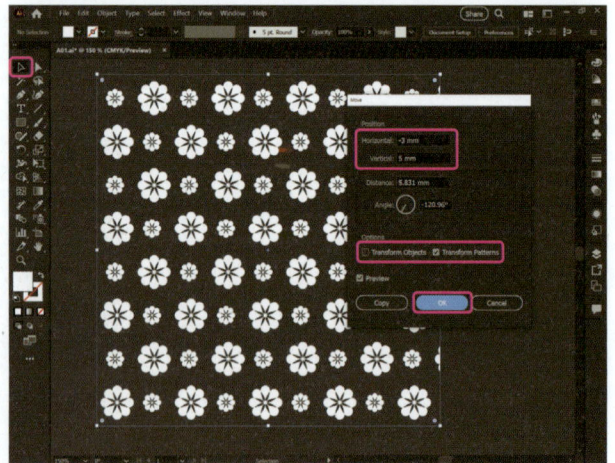

3) 심벌

① Ellipse Tool(◯)을 선택한 후 작업 창을 클릭하여 Width : 13mm, Height : 13mm로 입력합니다. 면색은 None, 선색은 K100으로 설정합니다.

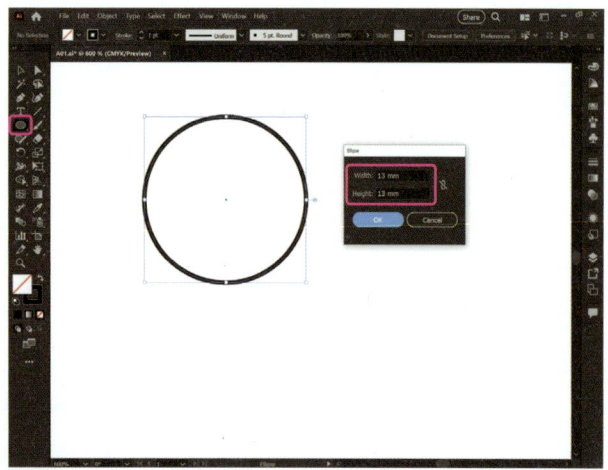

② Polygon Tool(⬢)을 선택한 후 작업 창을 클릭하여 Sides : 3을 입력하고 [OK]를 클릭합니다.
원 안에 삼각형의 크기를 조정하여 알맞게 배치합니다.

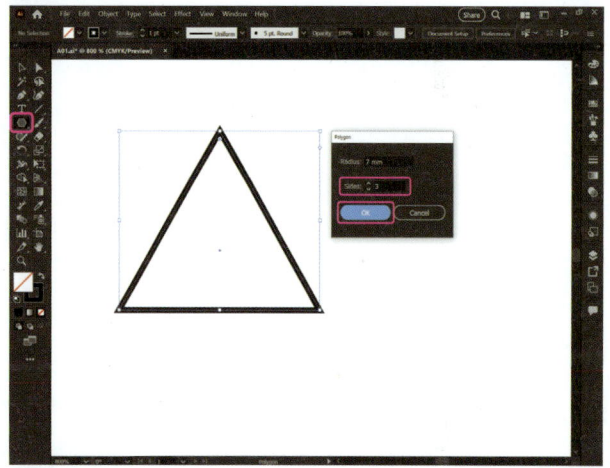

③ 로고 안의 작은 원과 작은 삼각형을 추가로 그린 후 그림과 같도록 배치합니다.

> **Tip**
> 면색은 없고 선색만 있는 도형은 Selection Tool(▶)로 [Path]를 클릭해야 선택됩니다.

❹ Ellipse Tool(◯)로 타원형을 그리고 Direct Selection Tool(▷)로 오른쪽 고정점을 클릭한 후 오른쪽으로 이동하여 변형합니다.

❺ Reflect Tool(▷|◁)을 선택한 후 오른쪽 고정점을 Alt 를 누른 채 클릭합니다. Axis : Vertical을 선택 후 [Copy]를 누릅니다.

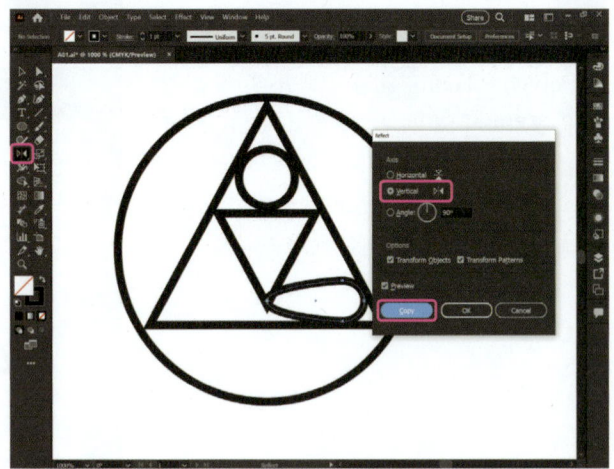

❻ Pen Tool(✒)로 가운데 이미지를 곡선으로 그립니다. 곡선은 Selection Tool(▷)로 모두 선택하고 [Window]-[Stroke] 패널에서 Cap : Round Cap을 클릭하여 선 끝을 둥글게 만듭니다.

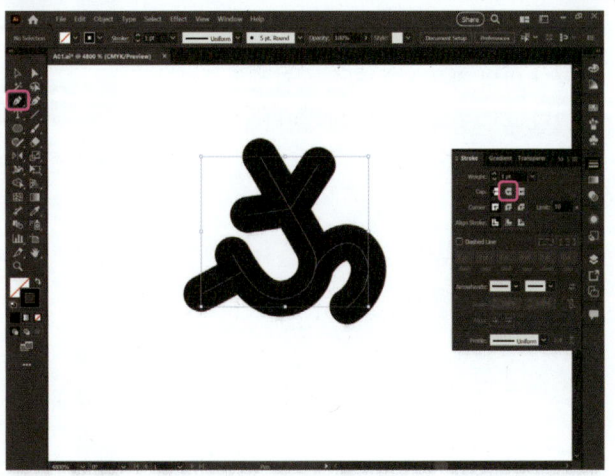

❼ 그린 모든 이미지는 [Window]-[Stroke] 패널에서 'Weight'를 조정하여 선의 두께를 적절히 설정하고 Ctrl+G를 눌러 그룹 설정합니다.

❽ Type Tool(T)을 선택한 후 작업 창을 클릭합니다. '한국요가연합회'를 입력합니다.

Tip

문자를 입력하고 Ctrl+Enter를 누르면 문자를 종료할 수 있습니다.

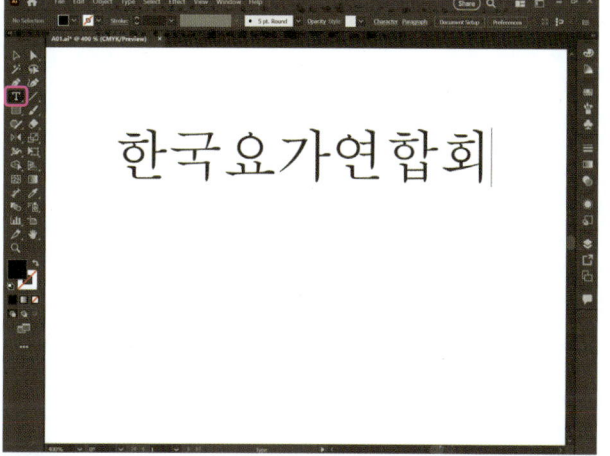

❾ [Window]-[Type]-[Character] 패널에서 서체, 크기, 자간 등을 알맞게 설정합니다. 면색은 C100M70, 선색은 None으로 설정합니다.

Tip

• 서체 : 휴먼엑스포(다음과 같은 서체가 없으면 비슷한 서체를 선택하여 사용)
• 글자 크기 : 19pt

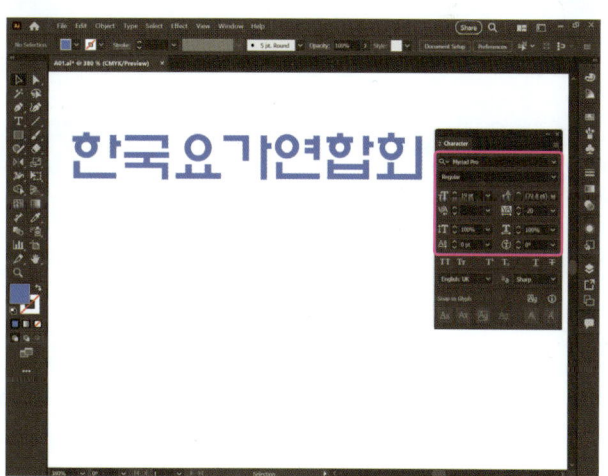

❿ 문자는 [Type]-[Create Outlines]를 눌러 이미지로 변경합니다.

Tip

문자는 프로그램을 호환할 때 발생되는 서체 충돌에 대비해 [Create Outlines] 기능으로 이미지로 변경하여 사용하는 것이 좋습니다.

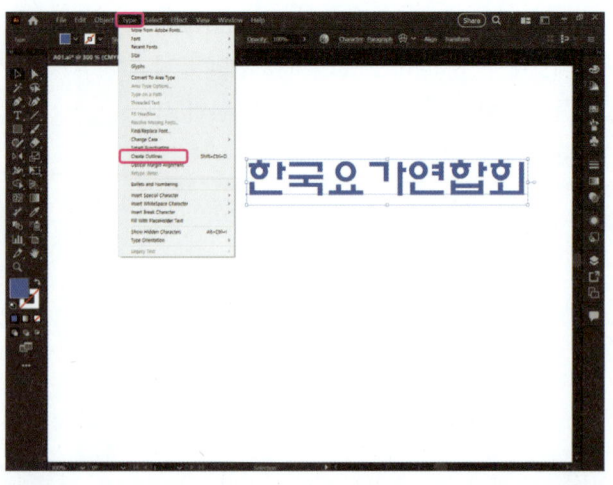

⓫ 심벌과 로고는 알맞게 배치하고 Ctrl + G 를 눌러 그룹 설정합니다.

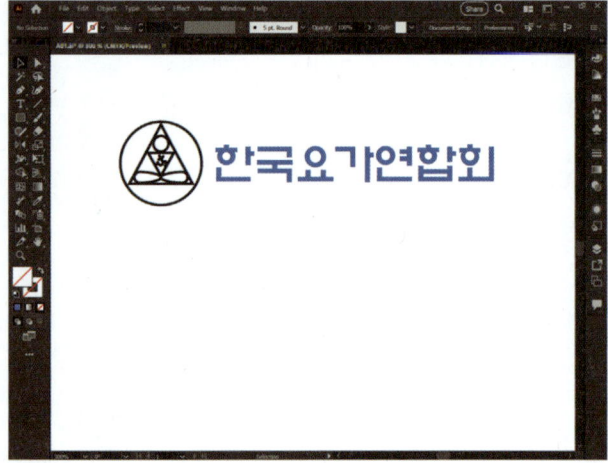

4) 원 배경

❶ Elipse Tool(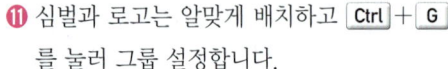)을 선택한 후 작업 창을 클릭하고 Width : 30mm, Height : 30mm로 입력하여 원 도형을 그립니다.

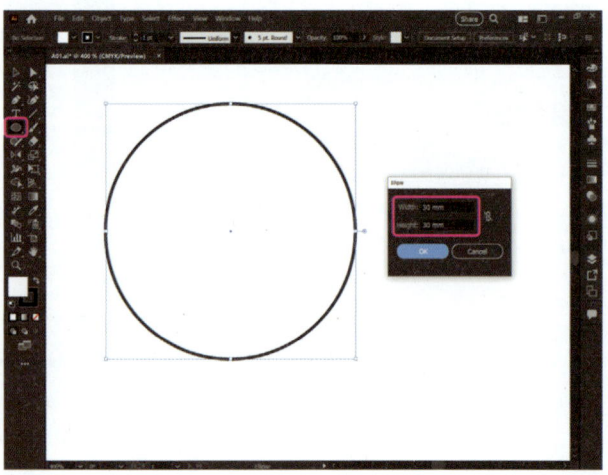

❷ 원은 Scale Tool( )을 더블 클릭한 후 Uniform : 70%로 입력하고 [Copy]를 누릅니다.

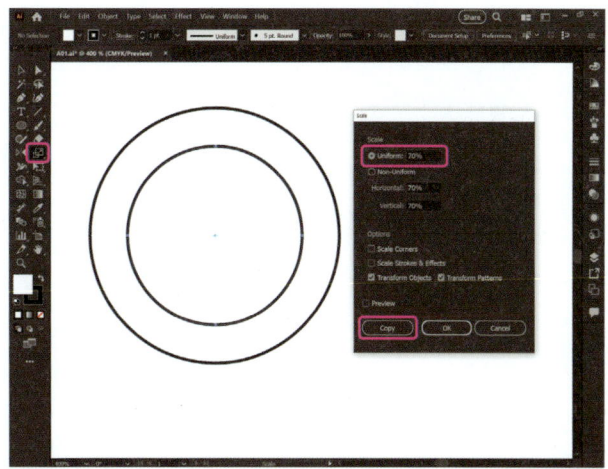

❸ Ctrl + D 를 눌러 작은 원을 복사합니다.

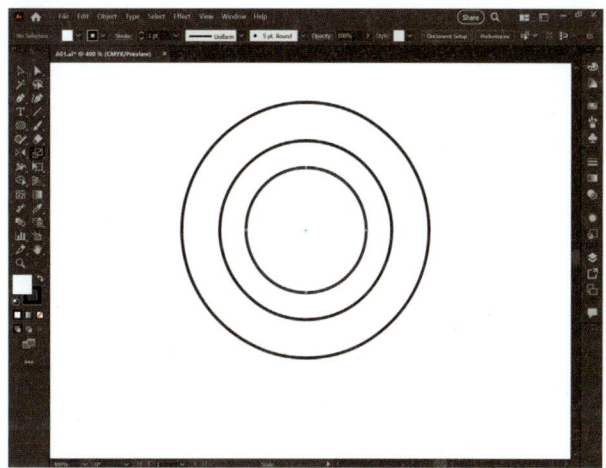

❹ [Window]-[Stroke] 패널에서 바깥 원부터 안쪽 원의 'Weight'를 각각 8pt, 6pt, 4pt로 선의 두께를 설정합니다.
면색은 None, 선색은 C50M60으로 설정하고, 모두 선택한 후 Ctrl + G 를 눌러 그룹 설정합니다.

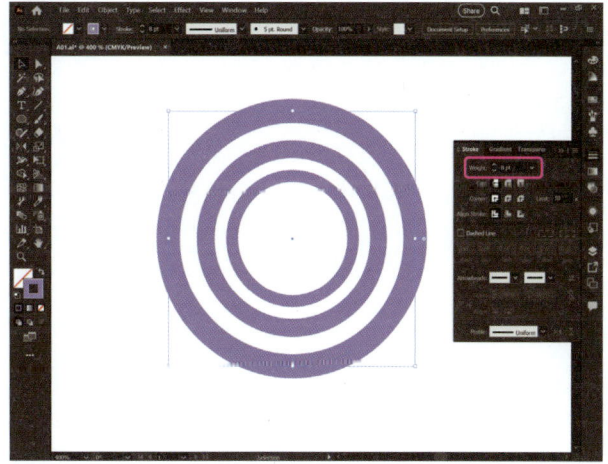

❺ Selection Tool(▷)로 원을 Alt + Shift 를 누른 채 오른쪽으로 드래그하여 복사합니다.

> **Tip** ✓
> - Alt + 드래그 : 이미지 복사
> - Alt + Shift + 드래그 : 정방향으로 이미지 복사

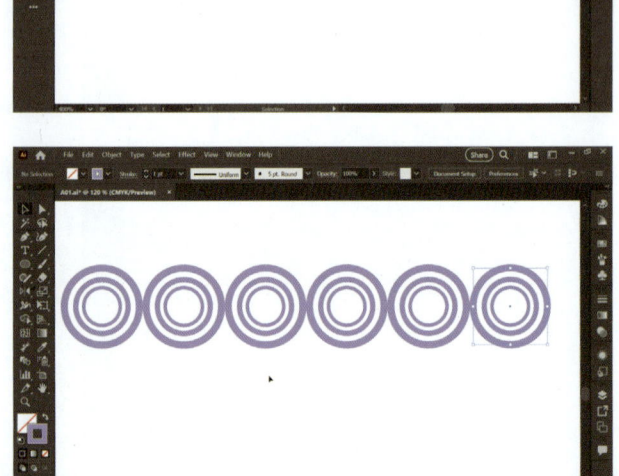

❻ Ctrl + D 를 4회 더 누릅니다.

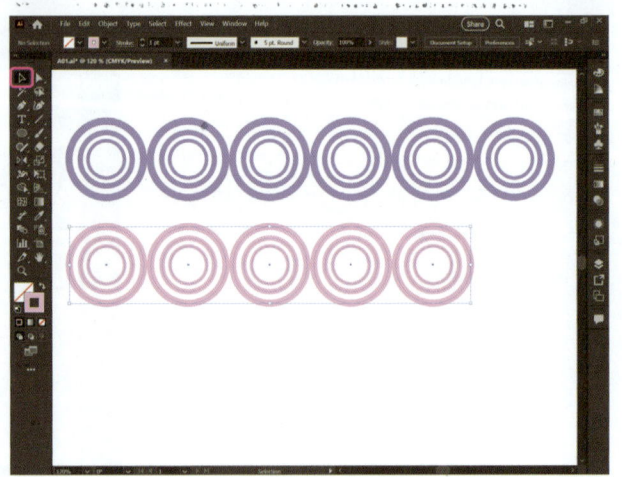

❼ Selection Tool(▷)로 5개의 원만 선택한 후 Alt + Shift 를 누른 채 아래로 드래그하여 복사합니다.
복사한 도형은 면색은 None, 선색은 C5M40으로 설정합니다.

❽ Selection Tool( )로 같은 색상의 도형만 선택하여 각각 Ctrl + G 를 눌러 그룹 설정합니다.

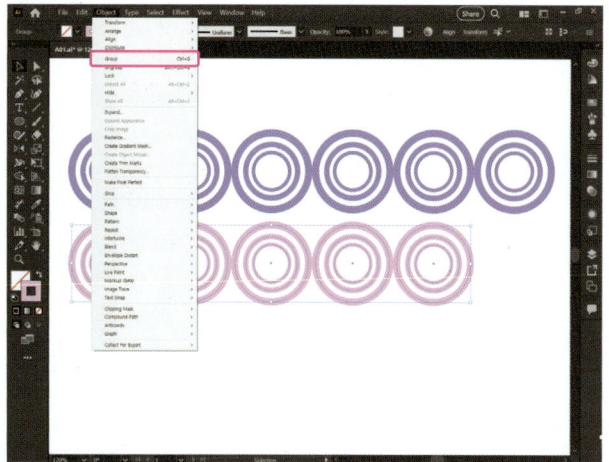

❾ 작업된 도형은 작업 창 하단에 겹쳐 배치하고 [Window]−[Align] 패널에서 Align To : Align to Artboard를 선택한 후 Align Objects : Horizontal Align Center를 선택하여 가운데 정렬합니다.

5) 타이포그래픽

❶ Type Tool( )로 '호흡명상클리닉'을 입력하고 [Window]−[Type]−[Character] 패널에서 서체, 크기와 자간, 장평 등을 문제지 출력형태와 비슷하게 설정합니다.

> **Tip**
>
> 1. 서체 : 휴먼모음T(다음과 같은 서체가 없으면 비슷한 서체를 선택하여 사용)
> 2. Type Tool( )로 문자 일부분을 드래그하여 선택하면 부분 조정할 수 있습니다.

❷ 문자는 [Type]-[Create Outlines]를 클릭하여 이미지로 변경하고 각 오브젝트가 수정되도록 Shift + Ctrl + G 를 눌러 그룹 해제합니다.

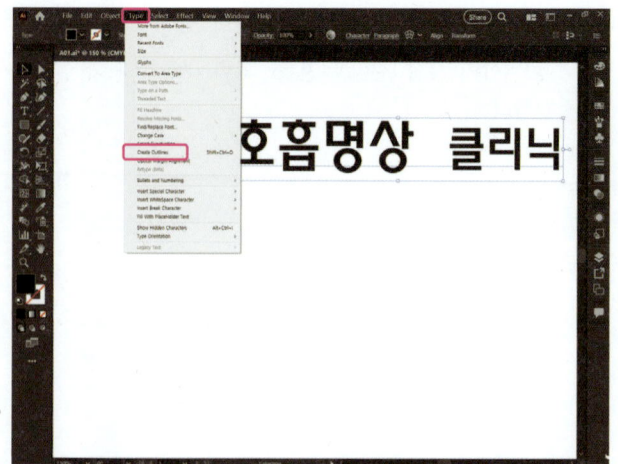

❸ 문자 '호'는 자음과 모음이 붙어있어 수정이 불편하므로 Delete 를 눌러 삭제합니다. 문자 '흡'을 Selection Tool( )로 Alt 를 누른 채 왼쪽으로 드래그하여 복사합니다.

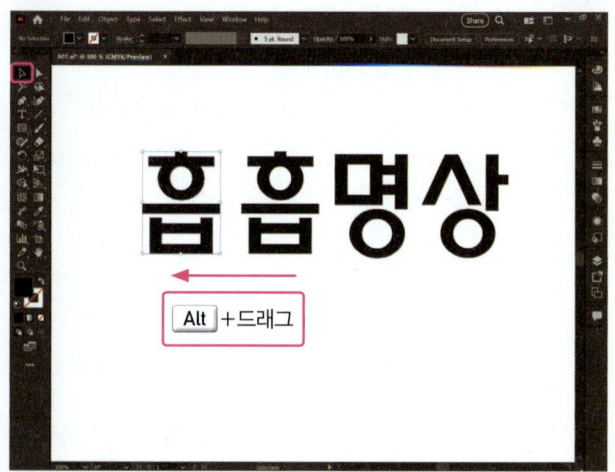

❹ Direct Selection Tool( )로 상단 획을 선택하고 Delete 를 눌러 삭제합니다.

> **Tip**
> [View]-[Outline] 또는 Ctrl + Y 를 누르면 패스만 보여 꼼꼼하게 작업할 수 있습니다.

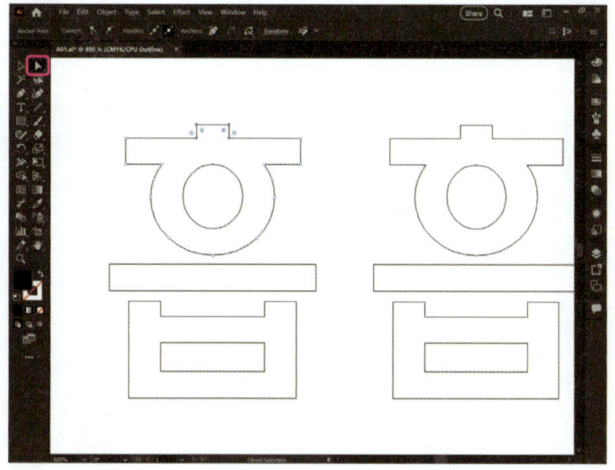

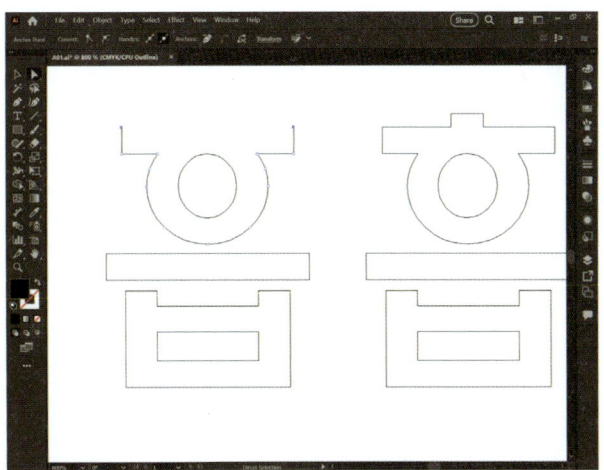

❺ 삭제된 선은 [Object]-[Path]-[Join] 또는 Ctrl+J를 눌러 끊어진 선을 이어줍니다.

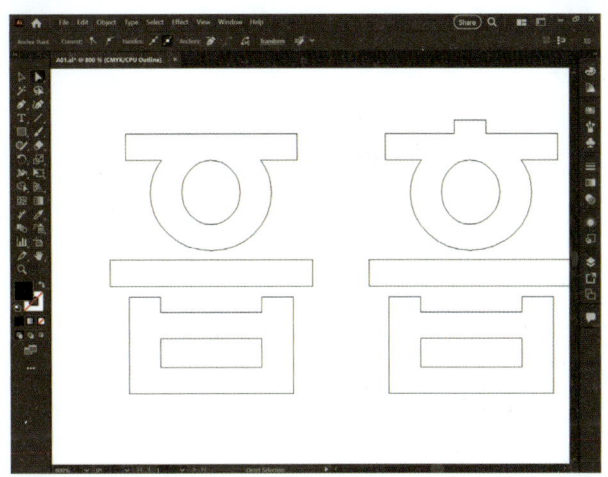

❻ Direct Selection Tool( )로 왼쪽 상, 하의 고정점을 선택하고 오른쪽 방향키를 눌러 이동한 후 길이를 짧게 만듭니다. 오른쪽 고정점도 똑같이 선택하고 왼쪽 방향키를 눌러 이동한 후 길이를 조정합니다.

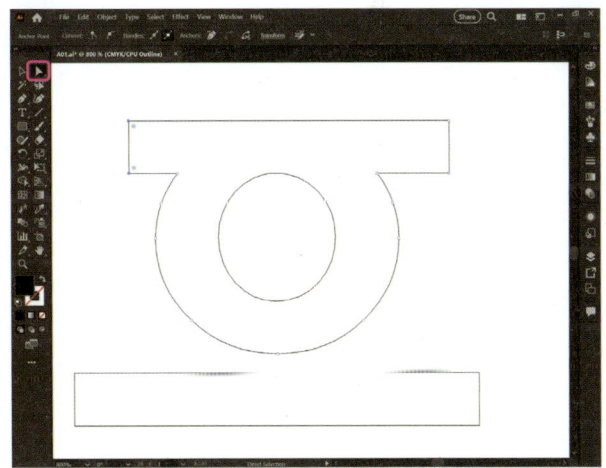

❼ Direct Selection Tool(▶)로 Shift 를 누른 채 Live Cornor(모퉁이) 위젯을 클릭하여 다중 선택합니다. 이미지 안쪽으로 드래그하여 모서리를 둥글게 만듭니다.

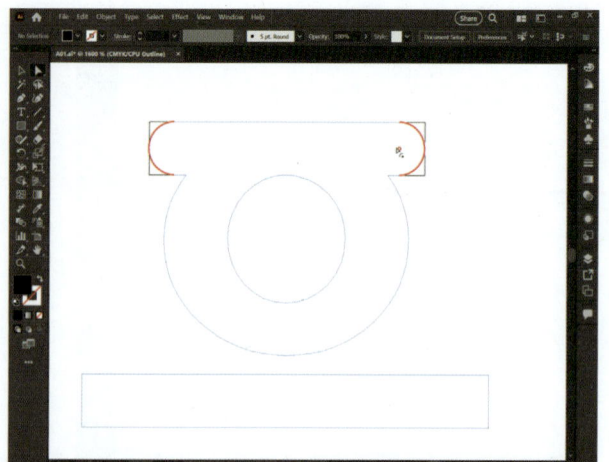

❽ Ellipse Tool(◯)을 선택한 후 Shift 를 누른 채 드래그하여 정원을 그립니다.

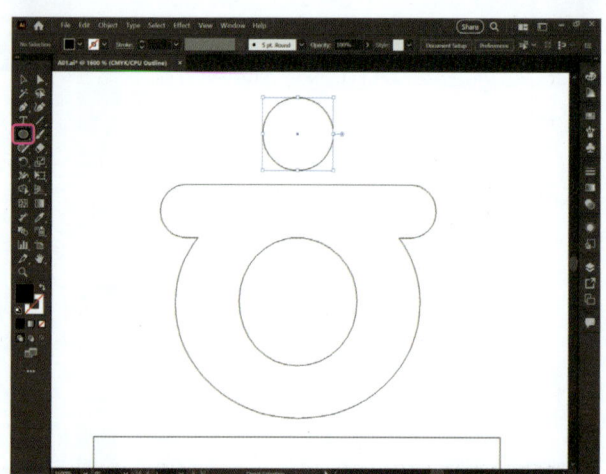

❾ Direct Selection Tool(▶)로 모음을 선택한 후 Delete 를 눌러 삭제합니다. Rounded Rectangle Tool(▢)로 드래그하여 세로로 긴 직사각형을 그립니다.

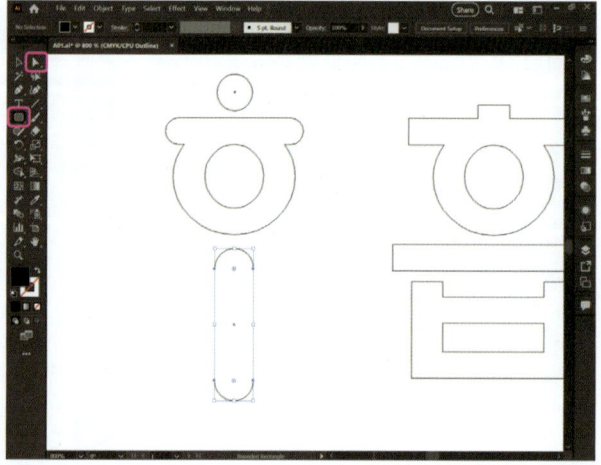

❿ Selection Tool(▶)로 Alt 를 누른 채 드래그하여 복사하고 사각형의 너비를 얇게 조정합니다.
바운딩 박스 점을 드래그하여 대각선 방향으로 기울여 왼쪽에 배치합니다.

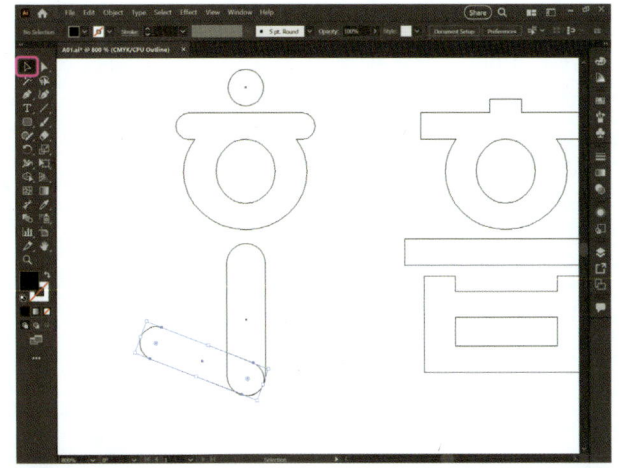

⓫ Reflect Tool(▷◁)를 클릭하고 가운데 직사각형의 Center를 Alt 를 누른 채 클릭합니다.
Axis : Vertical을 선택하고 [Copy]를 눌러 복사합니다.

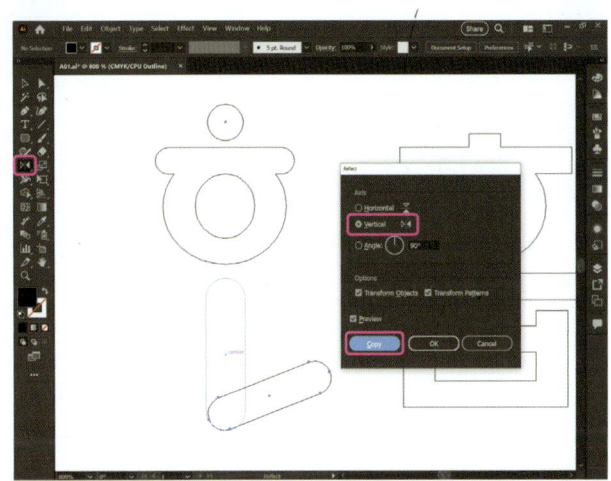

⓬ ❹~⓫과 같은 방법으로 나머지 문자도 그림과 같게 작업하여 배치합니다.

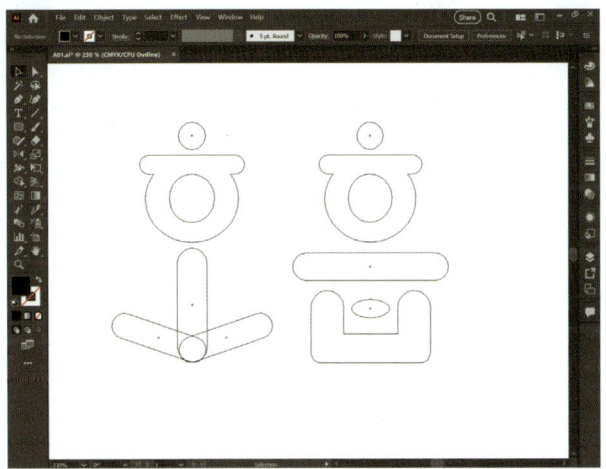

⓭ 헤드라인 글자는 [Window]－[Pathfinder] 패널의 옵션 아이콘을 클릭합니다. [Make Compound Shape]를 선택한 후 [Expand]를 누릅니다.

> **Tip**
> 여러 오브젝트를 합쳐 한 면으로 만들면 그라디언트 색상을 자연스럽게 사용할 수 있습니다.

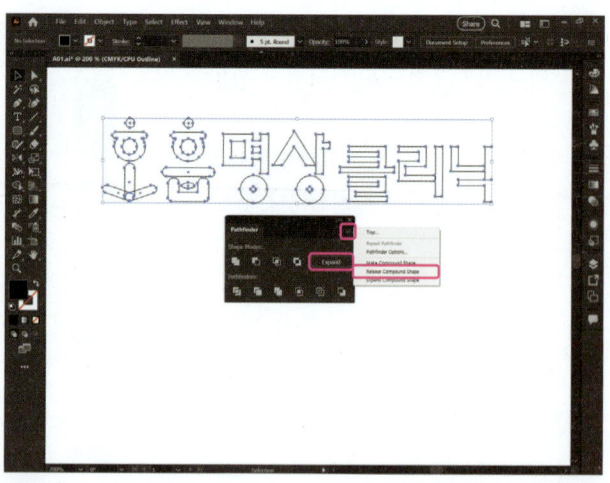

⓮ [Window]－[Gradient] 패널에서 Type : Radial Gradient, 면색은 C0M0Y0K0 → C30M10, 선색은 None으로 설정합니다.

> **Tip**
> [Gradient] 패널의 색상 아이콘을 더블 클릭하여 색상값을 입력합니다.

⓯ [Effect]－[Stylize]－[Drop Shadow]를 선택합니다.

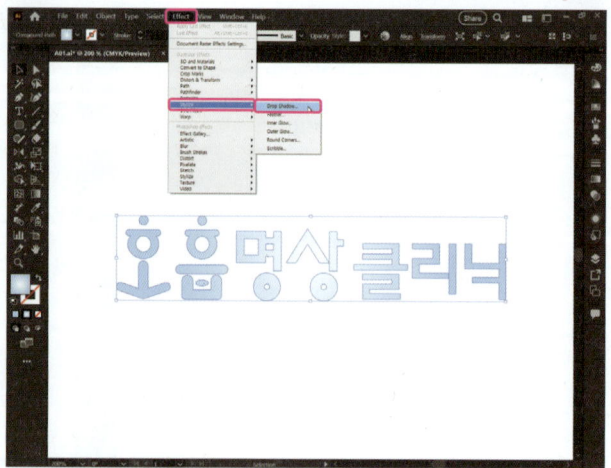

⑯ [Drop Shadow]의 옵션값을 알맞게 조정하고 그림자 색상은 C100M100Y20K10으로 설정합니다.

> **Tip**
>
> **Drop Shadow 설정값**
> Mode : Multiply, Opacity : 80, Blur : 1.5(효과의 옵션 값은 절댓값이 아니며, 옵션값을 조절하여 작업물에 조화롭게 적용합니다)

6) 명상

❶ Pen Tool()로 그림과 같이 오른쪽 선은 Shift 를 누른 채 직선으로 그린 후 왼쪽 이미지의 반을 그립니다.

> **Tip**
>
> [View]-[Show Grid] 또는 Ctrl + " 를 눌러 그리드를 이용하면 이미지 완성도를 높일 수 있습니다.

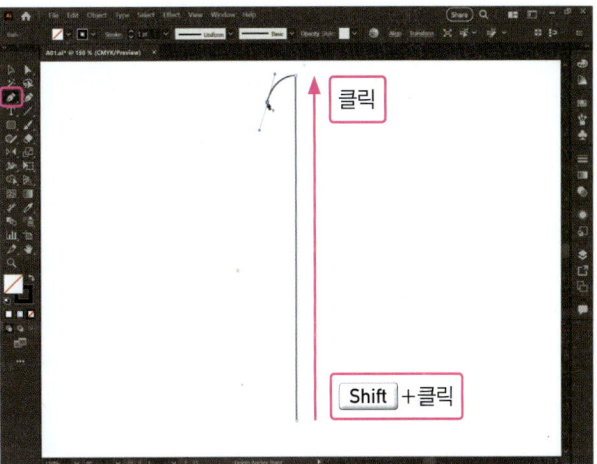

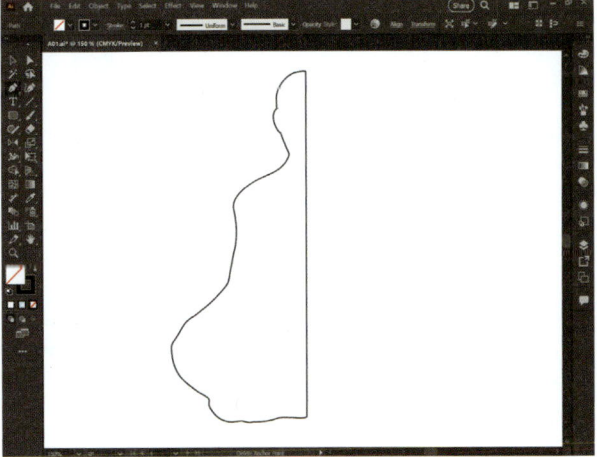

❷ Pen Tool( )로 그림과 같이 왼쪽 팔과 다리 사이의 공간을 따로 그립니다.

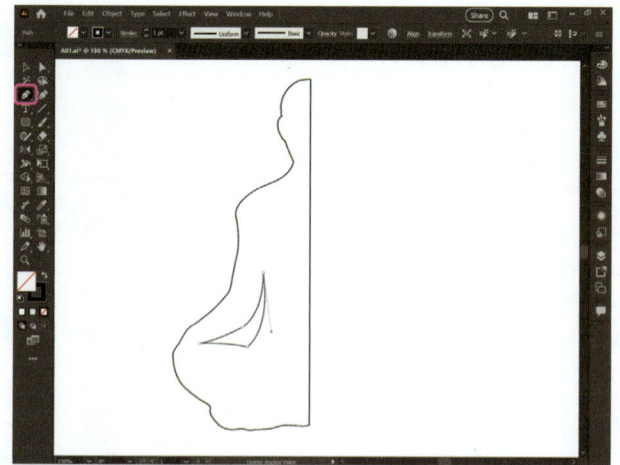

❸ Selection Tool( )로 모두 선택하고 [Window]-[Pathfinder] 패널에서 Shape Modes : Exclude를 선택합니다.

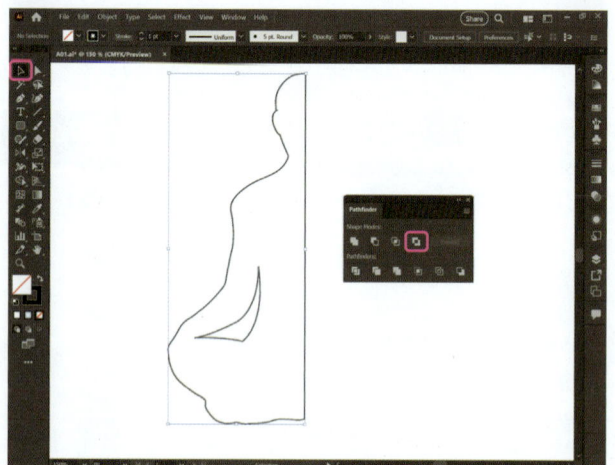

❹ Reflect Tool( )을 선택하고 Alt 를 누른 채 오른쪽 직선을 클릭합니다.
Axis : Vertical을 선택하고 [Copy]를 누릅니다.

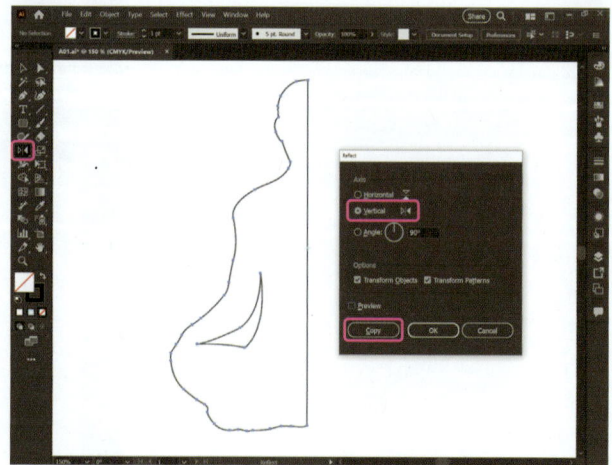

❺ Selection Tool( )로 그린 이미지를 선택하고 Ctrl + C , Ctrl + B 를 눌러 복사한 이미지를 오브젝트 뒤에 붙여넣습니다.

> **Tip**
> • [Edit]-[Copy] : 이미지를 복사합니다.
> • [Edit]-[Paste in Back] : 복사한 이미지 뒤에 붙여넣습니다.

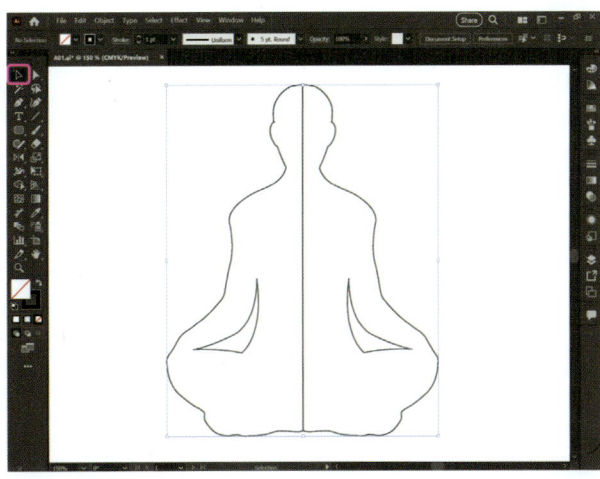

❻ [Window]-[Pathfinder] 패널에서 Shape Modes : Unite를 선택하여 두 면을 합칩니다. 면색은 C0M0Y0K0, 선색은 K100으로 설정합니다.

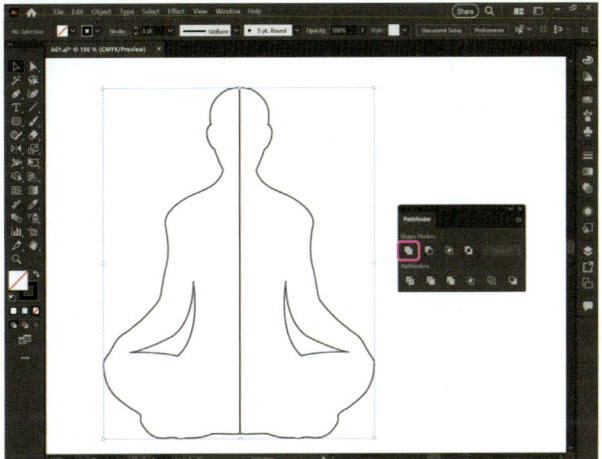

❼ [Stroke] 패널에서 Alight to Stroke : Outside를 선택한 후 'Weight'의 설정값을 2pt로 입력하여 선의 두께를 조절합니다.

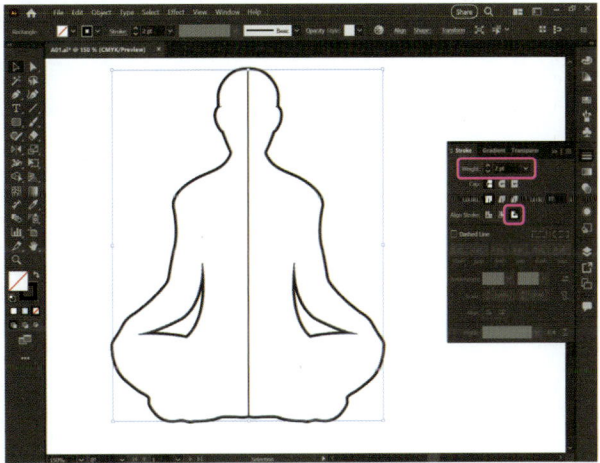

CHAPTER 3 일러스트레이터 작업 151

7) 패턴

❶ Polygon Tool( )을 선택하고 작업 창을 클릭합니다. Radius : 8, Sides : 3을 입력하고 [OK]를 눌러 삼각형을 만듭니다.

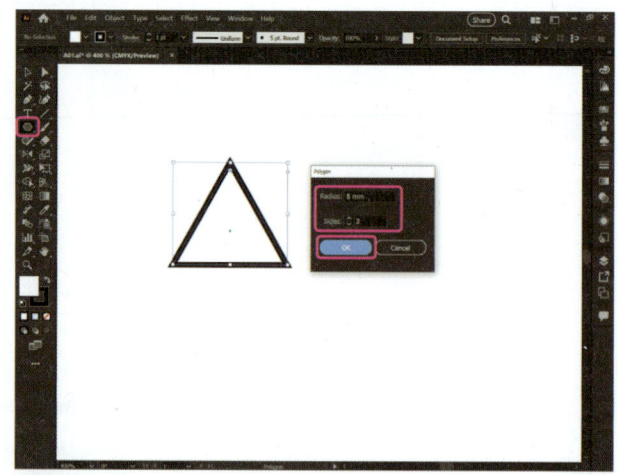

❷ Selection Tool( )로 삼각형을 선택하고 Alt + Shift 를 누른 채 오른쪽으로 이동하여 복사하고 Ctrl + D 를 눌러 다시 한번 복사합니다.

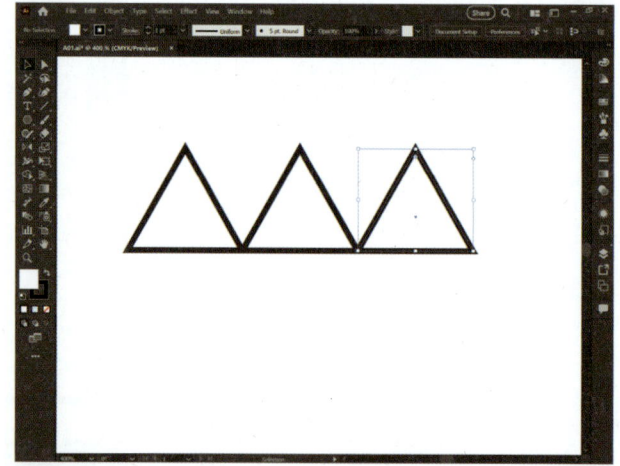

❸ 각 삼각형의 면색은 ⓐ C80M50, ⓑ C60M30, ⓒ C100M90Y40K10, 선색은 None으로 설정합니다.

❹ Selection Tool( )로 삼각형 2개를 다중 선택하고 Alt + Shift 를 누른 채 아래로 이동하여 복사합니다. 복사한 삼각형의 면색은 ⓓ C100M80Y20, ⓔ C30Y5, 선색은 None으로 설정합니다.

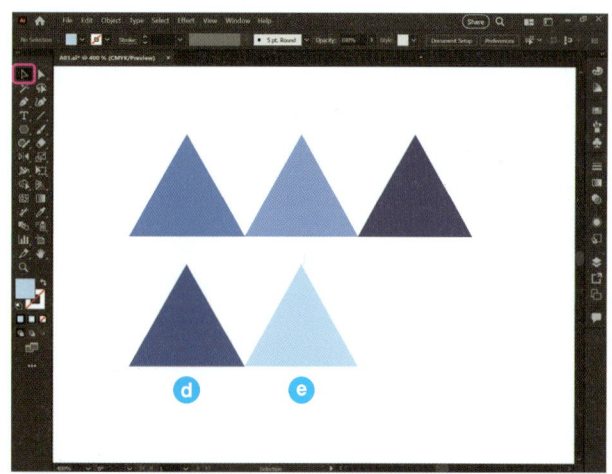

❺ 삼각형 ⓐ, ⓑ, ⓒ를 모두 선택한 후 Ctrl + G 를 눌러 그룹으로 설정하고 Reflect Tool( )을 더블 클릭합니다. Axis : Horizontal을 선택한 후 [OK]를 누릅니다.

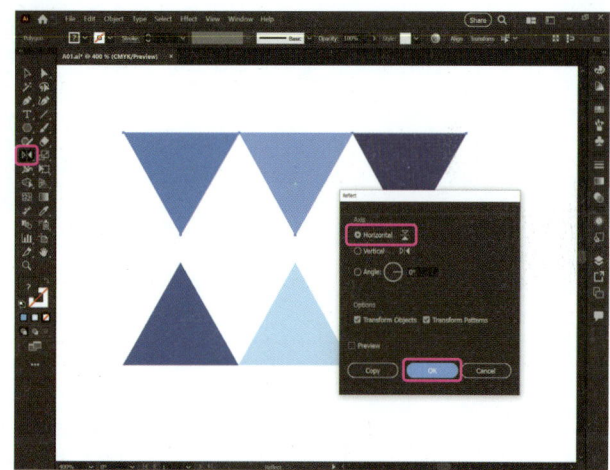

❻ 나머지 삼각형 ⓓ, ⓔ도 모두 선택한 후 Ctrl + G 를 눌러 그룹으로 설정하고 이미지와 같게 합쳐 Selection Tool( )로 삼각형을 모두 선택합니다.
[Window]-[Align] 패널에서 Align To : Selection, Align Objects : Horizontal Align Center, Vertical Align Top을 선택하여 정렬한 후 Ctrl + G 를 눌러 그룹 설정합니다.

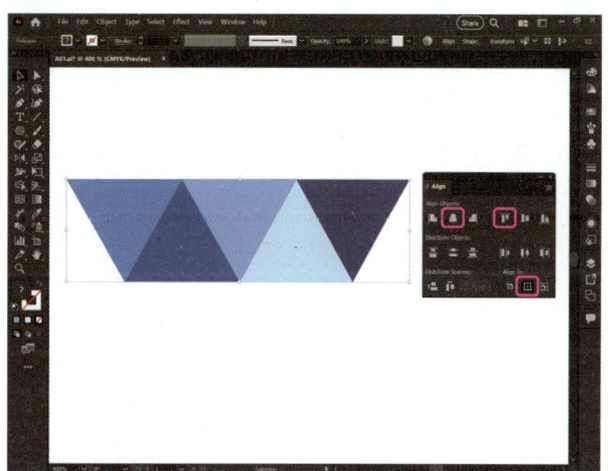

❼ 패턴은 Alt + Shift 를 누른 채 오른쪽으로 이동하여 2개 더 복사합니다.
가운데 패턴을 선택한 후 Reflect Tool(◨)을 더블 클릭합니다. Axis : Horizontal을 선택한 후 [OK]를 누릅니다.

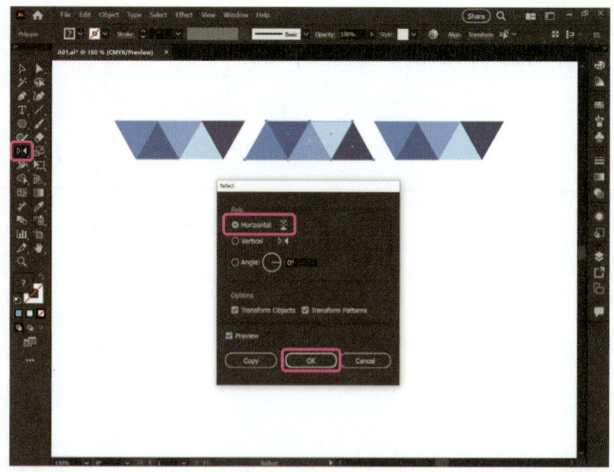

❽ 패턴은 그림과 같이 복사하여 배치하고 [Window]-[Swatches] 패널에 드래그하여 놓습니다.

❾ Line Segment Tool(╱)로 Shift 를 누른 채 가로 방향으로 이동하여 직선을 그립니다.
면색은 None, 선색은 C5M40으로 설정하고 [Window]-[Stroke] 패널에서 'Weight'를 10pt로 입력하여 선의 두께를 적절히 조절합니다.

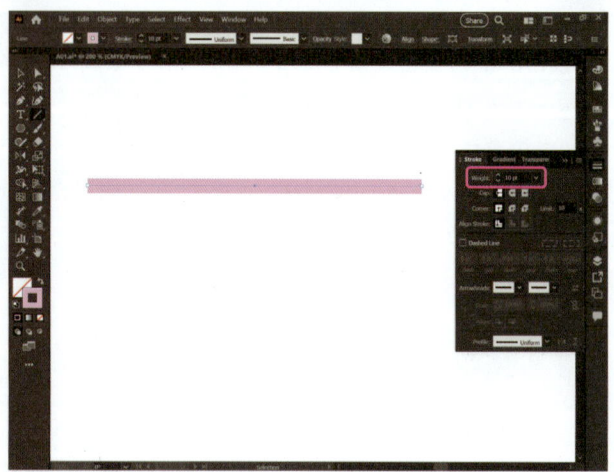

❿ [Effect]-[Distort & Transform]-[Zig Zag]를 선택합니다.

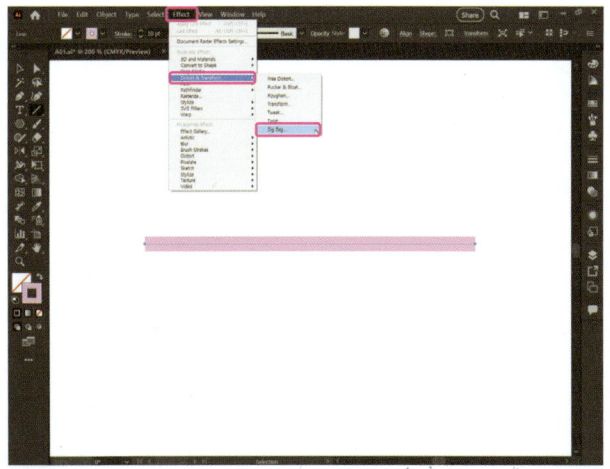

⓫ [Options]에서 [Size]와 [Ridges per segment]를 알맞게 조절하고 Points : Corner를 선택한 뒤 [OK]를 누릅니다.

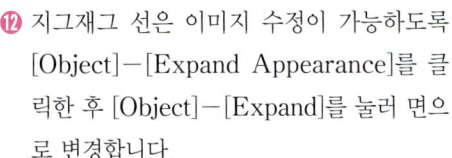

- Size : 지그재그의 높이를 조절합니다.
- Ridges per segment : 지그재그의 간격 조절을 조절합니다.

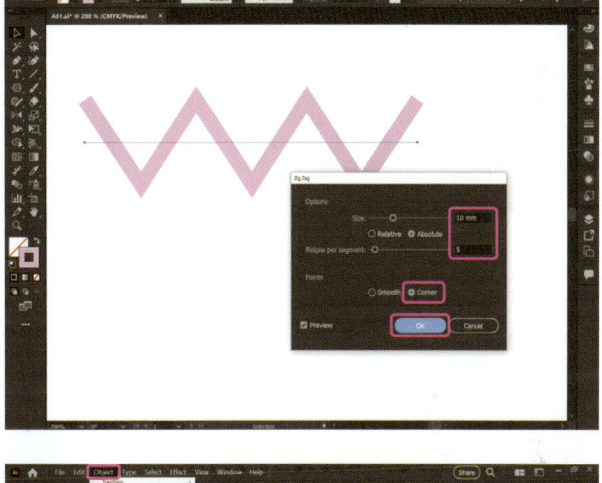

⓬ 지그재그 선은 이미지 수정이 가능하도록 [Object]-[Expand Appearance]를 클릭한 후 [Object]-[Expand]를 눌러 면으로 변경합니다.

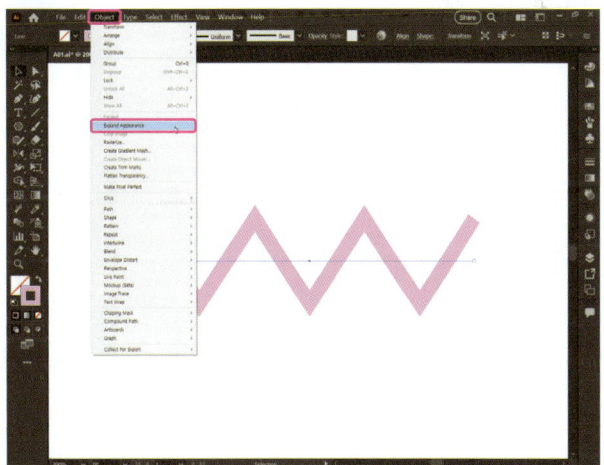

- Expand Appearance : Effect 효과를 이미지로 변경합니다.
- Expand : 선을 면으로 변경합니다.

CHAPTER 3 일러스트레이터 작업   155

⓭ Direct Selection Tool(▶)로 왼쪽 상단 고정점을 제거하고 Ctrl + J 를 눌러 끊어진 선을 연결합니다.
오른쪽 상단 고정점도 같은 방법으로 제거합니다.

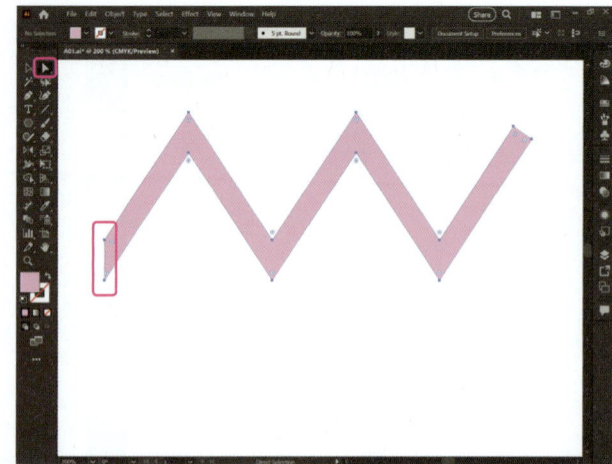

⓮ 패턴은 그림과 같이 복사하여 배치하고 [Window]-[Swatches] 패널에 드래그하여 놓습니다.

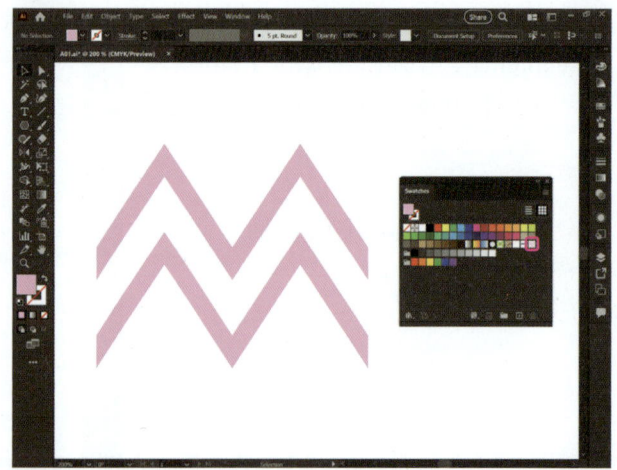

⓯ 왼쪽 이미지 면을 클릭한 후 등록한 패턴 아이콘을 클릭합니다. 선색은 None으로 설정합니다.

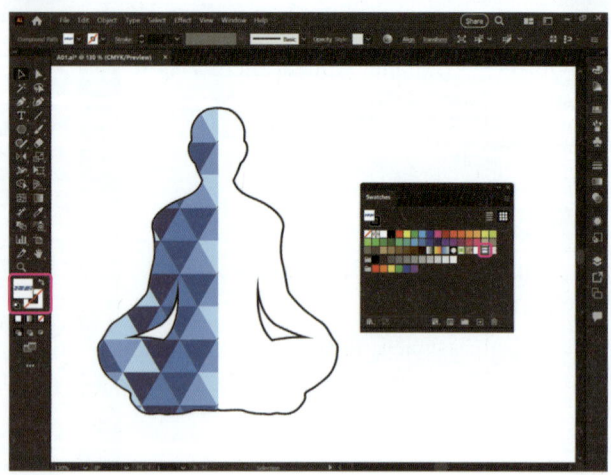

⓰ Scale Tool(　)을 더블 클릭합니다.
Options : Transform Patterns만 선택하여 Uniform의 크기를 조절을 합니다.

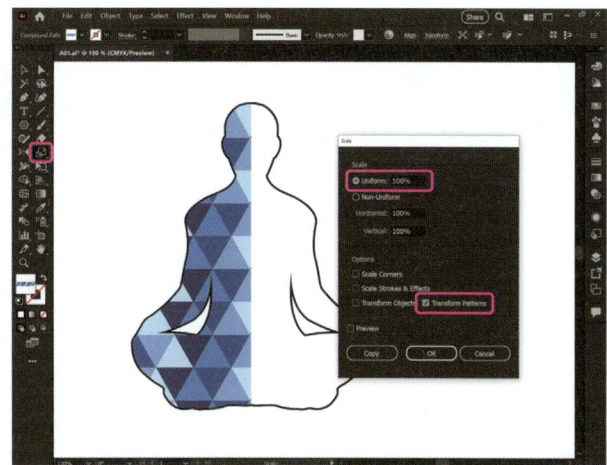

⓱ Selection Tool(　)을 더블 클릭합니다.
Options : Transform Patterns만 선택하여 패턴의 위치를 알맞게 배치합니다.

> **Tip**
>
> Position : Horizontal(좌, 우 이동), Vertical(상, 하 이동)

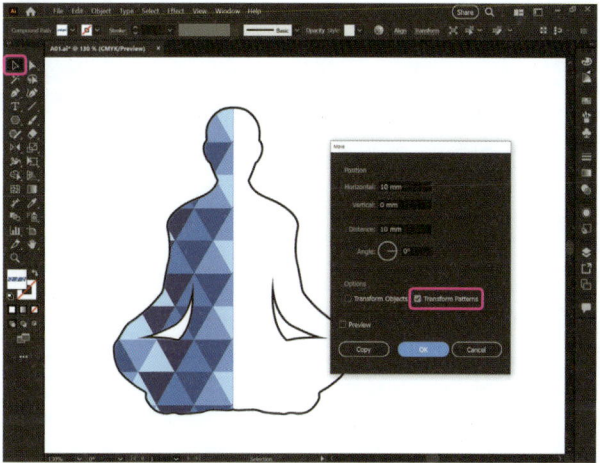

⓲ ⓯~⓱과 같은 방법으로 오른쪽 면에 지그재그 패턴도 알맞게 작업합니다.

> **Tip**
>
> **패턴 수정**
>
> 1. [Window]-[Pattern Options] 패널을 사용하여 패턴의 배열과 여백 등을 설정할 수 있습니다.
> 2. 다음 도구의 아이콘을 더블 클릭하여 옵션 상자에서 'Transform Patterns'만 선택하면 오브젝트의 변형 없이 패턴만 조정할 수 있습니다.
>   - Selection Tool(　) → 패턴 위치
>   - Scale Tool(　) → 패턴 크기
>   - Reflect Tool(　) → 패턴 반전
>   - Rotate Tool(　) → 패턴 회전

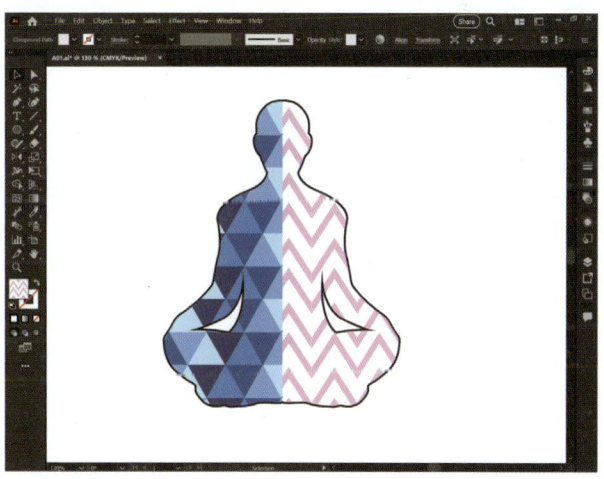

8) 텍스트

❶ Type Tool(T)을 선택하고 작업 창을 클릭하여 '8. 21[금] BEXCO 2F'를 입력합니다. 문자 색상은 C100M90Y40K10으로 설정합니다.

❷ [Window]-[Type]-[Character] 패널에서 서체, 크기, 자간 설정, 띄어쓰기 등을 출력형태와 비슷하게 설정합니다.

> **Tip** ✓
> - 서체 : HY견고딕, HY헤드라인M, Century Gothic
> - Type Tool(T)로 글자를 드래그하여 블록 지정하면 각각의 크기를 설정할 수 있습니다.
>   - 문자 크기 : Shift + Ctrl + < , >
>   - 자간 : Alt + ← , →
>   - 행간 : Alt + ↑ , ↓
>   - 문자 높이 : Alt + Shift + ↑ , ↓

❸ 문자 '[금]'은 Type Tool(T)을 선택하여 블록으로 감싸고 [Character] 패널에서 크기를 작게 설정하고, Set the baseline shift(문자 높이)의 숫자 값을 입력하여 숫자의 상단에 높이에 위치하도록 배치합니다.

❹ Type Tool(T)로 '요가의 호흡법과~'를 입력하고 색상은 C100M90Y40K10으로 설정합니다. [Window]-[Type]-[Character] 패널에서 서체, 크기, 자간 설정 등을 출력형태와 비슷하게 설정합니다.

> **Tip**
> • 서체 : 한컴 고딕 Bold
> • 글자 크기 : 10.5pt

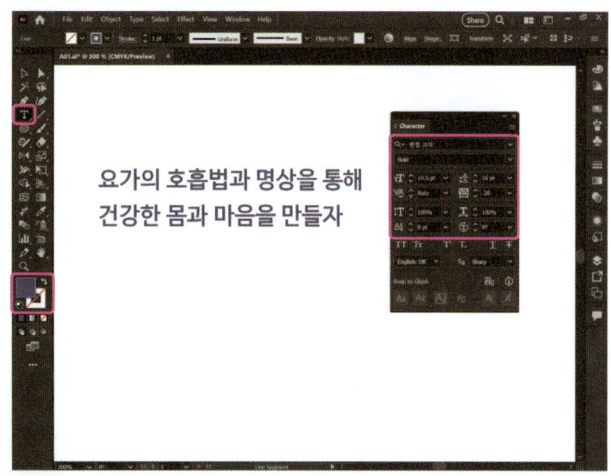

❺ Line Segment Tool(/)로 Shift 를 누른 채 가로 방향으로 이동하여 직선을 그립니다. 선색은 C100M90Y40K10으로 설정합니다. Selection Tool(▶)로 Alt + Shift 를 누른 채 아래로 이동하여 복사하고 알맞게 배치합니다.

❻ Type Tool(T)로 '주최:사단법인~'을 입력합니다. 문자 색상은 K100으로 설정하고 [Window]-[Type]-[Character] 패널에서 서체, 크기, 자간 설정 등을 출력형태와 비슷하게 설정합니다.

> **Tip**
> • 서체 : 한컴 고딕 Bold, Regular
> • 글자 크기 : 8.5pt

CHAPTER 4

포토샵 작업

01 작업 준비하기(도큐멘트 설정, 가이드 선)

❶ 포토샵 프로그램에서 [File]-[New]를 선택합니다. [New] 옵션 상자에서 Width : 166mm, Height : 246mm, Resolution : 300pixels/inch, Color Mode : RGB Color, Background Contents : White 로 설정한 후 [Create]를 누릅니다.

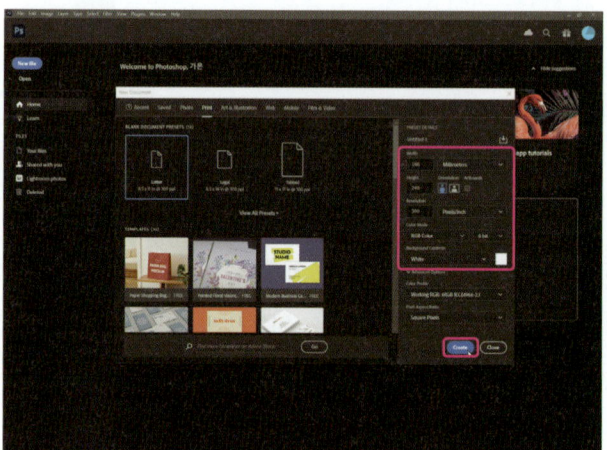

1. Resolution : 300pixels/inch은 고품질의 해상도로 인쇄, 출판에 적합한 해상도입니다. 해상도가 높아지면 파일의 용량이 커집니다. 시험에서 제출할 파일의 총 용량은 10MB 이하이기 때문에 작업 완료를 한 후 용량이 10MB를 넘으면 [Image]-[Image Size]에서 150~250 정도의 해상도로 변경하여 제출합니다.

2. 인쇄에 적합한 Color Mode는 CMYK Color 입니다. 하지만 포토샵에서 CMYK Color로 설정되어 있으면 시험에서 요구하는 Filter의 효과가 제한됩니다.
시험장에서 사용되는 일반 프린트 기기는 RGB Color를 사용하여도 오류가 없기 때문에 포토샵에서 작업할 시 도큐멘트의 Color Mode는 RGB Color로 사용합니다.

❷ [File]−[Save as]를 선택하고 [Save as] 옵션 상자에 저장할 비번호 폴더(A01)를 찾아 클릭합니다. 파일 이름은 비번호 'A01'을 입력하고 파일형식 : Photoshop(*.PSD, *.PDD, *.PSDT) 을 선택한 후 [저장(S)]을 누릅니다.

Tip

Ctrl + S 를 눌러 작업한 내용을 수시로 저장하는 습관을 들이면 프로그램 오류에 빠르게 대처할 수 있습니다.

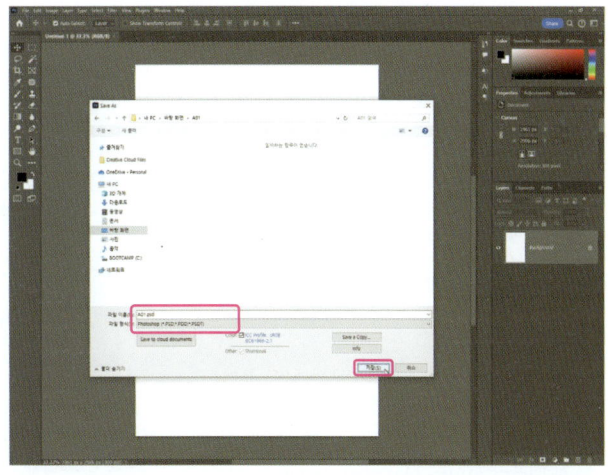

❸ 일러스트 작업 창 [Window]−[Layers] 패널에서 '가이드 선' 레이어의 [Toggles Lock] 아이콘을 클릭하여 잠금을 해제합니다.
Selection Tool(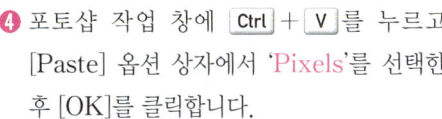)로 가이드 선을 선택하고 Ctrl + C 를 눌러 복사합니다.

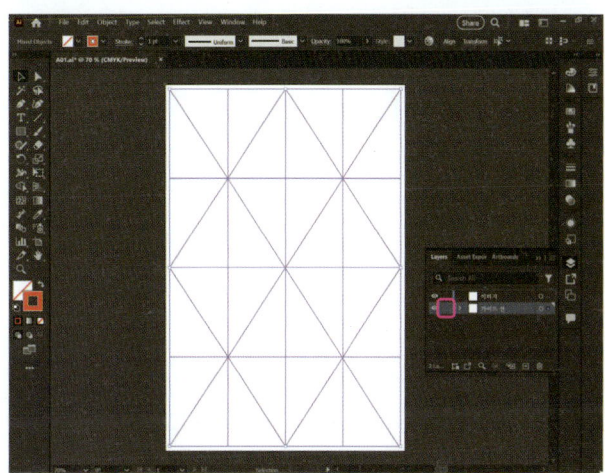

❹ 포토샵 작업 창에 Ctrl + V 를 누르고 [Paste] 옵션 상자에서 'Pixels'를 선택한 후 [OK]를 클릭합니다.
[Window]−[Layers] 패널에서 레이어 이름을 더블 클릭하여 '가이드 선'으로 레이어 이름을 변경합니다.

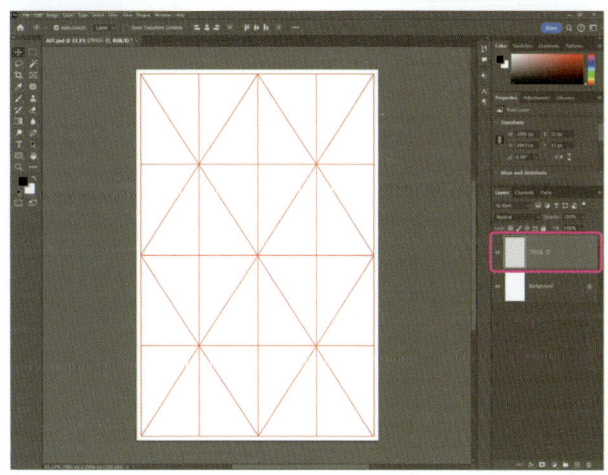

❺ Move Tool(✥)을 선택하고 옵션 바의 Align To : Canvas, 'Align vertical centers', 'Align horizontal centers'를 클릭하여 도큐멘트의 가운데에 배치합니다. '가이드 선' 레이어의 'Lock all' 아이콘을 클릭하여 잠그고 'Background' 레이어를 선택한 후 작업을 시작합니다.

> **Tip**
>
> '가이드 선' 레이어가 선택되어 있으면 이미지를 불러올 때 '가이드 선' 레이어 위에 위치하게 되므로 가이드 선이 보이지 않게 됩니다. 정확한 이미지 배치를 위해 '가이드 선' 레이어는 항상 작업물 위에 위치하도록 합니다.

02 이미지 합성 제작

1) 배경

❶ [Layers] 패널에서 [Create new fill or adjustment layer] 아이콘을 클릭하고 [Gradient]를 실행합니다.

❷ [Gradient Fill] 옵션 상자의 그라데이션 색상 바를 선택하여 C0M0Y0K0 → C30M10으로 입력하고 Angle : 90°로 설정한 후 [OK]를 클릭합니다.

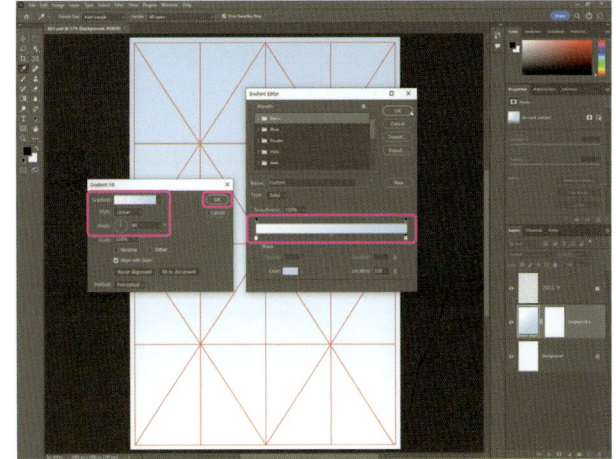

❸ [Layers] 패널에서 [Create a new Layer] 아이콘을 눌러 레이어를 생성하고 D를 눌러 전경색은 검은색, 배경색은 흰색의 기본값으로 설정합니다.

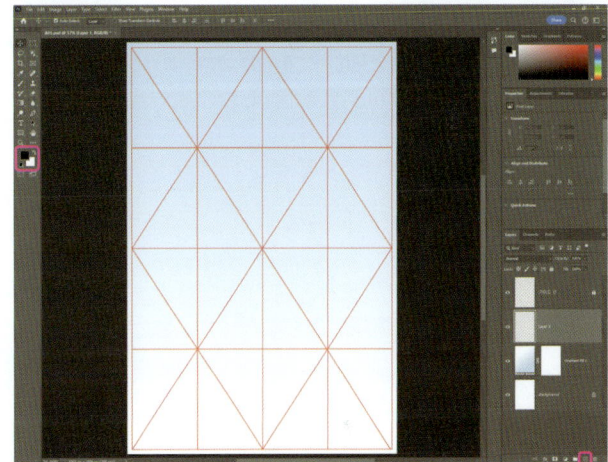

❹ [Filter]-[Render]-[Clouds]를 눌러 구름 필터를 적용하고, 레이어의 이름은 '구름'으로 변경합니다.

Tip

레이어 이름 변경하기
레이어 패널에서 변경할 레이어의 이름 부분을 더블 클릭합니다. 새 이름을 입력한 후 Enter 를 누릅니다.

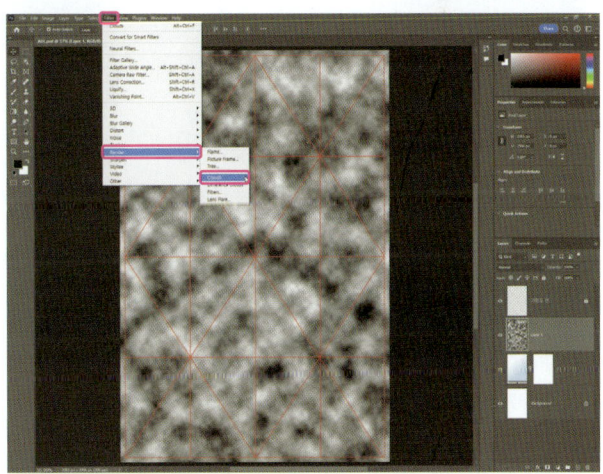

❺ [Layers] 패널에서 '구름' 레이어를 선택하고 'Normal : Overlay'를 선택하여 블랜드를 적용합니다.

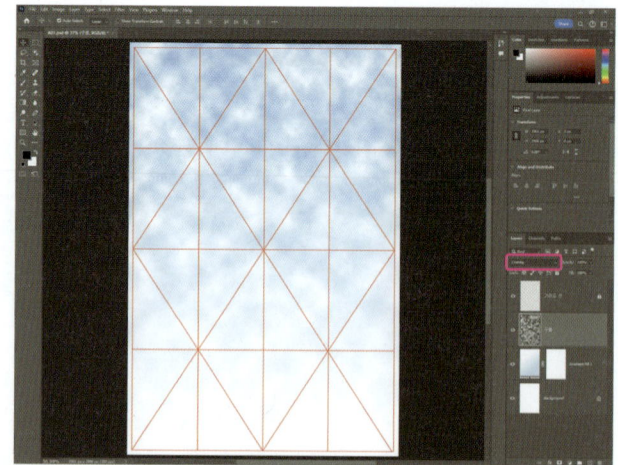

❻ [File]-[Open]을 선택하고 '명상_01.jpg' 파일을 불러옵니다. Ctrl + A 를 눌러 전체 선택한 후 Ctrl + C 를 누릅니다.

❼ 'A01.psd' 작업 창으로 이동한 후 Ctrl + V 로 붙여넣습니다. Ctrl + T 를 눌러 이미지의 바운딩 박스 점을 드래그하여 크기를 조정하고 Enter 를 눌러 알맞게 배치한 후 레이어의 이름을 '명상_01'로 변경합니다.

Tip

- 파일 열기 : Ctrl + O
- Free Transform : CC 버전 이상에서 비율을 유지한 채 조절할 때는 바운딩 박스 점을 클릭하여 드래그하고, 가로, 세로의 비율을 조절할 때는 Shift 를 누른 채 바운딩 박스 점을 클릭하여 드래그합니다.

❽ [Layers] 패널에서 '명상_01' 레이어를 선택하고 [Add layer mask] 아이콘을 클릭한 후 를 눌러 전경색은 검은색, 배경색은 흰색으로 설정하고 Gradient Tool()을 선택합니다.

> **Tip**
>
> 그라데이션 색상은 전경색과 배경색에 영향을 받기 때문에 기본 컬러로 변경한 후 사용합니다.

❾ 옵션 바에서 [Presets]의 [Foreground to Transparent] 아이콘을 클릭한 후 Type : Linear Gradient를 선택합니다.

> **Tip**
>
> [Presets]의 [Foreground to Transparent] 아이콘이 보이지 않을 경우 직접 그라디언트를 #000000 → #ffffff로 설정하여 사용합니다.

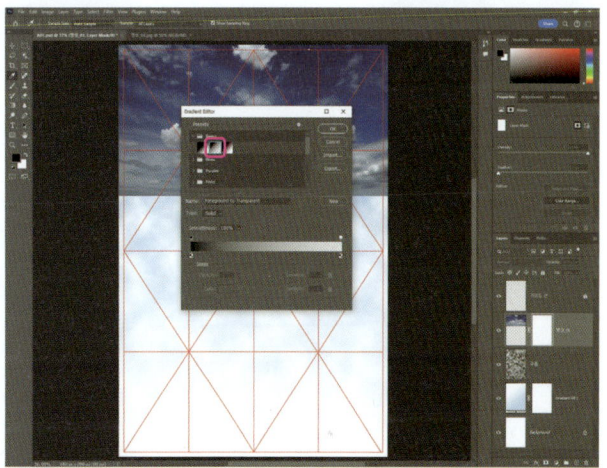

❿ 이미지의 하단에서 상단 방향으로 를 누른 채 드래그하여 자연스럽게 합성합니다.

> **Tip**
>
> Shift를 누른 채 드래그하면 수직, 수평의 정방향으로 그라데이션을 적용할 수 있습니다.

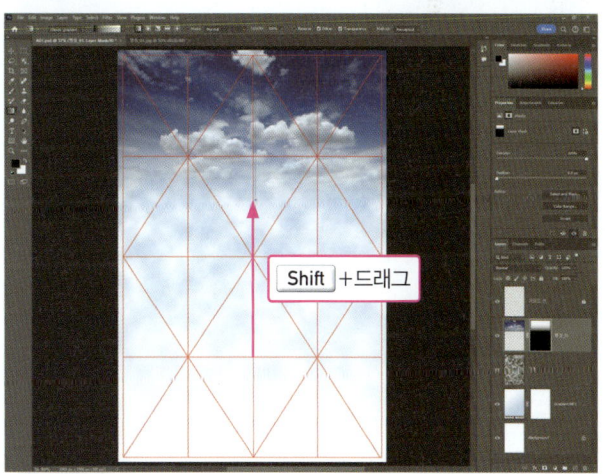

CHAPTER 4 포토샵 작업   165

⓫ [Filter]-[Render]-[Lens Flare]를 선택하고 옵션 상자 '미리 보기 창'의 빛을 드래그하여 적절한 위치에 이동한 후 [OK]를 클릭합니다.

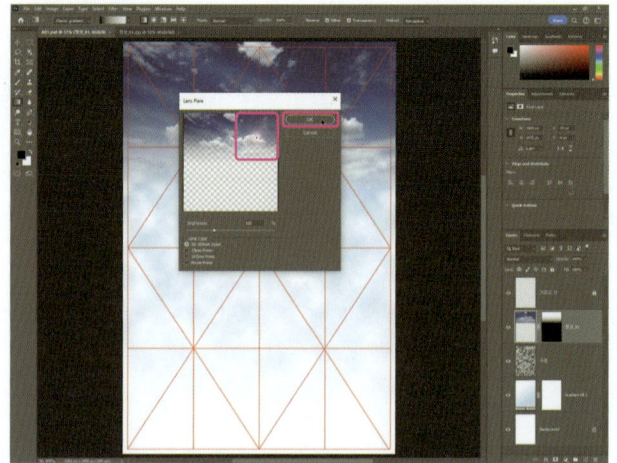

⓬ 일러스트 작업 창에서 Selection Tool(▶)로 '바람' 이미지를 선택하고 Ctrl + C 를 누릅니다.

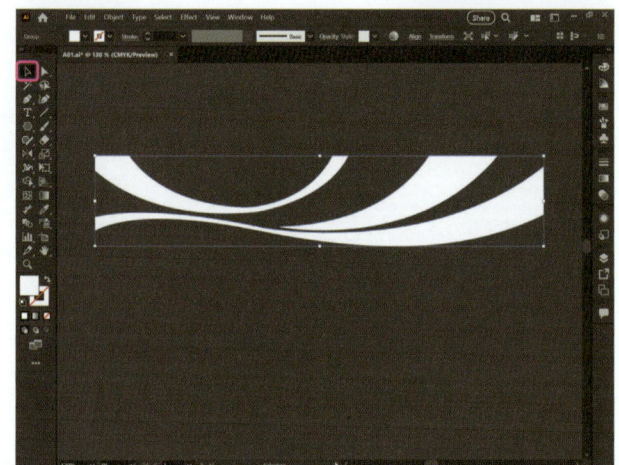

⓭ 포토샵 작업 창으로 이동한 후 Ctrl + V 로 붙여넣습니다. [Paste] 옵션 상자에서 'Pixels'를 선택하고 [OK]를 클릭한 후 크기 조정하여 알맞게 배치하고 레이어의 이름을 '바람'으로 변경합니다.

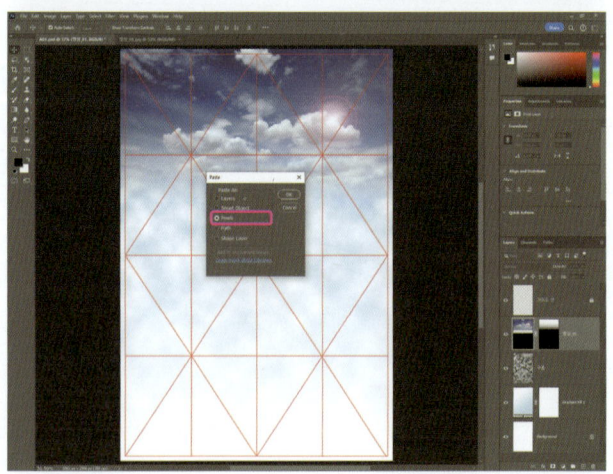

⓮ [Layers] 패널에서 '바람' 레이어를 선택하고 'Normal : Soft Light'를 선택하여 블랜드를 적용한 후 자연스럽게 합성합니다.

2) 물, 패턴 합성

❶ [File]-[Open]을 선택하고 '명상_02.jpg' 파일을 불러옵니다. Ctrl + A 를 눌러 전체 선택한 후 Ctrl + C 를 누르고 'A01.psd' 작업 창으로 이동하여 Ctrl + V 로 붙여넣습니다.
Ctrl + T 를 눌러 이미지의 바운딩 박스 점을 드래그하여 크기를 조정하고 알맞게 배치한 후 레이어의 이름을 '명상_02'로 변경합니다.

❷ '1) 배경 - ❽~❿' 부분과 같은 방법으로 [Layers] 패널에서 '명상_02' 레이어를 선택하고 [Add layer mask] 아이콘을 클릭한 후 Gradient Tool( )로 상단에서 하단 방향으로 Shift 를 누른 채 드래그하여 자연스럽게 합성합니다.

❸ 일러스트 작업 창에서 '꽃 패턴' 이미지를 선택하고, Ctrl + C를 누릅니다. 포토샵 작업 창으로 이동한 후 Ctrl + V로 붙여 넣습니다. [Paste] 옵션 상자에서 'Pixels'를 선택하고 [OK]를 클릭한 후 알맞게 배치하고 레이어의 이름을 '꽃 패턴'으로 변경합니다.

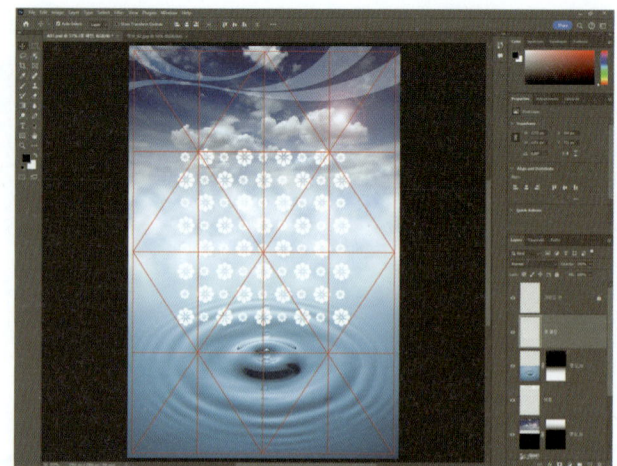

❹ [Layers] 패널에서 '꽃 패턴' 레이어를 선택하고 'Normal : Soft Light'를 선택하여 블랜드를 적용한 후 자연스럽게 합성합니다.

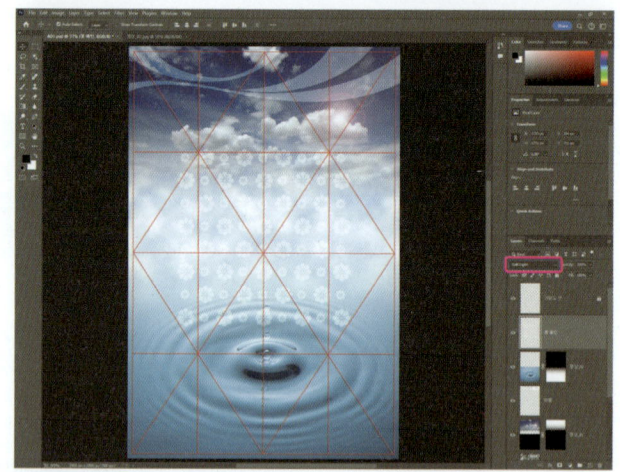

❺ 일러스트 작업 창에서 '원 배경' 이미지를 선택하고, Ctrl + C를 누릅니다. 포토샵 작업 창으로 이동한 후 Ctrl + V로 붙여 넣습니다. [Paste] 옵션 상자에서 'Pixels'를 선택하고 [OK]를 클릭한 후 알맞게 배치하고 레이어의 이름을 '원 배경'으로 변경합니다.

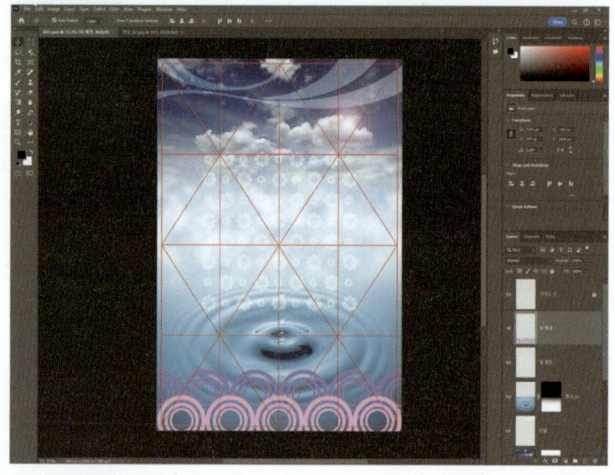

❻ [Layers] 패널에서 '원 배경' 레이어를 선택하고 'Normal : Screen'을 선택하여 블랜드를 적용한 후 자연스럽게 합성합니다.

❼ 일러스트 작업 창에서 '원 배경' 이미지를 선택하고, Shift + Ctrl + G 를 눌러 그룹 해제하여 한 개의 원만 선택한 후 Ctrl + C 를 누릅니다.

❽ 포토샵 작업 창으로 이동한 후 Ctrl + V 로 붙여넣습니다. [Paste] 옵션 상자에서 'Pixels'를 선택하고 [OK]를 클릭한 후 알맞게 배치하고 레이어의 이름을 '원1'로 변경합니다.

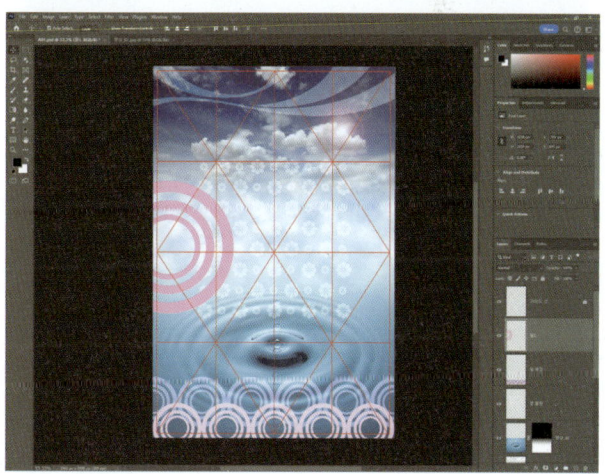

❾ '원1' 레이어는 [Image]-[Adjustment]-[Hue/Saturation]을 선택하고 [Hue/Saturation] 옵션 상자에서 Lightness : +100으로 설정하여 흰색으로 보정한 후 [OK]를 클릭합니다.

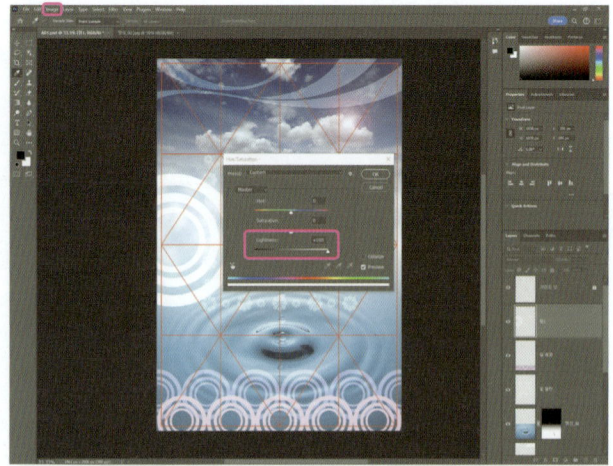

❿ [Layers] 패널에서 '원1' 레이어를 선택하고 'Normal : Soft Light'를 선택하여 블랜드를 적용한 후 자연스럽게 합성합니다.

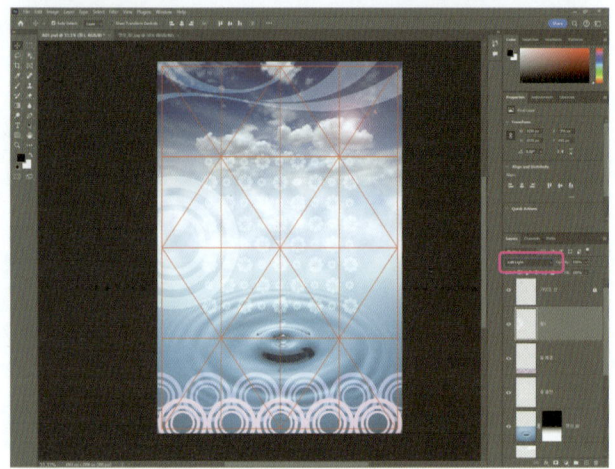

3) 메인이미지

❶ Pen Tool( )을 선택하고 옵션 바에서 Shape를 선택한 후 Fill : 임의의 색상, Stroke : None으로 설정합니다.

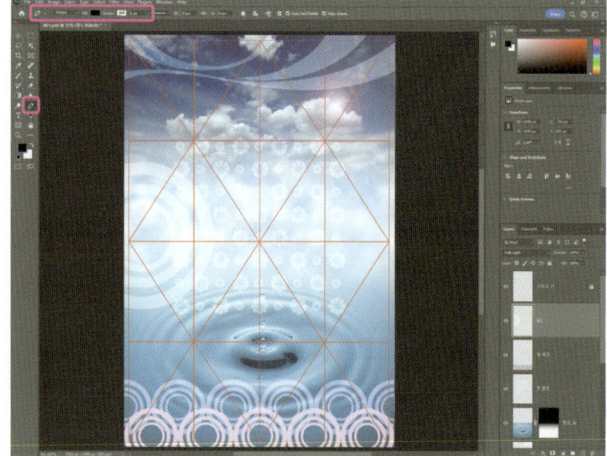

❷ Pen Tool( )로 사진이 들어갈 공간을 그림과 같이 부드러운 곡면으로 그립니다.

❸ [File]-[Open]을 선택하고 '명상_03.jpg' 파일을 불러옵니다. Ctrl + A 를 눌러 전체 선택한 후 Ctrl + C 를 누르고 'A01.psd' 작업 창으로 이동하여 Ctrl + V 로 붙여넣습니다.
Ctrl + T 를 누르고 마우스 우클릭하여 'Flip Horizontal'을 클릭한 후 이미지의 크기를 알맞게 조절하여 배치하고 레이어의 이름을 '명상_03'으로 변경합니다.

❹ '명상_03' 레이어가 선택되어 있는 상태에서 Alt + Ctrl + G 를 눌러 클리핑 마스크를 적용합니다. [Image]−[Adjustment]−[Hue/Saturation]을 선택하여 옵션 상자에서 [Colorize]를 선택한 후 Hue : +200, Saturation : +60, Lightness : −60으로 슬라이더를 이동시켜 그림과 같은 모노톤 계열로 색상 보정하여 [OK]를 클릭합니다.

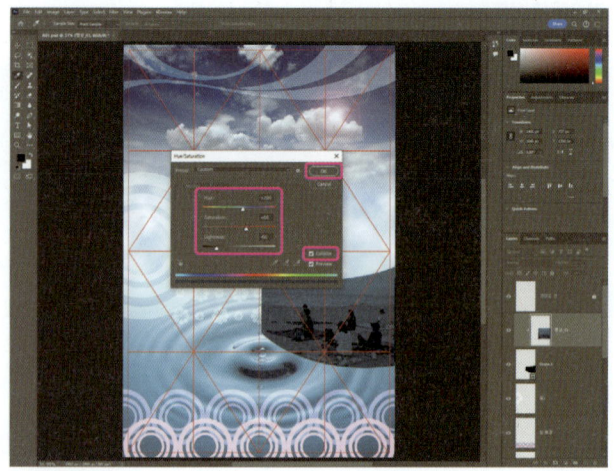

Tip ✓

'명상_03' 레이어와 'Shape1' 레이어 경계선을 Alt 를 누른 채 클릭하면 쉽게 클리핑 마스크를 적용할 수 있습니다.

❺ [Filter]−[Filter Gallery]−[Distort] 폴더에서 'Glass'를 선택합니다. 옵션값을 적절히 조정한 후 [OK]를 누릅니다.

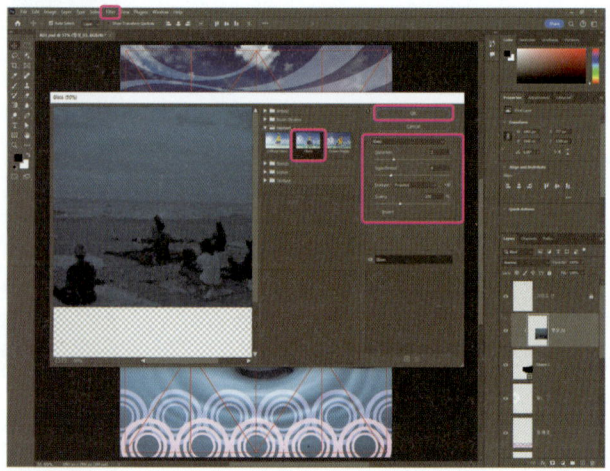

Tip ✓

Glass 설정값

Distortion : 5, Smoothness : 4, Texture : Frosted, Scaling : 100(효과의 옵션 값은 절댓값이 아니며, 옵션값을 조절하여 작업물에 조화롭게 적용합니다)

4) 일러스트 명상

❶ 일러스트 작업 창에서 Selection Tool (▶)로 '명상' 이미지 중 패턴 부분만 선택합니다. Alt 를 누른 채 드래그하여 복사합니다.

❷ 오른쪽 패턴의 흰색 면을 만들기 위해 Ctrl + C 를 누른 후 Ctrl + B 를 눌러 복사한 이미지 뒤에 붙여넣습니다.
면색은 C0M0Y0K0으로 설정합니다.

❸ Selection Tool(▶)로 명상 패턴을 선택하고 Ctrl + C 를 누릅니다. 포토샵 작업 창으로 이동한 후 Ctrl + V 로 붙여넣고 [Paste] 옵션 상자에서 'Pixels'를 선택한 후 [OK]를 클릭합니다.
레이어 이름을 더블 클릭하여 '확산' 레이어로 변경합니다.

❹ '확산' 레이어를 선택하고 [Filter]–[Blur]–[Radial Blur]를 클릭한 후 옵션 상자에서 Amount : 70, Blur Method : Zoom으로 선택하여 [OK]를 클릭합니다.

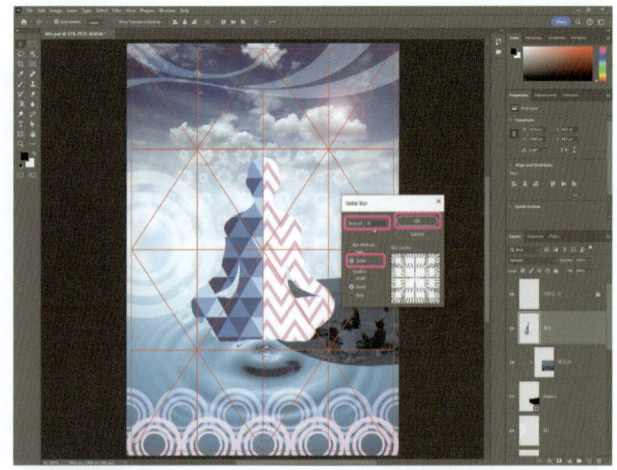

❺ 일러스트 작업 창에서 Selection Tool( )로 테두리가 있는 '명상' 이미지를 전체 선택하여 Ctrl + C 를 누르고 포토샵 작업 창으로 이동한 후 Ctrl + V 로 붙여넣습니다.
[Paste] 옵션 상자에서 'Pixels'를 선택한 후 [OK]를 클릭하고 Ctrl + T 를 눌러 이미지의 크기를 알맞게 조절하여 배치한 후 레이어의 이름을 '명상'으로 변경합니다.

❻ '명상' 레이어를 더블 클릭한 후 [Layer Style] 창을 실행합니다. Styles : Outer Glow를 선택하고 입력값을 알맞게 조정한 후 [OK]를 누릅니다.

> **Tip** ✓
>
> **Outer Glow(외부 광선) 설정**
> - Blend Mode : 혼합모드
> - Opacity : Glow의 투명도
> - Color : 색상
> - Technique : Glow의 확산 방식
> - Spread : Glow의 밀도
> - Size : Glow의 확산 범위
> - Range : Glow의 부드러운 경계 조절
> - Jitter : Glow의 색상 변화

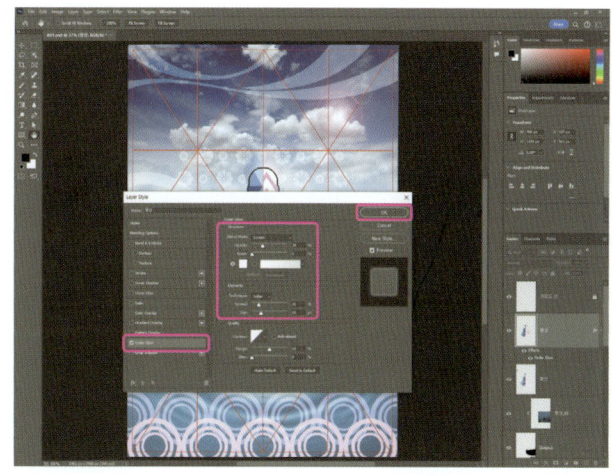

❼ [Layers] 패널에서 '확산' 레이어를 선택하고 Ctrl + J 를 눌러 레이어를 복사합니다. 복사한 '확산 copy' 레이어는 드래그하여 '명상' 레이어 위에 배치하고 Opacity : 20%로 입력합니다.

❽ 그림자를 만들기 위해 '명상' 레이어를 Ctrl + J 를 눌러 복사합니다. 레이어 이름은 '그림자'로 변경하고 드래그하여 'Shape 1' 레이어 아래에 배치하고 레이어의 Effects 글자는 드래그하여 하단의 휴지통 아이콘에 놓아 삭제합니다.

CHAPTER 4 포토샵 작업 **175**

❾ '그림자' 레이어를 선택한 후 Ctrl + T 를 누르고 마우스 우클릭합니다. 'Flip Vertical'을 클릭하고 이미지의 세로 길이를 낮게 크기를 알맞게 조절하여 배치합니다.

❿ [Filter]-[Distort]-[Zig Zag]를 선택하고 옵션 상자에서 Amount : 30, Ridges : 10, Style : Pond Ripples를 선택한 후 [OK]를 클릭합니다. [Layers] 패널에서 Opacity : 30%로 입력합니다.

레이어에 Filter를 적용하기 전 [Layers] 패널에서 마우스 우클릭하여 'Convert to Smart Object'를 적용하면 효과를 수정할 수 있습니다.

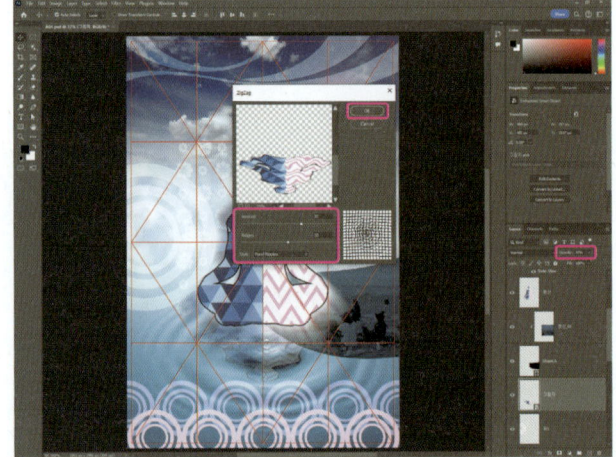

⓫ 명상과 그림자 이미지는 가이드 선을 기준으로 알맞게 배치합니다.

5) 이미지 합성

❶ Ellipse Tool(◯)을 선택하고 옵션 바에서 Fill : 임의의 색상, Stroke : None으로 설정한 후 작업 창을 클릭하여 Width : 400px, Height : 400px를 입력한 후 [OK]를 클릭합니다. 원 두 개를 그림과 같이 배치합니다.

❷ [File]-[Open]을 선택하고 '명상_04.jpg' 파일을 불러옵니다. Ctrl + A 를 눌러 전체 선택한 후 Ctrl + C 를 누릅니다. 'A01.psd' 작업 창으로 이동한 후 Ctrl + V 로 붙여넣고 레이어의 이름을 '명상_04'로 변경합니다.

❸ '명상_04' 레이어는 'Ellipse 1' 레이어 위에 배치하고 Alt + Ctrl + G 를 눌러 클리핑 마스크를 적용합니다.

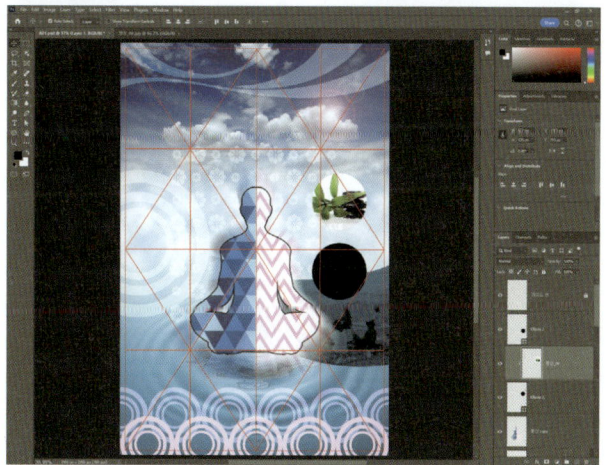

CHAPTER 4 포토샵 작업   177

❹ Ctrl + T 를 눌러 이미지의 크기를 알맞게 조절하여 배치하고, [Filter]-[Filter Gallery]-[Artistic] 폴더에서 'Poster Edges'를 선택합니다. Edge Thickness : 1, Edge Intensity : 1, Posterization : 2로 옵션값을 적절히 조정한 후 [OK]를 누릅니다.

Poster Edges 설정
- Edge Thickness : 윤곽선 두께
- Edge Intensity : 윤곽선 강도
- Posterization : 색상의 단순화 정도

❺ '명상' 레이어를 더블 클릭한 후 [Layer Style] 창을 실행합니다. Styles : Bevel & Emboss를 선택하고 Style : Inner Bevel, Technique : Smooth, Depth : 750, Direction : Down, Size : 32, Soften : 16으로 입력값을 알맞게 조정합니다.

Bevel & Emboss(입체) 설정
- Style : Bevel & Emboss의 형태
- Technique : Bevel & Emboss의 선명도
- Depth : Bevel & Emboss의 깊이
- Direction : Bevel & Emboss의 방향
- Size : Bevel & Emboss의 퍼지는 범위
- Soften : 윤곽의 부드러움 조절

❻ 다시 Styles : Outer Glow를 선택하고 입력값을 알맞게 조정한 후 [OK]를 누릅니다.

> **Tip**
>
> **Outer Glow 설정값**
> Blend Mode : Screen, Opacity : 80, Noise : 0, Technique : Softer, Spread : 20, Size : 59(효과의 옵션 값은 절댓값이 아니며, 옵션값을 조절하여 작업물에 조화롭게 적용합니다.)

❼ [File]-[Open]을 선택하고 '명상_05.jpg' 파일을 불러옵니다. Ctrl + A 를 눌러 전체 선택한 후 Ctrl + C 를 누릅니다. 'A01.psd' 작업 창으로 이동한 후 Ctrl + V 로 붙여넣고 레이어의 이름은 '명상_05'로 변경합니다.
'명상_05' 레이어는 'Ellipse 2' 레이어 위에 배치하고 Alt + Ctrl + G 를 눌러 클리핑 마스크를 적용합니다.

❽ Ctrl + T 를 눌러 이미지의 크기를 알맞게 조절하여 배치하고, [Filter]-[Filter Gallery]-[Artistic] 폴더에서 'Palette Knife'를 선택합니다. Stroke Size : 7, Stroke Detail : 3, Softeness : 0으로 옵션값을 적절히 조정한 후 [OK]를 누릅니다.

> **Tip**
>
> **Palette Knife 설정**
> • Stroke Size : 선의 세밀함과 거친 섬세함
> • Stroke Detail : 선의 정밀도
> • Softeness : 선의 부드러움 조절

CHAPTER 4 포토샵 작업 **179**

❾ [Layers] 패널에서 'Ellipse 1' 레이어의 Effects를 Alt 를 누른 채 'Ellipse 2' 레이어에 드래그하여 'Bevel & Emboss'와 'Outer Grow'를 적용시킵니다.

6) 로고

❶ 일러스트 작업 창에서 Selection Tool( )로 '로고' 이미지를 선택하고 Ctrl + C 를 누릅니다.
포토샵 작업 창으로 이동한 후 Ctrl + V 로 붙여넣습니다. [Paste] 옵션 상자에서 'Pixels'를 선택하고 [OK]를 클릭한 후 알맞게 배치하고 레이어의 이름을 '로고'로 변경합니다.

❷ [Layers] 패널에서 '로고' 레이어를 더블클릭한 후 [Layer Style] 창을 실행합니다. Styles : Stroke를 선택하고 Size : 8px, Position : Outside, Color : C0M0Y0K0으로 설정합니다.

7) 타이틀

❶ 일러스트 작업 창에서 Selection Tool(▶)로 '타이포그래픽' 이미지를 선택하고 Ctrl + C 를 누릅니다.
포토샵 작업 창으로 이동한 후 Ctrl + V 로 붙여넣습니다. [Paste] 옵션 상자에서 'Pixels'를 선택하고 [OK]를 클릭한 후 알맞게 배치하고 레이어의 이름을 '타이포그래픽'으로 변경합니다.

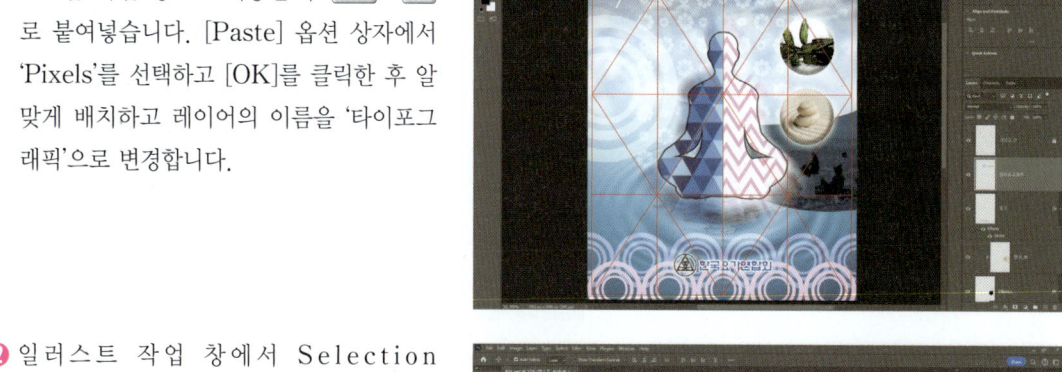

❷ 일러스트 작업 창에서 Selection Tool(▶)로 '텍스트' 이미지를 선택하고 Ctrl + C 를 누릅니다.
포토샵 작업 창으로 이동한 후 Ctrl + V 로 붙여넣습니다. [Paste] 옵션 상자에서 'Pixels'를 선택하고 [OK]를 클릭한 후 알맞게 배치하고 레이어의 이름을 '텍스트'로 변경합니다.

03 파일 검토 및 저장하기

❶ 전체적으로 가이드 선을 이용하여 크기와 배치를 최종 검토합니다.
[Layers] 패널의 '가이드 선'은 'Toggle layer visibility' 아이콘을 클릭하여 눈 모양을 제거합니다.

❷ [File]－[Save a Copy]를 선택하여 파일명 : 비번호 'A01', Format : 'JPEG'를 선택한 뒤 [저장(S)]을 누릅니다. [JPEG Options] 상자에서 Quality : 12, Format Options : Baseline("Standard")으로 설정하고 [OK]를 클릭합니다.

> **JPEG 저장 경로(버전 22.4부터 변경)**
> • 2021 버전 이하 : [File]－[Save As]
> • 2021 버전 이상 : [File]－[Save a Copy]

CHAPTER 5 인디자인 작업

1) 도큐멘트 설정하기

[파일]−[새로 만들기]−[문서] 또는 Ctrl + N 을 실행하여 새로운 도큐멘트 대화상자를 활성화합니다. 대화상자 상단 탭에서 [인쇄]−[새 A4 문서 − 210×297mm 시작]을 선택하고 페이지 : 1, 페이지 마주보기 : 체크 해제한 후 [여백 및 단]을 누릅니다.

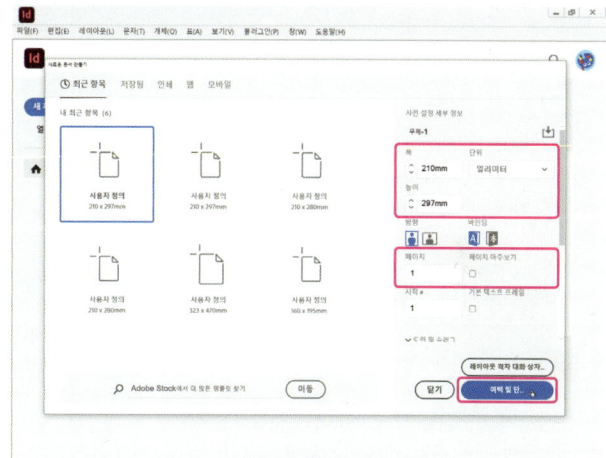

2) 여백 및 단 설정하기

대화상자의 링크 아이콘은 클릭하여 끊어진 링크로 설정합니다. 여백의 위쪽과 아래쪽 : 25.5mm, 왼쪽과 오른쪽 : 22mm로 설정하고, 열의 개수 : 1로 입력 후 [확인]을 누릅니다.

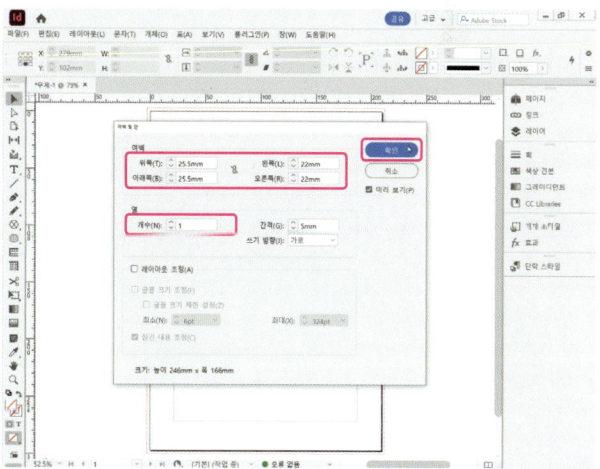

3) 안내선 만들기

❶ Ctrl + + 를 눌러 작업 창의 왼쪽 상단을 확대하고, 눈금자의 기준점을 왼쪽 상단의 여백에 드래그하여 눈금자의 숫자를 '0'으로 설정합니다.

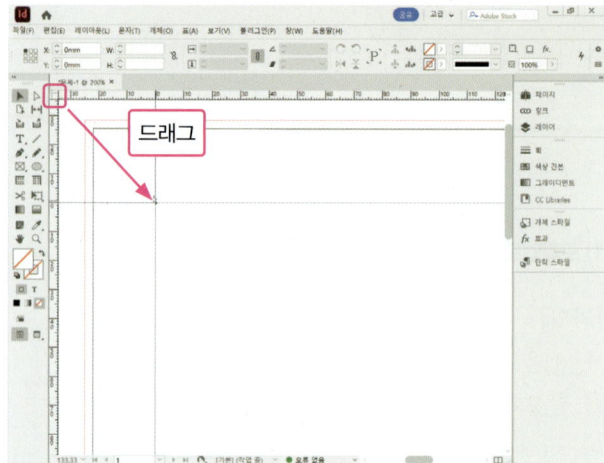

❷ 눈금자를 드래그하여 안내선의 위쪽, 아래쪽, 왼쪽, 오른쪽을 3mm만큼 안쪽으로 이동시켜 가이드 선을 배치합니다.

> **Tip** ✓
>
> 눈금자의 기준점을 각 모서리에 드래그하여 각각의 모서리를 모두 '0'으로 설정할 수 있고 안내선을 선택 후 옵션 바에서 X 또는 Y : 3mm 또는 -3mm를 입력하면 쉽게 가이드 선을 제작할 수 있습니다.

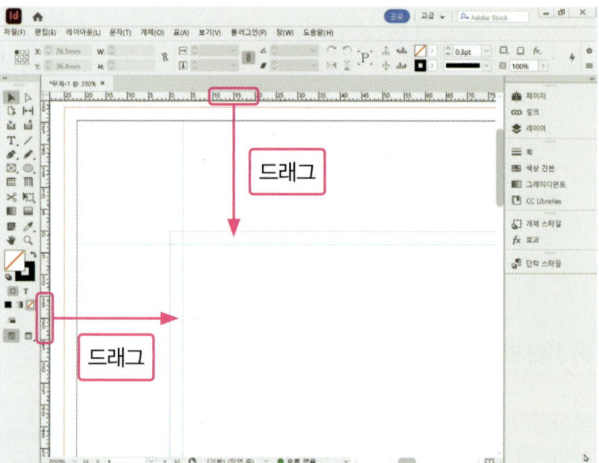

4) 재단선 만들기

❶ 선 도구(/)를 이용하여 Shift 를 누른 채 세로 방향으로 드래그합니다. 옵션 바에서 L : 5~10mm, 두께 : 0.3pt로 입력하고 세로 선을 만듭니다.

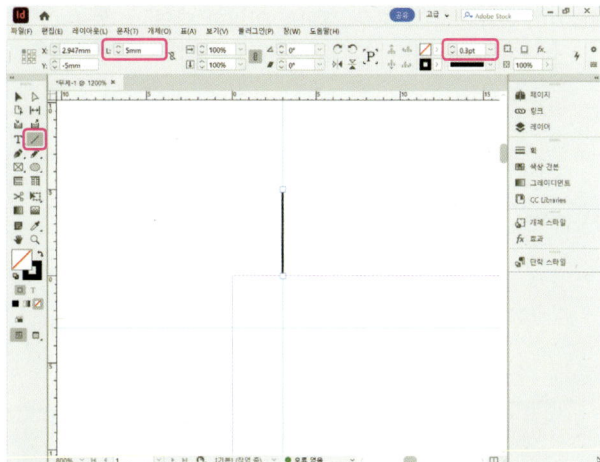

❷ 선택 도구(▶)로 세로 선을 세로 안내선에 배치합니다. 세로 선은 선택 도구(▶)로 Alt 를 누른 채 드래그하여 복사하고 Shift 를 누른 채 회전시켜 가로 안내선에 배치합니다.

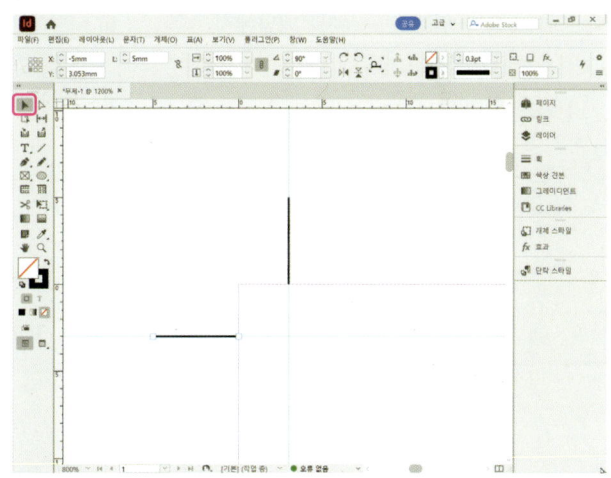

❸ 각 모서리를 ❷와 같은 방법으로 복사한 후 가로 안내선과 세로 안내선에 알맞게 배치하여 재단선을 만듭니다.

5) 비번호 만들기

❶ 왼쪽 아래에 문자 도구(T)로 입력할 영역을 드래그하여 문자 프레임을 생성한 후 비번호 'A01'를 입력합니다.

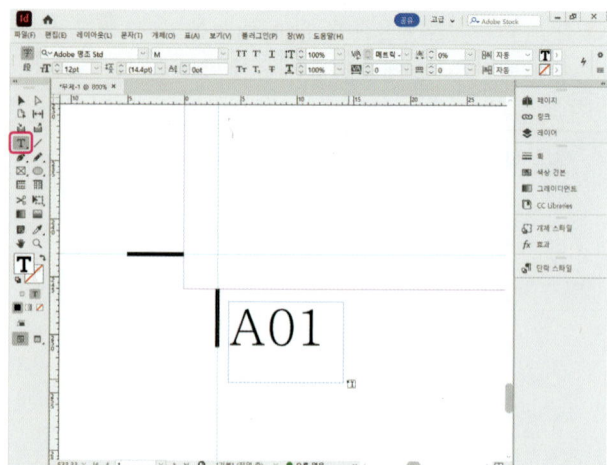

❷ [창]-[문자 및 표]-[문자] 패널에서 서체 : 돋움 또는 Arial(고딕), 문자 크기 : 10pt로 입력합니다.

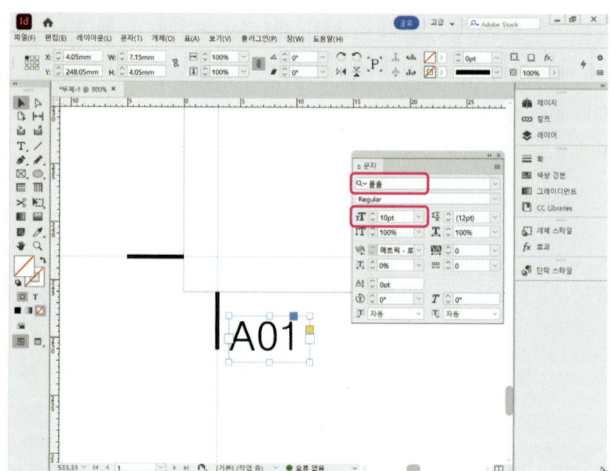

❸ 선택 도구(▶)로 문자와 왼쪽 하단의 세로 재단선과 같은 위치에 배치하기 위해 [창]-[개체 및 레이아웃]-[정렬] 패널에서 왼쪽 정렬 아이콘을 누릅니다.

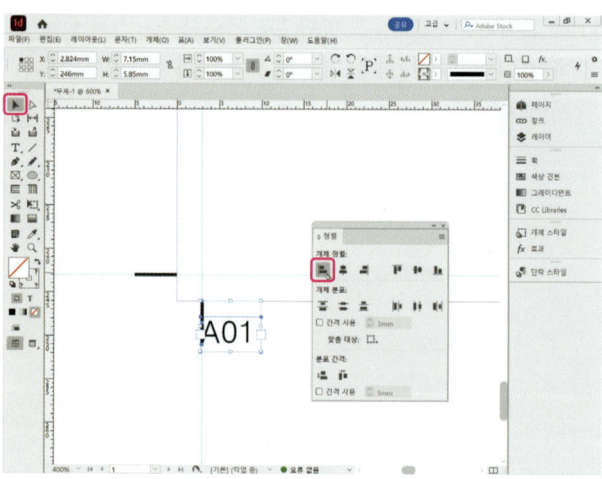

❹ [정렬] 패널의 분포 간격에서 간격 사용을 체크하고 3mm를 입력합니다. '수평 공간 분포' 아이콘을 눌러 재단선에서 3mm를 띄어 배치합니다.

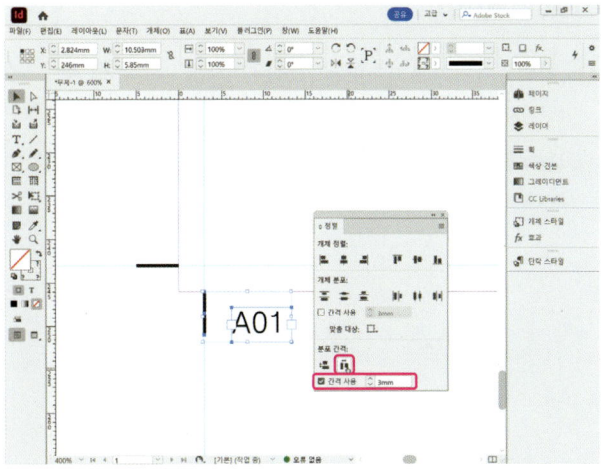

6) 파일 저장하기

[파일]−[다른 이름으로 저장]을 선택 후 바탕 화면에 있는 'A01' 폴더를 선택하고 파일 이름 : A01.indd(비번호)로 저장합니다.

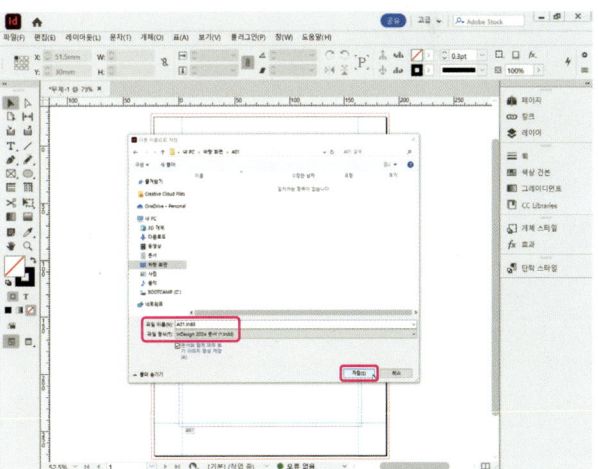

7) 이미지 배치하기

❶ [파일]-[가져오기] 또는 Ctrl + D 를 눌러 'A01.jpg' 파일을 선택한 후 [열기(O)]를 누릅니다.

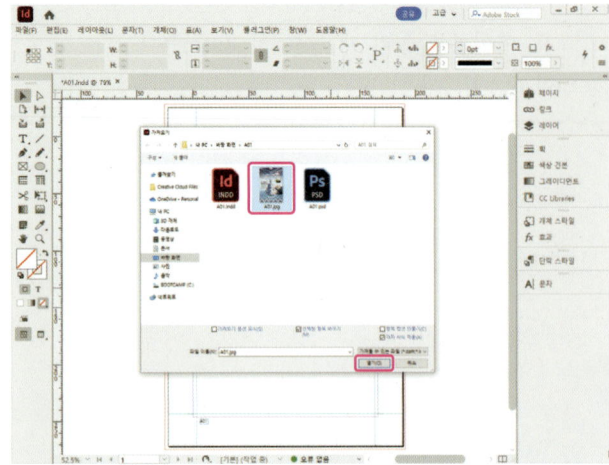

❷ 왼쪽 상단의 여백 모서리를 클릭하여 이미지를 불러옵니다.

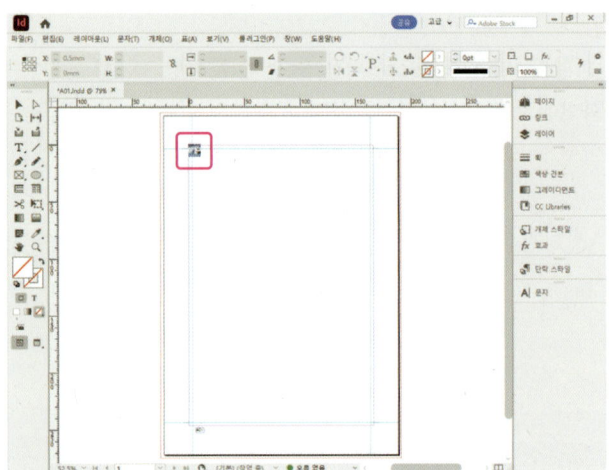

❸ 이미지를 선택한 후 옵션에서 이미지의 중심이 왼쪽 상단이 될 수 있도록 점을 선택하고 X : 0mm, Y : 0mm, W : 166mm, H : 246mm로 입력하여 정확하게 배치합니다.

이미지는 [보기]-[화면 표시 성능]-[고품질 표시]를 선택하면 선명하게 볼 수 있습니다.

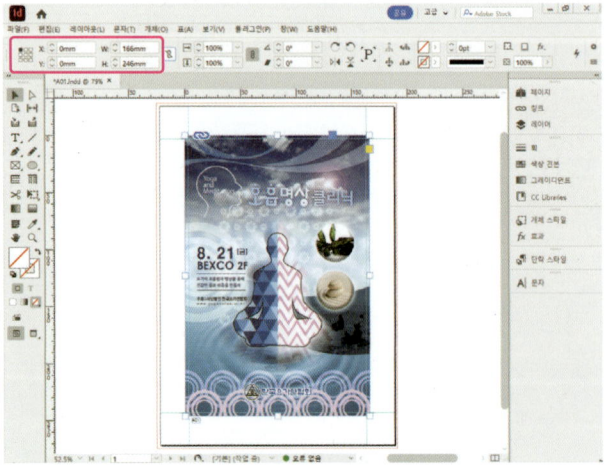

8) 파일 제출하기

❶ [파일]-[저장]을 클릭합니다.

❷ 바탕화면 작업 'A01' 폴더를 열어 'A01.indd'와 'A01.jpg' 파일을 넣고, 모두 선택하여 용량이 10MB를 초과하지 않는지 확인합니다.
작업이 완료된 파일은 감독관의 안내에 따라 USB에 저장하거나 네트워크 컴퓨터로 전송합니다.

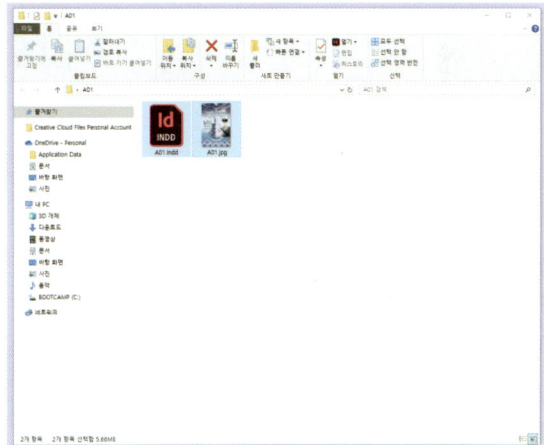

❸ 출력 지정 자리로 이동하여 'A01.indd' 파일을 열어 출력한 후, 출력된 A4용지 뒷면의 네 모서리에 양면테이프를 붙입니다.

❹ 제공된 제출용지 가운데에 부착하고 수험자의 인적사항을 수기로 기재하여 제출합니다.

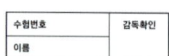

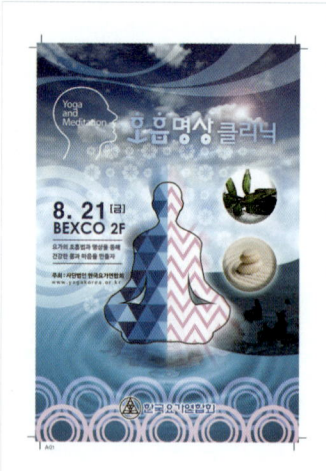

유선배 과외!

자격증 다 덤벼!
나랑 한판 붙자

- ✓ 혼자 하기 어려운 공부, 도움이 필요한 학생들!
- ✓ 체계적인 커리큘럼으로 공부하고 싶은 학생들!
- ✓ 열심히는 하는데 성적이 오르지 않는 학생들!

유튜브 **무료 강의** 제공
핵심 내용만 쏙쏙! 개념 이해 수업

[**자격증 합격은 유선배와 함께!**]

맡겨주시면 결과로 보여드리겠습니다.

| SQL개발자 (SQLD) | 컴퓨터그래픽 기능사 | 웹디자인 개발기능사 | 미용사 (일반) | GTQ 포토샵 / GTQ 일러스트 | 경영정보시각화 능력 |

유·선·배 시리즈로
필기·실기 대비를 함께!

▶ 유튜브 동영상 강의 무료 제공

필기부터 실기까지
무료 동영상 강의로 공부할 수 있어!

다음 자격증 시험도
유선배 시리즈로 공부할 거야!

시대에듀가 안내하는 필기·실기 합격의 지름길!

대한민국 모든 시험 일정 및 최신 출제 경향·신유형 문제

꼭 필요한 자격증·시험 일정과 최신 출제 경향·신유형 문제를 확인하세요!

출제 경향·신유형 문제

◀ 시험 일정 안내 / 최신 출제 경향·신유형 문제 ▶

- 한국산업인력공단 국가기술자격 검정 일정
- 자격증 시험 일정
- 공무원·공기업·대기업 시험 일정

시험 일정 안내

합격의 공식
시대에듀

유튜브 선생님에게 배우는

유선배 컴퓨터그래픽기능사
|실기| 합격노트

이 책은 단순한 자격증 대비를 넘어, 직업능력 향상과 직무능력 강화를 위한 최적의 교재임을 자신합니다. 시험을 준비하는 학습자분만 아니라, 실무형 인재 양성을 목표로 하는 직업훈련기관에서 적극 활용할 가치가 있습니다. 체계적인 이론 정리와 실전 중심의 구성으로, 훈련생들이 실무에서도 즉시 활용할 수 있도록 설계된 점이 가장 강력한 장점입니다.

강동여성인력개발센터 관장 이혜진 님

날카롭게 잘 갈려있는 양날의 검은 한쪽 날만 있는 칼보다 빠르고 정확하게 사용할 수 있습니다. 실무에서도 강의에서도 두 쪽 다 날카롭고 정확한 커리어를 가지고 있는 김가은 선생님의 이번 책은 컴퓨터그래픽기능사를 제압해야 하는 수험생 여러분에게 최고의 무기가 될 것입니다.

종로 그린컴퓨터아카데미 원장 최수영 님

컴퓨터그래픽기능사 자격증을 준비하는 분들이라면 이 책이 든든한 길잡이가 되어줄 겁니다. 처음 접하는 사람도 어렵지 않게 이해할 수 있도록 저자가 친절하게 설명해주어 마치 직접 가르침을 받는 듯한 느낌이 들고, 실제 시험과 유사한 문제 풀이를 통해 핵심 개념을 자연스럽게 익힐 수 있습니다. 무엇보다 단순한 시험 대비용이 아니라 실무에서도 활용할 수 있는 내용이 가득 담겨 있어, 자격증을 넘어 실력까지 함께 키울 수 있는 점이 인상적입니다.

영상 전문 강사 남승현 님

포토샵을 한 번도 다뤄보지 않아 수업 전까지 떨렸는데, 수업하는 내내 너무 친절하고 자세하게 알려주셔서 자격증 시험까지 무리 없이 진행할 수 있었습니다. 김가은 선생님이 집필하신 책이라면 믿고 구매할 것 같아요!

수강생 장현진 님

김가은 이름 세 글자만으로도 기대가 되는 책입니다! 저는 비전공자 중의 비전공자인데, 선생님의 강의로 새로운 세계를 만나게 되었습니다. 컴퓨터그래픽기능사 자격증 필요하신 분들에게 정말 추천합니다!

수강생 황성민 님

주관 및 시행처 한국산업인력공단

2025

유튜브 **선생님**에게 **배우는**

YouTube
**무료 동영상
강의 제공**
디자인돌스 검색!

예제 파일 및
실습 자료
제공

저자 ― 김가은

처차직강 무료강의!

Craftsman Computer Graphic
컴퓨터그래픽기능사
|실기| 합격노트

2권 | 일러스트·포토샵 핵심 기출유형문제

Ver. Adobe CC
따라 하기 쉽게 풀어쓴 상세한 설명
기출유형문제 11회분 수록
저자 직강 유튜브 무료 동영상 강의 제공

시대에듀

PROFILE

저자_김가은

- 디지털 출판 편집, 그래픽 자격증 강의
  - 컴퓨터아카데미(강남, 종로 등), 강동여성인력개발센터
- '디자인툴스' 유튜브 채널 운영

[자격사항]
직업훈련교사(디자인, 문화콘텐츠, 출판), 컬러리스트기사,
컴퓨터그래픽기능사, 웹디자인개발기능사, GTQ(포토샵) 1급,
GTQi(일러스트) 1급, GTQid(인디자인) 1급

편 집 진 행	노윤재 · 한주승
표지디자인	김도연
본문디자인	김예슬 · 고현준

유튜브 선생님에게 배우는
유·선·배 컴퓨터그래픽기능사 실기 합격노트

저자 직강 **무료 동영상 강의** 제공

빠른 합격을 위한 맞춤 학습 전략을
무료로 경험해 보세요.

| 혼자 하기 어려운 공부, 도움이 필요할 때 | 체계적인 커리큘럼으로 공부하고 싶을 때 | 온라인 강의를 무료로 듣고 싶을 때 |

김가은 선생님의 쉽고 친절한 강의,
지금 바로 확인하세요!

 디자인툴스

시험 유의사항 및 진행 순서

시험 유의사항

❶ 수험생 준비물 : 수험표, 신분증, 연필(1개), 사인펜(1개), 눈금자(30cm), 가위, 양면테이프

❷ 실기시험장에서 제공되는 것
- 시험지시서 – 실기시험의 요구사항 및 유의사항
- 디자인 원고 – 지시사항 기입 및 작업 완성물
- 참고 자료(이미지) – 제작 시 필요한 사진 자료 제공(컴퓨터 하드 저장)
- A4출력 용지 – 제작물을 프린트 출력 시 1인 1~2매 제공(프린트기에 내장)
- A3마운팅 용지 – A4출력 원고를 부착하여 제출할 용지 제공(감독관이 지급)

※ 국가기술자격 실기시험 지급재료는 시험종료 후 수험자(기권, 결시자 포함)에게 지급하지 않습니다.

❸ 시험장 기본 시설(각 시험장마다 소프트웨어 버전이 다르니 시험 전 문의하여 대비하시기 바랍니다)

IBM	MAC
• Illustrator CS2 이상 • Photoshop CS2 이상 • InDesign CS2 이상	• Illustrator CS2 이상 • Photoshop CS2 이상 • InDesign CS2 이상

시험 진행 순서

❶ 입실 : 수험표와 신분증을 제시하여 감독관에게 자리배정과 비번호를 받습니다.

❷ 시험안내와 규정 설명 및 컴퓨터 점검 : 감독관이 시험 절차를 안내하고 규정을 설명하며, 소프트웨어 점검은 감독관의 지시에 따라 진행됩니다.

❸ 시험지시서와 디자인 원고 배부 : 시험 시작 전, 시험지시서를 먼저 받고, 그다음 디자인 원고를 배부받습니다. 디자인 원고를 받는 즉시 실기시험이 시작됩니다.

❹ 파일 작업 : 과제 수행시간은 3시간 30분으로 일러스트 작업, 포토샵 작업, 인디자인 작업순서로 시간을 배분하여 작업합니다. 출력시간은 과제 수행시간에 포함되지 않습니다.

❺ 파일 전송 : 완료된 과제 파일은 감독관에게 제출합니다.

❻ 출력 : 출력 지정 자리에서 프린트합니다.

❼ 마운팅(제출) : 출력된 파일을 가지고 마운팅 지정 자리로 이동한 후, 시험장에서 제공하는 제출용지 중앙에 부착한 후에 감독관에게 제출합니다.

❽ 퇴실

이 책의 목차

2권

PART 3 일러스트 핵심 기출유형문제

CHAPTER 1 황금의 도시 경주전 · · · · · 3

CHAPTER 2 구워먹는 채소 & 과일 · · · · · 62

CHAPTER 3 국제 청소년 태권도 한마당 · · · · · 118

CHAPTER 4 스마트팜 포스터 디자인 · · · · · 176

CHAPTER 5 레트로 음악회 · · · · · 225

PART 4 포토샵 핵심 기출유형문제

CHAPTER 1 살아있는 면발의 맛 · · · · · 283

CHAPTER 2 울산고래축제 · · · · · 340

CHAPTER 3 꽃피는 봄날 · · · · · 400

CHAPTER 4 장미꽃말 · · · · · 463

CHAPTER 5 국가 정원 포스터 디자인 · · · · · 522

예제 파일 및 실습 자료 다운로드받는 방법

1

www.sdedu.co.kr/book에 접속 후 화면 상단에 있는 「프로그램」을 누릅니다.

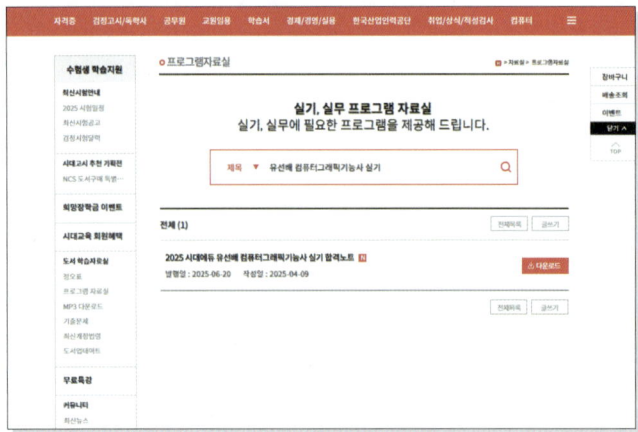

2

검색창에 「유선배 컴퓨터그래픽기능사 실기」를 검색합니다.

3

첨부파일을 다운로드받습니다.

유튜브 션생님에게 배우는

유선배

PART 3
일러스트 핵심 기출 유형문제

CHAPTER 1 황금의 도시 경주전
CHAPTER 2 구워먹는 채소 & 과일
CHAPTER 3 국제 청소년 태권도 한마당
CHAPTER 4 스마트팜 포스터 디자인
CHAPTER 5 레트로 음악회

 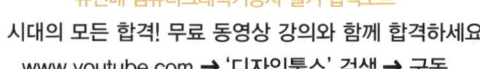 

CHAPTER 1
황금의 도시 경주전

1 유의사항 및 디자인 원고 확인하기

국가기술자격 실기시험 문제

자격종목	컴퓨터그래픽기능사	과제명	황금의 도시 경주전

※ 시험시간 : 3시간 30분

1. 요구사항

※ 다음의 요구사항에 맞도록 주어진 자료(컴퓨터에 수록)를 활용하여 디자인원고를 시험시간 내에 컴퓨터 작업으로 완성하여 A4용지로 출력 후 A3용지에 마운팅(부착)하여 제출하시오.
※ 모든 작업은 수험자가 컴퓨터 바탕화면에 폴더를 만들어 저장하시오.

가. 작품규격(재단되었을 때의 규격) : 디자인원고 참조 A4용지 중앙에 작품이 배치되도록 하시오.
- 원고 규격 : 160×240mm

나. 구성요소(문자, 그림) : 디자인원고 참조
● 문자요소
- 황금의 도시 경주전
- 장소 / 경상북도 경주시 경주엑스포공원
- 주관 / 세계문화엑스포조직위원회
- 10.1(일)~10.31(화)
- 주최 / 경상북도 경주시
- 경주세계문화엑스포

● 그림요소

경주전_01.jpg

경주전_02.jpg

경주전_03.jpg

경주전_04.jpg

경주전_05.jpg

경주전_06.jpg

다. 작업내용
1) 주어진 디자인원고(그림, 사진, 문자, 색채, 레이아웃, 규격 등)와 동일하게 작업하시오.
2) 디자인원고 내용 중 불명확한 형상, 색상코드 불일치, 색 지정이 없는 부분, 원고에 없는 형상 등이 있을 때는 수험자가 「5 - 5」페이지 (나. 완성도면) 내용과 같이 작업하시오.
3) 디자인원고의 서체(요구 서체)가 사용 컴퓨터 및 소프트웨어와 맞지 않을 경우는 가장 근접한 서체를 사용하시오.
4) 상하, 좌우에 3mm 재단여유를 갖도록 작품을 배치하고, 재단선은 작품규격에 맞추어 용도에 맞게 표시하시오(단, 디자인원고 중 작품의 규격을 표시한 외곽선이 있을 때는 「5 - 5」 원고의 지시에 따라 표시여부를 결정한다).
5) 디자인원고 좌측 하단으로부터 3mm를 띄어 비번호를 고딕 10pt로 반드시 기록하시오.
6) 출력물(A4)은 어떠한 경우에도 절취할 수 없으며, 반드시 A3용지 중앙에 마운팅 하시오.

라. 컴퓨터 작업범위
1) 10MB 용량의 폴더에 수록될 수 있도록 작업범위(해상도 및 포맷형식)를 계획하시오.
2) 규격 : A4(210×297mm) 중앙에 디자인원고 내용과 같은 작품(원고규격)을 배치하시오.
3) 해상도 및 포맷형식 : 제한용량 범위 내에서 선택하시오.
4) 기타
① 제공된 자료범위 내에서 활용하시오.
② 3개의 2D 응용프로그램을 고루 활용하되, 최종작업 및 출력은 편집 프로그램(쿽 익스프레스, 인디자인)에서 하시오(최종작업 파일이 다른 프로그램에서 생성되어진 경우는 출력할 수 없음).

2. 수험자 유의사항

1) 수험자 인적사항 및 답안작성은 흑색 필기구만 사용해야 합니다.
2) 시설목록상의 소프트웨어 및 참고자료가 하드웨어에 설치되었는지 확인한 후 작업하시오.
 (단, 시설목록 이외의 동등한 소프트웨어, 폰트 등 [반드시 정품에 한함]을 설치하고자 할 때에는 시험 시작 전 감독위원의 입회하에 설치할 수 있으며, 무료폰트, 프리웨어 소프트웨어는 설치할 수 없습니다)
 ※ 수험자가 지참한 펜마우스, 그래픽 타블렛, 디지타이저, 스캐너 등 입력장치는 사용할 수 없습니다.
3) 지참공구 『수험표, 신분증, 연필(1개), 사인펜(1개), 눈금자(30㎝), 가위, 양면테이프』 이외의 참고자료 및 저장매체 등 어떠한 물품(핸드폰 전원 Off)이라도 시험 중 지참할 수 없습니다.
 ※ 작업 중 계산이 필요한 경우는 컴퓨터 내 계산기를 사용할 수 있습니다.
4) 수험자의 컴퓨터 활용 미숙 등으로 인한 시험 진행이 어렵다고 판단되었을 때는 감독위원은 시험을 중지시키고 실격처리를 할 수 있습니다.
5) 바탕화면에 폴더를 생성하여 주기적으로 작업한 파일을 저장하시오.
6) 작업이 끝나면 생성한 비번호 폴더에 10MB 용량 이내로 출력과 관련된 파일만(최종 작업 파일)을 저장하고 감독위원의 지시에 따라 전송하시오(단, 시험시간은 저장한 파일이 포함된 폴더를 전송한 시점까지이며, 전송 후에는 일체의 재작업을 할 수 없음).
7) 프린트는 감독위원의 별도 지시에 따라 순서에 의해 수험자 본인이 출력하며, 1회 출력을 원칙으로 합니다(단, 기계 이상 또는 출력 오류 등의 사유로 인쇄가 잘못되었을 시 감독위원의 확인 후 다시 출력할 수 있으며 잘못된 인쇄본은 감독위원에게 제출하시오).
8) A3용지 좌측 상단 표제란에 인적사항을 기재하고, 작품(출력물, A4)은 표제란을 제외한 A3용지의 중앙에 마운팅(부착)하며, 작품 부착 경계선상에 감독위원의 확인 날인을 받으시오(단, 마운팅 소요시간 5분 이내).
9) 지급된 A3용지 및 컴퓨터 작업 내에는 불필요한 내용의 표시를 하지 마시오.
10) 모든 작품을 감독위원 또는 채점위원이 검토하여 카피된 작품(동일작품)이 있을 때에는 관련된 수험자 모두를 부정행위로 처리합니다.
11) 컴퓨터 H/W에 작업된 모든 내용과 시험자료는 A3용지에 마운팅 한 후 삭제하고, 출력물을 부착한 A3용지를 제출하시오.
12) 장시간 컴퓨터 작업으로 신체에 무리가 가지 않도록 적절한 몸풀기(스트레칭) 후 작업하시오.
13) 다음 사항에 대해서는 실격에 해당되어 채점 대상에서 제외됩니다.
 가) 수험자 본인이 수험 도중 시험에 대한 포기(기권) 의사를 표시하고 포기하는 경우
 나) 지정 작업범위(용량)를 초과한 경우
 다) 요구사항과 현격히 다른 경우(채점위원이 판단)
 라) 제한시간을 초과하여 미완성인 경우
 마) 과제기준 20% 이상 완성이 되지 않은 경우(채점위원이 판단)
 바) 최종작업을 편집프로그램으로 하지 않았거나, 수험자 미숙으로 출력을 못 하였을 경우
14) 주요 채점 항목은 다음과 같습니다.
 가) 응용프로그램의 활용능력 및 최종 편집 프로그램 사용
 나) 색채, 그림요소의 표현
 다) 그림 및 문자요소의 레이아웃
 라) 타이포그래피(서체특성 및 크기, 자간 및 행간의 정확도, 오타 등)
 마) 원고규격, 재단선의 적합성, 디자인원고의 배치

3. 지급재료 목록

일련번호	재료명	규격	단위	수량	비고
1	복사 용지	A3	장	1	1인당
2	프린터 용지	A4(360dpi 이상 또는 일반용지)	장	2	1인당(프린터기에 내장)

컴퓨터그래픽기능사 디자인 원고

작품명 : 황금의 도시 경주전

※ 작품규격(재단되어 있을 때의 규격) : 160×240mm, 작품 외곽선은 생략하고, 재단선은 3mm 재단 여유를 두고 용도에 맞게 표시하시오.

※ 불명확한 형상, 색상코드 불일치, 색 지정이 없는 부분, 원고에 없는 형상 등이 있을 때는 '나. 완성도면'과 같이 작업하시오.

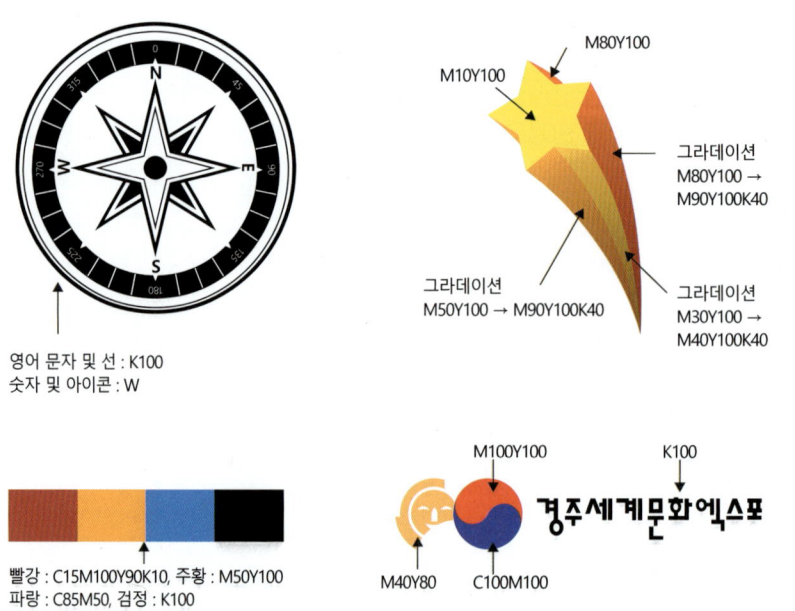

나. 완성도면

2 디자인 원고에 그리드 그리기

❶ 출력된 디자인 문제지의 '완성도면'에 직접 자와 빨간 펜 등 눈에 띄는 색상의 펜을 활용하여 <mark>16등분 선</mark>으로 그림과 같이 그리드 선을 그립니다.

> **Tip** ✓
> 문제지 출력형태와 작업 도큐멘트에 같은 그리드를 그리면 오브젝트의 크기, 위치, 배치 간격을 파악하는 데 도움이 됩니다.

3 일러스트레이터 작업

01 작업 준비하기(도큐멘트 설정, 가이드 선 레이어 만들기)

1) 도큐멘트 설정하기

❶ 일러스트레이터에서 [File]−[New] 또는 Ctrl + N 을 눌러 Width : 166mm, Height : 246mm, Color Mode : CMYK Color, Raster Effects : High(300ppi)로 설정한 후 [Create]를 클릭합니다.

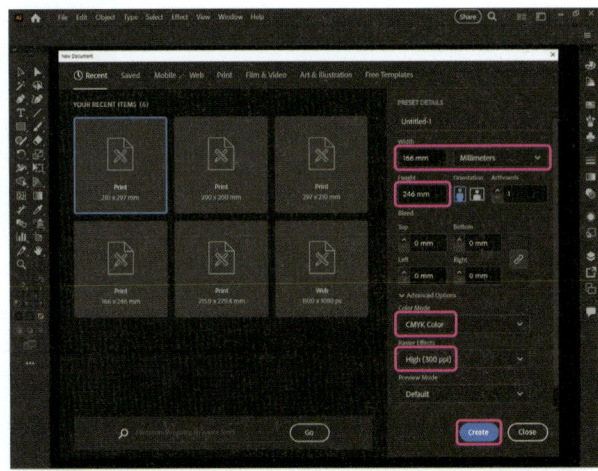

❷ 바탕화면에 새 폴더를 생성한 후 폴더 이름은 비번호 'A01'로 변경합니다. 일러스트레이터 프로그램에서 [File]−[Save]를 선택하고 파일 이름은 비번호 'A01'을 입력하고 파일형식 : Adobe Illustrator(*.Ai)를 선택한 후 [저장(S)]을 누릅니다. [Illustrator Options] 창이 활성화되면 [OK]를 눌러 저장합니다.

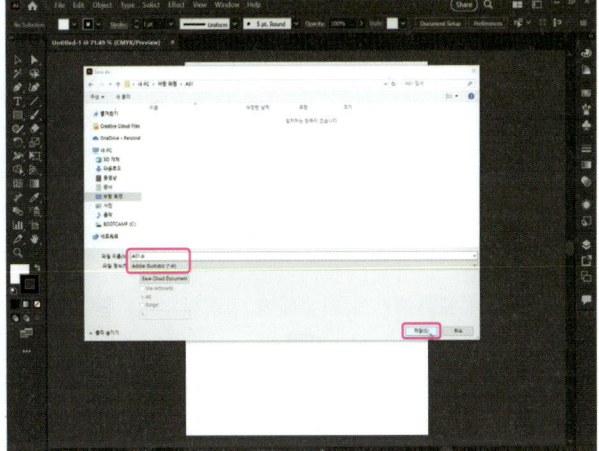

Ctrl + S 를 눌러 작업한 내용을 수시로 저장하는 습관을 들이면 프로그램 오류에 빠르게 대처할 수 있습니다.

❸ 작업 창에 가로와 세로를 16등분 하는 격자 선을 그리드로 그리기 위해 Line Segment Tool( ) 아이콘 아래의 작은 삼각형을 길게 눌러 Rectangular Grid Tool( )을 선택하고 작업 창을 클릭합니다.

> **Tip** ✓
>
> 문제지 출력형태와 작업 도큐멘트에 같은 그리드를 그리면 오브젝트의 크기, 위치, 배치 간격을 파악하는 데 도움이 됩니다. 그리드 작업이 필수 항목은 아니지만 디자인 작업이 숙련될 때까지 그리드 활용하는 것을 권장합니다.

❹ [Rectangular Grid] 옵션 상자를 활성화합니다. **Default Size Width : 160mm, Height : 240mm, Horizontal Dividers Number : 3, Vertical Dividers Number : 3**을 입력하고 [OK]를 클릭합니다.

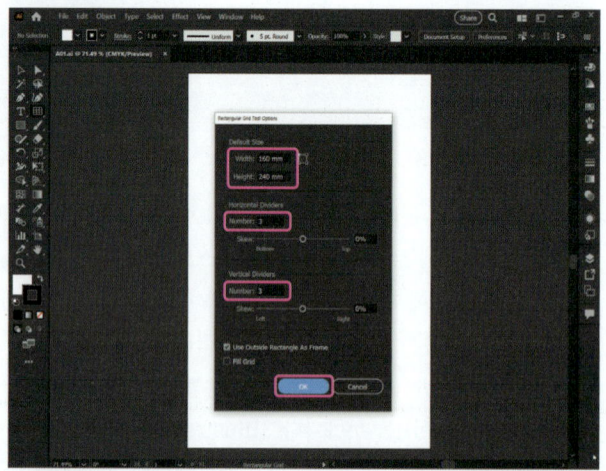

❺ 격자 선이 도큐멘트의 가운데에 정렬될 수 있도록 Selection Tool( )로 격자 선을 클릭하여 선택합니다.
[Window]-[Align] 패널을 활성화하고 **Align To : Align to Artboard, Align Objects : Horizontal Align Center, Vertical Align Center**를 눌러 작업 창 가운데 격자 선을 배치합니다.

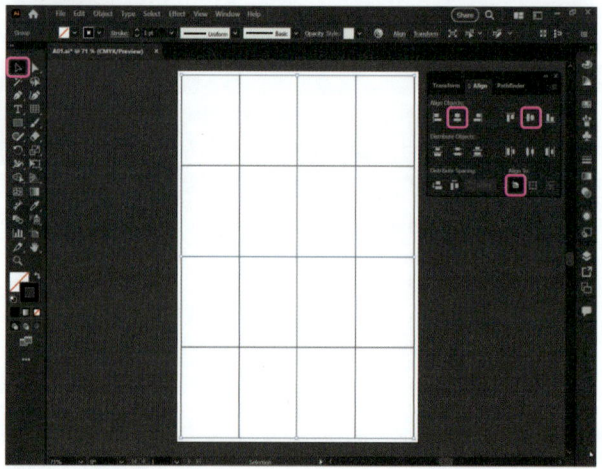

❻ 격자 선은 상단 메뉴의 [Object]−[Lock]−[Selection] 또는 Ctrl + 2 를 눌러 격자 선이 움직이지 않도록 고정합니다.

Tip

Pen Tool( )로 기존 고정점을 클릭하면 삭제되기 때문에 고정점이 선택되지 않도록 잠그고 추가 선을 그립니다.

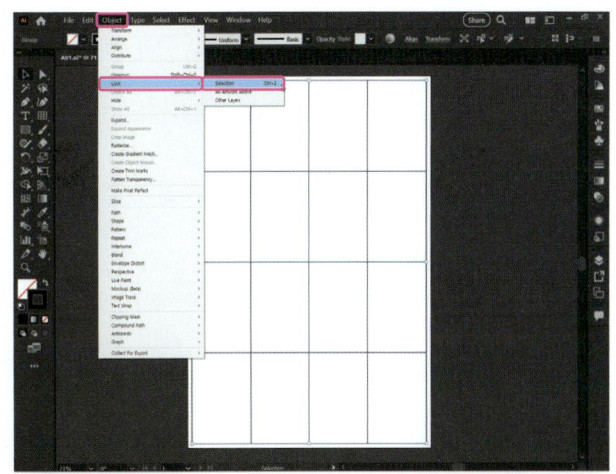

❼ Pen Tool( )로 격자 선의 상, 하, 좌, 우 가운데 점을 연결하여 마름모(◇) 형태로 선을 그립니다.

Tip

[Menu]−[View]−[Smart Guide] 또는 Ctrl + U 를 활성화하면 오브젝트를 그릴 때 교차점이나 고정점을 정확하게 맞추는 데 도움이 됩니다.

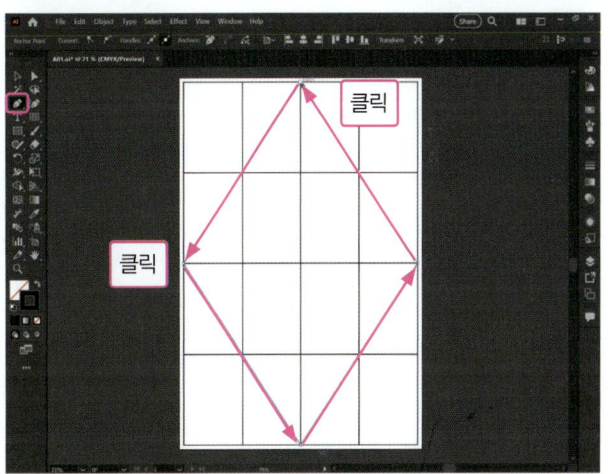

❽ Pen Tool( )로 X 형태로 추가 선을 그립니다.

Tip

Pen Tool( )로 X선을 그릴 때, 왼쪽 상단에서 오른쪽 하단으로 대각선을 그린 후 Ctrl 을 누른 채 작업 창의 공간을 클릭하여 선 끝내기를 하고 반대 방향으로 대각선을 그립니다.

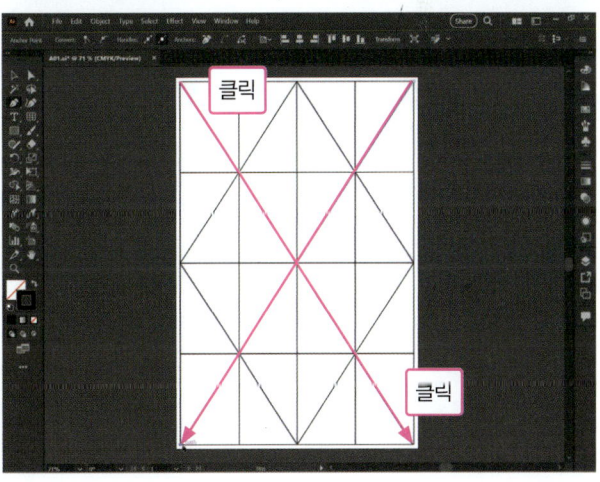

CHAPTER 1 황금의 도시 경주전

❾ [Object]-[Unlock All] 또는 Alt
+ Ctrl + 2 를 선택하여 잠근 격자 선을
풀고, [Select]-[All] 또는 Ctrl + A 를
눌러 격자 선을 모두 선택합니다.

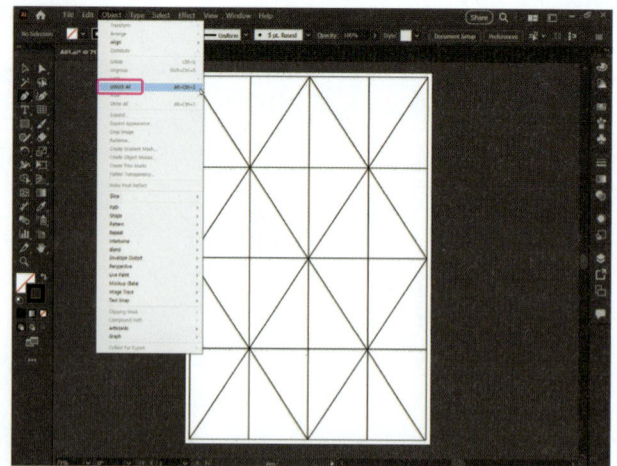

❿ [Stroke Color] 아이콘을 더블 클릭하여
[Color Picker] 대화창에 빨간색 색상값
M100Y100을 입력합니다.

문제지에 표기되지 않은 색상은 0%로 입력합
니다.

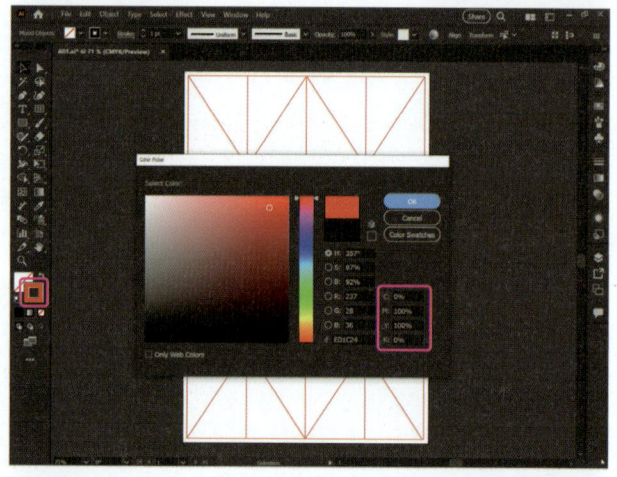

⓫ [Object]-[Group] 또는 Ctrl + G 를 눌
러 그룹으로 지정합니다.

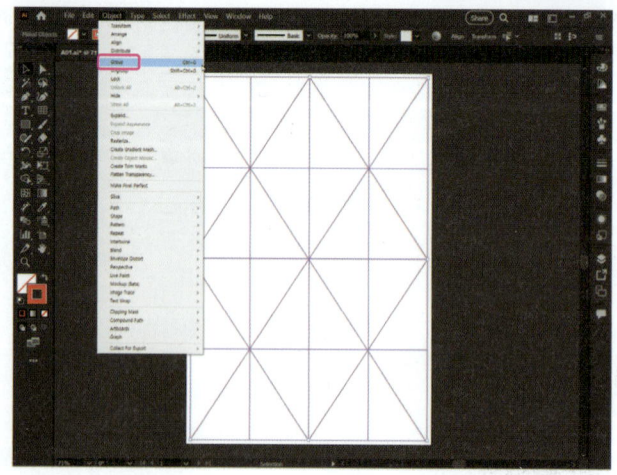

2) 가이드 선 레이어 만들기

❶ [Window]−[Layers] 패널을 활성화합니다. 'Layer 1' 이름을 더블 클릭하여 '가이드 선'으로 변경합니다. '가이드 선' 레이어는 [Toggles Lock]을 눌러 변경되지 않도록 고정합니다.

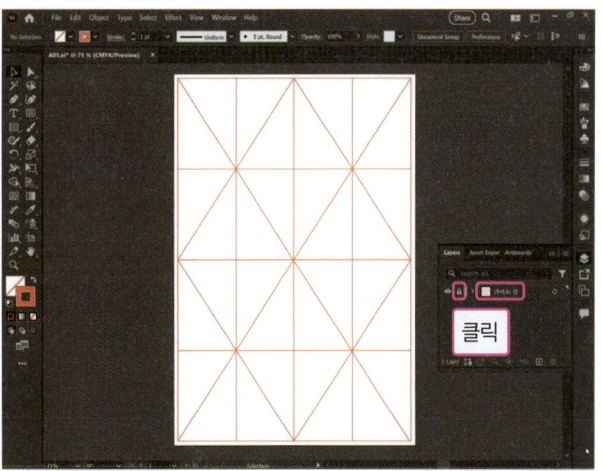

❷ [Layers] 패널에서 'Create New Layer' 아이콘을 눌러 새 레이어를 추가하고, 'Layer 2'를 더블 클릭한 후 레이어의 이름을 '이미지'로 변경합니다.
일러스트레이터 작업물은 '이미지' 레이어에 작업합니다.

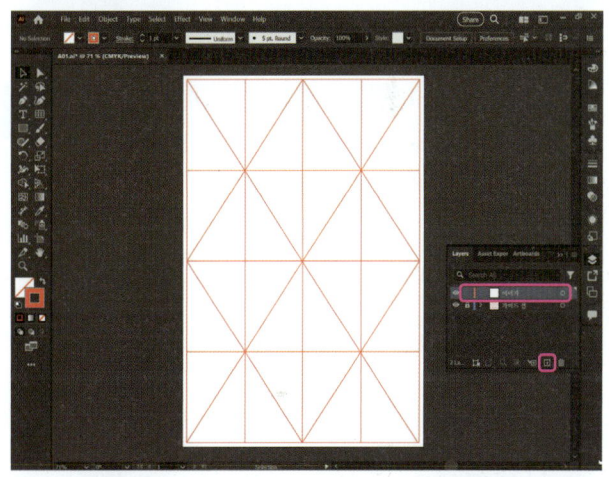

Tip

[Layers] 패널에서 '이미지' 레이어를 더블 클릭하여 [Layer Options] 대화창을 활성화합니다. 레이어 색상을 변경하여 작업하기 편한 환경을 만듭니다.

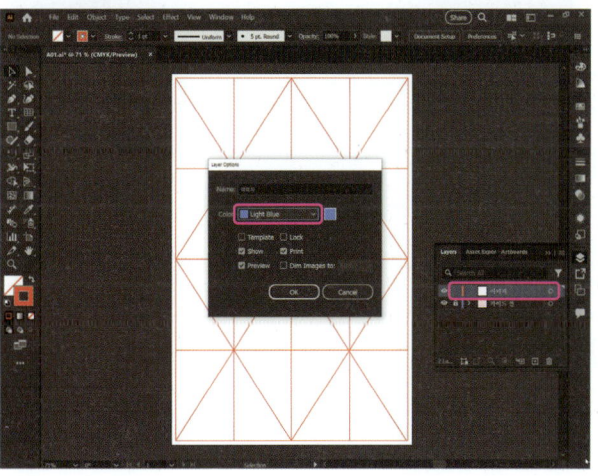

02 이미지 제작

1) 캘리그래피

❶ 'A01.ai' 파일에서 Type Tool()로 '경주전'을 입력합니다. [Character] 패널에서 원고와 비슷한 서체를 선택합니다.

> **Tip** ✓
> [Character] 패널 : Ctrl + T

❷ Selection Tool()로 문자를 선택하고 [Type]-[Create Outlines]를 클릭합니다. Shift + Ctrl + G 를 눌러 그룹 해제하고 출력형태의 원고와 비슷하게 배치합니다.

> **Tip** ✓
> Create Outlines : Shift + Ctrl + O

❸ Selection Tool( )로 모든 문자를 선택하고 옵션 바에서 Opacity : 30%로 입력한 후 [Object]-[Lock]-[Selection]으로 움직이지 않게 잠급니다.

Tip

캘리그래피를 드로잉할 때 서체를 대고 그리면 균형 맞게 그릴 수 있습니다.

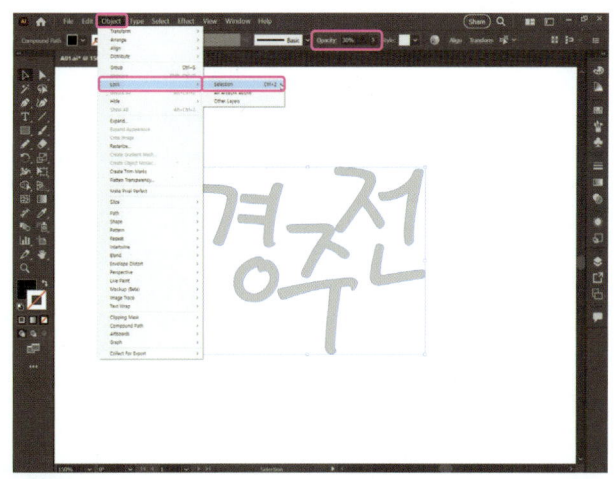

❹ Pen Tool( )을 선택하고 면색은 None, 선색은 M100Y100으로 설정하고 경주전의 'ㄱ'을 선으로 그립니다.

Tip

Pen Tool( )로 다음 선을 그리기 위해 Ctrl 을 누른 채 작업 창의 공간을 클릭하면 선이 강제 종료되어 새롭게 선을 그릴 수 있습니다.

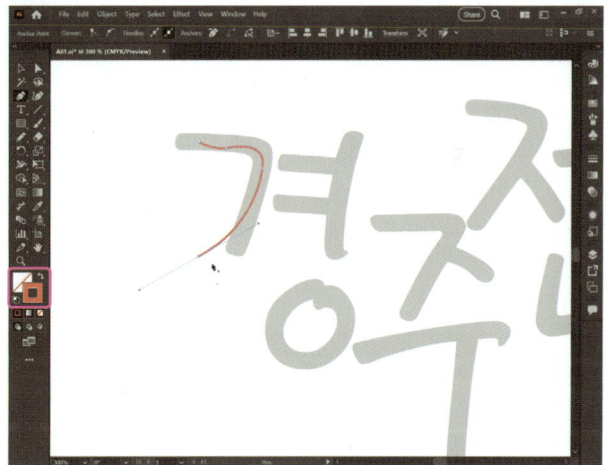

❺ ❹와 같은 방법으로 나머지 글자도 위치를 참고하여 출력형태와 비슷하도록 Pen Tool( )로 변형하면서 그립니다.

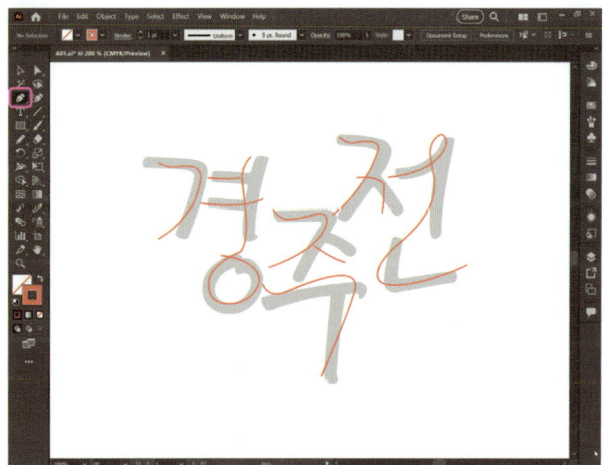

❻ Selection Tool(　)로 드로잉한 모든 선을 선택하여 입력한 문자 밖으로 이동시키고 [Object]-[Unlock All]를 클릭하여 잠금 해제합니다. 입력한 문자는 Delete 를 눌러 삭제합니다.

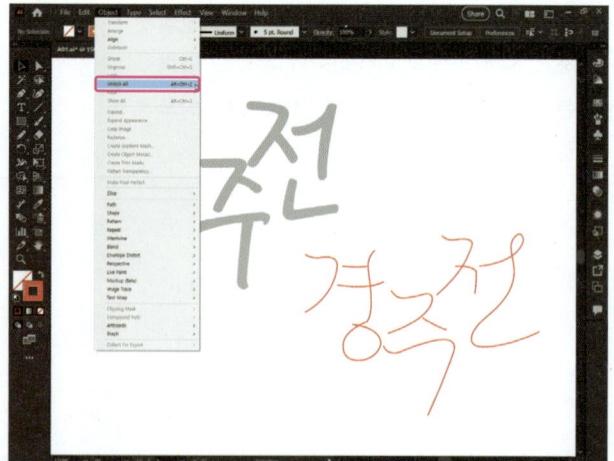

❼ 드로잉한 선은 출력형태의 원고와 비슷하도록 Direct Selection Tool(　)과 Smooth Tool(　)을 이용해 모양을 다듬고 Selection Tool(　)로 크기와 기울기를 조정하여 캘리그래피의 기본선을 완성합니다.

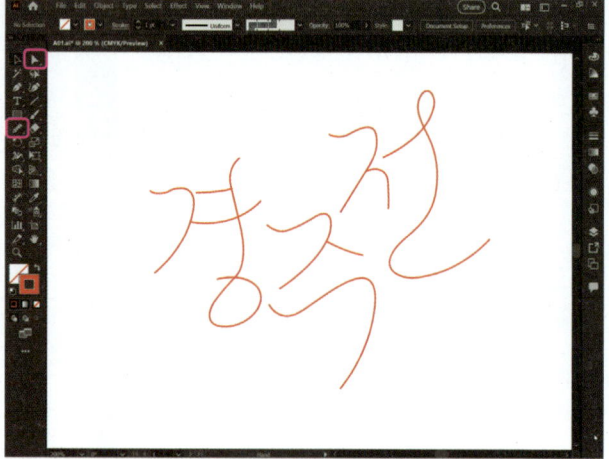

Tip

1. Direct Selection Tool(　)로 Anchor Point를 클릭 후 이동하여 변형하거나 부분적으로 선택하여 삭제 후 Pen Tool(　)로 이어 그려 수정합니다.
2. 각이 지거나 어색한 획은 Selection Tool (　)로 선을 선택 후 Smooth Tool(　)로 고정점이나 패스를 클릭하여 부드럽게 수정합니다.

❽ 캘리그래피 선에 붓글씨의 효과를 주기 위해 [Window]-[Brushes] 패널을 열어 왼쪽 하단의 [Brush Libraries Menu]를 클릭한 후 [Artistic]-[Artistic_Paintbrush]를 선택합니다.

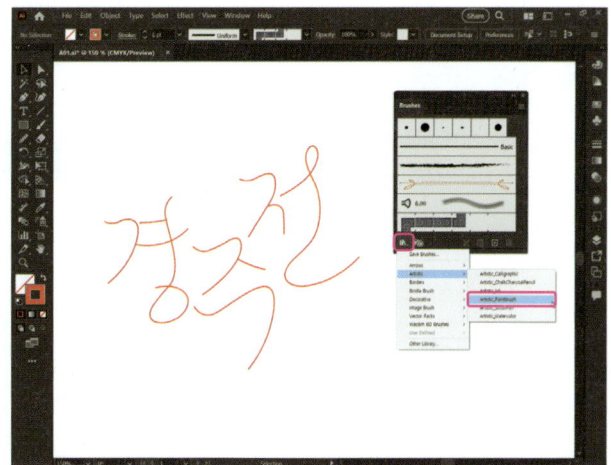

❾ Selection Tool( )로 '경주전'의 'ㄱ'을 선택하고 [Artistic_Paintbrush] 패널에서 알맞은 브러시의 종류를 선택하여 적용한 후 옵션 바의 Stroke 두께를 조절하여 출력형태와 비슷하도록 설정합니다.

> **Tip**
> 1. 브러시 종류 : Quick Brush 3
> 2. 선의 두께는 0.2, 0.5 등 소수점으로 설정하여 세밀하게 조정합니다.

❿ ❾와 같은 방법으로 모든 선에 브러시를 적용하여 '경주전' 캘리그래피를 완성합니다.

브러시 선의 방향 바꾸어 등록하기

1. [Brushes] 패널에서 사용한 브러시를 선택하여 작업 창으로 드래그하여 꺼냅니다.

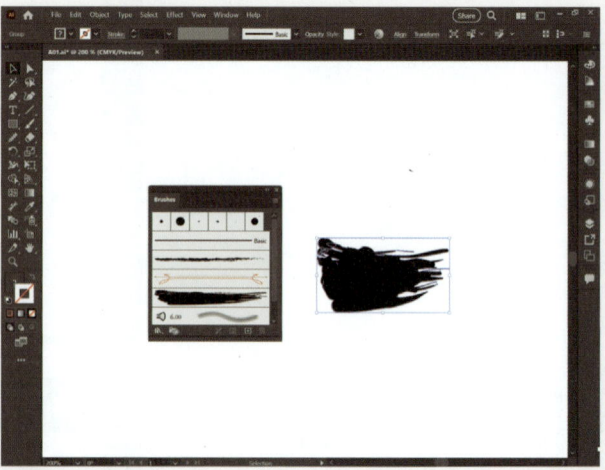

2. Reflect Tool( )을 더블 클릭하여 [Reflect] 옵션 상자의 Axis : Vertical 선택 후 [OK]를 클릭합니다.

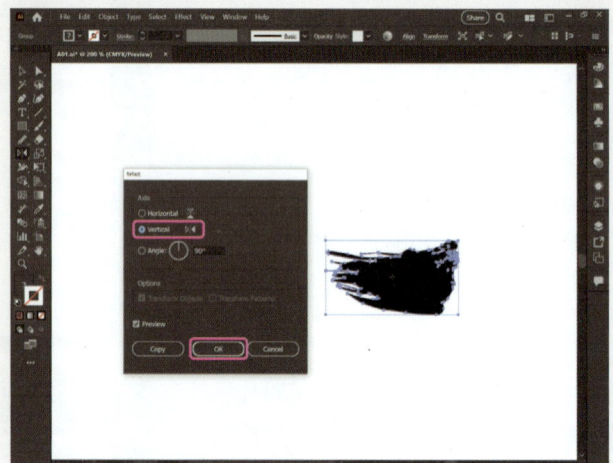

3. 반전한 오브젝트를 선택하여 [Brushes] 패널의 하단의 [New Brush] 아이콘을 눌러, 'Select a new brush type : Art Brush'를 선택 후 [OK]를 클릭합니다.

4. Art Brush 옵션 상자의 Name : 브러시 수정으로 입력하고, Colorization : Tints를 선택 후 [OK]를 클릭합니다.

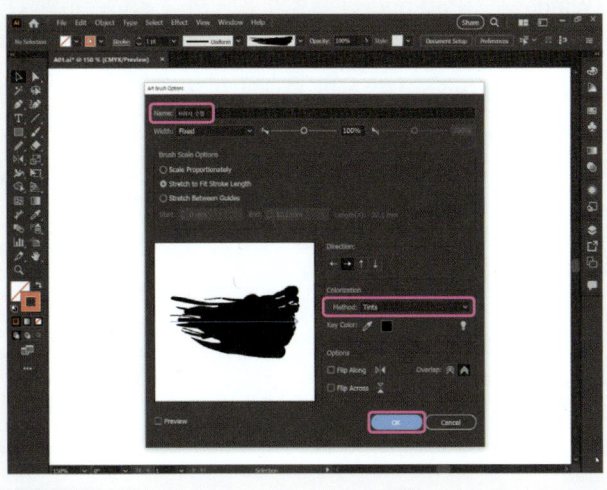

⑪ Selection Tool( )로 모든 선들을 선택하고 [Object]-[Expand Appearance]를 클릭하여 선은 면으로 변경합니다.

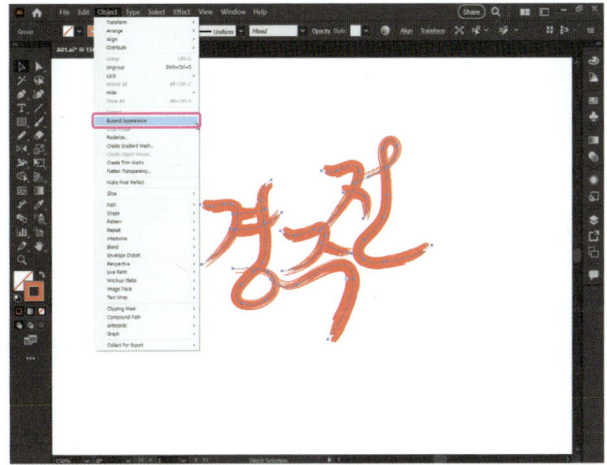

⑫ Ctrl + Y 를 눌러 아웃라인 화면에서 불필요한 박스를 Direct Selection Tool( )로 신댁하여 Delete 를 눌러 삭세합니다.

Direct Selection Tool( )로 선택한 점이나 신은 Delete 를 한 번 누르면 삭제되며, 두 번 누르면 연결된 점과 선까지 모두 삭제됩니다.

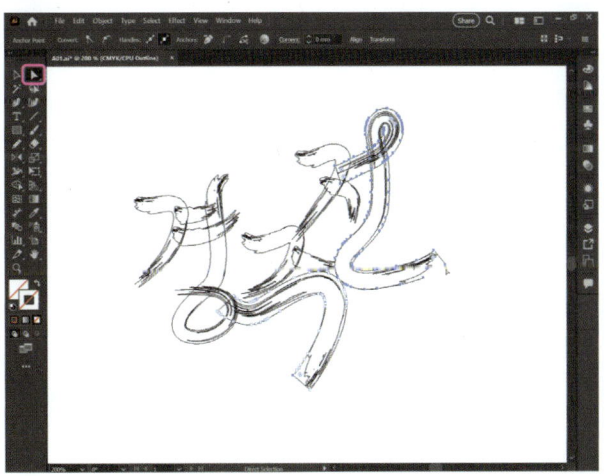

CHAPTER 1 황금의 도시 경주전 **19**

⑬ [Window]−[Pathfinder] 패널의 옵션 아이콘에서 [Make Compound Shape]를 클릭한 후 [Expand]를 눌러 하나의 면으로 정리합니다.
다시 Ctrl + Y 를 눌러 화면 전환합니다.

> **Tip**
> [Make Compound Shape]를 실행하면 하나의 면으로 만들어져 그라데이션의 색상을 자연스럽게 넣을 수 있습니다.

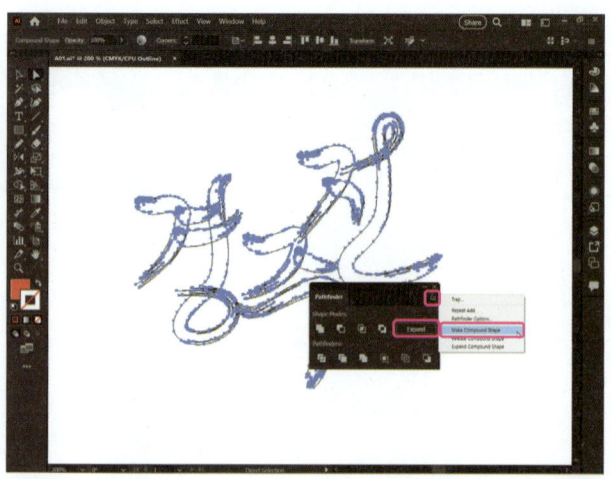

⑭ Selection Tool( )로 '경주전' 글자를 모두 선택한 후 [Window]−[Gradient] 패널에서 가운데 색상 바를 클릭하여 색상 아이콘을 추가합니다. 그라데이션은 면에 적용해야 색의 점진적인 색 변화가 나타나므로, 면이 선택된 상태에서 왼쪽에서부터 M30Y100 → Y25 → C30M50Y100 순으로 색상을 입력하고 선색은 None으로 설정합니다.

> **Tip**
> 1. 그라데이션 색상이 흑백으로 보일 경우, [Gradient] 패널의 색상 아이콘을 더블 클릭한 후 색상모드를 CMYK로 변경하여 원하는 색상을 입력합니다.
> 2. Gradient Tool( )로 '경주전' 글자를 드래그하거나 [Gradient] 패널에서 각도 값을 입력하여 그라데이션의 방향을 설정할 수 있습니다.

1-2) 도장 만들기

❶ Rounded Rectangle Tool(■)로 모서리가 둥근 직사각형을 그립니다. 면색은 M100Y100, 선색은 None으로 설정합니다.

Tip

둥근 직사각형 크기 : 14×24mm(도형의 크기는 정확하지 않아도 되며, 디자인 원고를 참고하여 비율을 맞춰 비슷하게 그림)

❷ Blob Brush Tool(■)로 직사각형 테두리에 덧붙여 그려 도장 이미지의 형태를 변형합니다.

Tip

1. Eraser Tool(■)로 어색한 부분은 지우면서 작업합니다.
2. Blob Brush Tool(■)과 Eraser Tool(■)의 마우스 포인터 크기는 [[ ](작게), [ ]](크게)로 조절할 수 있습니다.

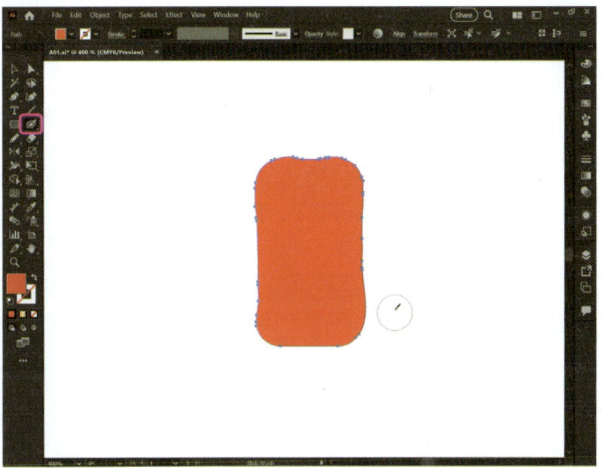

❸ Vertical Type Tool(IT)로 작업 창 빈 곳을 클릭해 '경주전'을 세로로 입력한다. [Character] 패널에서 서체와 크기를 알맞게 지정한 후 면색은 C0M0Y0K0로 설정하고 도장 위에 알맞게 배치합니다.
문자와 도장 이미지는 Ctrl + G 를 눌러 그룹 설정합니다.

Tip

도형 위에 바로 문자를 쓰면 도형 안에 글자가 들어가 입력됩니다. 문자는 따로 입력하여 배치합니다.

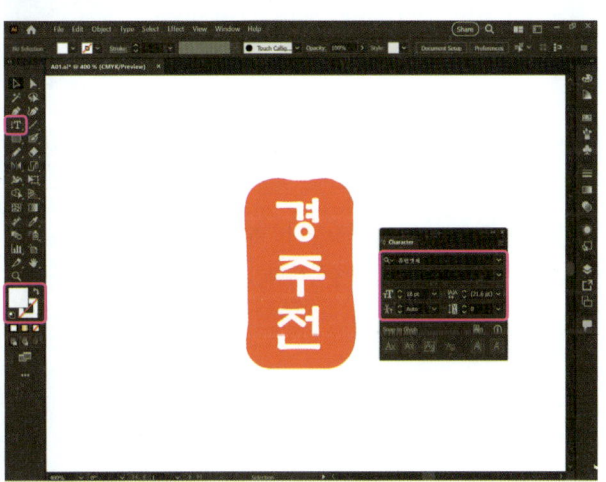

1-3) 타이틀

Type Tool()로 '황금의 도시'를 입력하고 [Window]-[Type]-[Character] 패널에서 서체, 크기와 자간, 장평 등을 문제지 출력 형태와 비슷하게 설정합니다.

> **Tip**
> - 서체 : HY견명조(그림과 동일한 서체가 없을 시 비슷한 서체를 선택하여 사용)
> - 글자 크기 : 39pt

2) 나침반 그리기

❶ Ellipse Tool()로 Shift 를 누른 채 드래그하여 정원을 그립니다. 면색은 None, 선색은 K100으로 설정하고, 옵션 바에서 선의 두께를 높여줍니다.

> **Tip**
> - 원 크기 : 80×80mm(도형의 크기는 정확하지 않아도 되며, 디자인 원고를 참고하여 비율을 맞춰 비슷하게 그림)
> - 선의 두께 : 3pt, Align Stroke : Align Stroke to Inside

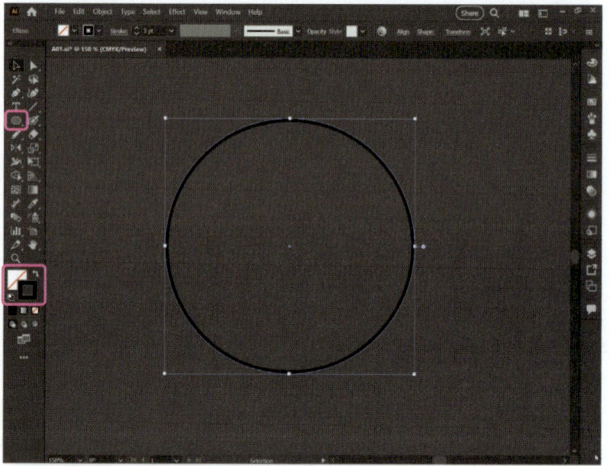

❷ Scale Tool( )을 더블 클릭한 후 [Scale] 옵션 상자에서 Uniform : 95%를 입력하고 [Copy]를 누릅니다. 옵션 바에서 선의 두께는 적절히 조절합니다.

> **Tip**
> 선의 두께 : 1pt, Align Stroke : Align Stroke to Inside

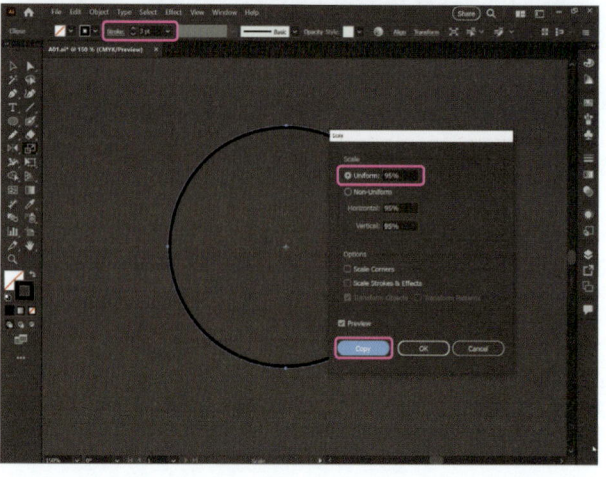

❸ ❷와 같은 방법으로 Scale Tool( )을 더블 클릭하여 Scale 옵션 상자에서 Uniform : 93%를 입력하고 [Copy]를 누릅니다. 옵션 바의 선의 두께는 두껍게 조절합니다.

> **Tip**
>
> 1. [Stroke] 패널의 'Align Stroke'를 활용하면 패스에 붙는 선의 위치(패스 중앙, 패스 안쪽, 패스 바깥쪽)를 조절할 수 있습니다.
> 2. 선의 두께 : 18pt, Align Stroke : Align Stroke to Inside

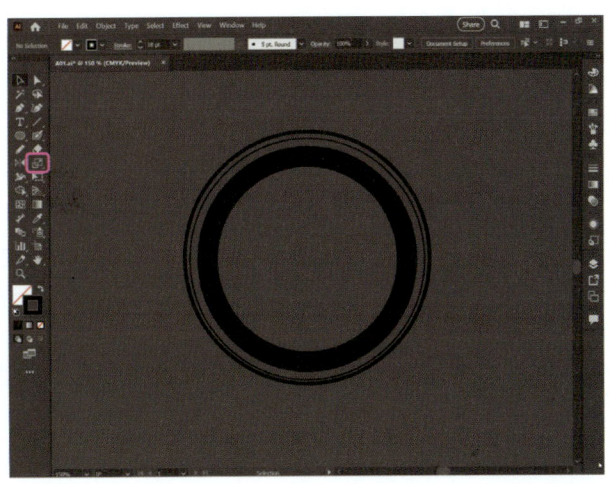

❹ Line Segment Tool( )로 Shift 를 누른 채 세로 방향으로 드래그하여 중앙 상단에 선을 배치하고, 선의 두께 : 1pt, Align Stroke : Align Stroke to Center를 선택하고 선색은 C0M0Y0K0으로 설정합니다.

> **Tip**
>
> [View]-[Smart Guides]를 선택하면 가이드선이 활성화되어 원의 가운데를 기준으로 정확하게 그릴 수 있습니다.

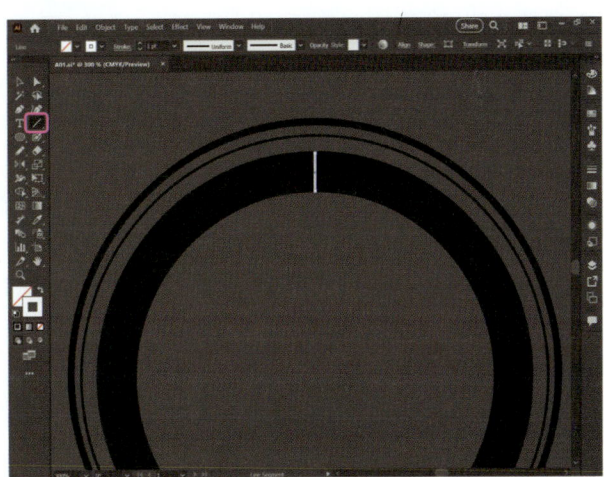

❺ Selection Tool( )로 선을 선택하고 Rotate Tool( )을 클릭합니다. Alt 를 누른 채 원의 중심을 클릭하여 [Rotate] 옵션 상자에서 Angle : 11.25°를 입력한 후 [Copy]를 누릅니다.

> **Tip**
>
> 1. [Window]-[Outline] 또는 Ctrl + Y 를 실행하면 도형의 중심을 쉽게 확인할 수 있습니다.
> 2. Angle 값 쉽게 구하기
>   필요한 개수 32를 [Rotate] 옵션 상자에 Angle : '360/필요한 개수(32)'를 입력한 후 Tab 을 누르면 자동 계산됩니다.

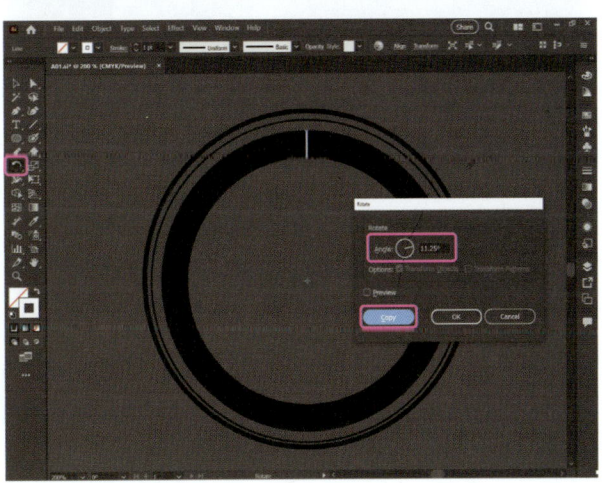

CHAPTER 1 황금의 도시 경주전 **23**

❻ Ctrl + D 를 여러 번 눌러 총 32개의 직선이 되도록 복사합니다.

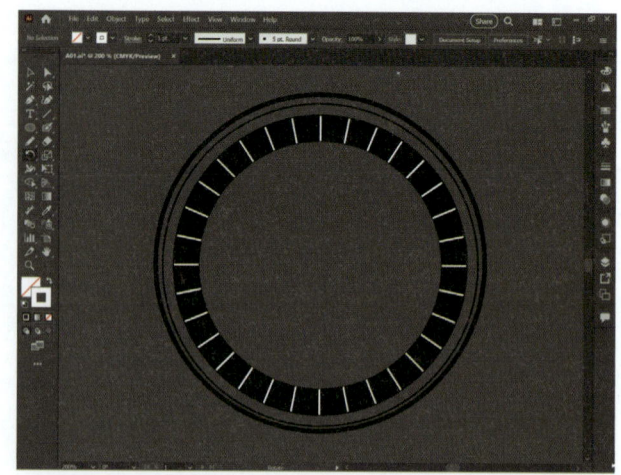

❼ Polygon Tool( )로 작업 창을 클릭하여 Polygon 옵션 상자에 Sides : 3을 입력한 후 [OK]를 누릅니다. 삼각형의 면색은 C0M0Y0K0, 선색은 None으로 설정한 후 눈금자 위에 적절히 배치합니다.

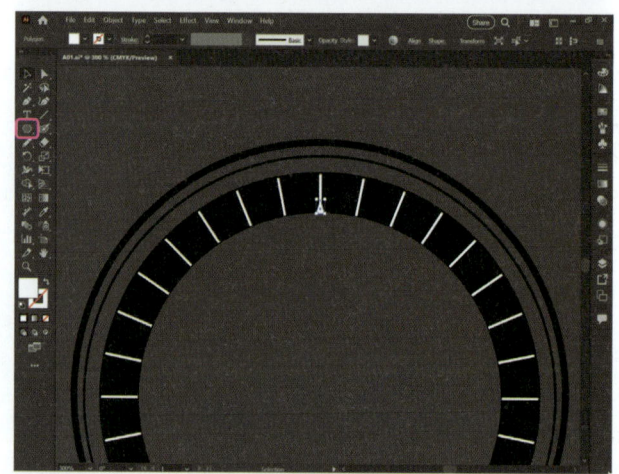

❽ Type Tool( )로 '0'을 입력한 후 옵션의 Pragraph : Align Center 아이콘을 클릭합니다. [Character] 패널에서 서체는 고딕체, 글자의 색상은 C0M0Y0K0으로 설정하고 알맞게 배치합니다.

 Tip

문단을 가운데 정렬하면 카피를 수정할 때 글자의 수가 다르더라도 가운데를 기준으로 양옆으로 균등하게 입력되어 효율적으로 작업할 수 있습니다.

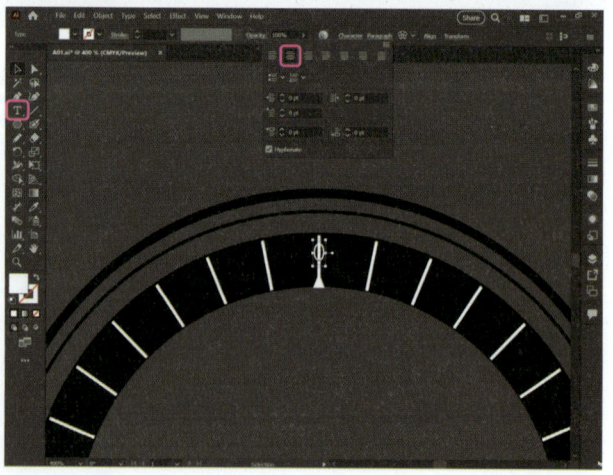

❾ Selection Tool( )로 '0'과 삼각형을 같이 선택하고, Rotate Tool( )을 클릭합니다. Alt 를 누른 채 원의 중심을 클릭하여 [Rotate] 옵션 상자에 Angle : 45°를 입력한 후 [Copy]를 누릅니다. Ctrl + D 를 여러 번 눌러 복사합니다.

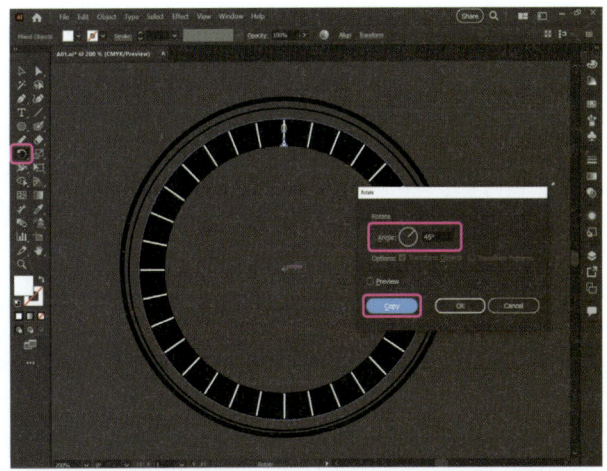

❿ Selection Tool( )로 필요 없는 선과 삼각형을 선택한 후 Delete 를 눌러 삭제하고, 출력형태와 같도록 숫자를 '0, 45, 90, 135, 180, 225, 270, 315'로 시계 방향 순으로 수정합니다. 오브젝트는 모두 선택한 후 Ctrl + G 를 눌러 그룹으로 설정합니다.

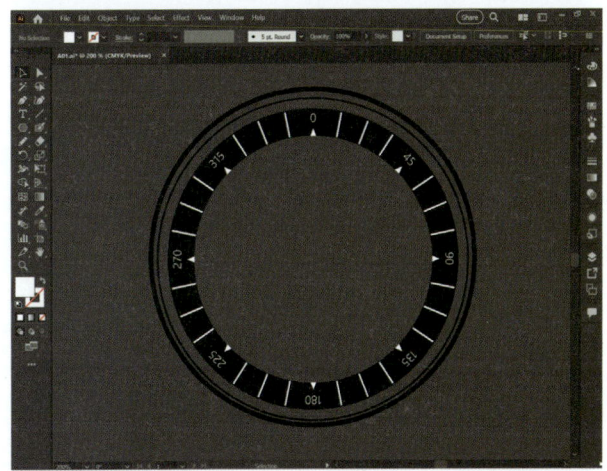

⓫ Star Tool( )을 선택한 후 작업 창을 클릭합니다. [Star] 옵션 상자에 Radius 1 : 25mm, Radius 2 : 7mm, Points : 4를 입력한 후 [OK]를 선택하고 면색은 C0M0Y0K0, 선색은 K100으로 설정합니다.

Tip ✓

1. 선의 두께 : 2.5pt, Align Stroke : Align Stroke to Inside
2. Star Tool( )로 드래그를 하는 중 방향키 상, 하 버튼을 누르면 꼭짓점의 개수를 조절할 수 있고, 그리는 상태에서 Ctrl 을 누른 채 드래그하면 뾰족한 정도를 설정할 수 있습니다.

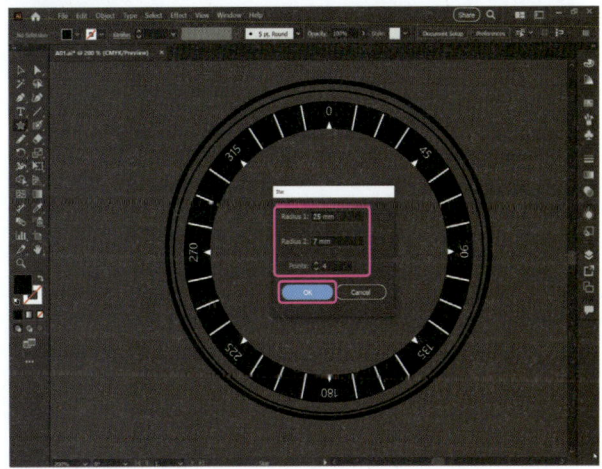

CHAPTER 1 황금의 도시 경주전

⑫ Selection Tool(▷)로 별 모양을 선택한 후 [Object]−[Path]−[Offset Path]를 클릭합니다. [Offset Path] 옵션 상자에서 Offset : −2mm를 입력하고 [OK]를 선택합니다. 면색은 C0M0Y0K0, 선색은 K100로 설정하고 [Stroke] 패널에서 선의 두께를 출력형태와 비슷하게 설정합니다.

> **Tip** ✓
> 1. 선의 두께 : 1pt, Align Stroke : Align Stroke to Center
> 2. [Offset]은 양의 수로 입력하면 패스 바깥쪽으로 확장되고 음의 수로 입력하면 패스 안쪽으로 축소됩니다.

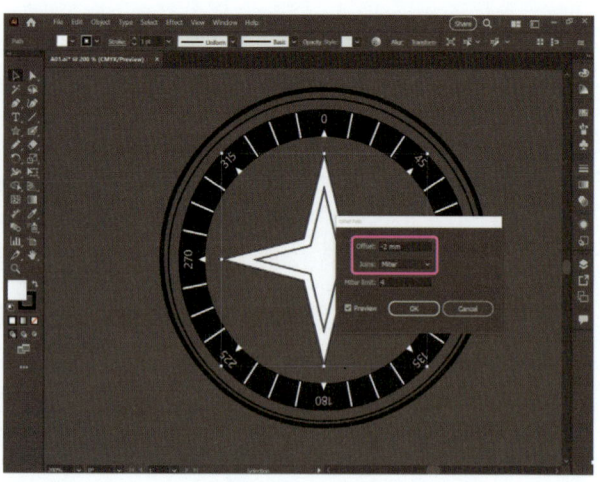

⑬ 별 모양을 모두 선택하고 Ctrl + C 를 누른 후 Ctrl + B 를 눌러 오브젝트 뒤에 붙여넣고, 바로 Shift 를 누른 상태로 회전합니다. ⓐ 면색은 K100, 선색은 None으로 설정합니다.

> **Tip** ✓
> - Ctrl + C : Copy
> - Ctrl + V : Paste
> - Ctrl + F : Paste in Front
> - Ctrl + B : Paste in Back

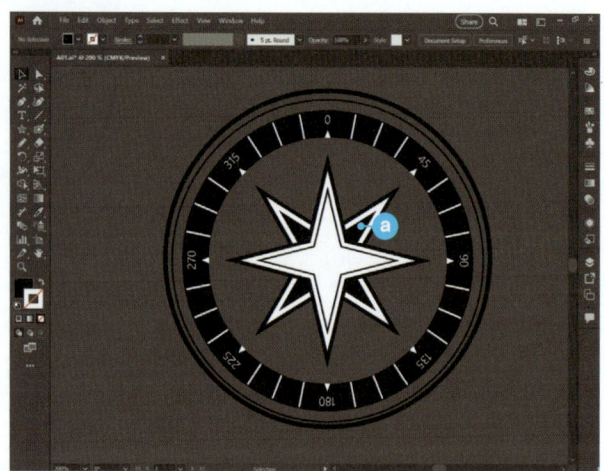

⑭ Ellipse Tool(○)로 Shift 를 누른 채 드래그하여 정원을 그린 후 별 가운데에 배치합니다. 면색은 K100, 선색은 None으로 설정하고, 작업된 모든 이미지는 같이 선택하여 [Window]−[Align] 패널에서 Align To : Align to Selection, Align Objects : Horizontal Align Center, Vertical Align Center을 클릭한 후 가운데 배치합니다.

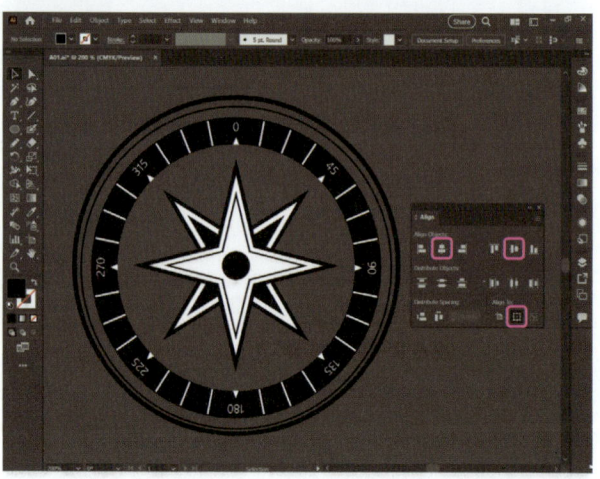

⓯ Type Tool(T)로 'N', 'E', 'W', 'S'를 각각 입력하고 글자의 색상은 K100으로 설정합니다.

[Window]-[Type]-[Character] 패널에서 서체, 크기와 등을 문제지 출력형태와 비슷하게 설정한 후 나침반 이미지에 적절히 배치합니다. 작업이 끝난 오브젝트는 모두 선택한 후 Ctrl + G 를 눌러 그룹 설정하고, Ctrl + S 를 눌러 저장합니다.

> **Tip**
>
> 글자는 [Type]-[Create Outlines]를 선택하여 이미지로 변경하면 글자의 속성이 바뀌는 것을 예방할 수 있습니다.

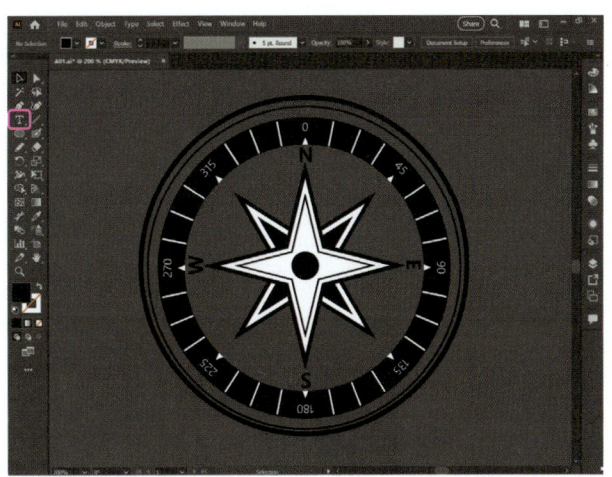

3) 로고 만들기

❶ Ellipse Tool()로 크기가 다른 4개의 정원을 그려 그림과 같이 가운데 정렬로 배치합니다. 면색은 None, 선색은 M40Y80으로 설정합니다.

> **Tip**
>
> 1. Ctrl + C 를 눌러 오브젝트를 복사하고 Ctrl + F 를 눌러 물체 앞에 붙입니다.
> 2. Alt + Shift 를 누른 채 드래그하여 가운데를 중심으로 오브젝트의 크기를 조절하여 배치합니다.

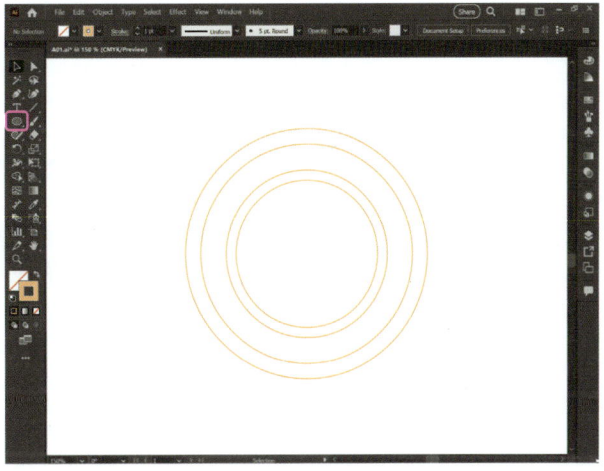

❷ Line Segment Tool(   )로 그림과 같은 위치에 Shift 를 누른 채 드래그하여 직선을 그립니다.

> **Tip**
> 이해를 돕기 위해 직선은 임의의 색상을 적용하였습니다.

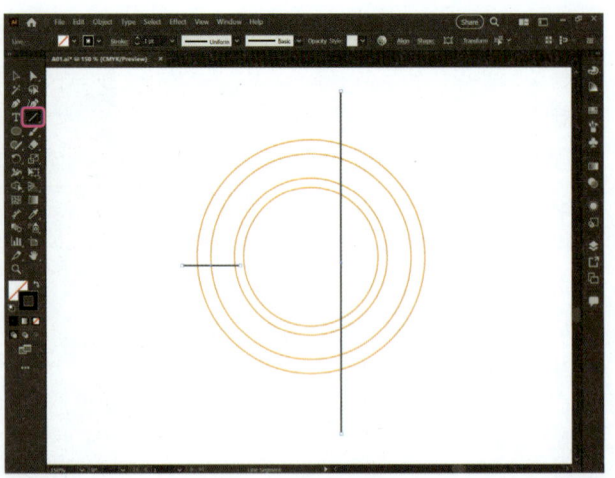

❸ Selection Tool(   )로 ⓐ를 제외한 모든 이미지를 선택합니다. [Window]−[Pathfinder] 패널에서 Pathfinders : Divide를 선택하여 면을 나누고, [Object]−[Ungroup] 또는 Shift + Ctrl + G 를 눌러 그룹 해제합니다.

> **Tip**
> 모든 이미지를 전체 선택한 후 Shift 를 누른 채 제외할 이미지를 클릭하면 쉽게 선택할 수 있습니다.

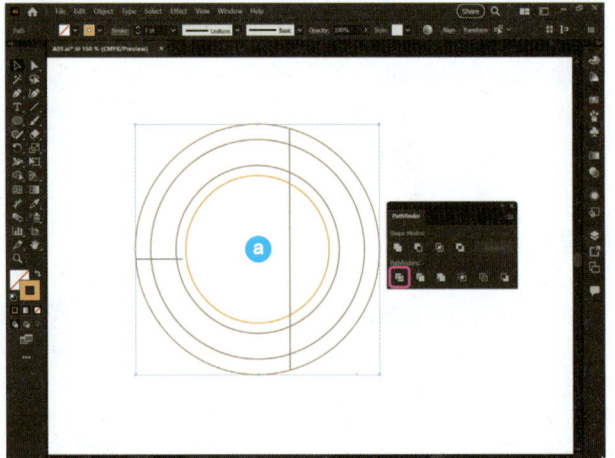

❹ Selection Tool(   )로 필요 없는 부분을 선택한 후 Delete 를 눌러 삭제합니다.

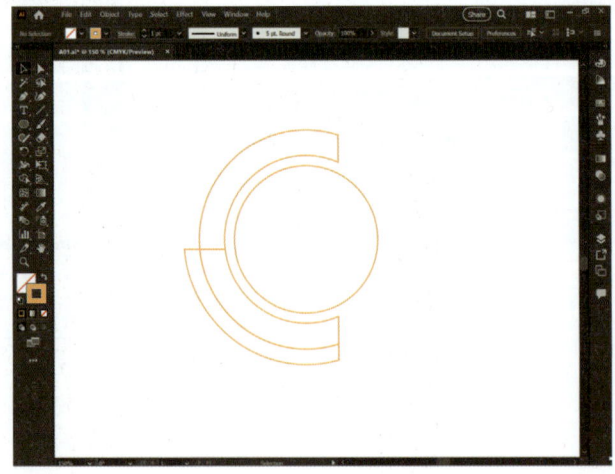

5 Selection Tool( )로 전체 선택한 후 도구 바의 'Swap Fill & Stroke' 아이콘을 눌러 선색을 면색으로 변경합니다.

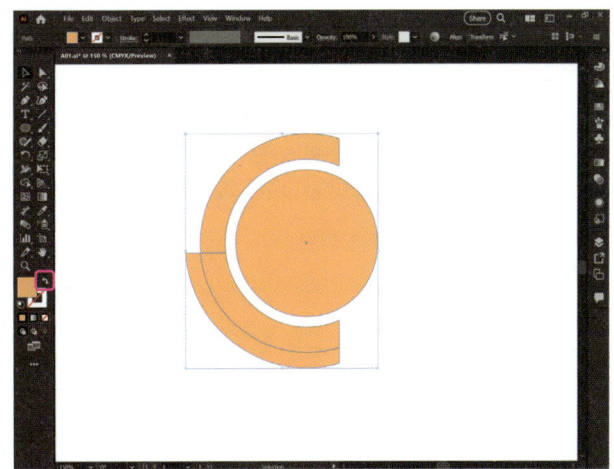

6 Pen Tool( )로 그림과 같이 눈, 코, 입을 그린 후 얼굴에 배치하고 면색은 C0M0Y0K0, 선색은 None으로 설정합니다.

> **Tip**
>
> 로고의 일부 오브젝트는 크기가 작기 때문에 완성된 제작물에 있어 중요도는 높지 않습니다. 요소를 하나씩 따로 그리는 것보다 복사 사용하여 시간을 단축합니다.

7 Ellipse Tool( )로 정원을 그린 후 면색은 None, 선색은 K100으로 설정합니다. 원은 그림과 같이 배치합니다.

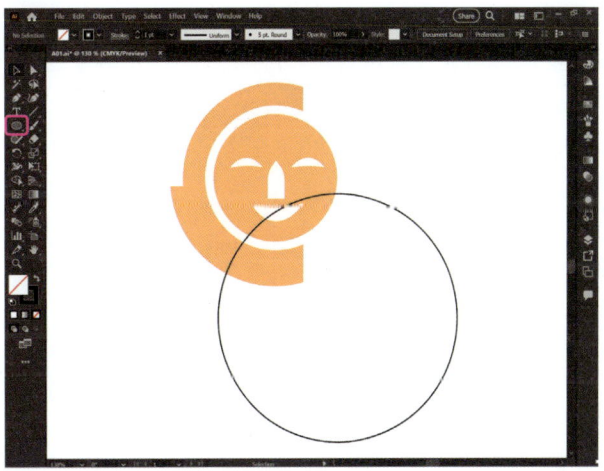

❽ Selection Tool(　)로 모든 이미지를 선택한 후 [Window]−[Pathfinder] 패널에서 Pathfinders : Divide를 선택하여 면을 나누고, Shift + Ctrl + G 를 눌러 그룹 해제합니다. 필요 없는 이미지는 선택한 후 Delete 를 눌러 삭제합니다.

❾ 태극 문양은 Ellipse Tool(　)로 Shift 를 누른 채 드래그하여 태극 문양이 들어갈 큰 정원을 그립니다.

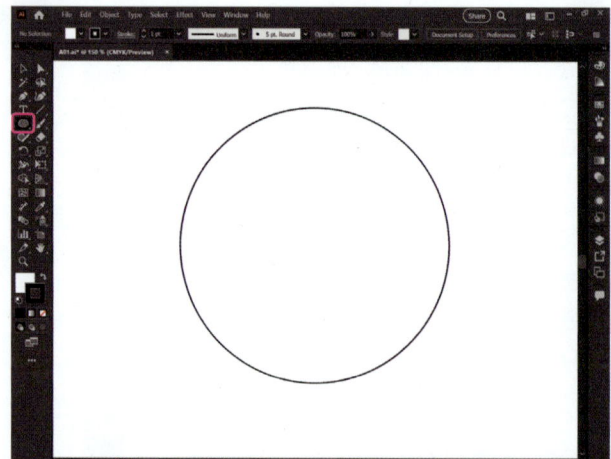

❿ Scale Tool(　) 아이콘을 더블 클릭한 후 [Scale] 옵션 상자에서 Uniform : 50%를 입력하고 [Copy]를 선택합니다.

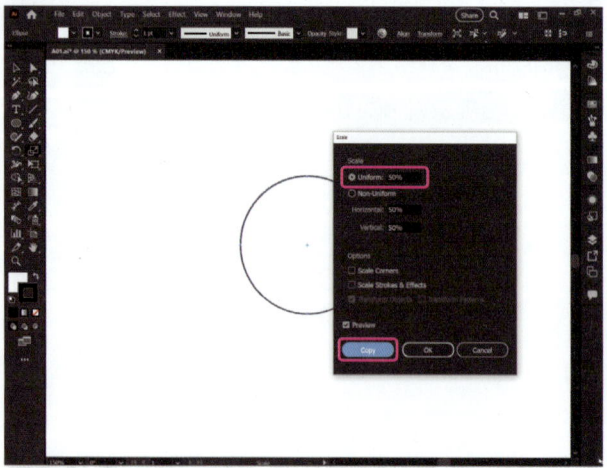

⑪ 축소된 작은 원은 Selection Tool()로 Alt 를 누른 채 오른쪽으로 드래그하면서 추가로 Shift 를 눌러 정방향으로 복사합니다. 양쪽의 두 개의 원이 정확하게 붙게 배치합니다. 두 개의 작은 원을 모두 선택한 후 Ctrl + G 를 눌러 그룹 설정합니다.

Tip

[View]-[Smart Guides]를 선택하고 작업하면 정확하게 배치하는 데 도움이 됩니다.

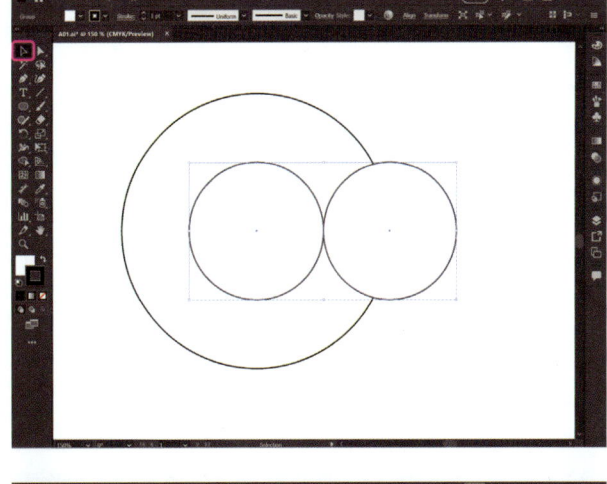

⑫ 3개의 모든 원을 모두 선택한 후 [Window]-[Align] 패널에서 Align To : Align to Selection, Align Objects : Horizontal Align Center, Vertical Align Center을 클릭하여 가운데 배치합니다.

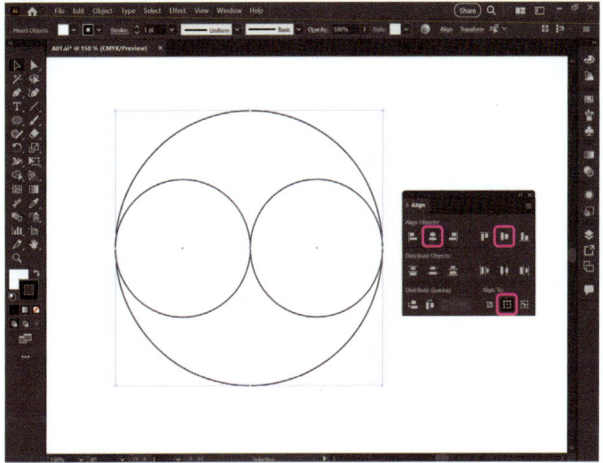

⑬ 모든 원이 선택되어 있는 상태에서 Shape Builder Tool()로 빨간색 영역을 드래그하여 합치고 면색은 M100Y100, 선색은 None을 입력합니다. 파란색 영역을 드래그하여 합치고 면색은 C100M100, 선색은 None을 입력합니다.

Tip

그룹으로 묶인 오브젝트는 Direct Selection Tool( )로 개별 선택하여 색상을 변경할 수 있습니다.

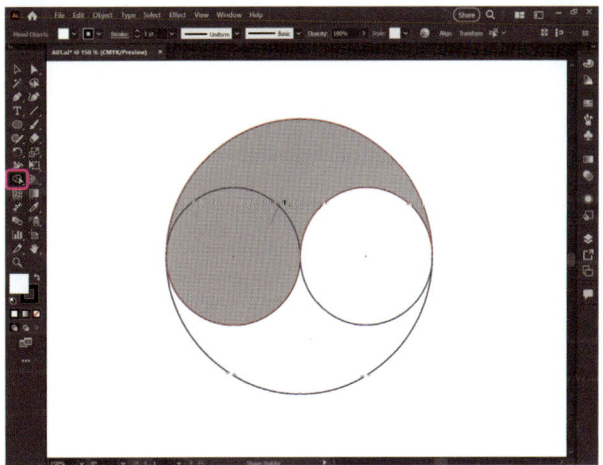

⑭ 태극 문양은 Rotate Tool( )을 더블 클릭한 후 옵션 상자에서 Angle : −20°를 입력하고 [OK]를 클릭하여 회전시킵니다. 얼굴 형태의 로고와 태극 문양 로고는 각 이미지의 크기를 조절한 후 출력형태와 같이 알맞게 배치합니다.

⑮ Type Tool( )로 '경주세계문화엑스포'를 입력하고 [Window]−[Type]−[Character] 패널에서 서체, 크기와 자간, 장평 등을 문제지 출력형태와 비슷하게 설정합니다.

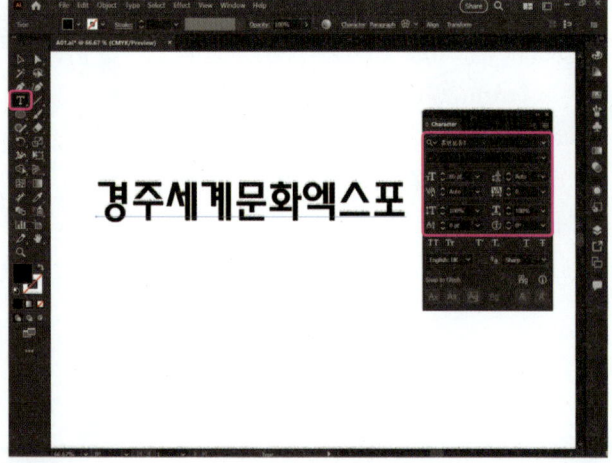

> **Tip**
> • 서체 : 휴먼모음T(그림과 동일한 서체가 없을 시 비슷한 서체를 선택하여 사용)
> • 글자 크기 : 86pt

⑯ [Type]−[Create Outlines]를 선택하여 이미지로 변경합니다. [Object]−[Compound Path]−[Release]를 선택합니다.

> **Tip**
> [Compound Path]−[Release]를 적용하면 떨어져 있는 문자를 개별로 선택하여 수정하기 편리합니다.

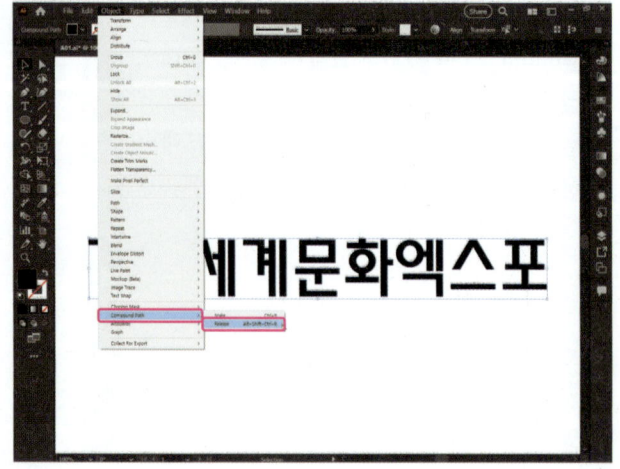

⓱ [Window]-[Pathfinder] 패널에서 Shape Modes : Exclude를 선택하고 Shift + Ctrl + G 를 눌러 그룹을 해제합니다.

⓲ Direct Selection Tool( )로 '경'의 'ㅕ'의 길이를 길게 조절하고 Selection Tool( )로 'ㅇ'의 크기와 위치를 그림과 같이 변경합니다.

⓳ ⓲과 같은 방법으로 출력형태와 같이 텍스트를 알맞게 변경하고 Ctrl + G 를 눌러 그룹 설정합니다. 텍스트는 로고 이미지와 알맞게 배치하고, Ctrl + S 를 눌러 저장합니다.

4) 별 이미지 그리기

❶ Star Tool( )로 작업 창을 드래그하여 출력형태와 같도록 별을 그립니다. 면색은 M10Y100, 선색은 None으로 설정합니다.

> **Tip** ✓
> Star Tool( )로 드래그하는 중 방향키 위 또는 아래를 누르면 꼭짓점의 개수를 조절할 수 있고, 그리는 상태에서 Ctrl 을 누른 채 드래그하면 뾰족한 정도를 설정할 수 있습니다.

❷ Pen Tool( )로 별의 왼쪽 외곽선에 연결되는 면을 곡선으로 그립니다.
Gradient Tool( )을 더블 클릭하여 [Gradient] 패널을 활성화하고, 그라디언트 색상 바를 클릭하여 M50Y100 → M60Y100K40을 입력합니다.

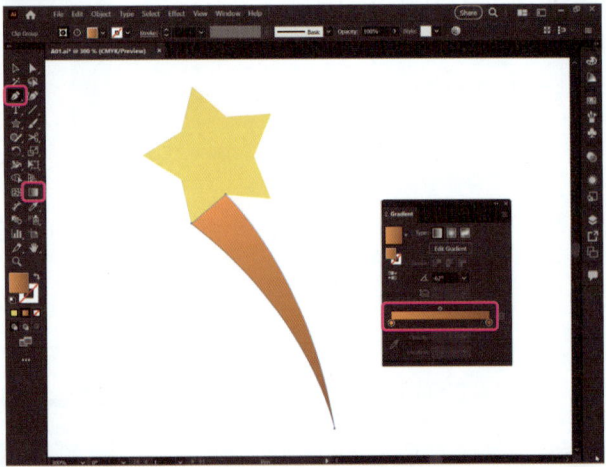

❸ 위와 같은 방법으로 Pen Tool( )로 별의 곡선 면을 그립니다.
면색 ⓐ는 그라데이션 M30Y100 → M40Y100K40, ⓑ 그라데이션 M80Y100 → M90Y100K40, ⓒ 단색 M80Y100 별의 모든 선색은 None으로 설정합니다. 별 이미지는 Selection Tool( )로 모두 선택하고 Ctrl + G 를 눌러 그룹 설정합니다.

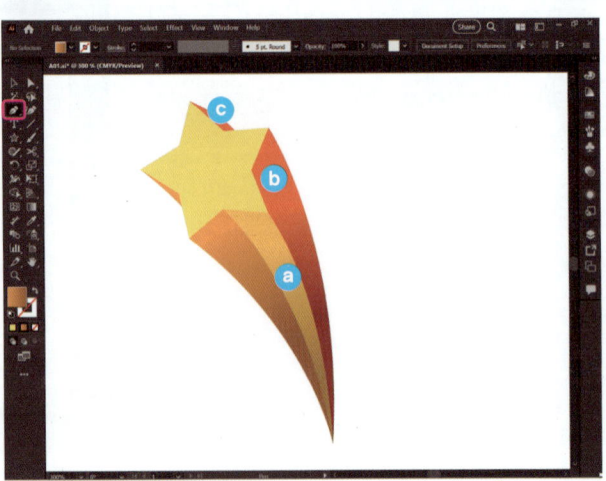

5) 색상 띠 만들기

❶ Rectangle Tool()로 직사각형을 만들고 Selection Tool(▶)로 Alt 를 누른 채 오른쪽으로 드래그하면서 추가로 Shift 를 눌러 정방향으로 복사합니다. Ctrl + D 를 두 번 더 눌러 4개의 사각형을 만듭니다.

> **Tip** ✓
>
> 직사각형 크기 : 14×37mm

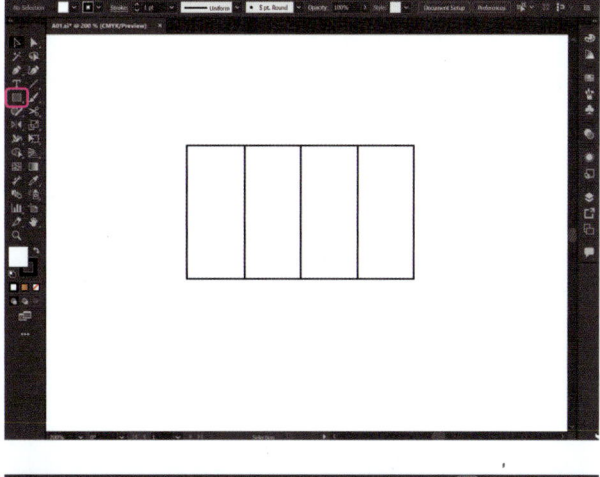

❷ 각 사각형의 면색은 ⓐ C15M100Y90K10, ⓑ M50Y100, ⓒ C85M50, ⓓ K100, 선색은 None으로 설정합니다. 네 개의 사각형을 모두 선택한 후 Ctrl + G 를 눌러 그룹 설정합니다.

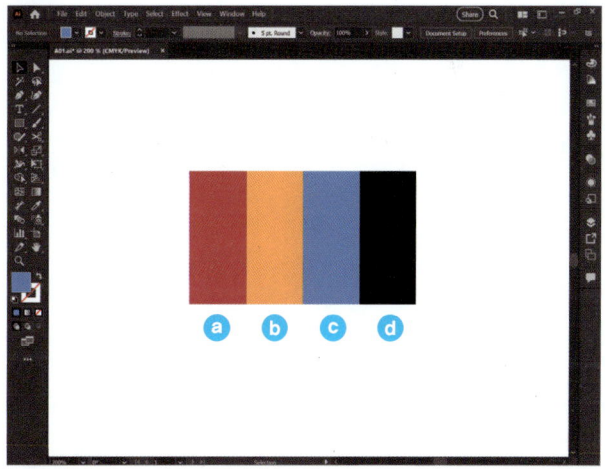

❸ 색상 띠는 Selection Tool(▶)로 Alt 를 누른 채 오른쪽으로 드래그하면서 추가로 Shift 를 눌러 정방향으로 복사합니다. Ctrl + D 를 눌러 복사한 후 출력형태와 같게 배치합니다. 색상 띠를 모두 선택한 후 Ctrl + G 를 눌러 그룹 설정합니다.

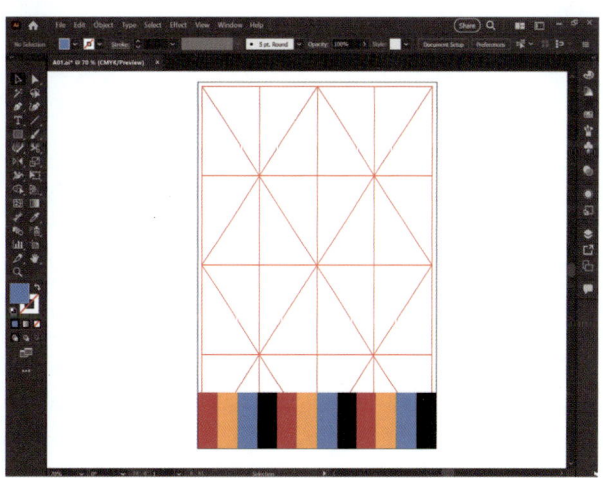

6) 방사형 선 만들기

❶ Line Segment Tool( )로 Shift 를 누른 채 세로 방향으로 직선을 그리고 그림과 같은 위치에 배치한 후 면색은 None, 선색은 K100으로 설정합니다.

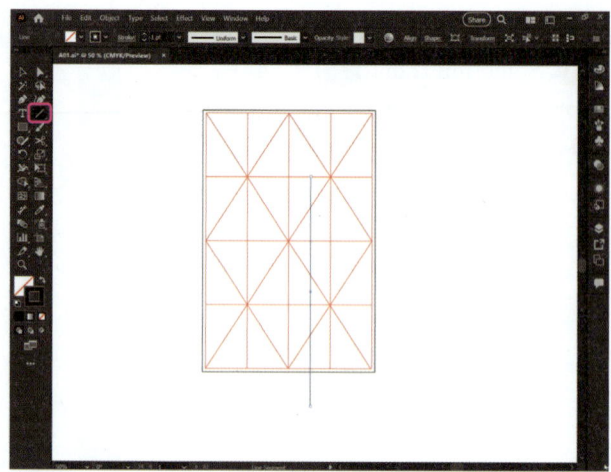

❷ Rotate Tool( )로 Alt 를 누른 채 직선 상단의 시작점을 클릭하여 Rotate 옵션 상자에서 Angle : 5°로 입력하고 [Copy]를 누릅니다.

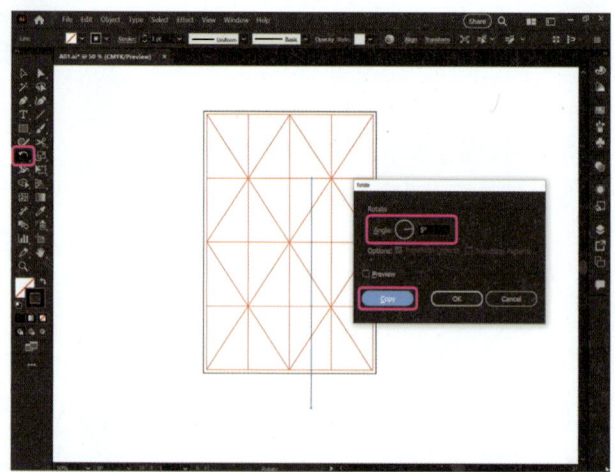

❸ Ctrl + D 를 여러 번 눌러 복사한 후 출력 형태와 같도록 배치하고, 면색은 None, 선색은 C0M0Y0K0으로 설정합니다.
선은 모두 선택한 후 Ctrl + G 를 눌러 그룹 설정합니다.

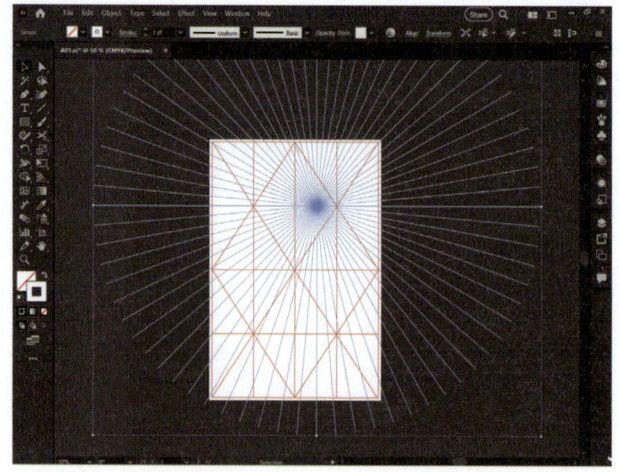

4 포토샵 작업

01 작업 준비하기(도큐멘트 설정, 가이드 선)

❶ 포토샵 프로그램에서 [File]-[New]를 선택합니다. [New] 옵션 상자에서 Width : 166mm, Height : 246mm, Resolution : 300pixels/inch, Color Mode : RGB Color, Background Contents : White 로 설정한 후 [Create]를 누릅니다.

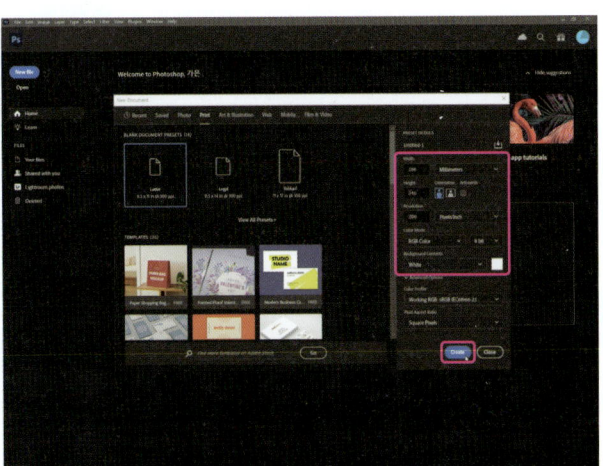

Tip

1. Resolution : 300pixels/inch은 고품질의 해상도로 인쇄, 출판에 적합한 해상도입니다. 해상도가 높아지면 파일의 용량이 커집니다. 시험에서 제출할 파일의 총 용량은 10MB 이하이기 때문에 작업 완료를 한 후 용량이 10MB를 넘으면 [Image]-[Image Size]에서 150~250 정도의 해상도로 변경하여 제출합니다.
2. 인쇄에 적합한 Color Mode는 CMYK Color입니다. 하지만 포토샵에서 CMYK Color로 설정되어 있으면 시험에서 요구하는 Filter의 효과가 제한됩니다.
시험장에서 사용되는 일반 프린트 기기는 RGB Color를 사용하여도 오류가 없기 때문에 포토샵에서 작업할 시 도큐멘트의 Color Mode는 RGB Color로 사용합니다.

❷ [File]−[Save as]를 선택하고 Save as 옵션 상자에 저장할 비번호 폴더(A01)를 찾아 클릭합니다. 파일 이름은 비번호 'A01'을 입력하고 파일형식 : Photoshop(*.PSD,*.PDD,*.PSDT)을 선택한 후 [저장(S)]을 누릅니다.

> **Tip** ✓
> Ctrl + S 를 눌러 작업한 내용을 수시로 저장하는 습관을 들이면 프로그램 오류에 빠르게 대처할 수 있습니다.

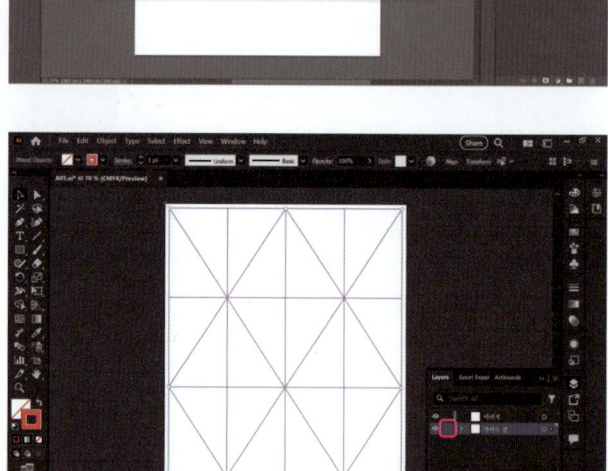

❸ 일러스트 작업 창 [Window]−[Layers] 패널에서 '가이드 선' 레이어의 [Toggles Lock] 아이콘을 클릭하여 잠금을 해제합니다.
Selection Tool()로 가이드 선을 선택하고 Ctrl + C 를 눌러 복사합니다.

❹ 포토샵 작업 창에 Ctrl + V 를 누르고 [Paste] 옵션 상자에서 'Pixels'를 선택한 후 [OK]를 클릭합니다.
[Window]−[Layers] 패널에서 레이어 이름을 더블 클릭하여 '가이드 선'으로 레이어 이름을 변경합니다.

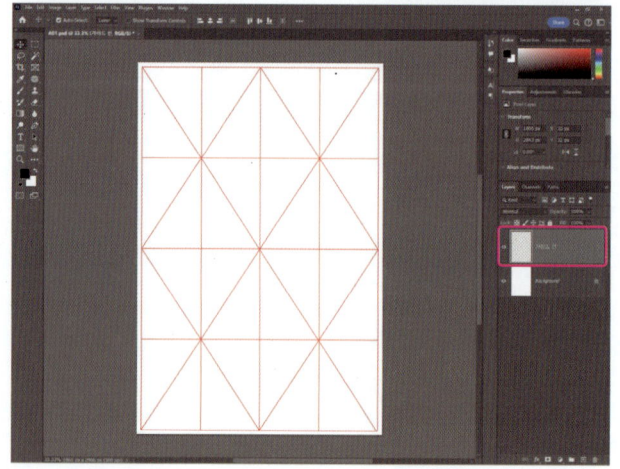

❺ Move Tool()을 선택하고 옵션 바의 Align To : Canvas, 'Align vertical centers', 'Align horizontal centers'를 클릭하여 도큐멘트의 가운데에 배치합니다. '가이드 선' 레이어의 'Lock all' 아이콘을 클릭하여 잠그고 'Background' 레이어를 선택한 후 작업을 시작합니다.

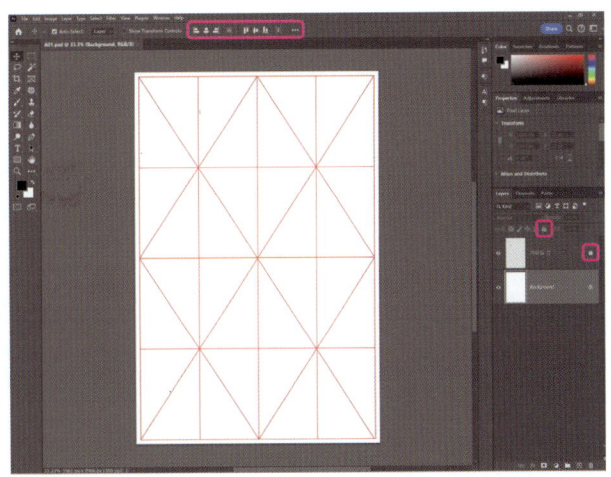

Tip

'가이드 선' 레이어가 선택되어 있으면 이미지를 불러올 때 '가이드 선' 레이어 위에 위치하게 되므로 가이드 선이 보이지 않게 됩니다. 정확한 이미지 배치를 위해 '가이드 선' 레이어는 항상 작업물 위에 위치하도록 합니다.

02 이미지 합성 제작

1) 배경

❶ [File]-[Open]을 선택하고 '경주전_02.jpg' 파일을 불러옵니다. Ctrl + A 를 눌러 전체 선택한 후 Ctrl + C 를 누릅니다.

❷ 'A01.psd' 작업 창으로 이동한 후 Ctrl + V 로 붙여넣습니다. Ctrl + T 를 눌러 이미지의 바운딩 박스 점을 드래그하여 크기를 조정하고 Enter 를 눌러 알맞게 배치합니다.

> **Tip**
>
> • 파일 열기 : Ctrl + O
> • Free Transform : CC 버전 이상에서 비율을 유지한 채 조절할 때는 바운딩 박스 점을 클릭한 후 드래그하고, 가로, 세로의 비율을 조절할 때는 Shift 를 누른 채 바운딩 박스 점을 클릭한 후 드래그합니다.

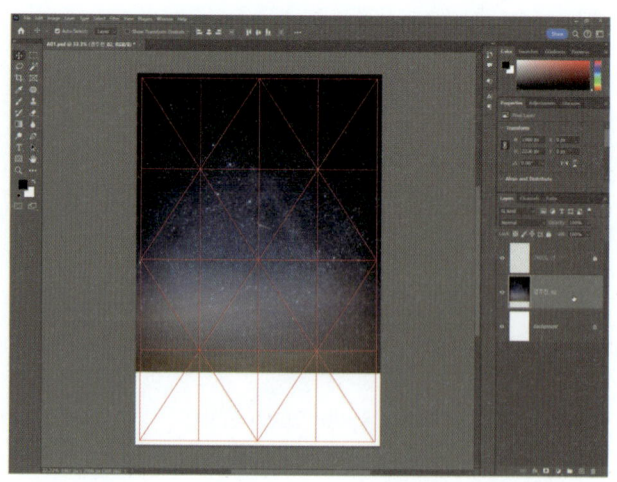

❸ [Layers] 패널의 [Add layer mask] 아이콘을 클릭하고 D 를 눌러 전경색은 검은색, 배경색은 흰색으로 설정한 후 Gradient Tool()을 선택합니다.

> **Tip**
>
> 그라데이션 색상은 전경색과 배경색에 영향을 받기 때문에 기본 컬러로 변경한 후 사용합니다.

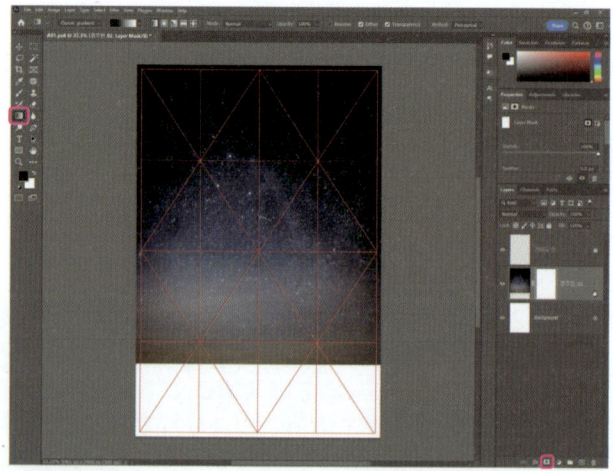

❹ 옵션 바에서 [Presets]의 [Foreground to Transparent] 아이콘을 클릭한 후 Type : Linear Gradient를 선택합니다.

> **Tip**
>
> [Presets]의 [Foreground to Transparent] 아이콘이 보이지 않을 경우 직접 그라디언트를 #000000 → #ffffff로 설정하여 사용합니다.

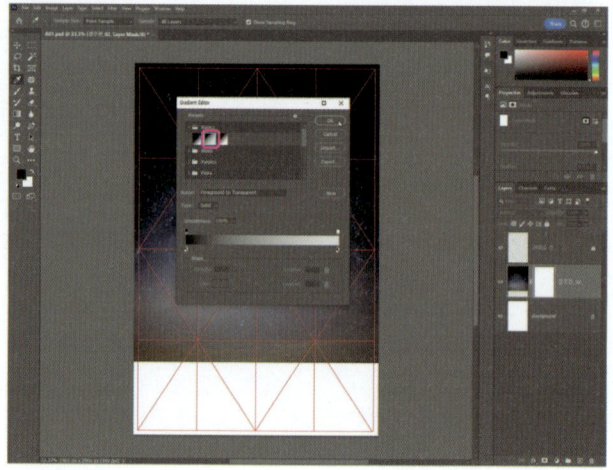

❺ Shift 를 누른 채 이미지의 하단에서 상단 방향으로 드래그하여 자연스럽게 합성합니다.

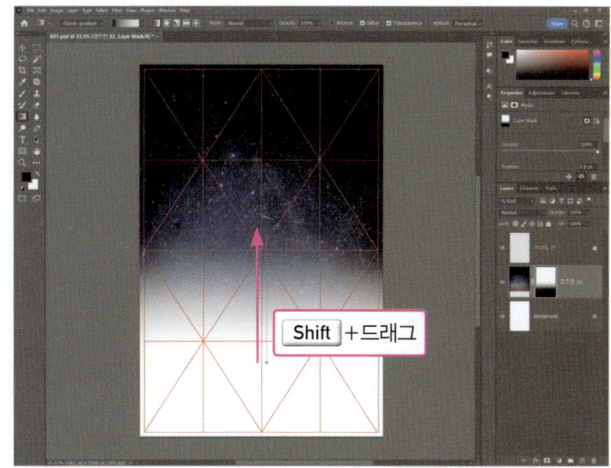

❻ [File]-[Open]을 선택하고 '경주전_01.jpg' 파일을 불러옵니다. Ctrl + A 를 눌러 전체 선택한 후 Ctrl + C 를 누릅니다. 'A01.psd' 작업 창으로 이동한 후 Ctrl + V 로 붙여넣습니다. Ctrl + T 를 눌러 이미지의 바운딩 박스 점을 드래그하여 크기를 조정하고 알맞게 배치합니다.

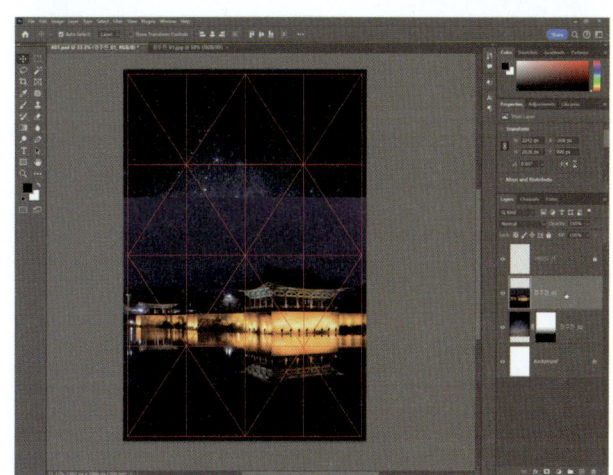

❼ 위와 같은 방법으로 [Layers] 패널의 [Add layer mask] 아이콘을 클릭하고 Gradient Tool( )로 Shift 를 누른 채 상단에서 하단 방향으로 드래그하여 자연스럽게 합성합니다.

❽ '경주전_01' 레이어의 이미지를 클릭하고 Rectangular Marquee Tool( )로 물에 반사되는 이미지를 드래그하여 영역을 지정합니다. [Filter]-[Blur]-[Gaussian Blur]를 선택하고 옵션 상자에 Radius : 6pixels를 입력한 후 [OK]를 클릭합니다.
적용한 후엔 Ctrl + D 를 눌러 선택영역을 해제합니다.

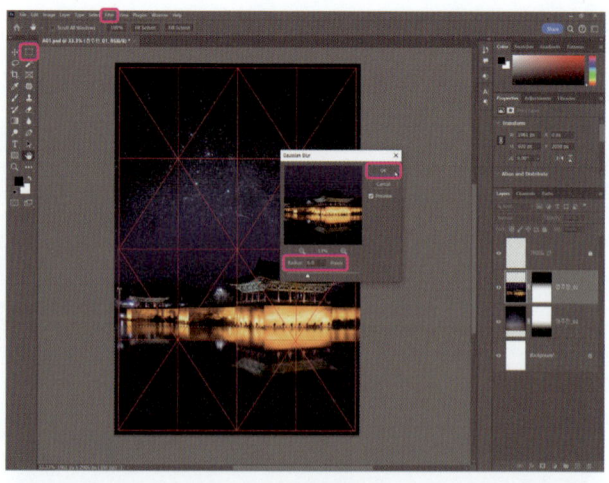

❾ 일러스트 작업 창에서 Selection Tool ( )로 '방사형 선'을 선택하고 Ctrl + C 를 누릅니다. 포토샵 작업 창으로 이동하여 Ctrl + V 로 붙여넣습니다. [Paste] 옵션 상자에서 'Pixels'를 선택하고 [OK]를 클릭한 후 크기를 조정하여 알맞게 배치합니다.

❿ [Layers] 패널에서 Opacity : 20%로 입력한 후 자연스럽게 합성합니다.

2) 나침반

❶ 일러스트 작업 창에서 '나침반' 이미지를 선택하고, Ctrl + C 를 누릅니다. 포토샵 작업 창으로 이동한 후 Ctrl + V 로 붙여넣습니다. [Paste] 옵션 상자에서 'Pixels'를 선택하고 [OK]를 클릭한 후 알맞게 배치합니다.

레이어 이름 변경하기
레이어 패널에서 변경할 레이어의 이름 부분을 더블 클릭합니다. 새 이름을 입력한 후 Enter 를 누릅니다.

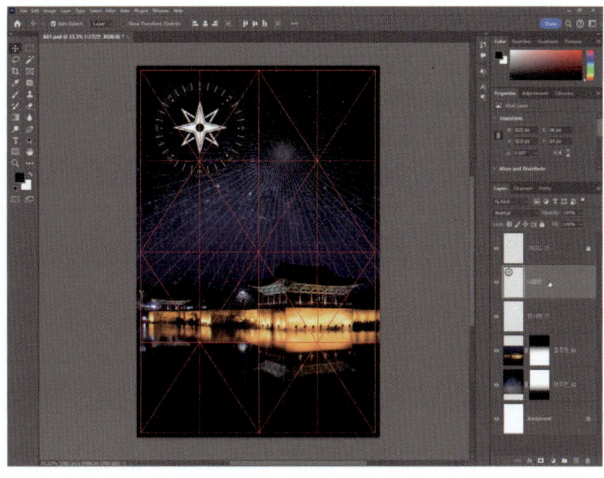

❷ Ctrl + T 를 누르고 마우스 우클릭하여 [Distort]를 선택합니다. 이미지의 바운딩 박스점을 드래그하여 기울기를 조절하여 그림과 같이 변형시킨 후 Enter 를 누릅니다.

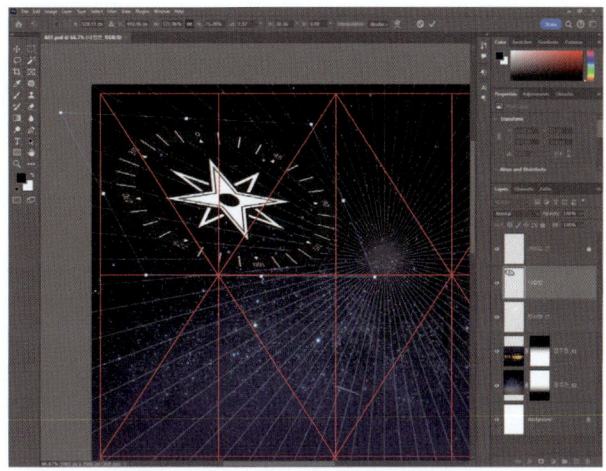

❸ [Filter]−[Distort]−[Wave]를 선택하고 [Wave] 옵션 상자에서 Number of Generators : 5, Wavelength Min. : 200, Max. : 350, Amplitude Min. : 10, Max. : 40, Scale Horiz. : 30%, Vert. : 60%로 입력값을 잔잔하게 왜곡될 수 있도록 적절히 조절한 후 [OK]를 클릭합니다.

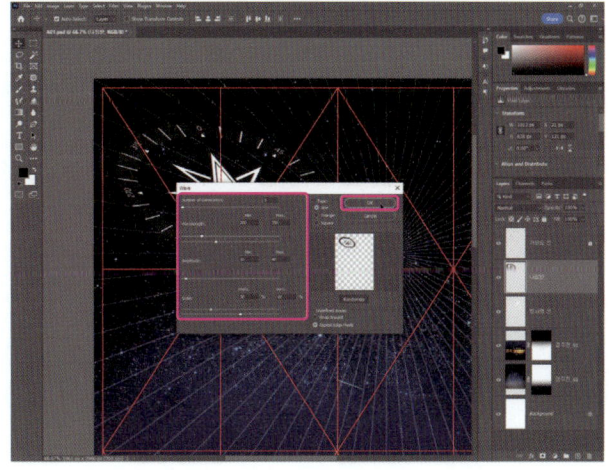

❹ [Layers] 패널의 [Normal]을 클릭한 후 Blend : 'Screen'을 선택합니다.

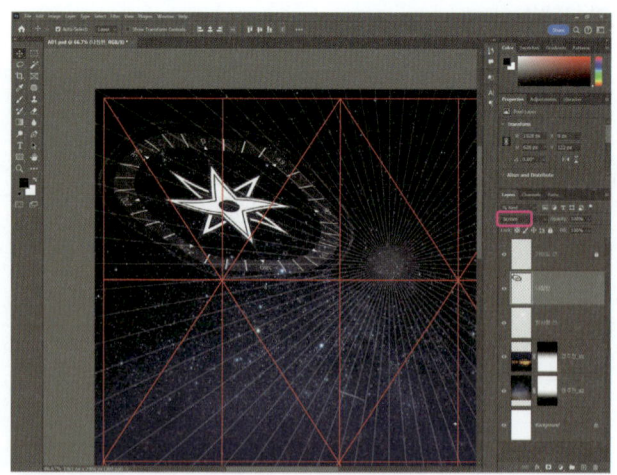

3) 캘리그래피

❶ 일러스트 작업 창에서 Selection Tool( )로 '경주전' 캘리그래피를 선택하고 Ctrl + C 를 누릅니다. 포토샵 작업 창으로 이동한 후 Ctrl + V 로 붙여넣습니다. [Paste] 옵션 상자에서 'Pixels'를 선택하고 [OK]를 클릭한 후 알맞게 배치하고 레이어 이름을 '캘리그래피'로 변경합니다.

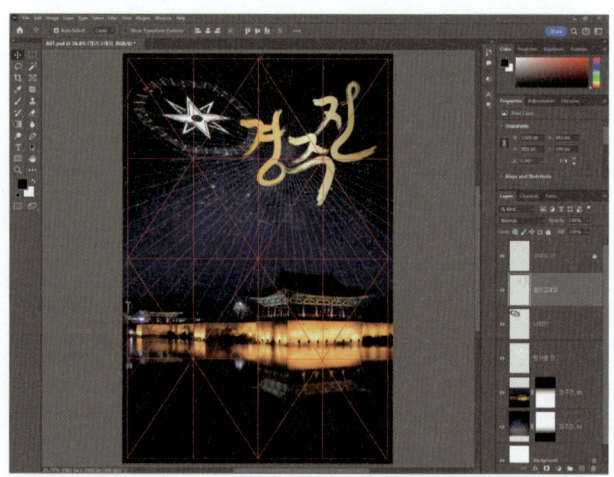

❷ [Layers] 패널에서 '캘리그래피' 레이어를 더블 클릭하여 [Layer Style] 창을 실행합니다. Styles : Stroke를 선택하고 Size : 33px, Position : Outside, Color : C0M0Y0K0으로 설정합니다.

❸ 이어서 [Layer Style] 창에서 Styles : Stroke [+] 더하기 아이콘을 눌러 [Stroke]을 추가합니다. Size : 22px, Position : Outside, Color Type : Gradient를 선택하고 그라데이션 색상 바를 선택하고 색상 바 가운데를 클릭하여 색상 아이콘을 추가합니다. 왼쪽에서부터 M30Y100 → Y25 → C30M50Y100으로 설정합니다.

❹ [Layer Style] 창에서 Styles : Stroke [+] 더하기 아이콘을 눌러 한 번 더 [Stroke]을 추가합니다. Size : 12px, Position : Outside, Color : K100으로 설정하고 [OK]를 누릅니다.

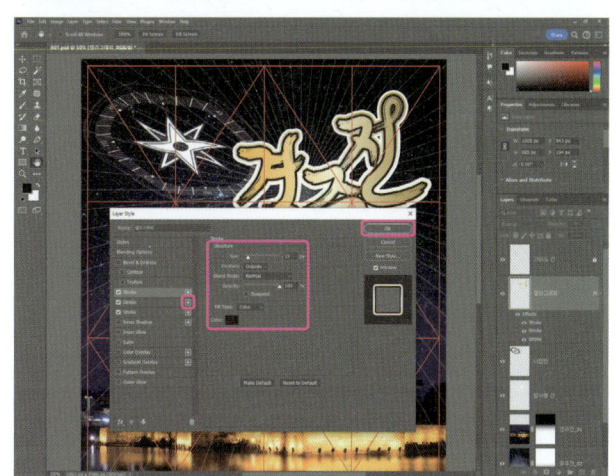

❺ 일러스트 작업 창에서 Selection Tool( )로 '경주전' 도장 이미지를 선택하고 Ctrl + C 를 누릅니다. 포토샵 작업 창으로 이동한 후 Ctrl + V 로 붙여넣습니다. [Paste] 옵션 상자에서 'Pixels'를 선택하고 [OK]를 클릭한 후 알맞게 배치하고 레이어 이름은 '도장'으로 변경합니다.

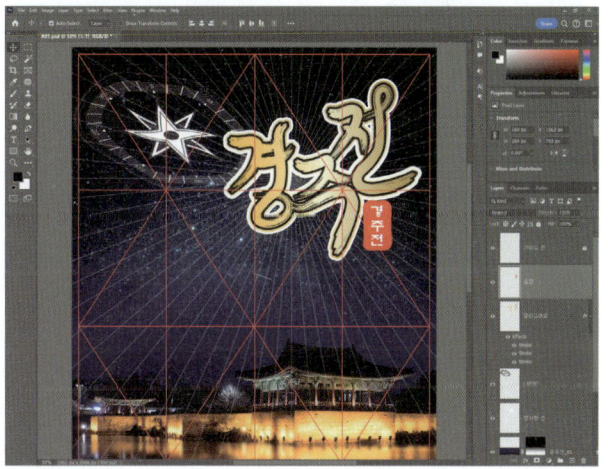

❻ [Layers] 패널에서 '도장' 레이어를 더블 클릭하여 [Layer Style] 창을 실행합니다. Styles : Stroke를 선택하고 Size : 15px, Position : Outside, Color : C0M0Y0K0으로 설정한 후 [OK]를 누릅니다.

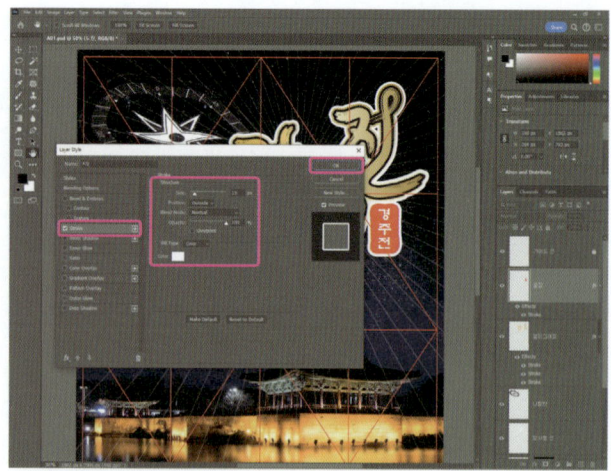

❼ [Layers] 패널에서 Shift 를 누른 채 '캘리그래피'와 '도장' 레이어를 클릭하여 다중 선택하고 Ctrl + G 를 눌러 그룹을 지정합니다. '타이틀' 레이어를 더블 클릭하여 [Layer Style] 창을 실행합니다. Styles : Drop Shadow를 선택하고 Opacity : 80%, Angle : 90°, Distance : 15px, Spread : 0%, Size : 35px로 설정한 후 [OK]를 누릅니다.

이해를 돕기 위해 만든 그룹 레이어의 이름을 '타이틀'로 변경하였습니다.

❽ 일러스트 작업 창에서 Selection Tool( )로 '황금의 도시' 글자를 선택하고 Ctrl + C 를 누릅니다. 포토샵 작업 창으로 이동한 후 Ctrl + V 로 붙여넣습니다. [Paste] 옵션 상자에서 'Pixels'를 선택하고 [OK]를 클릭한 후 알맞게 배치합니다. '황금의 도시'로 레이어 이름을 변경한 후 더블 클릭하여 [Layer Style] 창을 실행합니다. Styles : Drop Shadow를 선택하고 ❼의 입력값과 같게 조정한 후 Size : 20px로 변경하고 [OK]를 누릅니다.

4) 유물 상자

❶ [File]−[Open]을 선택한 후 '경주전_05.jpg' 파일을 불러옵니다. Ctrl + A 를 눌러 전체 선택한 후 Ctrl + C 를 누르고 'A01.psd' 작업 창으로 이동하여 Ctrl + V 로 붙여넣고 레이어의 이름을 '경주전_05'로 변경합니다.

❷ Ctrl + T 를 눌러 이미지의 바운딩 박스점을 드래그하여 크기를 조절하고 Shift 를 누른 채 회전하여 그림과 같이 배치합니다. Ctrl + T 를 누르고 마우스 우클릭한 후 'Distort'를 선택합니다. Free Transform이 활성화된 상태에서 Ctrl 을 누른 채 아래의 바운딩 박스점을 드래그하여 이동시킨 후 그림과 같은 형태로 변형합니다.

Ctrl + T 를 눌러 Free Transform이 활성화한 상태에서 Ctrl 을 누르고 있는 동안 Distort(왜곡) 기능이 활성화됩니다.

❸ [File]−[Open]을 선택한 후 '경주전_06.jpg' 파일을 불러옵니다. Ctrl + A 를 눌러 전체 선택한 후 Ctrl + C 를 누르고 'A01.psd' 작업 창으로 이동하여 Ctrl + V 로 붙여넣고 레이어의 이름을 '경주전_06'으로 변경합니다.

Ctrl + T 를 눌러 이미지의 바운딩 박스점을 드래그하여 크기 조절을 하고 Ctrl 을 누른 채 바운딩 박스점을 드래그한 후 이동시켜 그림과 같은 형태로 변형합니다.

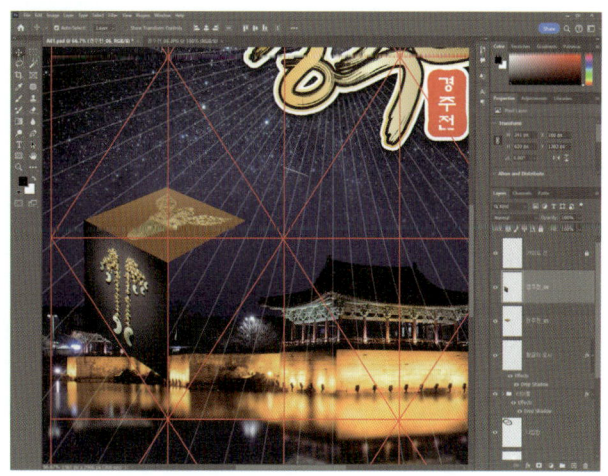

❹ [Image]−[Adjustment]−[Hue/Saturation]을 선택하고 옵션 상자에서 [Colorize]를 선택한 후 Hue, Saturation, Lightness 슬라이더를 이동시켜 파란색 계열로 색상 보정한 후 [OK]를 클릭합니다.

> **Tip** ✓
> Hue : +210, Saturation : +50, Lightness : 0

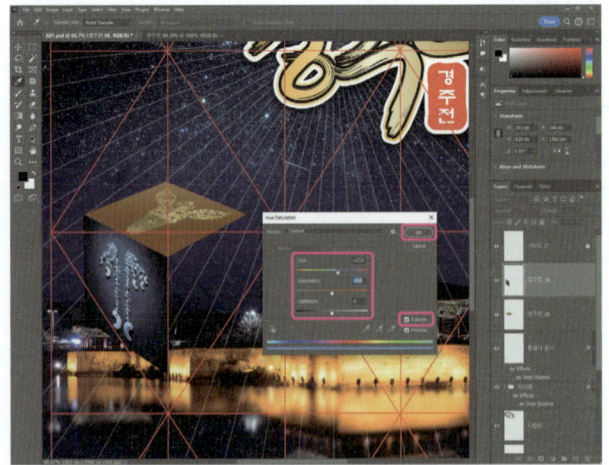

❺ ❸과 같은 방법으로 '경주전_04.jpg' 파일을 열어 작업 창으로 이동시키고 Ctrl + T 를 누릅니다. 이미지의 바운딩 박스 점을 드래그하여 크기 조절을 하고 Ctrl 을 누른 채 바운딩 박스점을 드래그한 후 이동시켜 그림과 같은 형태로 변형하고 레이어의 이름을 '경주전_04'로 변경합니다.

5) 유물

❶ [File]−[Open]을 선택하고 '경주전_03.jpg' 파일을 불러옵니다. Ctrl + A 를 눌러 전체 선택한 후 Ctrl + C 를 누릅니다. 'A01.psd' 작업 창으로 이동한 후 Ctrl + V 로 붙여넣습니다. Ctrl + T 를 눌러 이미지의 크기를 알맞게 조절하여 배치하고 레이어의 이름을 '경주전_03'으로 변경합니다.

❷ Magic Wand Tool( )을 선택하여 옵션 바에서 Tolerance : 32로 입력하고 배경을 클릭한 후 Delete 를 눌러 삭제하고, Ctrl + D 를 눌러 선택영역을 해제합니다.

❸ [Image]-[Adjustment]-[Hue/Saturation]을 선택한 후 [Hue/Saturation] 옵션 상자에서 [Colorize]를 선택하고 Hue : +30, Saturation : +30, Lightness : -25로 입력하여 노란색 계열로 색상 보정한 후 [OK]를 클릭합니다.

❹ [Layers] 패널에서 'Create a new layer'를 눌러 새로운 레이어를 추가하고 레이어의 이름을 '그림자'로 변경합니다.
Brush Tool( )을 선택하고 전경색은 그림자가 될 어두운 색상으로 선택한 후 마우스 우클릭합니다. 브러시 옵션 상자에서 'Soft Round'를 선택하고 Size : 300px로 입력한 후 작업 창에 클릭합니다.

CHAPTER 1 황금의 도시 경주전 **49**

❺ [Layers] 패널에서 Opacity : 80%로 입력하고 '그림자' 레이어는 '경주전_03' 레이어 아래에 배치한 후 Ctrl + T 를 누릅니다. Ctrl 을 누른 채 바운딩 박스점을 드래그한 후 이동시켜 그림과 같은 형태로 변형하고 Enter 를 누릅니다.

6) 캐릭터

❶ 일러스트 작업 창에서 Selection Tool(▶)로 '별' 이미지를 선택하고 Ctrl + C 를 누릅니다. 포토샵 작업 창으로 이동하여 Ctrl + V 로 붙여넣습니다. [Paste] 옵션 상자에서 'Pixels'를 선택한 후 [OK]를 누르고 그림과 같이 배치합니다.

❷ Ctrl + J 를 두 번 눌러 '별' 이미지를 두 개 복사한 후 '별 1', '별 2'로 이름을 변경합니다. '별 2' 레이어는 Ctrl + T 를 눌러 바운딩 박스점을 드래그하여 크기를 작게 조정하고 그림과 같이 회전한 후 '별' 레이어 아래에 배치합니다.
'별 1' 레이어는 Ctrl + T 를 누른 후 마우스 우클릭하여 'Flip Horizontal'을 선택하고 오른쪽에 적절히 배치한 후 Enter 를 누릅니다.

❸ [File]-[Open]을 선택한 후 '경주전_07. jpg' 파일을 열고 Ctrl + A 를 눌러 전체 선택한 후 Ctrl + C 를 누릅니다. 'A01. psd' 작업 창으로 이동한 후 Ctrl + V 로 붙여넣습니다. Ctrl + T 를 눌러 이미지의 크기를 알맞게 조절하여 배치하고 레이어의 이름을 '경주전_07'로 변경합니다.

❹ Magic Wand Tool( )을 선택하고 옵션 바에서 Tolerance : 32로 입력합니다. 이미지의 배경을 클릭한 후 Delete 를 눌러 삭제하고, Ctrl + D 를 눌러 선택영역을 해제합니다.

7) 색 띠

❶ Ellipse Tool( )을 선택하고 옵션 바에서 Fill : 임의의 색상, Stroke : None으로 설정한 뒤 작업 창 하단에 드래그하여 그림과 같이 타원형을 그립니다.

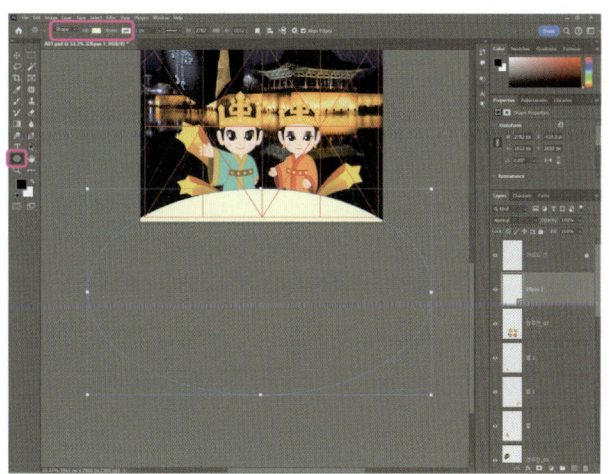

❷ 일러스트 작업 창에서 Selection Tool
(　)로 '색상 띠' 이미지를 선택하고 Ctrl
+ C 를 누르고 포토샵 작업 창으로 이동
하여 Ctrl + V 로 붙여넣습니다.
[Paste] 옵션 상자에서 'Pixels'를 선택한
후 [OK]를 클릭한 후 알맞게 배치하고 레
이어의 이름을 '색상 띠'로 변경합니다.

❸ '색상 띠' 레이어가 선택되어 있는 상태에서
Alt + Ctrl + G 를 눌러 클리핑 마스크를
적용하고 [Layers] 패널에서 'Ellipse 1'
레이어를 더블 클릭하여 [Layer Style] 창
을 실행합니다.
Styles : Stroke를 선택하고 Size :
13px, Position : Outside, Color :
C0M0Y0K0으로 설정합니다. Styles :
Drop Shadow를 선택하고 Opacity :
80%, Angle : −90°, Distance : 10px,
Spread : 0%, Size : 40px로 설정한 후
[OK]를 클릭합니다.

8) 로고

❶ 일러스트 작업 창에서 Selection
Tool(　)로 '로고' 이미지를 선택하고
Ctrl + C 를 누릅니다.
포토샵 작업 창으로 이동하여 클리핑 마스
크가 적용되지 않도록 '색상 띠' 레이어를
선택한 후 Ctrl + V 로 붙여넣습니다.
[Paste] 옵션 상자에서 'Pixels'를 선택하
고 [OK]를 클릭한 후 알맞게 배치하고 레
이어의 이름을 '로고'로 변경합니다.

❷ [Layers] 패널에서 '로고' 레이어를 더블 클릭한 후 [Layer Style] 창을 실행합니다. Style : Stroke를 선택하고 Size : 5px, Position : Outside, Color : C0M0Y0K0으로 설정하고 [OK]를 클릭합니다.

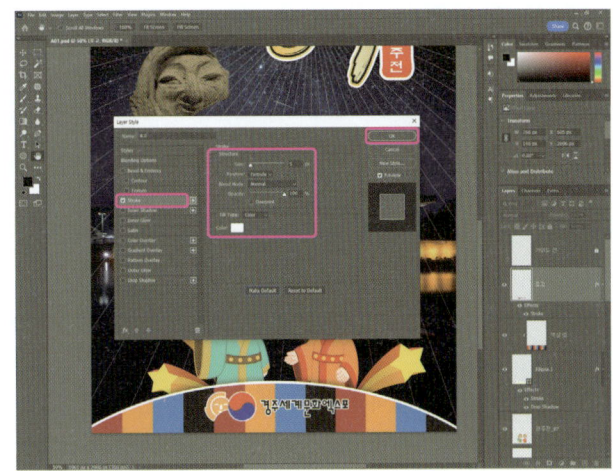

03 파일 검토 및 저장하기

❶ 전체적으로 가이드 선을 이용하여 크기와 배치를 최종 검토합니다.
[Layers] 패널의 '가이드 선'은 'Toggle layer visibility' 아이콘을 클릭하여 눈 모양을 끕니다.

❷ [File]-[Save a Copy]를 선택하여 파일명 : 비번호 'A01', Format : 'JPEG'를 선택한 뒤 [저장(S)]을 누릅니다. [JPEG Options] 상자에서 Quality : 12, Format Options : Baseline("Standard")으로 설정하고 [OK]를 클릭합니다.

 Tip

JPEG 저장 경로(버전 22.4부터 변경)
- 2021 버전 이하 : [File]-[Save As]
- 2021 버전 이상 : [File]-[Save a Copy]

5 인디자인 작업

1) 도큐멘트 설정하기

[파일]-[새로 만들기]-[문서] 또는 Ctrl + N 을 눌러 새로운 도큐멘트 대화상자를 활성화합니다. 대화상자 상단 탭에서 [인쇄]-[새 A4 문서 - 210×297mm 시작]을 선택하고 페이지 : 1, 페이지 마주보기 : 체크 해제한 후 [여백 및 단]을 누릅니다.

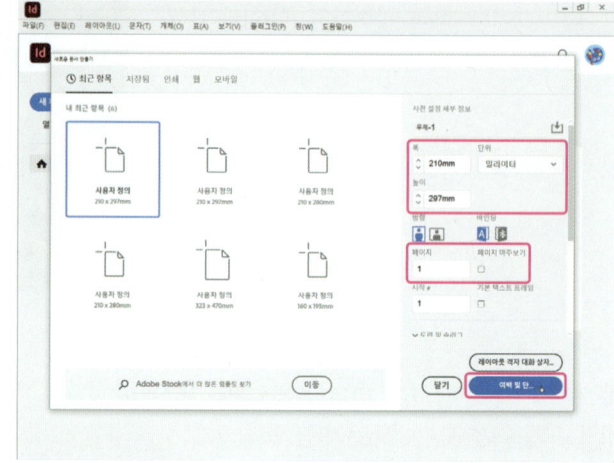

2) 여백 및 단 설정하기

대화상자의 링크 아이콘은 클릭하여 끊어진 링크로 설정합니다. 여백의 위쪽과 아래쪽 : 25.5mm, 왼쪽과 오른쪽 : 22mm로 설정하고, 열의 개수 : 1로 입력 후 [확인]을 누릅니다.

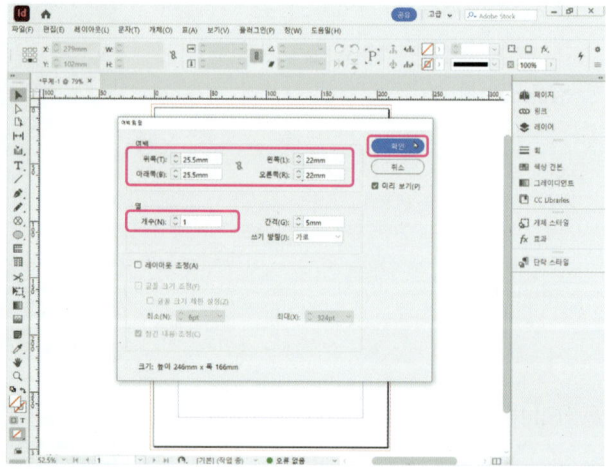

3) 안내선 만들기

❶ Ctrl + + 를 눌러 작업 창의 왼쪽 상단을 확대하고, 눈금자의 기준점을 왼쪽 상단의 여백에 드래그하여 눈금자의 숫자를 '0'으로 설정합니다.

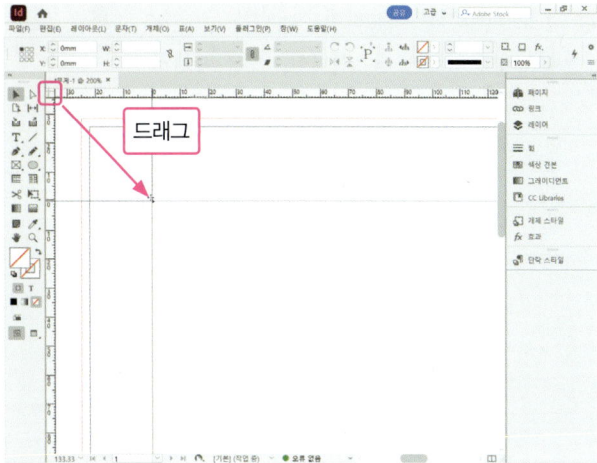

❷ 눈금자를 드래그하여 안내선의 위쪽, 아래쪽, 왼쪽, 오른쪽을 3mm만큼 안쪽으로 이동시켜 가이드 선을 배치합니다.

Tip

눈금자의 기준점을 각 모서리에 드래그하여 각각의 모서리를 모두 '0'으로 설정할 수 있고 안내선을 선택 후 옵션 바에서 X 또는 Y : 3mm 또는 -3mm를 입력하면 쉽게 가이드 선을 제작할 수 있습니다.

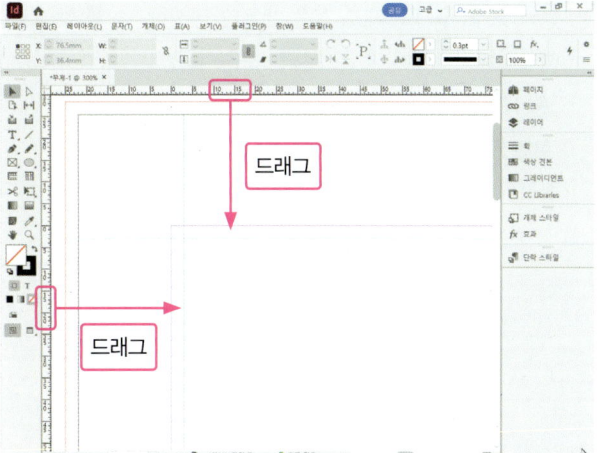

4) 재단선 만들기

❶ 선 도구(✏)를 이용하여 Shift 를 누른 채 세로 방향으로 드래그합니다. 옵션 바에서 L : 5~10mm, 두께 : 0.3pt로 입력하고 세로 선을 만듭니다.

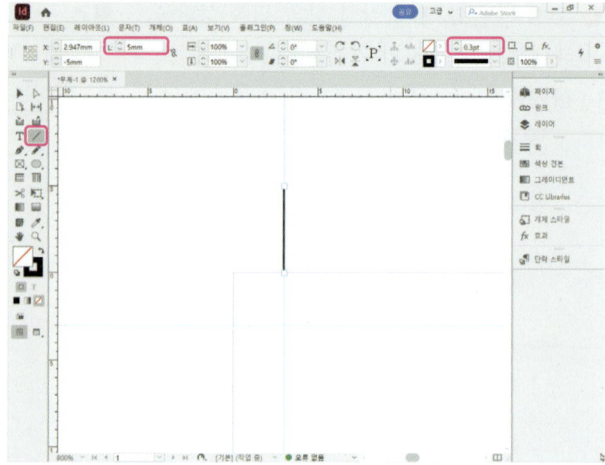

❷ 선택 도구(▶)로 세로 선을 세로 안내선에 배치합니다. 세로 선은 선택 도구(▶)로 Alt 를 누른 채 드래그하여 복사하고 Shift 를 누른 채 회전시켜 가로 안내선에 배치합니다.

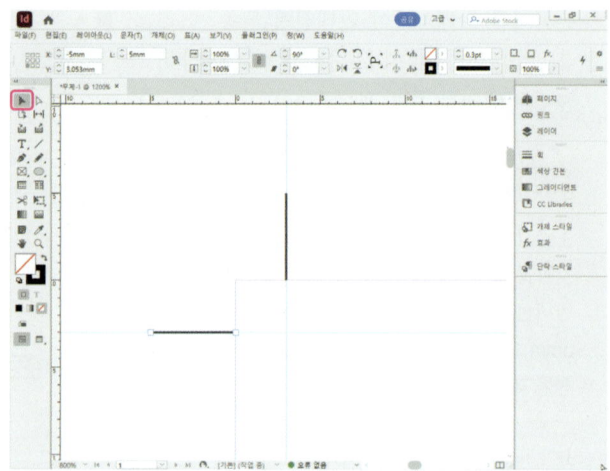

❸ 각 모서리를 ❷와 같은 방법으로 복사한 후 가로 안내선과 세로 안내선에 알맞게 배치하여 재단선을 만듭니다.

5) 비번호 만들기

❶ 왼쪽 아래에 문자 도구(T)로 입력할 영역을 드래그하여 문자 프레임을 생성한 후 비번호 'A01'을 입력합니다.

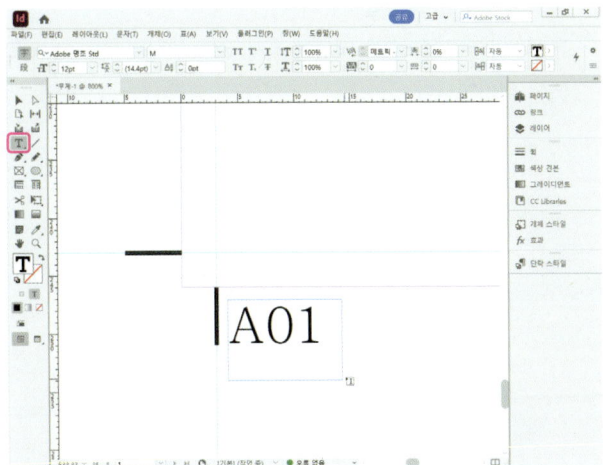

❷ [창]-[문자 및 표]-[문자] 패널에 서체 : 돋움 또는 Arial(고딕), 문자 크기 : 10pt 로 입력합니다.

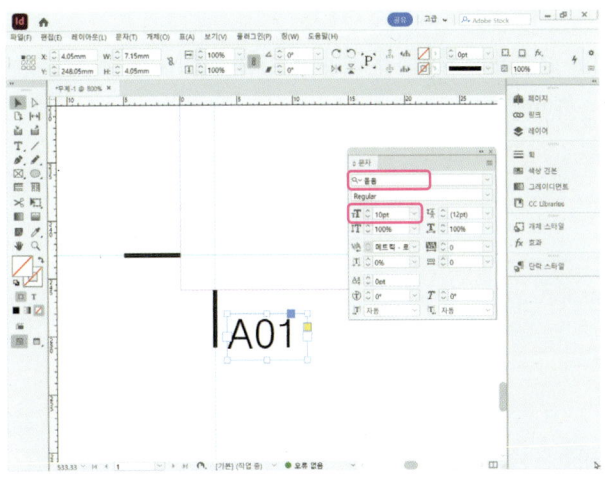

❸ 선택 도구(▶)로 문자와 왼쪽 하단의 세로 재단선과 같은 위치에 배치하기 위해 [창]-[개체 및 레이아웃]-[정렬] 패널에서 왼쪽 정렬 아이콘을 누릅니다.

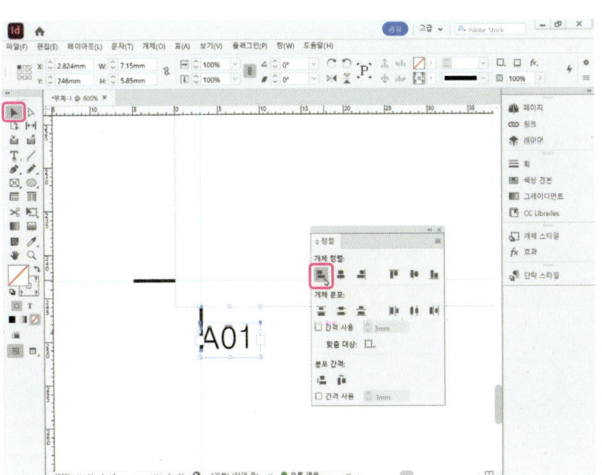

❹ [정렬] 패널의 분포 간격에서 간격 사용을 체크하고 3mm을 입력합니다. '수평 공간 분포' 아이콘을 눌러 재단선에서 3mm를 띄어 배치합니다.

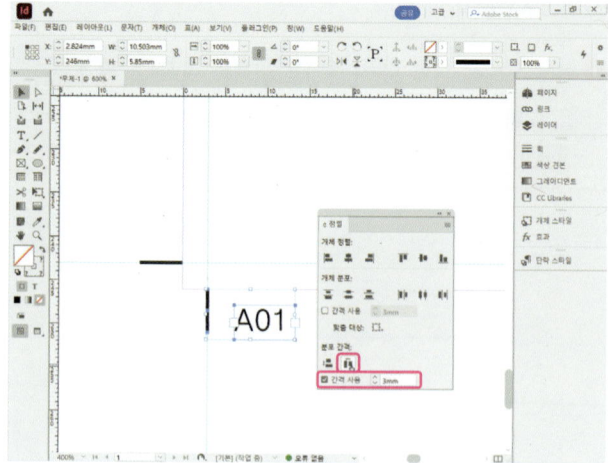

6) 파일 저장하기

[파일]-[다른 이름으로 저장]을 선택한 후 바탕화면에 있는 'A01' 폴더를 클릭하고 파일 이름 : A01.indd(비번호)로 저장합니다.

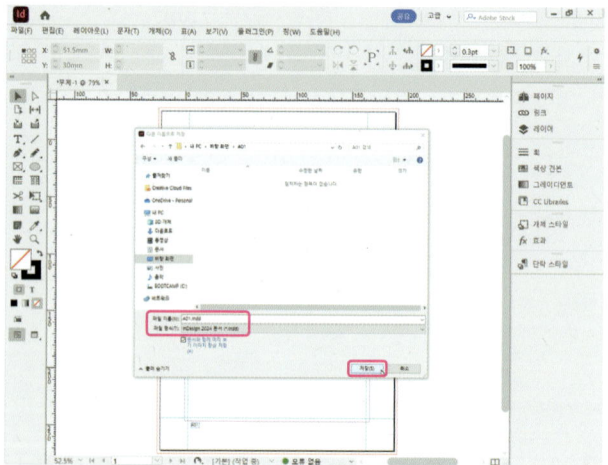

7) 이미지 배치하기

❶ [파일]-[가져오기] 또는 Ctrl + D 를 눌러 'A01.jpg' 파일을 선택한 후 [열기(O)]를 누릅니다.

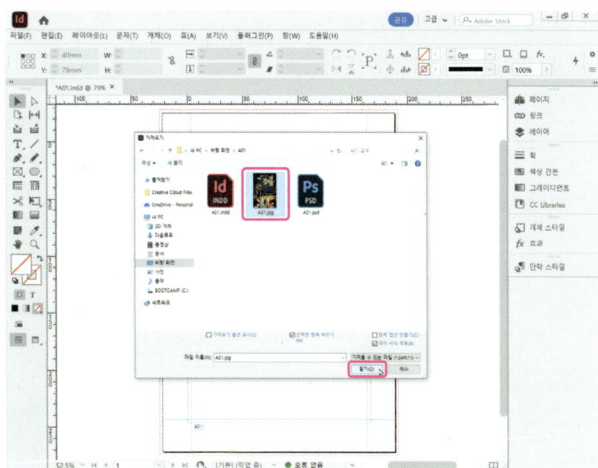

❷ 왼쪽 상단의 여백 모서리를 클릭하여 이미지를 불러옵니다.

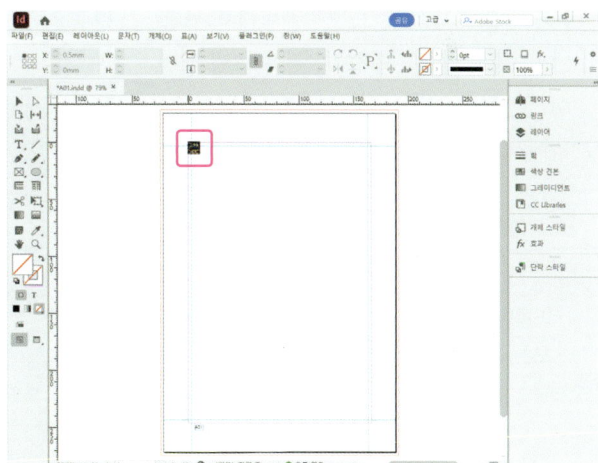

❸ 이미지를 선택한 후 옵션에서 이미지의 중심이 왼쪽 상단이 될 수 있도록 점을 선택하고 X : 0mm, Y : 0mm, W : 166mm, H : 246mm로 입력하여 정확하게 배치합니다.

이미지는 [보기]-[화면 표시 성능]-[고품질 표시]를 선택하면 선명하게 볼 수 있습니다.

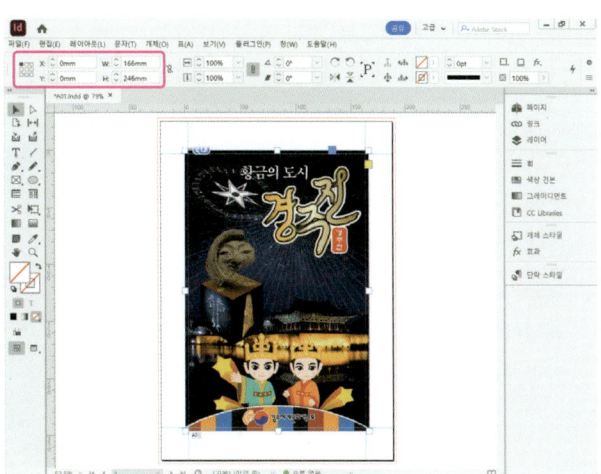

8) 텍스트

❶ 문자 도구(T)로 드래그하여 글자가 들어갈 프레임을 생성하고 '10.1(일)−10.31(화)'을 입력합니다. [창]−[색상견본]에서 [용지]를 선택하여 문자 색상을 변경합니다.

❷ [창]−[문자 및 표]−[문자] 패널에서 서체, 크기, 자간 설정, 띄어쓰기 등을 그림과 같이 설정하고 [창]−[문자 및 표]−[단락] 패널에서 오른쪽 정렬 아이콘을 클릭합니다.

Tip
- [문자] 패널 : Ctrl + T
- [단락] 패널 : Alt + Ctrl + T
- 오른쪽 정렬 : Shift + Ctrl + R

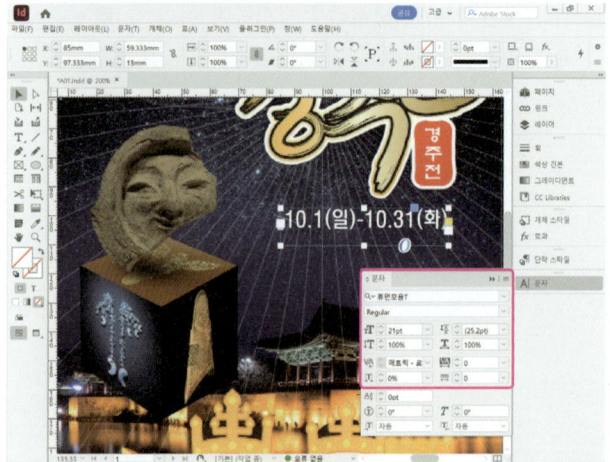

❸ ❶~❷와 같은 방법으로 문자 도구(T)로 '장소 / 경상북도 경주시 경주엑스포공원, 주최 / 경상북도 경주시, 주관 / 세계문화엑스포조직위원회'를 입력하고 색상견본 패널에서 [용지]를 선택합니다.
[문자] 패널에서 서체, 크기, 자간 설정, 띄어쓰기 등을 그림과 같이 설정하고 [단락] 패널에서 오른쪽 정렬 아이콘을 클릭하여 알맞게 배치합니다.

9) 파일 제출하기

[파일]-[저장]을 선택합니다. 바탕화면에서 작업 'A01' 폴더를 열어 'A01.indd'와 'A01.jpg' 파일만 넣어 제출합니다.

출력 지정자리로 이동하여 'A01.indd' 파일을 열어 출력하고, 출력된 이미지는 시험장에서 제공하는 A3용지 가운데에 부착시켜 제출합니다.

CHAPTER 2　구워먹는 채소 & 과일

1　유의사항 및 디자인 원고 확인하기

국가기술자격 실기시험 문제

자격종목	컴퓨터그래픽기능사	과제명	구워먹는 채소 & 과일

※ 시험시간 : 3시간 30분

1. 요구사항

※ 다음의 요구사항에 맞도록 주어진 자료(컴퓨터에 수록)를 활용하여 디자인원고를 시험시간 내에 컴퓨터 작업으로 완성하여 A4용지로 출력 후 A3용지에 마운팅(부착)하여 제출하시오.

※ 모든 작업은 수험자가 컴퓨터 바탕화면에 폴더를 만들어 저장하시오.

가. 작품규격(재단되었을 때의 규격) : 디자인원고 참조 A4용지 중앙에 작품이 배치되도록 하시오.
- 원고 규격 : 160×240mm

나. 구성요소(문자, 그림) : 디자인원고 참조

● 문자요소
- 구워먹는 채소 & 과일
- 건강에 좋다니깐 먹어봅시다!
- 감자 Potato
- 비타민C가 많이 함유된 감자 통으로 구우면 비타민C가 파괴되지 않음
- 파인애플 Pineapple
- 독특한 향이 고기의 향과 잘 어울리며 단백질 분해 효소인 브로멜린이 육류 단백질 소화를 도움
- 가지 Eggplant
- 눈 건강, 심혈관계 질환 예방, 혈액순환 개선 등에 안토시아닌의 손실 방지
- 토마토 Tomato
- 노화방지와 항산화 작용에 탁월한 리코펜은 생으로 먹을 때보다 기름에 굽거나 볶아 먹을 경우 체내 흡수율이 5배 높아짐
- 양파 Onion
- 양파의 퀘르세틴 성분이 육류에 포함된 불포화지방산의 산화를 막아주어, 고기와 함께 구워먹을 경우 성인병 예방에 탁월함.

● 그림요소

건강_01.jpg 건강_02.jpg 건강_03.jpg 건강_04.jpg 건강_05.jpg
건강_06.jpg 건강_07.jpg 건강_08.jpg 건강_09.jpg 건강_10.jpg
건강_11.jpg 건강_12.jpg 건강_13.jpg 건강_14.jpg

다. 작업내용

1) 주어진 디자인원고(그림, 사진, 문자, 색채, 레이아웃, 규격 등)와 동일하게 작업하시오.
2) 디자인원고 내용 중 불명확한 형상, 색상코드 불일치, 색 지정이 없는 부분, 원고에 없는 형상 등이 있을 때는 수험자가 「5 - 5」페이지 (나. 완성도면) 내용과 같이 작업하시오.
3) 디자인원고의 서체(요구서체)가 사용 컴퓨터 및 소프트웨어와 맞지 않을 경우는 가장 근접한 서체를 사용하시오.
4) 상하, 좌우에 3mm 재단여유를 갖도록 작품을 배치하고, 재단선은 작품규격에 맞추어 용도에 맞게 표시하시오(단, 디자인원고 중 작품의 규격을 표시한 외곽선이 있을 때는 「5 - 5」원고의 지시에 따라 표시여부를 결정한다)
5) 디자인원고 좌측 하단으로부터 3mm를 띄어 비번호를 고딕 10pt로 반드시 기록하시오.
6) 출력물(A4)은 어떠한 경우에도 절취할 수 없으며, 반드시 A3용지 중앙에 마운팅 하시오.

라. 컴퓨터 작업범위

1) 10MB 용량의 폴더에 수록될 수 있도록 작업범위(해상도 및 포맷형식)를 계획하시오.
2) 규격 : A4(210×297mm) 중앙에 디자인원고 내용과 같은 작품(원고규격)을 배치하시오.
3) 해상도 및 포맷형식 : 제한용량 범위 내에서 선택하시오.
4) 기타
   ① 제공된 자료범위 내에서 활용하시오.
   ② 3개의 2D 응용프로그램을 고루 활용하되, 최종작업 및 출력은 편집 프로그램(쿽 익스프레스, 인디자인)에서 하시오(최종작업 파일이 다른 프로그램에서 생성되어진 경우는 출력할 수 없음)

2. 수험자 유의사항

1) 수험자 인적사항 및 답안작성은 흑색 필기구만 사용해야 합니다.
2) 시설목록상의 소프트웨어 및 참고자료가 하드웨어에 설치되었는지 확인한 후 작업하시오.
   (단, 시설목록 이외의 동등한 소프트웨어, 폰트 등 [반드시 정품에 한함]을 설치하고자 할 때에는 시험 시작 전 감독위원의 입회하에 설치할 수 있으며, 무료폰트, 프리웨어 소프트웨어는 설치할 수 없습니다)
   ※ 수험자가 지참한 펜마우스, 그래픽 타블렛, 디지타이저, 스캐너 등 입력장치는 사용할 수 없습니다.
3) 지참공구 『수험표, 신분증, 연필(1개), 사인펜(1개), 눈금자(30cm), 가위, 양면테이프』이외의 참고자료 및 저장매체 등 어떠한 물품(핸드폰 전원 Off)이라도 시험 중 지참할 수 없습니다.
   ※ 작업 중 계산이 필요한 경우는 컴퓨터 내 계산기를 사용할 수 있습니다.
4) 수험자의 컴퓨터 활용 미숙 등으로 인한 시험 진행이 어렵다고 판단되었을 때는 감독 위원은 시험을 중지시키고 실격처리를 할 수 있습니다.
5) 바탕화면에 폴더를 생성하여 주기적으로 작업한 파일을 저장하시오.
6) 작업이 끝나면 생성한 비번호 폴더에 10MB 용량 이내로 출력과 관련된 파일만(최종 작업 파일)을 저장하고 감독위원의 지시에 따라 전송하시오(단, 시험시간은 저장한 파일이 포함된 폴더를 전송한 시점까지이며, 전송 후에는 일체의 재작업을 할 수 없음).
7) 프린트는 감독위원의 별도 지시에 따라 순서에 의해 수험자 본인이 출력하며, 1회 출력을 원칙으로 합니다.
   (단, 기계 이상 또는 출력 오류 등의 사유로 인쇄가 잘못되었을 시 감독위원의 확인 후 다시 출력할 수 있으며 잘못된 인쇄본은 감독위원에게 제출하시오)
8) A3용지 좌측 상단 표제란에 인적사항을 기재하고, 작품(출력물, A4)은 표제란을 제외한 A3용지의 중앙에 마운팅(부착)하며, 작품 부착 경계선상에 감독위원의 확인 날인을 받으시오(단, 마운팅 소요시간 5분 이내).
9) 지급된 A3용지 및 컴퓨터 작업 내에는 불필요한 내용의 표시를 하지 마시오.
10) 모든 작품을 감독위원 또는 채점위원이 검토하여 카피된 작품(동일작품)이 있을 때에는 관련된 수험자 모두를 부정행위로 처리합니다.
11) 컴퓨터 H/W에 작업된 모든 내용과 시험자료는 A3용지에 마운팅 한 후 삭제하고, 출력물을 부착한 A3용지를 제출하시오.
12) 장시간 컴퓨터 작업으로 신체에 무리가 가지 않도록 적절한 몸풀기(스트레칭) 후 작업하시오.

13) 다음 사항에 대해서는 실격에 해당되어 채점 대상에서 제외됩니다.
　　가) 수험자 본인이 수험 도중 시험에 대한 포기(기권) 의사를 표시하고 포기하는 경우
　　나) 지정 작업범위(용량)를 초과한 경우
　　다) 요구사항과 현격히 다른 경우(채점위원이 판단)
　　라) 제한시간을 초과하여 미완성인 경우
　　마) 과제기준 20% 이상 완성이 되지 않은 경우(채점위원이 판단)
　　바) 최종작업을 편집프로그램으로 하지 않았거나, 수험자 미숙으로 출력을 못 하였을 경우
14) 주요 채점 항목은 다음과 같습니다.
　　가) 응용프로그램의 활용능력 및 최종 편집 프로그램 사용
　　나) 색채, 그림요소의 표현
　　다) 그림 및 문자요소의 레이아웃
　　라) 타이포그래피(서체특성 및 크기, 자간 및 행간의 정확도, 오타 등)
　　마) 원고규격, 재단선의 적합성, 디자인원고의 배치

3. 지급재료 목록

일련번호	재료명	규격	단위	수량	비고
1	복사 용지	A3	장	1	1인당
2	프린터 용지	A4(360dpi 이상 또는 일반용지)	장	2	1인당(프린터기에 내장)

컴퓨터그래픽기능사 디자인 원고

작품명 : 구워먹는 채소 & 과일

※ 작품규격(재단되어 있을 때의 규격) : 160×240mm, 작품 외곽선은 생략하고, 재단선은 3mm 재단 여유를 두고 용도에 맞게 표시하시오.
※ 불명확한 형상, 색상코드 불일치, 색 지정이 없는 부분, 원고에 없는 형상 등이 있을 때는 '나. 완성도면'과 같이 작업하시오.

가. 지시사항

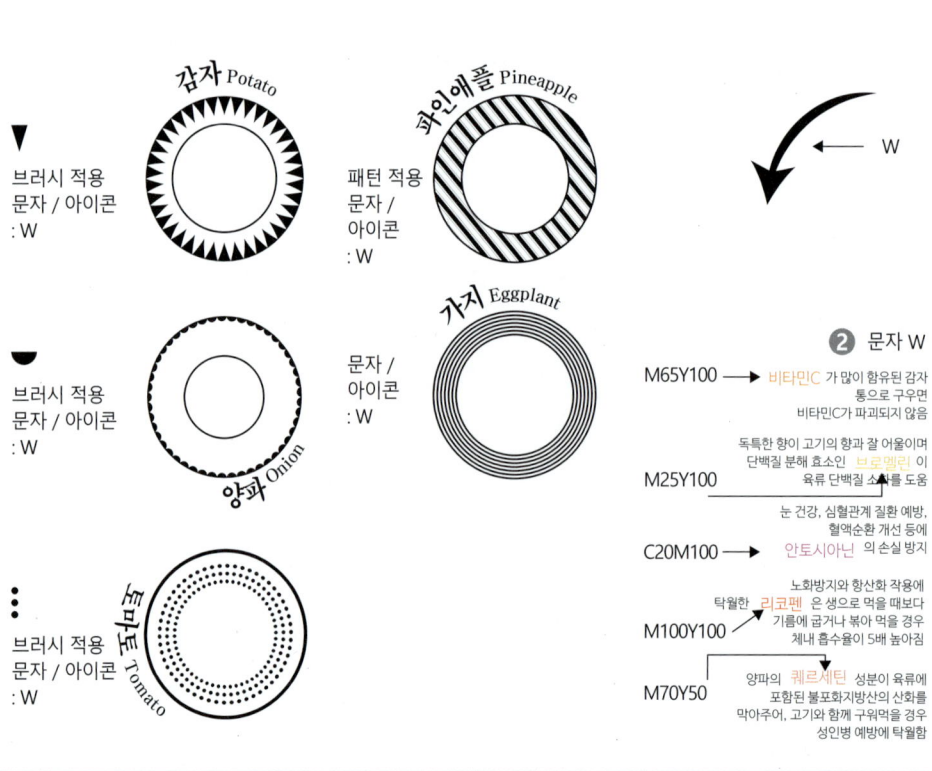

나. 완성도면

일러스트 ❶
이미지 : 건강_05을
활용하여 질감표현

원고와 같은
점선 표현

이미지 :
건강_06, 08, 09, 10, 11
원고와 같이
자연스럽게 합성
색상조정,
그림자 효과

이미지 : 건강_07
마스크, 색상조정

일러스트 ❷
흰색박스 적용

이미지 : 건강_01
배경 지정

이미지 : 건강_03
그림자효과

이미지 : 건강_02
마스크, 그림자 효과
외곽선 :
C85M55Y100
녹색계열로 색상보정

이미지 : 건강_14
필터, 블랜딩 모드

이미지 : 건강_12
자연스럽게 합성,
그림자 효과

이미지 : 건강_13
미스크

CHAPTER 2 구워먹는 채소 & 과일 **67**

2 디자인 원고에 그리드 그리기

❶ 출력된 디자인 문제지의 '완성도면'에 직접 자와 빨간 펜 등 눈에 띄는 색상의 펜을 활용하여 16등분 선으로 그림과 같이 그리드 선을 그립니다.

Tip
문제지 출력형태와 작업 도큐멘트에 같은 그리드를 그리면 오브젝트의 크기, 위치, 배치 간격을 파악하는 데 도움이 됩니다.

나. 완성도면

> **3** 일러스트레이터 작업

01 작업 준비하기(도큐멘트 설정, 가이드 선 레이어 만들기)

1) 도큐멘트 설정하기

❶ 일러스트레이터에서 [File]-[New] 또는 Ctrl + N 을 눌러 Width : 166mm, Height : 246mm, Color Mode : CMYK Color, Raster Effects : High(300ppi)로 설정한 후 [Create]을 클릭합니다.

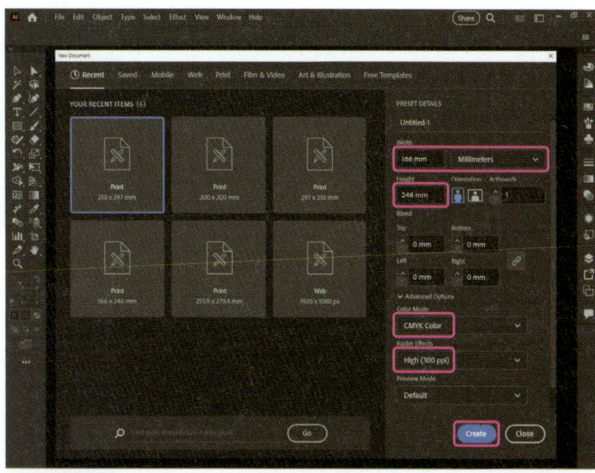

❷ 바탕화면에 새 폴더를 생성한 후 폴더 이름은 비번호 'A01'로 변경합니다. 일러스트레이터 프로그램에서 [File]-[Save]를 선택하고 파일 이름은 비번호 'A01'을 입력하고 파일형식 : Adobe Illustrator(*.Ai)를 선택한 후 [저장(S)]을 누릅니다. [Illustrator Options] 창이 활성화되면 [OK]를 눌러 저장합니다.

 Tip

Ctrl + S 를 눌러 작업한 내용을 수시로 저장하는 습관을 들이면 프로그램 오류에 빠르게 대처할 수 있습니다.

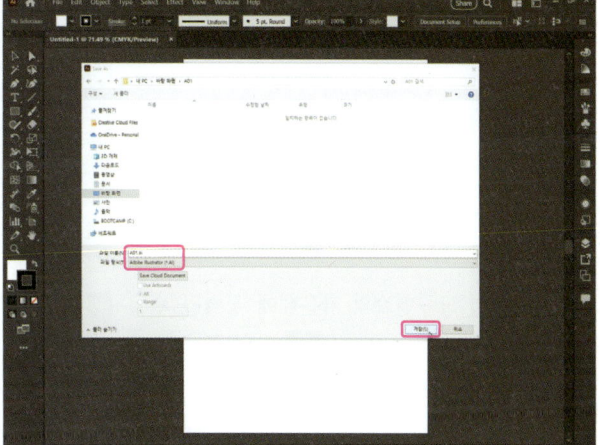

❸ 작업 창에 가로와 세로를 16등분 하는 격자 선을 그리드로 그리기 위해 Line Segment Tool( ) 아이콘 아래의 작은 삼각형을 길게 눌러 Rectangular Grid Tool( ) 을 선택하고 작업 창을 클릭합니다.

Tip

문제지 출력형태와 작업 도큐멘트에 같은 그리드를 그리면 오브젝트의 크기, 위치, 배치 간격을 파악하는 데 도움이 됩니다. 그리드 작업이 필수 항목은 아니지만 디자인 작업이 숙련될 때까지 그리드 활용하는 것을 권장합니다.

❹ [Rectangular Grid] 옵션 상자를 활성화합니다. Default Size Width : 160mm, Height : 240mm, Horizontal Dividers Number : 3, Vertical Dividers Number : 3을 입력하고 [OK]를 클릭합니다.

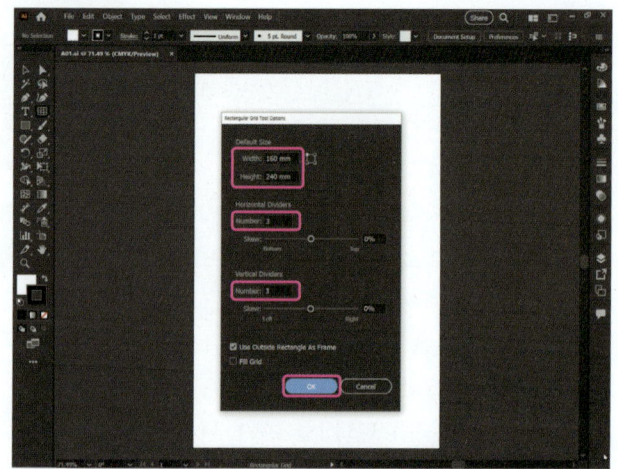

❺ 격자 선이 도큐멘트의 가운데에 정렬될 수 있도록 Selection Tool( )로 격자 선을 클릭하여 선택합니다.
[Window]-[Align] 패널을 활성화하고 Align To : Align to Artboard, Align Objects : Horizontal Align Center, Vertical Align Center를 눌러 작업 창 가운데 격자 선을 배치합니다.

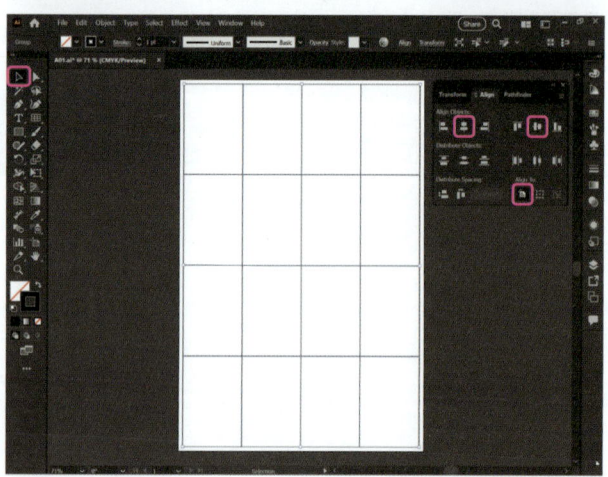

❻ 격자 선은 상단 메뉴의 [Object]-[Lock]-[Selection] 또는 Ctrl + 2 를 눌러 격자 선이 움직이지 않도록 고정합니다.

Tip

Pen Tool()로 기존 고정점을 클릭하면 삭제되기 때문에 고정점이 선택되지 않도록 잠그고 추가 선을 그립니다.

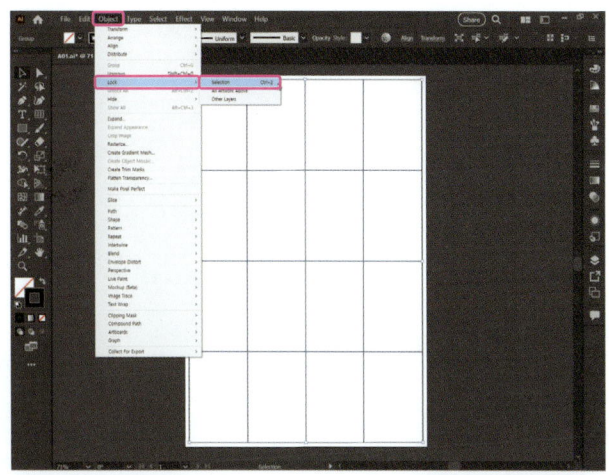

❼ Pen Tool()로 격자 선의 상, 하, 좌, 우, 가운데 점을 연결하여 마름모(◇) 형태로 선을 그립니다.

Tip

[Menu]-[View]-[Smart Guide] 또는 Ctrl + U 를 활성화하면 오브젝트를 그릴 때 교차점이나 고정점을 정확하게 맞추는 데 도움이 됩니다.

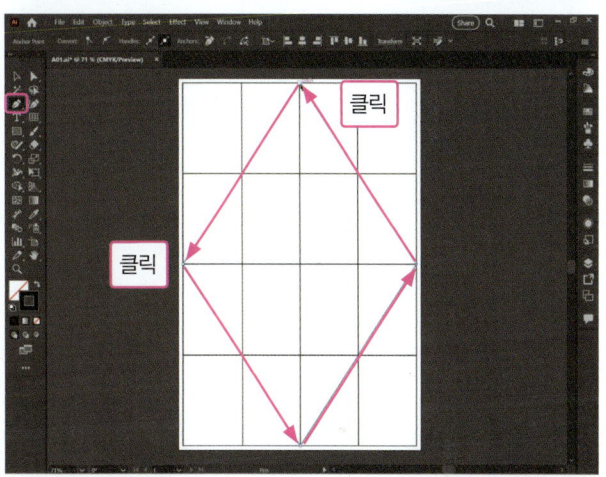

❽ Pen Tool( )로 X 형태로 추가 선을 그립니다.

Tip

Pen Tool( )로 X선을 그릴 때, 왼쪽 상단에서 오른쪽 하단으로 대각선을 그린 후 Ctrl 을 누른 채 작업 창의 공간을 클릭하여 선 끝내기를 하고 반대 방향으로 대각선을 그립니다.

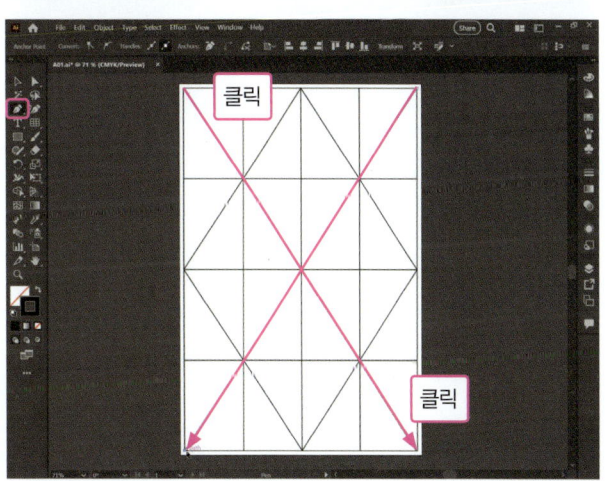

❾ [Object]-[Unlock All] 또는 Alt
+ Ctrl + 2 를 선택하여 잠근 격자 선을
풀고, [Select]-[All] 또는 Ctrl + A 를
눌러 격자 선을 모두 선택합니다.

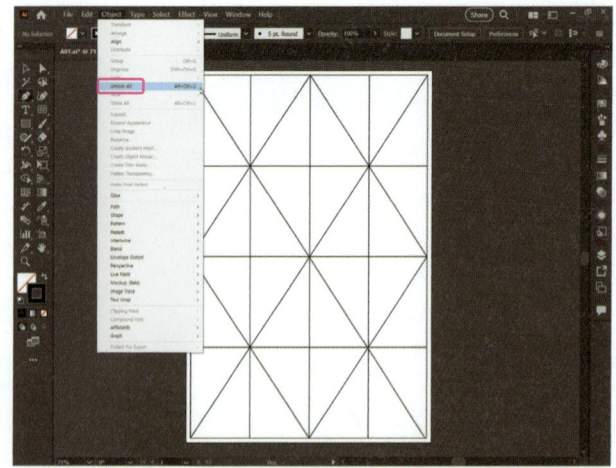

❿ [Stroke Color] 아이콘을 더블 클릭하여
[Color Picker] 대화창에 빨간색 색상값
M100Y100을 입력합니다.

문제지에 표기되지 않은 색상은 0%로 입력합니다.

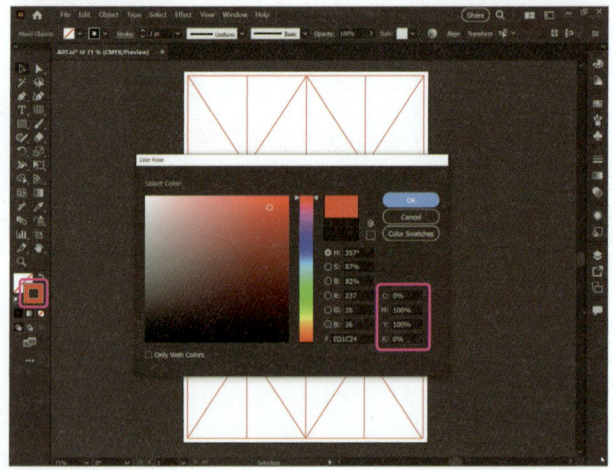

⓫ [Object]-[Group] 또는 Ctrl + G 를 눌
러 그룹으로 지정합니다.

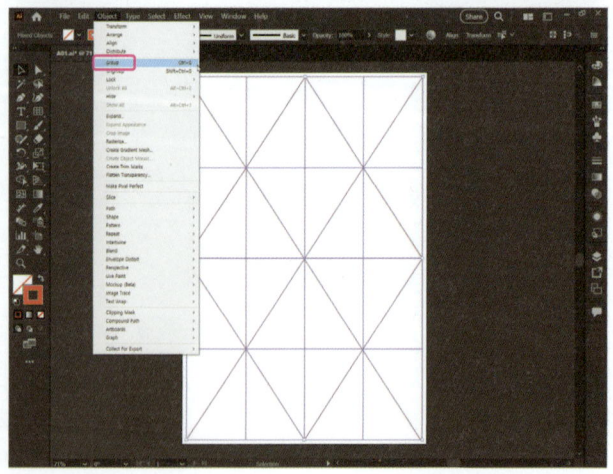

2) 가이드 선 레이어 만들기

❶ [Window]−[Layers] 패널을 활성화합니다. 'Layer 1' 이름을 더블 클릭하여 '가이드 선'으로 변경합니다. '가이드 선' 레이어는 [Toggles Lock]을 눌러 변경되지 않도록 고정합니다.

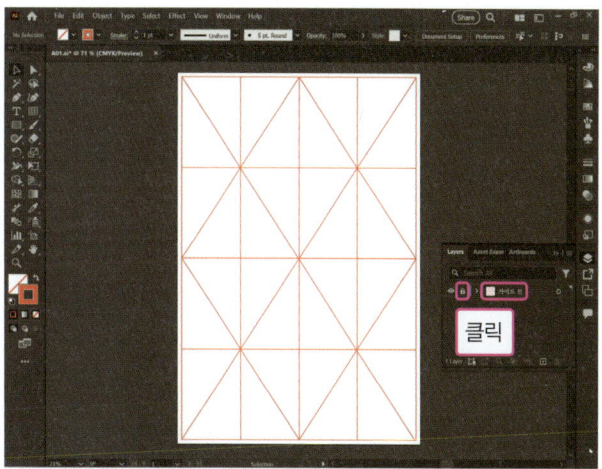

❷ [Layers] 패널에서 'Create New Layer' 아이콘을 눌러 새 레이어를 추가하고, 'Layer 2'를 더블 클릭한 후 레이어 이름을 '이미지'로 변경합니다.
일러스트레이터 작업물은 '이미지' 레이어에 작업합니다.

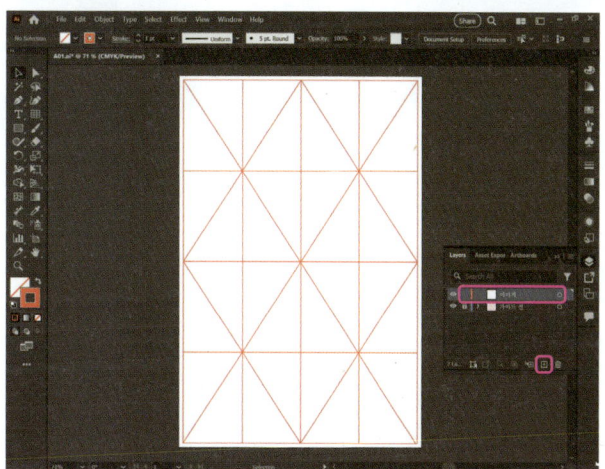

Tip

[Layers] 패널에서 '이미지' 레이어를 더블 클릭하여 [Layer Options] 대화창을 활성화합니다. 레이어 색상을 변경하여 작업하기 편한 환경을 만듭니다.

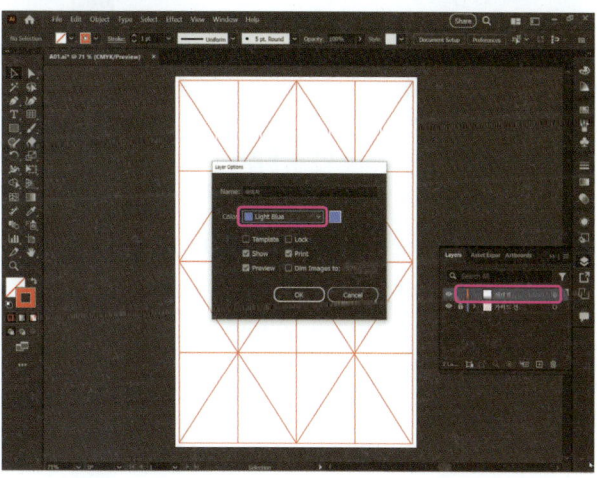

02 이미지 제작

1) 타이틀

❶ Ellipse Tool(◯)로 그림과 같이 세 개의 원을 그립니다.

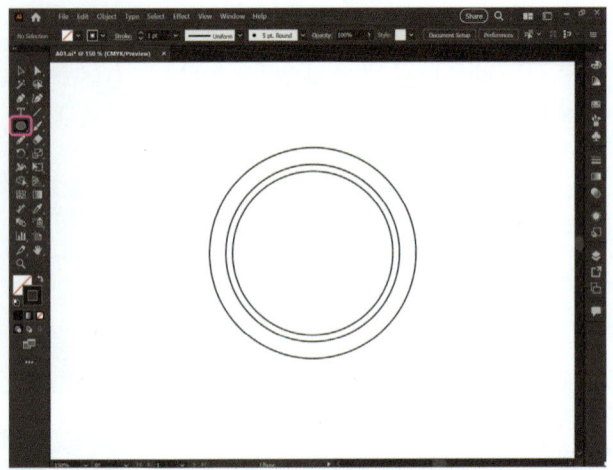

❷ 가장자리의 큰 원을 Selection Tool(▶)로 클릭한 후 [Effect]-[Distort & Transform]-[Zig Zag]를 선택하고 Points : Smooth를 체크한 후 Size : 2mm, Ridges per segment : 3으로 설정하고 [OK]를 클릭합니다.

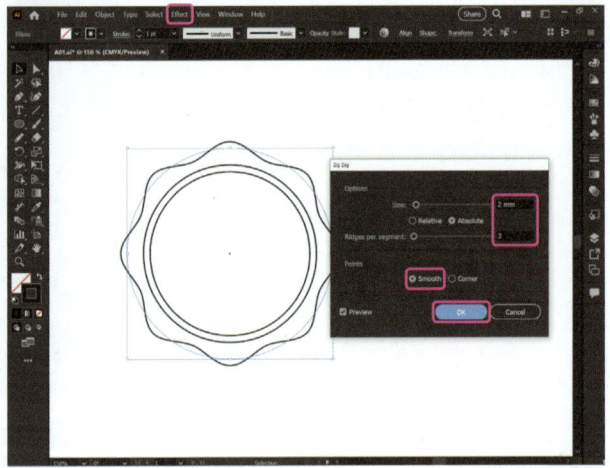

- Options Size : 파장의 크기
- Ridges per segment : 파장의 개수
- Points : Smooth(부드럽게), Corner(뾰족하게)

❸ Zig Zag 효과를 넣은 이미지는 수정이 가능하도록 [Object]-[Expand Appearance]를 클릭합니다. 바깥쪽의 두 개의 이미지는 Selection Tool(▶)로 선택한 후 [Window]-[Pathfinder] 패널의 Shape Modes : Exclude 아이콘을 클릭합니다. 모든 이미지는 면색은 K100, 선색은 None으로 설정합니다.

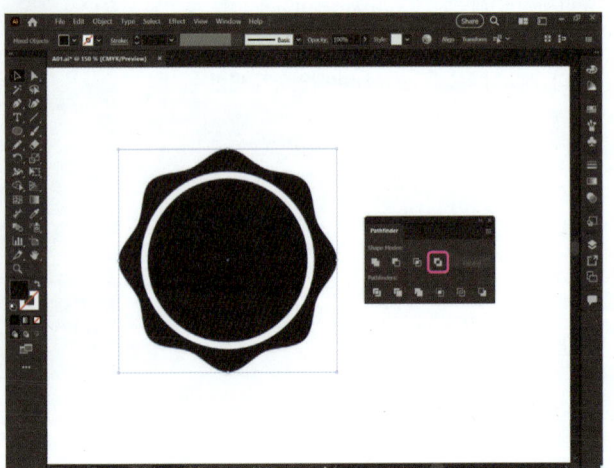

❹ [File]-[Place]를 누른 후 구워먹는 채소 & 과일-소스 폴더에서 '건강_04.jpg' 파일을 선택한 후 [Place]를 선택하고 작업 창을 클릭합니다.

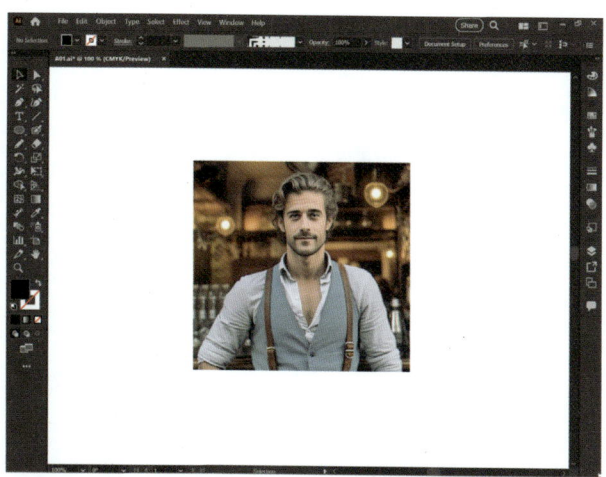

❺ 사진이 선택된 상태에서 [Window]-[Image Trace]의 Preset : Black and White Logo를 클릭합니다. [Advancde]의 옵션값을 적절히 조정하고 옵션 바의 [Expand]를 클릭합니다. [Window]-[Pathfinder] 패널에서 Pathfinders : Divide를 선택하고 Shift + Ctrl + G 를 눌러 그룹 해제합니다.

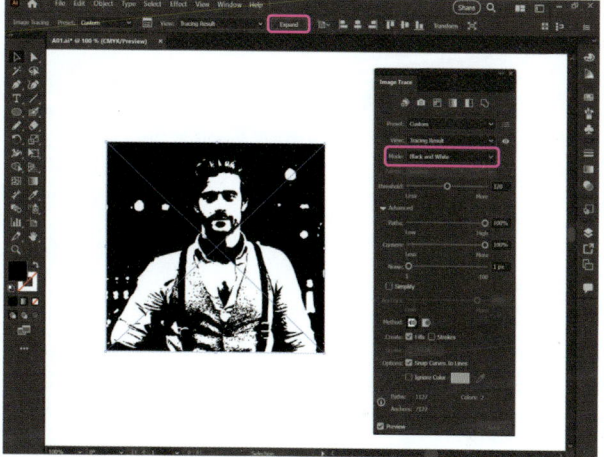

Black and White Logo의 Advancde Options
- Threshold : 흑백의 디테일 정도
- Paths : 정확도
- Corners : 모서리의 각이 진 정도
- Noise : 노이즈 제거

이미지 설정값
- Threshold : 128
- Paths : 100%
- Corners : 100%
- Noise : 1px

❻ Magic Wand Tool( )로 남자 이미지의 흰색 면을 선택하고 Delete 를 눌러 삭제합니다.
Blob Brush Tool( )을 선택하고 면색은 K100, 선색은 None으로 설정하고 배경을 칠합니다. 이미지는 모두 선택한 후 Ctrl + G 를 눌러 그룹 설정합니다.

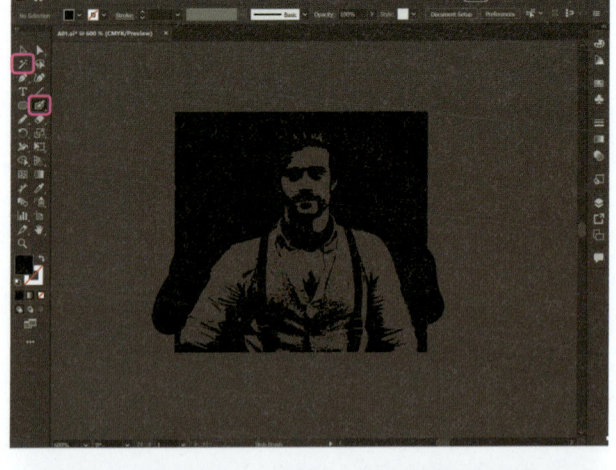

❼ 그려놓은 원을 남자 이미지 위에 올려두고 이미지의 크기를 알맞게 조절합니다. Selection Tool( )로 모든 이미지를 선택하고 [Object]-[Clipping Mask]-[Make] 또는 Ctrl + 7 를 눌러 클리핑 마스크를 적용합니다.

> **Tip**
> [Object]-[Arrange]-[Bring to Front]를 클릭하면 레이어의 가장 위로 배치됩니다.

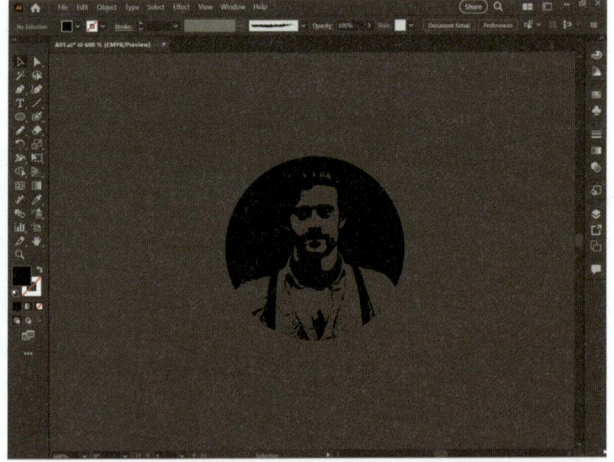

❽ 지그재그 이미지와 같이 선택하여 [Window]-[Align] 패널에서 Align To : Align to Selection, Align Objects : Horizontal Align Center, Vertical Align Center를 눌러 배치하고 Ctrl + G 를 눌러 그룹 설정합니다.

❾ Type Tool()로 한 줄씩 '구워먹는 채소 & 과일 건강에 좋다니깐 먹어봅시다!'를 입력합니다. 면색은 C0M0Y0K0, 선색은 None으로 설정합니다. [Window]-[Type]-[Character] 패널에서 서체, 크기, 자간, 행간, 장평, 정렬 등을 출력형태와 비슷하게 설정합니다.

> **Tip**
>
> 1. 서체 : 휴먼모음T, 휴먼둥근헤드라인, 나눔고딕(그림과 동일한 서체가 없을 시 비슷한 서체를 선택하여 사용)
> 2. Type Tool로 글자를 드래그하여 블록으로 감싸면 각각 크기를 설정할 수 있습니다.
>   - 문자 크기 : Shift + Ctrl + < , >
>   - 자간 : Alt + ← , →
>   - 행간 : Alt + ↑ , ↓
>   - 문자 높이 : Alt + Shift + ↑ , ↓

❿ 문자는 [Type]-[Create Outlines]를 선택하여 이미지로 변경하고, '채소 & 과일'은 Selection Tool()로 선택한 후 [Effect] -[Stylize]-[Scribble]를 클릭합니다.
옵션값을 출력형태와 비슷하게 설정하고 [OK]를 클릭합니다.

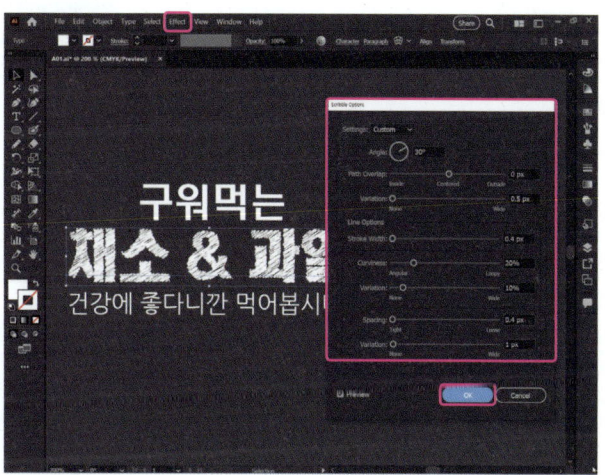

> **Tip**
>
> **Scribble Otions**
> - Angle : 스크리블의 각도
> - Path Overlap : 패스를 기준으로 스크리블의 퍼지는 거리
> - Variation : 최대 스크리블의 퍼지는 거리
>
> **Line Options**
> - Stroke Width : 스크리블의 굵기
> - Curviness : 스크리블의 휘는 정도
> - Spacing : 스크리블의 간격

⑪ Line Segment Tool(　)로 Shift 를 누른 채 드래그하여 수직, 수평선을 그리고 그림과 같이 배치합니다. 선을 모두 선택한 후 [Window]-[Brushes] 패널에서 [Chacoal]-[feather]를 클릭하고 [Stroke] 패널에서 선의 두께를 알맞게 조절합니다. 면색은 None, 선색은 C0M0Y0K0으로 설정합니다. 글자와 선을 모두 선택한 후 Ctrl + G 를 눌러 그룹 설정합니다.

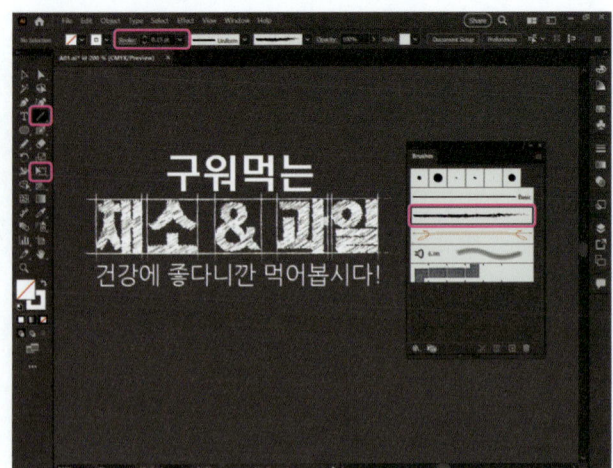

2) 브러시와 패턴

❶ Ellipse Tool(　)로 그림과 같이 2개의 원을 그리고 면색은 None, 선색은 C0M0Y0K0으로 설정합니다.

> **Tip**
>
> 큰 원 크기 : 28×28mm(도형의 크기는 정확하지 않아도 되며, 디자인 원고를 참고하여 비율을 맞춰 비슷하게 그림)

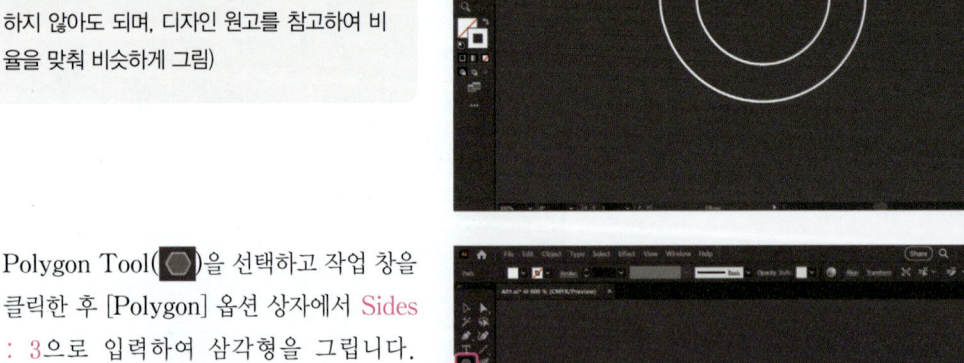

❷ Polygon Tool(　)을 선택하고 작업 창을 클릭한 후 [Polygon] 옵션 상자에서 Sides : 3으로 입력하여 삼각형을 그립니다. Selection Tool(　)로 Shift 를 누른 채 회전하여 역삼각형으로 만들고 너비를 그림과 같이 조절합니다. 면색은 C0M0Y0K0, 선색은 None으로 설정합니다.

> **Tip**
>
> 삼각형 크기 : 5×7.5mm(도형의 크기는 정확하지 않아도 되며, 디자인 원고를 참고하여 비율을 맞춰 비슷하게 그림)

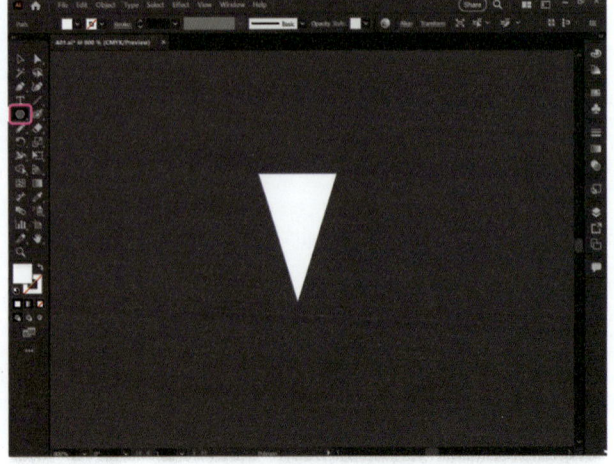

❸ Selection Tool( )로 삼각형을 선택한 후 [Window]–[Brushes] 패널 하단의 [New Brush] 아이콘을 클릭, Select a new brush type : Pattern Brush를 선택 후 [OK]를 클릭합니다.

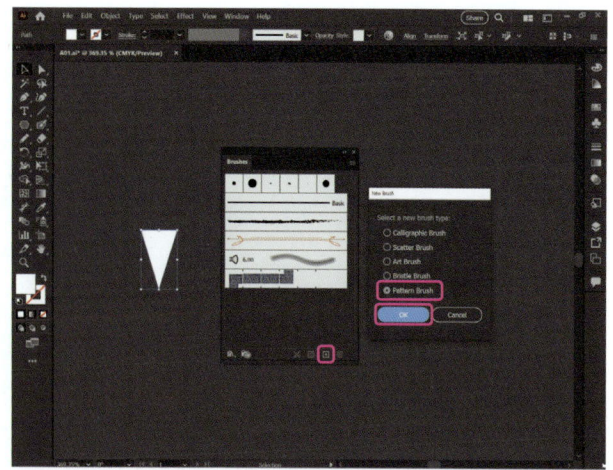

❹ Selection Tool( )로 그려놓은 2개의 원에서 바깥에 위치한 원을 선택하고 등록한 브러시를 클릭합니다.

> **Tip**
>
> 패턴 브러시의 크기는 [Stroke] 패널에서 선의 두께를 조정하거나, [Brushes] 패널에서 등록한 브러시를 더블 클릭하여 [Brushes] 옵션 상자의 Scale로 조절할 수 있습니다.

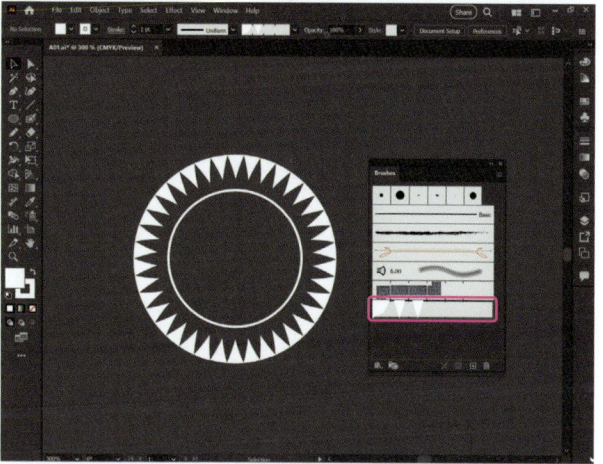

❺ Ellipse Tool( )로 브러시를 적용한 원 위에 정원을 그리고 면색과 선색은 None 으로 설정합니다. Type On a Path Tool( )로 글자가 들어갈 패스에 클릭합니다. '감자 Potato'를 입력한 후 [Character] 패널에서 서체, 크기, 자간, 행간, 장평 등을 출력형태와 비슷하게 설정합니다. 문자의 색상은 C0M0Y0K0으로 설정하고 글자와 원을 모두 선택한 후 Ctrl + G 를 눌러 그룹 설정합니다.

> **Tip**
>
> 1. Type Tool( )로 글자를 드래그하여 블록으로 감싸면 각각 크기 설정할 수 있습니다.
> 2. 서체 : HY견명조, 15pt, 10pt

CHAPTER 2 구워먹는 채소 & 과일 79

❻ Ellipse Tool(◯)로 Shift 를 누른 채 드래그하여 작은 정원을 그리고 Direct Selection Tool(▶)로 상단의 고정점을 클릭한 후 Delete 를 눌러 삭제합니다.

> **Tip** ✅
> 원 크기 : 4×4mm(도형의 크기는 정확하지 않아도 되며, 디자인 원고를 참고하여 비율을 맞춰 비슷하게 그림)

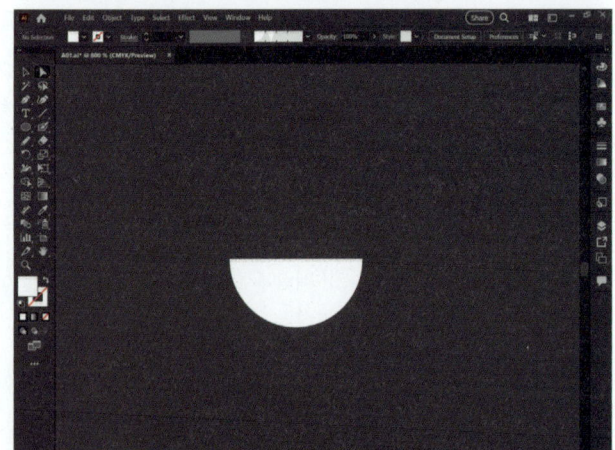

❼ Ctrl + J 를 눌러 끊어진 점을 선으로 이어 반원으로 만듭니다. 면색은 C0M0Y0K0, 선색은 None으로 설정합니다. ❸과 같은 방법으로 패턴을 등록합니다.

❽ Ellipse Tool(◯)로 그림과 같이 원을 그린 후 브러시를 적용하고 다시 Ellipse Tool(◯)로 원을 그려 텍스트가 들어갈 패스를 제작합니다.
Direct Selection Tool(▶)로 상단의 고정점을 클릭한 후 Delete 를 눌러 삭제하여 반원을 만듭니다. Type On a Path Tool()로 글자가 들어갈 패스를 클릭하고 '양파 Onion'을 입력합니다.

> **Tip** ✅
> 반원으로 자른 곡선에 Type On a Path Tool ()을 사용하면 글자가 시계 방향으로 배치됩니다. 올바른 위치에 정렬하려면 오른쪽 부분을 클릭하여 글자 입력을 시작해야 합니다.

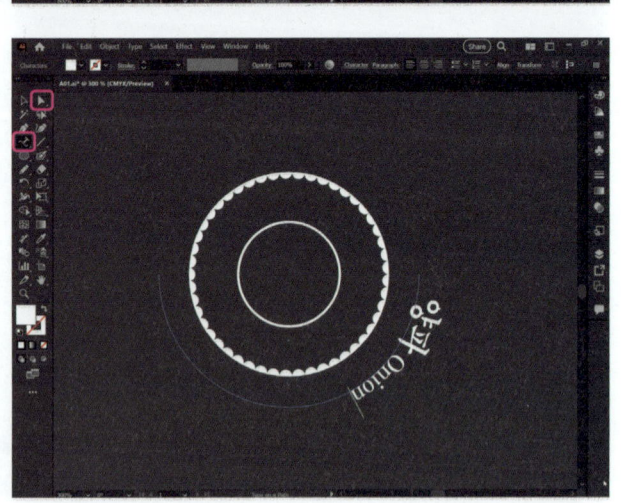

❾ Direct Selection Tool(▶)로 패스의 가운데 선을 안쪽으로 드래그하여 방향을 변경한 후 알맞게 배치합니다.

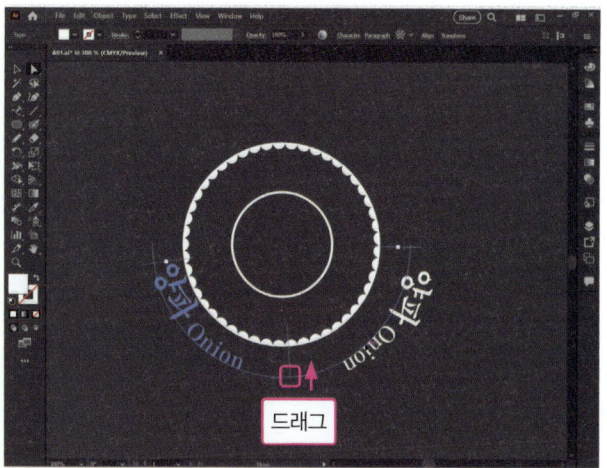

❿ [Character] 패널에서 서체, 크기, 자간, 행간, 장평 등을 출력형태와 비슷하게 설정합니다. 문자의 색상은 C0M0Y0K0로 설정합니다.
Type Tool(T)로 'Onion' 문자를 드래그하고 [Character] 패널에서 Set the baseline shift를 조절합니다. 글자와 원을 모두 선택한 후 Ctrl + G 를 눌러 그룹 설정합니다.

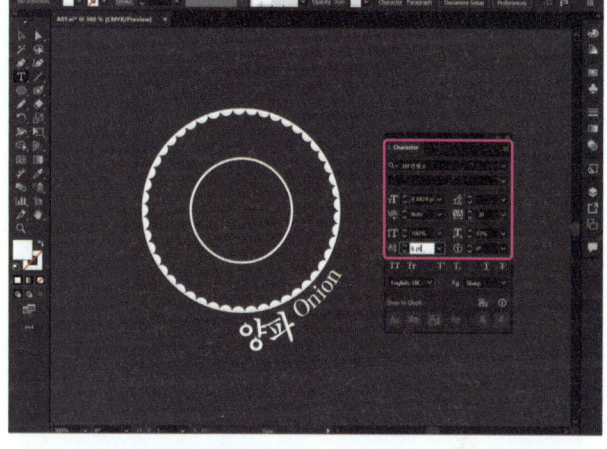

⓫ Ellipse Tool(○)로 그림과 같이 3개의 작은 원을 그린 후 그린 원을 모두 선택합니다. [Brushes] 패널에서 [Pattern Brush 3]으로 등록하고 [Brushes] 옵션 상자의 [Spacing]에 숫자 값을 입력하여 점과 점의 간격을 출력형태와 비슷하게 조절합니다.

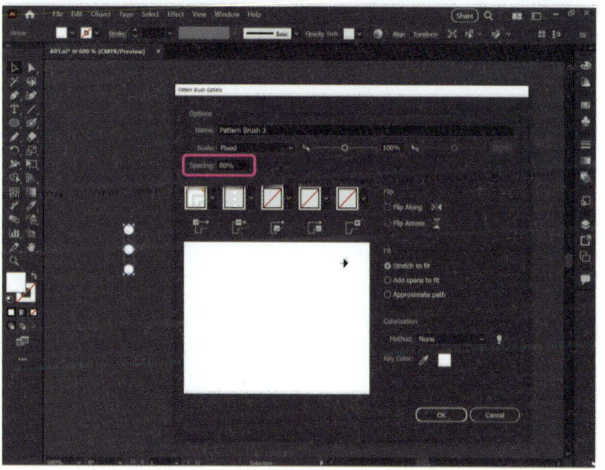

⓬ ❶~❺와 같은 방법으로 브러시를 적용하고 텍스트를 작업하여 그림과 같이 배치합니다. 문자와 아이콘의 색상은 C0M0Y0K0 으로 설정하고 글자와 원을 모두 선택한 후 Ctrl + G 를 눌러 그룹 설정합니다.

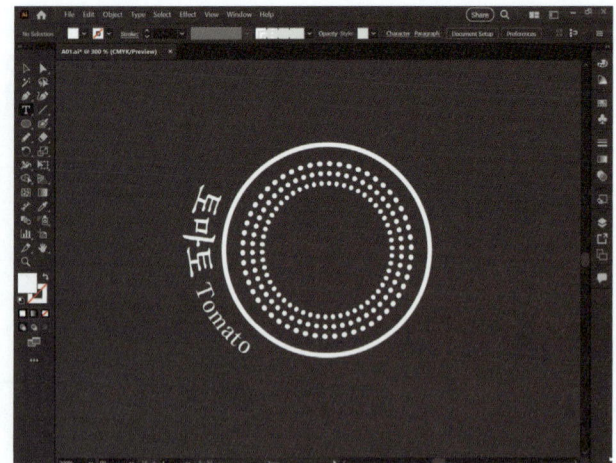

⓭ Ellipse Tool( )로 그림과 같이 2개의 원을 그립니다. 면색은 None, 선색은 C0M0Y0K0으로 설정합니다.
Selection Tool( )로 2개의 원을 선택한 후 [Window]-[Pathfinder] 패널의 Shape Modes : Exclude 아이콘을 클릭합니다.

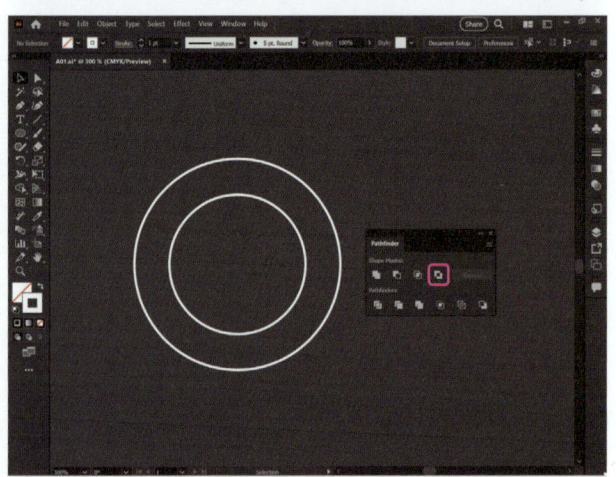

⓮ 면색을 설정하기 위해 [Window]-[Swatches] 패널을 열고 왼쪽 하단의 [Swatch Libraries Menu]를 클릭한 후 [Patterns]-[Basic Graphics]-[Basic Graphics_Lines]에서 [Scotch Rule 3]을 선택합니다.

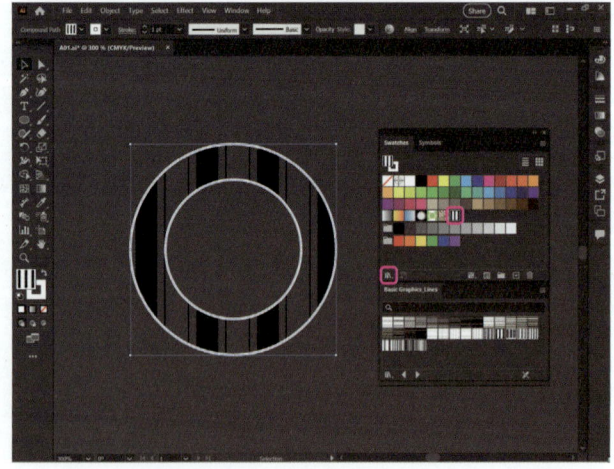

⓯ [Swatches] 패널에서 [Scotch Rule 3]의 아이콘을 더블 클릭하여 [Pattern Options] 상자를 활성화합니다.
Selection Tool( )로 패턴을 선택하고 선색을 C0M0Y0K0으로 설정한 후 [Done]을 클릭합니다.

⓰ Selection Tool( )로 패턴을 설정한 원을 선택하고 Scale Tool( )을 더블 클릭한 후 [Scale] 옵션 상자에서 [Uniform]의 옵션값을 알맞게 조절합니다. Options : Transform Patterns만 선택한 후 [OK]를 클릭합니다.
Rotate Tool( )을 더블 클릭한 후 [Rotate] 옵션 상자의 Angle : 40°, Options : Transform Patterns만 선택하고 [OK]를 클릭합니다. ❽~❿과 같은 방법으로 텍스트를 작업하여 그림과 같이 배치하고 글자와 원을 모두 선택한 후 Ctrl + G 를 눌러 그룹 설정합니다.

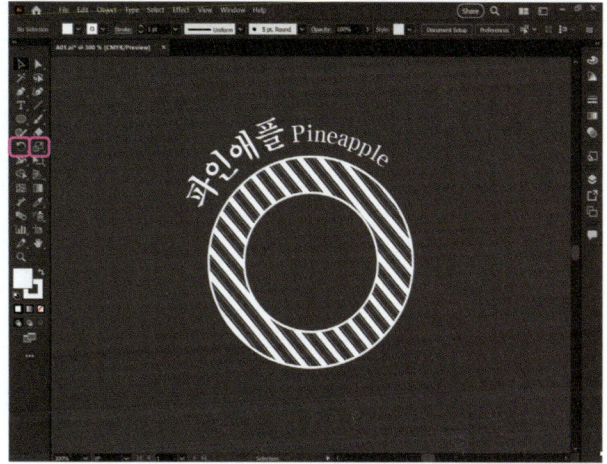

⓱ Ellipse Tool( )로 그림과 같이 2개의 원을 그립니다. 면색은 None, 선색은 C0M0Y0K0으로 설정합니다. Selection Tool( )로 2개의 원을 같이 선택한 후 [Object]-[Blend]-[Make]를 클릭합니다.

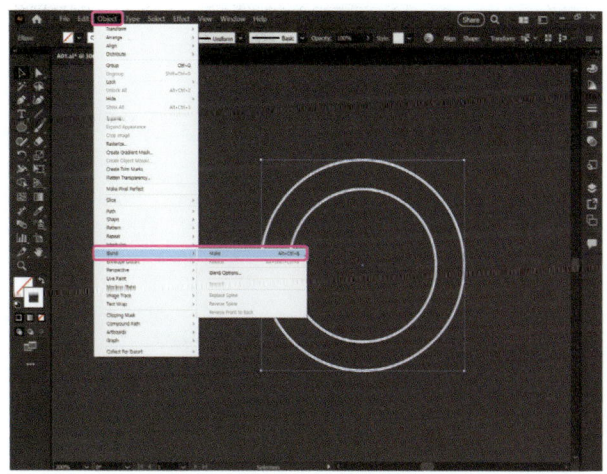

CHAPTER 2 구워먹는 채소 & 과일 83

⑱ Blend Tool( )을 더블 클릭한 후 [Blend] 옵션 상자에서 Spacing : Specified Steps, 5를 입력하고 [OK]를 클릭합니다.

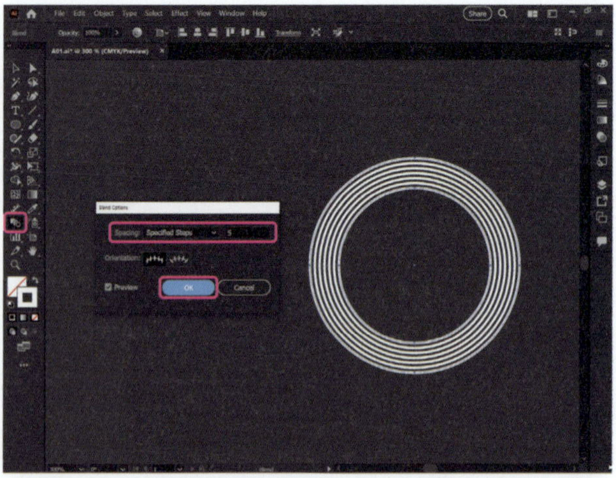

⑲ ⑧~⑩과 같은 방법으로 텍스트를 작업하여 그림과 같이 배치하고 글자와 원을 모두 선택한 후 Ctrl + G를 눌러 그룹 설정합니다.

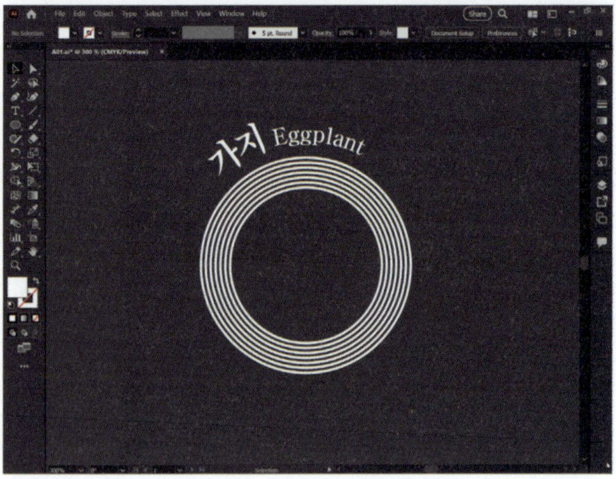

3) 화살표

❶ Arc Tool( )로 그림과 같이 곡선을 그리고 면색은 None, 선색은 C0M0Y0K0으로 설정합니다.

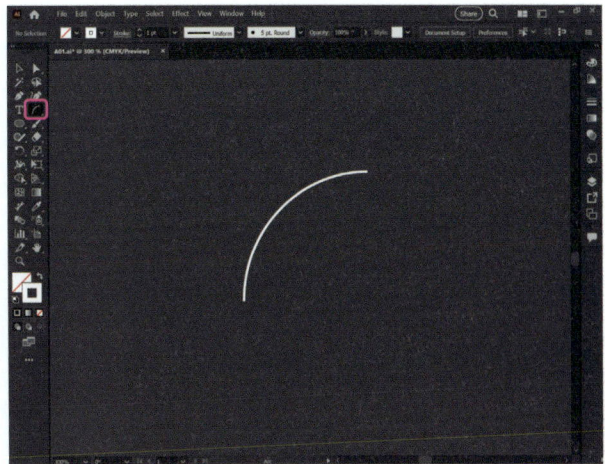

❷ [Stroke] 패널에서 [Arrowheads]를 클릭하여 출력형태와 같은 화살표를 만듭니다. [Scale]의 옵션값을 입력하여 화살표의 크기를 조정합니다.
Profile : Width Profile 1을 선택하고 선의 두께를 알맞게 설정합니다.

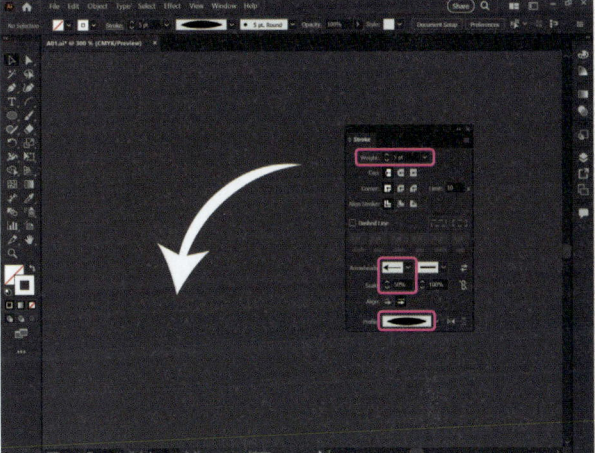

4) 치즈, 생선, 고기

❶ Pen Tool( )로 치즈의 상단 부분을 그리고 면색은 M30Y80, 선색은 None으로 설정합니다.

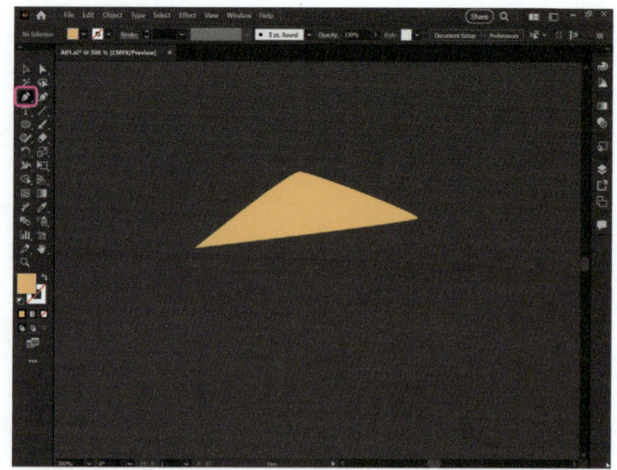

❷ Pen Tool( )로 치즈의 정면 부분을 그리고 면색은 C20M50Y100, 선색은 None으로 설정합니다.

> **Tip**
> [Object]-[Arrange]를 이용해 레이어의 순서를 알맞게 배치합니다.

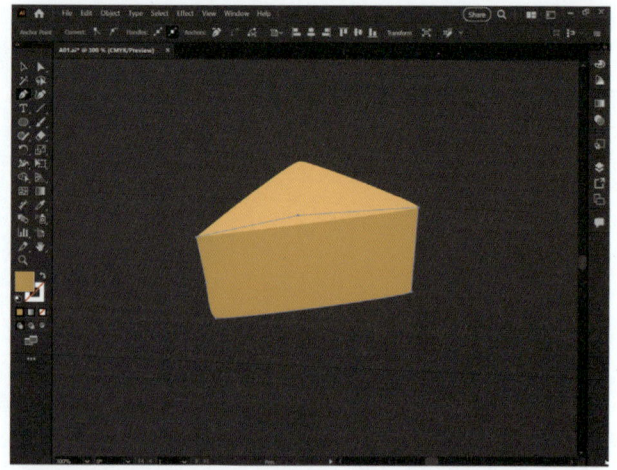

❸ Ellipse Tool( )로 타원형을 그려 그림과 같이 배치하고 면색은 C40M60Y100, 선색은 None으로 설정합니다.
'치즈' 이미지는 Selection Tool( )로 모두 선택하고 Ctrl + G 를 눌러 그룹 설정을 합니다.

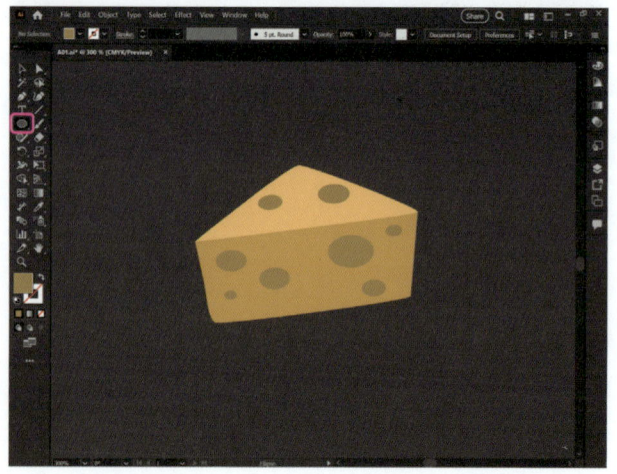

❹ Pen Tool( )로 생선의 몸통과 지느러미를 그림과 같이 그리고 몸통의 면색은 C80M30Y5, 지느러미의 면색은 C50M10Y15, 선색은 모두 None으로 설정합니다.

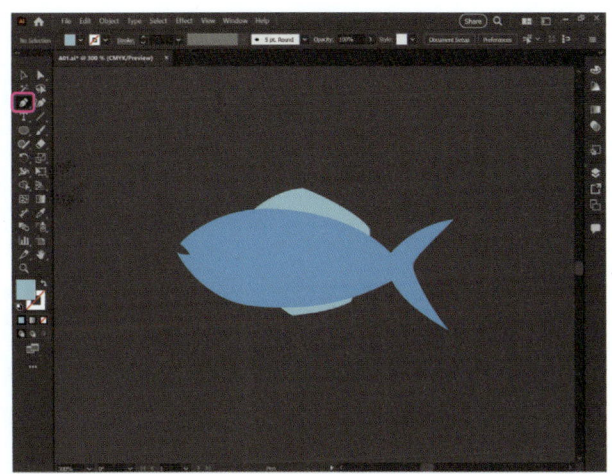

❺ Ellipse Tool( )로 생선의 눈을 그림과 같이 그리고 면색은 C0M0Y0K0과 K100, 선색은 None으로 설정합니다.

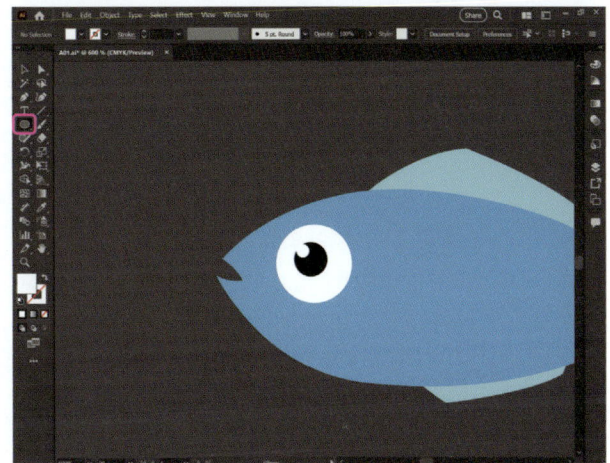

❻ Pen Tool( )로 면색은 None, 선색은 C0M0Y0K0으로 설정하여 그림과 같이 선을 그립니다. [Stroke] 패널에서 Profile : Width Profile 1을 선택하고 선의 두께를 알맞게 설정합니다.
생선 이미지는 Selection Tool( )로 모두 선택하고 Ctrl + G 를 눌러 그룹 설정합니다.

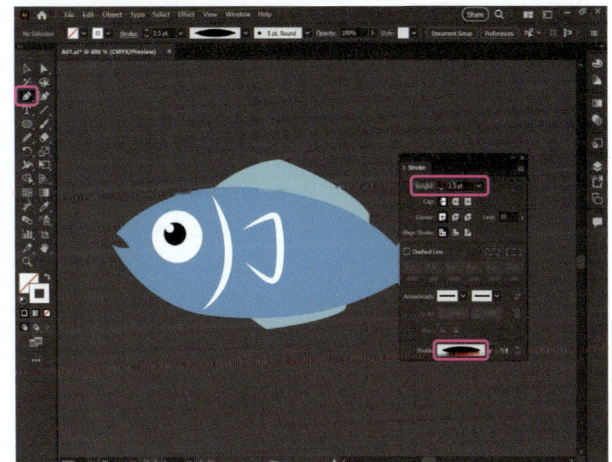

Tip

Pen Tool( )로 다음 선을 그리기 위해 Ctrl 을 누른 채 작업 창의 공간을 클릭하면 선이 강제 종료되어 새롭게 선을 그릴 수 있습니다.

CHAPTER 2 구워먹는 채소 & 과일 **87**

❼ Pen Tool( )로 고기의 상단 부분을 그리고 면색은 C15M90Y85, 선색은 None으로 설정합니다. [Object]-[Path]-[Offset Path]를 클릭하여 Offset 옵션 상자에서 Offset : 음(−)의 숫자로 입력하고 [OK]를 누릅니다.
축소된 이미지의 면색은 C0M0Y0K0, 선색은 None으로 설정합니다.

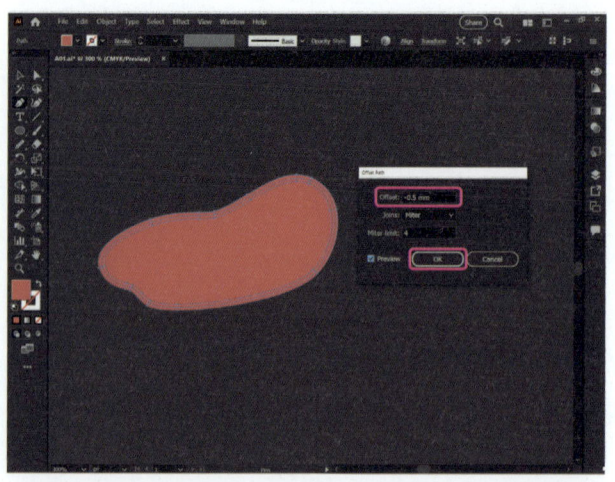

❽ Pen Tool( )로 그림과 같이 그리고 면색은 C15M90Y85, 선색은 None으로 설정합니다.

> **Tip**
> Smooth Tool( )로 이미지의 각이 진 부분을 매끄럽게 조정할 수 있습니다.

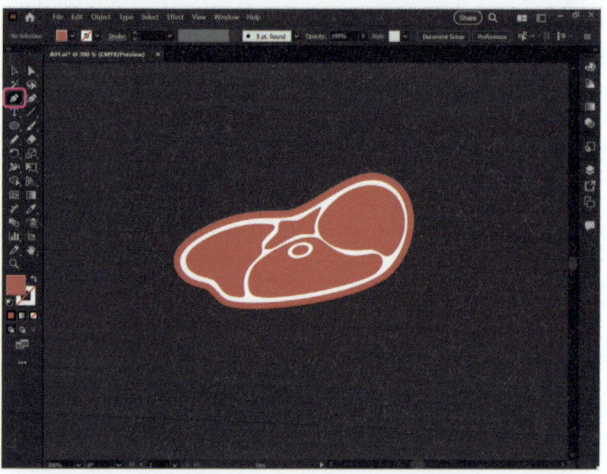

❾ Pen Tool( )로 아래의 면을 그리고 면색은 C40M100Y100, 선색은 None으로 설정합니다. '고기' 이미지는 Selection Tool( )로 모두 선택하고 Ctrl + G 를 눌러 그룹 설정합니다.

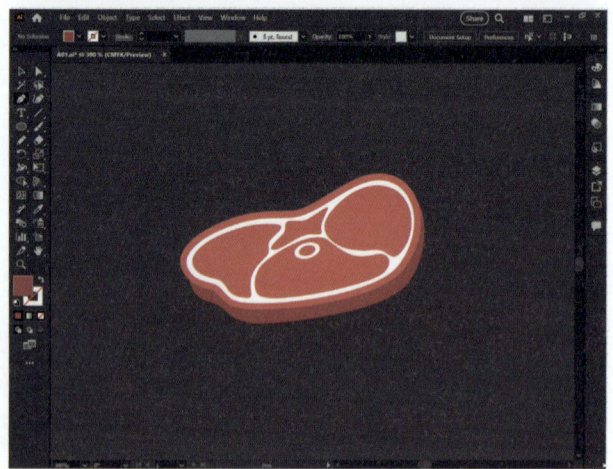

4 포토샵 작업

01 작업 준비하기(도큐멘트 설정, 가이드 선)

❶ 포토샵 프로그램에서 [File]-[New]를 선택합니다. [New] 옵션 상자에서 Width : 166mm, Height : 246mm, Resolution : 300pixels/inch, Color Mode : RGB Color, Background Contents : White 로 설정한 후 [Create]를 누릅니다.

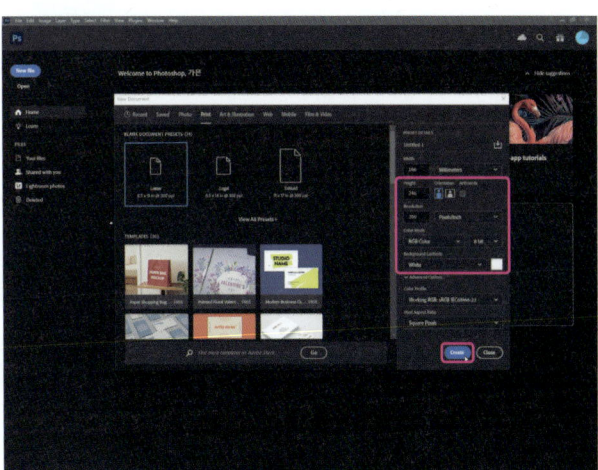

Tip

1. Resolution : 300pixels/inch은 고품질의 해상도로 인쇄, 출판에 적합한 해상도입니다. 해상도가 높아지면 파일의 용량이 커집니다. 시험에서 제출할 파일의 총 용량은 10MB 이하이기 때문에 작업 완료를 한 후 용량이 10MB를 넘으면 [Image]-[Image Size]에서 150~250 정도의 해상도로 변경하여 제출합니다.

2. 인쇄에 적합한 Color Mode는 CMYK Color 입니다. 하지만 포토샵에서 CMYK Color로 설정되어 있으면 시험에서 요구하는 Filter 의 효과가 제한됩니다.
시험장에서 사용되는 일반 프린트 기기는 RGB Color를 사용하여도 오류가 없기 때문에 포토샵에서 작업할 시 도큐멘트의 Color Mode는 RGB Color로 사용합니다.

❷ [File]−[Save as]를 선택하고 [Save as] 옵션 상자에 저장할 비번호 폴더(A01)를 찾아 클릭합니다. 파일 이름은 비번호 'A01'을 입력하고 파일형식 : Photoshop(*.PSD, *.PDD, *.PSDT) 을 선택한 후 [저장(S)]을 누릅니다.

> **Tip**
> Ctrl + S 를 눌러 작업한 내용을 수시로 저장하는 습관을 들이면 프로그램 오류에 빠르게 대처할 수 있습니다.

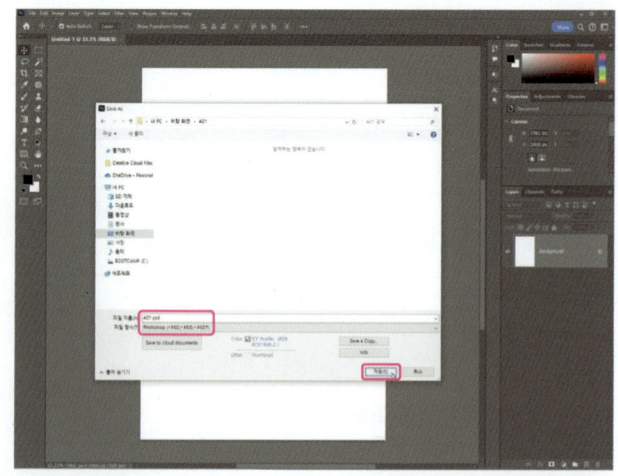

❸ 일러스트 작업 창 [Window]−[Layers] 패널에서 '가이드 선' 레이어의 [Toggles Lock] 아이콘을 클릭하여 잠금을 해제합니다.
Selection Tool(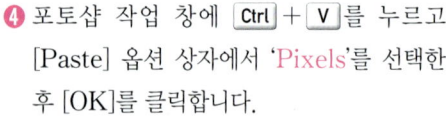)로 가이드 선을 선택하고 Ctrl + C 를 눌러 복사합니다.

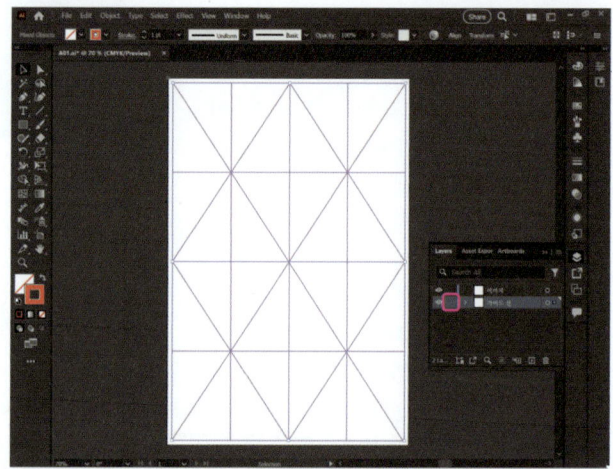

❹ 포토샵 작업 창에 Ctrl + V 를 누르고 [Paste] 옵션 상자에서 'Pixels'를 선택한 후 [OK]를 클릭합니다.
[Window]−[Layers] 패널에서 레이어 이름을 더블 클릭하여 '가이드 선'으로 레이어 이름을 변경합니다.

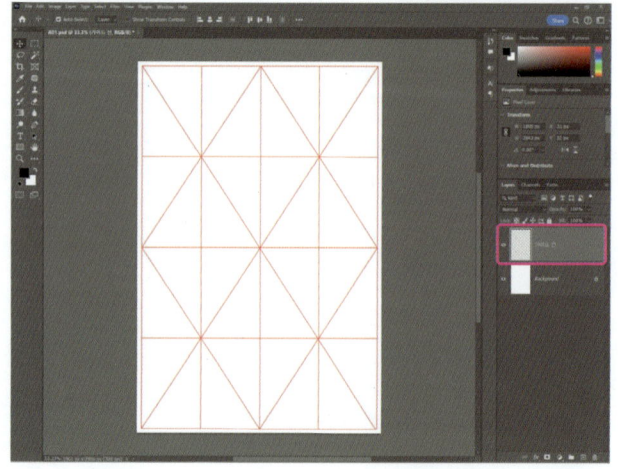

❺ Move Tool()을 선택하고 옵션 바의 Align To : Canvas, 'Align vertical centers', 'Align horizontal centers'를 클릭하여 도큐멘트의 가운데에 배치합니다. '가이드 선' 레이어의 'Lock all' 아이콘을 클릭하여 잠그고 'Background' 레이어를 선택한 후 작업을 시작합니다.

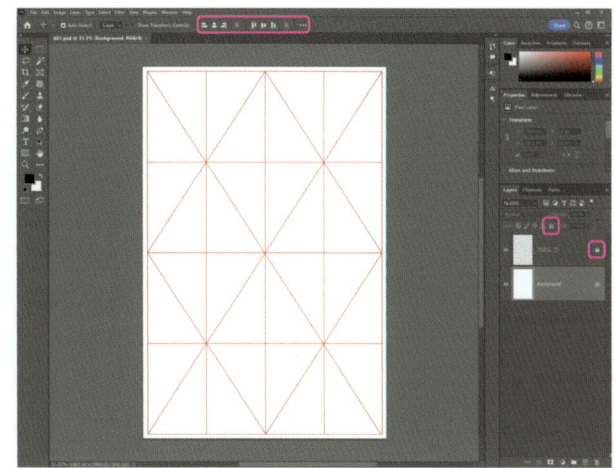

Tip

'가이드 선' 레이어가 선택되어 있으면 이미지를 불러올 때 '가이드 선' 레이어 위에 위치하게 되므로 가이드 선이 보이지 않게 됩니다. 정확한 이미지 배치를 위해 '가이드 선' 레이어는 항상 작업물 위에 위치하도록 합니다.

02 이미지 합성 제작

1) 배경

❶ [File]-[Open]을 선택하고 '건강_01.jpg' 파일을 불러옵니다. Ctrl + A 를 눌러 전체 선택한 후 Ctrl + C 를 누르고 'A01.psd' 작업 창으로 이동하여 Ctrl + V 로 붙여넣습니다.

Ctrl + T 를 누르고 이미지의 바운딩 박스 점을 드래그하여 크기 조정과 세로 방향으로 회전한 후 Enter 를 눌러 알맞게 배치하고 레이어의 이름을 '건강_01'로 변경합니다.

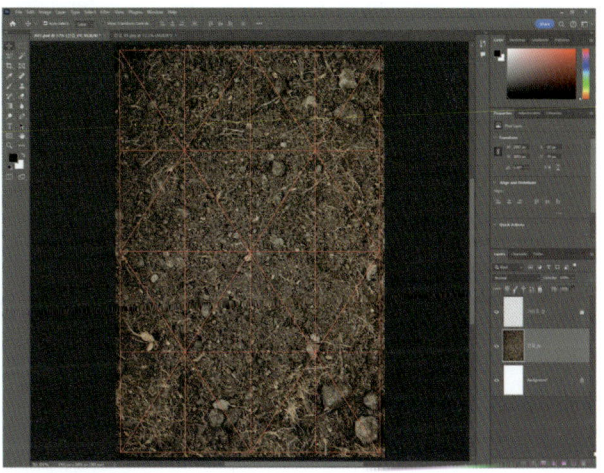

Tip

레이어 이름 변경하기

레이어 패널에서 변경할 레이어의 이름 부분을 더블 클릭합니다. 새 이름을 입력한 후 Enter 를 누릅니다.

❷ Rectangle Tool(▢)을 선택한 후 옵션 바의 Fill은 임의의 색상, Stroke : None 으로 설정하고 작업 창 하단에 가이드선을 기준으로 드래그하여 직사각형을 알맞게 그립니다.

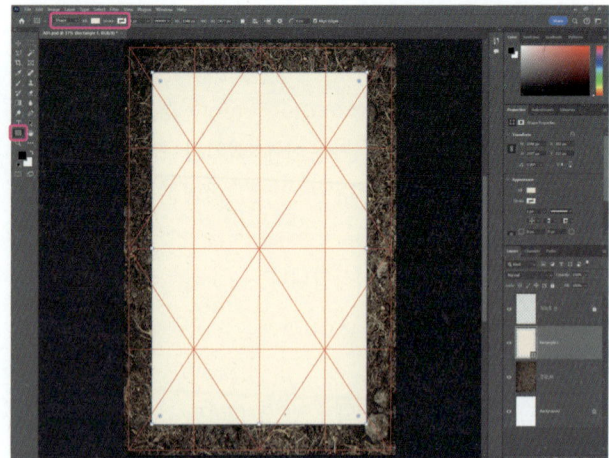

❸ [File]-[Open]을 선택하고 '건강_02.jpg' 파일을 불러옵니다. Ctrl + A 를 눌러 전체 선택한 후 Ctrl + C 를 누르고 'A01.psd' 작업 창으로 이동하여 Ctrl + V 로 붙여넣습니다.
　Ctrl + T 를 누르고 이미지의 바운딩 박스 점을 드래그하여 크기를 조정한 후 Enter 를 눌러 알맞게 배치하고 레이어의 이름을 '건강_02'로 변경합니다.

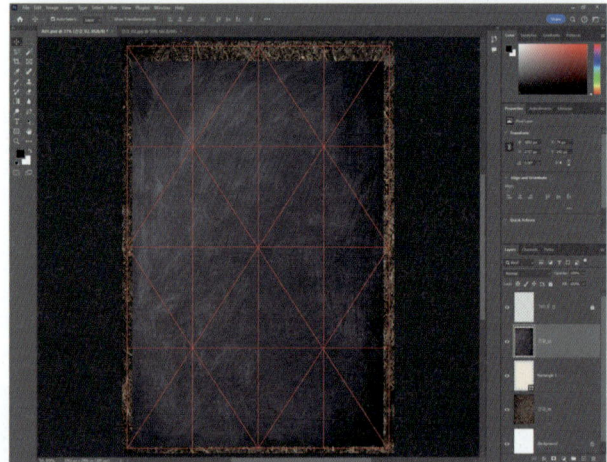

❹ '건강_02' 레이어를 선택하고 Alt + Ctrl + G 를 눌러 클리핑 마스크를 적용합니다.

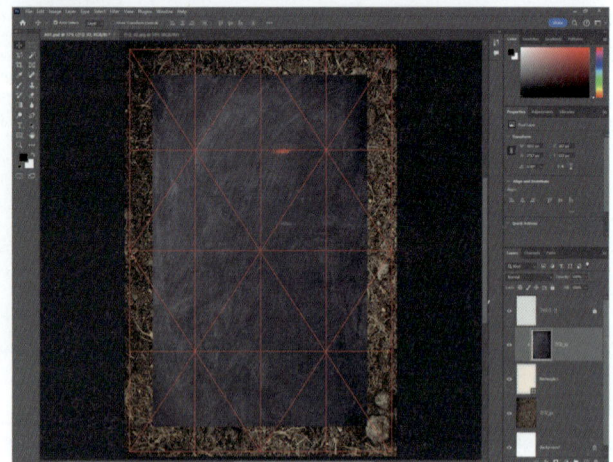

❺ '건강_02' 레이어가 선택된 상태에서 [Image]-[Adjustment]-[Hue/Saturation]을 선택하고 옵션 상자에서 [Colorize]를 선택한 후 Hue, Saturation, Lightness 슬라이더를 이동시켜 녹색 계열로 색상 보정한 후 [OK]를 클릭합니다.

> **Tip** ✓
>
> Hue : +185, Saturation : +10, Lightness : -10

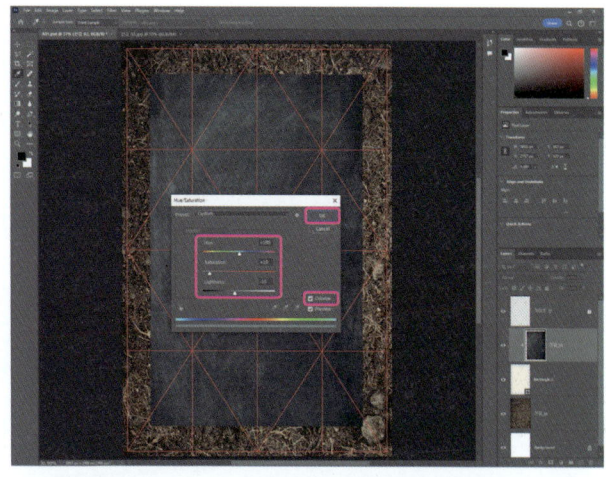

❻ [Layers] 패널에서 'Rectangle 1' 레이어를 더블 클릭하여 [Layer Style] 창을 실행합니다. 옵션 상자의 Styles : Stroke를 선택하고 Size : 40px, Position : Outside, Color : C85M55Y100으로 설정한 후 [OK]를 클릭하여 칠판 모양으로 만들어줍니다.

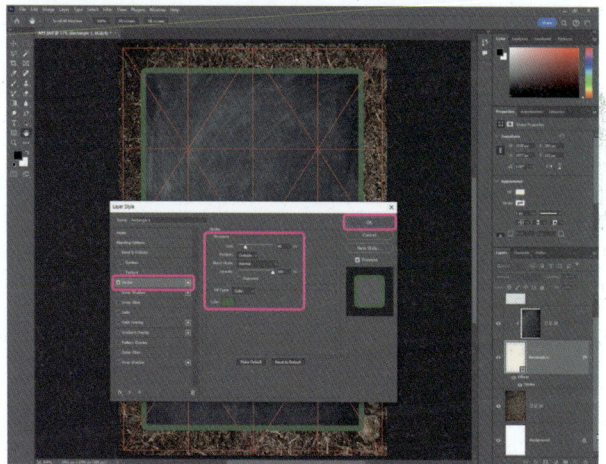

❼ 그림자를 만들기 위해 [Layers] 패널에서 '건강_02' 레이어를 선택한 후 'Create a new layer' 아이콘을 눌러 레이어를 생성하고 '그림자'로 이름을 변경합니다. Rectangular Marquee Tool( )로 칠판을 감싸듯 드래그하여 직사각형으로 선택영역을 지정합니다.
전경색을 검은색으로 사용하기 위해 D를 눌러 전경색과 배경색을 초기화합니다. Alt + Delete 를 눌러 색상을 채우고 Ctrl + D 를 눌러 선택영역을 해제합니다.

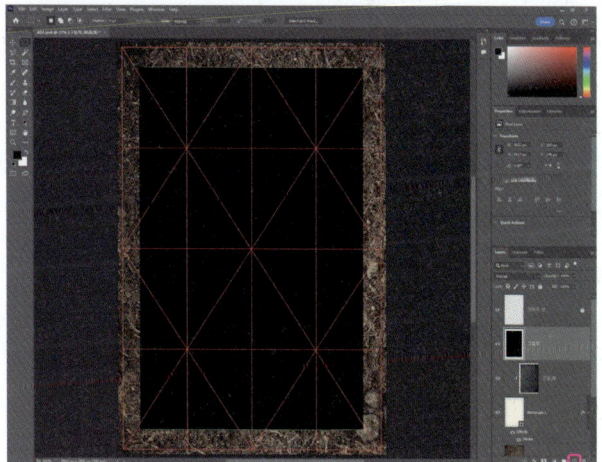

CHAPTER 2 구워먹는 채소 & 과일 93

❽ '그림자' 레이어는 Ctrl + T 를 눌러 이미지의 크기를 조정하고 마우스 우클릭하여 'Distort'를 선택합니다. 기울기를 조정한 후 Enter 를 누릅니다.

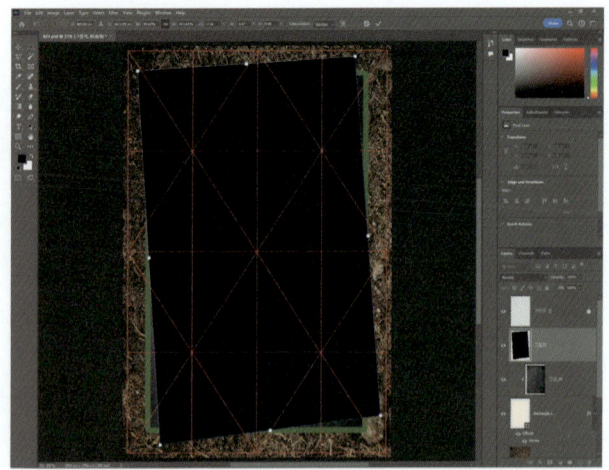

❾ '그림자' 레이어는 [Filter]-[Blur]-[Gaussian Blur]를 선택하고 옵션 상자에서 Radius : 20pixels로 입력하고 [OK]를 클릭합니다.

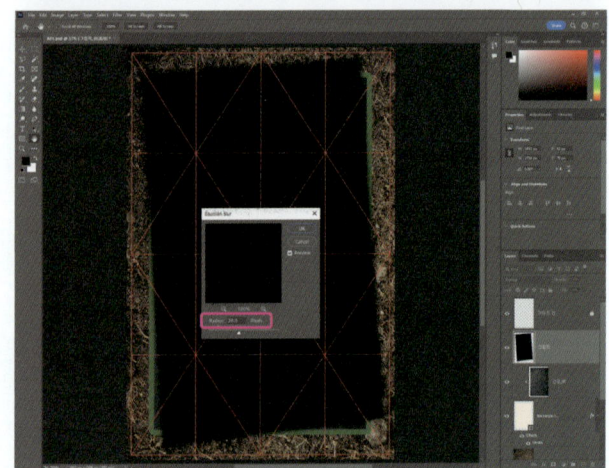

❿ '그림자' 레이어는 'Rectangle 1' 레이어 아래에 배치합니다. [Layers] 패널에서 블랜드 'Normal'을 클릭한 후 'Multiply', Opacity : 70%로 설정하여 자연스럽게 합성합니다.

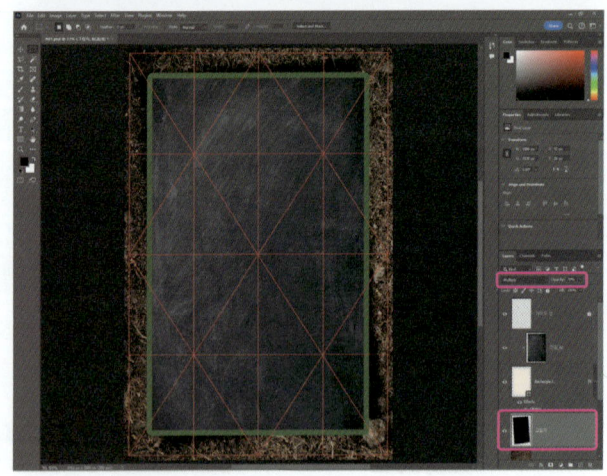

⓫ 점선을 만들기 위해 [Layer] 패널에서 '건강_02' 레이어를 클릭하고 Rectangle Tool(▭)을 선택한 후 옵션 바의 Fill : None, Stroke : C0M0Y0K, 3px로 설정하고 작업창 하단에 가이드선을 기준으로 드래그하여 직사각형을 알맞게 그립니다.

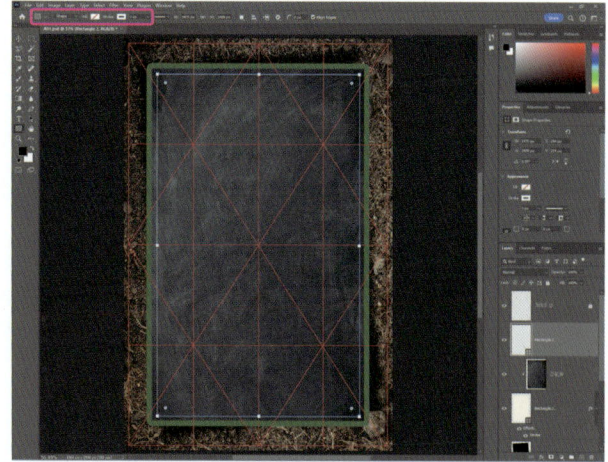

⓬ 옵션 바에서 선의 종류는 점선을 선택하고 'More Options'를 선택합니다. Dash : 4, Gap : 4로 입력하고 [OK]를 클릭합니다.

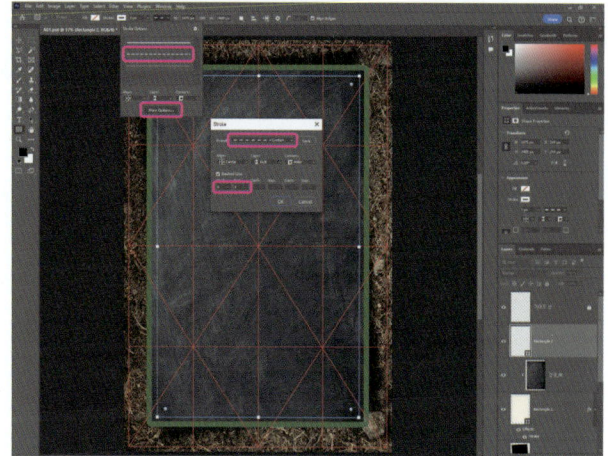

⓭ [File]-[Open]을 선택한 후 '건강_03.jpg' 파일을 열고 [Layers] 패널의 자물쇠 아이콘을 눌러 잠금 해제합니다.
Magic Wand Tool()을 선택하고 옵션 바에서 Tolerance : 80으로 입력한 후 이미지 배경을 클릭합니다. 선택된 배경은 Delete 를 눌러 삭제합니다.

Tip

Magic Wand Tool(✨)로 선택되지 않은 부분을 Shift 를 누른 채 클릭하면 선택영역이 확장됩니다.

⑭ Ctrl + A 를 눌러 전체 선택한 후 Ctrl + C 를 누르고 'A01.psd' 작업 창으로 이동하여 Ctrl + V 로 붙여넣습니다. Ctrl + T 를 눌러 이미지의 크기를 조절하고 회전시켜 알맞게 배치하고 레이어의 이름을 '건강_03'으로 변경합니다.

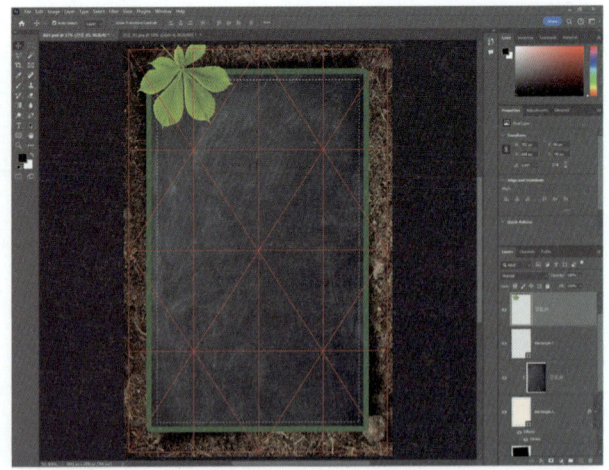

⑮ [Layers] 패널에서 '건강_03' 레이어를 더블 클릭하여 [Layer Style] 창을 실행합니다.
Styles : Drop Shadow를 선택하고 Opacity : 80%, Angle : 0°, Distance : 30px, Spread : 0%, Size : 50px로 설정한 후 [OK]를 클릭합니다.

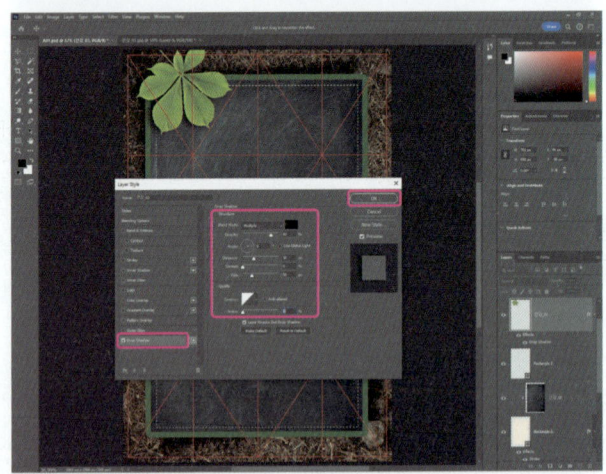

⑯ '건강_03' 레이어는 Move Tool( )로 Alt 를 누른 채 드래그하여 여러 개 복사합니다. Ctrl + T 를 눌러 이미지의 크기를 조절하고 회전시켜 그림과 같이 알맞게 배치합니다.

2) 타이틀

❶ 일러스트 작업 창에서 Selection Tool(▷)로 타이틀의 '마크' 이미지를 선택하고 Ctrl + C 를 누릅니다. 포토샵 작업 창으로 이동한 후 Ctrl + V 로 붙여넣습니다.
[Paste] 옵션 상자에서 'Pixels'를 선택하고 [OK]를 클릭한 후 알맞게 배치하고 레이어의 이름을 '마크'로 변경합니다.

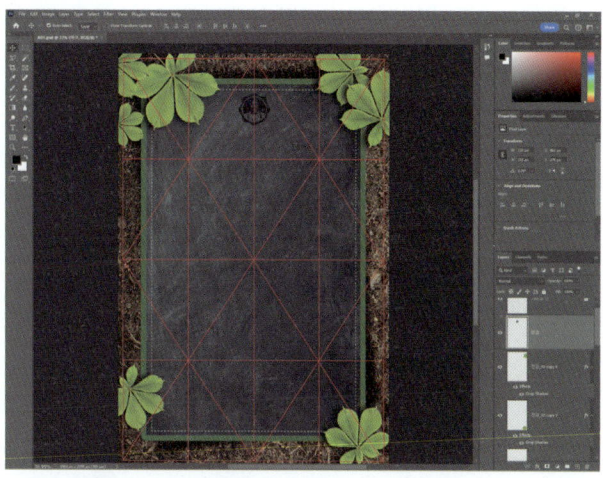

❷ [Layers] 패널에서 '마크' 레이어를 더블 클릭하여 [Layer Style] 창을 실행합니다. Styles : Color Overlay를 선택하고 컬러는 C0M0Y0K0으로 입력한 후 [OK]를 클릭합니다.

❸ 일러스트 작업 창에서 Selection Tool(▷)로 나머지 '타이틀' 이미지를 선택하고 Ctrl + C 를 누릅니다. 포토샵 작업 창으로 이동한 후 Ctrl + V 로 붙여넣습니다. [Paste] 옵션 상자에서 'Pixels'를 선택하고 [OK]를 클릭한 후 알맞게 배치하고 레이어의 이름을 '타이틀'로 변경합니다.

❹ [File]-[Open]을 선택한 후 '건강_05.jpg' 파일을 열고 [Filter]-[Filter Gallery]-[Sketch]에서 'Graphic Pen'을 선택합니다. 옵션값을 알맞게 조정한 후 [OK]를 클릭합니다.

Tip

Graphic Pen 설정값
Stroke Length : 15, Light/Dark Balance : 38, Stroke Direction : Right Diagonal

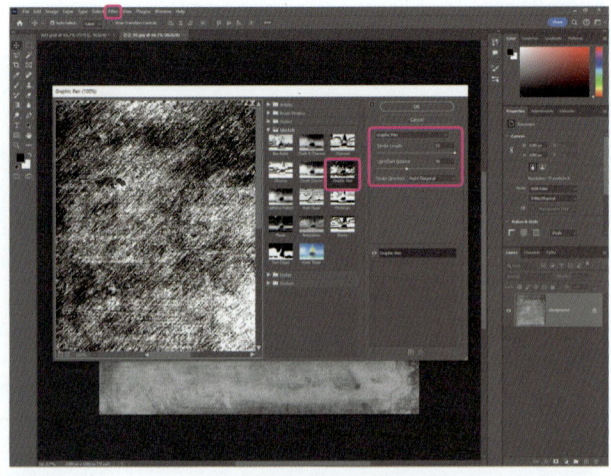

❺ Rectangular Marquee Tool( )로 필요한 이미지 부분만 드래그하여 선택영역으로 지정한 후 [Edit]-[Define Brush Preset]을 선택하고 [OK]를 클릭합니다.

Tip

[Define Brush Preset]으로 브러시를 등록할 때 사용자가 브러시 이름을 직접 입력하지 않으면 자동으로 랜덤한 이름이 지정됩니다.

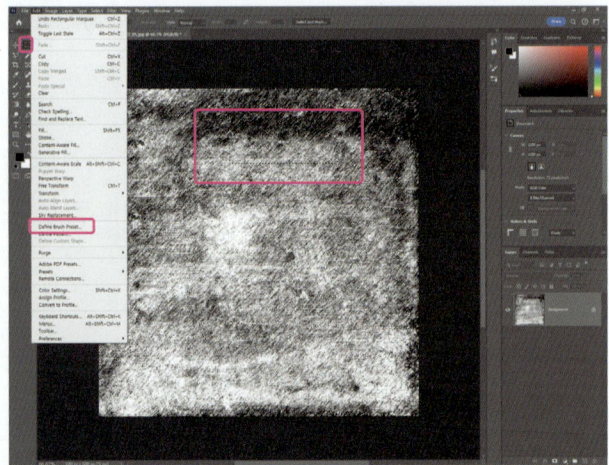

❻ 'A01.psd' 작업 창에서 Shift 를 눌러 '타이틀'과 '마크' 레이어를 다중 선택하고 마우스 우클릭하여 'New Group from Layers'를 선택한 후 옵션 상자의 [OK]를 클릭합니다.

❼ 'Group 1' 레이어에 [Layer Mask] 아이콘을 클릭하고 전경색은 검은색으로 설정합니다. ❺에서 등록한 브러시로 이미지를 클릭하여 질감 표현을 합니다.

Tip

브러시 크기 조정 : [ ] (작게),]] (크게)

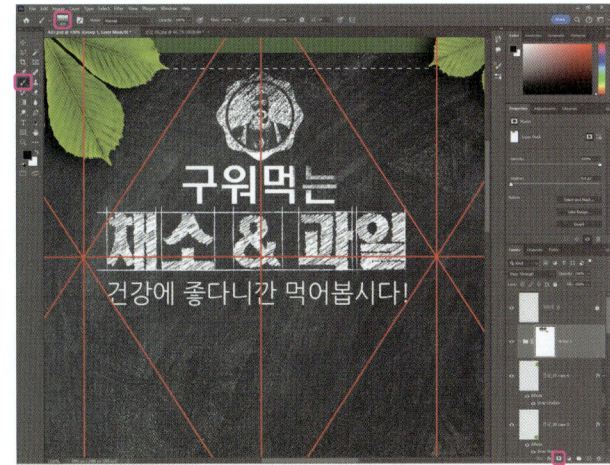

3) 정보

❶ 일러스트 작업 창에서 Selection Tool( )로 '감자' 브러시 이미지를 선택하고 Ctrl + C 를 누릅니다. 포토샵 작업 창으로 이동 후 Ctrl + V 로 붙여넣습니다. [Paste] 옵션 상자에서 'Pixels'를 선택하고 [OK]를 클릭한 후 알맞게 배치하고 레이어의 이름을 '감자'로 변경합니다.

❷ ❶과 같은 방법으로 일러스트 작업 창에서 '양파', '토마토', '파인애플', '가지'의 브러시 이미지를 복사하여 포토샵 작업 창으로 이동하여 붙여넣습니다. 각 이미지는 가이드선을 기준으로 알맞게 배치하고 레이어의 이름을 각각 이미지와 같게 변경합니다.

❸ [File]−[Open]을 선택한 후 '선상_06.jpg' 파일을 열고 [Layers] 패널의 자물쇠 아이콘을 눌러 잠금 해제합니다.

Quick Selecton Tool( )로 이미지의 흰 배경을 클릭한 채 드래그하여 선택한 후 Delete 를 눌러 배경을 삭제합니다. 선택영역은 Ctrl + D 를 눌러 해제합니다.

> **Tip** ✓
> • 선택영역 확장 : Shift 를 누른 채 클릭
> • 선택영역 제거 : Alt 를 누른 채 클릭

❹ Rectangular Marquee Tool( )로 왼쪽 감자의 이미지를 감싸듯 크게 드래그하여 선택영역으로 지정하고 Ctrl + X 를 누른 후 Ctrl + V 를 눌러 레이어를 분리합니다.

분리된 이미지는 Ctrl + T 를 누르고 마우스 우클릭하여 'Flip Horizontal'을 선택해 좌우 반전합니다. [Layers] 패널에서 'Layer 1'을 'Layer 0' 위로 이동한 후 Move Tool( )로 드래그하여 알맞게 배치합니다.

❺ [Layers] 패널에서 'Layer 0'과 'Layer 1'은 Ctrl + E 를 눌러 하나의 레이어로 만듭니다.

Ctrl + A 를 눌러 전체 선택한 후 Ctrl + C 를 누릅니다. 'A01.psd' 작업 창으로 이동하여 Ctrl + V 로 붙여넣고 Ctrl + T 를 눌러 이미지의 크기를 조절하여 알맞게 배치하고 레이어의 이름을 '건강_06'으로 변경합니다.

❻ [Layers] 패널에서 '건강_06' 레이어를 더블 클릭하여 [Layer Style] 창을 실행합니다.
Styles : Drop Shadow를 선택하고 옵션값을 알맞게 조정한 후 [OK]를 클릭합니다.

> **Tip**
>
> **Drop Shadow 설정값**
> Opacity : 60%, Angle : 110°, Distance : 25px, Spread : 0%, Size : 15px

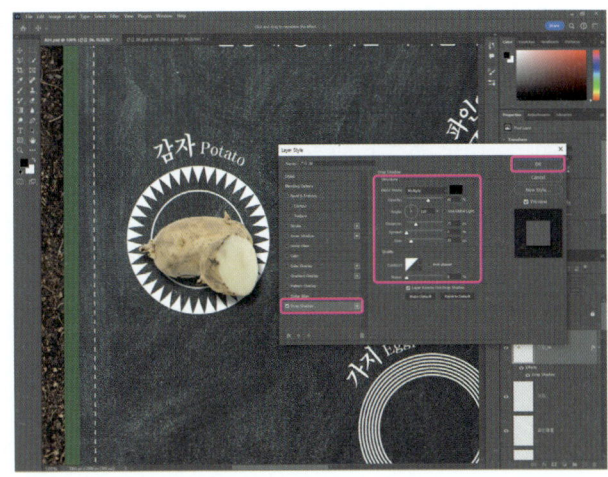

❼ [File]−[Open]을 선택한 후 '건강_08.jpg' 파일을 열고 [Layers] 패널의 자물쇠 아이콘을 눌러 잠금 해제합니다.
Quick Selecton Tool( )로 미지의 흰 배경을 클릭한 채 드래그하여 선택한 후 Delete 를 눌러 배경을 삭제합니다. 선택영역은 Ctrl + D 를 눌러 해제합니다.

> **Tip**
>
> • 선택영역 확장 : Shift 를 누른 채 클릭
> • 선택영역 제거 : Alt 를 누른 채 클릭

❽ Pen Tool( )을 선택하고 옵션 바에서 [Path]를 선택합니다. 지워지지 않은 배경을 다시 패스로 그리고 Ctrl + Enter 를 누른 후 Delete 를 눌러 삭제합니다.

❾ Ctrl + A 를 눌러 전체 선택한 후 Ctrl + C 를 누르고 'A01.psd' 작업 창으로 이동하여 Ctrl + V 로 붙여넣습니다. Ctrl + T 를 누르고 마우스 우클릭하여 'Flip Horizontal'을 선택해 좌우 반전하고, 크기 조절하여 알맞게 배치하고 레이어의 이름을 '건강_08'로 변경합니다.

❿ '건강_08' 레이어의 '파인애플' 이미지 일부분을 다시 Pen Tool( )로 패스를 선택하여 그린 후 Ctrl + Enter 를 누른 후 Ctrl + J 를 눌러 복사합니다.

⓫ 복사한 이미지는 Ctrl + T 를 눌러 이미지의 크기를 조절하여 알맞게 배치하고 레이어의 이름을 '건강_08-1'로 변경합니다. '건강_08-1' 레이어를 더블 클릭한 후 [Layer Style]의 Styles : Drop Shadow 를 선택합니다. Opacity : 60%, Angle : 110°, Distance : 25px, Spread : 0%, Size : 15px로 설정한 후 [OK]를 클릭합니다.

Tip ✓

적용한 [Layer Style]은 [Layers] 패널에서 'Drop Shadow' 글자를 Alt 를 누른 채 다른 레이어에 드래그하면 복사됩니다.

⑫ [File]-[Open]을 선택한 후 '건강_09.jpg' 파일을 열고 Pen Tool( )을 선택합니다. 옵션 바에서 [Path]를 선택하고 그림과 같이 필요한 부분을 패스로 그립니다.

⑬ Ctrl + Enter 를 눌러 선택영역으로 변경하고 Ctrl + J 를 눌러 선택영역을 복사합니다.
'Background' 레이어는 왼쪽의 'Toggle layer visibility' 아이콘을 클릭하여 눈 모양을 끕니다.
Pen Tool( )로 지워지지 않은 배경을 다시 패스로 그리고 Ctrl + Enter 를 누른 후 Delete 를 눌러 삭제합니다.

⑭ Ctrl + A 를 눌러 전체 선택한 후 Ctrl + C 를 누르고 'A01.psd' 작업 창으로 이동하여 Ctrl + V 로 붙여넣습니다.
Ctrl + T 를 눌러 크기 조절한 후 알맞게 배치하고 레이어의 이름을 '건강_09'로 변경합니다. '건강_09' 레이어를 더블 클릭한 후 [Layer Style]의 Styles : Drop Shadow를 선택하고 옵션값을 알맞게 조정한 후 [OK]를 클릭합니다.

Drop Shadow 설정값

Opacity : 60%, Angle : 110°, Distance : 25px, Spread : 0%, Size : 15px

⓯ [File]-[Open]을 선택힌 후 '긴강_10.jpg' 파일을 열고 Pen Tool( )을 선택합니다. 옵션 바에서 [Path]를 선택하고 그림과 같이 필요한 부분을 패스로 그립니다.

⓰ Ctrl + Enter 를 눌러 선택영역으로 변경하고 Ctrl + J 를 눌러 선택영역을 복사합니다.
'Background' 레이어 왼쪽의 'Toggle layer visibility' 아이콘을 클릭하여 눈 모양을 끕니다.
Pen Tool( )로 지워지지 않은 배경을 다시 패스로 그리고 Ctrl + Enter 를 누른 후 Delete 를 눌러 삭제합니다.

⓱ 색상이 변경될 토마토의 이미지를 다시 Pen Tool( )로 패스를 그리고 Ctrl + Enter 를 눌러 선택영역으로 설정합니다. [Image]-[Adjustment]-[Hue/Saturation]을 선택한 후 옵션 상자에서 [Colorize]를 선택하고 Hue, Saturation 슬라이더를 이동시켜 노란색 계열로 색상 보정한 후 [OK]를 클릭합니다.

Hue : +45, Saturation : +90, Lightness : 0

⑱ Ctrl + A 를 눌러 전체 선택한 후 Ctrl + C 를 누르고 'A01.psd' 작업 창으로 이동하여 Ctrl + V 로 붙여넣습니다.
Ctrl + T 를 눌러 크기 조절하여 알맞게 배치하고 레이어의 이름을 '건강_10'으로 변경합니다. '건강_10' 레이어를 더블 클릭한 후 [Layer Style]의 Styles : Drop Shadow를 선택하고 옵션값을 알맞게 조정한 후 [OK]를 클릭합니다.

⑲ ❸~⑱을 참고하여 '건강_11.jpg', '건강_12.jpg'도 편집한 후 작업 창에 알맞게 배치하고 [Layer Style]의 Styles : Drop Shadow를 적용합니다.

Tip

Drop Shadow 설정값
Opacity : 60%, Angle : 110°, Distance : 25px, Spread : 0%, Size : 15px

4) 기타

❶ [File]-[Open]을 선택한 후 '건강_07.jpg' 파일을 열고 [Layers] 패널의 자물쇠 아이콘을 눌러 잠금 해제합니다.
Magic Wand Tool()을 선택하고 옵션 바에서 Tolerance : 32로 입력하고 이미지 배경을 클릭합니다. [Select]-[Similar]를 눌러 팥 안쪽의 배경을 모두 선택하고 Delete 를 눌러 삭제합니다.

❷ Ctrl + A 를 눌러 전체 선택한 후 Ctrl + C 를 누르고 'A01.psd' 작업 창으로 이동하여 Ctrl + V 로 붙여넣습니다.
Ctrl + T 를 눌러 이미지의 크기를 알맞게 조절하여 배치하고 레이어의 이름을 '건강_07'로 변경합니다. '건강_07' 레이어는 Ctrl + J 를 눌러 복사하고 '건강_07 Copy' 레이어도 알맞게 배치합니다.

Tip
Move Tool( )로 이미지를 Alt 를 누른 채 드래그하여 복사할 수 있습니다.

❸ '건강_07' 레이어는 [Image] – [Adjustment] – [Hue/Saturation]을 선택하여 옵션 상자에서 [Colorize]를 선택한 후 Hue : +45, Saturation : +70, Lightness : 0으로 슬라이더를 이동시켜 노란색 계열로 색상 보정한 후 [OK]를 클릭합니다.

❹ '건강_07' 레이어에 [Layer Mask] 아이콘을 클릭하고 전경색을 #000000(검은색)으로 설정합니다. Brush Tool( )을 선택하고 마우스 우클릭 후 옵션 바의 브러시는 [General Brushes] 폴더에서 'Hard Round'를 선택합니다.
브러시의 사이즈는 파인애플 패턴의 동그라미 크기로 설정하고 가릴 부분을 드래그하여 지웁니다.

❺ ❶~❹의 방법과 같이 '건강_07 copy' 레이어를 선택한 후 Ctrl + U 를 눌러 [Hue/Saturation] 옵션 상자를 엽니다. 빨간색 계열로 색상 보정하고, [Layer Mask] 아이콘을 클릭합니다. Brush Tool( )는 알맞게 크기를 조정한 후 이미지의 가릴 부분을 드래그합니다.

❻ [File]−[Open]을 선택한 후 '건강_13.jpg' 파일을 열고 Quick Selecton Tool( )로 바질을 드래그하여 선택합니다.
Ctrl + C 를 누른 후 'A01.psd' 작업 창으로 이동하여 Ctrl + V 로 붙여넣습니다.
Ctrl + T 를 눌러 이미지의 크기를 알맞게 조절한 후 회전하여 배치합니다.
[Layers] 패널에서 Opacity : 50%로 설정한 후 [Layer Mask] 아이콘을 클릭하고 Pen Tool( )로 이미지의 가릴 부분을 패스로 그립니다.

❼ Ctrl + Enter 를 누른 후 전경색을 검은색으로 사용하기 위해 Alt + Delete 를 눌러 레이어 마스크의 선택영역을 검은색으로 채워 가립니다.
Ctrl + D 를 눌러 선택영역을 해제하고 [Layers] 패널에서 Opacity : 100%로 변경합니다.

❽ [File]-[Open]을 선택한 후 '건강_14.jpg' 파일을 열고 [Filter]-[Filter Gallery]-[Sketch]에서 'Graphic Pen'을 선택합니다. 옵션값을 알맞게 조정한 후 [OK]를 클릭합니다.

> **Tip**
>
> **Graphic Pen 설정값**
> Stroke Length : 15, Light/Dark Balance : 20, Stroke Direction : Right Diagonal

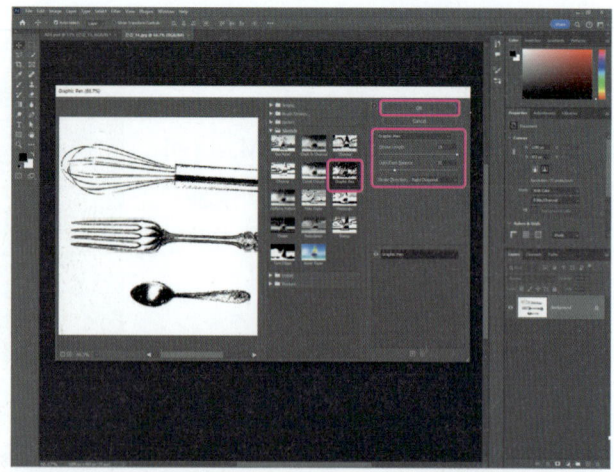

❾ Rectangular Marquee Tool( )로 주방용품 스푼을 감싸고 Ctrl + C 를 누른 후 작업 창으로 이동하여 Ctrl + V 로 붙여넣습니다.
Ctrl + T 를 눌러 이미지의 크기를 알맞게 조절한 후 회전하여 배치합니다. [Layers] 패널에서 블랜드 'Normal'을 클릭하여 'Divide'로 선택한 후 자연스럽게 합성합니다.

❿ ❽~❾의 방법과 같이 나머지 이미지도 작업 창에 알맞게 배치하고 [Layers] 패널에서 블랜드 'Normal'을 클릭하여 'Divide'로 선택한 후 자연스럽게 합성합니다.

⓫ 일러스트 작업 창에서 Selection Tool(▷)로 '화살표', '치즈', '생선', '고기' 이미지를 각각 하나씩 선택한 후 Ctrl + C 를 누르고 포토샵 작업 창으로 이동하여 Ctrl + V 로 붙여넣습니다. [Paste] 옵션 상자에서 'Pixels'를 선택하고 [OK] 를 클릭한 후 알맞은 위치에 복사하여 배치합니다.

> **Tip**
>
> **이미지를 복사하는 여러 가지 방법**
> 1. Ctrl + C 를 누른 후 Ctrl + V
> 2. Move Tool(✥) 선택 후 Alt 를 누른 채 드래그
> 3. Ctrl + J (레이어 복사)

03 파일 검토 및 저장하기

❶ 전체적으로 가이드 선을 이용하여 크기와 배치를 최종 검토합니다.
[Layers] 패널의 '가이드 선'은 'Toggle layer visibility' 아이콘을 클릭하여 눈 모양을 끕니다.

CHAPTER 2 구워먹는 채소 & 과일

❷ [File]−[Save a Copy]를 선택하여 파일명 : 비번호 'A01', Format : 'JPEG'를 선택한 뒤 [저장(S)]을 누릅니다. [JPEG Options] 상자에서 Quality : 12, Format Options : Baseline("Standard")으로 설정하고 [OK]를 클릭합니다.

Tip

JPEG 저장 경로(버전 22.4부터 변경)
- 2021 버전 이하 : [File]−[Save As]
- 2021 버전 이상 : [File]−[Save a Copy]

5 인디자인 작업

1) 도큐멘트 설정하기

[파일]−[새로 만들기]−[문서] 또는 Ctrl + N 를 눌러 새로운 도큐멘트 대화상자를 활성화합니다. 대화상자 상단 탭에서 [인쇄]−[새 A4 문서 − 210×297mm 시작]을 선택하고 페이지 : 1, 페이지 마주보기 : 체크 해제한 후 [여백 및 단]을 누릅니다.

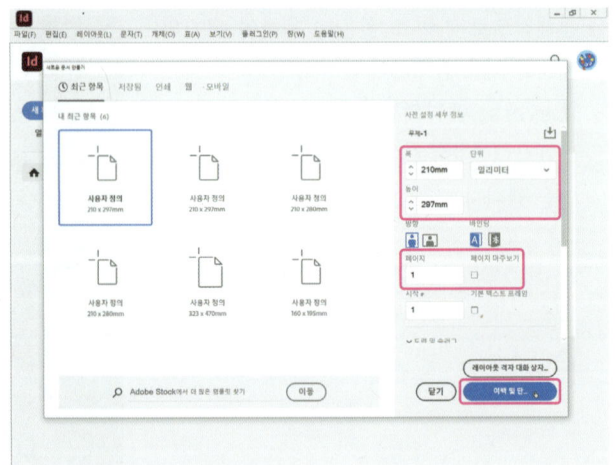

2) 여백 및 단 설정하기

대화상자의 링크 아이콘은 클릭하여 끊어진 링크로 설정합니다. 여백의 위쪽과 아래쪽 : 25.5mm, 왼쪽과 오른쪽 : 22mm로 설정하고, 열의 개수 : 1로 입력 후 [확인]을 누릅니다.

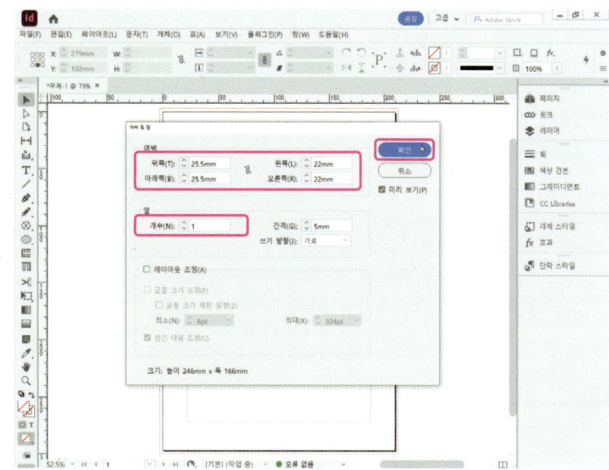

3) 안내선 만들기

❶ Ctrl + + 를 눌러 작업 창의 왼쪽 상단을 확대하고, 눈금자의 기준점을 왼쪽 상단의 여백에 드래그하여 눈금자의 숫자를 '0'으로 설정합니다.

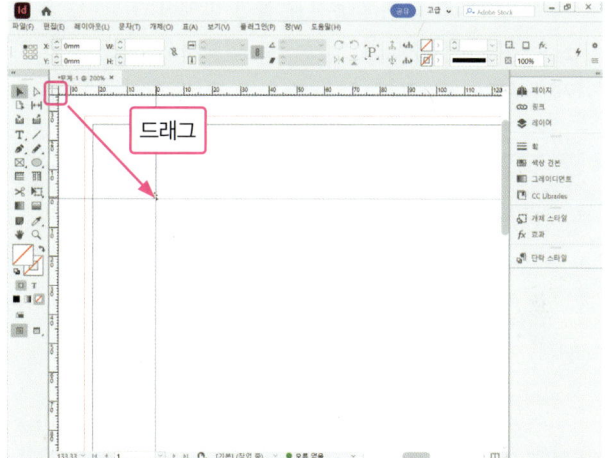

❷ 눈금자를 드래그하여 안내선의 위쪽, 아래쪽, 왼쪽, 오른쪽을 3mm만큼 안쪽으로 이동시켜 가이드 선을 배치합니다.

눈금자의 기준섬을 각 모서리에 드래그하여 각각의 모서리를 모두 '0'으로 설정할 수 있고 안내선을 선택 후 옵션 바에서 X 또는 Y : 3mm 또는 -3mm를 입력하면 쉽게 가이드 선을 제작할 수 있습니다.

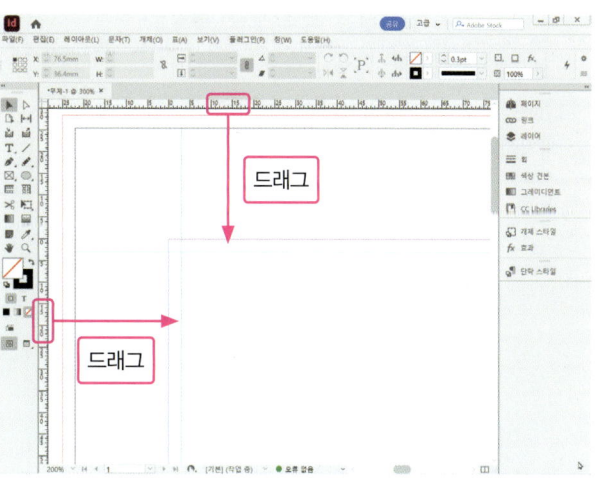

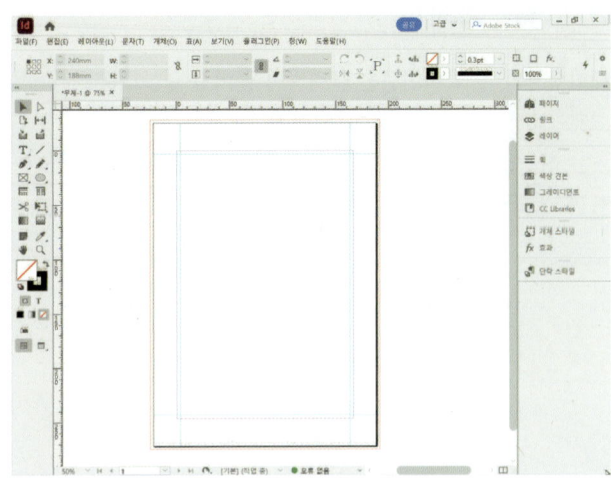

4) 재단선 만들기

❶ 선 도구(✏)를 이용하여 Shift 를 누른 채 세로 방향으로 드래그합니다. 옵션 바에서 L : 5~10mm, 두께 : 0.3pt로 입력하고 세로 선을 만듭니다.

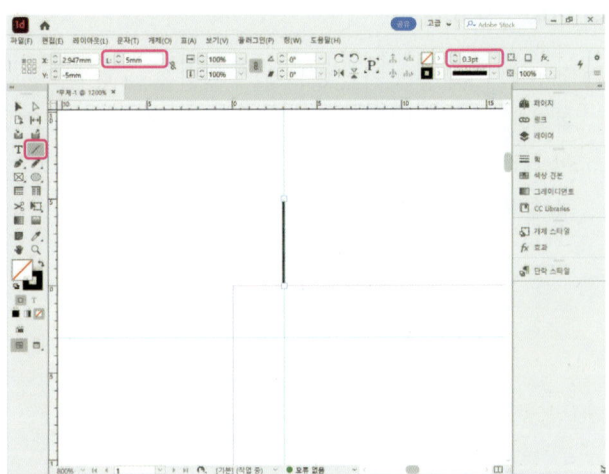

❷ 선택 도구(▶)로 세로 선을 세로 안내선에 배치합니다. 세로 선은 선택 도구(▶)로 Alt 를 누른 채 드래그하여 복사하고 Shift 를 누른 채 회전시켜 가로 안내선에 배치합니다.

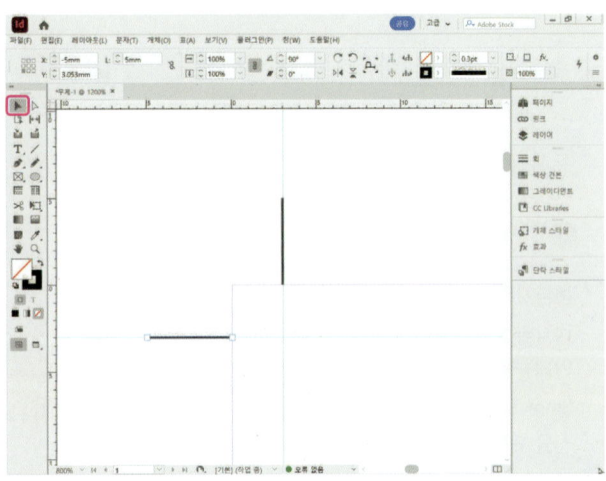

❸ 각 모서리를 ❷와 같은 방법으로 복사한 후 가로 안내선과 세로 안내선에 알맞게 배치하여 재단선을 만듭니다.

5) 비번호 만들기

❶ 왼쪽 아래에 문자 도구(T)로 입력할 영역을 드래그하여 문자 프레임을 생성한 후 비번호 'A01'을 입력합니다.

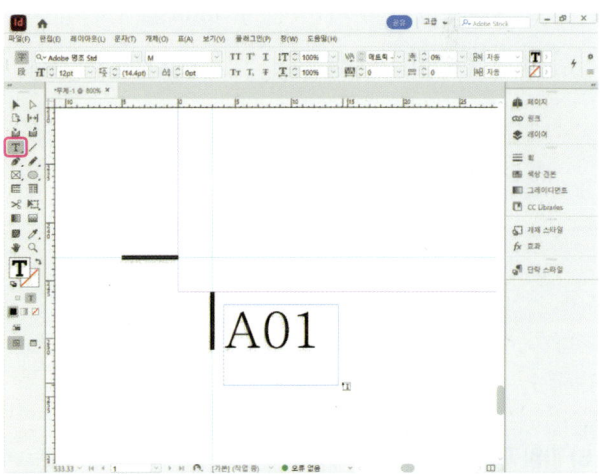

❷ [창]－[문자 및 표]－[문자] 패널에 서체 : 돋움 또는 Arial(고딕), 문자 크기 : 10pt 로 입력합니다.

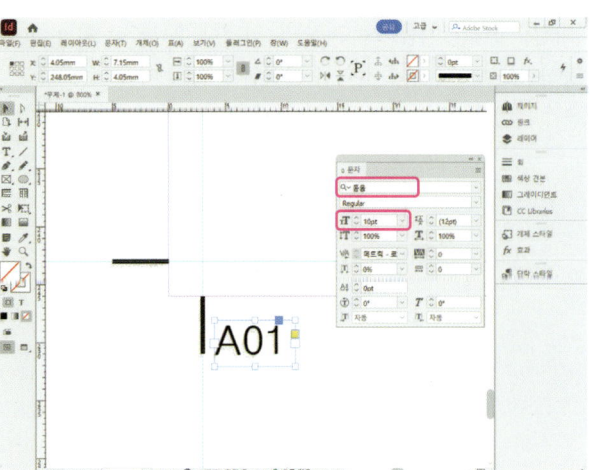

CHAPTER 2 구워먹는 채소 & 과일

❸ 선택 도구( )로 문자와 왼쪽 하단의 세로 재단선과 같은 위치에 배치하기 위해 [창]－[개체 및 레이아웃]－[정렬] 패널에서 왼쪽 정렬 아이콘을 누릅니다.

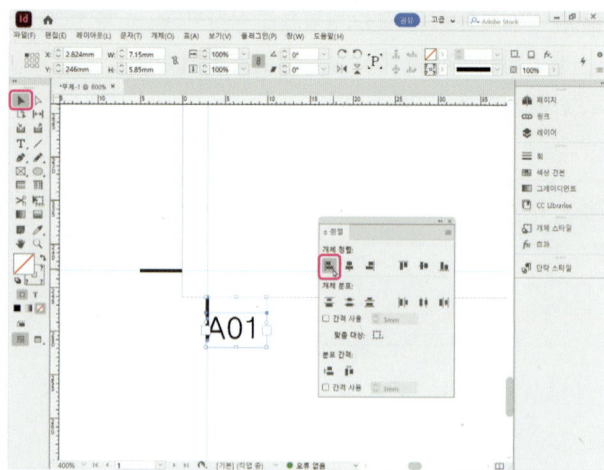

❹ [정렬] 패널의 분포 간격에서 간격 사용을 체크하고 3mm을 입력합니다. '수평 공간 분포' 아이콘을 눌러 재단선에서 3mm를 띄어 배치합니다.

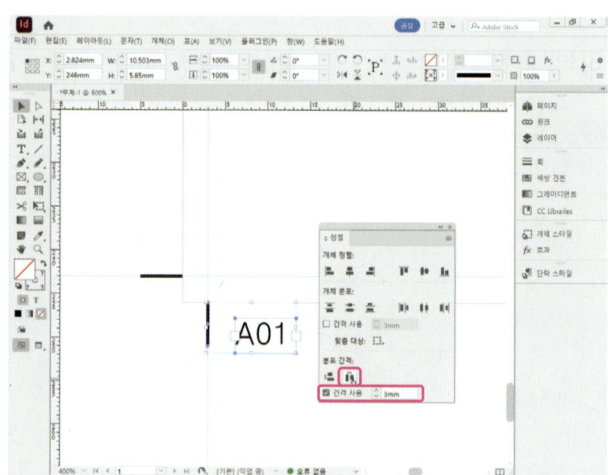

6) 파일 저장하기

[파일]－[다른 이름으로 저장]을 선택한 후 바탕화면에 있는 'A01' 폴더를 클릭하고 파일 이름 : A01.indd(비번호)로 저장합니다.

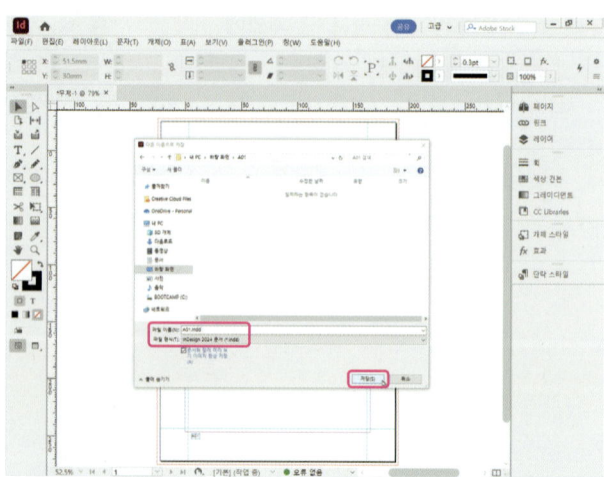

7) 이미지 배치하기

❶ [파일]-[가져오기] 또는 Ctrl + D 를 눌러 'A01.jpg' 파일을 선택한 후 [열기(O)]를 누릅니다.

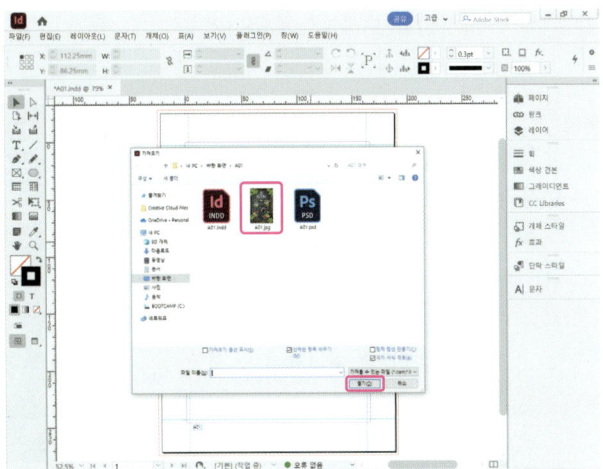

❷ 왼쪽 상단의 여백 모서리를 클릭하여 이미지를 불러옵니다.

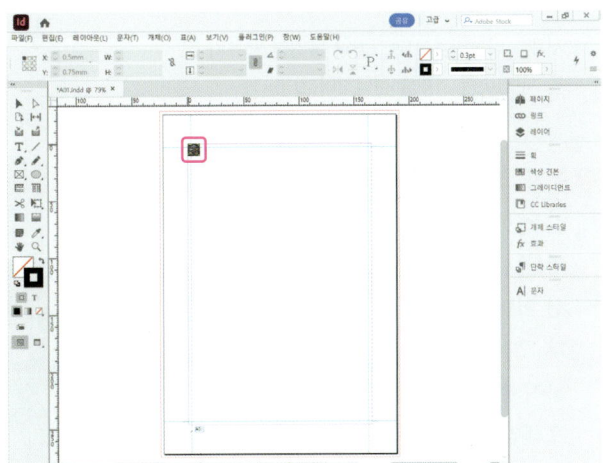

❸ 이미지를 선택한 후 옵션에서 이미지의 중심이 왼쪽 상단이 될 수 있도록 점을 선택하고 X : 0mm, Y : 0mm, W : 166mm, H : 246mm로 입력하여 정확하게 배치합니다.

Tip

이미지는 [보기]-[화면 표시 성능]-[고품질 표시]를 선택하면 선명하게 볼 수 있습니다.

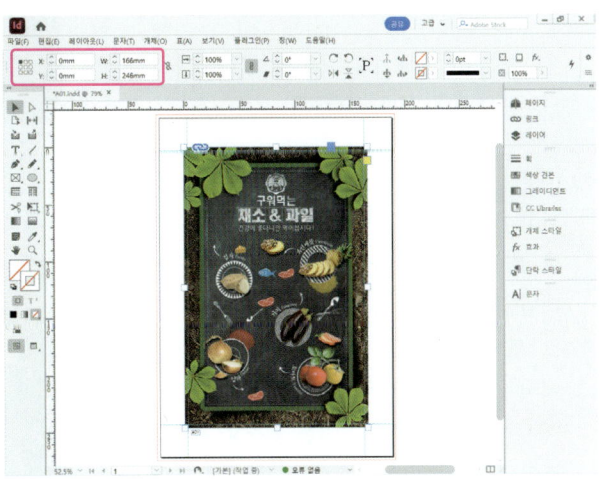

8) 텍스트

❶ 문자 도구(T)로 드래그하여 글자가 들어갈 프레임을 생성하고 '가 많이 함유된 감자 통으로 구우면 비타민C가 파괴되지 않음'을 입력합니다.

문자의 색상은 [창]-[색상견본]에서 [용지]를 선택하고, [창]-[문자 및 표]-[문자] 패널에서 서체, 크기, 자간 설정, 띄어쓰기 등을 그림과 같이 설정합니다.

[문자 및 표]-[단락] 패널에서 '오른쪽 정렬' 아이콘을 클릭합니다.

> **Tip**
> 서체 : 나눔바른고딕(그림과 동일한 서체가 없을 시 비슷한 서체를 선택하여 사용)

❷ 문자 도구(T)로 드래그하여 글자가 들어갈 프레임을 다시 생성하고 '비타민C'를 입력합니다. [색상견본] 패널 오른쪽 상단 옵션 아이콘을 눌러 새 색상 견본을 클릭합니다. M65Y100을 입력한 후 [확인]을 클릭하여 추가하고 문자에 적용합니다.

프레임의 면색은 [용지]를 선택합니다.

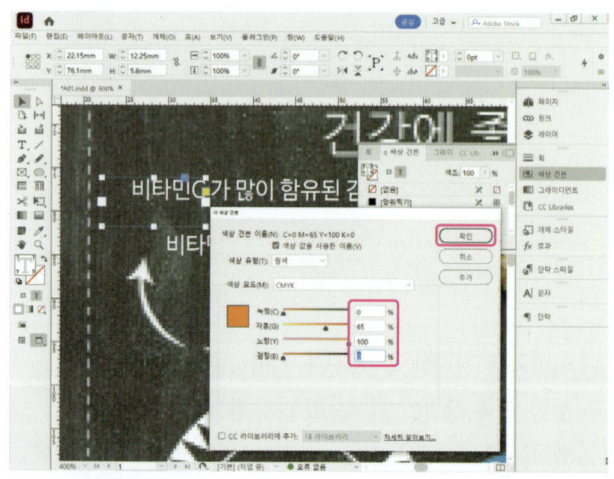

❸ [문자] 패널에서 서체, 크기를 알맞게 설정하고 [단락] 패널에서 '가운데 정렬' 아이콘을 클릭합니다. 선택 도구(▶)로 글자 프레임을 선택하여 마우스 우클릭하고 [텍스트 프레임 옵션]을 선택합니다. 옵션 상자에서 [일반]-[수직 균등 배치]-[정렬 : 가운데]를 클릭하여 글자를 텍스트 프레임 중앙에 배치합니다. [확인]을 클릭하고 알맞게 배치합니다.

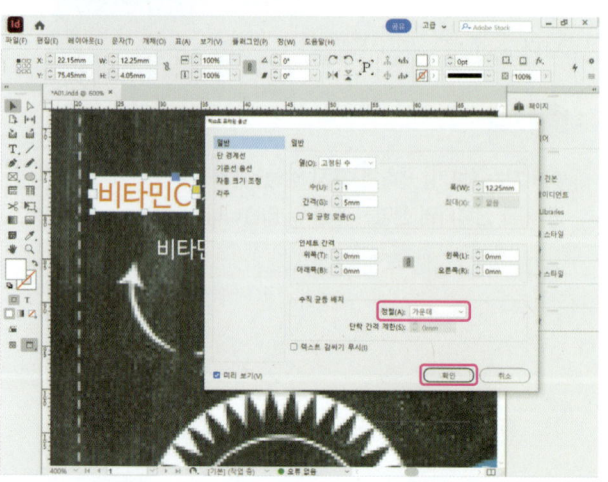

❹ 위에 완성한 문자는 모두 선택하고 선택 도구(▶)로 Alt 를 누른 채 이동하여 복사합니다.

텍스트와 색상을 아래 제시된 '텍스트 추가' 내용으로 변경하고 알맞게 배치하여 완성합니다.

> **텍스트 추가**
> 1. 독특한 향이 고기의 향과 잘 어울리며 단백질 분해 효소인 브로멜린(M25Y100)이 육류 단백질 소화를 도움
> 2. 눈 건강, 심혈관계 질환 예방, 혈액순환 개선 등에 안토시아닌(C20M100)의 손실 방지
> 3. 노화방지와 항산화 작용에 탁월한 리코펜(M100Y100)은 생으로 먹을 때보다 기름에 굽거나 볶아 먹을 경우 체내 흡수율이 5배 높아짐
> 4. 양파의 퀘르세틴(M70Y50) 성분이 육류에 포함된 불포화지방산의 산화를 막아주어, 고기와 함께 구워먹을 경우 성인병 예방에 탁월함

9) 파일 제출하기

[파일]-[저장]을 선택합니다. 바탕화면 작업 'A01' 폴더를 열어 'A01.indd'와 'A01.jpg' 파일만 넣어 제출합니다.

출력 지정 자리로 이동하여 'A01.indd' 파일을 열어 출력하고, 출력된 이미지는 시험장에서 제공하는 A3용지 가운데에 부착시켜 제출합니다.

CHAPTER 3 국제 청소년 태권도 한마당

1 유의사항 및 디자인 원고 확인하기

국가기술자격 실기시험 문제

자격종목	컴퓨터그래픽기능사	과제명	국제 청소년 태권도 한마당

※ 시험시간 : 3시간 30분

1. 요구사항

※ 다음의 요구사항에 맞도록 주어진 자료(컴퓨터에 수록)를 활용하여 디자인원고를 시험시간 내에 컴퓨터 작업으로 완성하여 A4용지로 출력 후 A3용지에 마운팅(부착)하여 제출하시오.
※ 모든 작업은 수험자가 컴퓨터 바탕화면에 폴더를 만들어 저장하시오.

가. 작품규격(재단되었을 때의 규격) : 디자인원고 참조 A4용지 중앙에 작품이 배치 되도록 하시오
- 원고 규격 : 160×240mm

나. 구성요소(문자, 그림) : 디자인원고 참조
● 문자요소
- 국제 청소년 태권도 한마당 2030
- 2030. 8. 25(목) ~ 28(일) 충무실내체육관
- International Junior Taekwondo Hanmadang 2030
- International Junior Taekwondo Hanmadang 2030
- 꿈과, 젊음우정, 그리고 미래

● 그림요소

태권도_01.jpg   태권도_02.jpg   태권도_03.jpg   태권도_04.jpg

다. 작업내용
1) 주어진 디자인원고(그림, 사진, 문자, 색채, 레이아웃, 규격 등)와 동일하게 작업하시오.
2) 디자인원고 내용 중 불명확한 형상, 색상코드 불일치, 색 지정이 없는 부분, 원고에 없는 형상 등이 있을 때는 수험자가 「5 – 5」페이지(나. 완성도면) 내용과 같이 작업하시오.
3) 디자인원고의 서체(요구 서체)가 사용 컴퓨터 및 소프트웨어와 맞지 않을 경우는 가장 근접한 서체를 사용하시오.
4) 상하, 좌우에 3mm 재단여유를 갖도록 작품을 배치하고, 재단선은 작품규격에 맞추어 용도에 맞게 표시하시오(단, 디자인원고 중 작품의 규격을 표시한 외곽선이 있을 때는 「5 – 5」원고의 지시에 따라 표시여부를 결정한다).
5) 디자인원고 좌측 하단으로부터 3mm를 띄어 비번호를 고딕 10pt로 반드시 기록하시오.
6) 출력물(A4)은 어떠한 경우에도 절취할 수 없으며, 반드시 A3용지 중앙에 마운팅 하시오.

라. 컴퓨터 작업범위
1) 10MB 용량의 폴더에 수록될 수 있도록 작업범위(해상도 및 포맷형식)를 계획하시오.
2) 규격 : A4(210×297mm) 중앙에 디자인원고 내용과 같은 작품(원고규격)을 배치하시오.
3) 해상도 및 포맷형식 : 제한용량 범위 내에서 선택하시오.
4) 기타
  ① 제공된 자료범위 내에서 활용하시오.
  ② 3개의 2D 응용프로그램을 고루 활용하되, 최종작업 및 출력은 편집 프로그램(쿽 익스프레스, 인디자인)에서 하시오(최종작업 파일이 다른 프로그램에서 생성되어진 경우는 출력할 수 없음).

2. 수험자 유의사항

1) 수험자 인적사항 및 답안작성은 흑색 필기구만 사용해야 합니다.
2) 시설목록상의 소프트웨어 및 참고자료가 하드웨어에 설치되었는지 확인한 후 작업하시오.
   (단, 시설목록 이외의 동등한 소프트웨어, 폰트 등 [반드시 정품에 한함]을 설치하고자 할 때에는 시험 시작 전 감독위원의 입회하에 설치할 수 있으며, 무료폰트, 프리웨어 소프트웨어는 설치할 수 없습니다)
   ※ 수험자가 지참한 펜마우스, 그래픽 타블렛, 디지타이저, 스캐너 등 입력장치는 사용할 수 없습니다.
3) 지참공구『수험표, 신분증, 연필(1개), 사인펜(1개), 눈금자(30cm), 가위, 양면테이프』이외의 참고자료 및 저장매체 등 어떠한 물품(핸드폰 전원 Off)이라도 시험 중 지참할 수 없습니다.
   ※ 작업 중 계산이 필요한 경우는 컴퓨터 내 계산기를 사용할 수 있습니다.
4) 수험자의 컴퓨터 활용 미숙 등으로 인한 시험 진행이 어렵다고 판단되었을 때는 감독위원은 시험을 중지시키고 실격처리를 할 수 있습니다.
5) 바탕화면에 폴더를 생성하여 주기적으로 작업한 파일을 저장하시오.
6) 작업이 끝나면 생성한 비번호 폴더에 10MB 용량 이내로 출력과 관련된 파일만(최종 작업 파일)을 저장하고 감독위원의 지시에 따라 전송하시오(단, 시험시간은 저장한 파일이 포함된 폴더를 전송한 시점까지이며, 전송 후에는 일체의 재작업을 할 수 없음).
7) 프린트는 감독위원의 별도 지시에 따라 순서에 의해 수험자 본인이 출력하며, 1회 출력을 원칙으로 합니다(단, 기계 이상 또는 출력 오류 등의 사유로 인쇄가 잘못되었을 시 감독위원의 확인 후 다시 출력할 수 있으며 잘못된 인쇄본은 감독위원에게 제출하시오).
8) A3용지 좌측 상단 표제란에 인적사항을 기재하고, 작품(출력물, A4)은 표제란을 제외한 A3용지의 중앙에 마운팅(부착)하며, 작품 부착 경계선상에 감독위원의 확인 날인을 받으시오(단, 마운팅 소요시간 5분 이내).
9) 지급된 A3용지 및 컴퓨터 작업 내에는 불필요한 내용의 표시를 하지 마시오.
10) 모든 작품을 감독위원 또는 채점위원이 검토하여 카피된 작품(동일 작품)이 있을 때에는 관련된 수험자 모두를 부정행위로 처리합니다.
11) 컴퓨터 H/W에 작업된 모든 내용과 시험자료는 A3용지에 마운팅 한 후 삭제하고, 출력물을 부착한 A3용지를 제출하시오.
12) 장시간 컴퓨터 작업으로 신체에 무리가 가지 않도록 적절한 몸풀기(스트레칭) 후 작업하시오.
13) 다음 사항에 대해서는 실격에 해당되어 채점 대상에서 제외됩니다.
    가) 수험자 본인이 수험 도중 시험에 대한 포기(기권) 의사를 표시하고 포기하는 경우
    나) 지정 작업범위(용량)를 초과한 경우
    다) 요구사항과 현격히 다른 경우(채점위원이 판단)
    라) 제한시간을 초과하여 미완성인 경우
    마) 과제기준 20% 이상 완성이 되지 않은 경우(채점위원이 판단)
    바) 최종작업을 편집프로그램으로 하지 않았거나, 수험자 미숙으로 출력을 못하였을 경우
14) 주요 채점 항목은 다음과 같습니다.
    가) 응용프로그램의 활용능력 및 최종 편집 프로그램 사용
    나) 색채, 그림요소의 표현
    다) 그림 및 문자요소의 레이아웃
    라) 타이포그래피(서체특성 및 크기, 자간 및 행간의 정확도, 오타 등)
    마) 원고규격, 재단선의 적합성, 디자인원고의 배치

3. 지급재료 목록

일련번호	재료명	규격	단위	수량	비고
1	복사 용지	A3	장	1	1인당
2	프린터 용지	A4(360dpi 이상 또는 일반용지)	장	2	1인당(프린터기에 내장)

컴퓨터그래픽기능사 디자인 원고

작품명 : 국제 청소년 태권도 한마당

※ 작품규격(재단되어 있을 때의 규격) : 160×240mm, 작품 외곽선은 생략하고, 재단선은 3mm 재단 여유를 두고 용도에 맞게 표시하시오.

※ 불명확한 형상, 색상코드 불일치, 색 지정이 없는 부분, 원고에 없는 형상 등이 있을 때는 (나. 완성도면)와 같이 작업하시오.

가. 지시사항

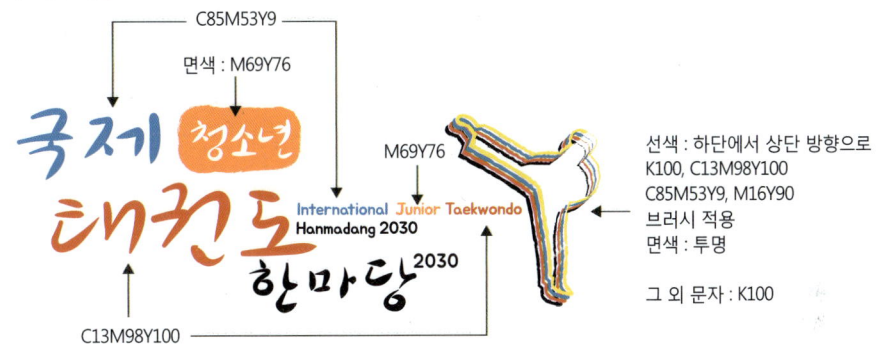

C85M53Y9
면색 : M69Y76
M69Y76
선색 : 하단에서 상단 방향으로
K100, C13M98Y100
C85M53Y9, M16Y90
브러시 적용
면색 : 투명
그 외 문자 : K100
C13M98Y100

2030. 8. 25(목) ~ 28(일) 중무실내체육관
문자 8, 25, 28 : C85M53Y9, 그 외 K100

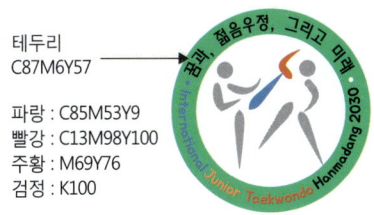

테두리
C87M6Y57

파랑 : C85M53Y9
빨강 : C13M98Y100
주황 : M69Y76
검정 : K100

① 이미지 : 태권도_03과 합성, 입체감 적용
  파란색 계열로 색상 변경
② C92M73 필터 ③ C100M50 필터
④ 이미지 : 태권도_04와 합성, 입체감 적용
⑤ M72Y72 필터 ⑥ Y100 필터

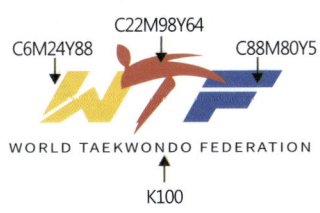

C6M24Y88 C22M98Y64 C88M80Y5

K100

빨강 : M100Y100, 파랑 : C100M100
검정 : K100, 흰색 : W

빨강 : C13M98Y100
파랑 : C86M77Y8

나. 완성도면

2 디자인 원고에 그리드 그리기

❶ 출력된 디자인 문제지의 '완성도면'에 직접 자와 빨간 펜 등 눈에 띄는 색상의 펜을 활용하여 16등분 선으로 그림과 같이 그리드 선을 그립니다.

Tip

문제지 출력형태와 작업 도큐멘트에 같은 그리드를 그리면 오브젝트의 크기, 위치, 배치 간격을 파악하는 데 도움이 됩니다.

나. 완성도면

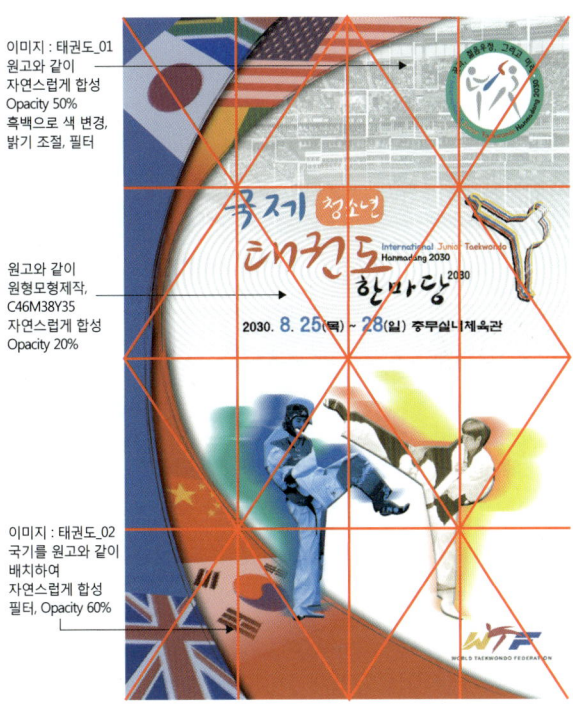

CHAPTER 3 국제 청소년 태권도 한마당

3 일러스트레이터 작업

01 작업 준비하기(도큐멘트 설정, 가이드 선 레이어 만들기)

1) 도큐멘트 설정하기

❶ 일러스트레이터에서 [File]−[New] 또는 Ctrl + N 을 눌러 Width : 166mm, Height : 246mm, Color Mode : CMYK Color, Raster Effects : High(300ppi)로 설정한 후 [Create]를 클릭합니다.

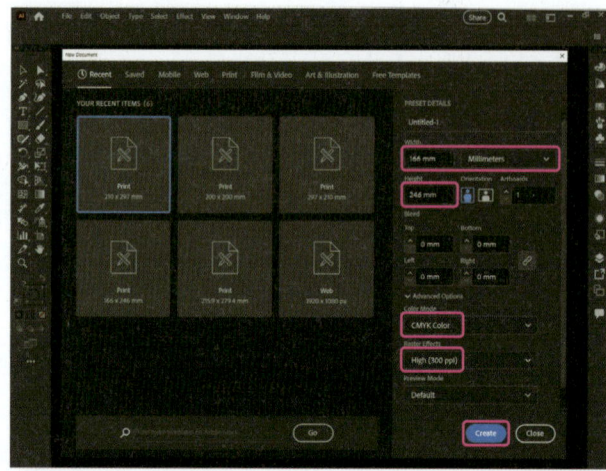

❷ 바탕화면에 새 폴더를 생성한 후 폴더 이름은 비번호 'A01'로 변경합니다. 일러스트레이터 프로그램에서 [File]−[Save]를 선택하고 파일 이름은 비번호 'A01'을 입력하고 파일형식 : Adobe Illustrator(*.Ai)를 선택한 후 [저장(S)]을 누릅니다. [Illustrator Options] 창이 활성화되면 [OK]를 눌러 저장합니다.

Ctrl + S 를 눌러 작업한 내용을 수시로 저장하는 습관을 들이면 프로그램 오류에 빠르게 대처할 수 있습니다.

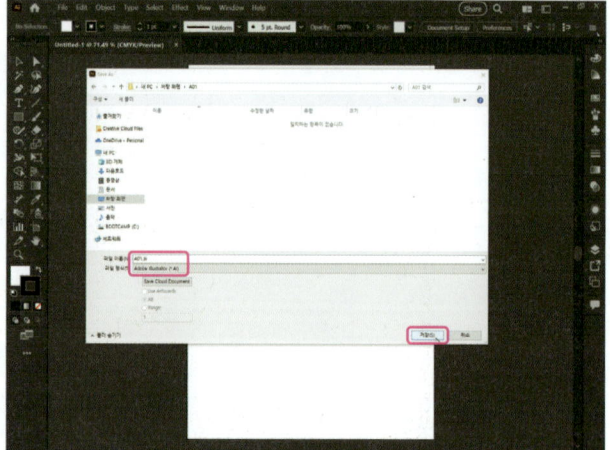

❸ 작업 창에 가로와 세로를 16등분 하는 격자 선을 그리드로 그리기 위해 Line Segment Tool( ) 아이콘 아래의 작은 삼각형을 길게 눌러 Rectangular Grid Tool( )을 선택하고 작업 창을 클릭합니다.

> **Tip**
>
> 문제지 출력형태와 작업 도큐멘트에 같은 그리드를 그리면 오브젝트의 크기, 위치, 배치 간격을 파악하는 데 도움이 됩니다. 그리드 작업이 필수 항목은 아니지만 디자인 작업이 숙련될 때까지 그리드 활용하는 것을 권장합니다.

❹ [Rectangular Grid] 옵션 상자를 활성화합니다. Default Size Width : 160mm, Height : 240mm, Horizontal Dividers Number : 3, Vertical Dividers Number : 3을 입력하고 [OK]를 클릭합니다.

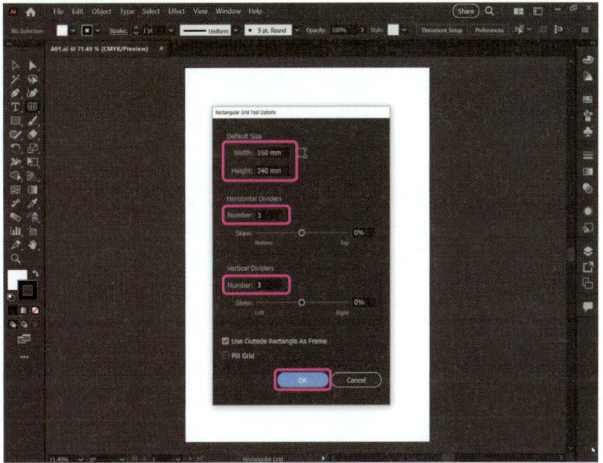

❺ 격자 선이 도큐멘트의 가운데에 정렬될 수 있도록 Selection Tool( )로 격자 선을 클릭하여 선택합니다.
[Window]-[Align] 패널을 활성화하고 Align To : Align to Artboard, Align Objects : Horizontal Align Center, Vertical Align Center를 눌러 작업 창 가운데 격자 선을 배치합니다.

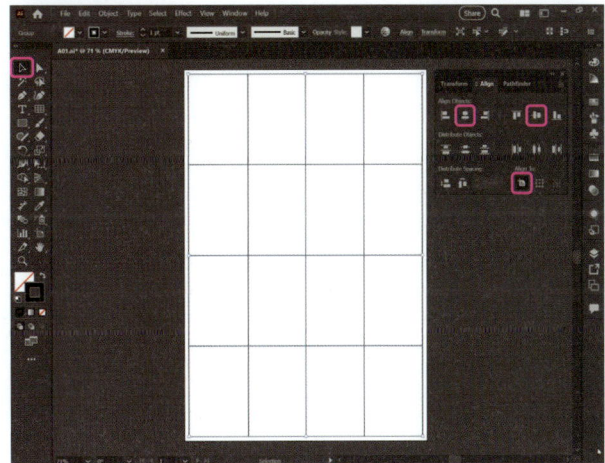

❻ 격자 선은 상단 메뉴의 [Object]-[Lock]
-[Selection] 또는 Ctrl + 2 를 눌러 격
자 선이 움직이지 않도록 고정합니다.

> **Tip** ✓
>
> Pen Tool(✏)로 기존 고정점을 클릭하면 삭
> 제되기 때문에 고정점이 선택되지 않도록 잠
> 그고 추가 선을 그립니다.

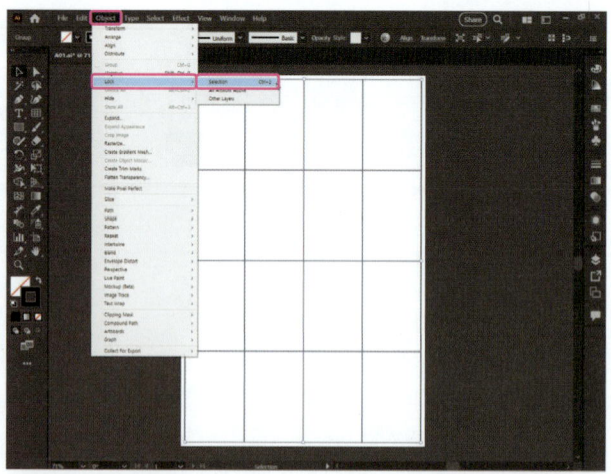

❼ Pen Tool(✏)로 격자 선의 상, 하, 좌,
우 가운데 점을 연결하여 마름모(◇) 형태
로 선을 그립니다.

> **Tip** ✓
>
> [Menu]-[View]-[Smart Guide] 또는 Ctrl
> + U 를 활성화하면 오브젝트를 그릴 때 교차
> 점이나 고정점을 정확하게 맞추는 데 도움이
> 됩니다.

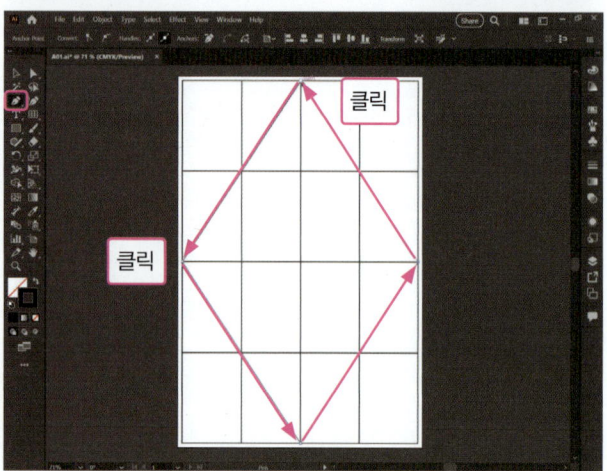

❽ Pen Tool(✏)로 X 형태로 추가 선을 그
립니다.

> **Tip** ✓
>
> Pen Tool(✏)로 X선을 그릴 때, 왼쪽 상단에
> 서 오른쪽 하단으로 대각선을 그린 후 Ctrl 을
> 누른 채 작업 창의 공간을 클릭하여 선 끝내기
> 를 하고 반대 방향으로 대각선을 그립니다.

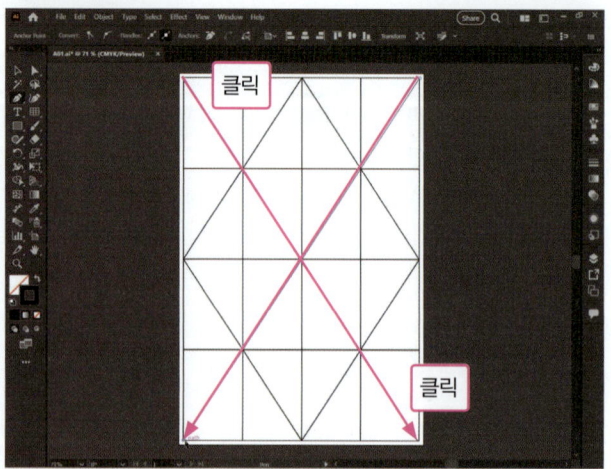

❾ [Object]−[Unlock All] 또는 Alt + Ctrl + 2 를 선택하여 잠근 격자 선을 풀고, [Select]−[All] 또는 Ctrl + A 를 눌러 격자 선을 모두 선택합니다.

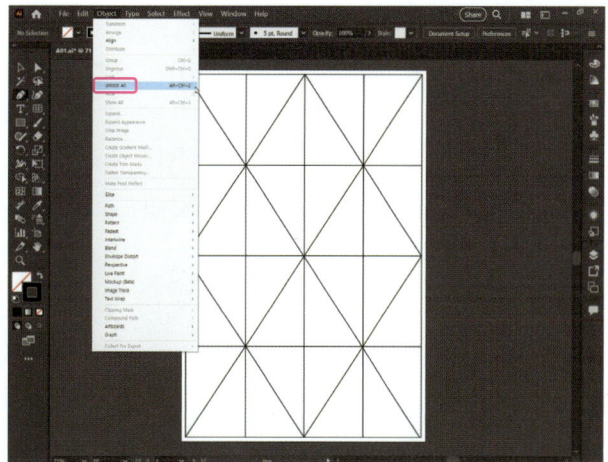

❿ [Stroke Color] 아이콘을 더블 클릭하여 [Color Picker] 대화창에 빨간색 색상값 M100Y100을 입력합니다.

문제지에 표기되지 않은 색상은 0%로 입력합니다.

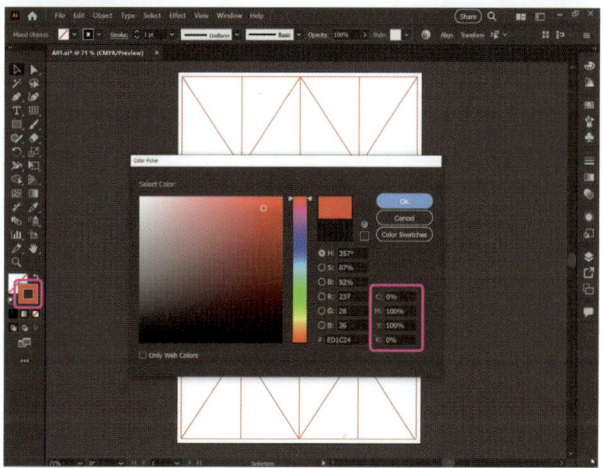

⓫ [Object]−[Group] 또는 Ctrl + G 를 눌러 그룹으로 지정합니다.

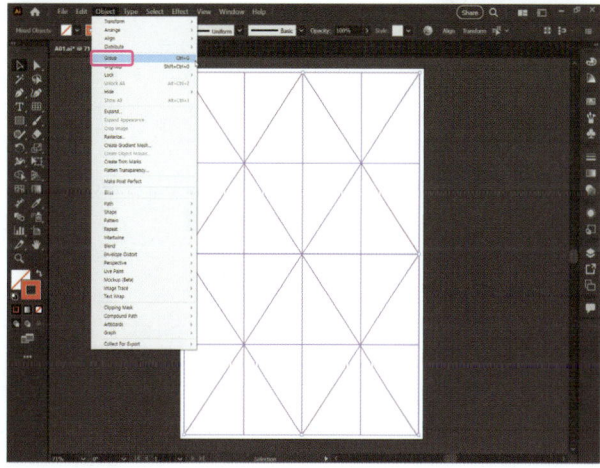

2) 가이드 선 레이어 만들기

❶ [Window]-[Layers] 패널을 활성화합니다. 'Layer 1' 이름을 더블 클릭하여 '가이드 선'으로 변경합니다. '가이드 선' 레이어는 [Toggles Lock]을 눌러 변경되지 않도록 고정합니다.

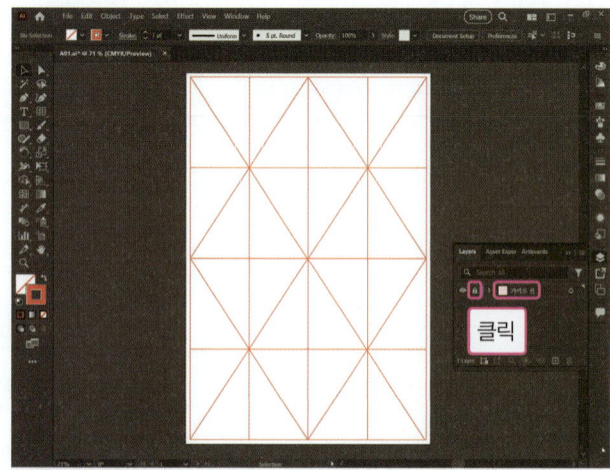

❷ [Layers] 패널에서 'Create New Layer' 아이콘을 눌러 새 레이어를 추가하고, 'Layer 2'를 더블 클릭한 후 레이어 이름을 '이미지'로 변경합니다.
일러스트레이터 작업물은 '이미지' 레이어에 작업합니다.

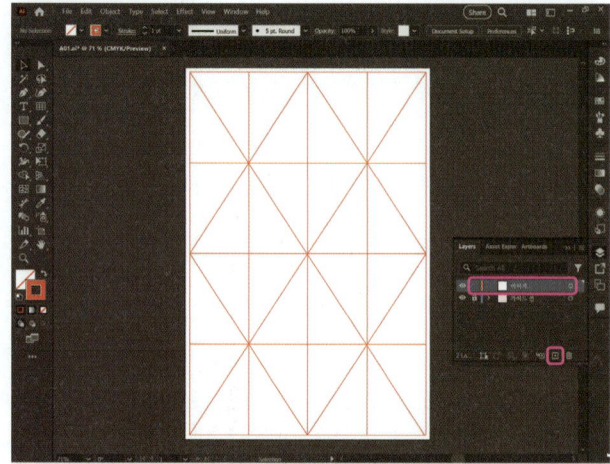

Tip ✓

[Layers] 패널에서 '이미지' 레이어를 더블 클릭하여 [Layer Options] 대화창을 활성화합니다. 레이어 색상을 변경하여 작업하기 편한 환경을 만듭니다.

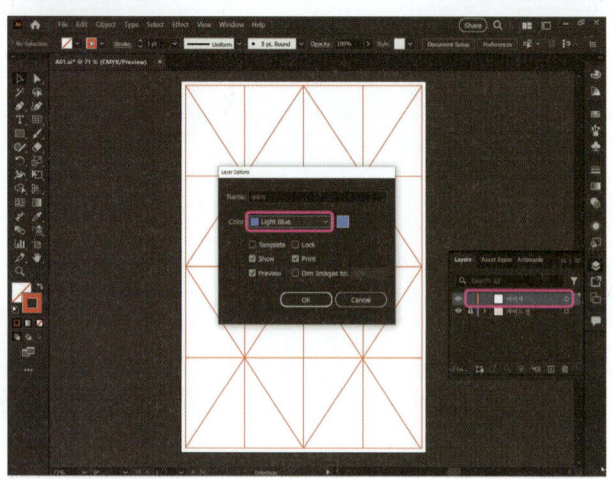

02 이미지 제작

1) 타이틀

❶ Type Tool(T)로 '국제 청소년 태권도 한마당'을 입력하고 [Window]−[Type]−[Character] 패널에서 원고와 비슷한 서체를 선택합니다.

> **Tip**
> • 서체 : 궁서체(그림과 동일한 서체가 없을 시 비슷한 서체를 선택하여 사용)
> • 글자 크기 : 50.191pt

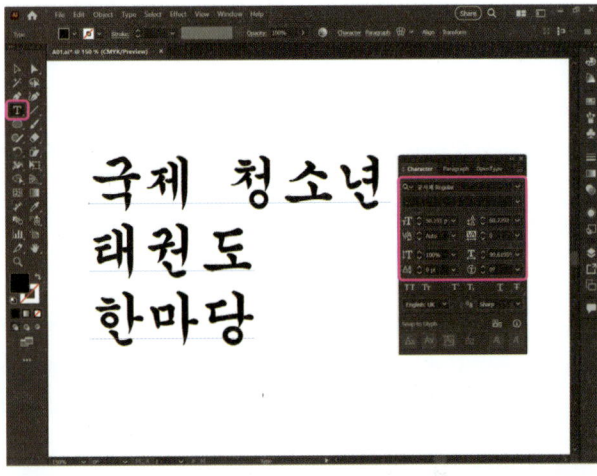

❷ Shear Tool(↗)을 더블 클릭하여 옵션 상자에서 Shear Angle : 5°, Axis : Horizontal을 선택하고 [OK]를 누릅니다.

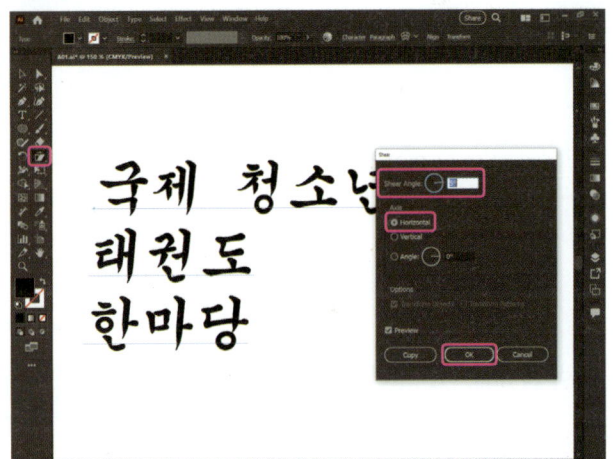

❸ Selection Tool(▶)로 모든 문자를 선택하고 옵션 바에서 Opacity : 30%로 입력한 후 [Object]−[Lock]−[Selection]으로 움직이지 않게 잠급니다.

> **Tip**
> 캘리그래피를 드로잉할 때 서체를 대고 그리면 균형 맞게 그릴 수 있습니다.

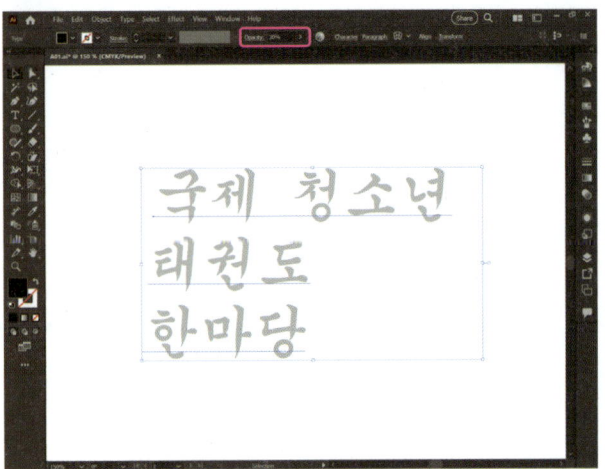

❹ Pen Tool(　)을 선택하고 면색은 None, 선색은 M100Y100으로 설정한 후 국제의 'ㄱ'을 선으로 그립니다.

> **Tip**
> Pen Tool(　)로 다음 선을 그리기 위해 Ctrl 을 누른 채 작업 창의 공간을 클릭하면 선이 강제 종료되어 새롭게 선을 그릴 수 있습니다.

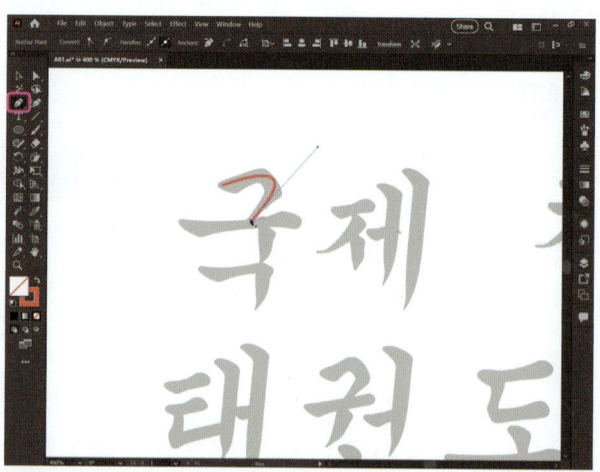

❺ ❹와 같은 방법으로 나머지 글자도 위치를 참고하여 출력형태와 비슷하도록 Pen Tool(　)로 변형하면서 그립니다.

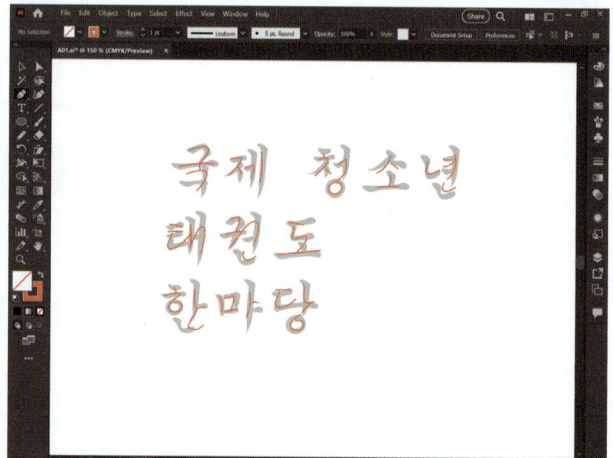

❻ Selection Tool(　)로 드로잉한 모든 선을 선택하여 입력한 문자 밖으로 이동시키고 [Object]-[Unlock All]를 클릭하여 잠금 해제합니다. 입력한 문자는 Delete 를 눌러 삭제합니다.

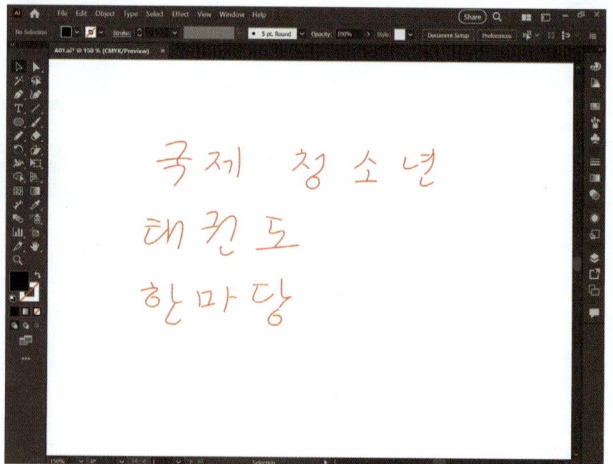

❼ 드로잉한 선은 출력형태의 원고와 비슷하도록 Direct Selection Tool( )과 Smooth Tool( )을 이용해 모양을 다듬고 Selection Tool( )로 크기와 기울기를 조정하여 캘리그래피의 기본선을 완성합니다.

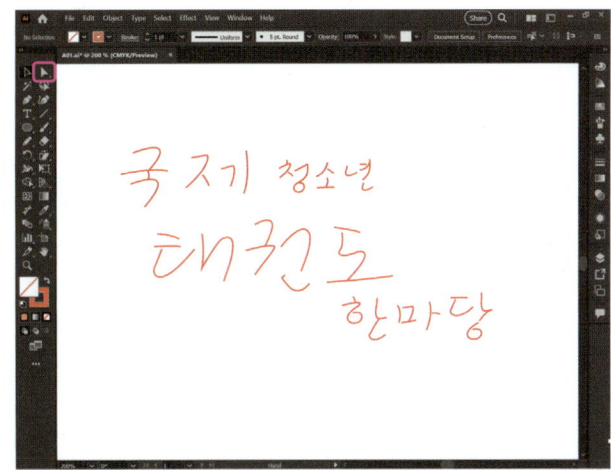

❽ Selection Tool( )로 선을 모두 선택한 후 캘리그래피의 선에 붓글씨의 효과를 주기 위해 [Stroke] 패널에서 Cap : Round Cap, Corner : Round Join을 선택하고 Profile : Variable Width Profile의 'Width Profile 5'를 선택합니다.

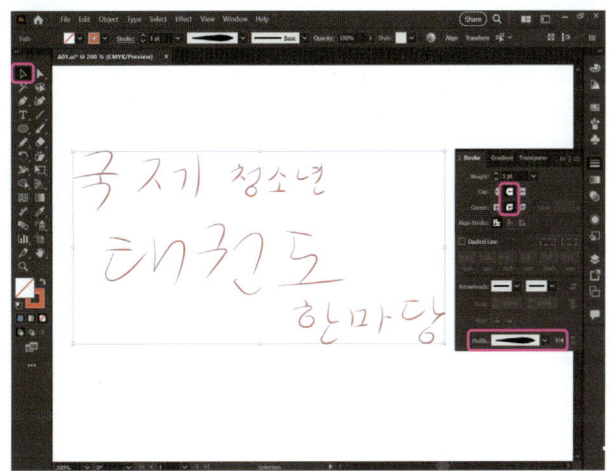

❾ Selection Tool( )로 선을 선택하여 [Stroke] 패널에서 [Weight]를 적절하게 조정하여 획의 두께를 설정합니다.

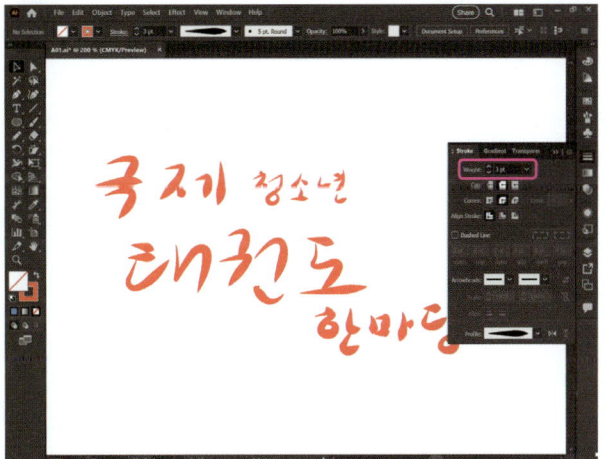

⑩ Width Tool()로 패스를 드래그하여 선의 굵기를 부분적으로 더 조절합니다.

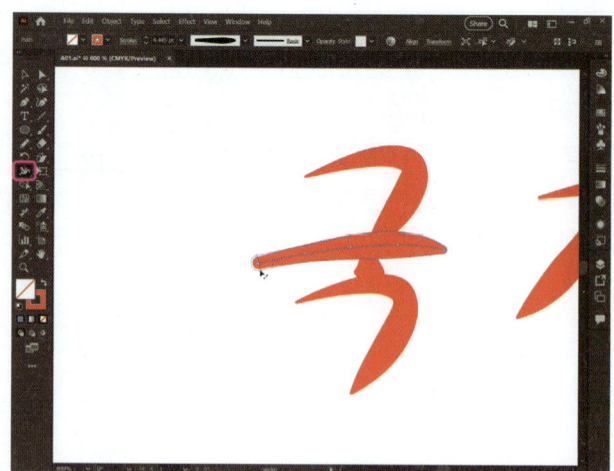

⑪ Selection Tool( )로 모든 선을 선택하고 [Object]-[Expand Appearance]를 클릭하여 선을 면으로 변경합니다.

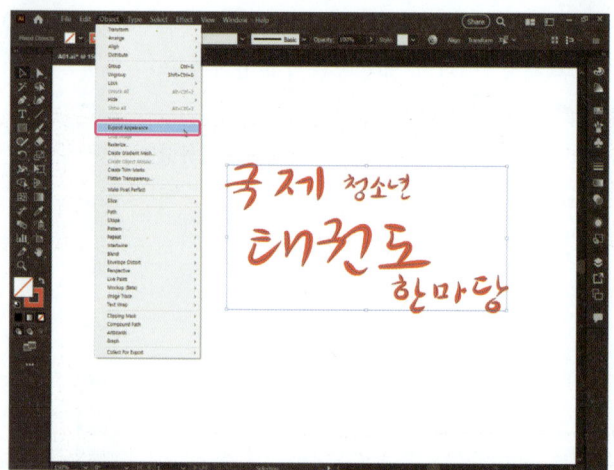

⑫ 문자 색상은 국제(C85M53Y9), 청소년(C0M0Y0K0), 태권도(C13M98Y100), 한마당(K100)으로 설정합니다.

> **Tip**
> 면으로 만든 글자는 [Stroke]를 이용하여 굵기를 조절할 수 있습니다.

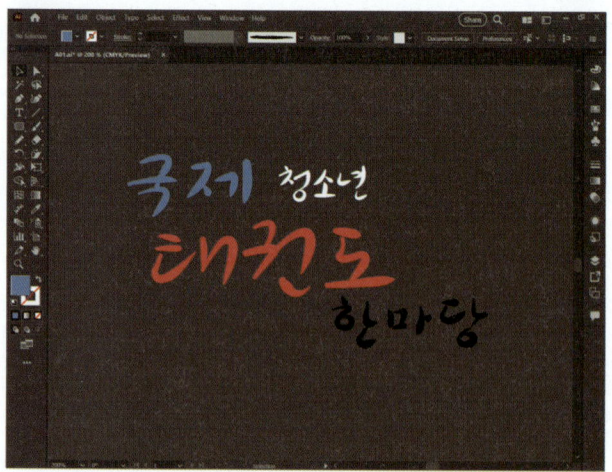

⓭ Rounded Rectangle Tool(　)로 가로가 긴 모서리가 둥근 직사각형을 그리고 면 색은 M69Y76, 선색은 None으로 설정합니다. 선택된 사각형은 마우스 우클릭하여 [Arrange]-[Sent to Back]을 눌러 청소년 글자 뒤에 배치합니다.

⓮ 직사각형이 선택된 상태에서 Pencil Tool(　)로 직사각형의 외곽을 드래그하여 일부 변형합니다.

⓯ 도장의 외곽선의 질감을 표현하기 위해 [Window]-[Brushes] 패널을 열어 왼쪽 하단의 [Brush Libraries Menu]를 클릭한 후 [Artistic]-[Artistic_ChalkCharcoalPencil]외 Charcoal-Tepered를 선택합니다.
선색은 M69Y76으로 설정하고 [Stroke] 패널에서 선의 두께를 적절히 조절합니다.

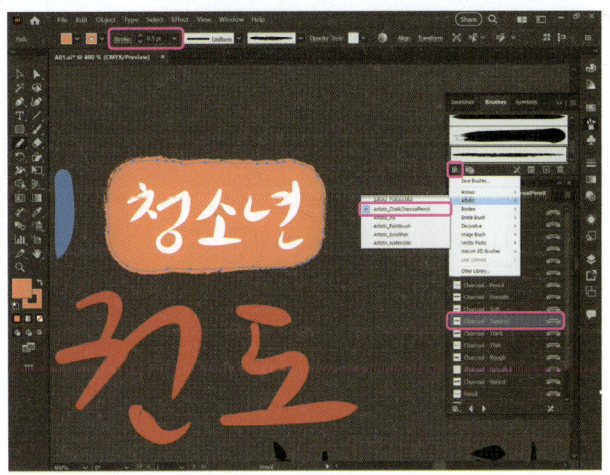

CHAPTER 3 국제 청소년 태권도 한마당 133

⑯ Type Tool(T)로 '2030'을 입력하고 [Character] 패널에서 서체, 크기, 자간 설정 등을 출력형태와 비슷하게 설정합니다. 문자 색상은 K100으로 설정합니다.

> **Tip**
> 서체 : 휴먼옛체(그림과 동일한 서체가 없을 시 비슷한 서체를 선택하여 사용)

⑰ Type Tool(T)로 'International Junior Taekwondo Hanmadang 2030'을 입력하고 [Character] 패널에서 서체, 크기, 자간 설정 등을 출력형태와 비슷하게 설정합니다.
문자 색상은 International(C85M53Y9), Junior(M69Y76), Taekwondo(C13M98Y100), Hanmadang 2030(K100)으로 설정합니다.

> **Tip**
> 서체 : 배달의민족 주아(그림과 동일한 서체가 없을 시 비슷한 서체를 선택하여 사용)

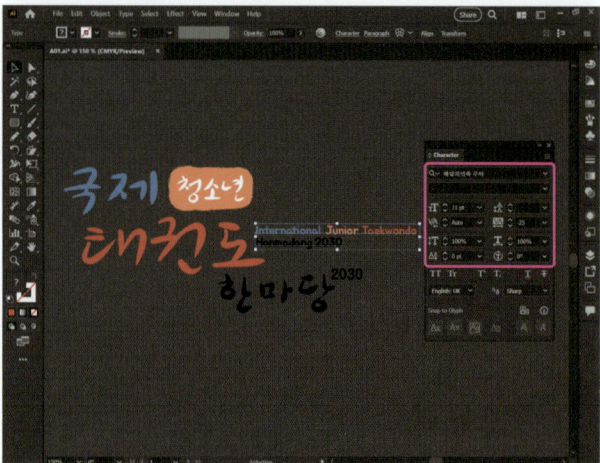

2) 태권도1

❶ Pen Tool()로 '태권도' 이미지를 그림과 같이 그립니다. 면색은 None, 선색은 K100으로 설정합니다.

❷ [Window]-[Brushes] 패널 왼쪽 하단의 [Brush Libraries Menu]를 클릭한 후 [Artistic]-[Artistic_ChalkCharcoalPencil]의 Charcoal-Pencil를 선택합니다. [Stroke] 패널에서 선의 두께를 적절히 조정합니다.

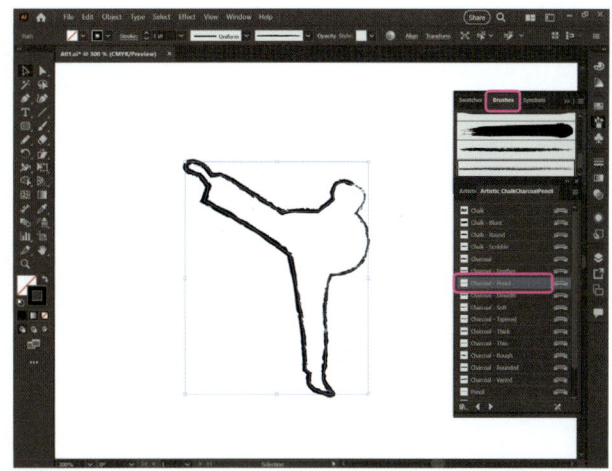

❸ Selection Tool( )로 '태권도' 이미지를 선택하고 Ctrl + C 를 눌러 복사한 후 Ctrl + F 를 눌러 이미지 앞에 붙입니다. 방향키를 눌러 오른쪽과 위로 이동시켜 배치하고 면색은 None, 선색은 C13M98Y100으로 입력합니다.

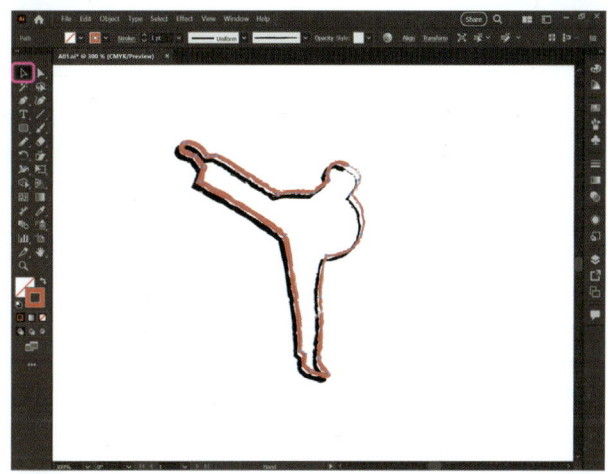

❹ ❸과 같은 방법으로 두 번 더 복사하여 붙여넣고 각각 면색은 None, 선색은 C85M53Y9과 M16Y90으로 설정합니다. 작업된 이미지는 알맞게 배치하고 모두 선택한 후 Ctrl + G 를 눌러 그룹 설정합니다.

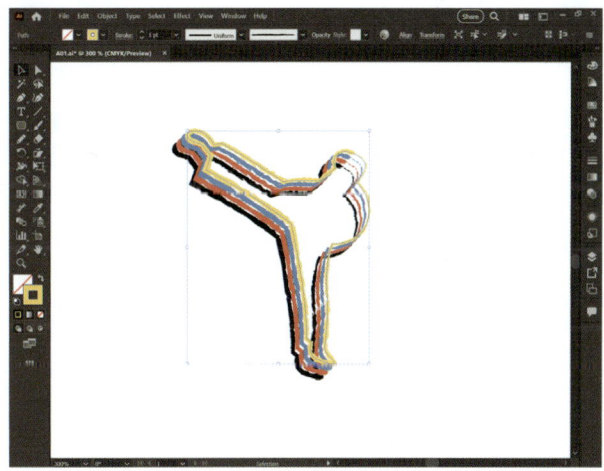

❺ 작업된 타이틀과 '태권도' 이미지는 가이드 선에 맞춰 크기를 조정한 뒤, 다른 요소들과 겹치거나 레이아웃 작업에 방해되지 않도록 가이드 선 바깥쪽으로 잠시 옮겨 둡니다.

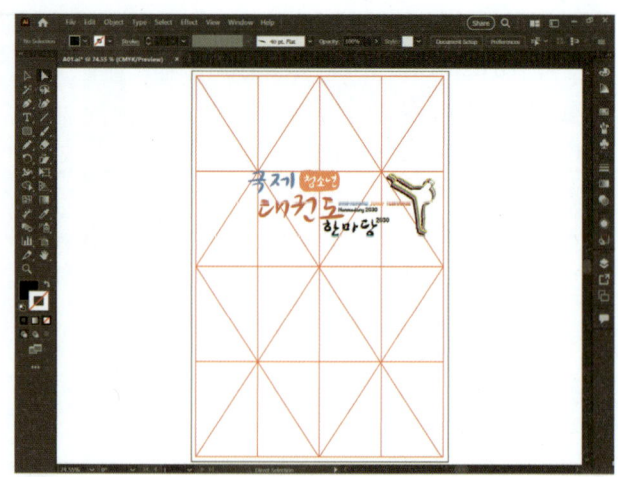

3) 로고

❶ [View]-[Show Grid]를 클릭한 후 그리드 라인을 활성화하고 Pen Tool( )로 면색은 None, 선색은 임의의 색상으로 그림과 같이 'W'의 왼쪽 면을 그립니다.

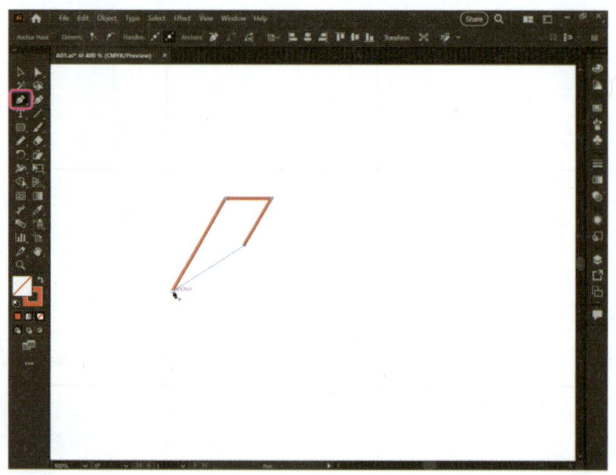

❷ Selection Tool( )로 오브젝트를 클릭하여 면색은 C6M24Y88, 선색은 None으로 설정하고 Alt + Shift 를 누른 채 오른쪽으로 드래그하여 배치합니다.

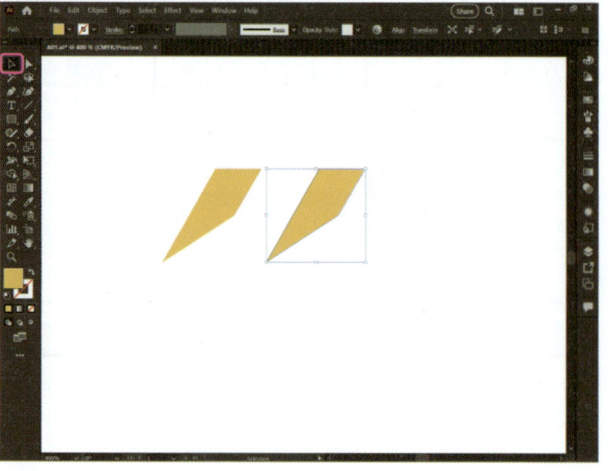

❸ Direct Selection Tool(▶)로 오른쪽 하단의 고정점을 클릭한채 드래그하여 면의 길이를 조절합니다

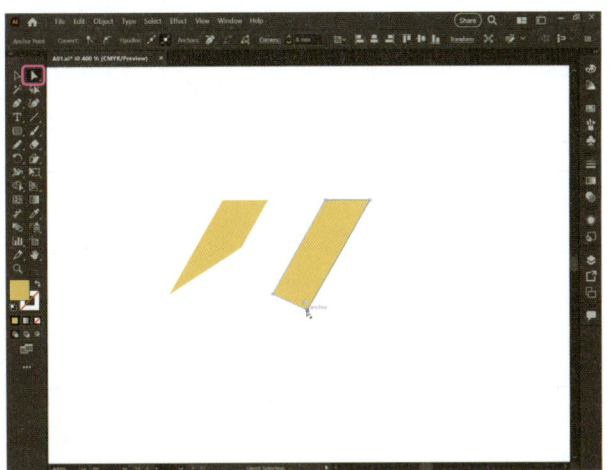

❹ Pen Tool(✏)로 그림과 같이 사이를 삼각형 형태로 그려 'W'를 완성합니다.

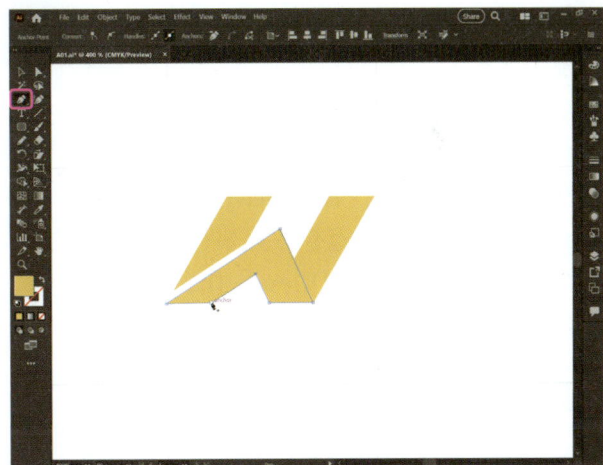

❺ 이어서 Pen Tool(✏)로 이미지를 곡선의 면으로 그리고 면색은 C22M98Y64, 선색은 None으로 설정합니다.

❻ Pen Tool()로 ❶~❹와 같은 방법으로 다음 이미지를 그리고 면색은 C88M80Y5, 선색은 None으로 설정합니다. Selection Tool()로 'F'를 선택하고 마우스 우클릭한 후 [Arrange]-[Send to Back]을 클릭하여 알맞게 레이어를 배치합니다.

❼ Type Tool()을 선택한 후 'WORLD TAEKWONDO FEDERATION'을 입력하고 문자의 색상은 K100으로 설정합니다.
[Window]-[Type]-[Character] 패널에서 서체, 크기, 자간 설정 등을 출력형태와 비슷하게 설정한 후 [View]-[Hide Grid]를 클릭합니다.

Tip
서체 : Source Sans Variable(그림과 동일한 서체가 없을 시 비슷한 서체를 선택하여 사용)

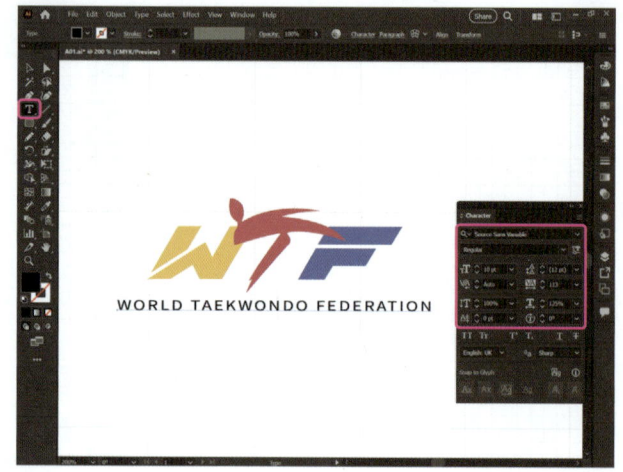

4) 심벌

❶ Ellipse Tool(○)로 그림과 같이 2개의 원을 그립니다.

Tip
원 크기 : 37×37mm, 28×28mm(도형의 크기는 정확하지 않아도 되며, 디자인 원고를 참고하여 비율을 맞춰 비슷하게 그림)

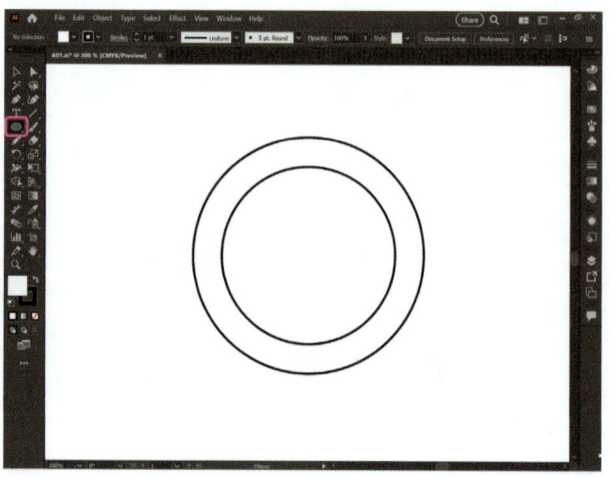

❷ Selection Tool( )로 원을 각각 선택하여 큰 원의 면색은 C87M6Y57, 작은 원의 면색은 C0M0Y0K0, 두 원의 선색은 None으로 설정합니다.

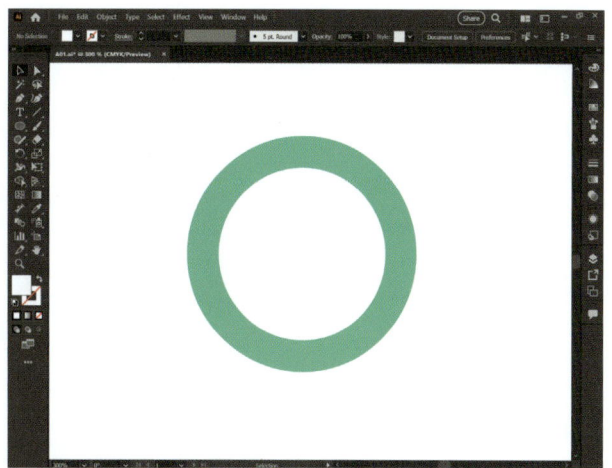

❸ Ellipse Tool( )로 그림과 같이 원의 가운데를 중심으로 Alt + Shift 를 누른 채 드래그하여 정원을 그립니다. 면색은 None, 선색은 K100으로 설정합니다.

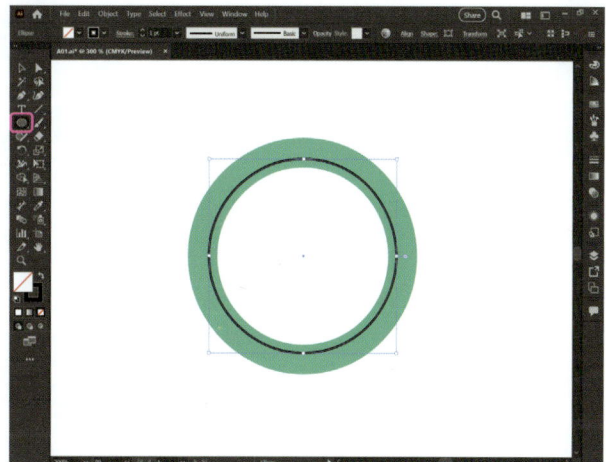

❹ Selection Tool( )로 추가한 원을 선택한 후 Alt + Shift 를 누른 채 드래그하여 오른쪽에 복사합니다.

이미지를 복사할 때 Shift 를 추가로 눌러 정방향으로 복사합니다.

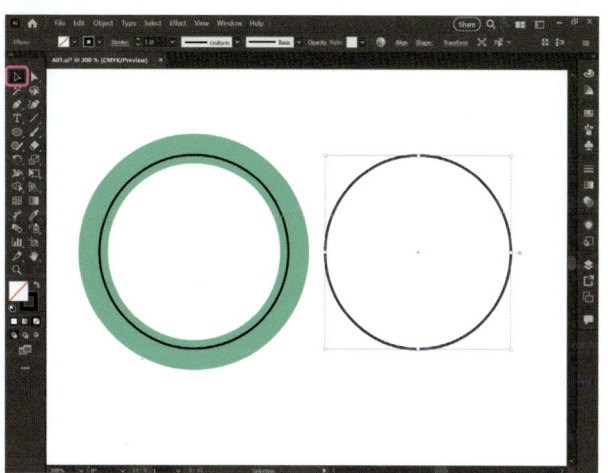

❺ Type On a Path Tool(　)로 글자가 들어갈 왼쪽 상단 패스에 클릭합니다. '꿈과, 젊음우정, 그리고 미래'를 입력합니다.

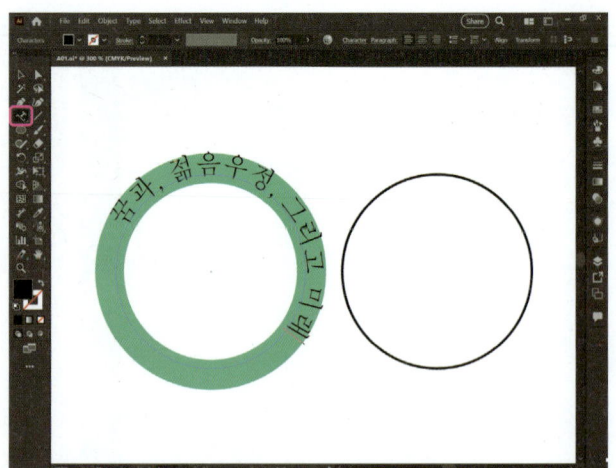

❻ 오른쪽 원도 글자가 들어갈 오른쪽 패스에 클릭합니다. 'International Junior Taekwondo Hanmadang 2030'을 입력합니다.

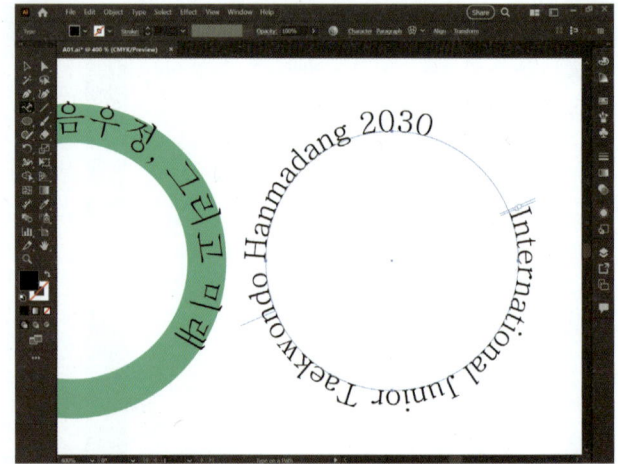

❼ Direct Selection Tool(　)로 가운데 수정 선을 안쪽으로 드래그하여 문자의 입력 방향을 변경합니다.

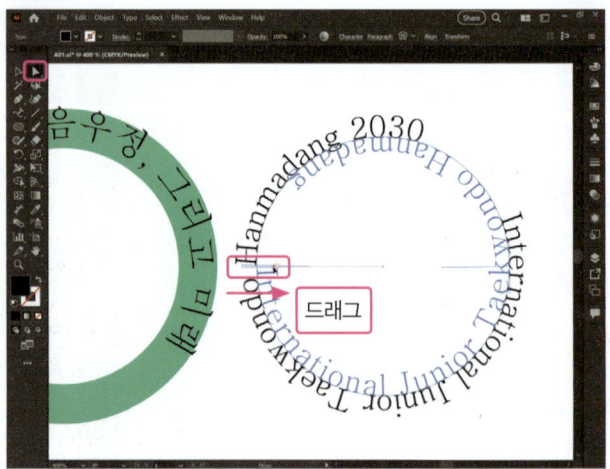

❽ [Character] 패널에서 서체, 크기, 자간 설정 등을 출력형태와 비슷하게 설정하고 Selection Tool( )로 오른쪽 문자의 원은 왼쪽 원에 겹쳐 크기를 조정하여 알맞게 배치합니다.

> **Tip**
> • 서체 : 휴먼모음T, 배달의민족 주아(그림과 동일한 서체가 없을 시 비슷한 서체를 선택하여 사용)
> • 글자 크기 : 9pt

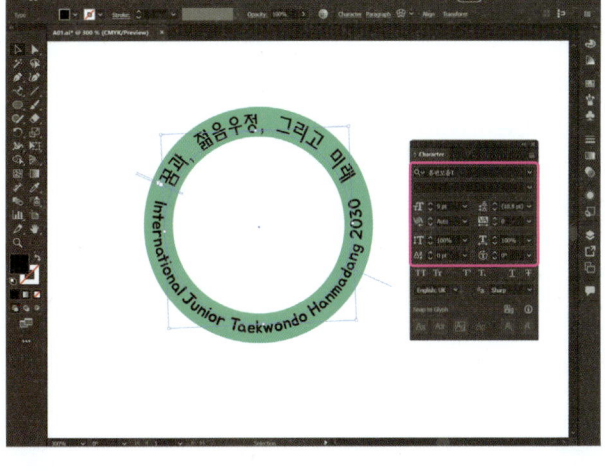

❾ 문자 색상은 꿈과, 젊음우정, 그리고 미래, Hanmadang 2030(K100), International (C85M53Y9), Junior(M69Y76), Taekwondo(C13M98Y100)으로 설정합니다.

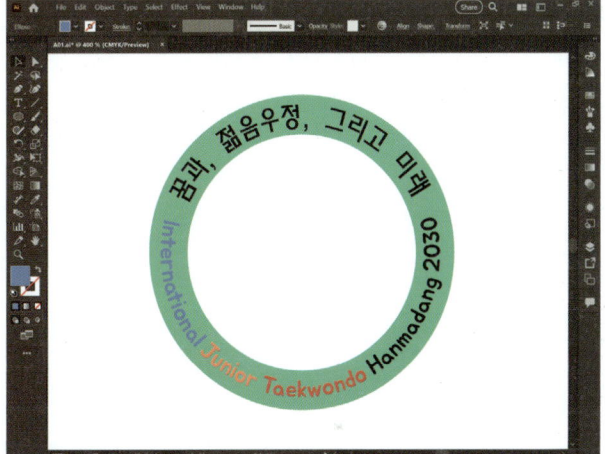

❿ Ellipse Tool( )로 글자 사이 작은 원을 그리고 면색은 C85M53Y9, C0M0Y0K0, 선색은 None으로 설정합니다.

⑪ 현재까지 만든 로고를 모두 선택한 후 [Object]-[Lock]-[Lock Selection]을 선택하여 잠급니다. 로고의 원 안에 Ellipse Tool(◯)로 머리를 원으로 그리고 면색은 K40, 선색은 None으로 설정합니다. Pen Tool(✒)을 선택한 후 면색은 None, 선색은 K40으로 설정하고 몸을 그림과 같이 선으로 그립니다.

⑫ Selection Tool(▶)로 선을 모두 선택한 후 붓글씨의 효과를 주기 위해 [Stroke] 패널에서 Cap : Round Cap, Corner : Round Join을 선택하고 Profile : Variable Width Profile의 'Width Profile 5'를 선택합니다. 선의 두께는 적절히 조정합니다.

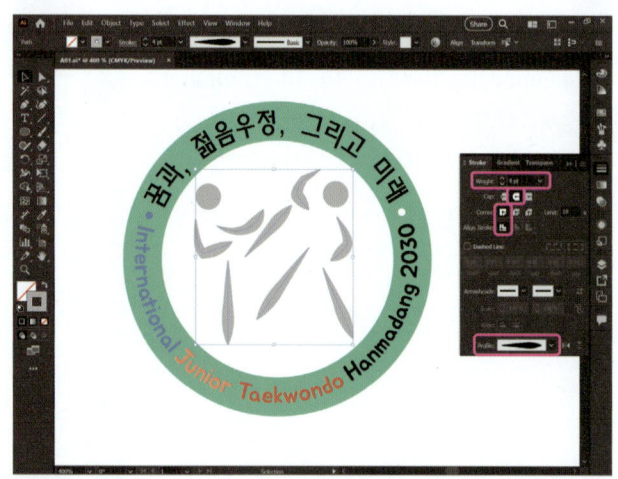

⑬ [Stroke] 패널에서 방향이 다른 선은 각각 [Flip Along]을 선택하여 수정하고 Width Tool(🖋)로 패스를 드래그하여 선의 굵기를 부분적으로 더 조절합니다.

⓮ Selection Tool(　) 모든 선을 선택하고 [Object]−[Expand Appearance]를 클릭하여 선을 면으로 변경합니다. 출력형태와 같이 다리와 팔은 각각 면색은 C85M53Y9, C13M98Y100, 선색은 None으로 설정합니다.

[Object]−[Unlock All]을 클릭하여 잠금을 해제하고 작업된 이미지를 모두 선택한 후 Ctrl + G 를 눌러 그룹 설정합니다.

5) 태권도2

❶ 타이틀 이미지인 '2) 태권도1' 이미지를 복사하고 Shift + Ctrl + G 를 눌러 그룹 해제합니다. 하나의 선만 Selection Tool(　)로 분리하고 옵션 바의 Brush Definition의 Basic 선을 눌러 초기화합니다.

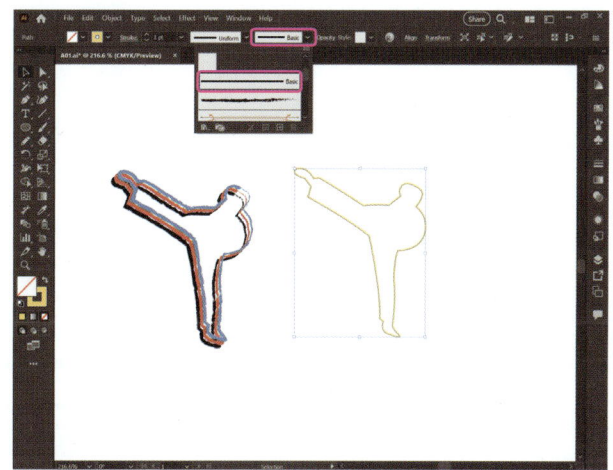

❷ Selection Tool(　)로 분리한 이미지를 선택한 후 면색은 갈색 계열, 선색은 None으로 설정합니다.

갈색 계열 : C45M53Y100K30(실제 시험에서는 색상 슬라이더를 조절하여 적당한 색상값을 선택)

❸ '태권도' 이미지를 선택한 후 Ctrl + C 를 눌러 복사하고 Ctrl + B 를 눌러 이미지 뒤에 붙입니다. 복사한 이미지는 회전시켜 알맞게 배치한 후 면색 M72Y72로 변경합니다.

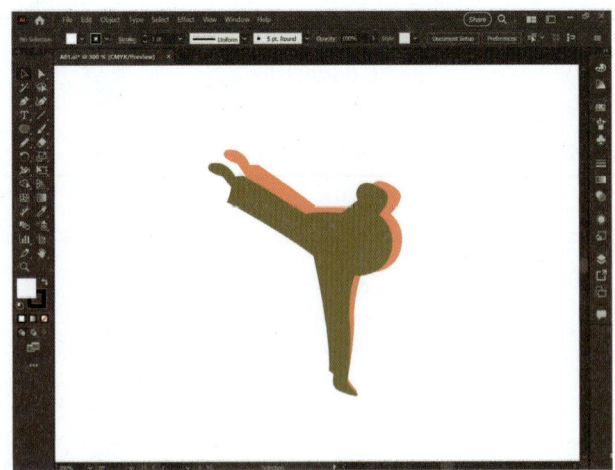

❹ 한 번 더 Ctrl + C 를 눌러 복사한 후 Ctrl + B 를 눌러 이미지 뒤에 붙입니다. 복사한 이미지는 회전시켜 알맞게 배치한 후 면색 Y100으로 변경합니다.

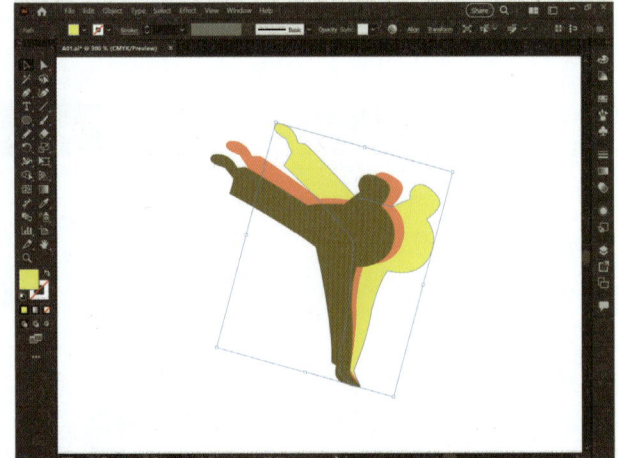

❺ Pen Tool( )로 그림과 같이 '태권도' 이미지를 그리고 면색은 파랑색 계열, 선색은 None으로 설정합니다.

Tip

파랑색 계열 : C100M76Y31K14(실제 시험에서는 색상 슬라이더를 조절하여 적당한 색상 값을 선택)

❻ ❺와 같은 방법으로 Selection Tool( )로 태권도의 이미지를 선택하고 Ctrl + C 를 눌러 복사한 후 Ctrl + B 를 눌러 이미지 뒤에 붙입니다. 회전시켜 알맞게 배치한 후 한 번 더 Ctrl + C 를 눌러 복사한 후 Ctrl + B 를 눌러 이미지 뒤에 붙입니다. 면색은 ⓐ C92M73, ⓑ C100Y50, 선색은 모두 None으로 입력합니다.

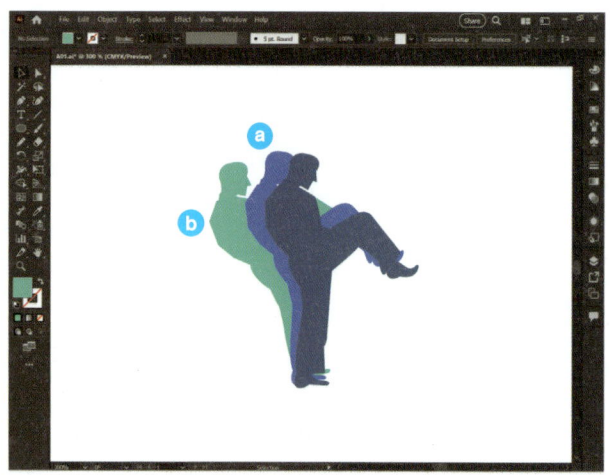

6) 붓 배경

❶ Pen Tool( )로 가이드 선을 기준으로 그림과 같이 곡선의 면으로 배경을 그리고 면색과 선색을 C13M98Y100으로 설정합니다.

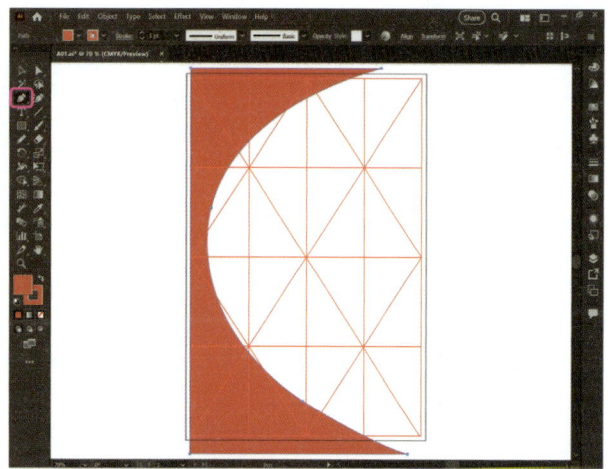

❷ 다시 Pen Tool( )로 그림과 같이 배경을 그리고 면색과 선색은 C86M77Y8으로 설정합니다.

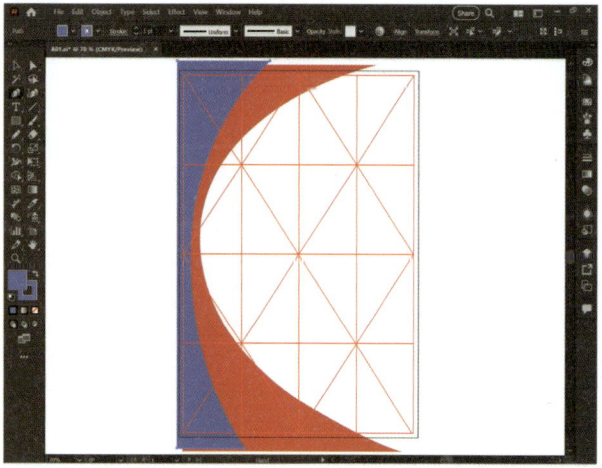

❸ Selection Tool( )로 배경이미지를 모두 선택하고 [Window]-[Brushes] 패널 왼쪽 하단의 [Brush Libraries Menu]를 클릭한 후 [Artistic]-[Artistic_Paintbrush]의 Palette Knife를 선택합니다.

> **Tip**
>
> 그림과 똑같은 브러시의 종류를 고르지 않아도 출력형태와 비슷한 질감이면 괜찮습니다.

❹ [Stroke] 패널에서 선의 두께를 적절히 설정하고, [Brushes] 패널에서 [Options of Selected Object] 아이콘을 클릭한 후 'Flip : Flip Along'을 눌러 방향을 설정합니다.

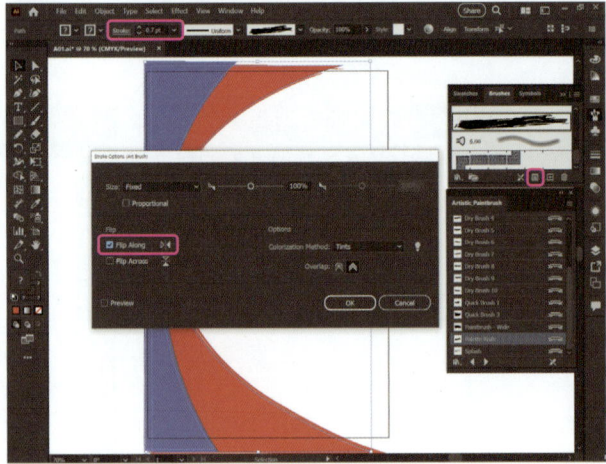

7) 원형 배경

❶ Ellipse Tool()로 그림과 같이 2개의 원을 그립니다. [Stroke] 패널에서 선의 두께를 적절히 설정하고 면색은 None, 선색은 C46M38Y35로 설정합니다.

> **Tip**
>
> 원 크기 : 226×128mm, 2×1mm(도형의 크기는 정확하지 않아도 되며, 디자인 원고를 참고하여 비율을 맞춰 비슷하게 그림)

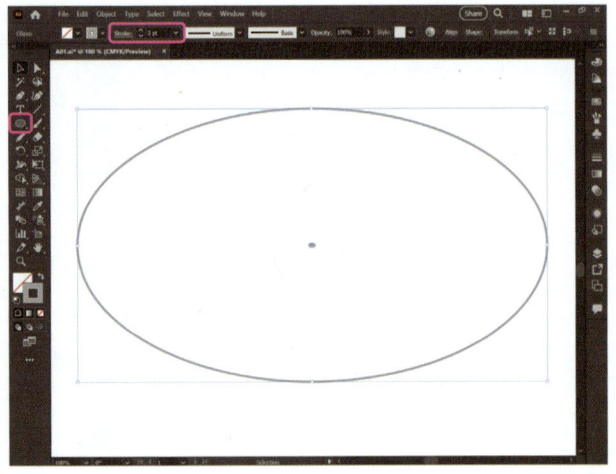

❷ Selection Tool( )로 2개의 원을 선택한 후 [Object]−[Blend]−[Make]를 클릭합니다.

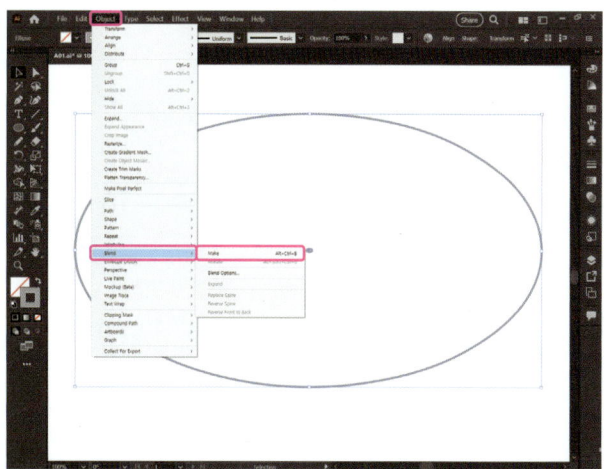

❸ Blend Tool( )을 더블 클릭한 후 [Blend] 옵션 상자에서 Spacing : Specified Steps, 40을 입력하고 [OK]를 클릭합니다.

8) 태극기

❶ Rectangle Tool( )을 선택하고 작업 창을 클릭한 후 옵션 상자에서 Width : 300mm, Height : 200mm로 입력하여 직사각형을 만듭니다.

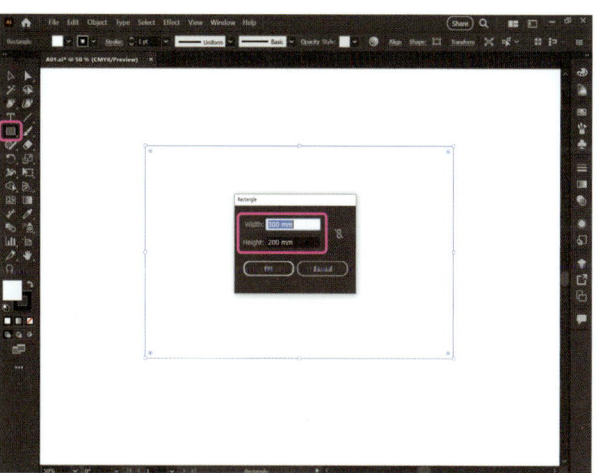

❷ Line Segment Tool( )로 대각선을 그림과 같이 그리고 면색은 None, 선색은 M100Y100으로 설정하여 가이드 선을 그립니다.

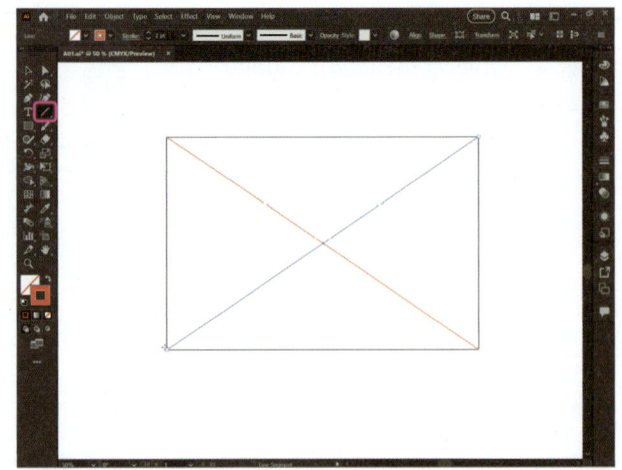

❸ 태극 문양은 D 를 눌러 면색과 선색을 기본값으로 변경합니다. Ellipse Tool( )로 작업 창을 클릭한 후 옵션 상자에서 Width : 100mm, Height : 100mm로 입력하여 정원을 그려 사각형 가운데에 배치합니다.

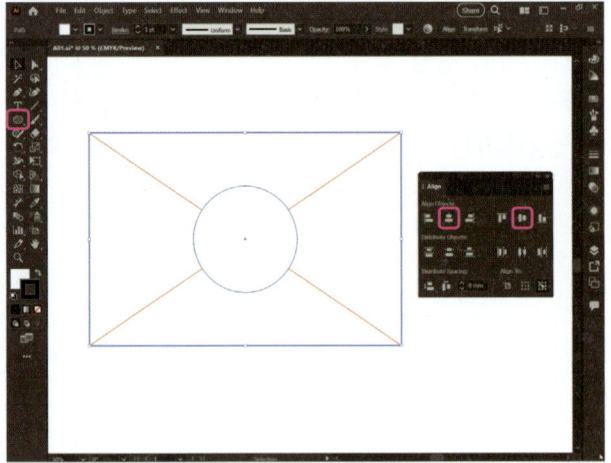

> **Tip** ✓
>
> 1. 직사각형과 원형을 같이 선택 후 직사각형 면을 추가로 클릭하면 기준 도형으로 지정됩니다. [Align] 패널에서 Align Objects : Horizontal Align Center, Vertical Align Center를 클릭합니다.
> 2. 작업 전에 D 를 누르면 불필요한 스타일을 제거하고 기본 상태로 초기화되어 안정적이고 효율적으로 작업할 수 있습니다.

❹ 원을 선택하고 Scale Tool( )을 더블 클릭한 후 [Scale] 옵션 상자에서 Uniform : 150%로 입력하고 [Copy]를 선택합니다. 면색은 None, 선색은 M100Y100으로 가이드가 될 원을 그리고 그림과 같이 가운데 정렬하여 배치합니다.

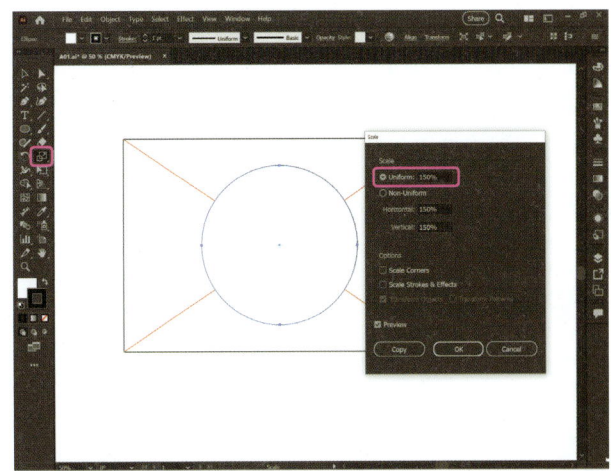

❺ 지름 100mm의 원을 선택하고 Scale Tool( )을 더블 클릭한 후 [Scale] 옵션 상자에서 Uniform : 50%로 입력하고 [Copy]를 선택합니다. 축소된 작은 원은 Selection Tool( )로 를 누른 채 오른쪽으로 드래그하면서 추가로 Shift 를 눌러 정방향으로 복사합니다.
양쪽 2개의 원이 정확하게 붙게 배치하고 2개의 작은 원은 모두 선택하여 Ctrl + G 를 눌러 그룹 설정합니다.

> **Tip**
> [View]-[Smart Guides]를 선택하고 작업하면 정확하게 배치하는 데 도움이 됩니다.

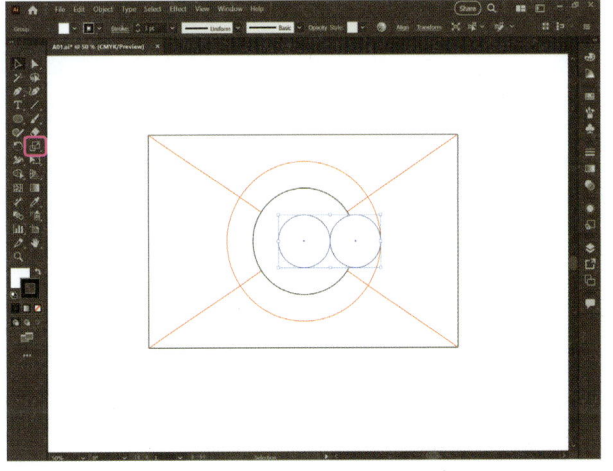

❻ 3개의 모든 원을 같이 선택한 후 [Window]-[Align] 패널에서 Align To : Align to Object, Align Objects : Horizontal Align Center, Vertical Align Center를 클릭하여 가운데 배치합니다.

> **Tip**
> 3개의 도형을 다중 선택하고 지름 100mm의 정원을 한 번 더 클릭하여 기준 도형으로 설정한 뒤 정렬합니다.

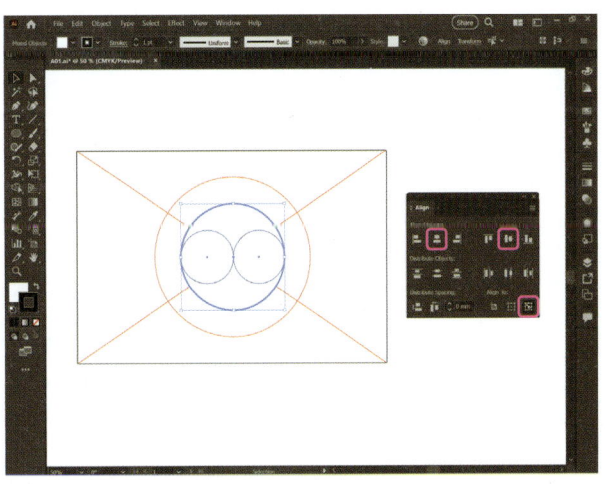

❼ 3개의 원이 선택되어 있는 상태에서 Shape Builder Tool( )로 빨간색 영역을 드래그하여 합치고 면색은 M100Y100, 선색은 None을 입력합니다. 파란색 영역을 드래그하여 합치고 면색은 C100M100, 선색은 None을 입력합니다.

> **Tip**
>
> 그룹으로 묶인 오브젝트는 Direct Selection Tool( )로 개별 선택하여 색상을 변경할 수 있습니다.

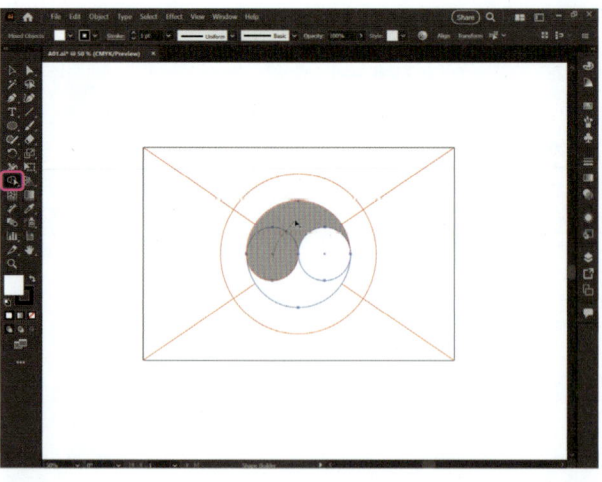

❽ 태극 원을 선택한 후 Rotate Tool( )을 더블 클릭합니다. 옵션 상자에서 Angle : -20°를 입력하고 [OK]를 클릭합니다.

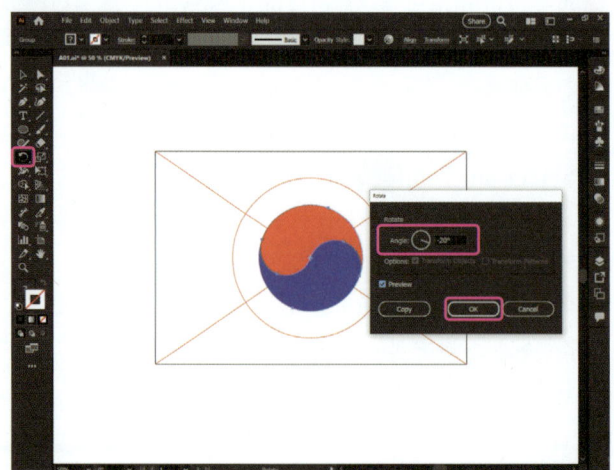

❾ Rectangle Tool( )을 선택한 후 작업 창을 클릭하고 옵션 상자에서 Width : 50mm, Height : 8mm로 입력하여 직사각형을 그립니다. Selection Tool( )로 Alt 를 누른 채 아래 방향으로 드래그하면서 추가로 Shift 를 눌러 정방향으로 2개 더 복사합니다.

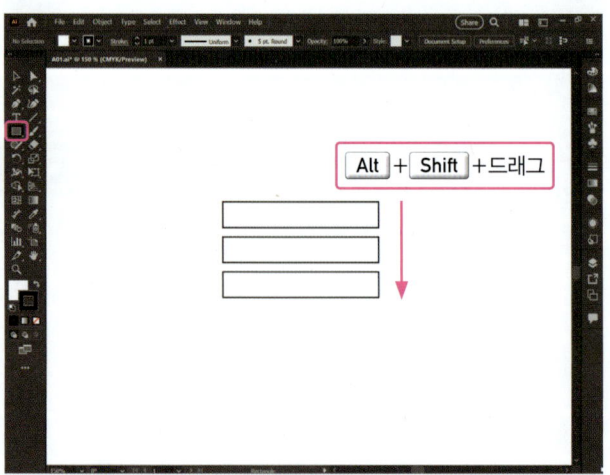

❿ 3개의 사각형을 같이 선택한 후 [Window]
－[Align] 패널에서 ⓐ Align To : Align
to Object, ⓑ Distribute Spacing :
4mm로 입력하고 ⓒ Vertical Distribute
Space 아이콘을 클릭하여 배치한 후 Ctrl
＋ G 를 눌러 그룹 설정합니다.

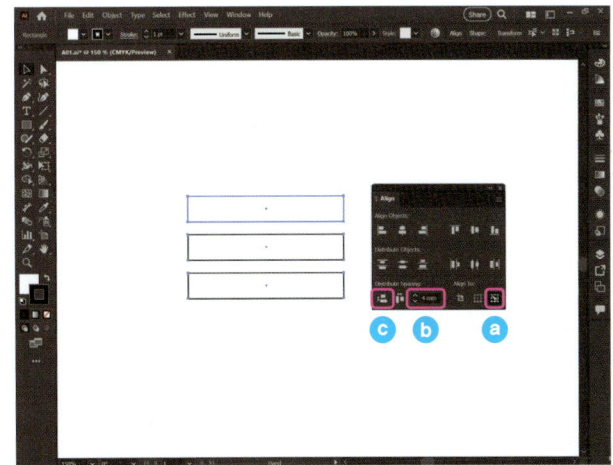

⓫ Rectangle Tool( )을 선택한 후 작업
창을 클릭하고 옵션 상자에서 Width :
4mm, Height : 40mm로 입력하여 직사
각형을 그림과 같이 가운데 배치합니다.
사각형을 모두 선택하고 [Align] 패널에서
Align To : Align to Selection, Align
Objects : Horizontal Align Center,
Vertical Align Center를 클릭하여 가운
데 배치한 후 Ctrl ＋ G 를 눌러 그룹 설정
합니다.

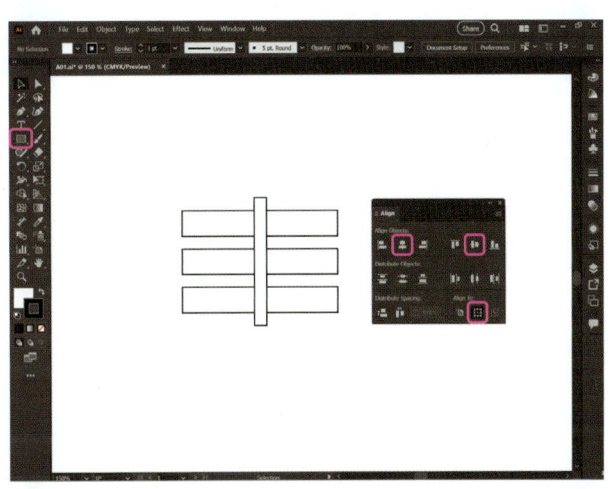

⓬ 작업된 괘는 Selection Tool( )로 Alt
를 누른 채 드래그하여 3개 더 복사하고 사
각형의 대각선 가이드 선을 기준으로 90°로
회전시켜 그림과 같이 배치합니다.

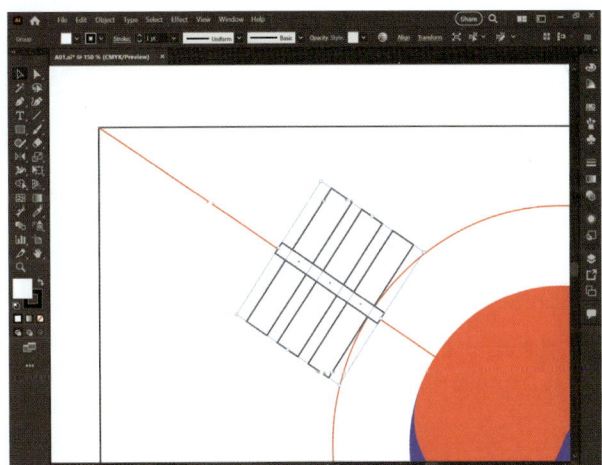

CHAPTER 3 국제 청소년 태권도 한마당 151

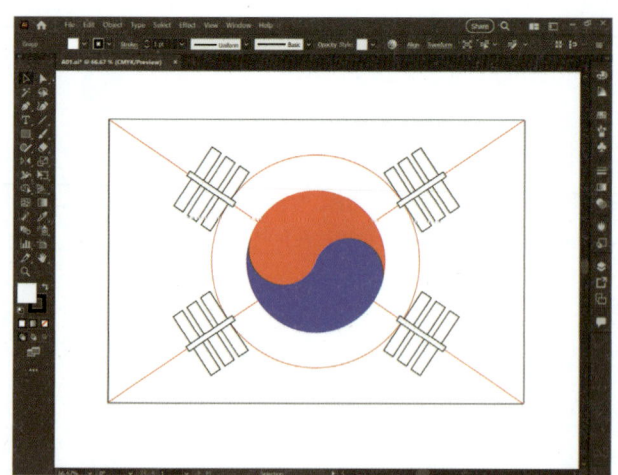

⓭ 괘는 Shift + Ctrl + G 를 눌러 그룹을 해제하고 Selection Tool( )로 선택한 후 필요 없는 면을 Delete 를 눌러 삭제합니다. Shape Builder Tool( )로 하나의 면이 될 부분을 드래그하여 합치고, 삭제할 면은 Alt 를 누른 채 클릭하여 그림과 같이 제작합니다.

> **Tip**
> Direct Selection Tool( )로 면을 클릭하여 개별적으로 선택해 수정할 수 있습니다.

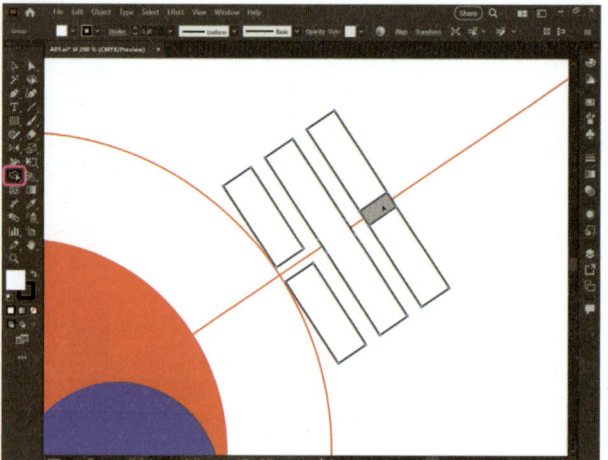

⓮ ⓭과 같은 방법으로 나머지 '괘' 이미지도 알맞게 적용하고 괘의 면색은 K100, 태극기 배경 면색은 C0M0Y0K0, 모든 오브젝트의 선색은 None으로 설정합니다. 불필요한 가이드 선은 Delete 를 눌러 삭제하고 제작된 '태극기' 이미지는 모두 선택한 후 Ctrl + G 를 눌러 그룹 설정합니다. Shift 를 누른 채 바운딩 박스 점을 드래그하여 알맞은 크기로 설정합니다.

4 포토샵 작업

01 작업 준비하기(도큐멘트 설정, 가이드 선)

❶ 포토샵 프로그램에서 [File]−[New]를 선택합니다. [New] 옵션 상자에서 Width : 166mm, Height : 246mm, Resolution : 300pixels/inch, Color Mode : RGB Color, Background Contents : White 로 설정한 후 [Create]를 누릅니다.

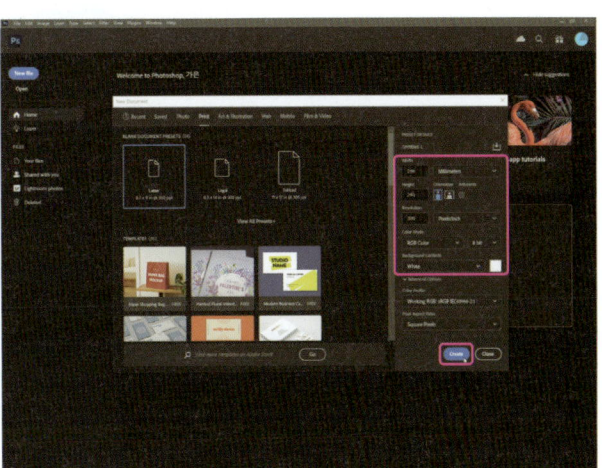

Tip

1. Resolution : 300 pixels/inch는 고품질의 해상도로 인쇄, 출판에 적합한 해상도입니다. 해상도가 높아지면 파일의 용량이 커집니다. 시험에서 제출할 파일의 총 용량은 10MB 이하이기 때문에 작업 완료를 한 후 용량이 10MB를 넘으면 [Image]−[Image Size]에서 150~250 정도의 해상도로 변경하여 제출합니다.

2. 인쇄에 적합한 Color Mode는 CMYK Color입니다. 하지만 포토샵에서 CMYK Color로 설정되어 있으면 시험에서 요구하는 Filter의 효과가 제한됩니다.
   시험장에서 사용되는 일반 프린트 기기는 RGB Color를 사용하여도 오류가 없기 때문에 포토샵에서 작업할 시 도큐멘트의 Color Mode는 RGB Color로 사용합니다.

❷ [File]-[Save as]를 선택하고 [Save as] 옵션 상자에 저장할 비번호 폴더(A01)를 찾아 클릭합니다. 파일 이름은 비번호 'A01'을 입력하고 파일형식 : Photoshop(*.PSD, *.PDD, *.PSDT) 을 선택한 후 [저장(S)]을 누릅니다.

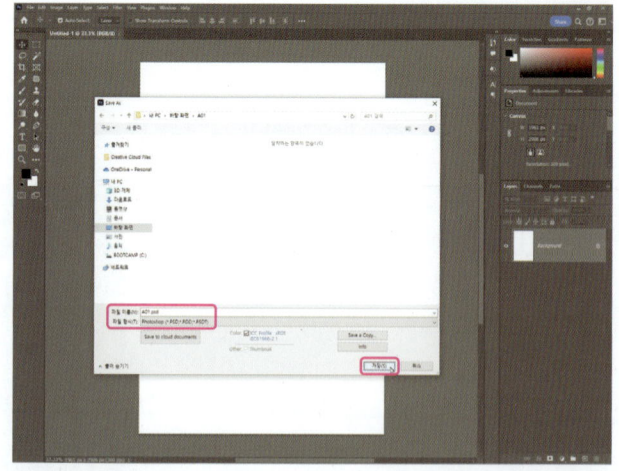

> **Tip** ✅
>
> Ctrl + S 를 눌러 작업한 내용을 수시로 저장하는 습관을 들이면 프로그램 오류에 빠르게 대처할 수 있습니다.

❸ 일러스트 작업 창 [Window]-[Layers] 패널에서 '가이드 선' 레이어의 [Toggles Lock] 아이콘을 클릭하여 잠금을 해제합니다.
Selection Tool(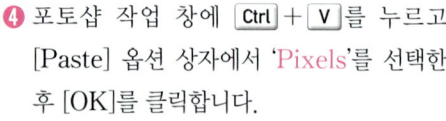)로 가이드 선을 선택하고 Ctrl + C 를 눌러 복사합니다.

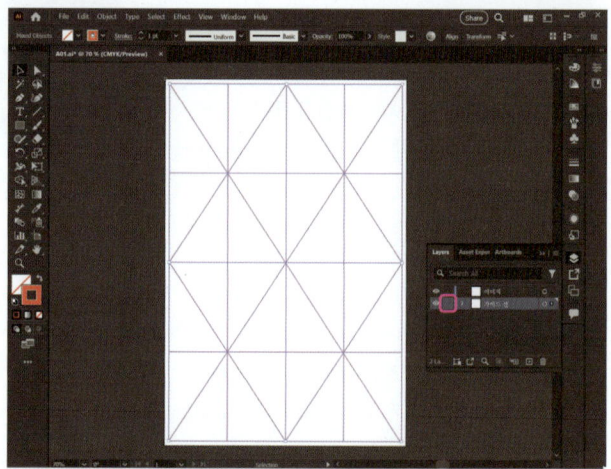

❹ 포토샵 작업 창에 Ctrl + V 를 누르고 [Paste] 옵션 상자에서 'Pixels'를 선택한 후 [OK]를 클릭합니다.
[Window]-[Layers] 패널에서 레이어 이름을 더블 클릭하여 '가이드 선'으로 레이어 이름을 변경합니다.

154 PART 3 일러스트 핵심 기출유형문제

❺ Move Tool()을 선택하고 옵션 바의 Align To : Canvas, 'Align vertical centers', 'Align horizontal centers'를 클릭하여 도큐멘트의 가운데에 배치합니다. '가이드 선' 레이어의 'Lock all' 아이콘을 클릭하여 잠그고 'Background' 레이어를 선택한 후 작업을 시작합니다.

Tip

'가이드 선' 레이어가 선택되어 있으면 이미지를 불러올 때 '가이드 선' 레이어 위에 위치하게 되므로 가이드 선이 보이지 않게 됩니다. 정확한 이미지 배치를 위해 '가이드 선' 레이어는 항상 작업물 위에 위치하도록 합니다.

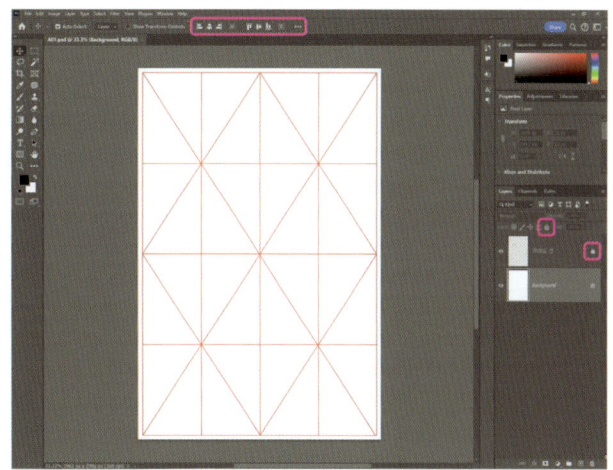

02 이미지 합성 제작

1) 배경

❶ [File]-[Open]을 선택한 후 '태권도_01.jpg' 파일을 열고 Ctrl + A 를 눌러 전체 선택한 후 Ctrl + C 를 누릅니다.
'A01.psd' 작업 창으로 이동한 후 Ctrl + V 로 붙여넣습니다. Ctrl + T 를 눌러 이미지의 바운딩 박스 점을 드래그하여 크기를 조정하고 회전한 후 Enter 를 눌러 알맞게 배치하고 레이어의 이름을 '태권도_01'로 변경합니다.

Tip

레이어 이름 변경하기
레이어 패널에서 변경할 레이어의 이름 부분을 더블 클릭합니다. 새 이름을 입력한 후 Enter 를 누릅니다.

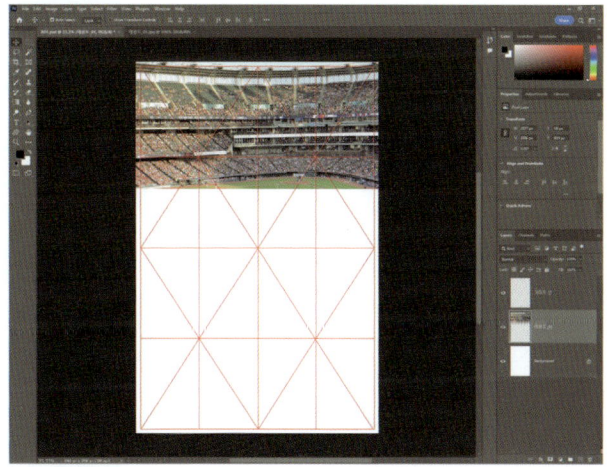

❷ '태권도_01' 레이어는 [Image] - [Adjustment] - [Hue/Saturation]을 선택하고 옵션 상자에서 'Saturation : -100, Lightness : +20으로 설정하여 흑백 색상으로 보정한 후 [OK]를 클릭합니다.

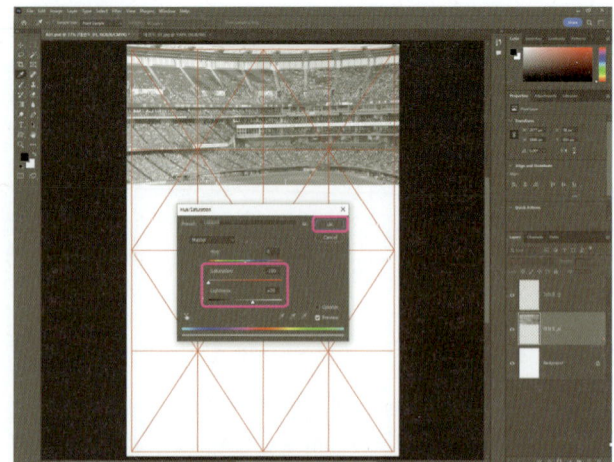

❸ 전경색과 배경색이 초기화될 수 있도록 D 를 누르고 [Filter] - [Stylize]에서 'Tiles' 를 선택합니다. Number of Tiles : 20, Fill Empty Area With : Background Color를 선택하고 [OK]를 누릅니다.

> **Tip**
>
> 필터의 [Tiles]는 전경색이나 배경색의 색상으로 비어있는 부분을 채울 수 있습니다.

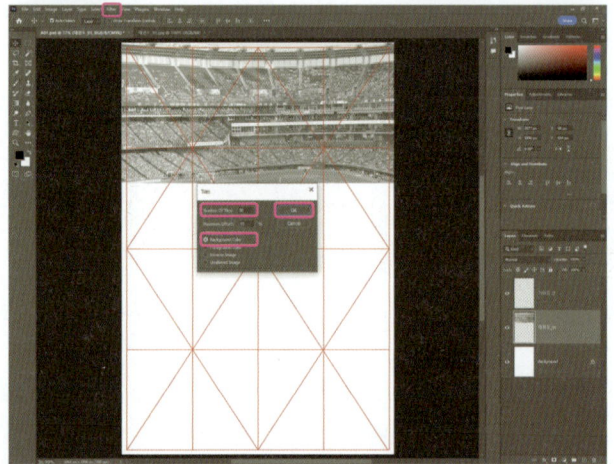

❹ '태권도_01' 레이어에 [Add layer mask] 아이콘을 클릭하고 전경색은 검은색, 배경색은 흰색인 상태에서 Gradient Tool(▭) 선택합니다. 옵션 바에서 [Presets]의 [Foreground to Transparent] 아이콘을 클릭한 후 Type : Linear Gradient를 선택합니다.

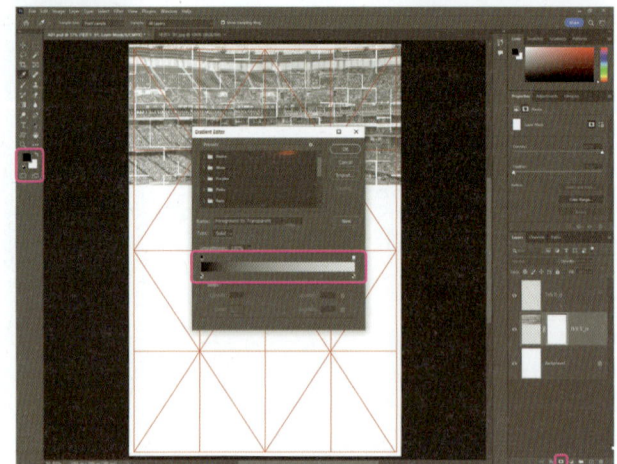

❺ 그라데이션의 방향은 하단에서 상단 방향으로 드래그하여 자연스럽게 합성하고 [Layers] 패널에서 Opacity : 50%로 설정합니다.

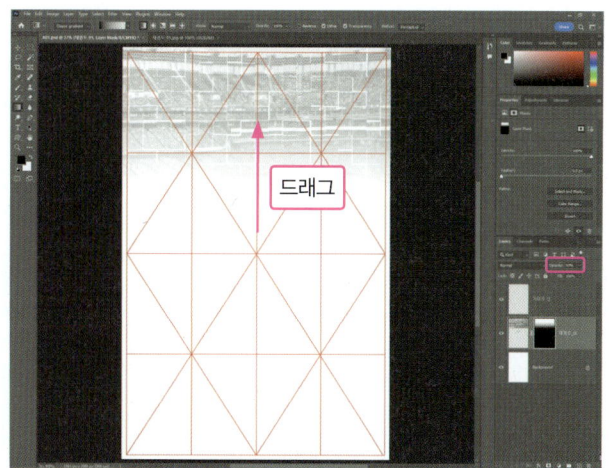

❻ 일러스트 작업 창에서 Selection Tool (󰁁)로 '원형 배경'을 선택하고 Ctrl + C 를 누릅니다. 포토샵 작업 창으로 이동한 후 Ctrl + V 로 붙여넣습니다. [Paste] 옵션 상자에서 'Pixels'를 선택하고 [OK]를 클릭한 후 알맞게 배치하고 레이어의 이름을 '원형 배경'으로 변경합니다.

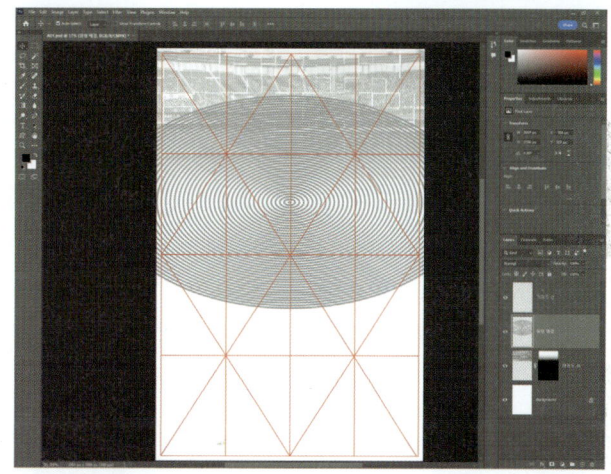

❼ '원형 배경' 레이어에서 [Add layer mask] 아이콘을 클릭하고 D 를 눌러 전경색은 검은색, 배경색은 흰색으로 설정한 후 Gradient Tool(󰁁)을 선택합니다.
옵션 바에서 [Presets]의 [Foreground to Transparent] 아이콘을 클릭한 후 Type : Linear Gradient를 선택합니다. 위에서 아래 방향, 다시 아래에서 위로 드래그하여 자연스럽게 합성합니다

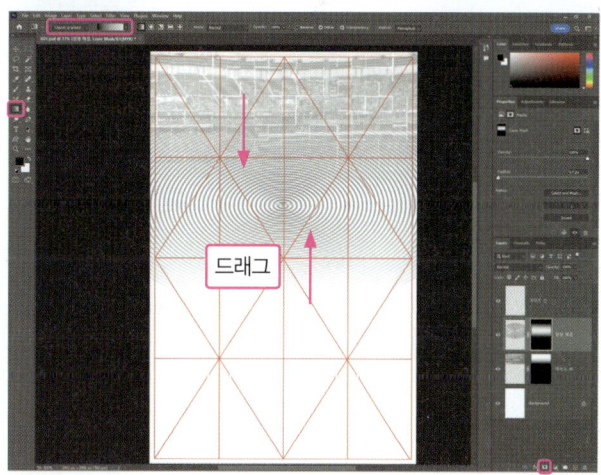

CHAPTER 3 국제 청소년 태권도 한마당 157

❽ [Layers] 패널에서 Opacity : 20%로 설정하여 자연스럽게 합성합니다.

2) 붓 배경

❶ 일러스트 작업 창에서 Selection Tool(▷)로 빨간 '붓 배경'을 선택하고 Ctrl + C 를 누릅니다. 포토샵 작업 창으로 이동한 후 Ctrl + V 로 붙여넣습니다. [Paste] 옵션 상자에서 'Pixels'를 선택하고 [OK]를 클릭한 후 알맞게 배치하고 레이어의 이름을 '빨간 붓 배경'으로 변경합니다.

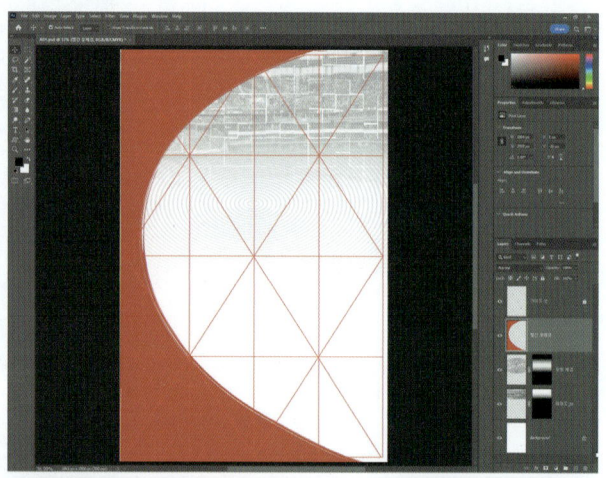

❷ 일러스트 작업 창에서 Selection Tool(▷)로 파란 '붓 배경'을 선택하고 Ctrl + C 를 누릅니다. 포토샵 작업 창으로 이동한 후 Ctrl + V 로 붙여넣습니다. [Paste] 옵션 상자에서 'Pixels'를 선택하고 [OK]를 클릭한 후 알맞게 배치하고 레이어의 이름을 '파란 붓 배경'으로 변경합니다.

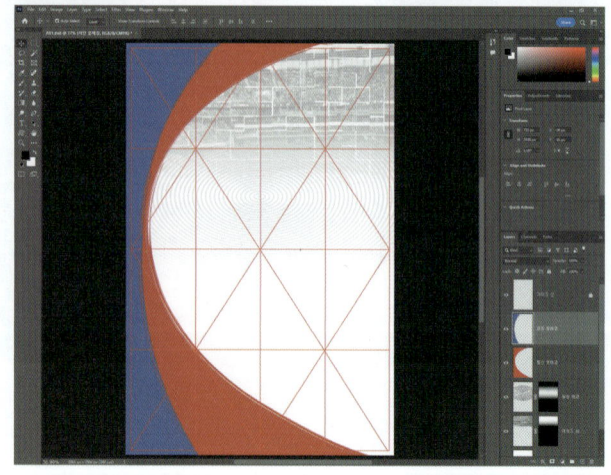

❸ 일러스트 작업 창에서 Selection Tool( )로 '태극기'를 선택하고 Ctrl + C 를 누릅니다. 포토샵 작업 창으로 이동한 후 Ctrl + V 로 붙여넣습니다. [Paste] 옵션 상자에서 'Pixels'를 선택하고 [OK]를 클릭한 후 알맞게 배치하고 레이어의 이름을 '태극기'로 변경합니다.

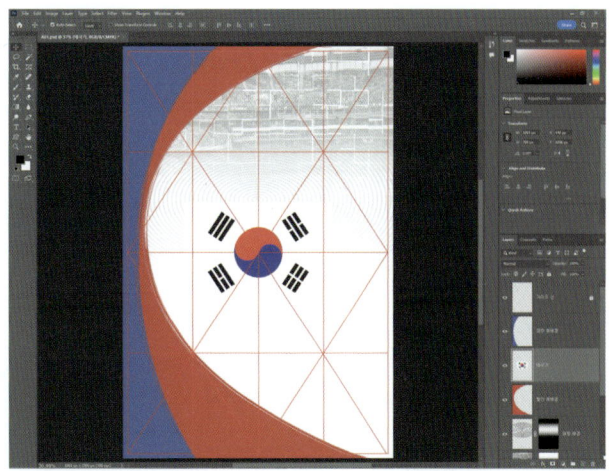

❹ Ctrl + T 를 눌러 이미지의 바운딩 박스 점을 드래그하여 크기를 조정합니다. 마우스 우클릭하여 'Distort'로 기울기 조절과 회전한 후 Enter 를 눌러 알맞게 배치합니다.

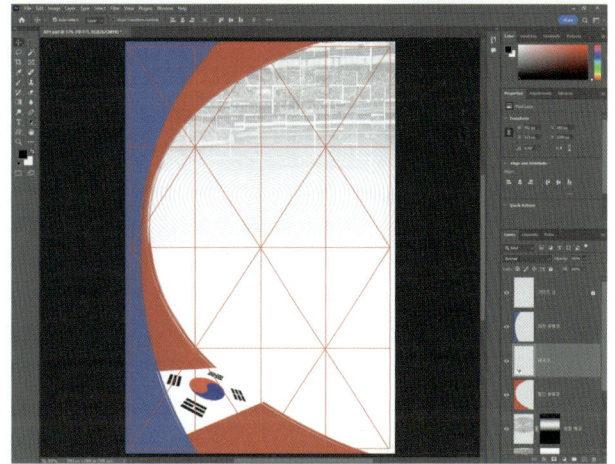

❺ '태극기' 레이어는 '빨간 붓 배경' 레이어 위에 배치하고 Alt + Ctrl + G 를 눌러 클리핑 마스크를 적용합니다

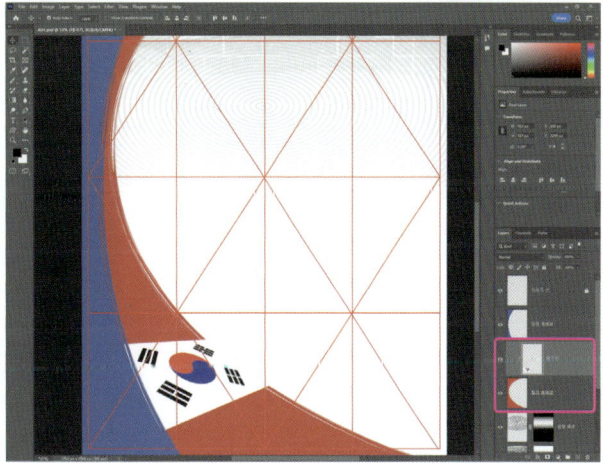

❻ [Filter]-[Filter Gallery]-[Artistic] 폴더에서 'Rough Pastels'를 선택합니다. 옵션값을 적절히 조정한 후 [OK]를 누릅니다. [Layers] 패널에서 Opacity : 60% 로 설정하여 자연스럽게 합성합니다.

> **Tip** ✓
> **Rough Pastels 설정값**
> Stroke Length : 6, Stroke Detail : 4, Texture : Canvas, Scaling : 100%, Relief : 20, Light : Bottom

❼ '태극기' 레이어에서 [Add layer mask] 아이콘을 클릭하고 D를 눌러 전경색은 검은색, 배경색은 흰색으로 설정하고 Gradient Tool( )을 선택합니다.
옵션 바에서 [Presets]의 [Foreground to Transparent] 아이콘을 클릭한 후 Type : Linear Gradient를 선택합니다. 대각선 방향으로 드래그하여 자연스럽게 합성합니다.

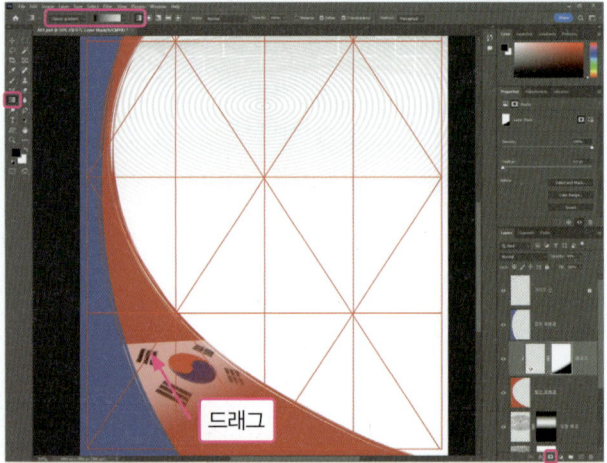

❽ [File]-[Open]을 클릭한 후 '태권도_02.jpg' 파일을 열고 Rectangular Marquee Tool( )로 필요한 부분만 드래그하여 선택한 후 Ctrl + C를 누릅니다.

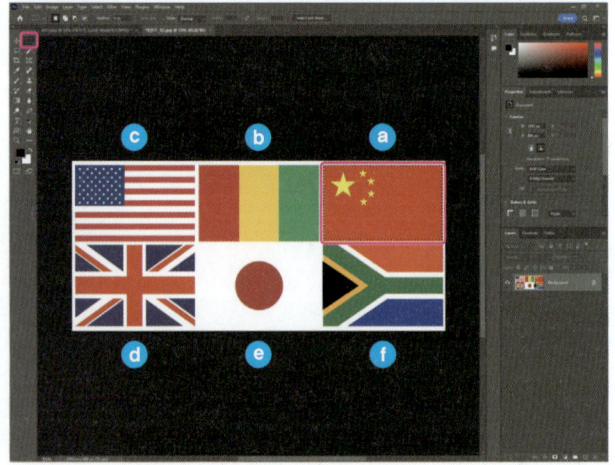

❾ 'A01.psd' 작업 창으로 이동한 후 Ctrl
+ V 로 붙여넣습니다. Ctrl + T 를 눌러
이미지의 바운딩 박스 점을 드래그하여 크
기를 조정하고 마우스 우클릭하여
'Distort'로 기울기 조절과 회전을 한 후
Enter 를 눌러 알맞게 배치합니다.

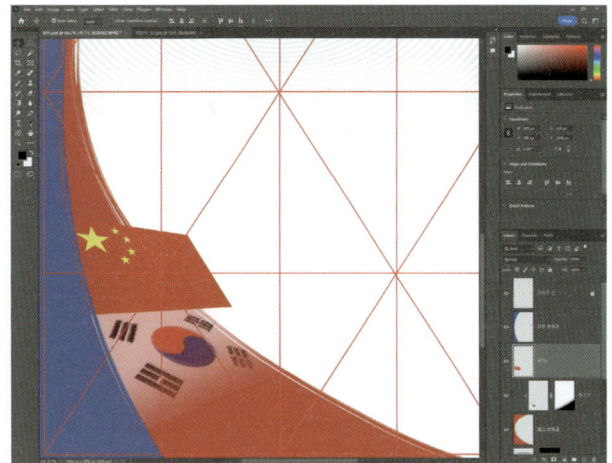

❿ 배치한 이미지는 Alt + Ctrl + G 를 눌러
클리핑 마스크를 적용하고, [Filter]−
[Filter Gallery]−[Artistic] 폴더에서
Rough Pastels 필터를 적용한 후,
[Layers] 패널에서 Opacity : 60%로 설
정하여 자연스럽게 합성합니다.

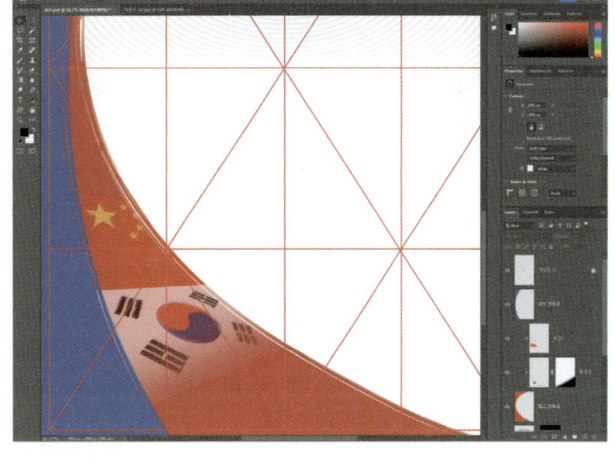

Tip
Rough Pastels 설정
- Stroke Length : 선의 길이
- Stroke Detail : 선의 묘사
- Texture : 종이의 질감
- Scaling : 질감의 크기
- Relief : 질감의 깊이
- Light : 빛의 방향

⓫ ❽~❿의 방법과 같이 각 '국기' 이미지 중
ⓐ, ⓑ, ⓒ는 '빨간 붓 배경' 레이어 위, ⓓ,
ⓔ, ⓕ는 '파란 붓 배경' 레이어 위에 편집하
여 작업하고, ⓑ '국기' 이미지는 ❼과 같은
방법으로 Gradient Tool()을 설정하
고 자연스럽게 흐려지는 이미지는 레이어
마스크를 적용하여 작업을 완료합니다.

CHAPTER 3 국제 청소년 태권도 한마당

⓬ [Layers] 패널에서 '빨간 붓 배경'과 '파란 붓 배경' 레이어는 각각 레이어를 더블 클릭하여 [Layer Style] 창을 실행합니다. Styles : Drop Shadow를 선택하고 옵션값을 알맞게 조정한 후 [OK]를 클릭합니다.

> **Tip**
>
> **Drop Shadow 설정값**
> Opacity : 70%, Angle : 177°, Distance : 24px, Spread : 0%, Size : 30px

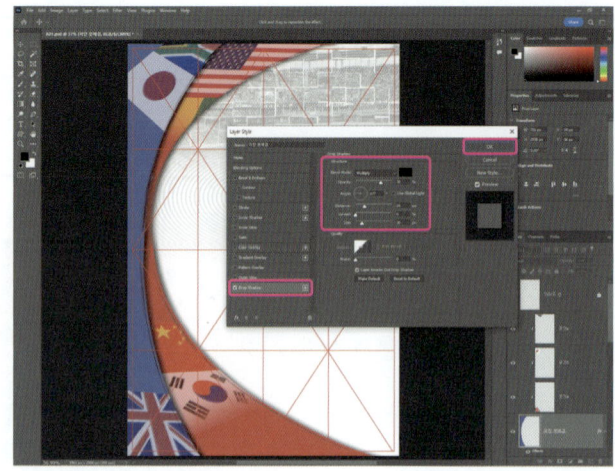

3) 태권도

❶ 일러스트 작업 창에서 Selection Tool()로 파란색 계열의 '태권도' 이미지 중 마지막에 위치한 이미지를 선택하고 Ctrl + C 를 누릅니다.
포토샵 작업 창으로 이동한 후 Ctrl + V 로 붙여넣습니다. [Paste] 옵션 상자에서 'Pixels'를 선택하고 [OK]를 클릭한 후 알맞게 배치하고 레이어의 이름을 '태권3'으로 변경합니다.

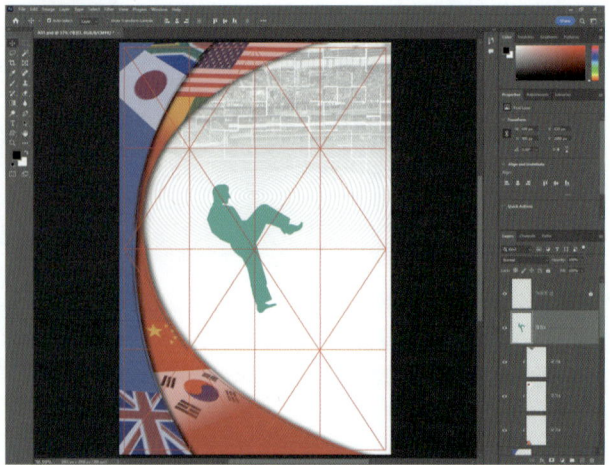

❷ 일러스트 작업 창에서 파란색 계열의 '태권도' 이미지 중 가운데 이미지를 선택하고 Ctrl + C 를 누릅니다.
포토샵 작업 창으로 이동한 후 Ctrl + V 로 붙여넣습니다. [Paste] 옵션 상자에서 'Pixels'를 선택하고 [OK]를 클릭한 후 알맞게 배치하고 레이어의 이름을 '태권2'로 변경합니다.

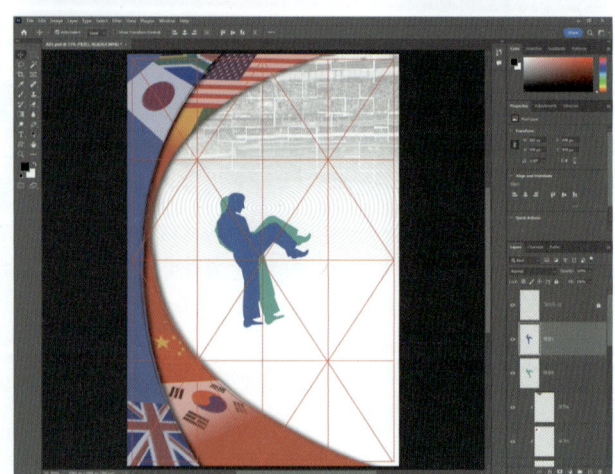

❸ 일러스트 작업 창에서 Selection Tool(▶)로 파란색 계열의 '태권도' 이미지 중 상단에 위치한 이미지를 선택하고 Ctrl + C 를 누릅니다. 포토샵 작업 창으로 이동한 후 Ctrl + V 로 붙여넣습니다. [Paste] 옵션 상자에서 'Pixels'를 선택하고 [OK]를 클릭한 후 알맞게 배치하고 레이어의 이름을 '태권1'로 변경합니다. [Layers] 패널에서 Shift 를 누른 상태로 '태권1, 2, 3'을 다중 선택한 후 알맞게 배치합니다.

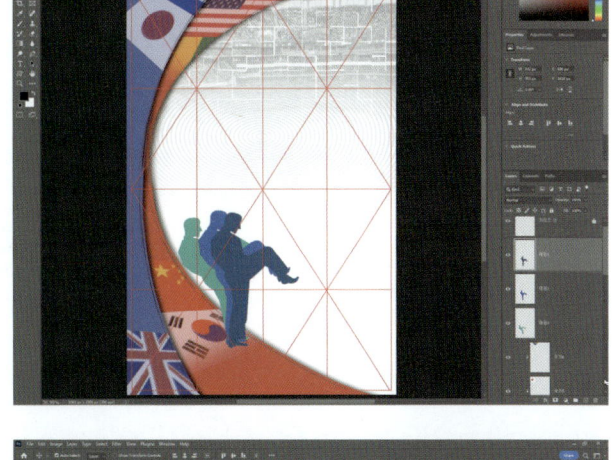

❹ ❶~❸과 같은 방법으로 오른쪽 갈색 계열의 '태권도' 이미지도 포토샵 작업 창에 이동시켜 그림과 같도록 알맞게 배치하고 레이어의 이름을 각각 '태권4(C45M53Y100K30), 태권5(M72Y72), 태권6(Y100)'으로 변경합니다.

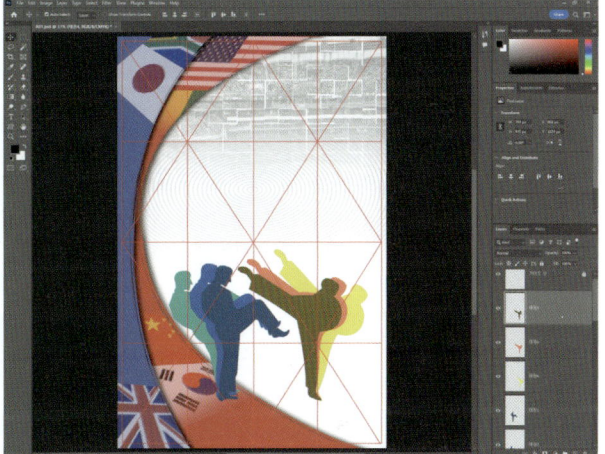

❺ [Layers] 패널에서 '태권3' 레이어를 선택한 후 [Filter]-[Blur]에서 'Motion Blur'를 클릭합니다. Angle : 0°, Distance : 100pixels로 입력한 후 [OK]를 누릅니다.

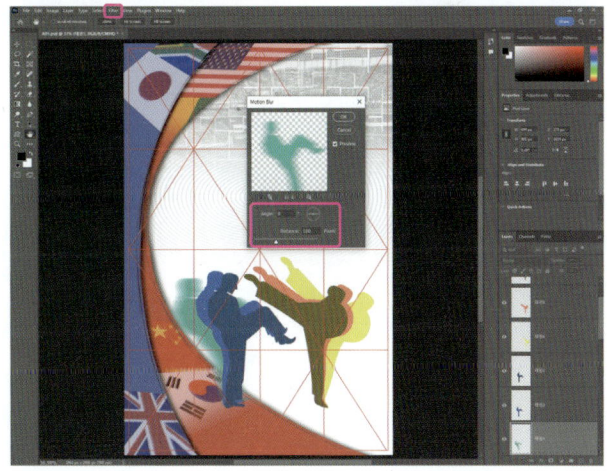

❻ 레이어 '태권2, 5, 6' 레이어도 각각 선택하여 [Filter]-[Blur]에서 'Motion Blur'를 클릭합니다. 옵션값을 적절히 조정한 후 [OK]를 누릅니다.

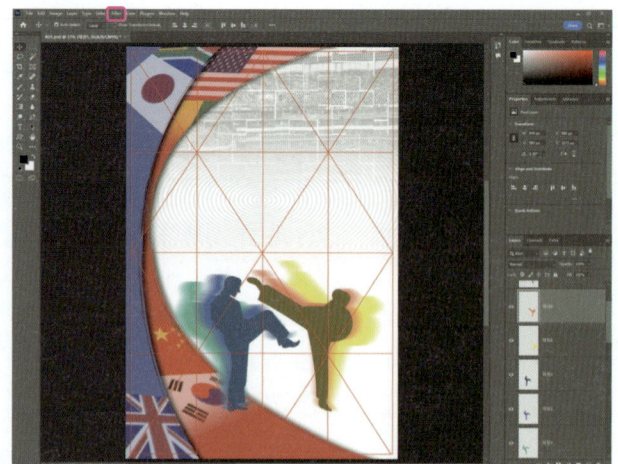

❼ [File]-[Open]을 선택한 후 '태권도_03.jpg' 파일을 열고 Ctrl + A 를 눌러 전체 선택한 후 Ctrl + C 를 누릅니다. 'A01.psd' 작업 창으로 이동한 후 Ctrl + V 로 붙여넣고 레이어의 이름을 '태권도_03'으로 변경합니다.

❽ '태권도_03' 레이어는 일러스트 '태권1' 레이어 위에 배치하고 Alt + Ctrl + G 를 눌러 클리핑 마스크를 적용합니다. Ctrl + T 를 눌러 이미지의 바운딩 박스 점을 드래그하여 크기를 조정하고 Enter 를 눌러 알맞게 배치합니다.

❾ '태권도_03' 레이어는 [Image]-
[Adjustment]-[Hue/Saturation]을 선
택한 후 옵션 상자에서 [Colorize]를 선택
하고 Hue, Saturation, Lightness 슬라
이더를 이동시켜 파란색 계열로 색상 보정
한 후 [OK]를 클릭합니다.

Hue : +210, Saturation : +65, Lightness :
-10

❿ [Layers] 패널에서 일러스트 '태권1' 레이
어를 더블 클릭하여 [Layer Style] 창을
실행합니다. Styles : Bevel & Emboss
를 Style : Inner Bevel, Direction :
Down으로 설정하고 나머지 옵션값을 알
맞게 조정한 후 [OK]를 클릭합니다.

Bevel & Emboss 설정값
Depth : 120%, Size : 11px, Soften : 0px

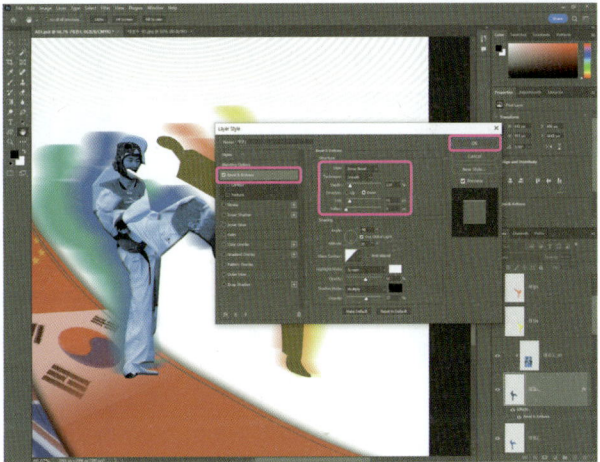

⓫ [File]-[Open]을 선택한 후 '태권도_04.
jpg' 파일을 열고 Ctrl + A 를 눌러 전체
선택한 후 Ctrl + C 를 누릅니다. 'A01.
psd' 작업 창으로 이동한 후 Ctrl + V 로
붙여넣습니다.
Ctrl + T 를 눌러 이미지의 바운딩 박스
점을 드래그하여 크기를 조정하고 오른쪽
마우스 클릭하여 'Flip Horizontal'로 좌우
반전한 후 Enter 를 눌러 알맞게 배치하고
레이어의 이름을 '태권도_04'로 변경합니다.

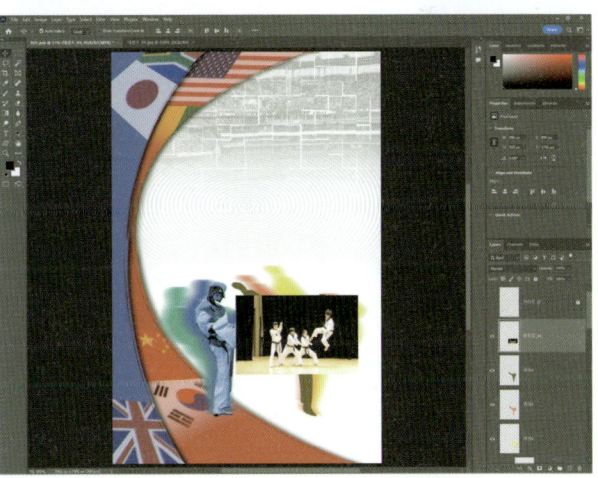

⓬ '태권도_04' 레이어는 일러스트 '태권4' 레이어 위에 배치하고 Alt + Ctrl + G 를 눌러 클리핑 마스크를 적용합니다.

⓭ '태권도_04' 레이어는 [Image]-[Adjustment]-[Hue/Saturation]을 선택한 후 옵션 상자에서 [Colorize]를 선택하고 Hue, Saturation, Lightness 슬라이더를 이동시켜 갈색 계열로 색상 보정한 후 [OK]를 클릭합니다.

Hue : +30, Saturation : +35, Lightness : +20

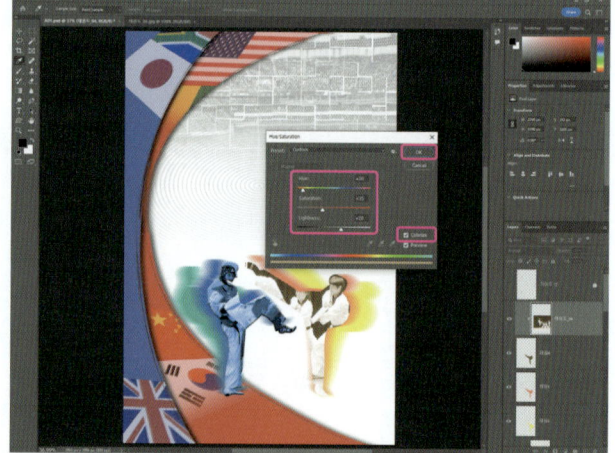

⓮ [Layers] 패널에서 일러스트 '태권4' 레이어를 더블 클릭하여 [Layer Style] 창을 실행합니다. Styles : Bevel & Emboss 를 Style : Inner Bevel, Direction : Down으로 설정하고 나머지 옵션값을 알맞게 조정한 후 [OK]를 클릭합니다.

Bevel & Emboss 설정값
Depth : 120%, Size : 11px, Soften : 0px

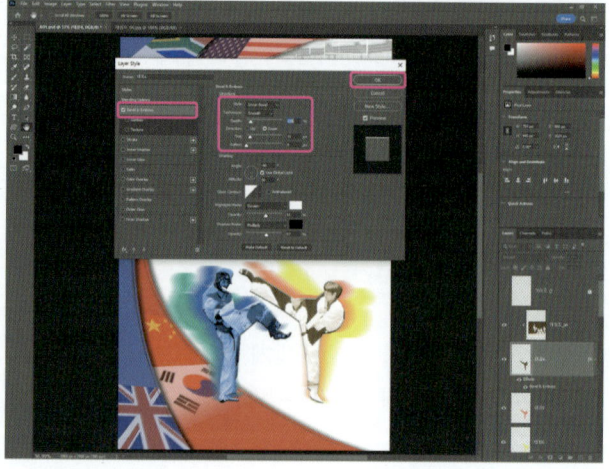

4) 타이틀, 심벌, 로고 배치

❶ 일러스트 작업 창에서 Selection Tool(▶)로 '타이틀'을 선택하고 Ctrl + C 를 누릅니다. 포토샵 작업 창으로 이동한 후 '태권도_04' 레이어를 선택하고 Ctrl + V 로 붙여넣습니다.
[Paste] 옵션 상자에서 'Pixels'를 선택하고 [OK]를 클릭한 후 알맞게 배치합니다.

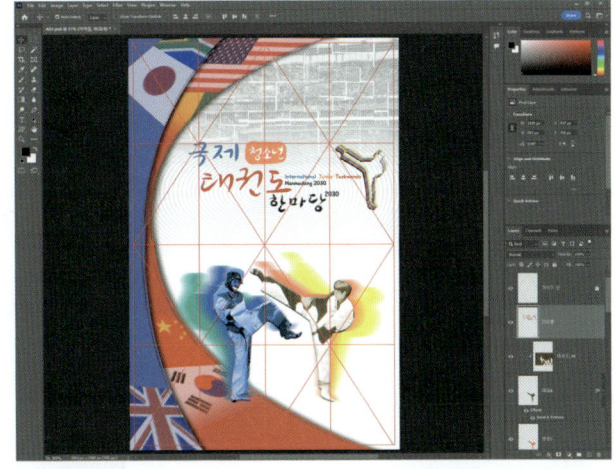

❷ 일러스트 작업 창에서 Selection Tool(▶)로 '심벌' 이미지를 선택하고 Ctrl + C 를 누릅니다. 포토샵 작업 창으로 이동한 후 Ctrl + V 로 붙여넣습니다.
[Paste] 옵션 상자에서 'Pixels'를 선택하고 [OK]를 클릭한 후 알맞게 배치합니다.

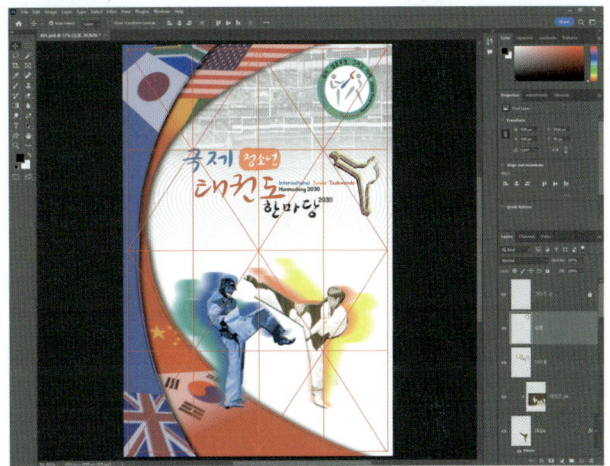

❸ 일러스트 작업 창에서 Selection Tool(▶)로 '로고' 이미지를 선택하고 Ctrl + C 를 누릅니다. 포토샵 작업 창으로 이동한 후 Ctrl + V 로 붙여넣습니다.
[Paste] 옵션 상자에서 'Pixels'를 선택하고 [OK]를 클릭한 후 알맞게 배치합니다.

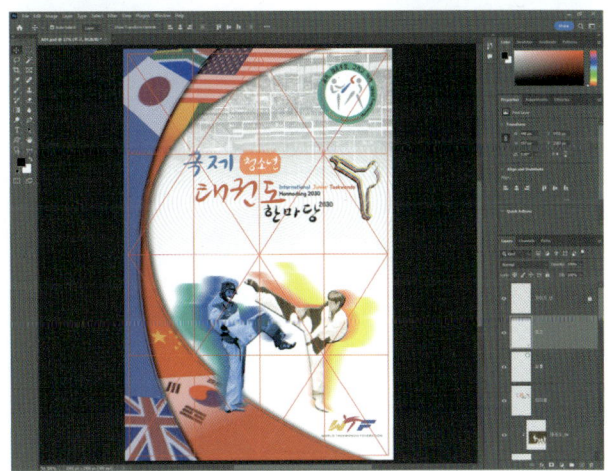

03 파일 검토 및 저장하기

❶ 전체적으로 가이드 선을 이용하여 크기와 배치를 최종 검토합니다.
　[Layers] 패널의 '가이드 선'은 'Toggle layer visibility' 아이콘을 클릭하여 눈 모양을 끕니다.

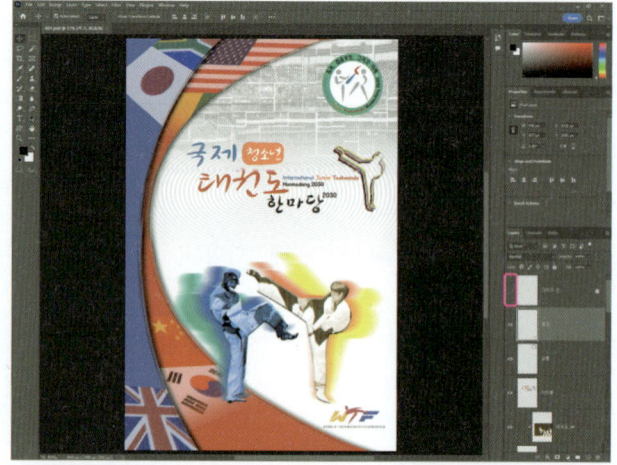

❷ [File]－[Save a Copy]를 선택하여 파일명 : 비번호 'A01', Format : 'JPEG'를 선택한 뒤 [저장(S)]을 누릅니다. [JPEG Options] 상자에서 Quality : 12, Format Options : Baseline("Standard")으로 설정하고 [OK]를 클릭합니다.

JPEG 저장 경로(버전 22.4부터 변경)
- 2021 버전 이하 : [File]－[Save As]
- 2021 버전 이상 : [File]－[Save a Copy]

5 인디자인 작업

1) 도큐멘트 설정하기

[파일]-[새로 만들기]-[문서] 또는 Ctrl +N을 눌러 새로운 도큐멘트 대화상자를 활성화합니다. 대화상자 상단 탭에서 [인쇄]-[새 A4 문서 - 210×297mm 시작]을 선택하고 페이지 : 1, 페이지 마주보기 : 체크 해제한 후 [여백 및 단]을 누릅니다.

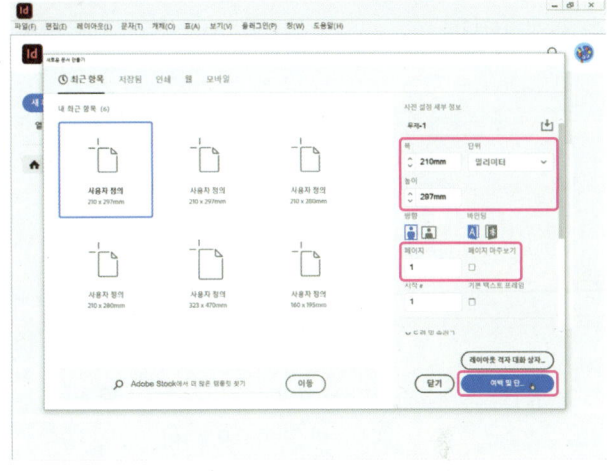

2) 여백 및 단 설정하기

대화상자의 링크 아이콘은 클릭하여 끊어진 링크로 설정합니다. 여백의 위쪽과 아래쪽 : 25.5mm, 왼쪽과 오른쪽 : 22mm로 설정하고, 열의 개수 : 1로 입력 후 [확인]을 누릅니다.

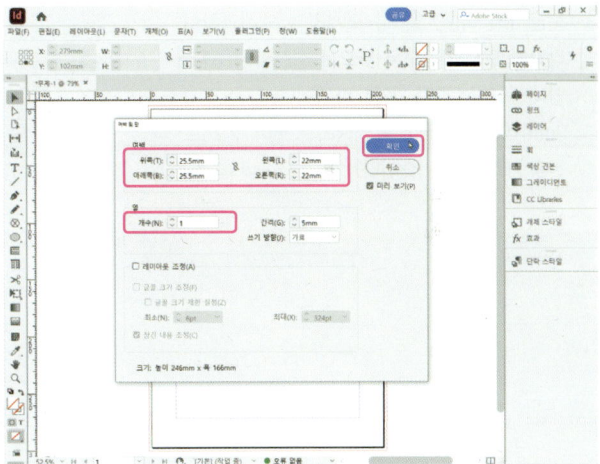

3) 안내선 만들기

❶ Ctrl + + 를 눌러 작업 창의 왼쪽 상단을 확대하고, 눈금자의 기준점을 왼쪽 상단의 여백에 드래그하여 눈금자의 숫자를 '0'으로 설정합니다.

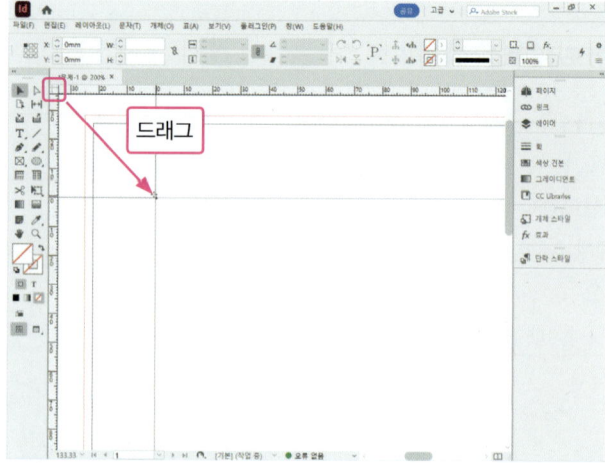

❷ 눈금자를 드래그하여 안내선의 위쪽, 아래쪽, 왼쪽, 오른쪽을 3mm만큼 안쪽으로 이동시켜 가이드 선을 배치합니다.

> **Tip**
>
> 눈금자의 기준점을 각 모서리에 드래그하여 각각의 모서리를 모두 '0'으로 설정할 수 있고 안내선을 선택 후 옵션 바에서 X 또는 Y : 3mm 또는 -3mm를 입력하면 쉽게 가이드 선을 제작할 수 있습니다.

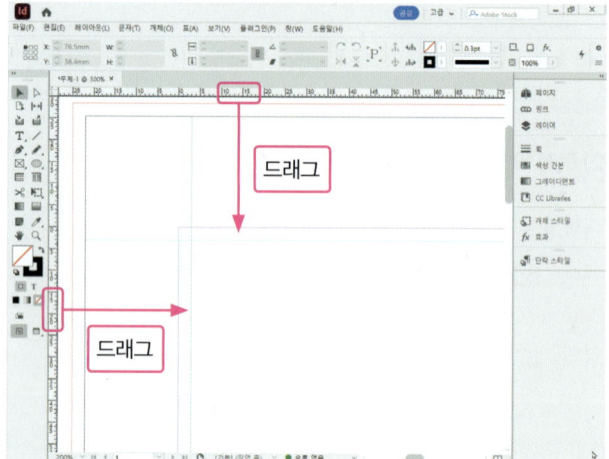

4) 재단선 만들기

❶ 선 도구(✏)를 이용하여 Shift 를 누른 채 세로 방향으로 드래그합니다. 옵션 바에서 L : 5~10mm, 두께 : 0.3pt로 입력하여 세로 선을 만듭니다.

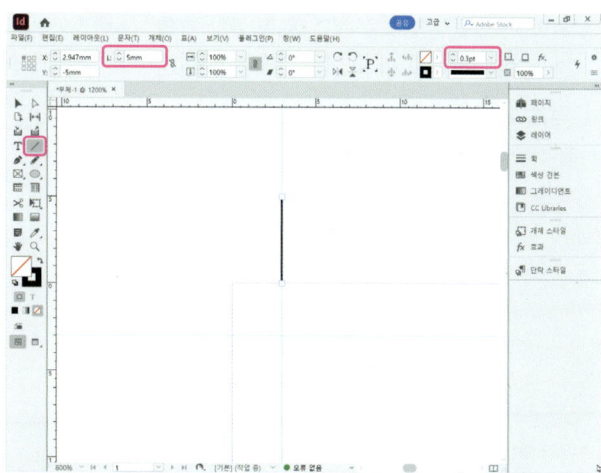

❷ 선택 도구(▶)로 세로 선을 세로 안내선에 배치합니다. 세로 선은 선택 도구(▶)로 Alt 를 누른 채 드래그하여 복사하고 Shift 를 누른 채 회전시켜 가로 안내선에 배치합니다.

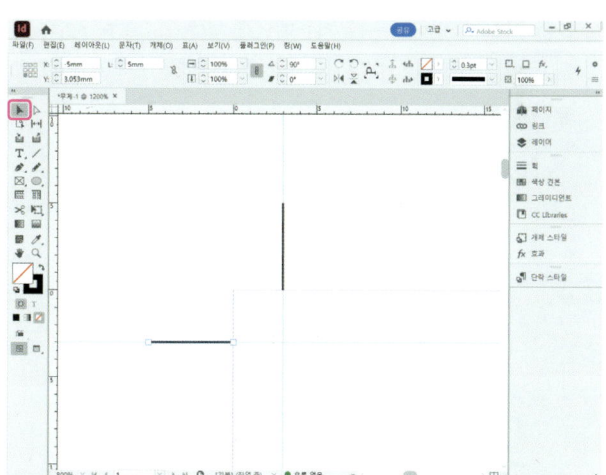

❸ 각 모서리를 ❷와 같은 방법으로 복사한 후 가로 안내선과 세로 안내선에 알맞게 배치하여 재단선을 만듭니다.

5) 비번호 만들기

❶ 왼쪽 아래에 문자 도구(T)로 입력할 영역을 드래그하여 문자 프레임을 생성한 후 비번호 'A01'을 입력합니다.

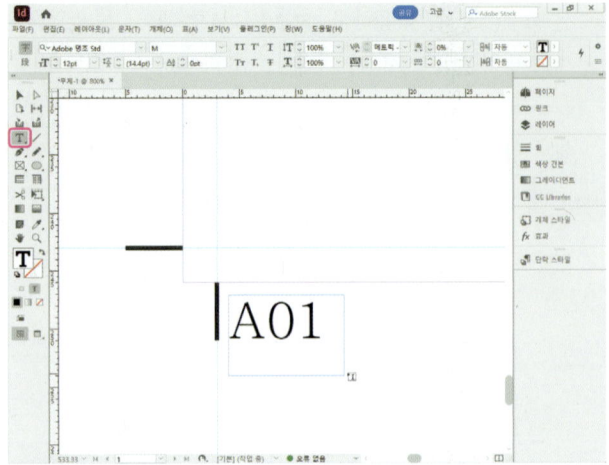

❷ [창]-[문자 및 표]-[문자] 패널에 서체 : 돋움 또는 Arial(고딕), 문자 크기 : 10pt 로 입력합니다.

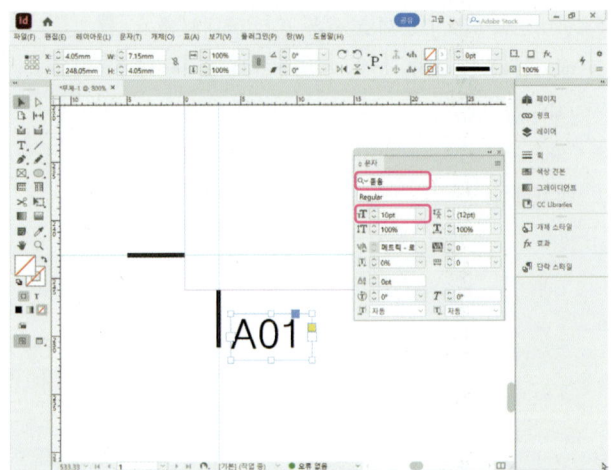

❸ 선택 도구(▶)로 문자와 왼쪽 하단의 세로 재단선과 같은 위치에 배치하기 위해 [창]-[개체 및 레이아웃]-[정렬] 패널에서 왼쪽 정렬 아이콘을 누릅니다.

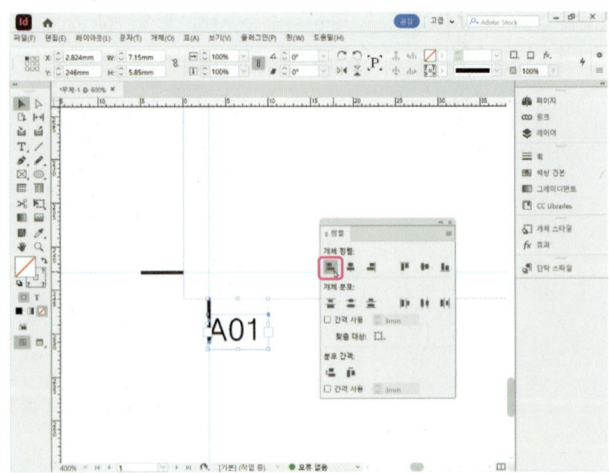

❹ [정렬] 패널의 분포 간격에서 간격 사용을 체크하고 3mm을 입력합니다. '수평 공간 분포' 아이콘을 눌러 재단선에서 3mm를 띄어 배치합니다.

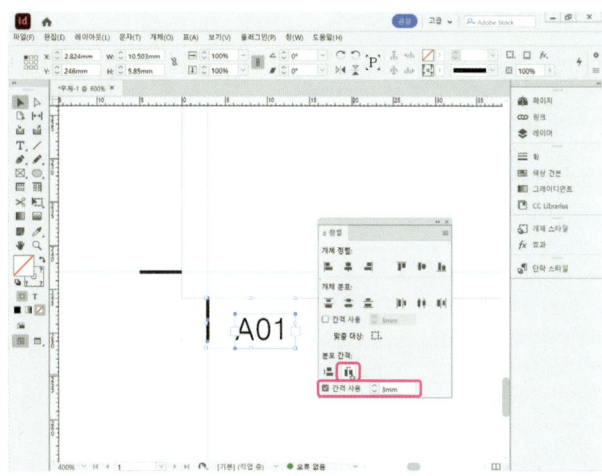

6) 파일 저장하기

[파일]-[다른 이름으로 저장]을 선택한 후 바탕화면에 있는 'A01' 폴더를 클릭하고 파일 이름 : A01.indd(비번호)로 저장합니다.

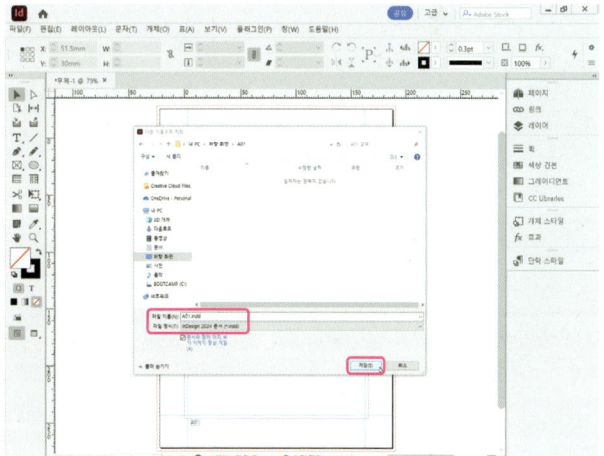

7) 이미지 배치하기

❶ [파일]-[가져오기] 또는 Ctrl+D 를 눌러 'A01.jpg' 파일을 선택한 후 [열기(O)]를 누릅니다.

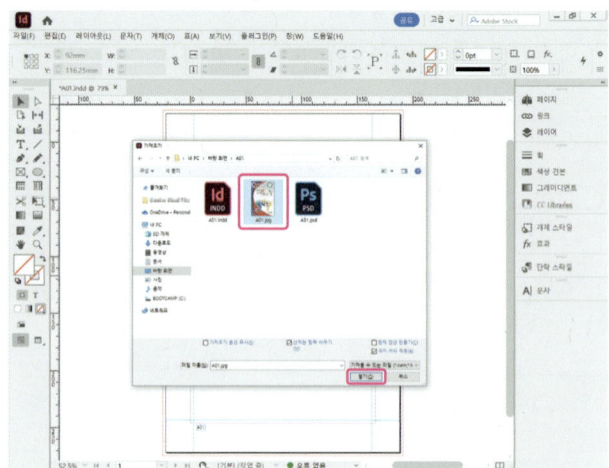

❷ 왼쪽 상단의 여백 모서리를 클릭하여 이미지를 불러옵니다.

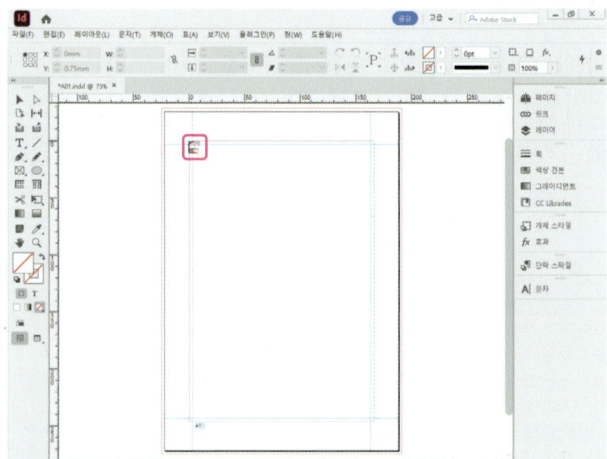

❸ 이미지를 선택한 후 옵션에서 이미지의 중심이 왼쪽 상단이 될 수 있도록 점을 선택하고 X : 0mm, Y : 0mm, W : 166mm, H : 246mm로 입력하여 정확하게 배치합니다.

이미지는 [보기]-[화면 표시 성능]-[고품질 표시]를 선택하면 선명하게 볼 수 있습니다.

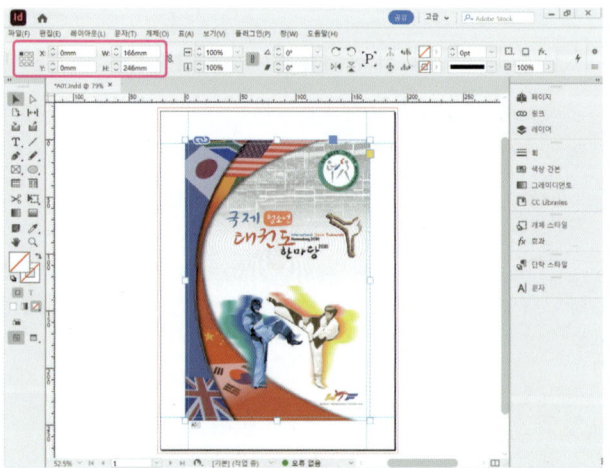

8) 텍스트

❶ 문자 도구(T)로 드래그하여 글자가 들어갈 프레임을 생성하고 '2030. 8. 25(목) ~ 28(일) 충무실내체육관'을 입력합니다.
[창]-[문자 및 표]-[문자] 패널에서 서체, 크기, 자간 설정, 띄어쓰기 등을 그림과 같이 설정하고 문자의 색상은 [창]-[색상견본]에서 [검정]을 선택합니다.

❷ 문자 도구(T)로 색상이 바뀔 문자는 드래그합니다. 문자 패널 오른쪽 상단 옵션 아이콘을 눌러 새 색상 견본을 클릭합니다. C85M53Y9를 입력하여 문자색상을 변경합니다.

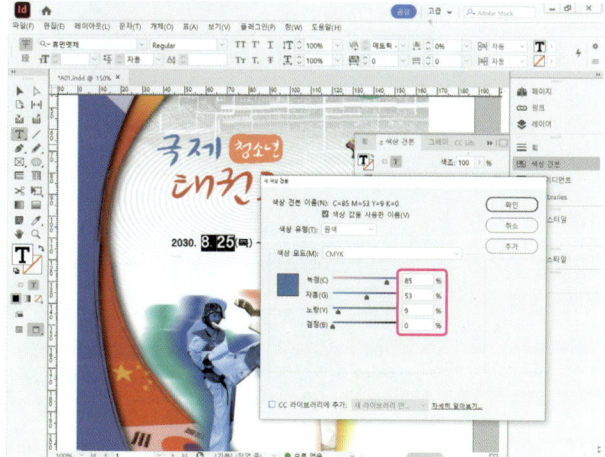

Tip
인디자인 색상 표기
- 녹청(C) = C(Cyan)
- 자홍(G) = M(Magenta)
- 노랑(Y) = Y(Yellow)
- 검정(B) = K(Black)

9) 파일 제출하기

[파일]-[저장]을 선택합니다. 바탕화면 작업 'A01' 폴더를 열어 'A01.indd'와 'A01.jpg' 파일만 넣어 제출합니다.
출력 지정 자리로 이동하여 'A01.indd' 파일을 열어 출력하고, 출력된 이미지는 시험장에서 제공하는 A3용지 가운데에 부착시켜 제출합니다.

CHAPTER 4
스마트팜 포스터 디자인

1 유의사항 및 디자인 원고 확인하기

국가기술자격 실기시험 문제

자격종목	컴퓨터그래픽기능사	과제명	스마트팜 포스터 디자인

※ 시험시간 : 3시간 30분

1. 요구사항

※ 다음의 요구사항에 맞도록 주어진 자료(컴퓨터에 수록)를 활용하여 디자인원고를 시험시간 내에 컴퓨터 작업으로 완성하여 A4용지로 출력 후 A3용지에 마운팅(부착)하여 제출하시오.
※ 모든 작업은 수험자가 컴퓨터 바탕화면에 폴더를 만들어 저장하시오.

가. 작품규격(재단되었을 때의 규격) : 디자인원고 참조 A4용지 중앙에 작품이 배치되도록 하시오.
- 원고 규격 : 160×240mm

나. 구성요소(문자, 그림) : 디자인원고 참조
● 문자요소
- IT기술과 농업의 융합
- 미래 성장산업으로 부상하고 있는 스마트팜
- 기술수준에 따른 스마트팜 세대
- 2세대 온도, 습도, 토양상태 등 생육환경 데이터화
- 스마트팜
- 일손부족과 고령화 등 농촌문제도 해결 가능
- 1세대 시설개방, 냉난방, 차광원격조정
- 3세대 시설 내 작물, 가축의 개체별 정보를 파악관리

● 그림요소

팜_01.jpg
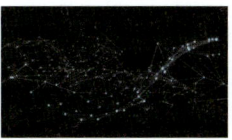
팜_02.jpg

팜_03.jpg

팜_04.jpg

팜_05.jpg

다. 작업내용
1) 주어진 디자인원고(그림, 사진, 문자, 색채, 레이아웃, 규격 등)와 동일하게 작업하시오.
2) 디자인원고 내용 중 불명확한 형상, 색상코드 불일치, 색 지정이 없는 부분, 원고에 없는 형상 등이 있을 때는 수험자가 「5 – 5」페이지 (나. 완성도면) 내용과 같이 작업하시오.
3) 디자인원고의 서체(요구 서체)가 사용 컴퓨터 및 소프트웨어와 맞지 않을 경우는 가장 근접한 서체를 사용하시오.
4) 상하, 좌우에 3mm 재단여유를 갖도록 작품을 배치하고, 재단선은 작품규격에 맞추어 용도에 맞게 표시하시오(단, 디자인원고 중 작품의 규격을 표시한 외곽선이 있을 때는 「5 – 5」원고의 지시에 따라 표시여부를 결정한다).
5) 디자인원고 좌측 하단으로부터 3mm를 띄어 비번호를 고딕 10pt로 반드시 기록하시오.
6) 출력물(A4)은 어떠한 경우에도 절취 할 수 없으며, 반드시 A3용지 중앙에 마운팅 하시오.

라. 컴퓨터 작업범위
1) 10MB 용량의 폴더에 수록될 수 있도록 작업범위(해상도 및 포맷형식)를 계획하시오.
2) 규격 : A4(210×297mm) 중앙에 디자인원고 내용과 같은 작품(원고규격)을 배치하시오.
3) 해상도 및 포맷형식 : 제한용량 범위 내에서 선택하시오.
4) 기타
   ① 제공된 자료범위 내에서 활용하시오.
   ② 3개의 2D 응용프로그램을 고루 활용하되, 최종작업 및 출력은 편집 프로그램(쿽 익스프레스, 인디자인)에서 하시오(최종작업 파일이 다른 프로그램에서 생성되어진 경우는 출력할 수 없음).

2. 수험자 유의사항

1) 수험자 인적사항 및 답안작성은 흑색 필기구만 사용해야 합니다.
2) 시설목록상의 소프트웨어 및 참고자료가 하드웨어에 설치되었는지 확인한 후 작업하시오.
   (단, 시설목록 이외의 동등한 소프트웨어, 폰트 등 [반드시 정품에 한함]을 설치하고자 할 때에는 시험 시작 전 감독위원의 입회하에 설치할 수 있으며, 무료폰트, 프리웨어 소프트웨어는 설치할 수 없습니다)
   ※ 수험자가 지참한 펜마우스, 그래픽 타블렛, 디지타이저, 스캐너 등 입력장치는 사용할 수 없습니다.
3) 지참공구『수험표, 신분증, 연필(1개), 사인펜(1개), 눈금자(30cm), 가위, 양면테이프』이외의 참고자료 및 저장매체 등 어떠한 물품(핸드폰 전원 Off)이라도 시험 중 지참할 수 없습니다.
   ※ 작업 중 계산이 필요한 경우는 컴퓨터 내 계산기를 사용할 수 있습니다.
4) 수험자의 컴퓨터 활용 미숙 등으로 인한 시험 진행이 어렵다고 판단되었을 때는 감독위원은 시험을 중지시키고 실격처리를 할 수 있습니다.
5) 바탕화면에 폴더를 생성하여 주기적으로 작업한 파일을 저장하시오.
6) 작업이 끝나면 생성한 비번호 폴더에 10MB 용량 이내로 출력과 관련된 파일만(최종 작업 파일)을 저장하고 감독위원의 지시에 따라 전송하시오(단, 시험시간은 저장한 파일이 포함된 폴더를 전송한 시점까지이며, 전송 후에는 일체의 재작업을 할 수 없음).
7) 프린트는 감독위원의 별도 지시에 따라 순서에 의해 수험자 본인이 출력하며, 1회 출력을 원칙으로 합니다(단, 기계 이상 또는 출력 오류 등의 사유로 인쇄가 잘못되었을 시 감독위원의 확인 후 다시 출력할 수 있으며 잘못된 인쇄본은 감독위원에게 제출하시오).
8) A3용지 좌측 상단 표제란에 인적사항을 기재하고, 작품(출력물, A4)은 표제란을 제외한 A3용지의 중앙에 마운팅(부착)하며, 작품 부착 경계선상에 감독위원의 확인 날인을 받으시오(단, 마운팅 소요시간 5분 이내).
9) 지급된 A3용지 및 컴퓨터 작업 내에는 불필요한 내용의 표시를 하지 마시오.
10) 모든 작품을 감독위원 또는 채점위원이 검토하여 카피된 작품(동일작품)이 있을 때에는 관련된 수험자 모두를 부정행위로 처리합니다.
11) 컴퓨터 H/W에 작업된 모든 내용과 시험자료는 A3용지에 마운팅 한 후 삭제하고, 출력물을 부착한 A3용지를 제출하시오.
12) 장시간 컴퓨터 작업으로 신체에 무리가 가지 않도록 적절한 몸풀기(스트레칭) 후 작업하시오.
13) 다음 사항에 대해서는 실격에 해당되어 채점 대상에서 제외됩니다.
    가) 수험자 본인이 수험 도중 시험에 대한 포기(기권) 의사를 표시하고 포기하는 경우
    나) 지정 작업범위(용량)를 초과한 경우
    다) 요구사항과 현격히 다른 경우(채점위원이 판단)
    라) 제한시간을 초과하여 미완성인 경우
    마) 과제기준 20% 이상 완성이 되지 않은 경우(채점위원이 판단)
    바) 최종작업을 편집프로그램으로 하지 않았거나, 수험자 미숙으로 출력을 못하였을 경우
14) 주요 채점 항목은 다음과 같습니다.
    가) 응용프로그램의 활용능력 및 최종 편집 프로그램 사용
    나) 색채, 그림요소의 표현
    다) 그림 및 문자요소의 레이아웃
    라) 타이포그래피(서체특성 및 크기, 자간 및 행간의 정확도, 오타 등)
    마) 원고규격, 재단선의 적합성, 디자인원고의 배치

3. 지급재료 목록

일련번호	재료명	규격	단위	수량	비고
1	복사 용지	A3	장	1	1인당
2	프린터 용지	A4(360dpi 이상 또는 일반용지)	장	2	1인당(프린터기에 내장)

컴퓨터그래픽기능사 디자인 원고

작품명 : 스마트팜 포스터 디자인

※ 작품규격(재단되어 있을 때의 규격) : 160×240mm, 작품 외곽선은 생략하고, 재단선은 3mm 재단 여유를 두고 용도에 맞게 표시하시오.
※ 불명확한 형상, 색상코드 불일치, 색 지정이 없는 부분, 원고에 없는 형상 등이 있을 때는 (나. 완성도면)와 같이 작업하시오.

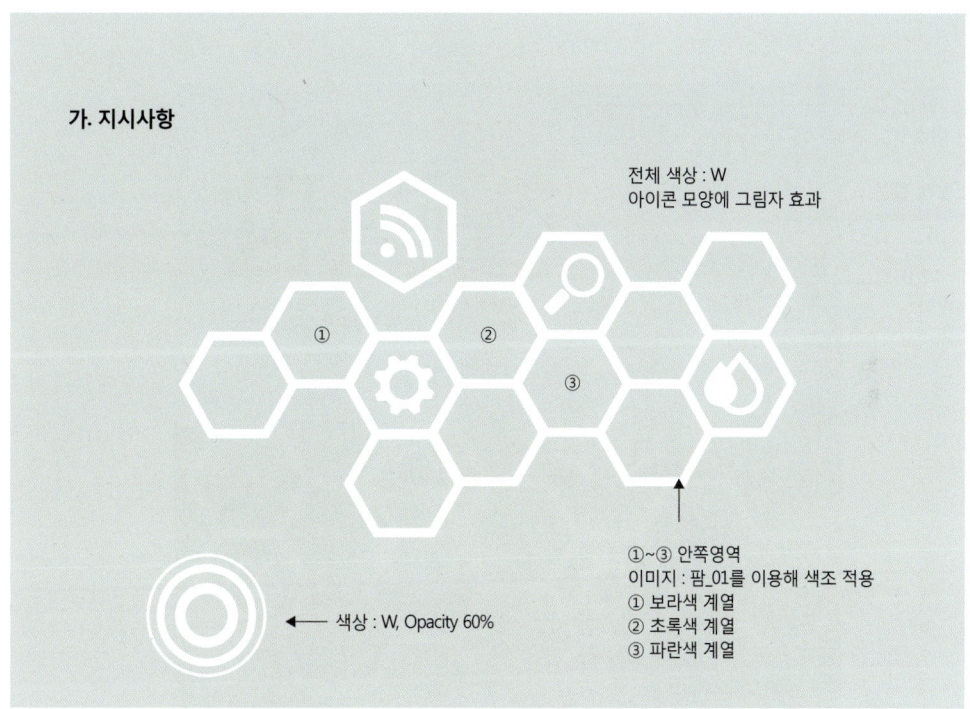

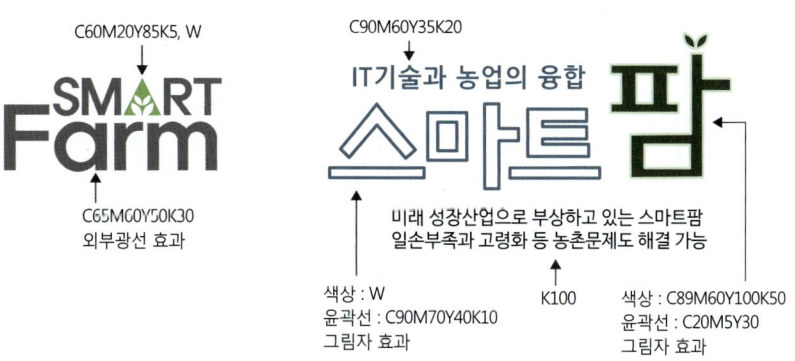

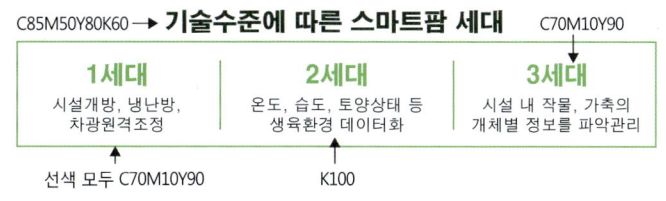

나. 완성도면

2 디자인 원고에 그리드 그리기

❶ 출력된 디자인 문제지의 '완성도면'에 직접 자와 빨간 펜 등 눈에 띄는 색상의 펜을 활용하여 16등분 선으로 그림과 같이 그리드 선을 그립니다.

> **Tip**
> 문제지 출력형태와 작업 도큐멘트에 같은 그리드를 그리면 오브젝트의 크기, 위치, 배치 간격을 파악하는 데 도움이 됩니다.

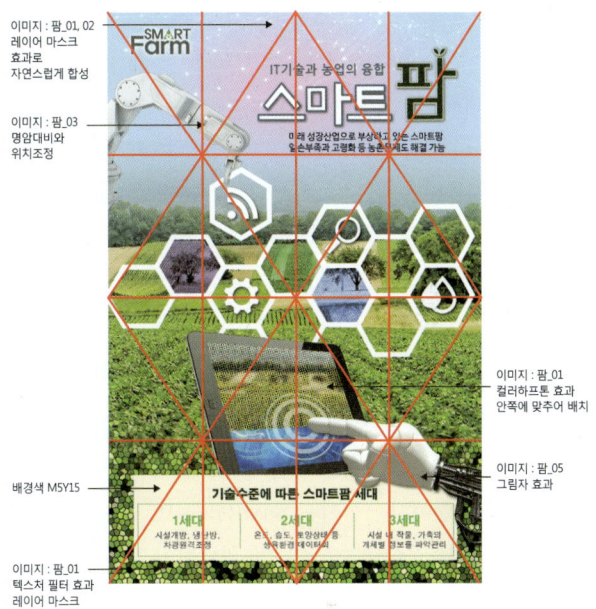

나. 완성도면

3 일러스트레이터 작업

01 작업 준비하기(도큐멘트 설정, 가이드 선 레이어 만들기)

1) 도큐멘트 설정하기

❶ 일러스트레이터에서 [File]—[New] 또는 Ctrl + N 을 눌러 Width : 166mm, Height : 246mm, Color Mode : CMYK Color, Raster Effects : High(300ppi)로 설정한 후 [Create]를 클릭합니다.

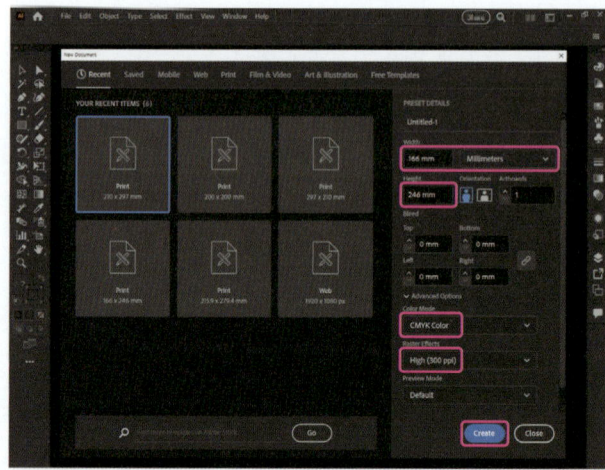

❷ 바탕화면에 새 폴더를 생성한 후 폴더 이름은 비번호 'A01'로 변경합니다. 일러스트레이터 프로그램에서 [File]—[Save]를 선택하고 파일 이름은 비번호 'A01'을 입력하고 파일형식 : Adobe Illustrator(*.Ai)를 선택한 후 [저장(S)]을 누릅니다. [Illustrator Options] 창이 활성화되면 [OK]를 눌러 저장합니다.

 Tip

Ctrl + S 를 눌러 작업한 내용을 수시로 저장하는 습관을 들이면 프로그램 오류에 빠르게 대처할 수 있습니다.

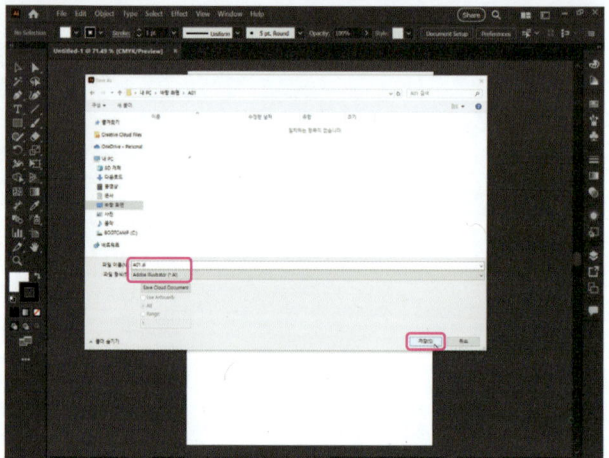

❸ 작업 창에 가로와 세로를 16등분 하는 격자 선을 그리드로 그리기 위해 Line Segment Tool( ) 아이콘 아래의 작은 삼각형을 길게 눌러 Rectangular Grid Tool( )을 선택하고 작업 창을 클릭합니다.

Tip

문제지 출력형태와 작업 도큐멘트에 같은 그리드를 그리면 오브젝트의 크기, 위치, 배치 간격을 파악하는 데 도움이 됩니다. 그리드 작업이 필수 항목은 아니지만 디자인 작업이 숙련될 때까지 그리드 활용하는 것을 권장합니다.

❹ [Rectangular Grid] 옵션 상자를 활성화 합니다. Default Size Width : 160mm, Height : 240mm, Horizontal Dividers Number : 3, Vertical Dividers Number : 3을 입력하고 [OK]를 클릭합니다.

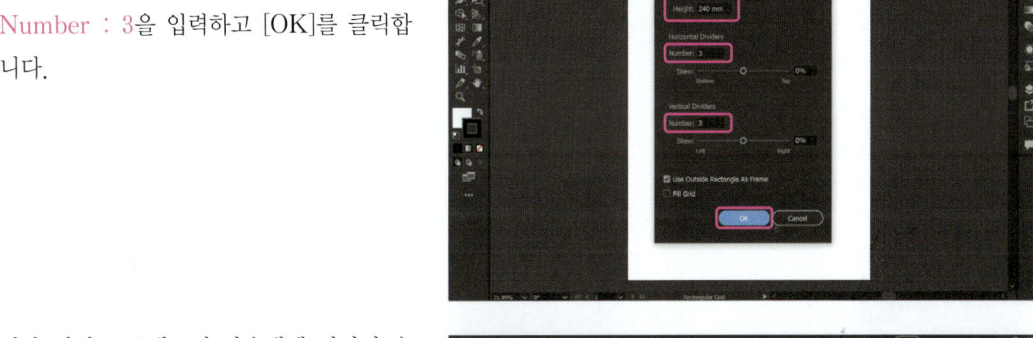

❺ 격자 선이 도큐멘트의 가운데에 정렬될 수 있도록 Selection Tool( )로 격자 선을 클릭하여 선택합니다.
[Window]−[Align] 패널을 활성화하고 Align To : Align to Artboard, Align Objects : Horizontal Align Center, Vertical Align Center를 눌러 작업 창 가운데 격자 선을 배치합니다.

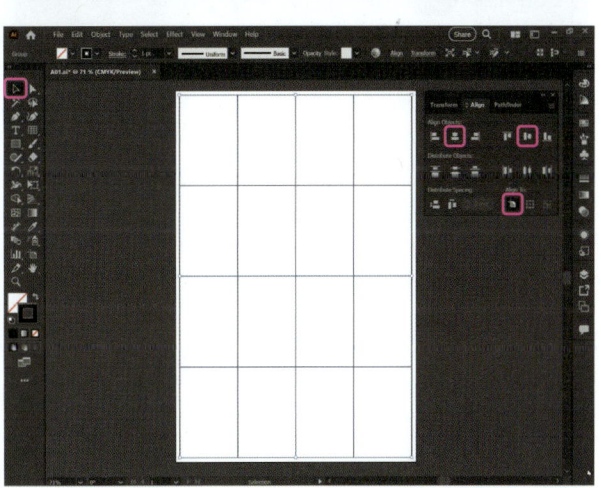

❻ 격자 선은 상단 메뉴의 [Object]-[Lock]
-[Selection] 또는 Ctrl + 2 를 눌러 격
자 선이 움직이지 않도록 고정합니다.

> **Tip**
>
> Pen Tool( )로 기존 고정점을 클릭하면 삭
> 제되기 때문에 고정점이 선택되지 않도록 잠
> 그고 추가 선을 그립니다.

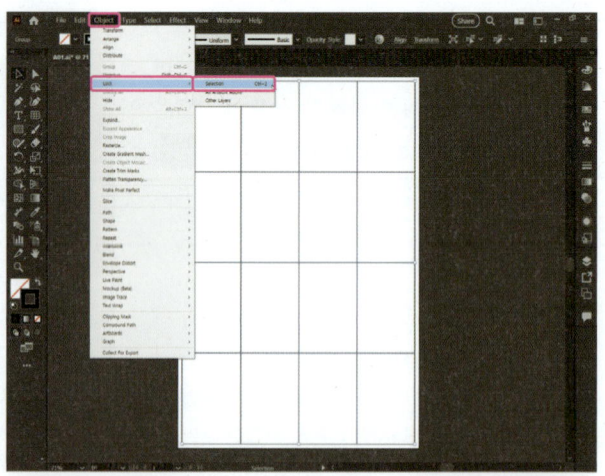

❼ Pen Tool( )로 격자 선의 상, 하, 좌,
우 가운데 점을 연결하여 마름모(◇) 형태
로 선을 그립니다.

> **Tip**
>
> [Menu]-[View]-[Smart Guide] 또는 Ctrl
> + U 를 활성화하면 오브젝트를 그릴 때 교차
> 점이나 고정점을 정확하게 맞추는 데 도움이
> 됩니다.

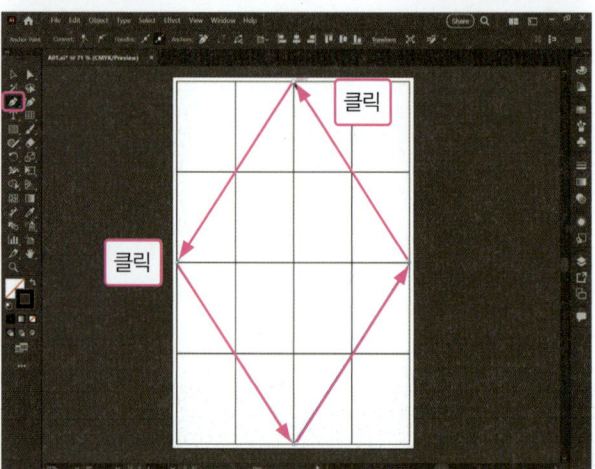

❽ Pen Tool( )로 X 형태로 추가 선을 그
립니다.

> **Tip**
>
> Pen Tool( )로 X선을 그릴 때, 왼쪽 상단에
> 서 오른쪽 하단으로 대각선을 그린 후 Ctrl 을
> 누른 채 작업 창의 공간을 클릭하여 선 끝내기
> 를 하고 반대 방향으로 대각선을 그립니다.

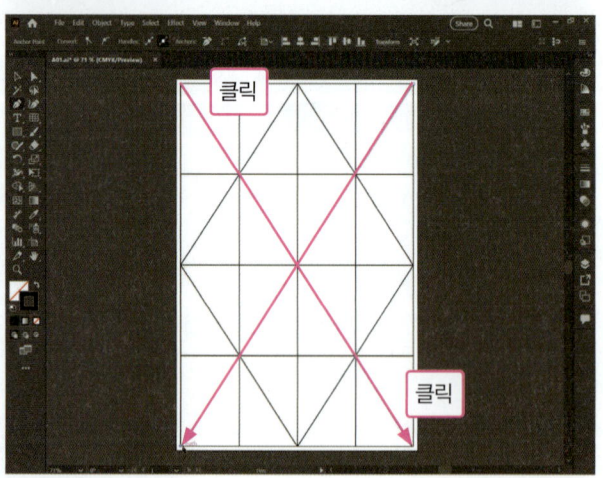

❾ [Object]-[Unlock All] 또는 +Ctrl+2 를 선택하여 잠근 격자 선을 풀고, [Select]-[All] 또는 Ctrl+A 를 눌러 격자 선을 모두 선택합니다.

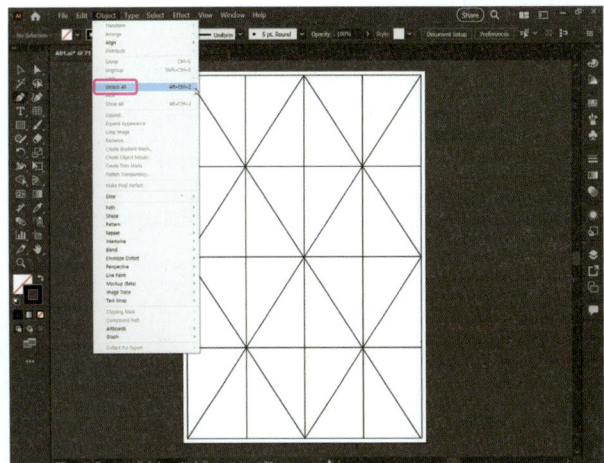

❿ [Stroke Color] 아이콘을 더블 클릭하여 [Color Picker] 대화창에 빨간색 색상값 M100Y100을 입력합니다.

Tip

문제지에 표기되지 않은 색상은 0%로 입력합니다.

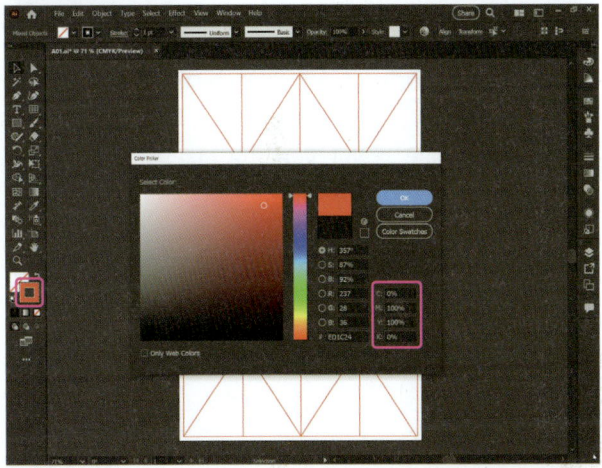

⓫ [Object]-[Group] 또는 Ctrl+G 를 눌러 그룹으로 지정합니다.

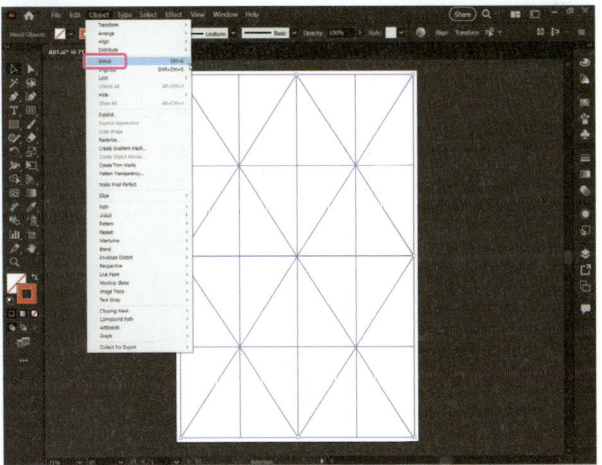

2) 가이드 선 레이어 만들기

❶ [Window]−[Layers] 패널을 활성화합니다. 'Layer 1' 이름을 더블 클릭하여 '가이드 선'으로 변경합니다. '가이드 선' 레이어는 [Toggles Lock]을 눌러 변경되지 않도록 고정합니다.

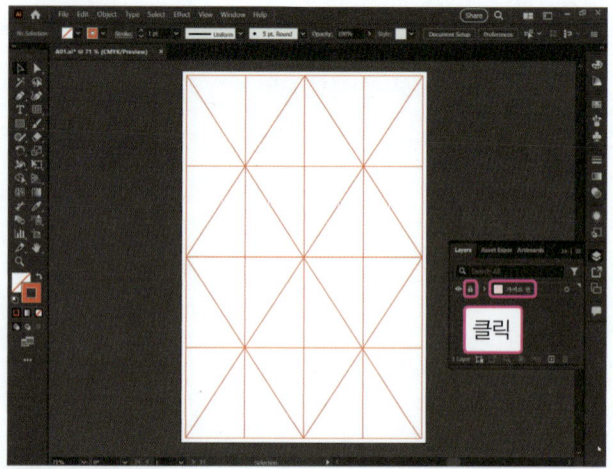

❷ [Layers] 패널에서 'Create New Layer' 아이콘을 눌러 새 레이어를 추가하고, 'Layer 2'를 더블 클릭한 후 레이어 이름을 '이미지'로 변경합니다.
일러스트레이터 작업물은 '이미지' 레이어에 작업합니다.

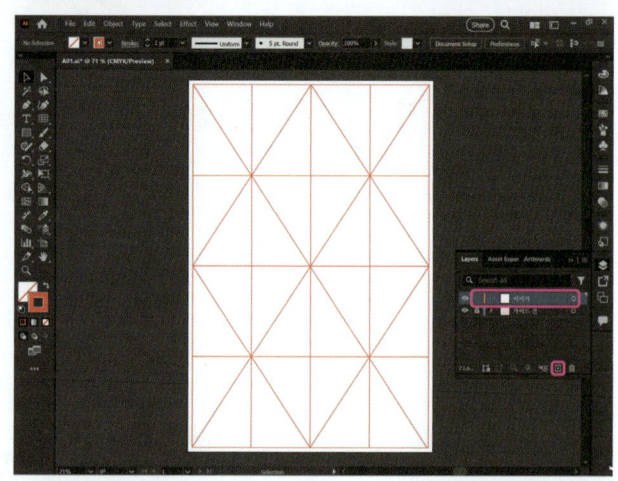

Tip

[Layers] 패널에서 '이미지' 레이어를 더블 클릭하여 [Layer Options] 대화창을 활성화합니다. 레이어 색상을 변경하여 작업하기 편한 환경을 만듭니다.

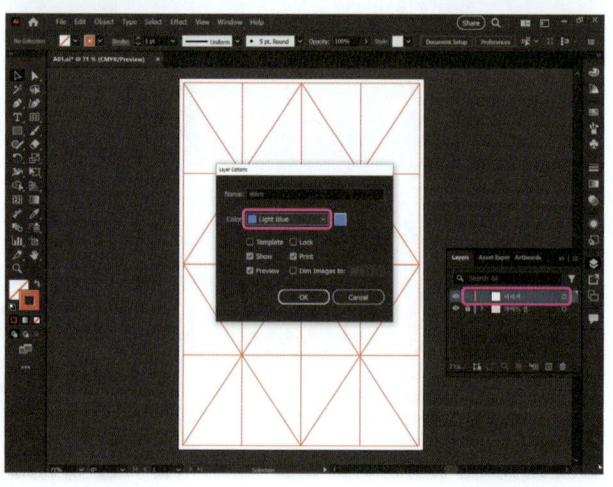

02 이미지 제작

1) 아이콘

❶ 아이콘을 그리기 위해 Ellipse Tool( )로 그림과 같이 원 두 개를 그리고 [Stroke] 패널에서 선의 두께를 적절히 설정합니다. 면색은 None, 선색은 C0M0Y0K0으로 설정합니다.

> **Tip**
> - 원 크기 : 25×25mm, 17×17mm(도형의 크기는 정확하지 않아도 되며, 디자인 원고를 참고하여 비율을 맞춰 비슷하게 그림)
> - 선의 두께 : 6.5pt

❷ Selection Tool( )로 2개의 원을 선택하고 Direct Selection Tool( )로 원의 왼쪽의 고정점을 선택한 후 Delete 를 눌러 삭제합니다.

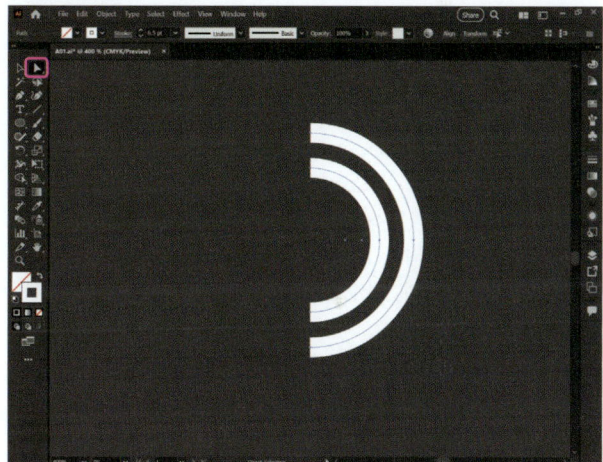

❸ ❷와 같은 방법으로 아래의 고정점을 선택한 후 Delete 를 눌러 삭제합니다.

❹ Ellipse Tool( )로 Shift 를 누른 채 드래그하여 작은 정원을 그리고 면색은 C0M0Y0K0, 선색은 None으로 설정하여 그림과 같이 배치합니다.
작업된 이미지는 Selection Tool( )로 모두 선택한 후 Ctrl + G 를 눌러 그룹 설정합니다.

❺ 설정 아이콘을 그리기 위해 Ellipse Tool( )로 Shift 를 누른 채 드래그하여 정원을 그리고 [Stroke] 패널에서 Align Stroke : Align Stroke to Inside를 클릭합니다. 면색은 None, 선색은 C0M0Y0K0으로 설정합니다.

> **Tip**
> • 원 크기 : 12.5×12.5mm(도형의 크기는 정확하지 않아도 되며, 디자인 원고를 참고하여 비율을 맞춰 비슷하게 그림)
> • 선의 두께 : 6.5pt

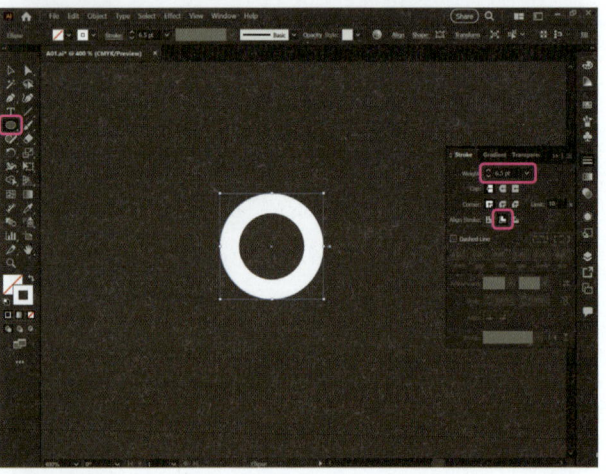

❻ Rectangle Tool( )로 드래그하여 직사각형을 그리고 Direct Selection Tool( )로 왼쪽 아래의 고정점을 클릭한 후 ←(왼쪽 방향키)를 눌러 그림과 같이 사각형을 변형시킵니다.

> **Tip**
> ❻과 같은 크기와 두께로 그린 사다리꼴 모양의 면은 Stroke의 두께로 채워집니다. 크기를 다르게 설정하여 작업할 경우, 면색은 C0M0Y0K0, 선색은 None으로 입력하여 사용합니다.

❼ Direct Selection Tool(　)로 오른쪽 아래의 고정점을 클릭한 후 →(오른쪽 방향키)를 눌러 이동시켜 사다리꼴 모양으로 변형합니다. 면색은 C0M0Y0K0, 선색은 None으로 설정합니다. 원과 사다리꼴 오브젝트는 그림과 같이 배치합니다.

이동 간격 조정하기

[Edit]–[Preferences]–[General]–'Keyboard Increment(키보드 증가 값)' 입력–[OK]를 클릭합니다. 기본값 : 0.3528mm로 값을 작게 설정하면 미세하게 이동할 수 있습니다.

❽ Selection Tool(　)로 사다리꼴 오브젝트를 선택합니다. Rotate Tool(　)을 선택한 후 Alt 를 누른 채 원의 가운데를 클릭합니다. [Rotate] 옵션 상자에서 Angle : 45°로 입력하고 [Copy]를 누릅니다.

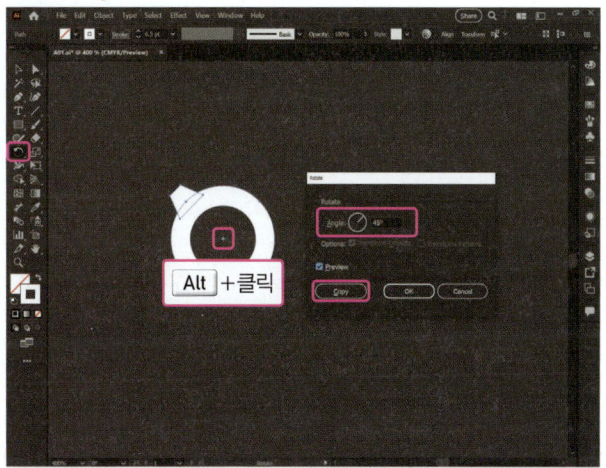

❾ Ctrl + D 를 여러 번 눌러 그림과 같이 복사하여 배치합니다. 작업된 이미지는 모두 선택한 후 Ctrl + G 를 눌러 그룹 설정합니다.
Rotate Tool(　)을 더블 클릭한 후 옵션 상자에서 Angle : 25°를 입력하고 [OK]를 클릭합니다.

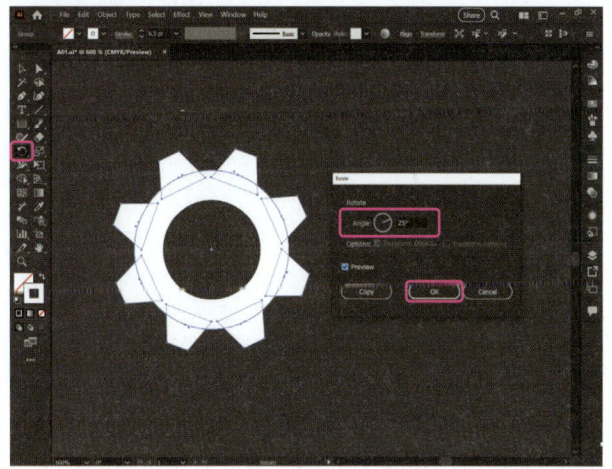

❿ 돋보기 아이콘을 그리기 위해 Ellipse Tool(◯)로 Shift 를 누른 채 드래그하여 정원을 그리고 [Stroke] 패널에서 선의 두께를 적절히 설정합니다. 면색은 None, 선색은 C0M0Y0K0으로 설정합니다.

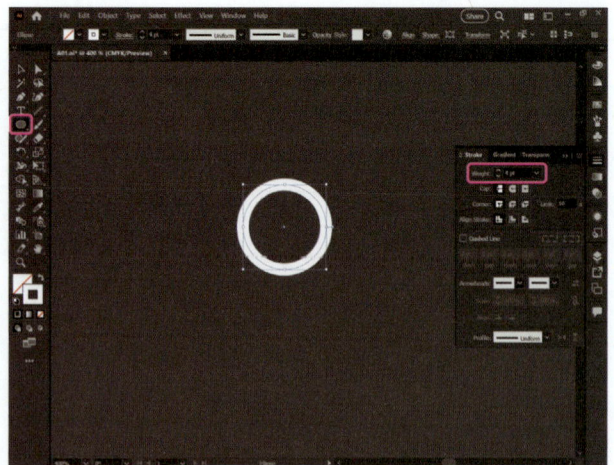

⓫ Rounded Rectangle Tool(▢)을 선택한 후 화면에 드래그하여 둥근 직사각형을 그리고 면색은 C0M0Y0K0, 선색은 None으로 설정합니다.
그린 이미지는 알맞게 배치하고 돋보기 아이콘을 모두 선택한 후 Ctrl + G 를 눌러 그룹 설정합니다.

⓬ 기울어진 돋보기 모양을 만들기 위해 방향 조절점에 회전모양을 확인한 후 Shift 를 누른 채 드래그하여 오른쪽 방향으로 회전시킵니다.

⑬ 물방울 아이콘을 그리기 위해 Ellipse Tool(◯)로 Shift 를 누른 채 드래그하여 정원을 그립니다.

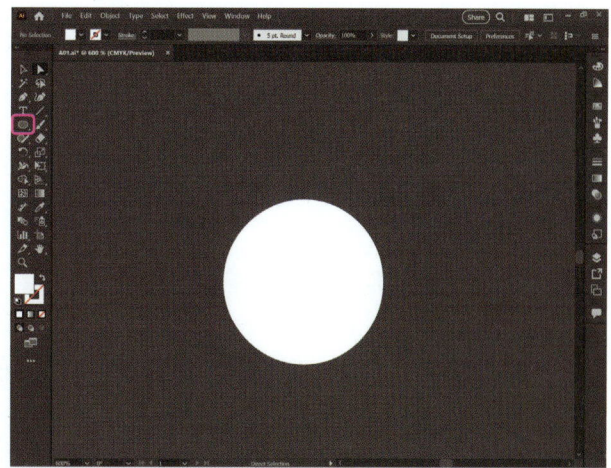

⑭ Direct Selection Tool(▶)로 상단의 고정점을 클릭한 후 ↑(위쪽 방향키)를 눌러 그림과 같이 이동시킵니다. 면색은 C0M0Y0K0, 선색은 None으로 설정합니다.

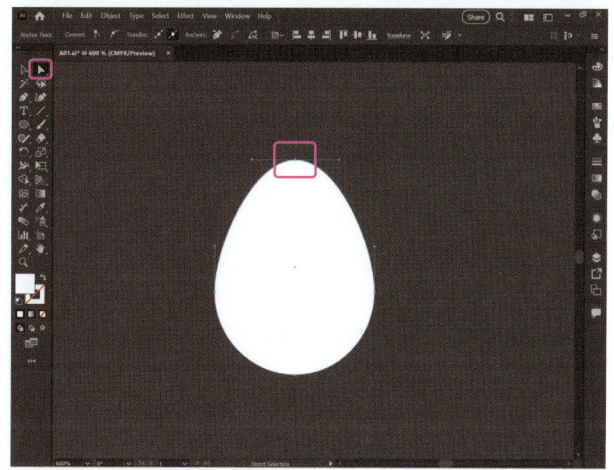

⑮ Anchor Point Tool(∧)로 상단의 고정점을 클릭하여 뾰족하게 변형합니다.

⓰ 물방울 이미지는 Selection Tool( )로 Alt 를 누른 채 드래그하여 배치하고 큰 물방울은 면색은 None, 선색은 C0M0Y0K0으로 설정합니다. [Stroke] 패널에서 선의 두께를 5pt로 설정하고 그림과 같이 크기를 조정하여 알맞게 배치합니다.
물방울 이미지를 모두 선택한 후 Ctrl + G 를 눌러 그룹 설정합니다.

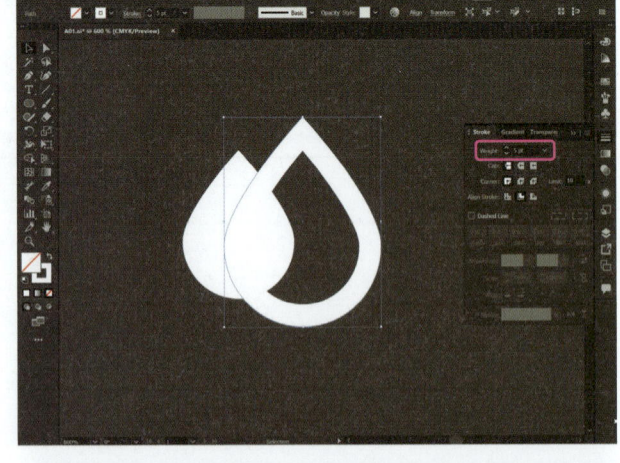

⓱ Polygon Tool( )로 작업 창을 클릭하여 옵션 상자에서 Radius : 15mm, Sides : 6을 입력하고 면색은 None, 선색은 C0M0Y0K0으로 설정합니다. [Stroke] 패널에서 선의 두께를 6.5pt로 설정합니다.

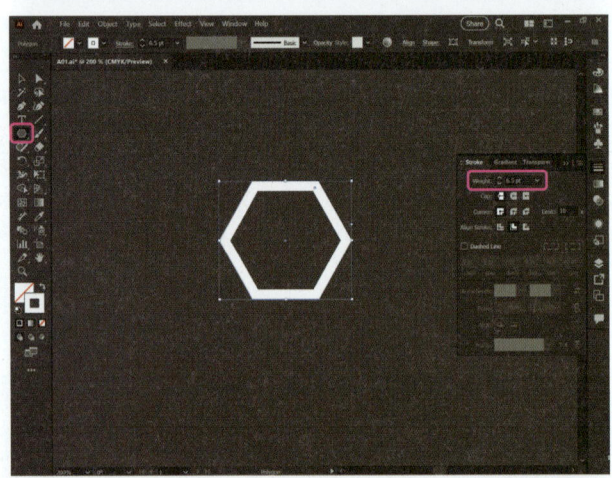

⓲ Selection Tool( )로 Alt 를 누른 채 드래그하여 배치하고 Selection Tool( )로 모두 선택한 후 Ctrl + G 를 눌러 그룹 설정합니다.

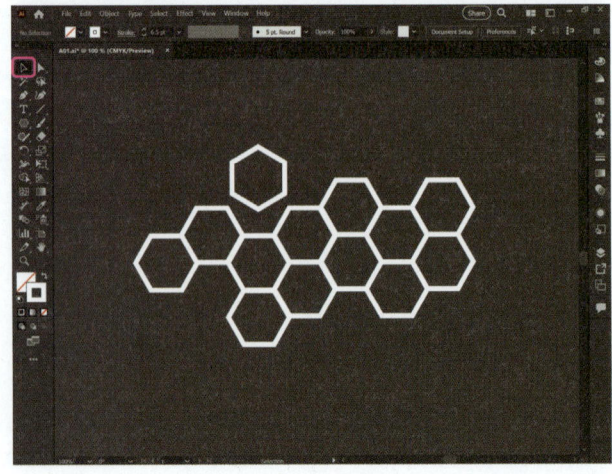

⑲ 제작한 아이콘들을 육각형 위에 적절하게 배치합니다.

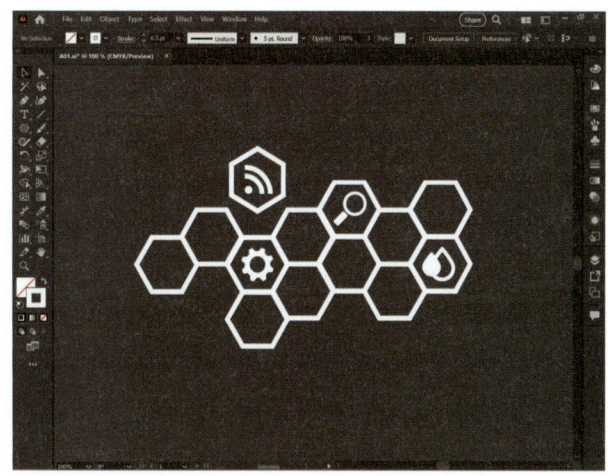

2) 원 문양

❶ Ellipse Tool(◯)로 그림과 같이 3개의 정원을 그려 배치하고 면색은 None, 선색은 C0M0Y0K0으로 설정합니다. [Stroke] 패널에서 선의 두께를 1.5pt로 설정합니다. Selection Tool(▶)로 모두 선택한 후 Ctrl + G 를 눌러 그룹 설정합니다.

원 복사하여 크기 조절하는 방법

1. Ellipse Tool(◯)로 원을 그리고 Scale Tool(⌗)을 더블 클릭하여 옵션 상자에서 Scale : Uniform에 100% 이하로 숫자 값을 입력한 후 [Copy]를 누릅니다.

2. Ellipse Tool(◯)로 원을 그리고 Ctrl + C 를 누른 후 Ctrl + F 를 누릅니다. Alt + Shift 를 누른 채 바운딩 박스점을 드래그하여 크기를 축소합니다.

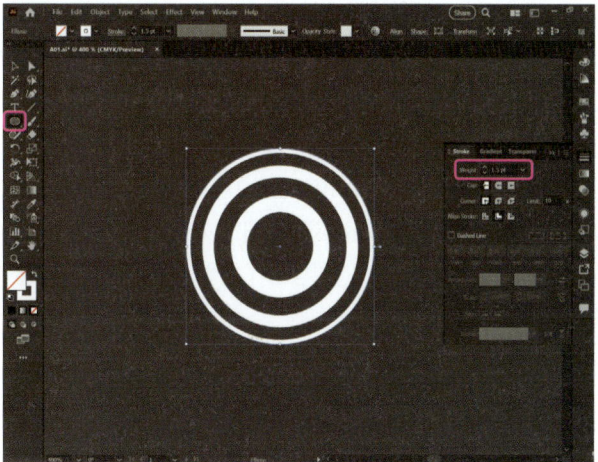

❷ 제작된 원을 선택한 후 옵션 바에서 Opacity : 60%로 설정합니다.

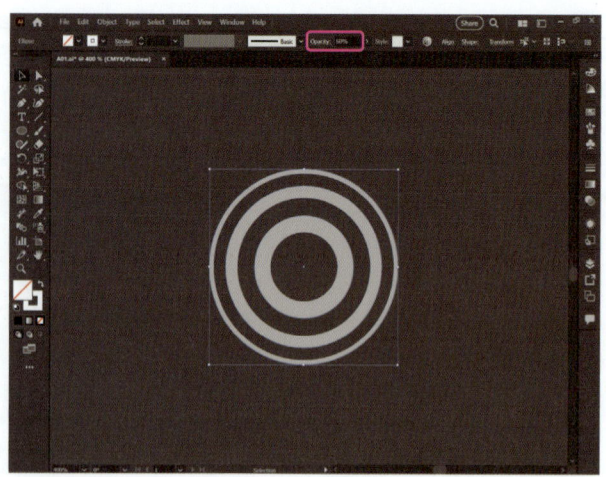

3) 로고

❶ Type Tool(T)을 선택하고 빈 화면을 클릭한 후 'SMART Farm'을 입력합니다. 문자의 색상은 C65M60Y50K30으로 설정합니다.
[Window]−[Type]−[Character] 패널에서 서체, 크기, 자간 설정, 띄어쓰기 등을 출력형태와 비슷하게 설정합니다.

> **Tip**
> 서체 : 휴먼엑스포(그림과 동일한 서체가 없을 시 비슷한 서체를 선택하여 사용)

❷ Selection Tool(⬚)로 문자를 선택하고 [Type]−[Create Outlines]를 클릭하여 이미지로 변경한 후 Shift + Ctrl + G 를 눌러 그룹 해제합니다.

❸ Polygon Tool(⬚)로 작업 창을 클릭한 후 옵션 상자에서 Sides : 3을 입력하여 삼각형을 만들고 면색은 C60M20Y85K5, 선색은 None으로 설정합니다. 삼각형은 문자 'A' 위에 위치하고 Selection Tool(⬚)로 문자 'A'를 선택한 후 Delete 를 눌러 삭제합니다.

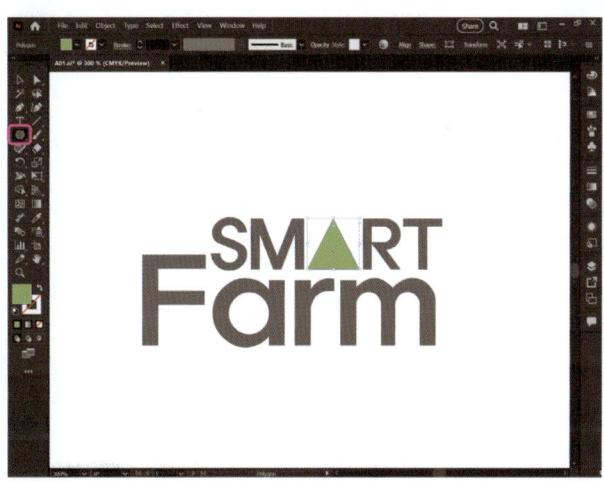

❹ Ellipse Tool(⬚)을 선택한 후 작업 창에 드래그하여 타원형을 그립니다. 면색은 C0M0Y0K0, 선색은 None으로 설정합니다.

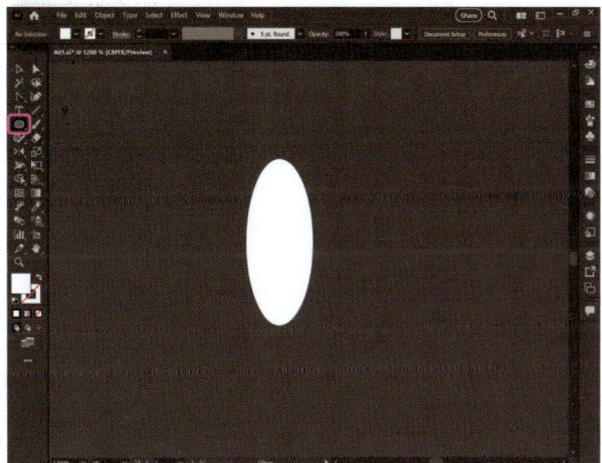

❺ Anchor Point Tool(	)로 상단과 하단의 고정점을 클릭한 후 뾰족하게 변형하여 나뭇잎 모양으로 만듭니다.

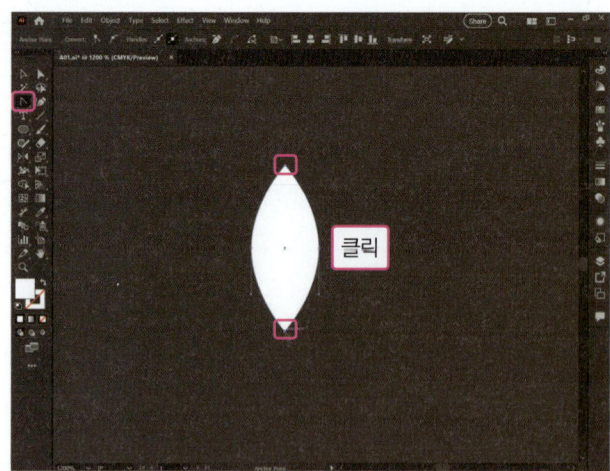

❻ 나뭇잎 모양은 Selection Tool(	)로 Alt 를 누른 채 드래그하여 복사하고 그림과 같이 크기를 조절한 후 회전하여 삼각형 위에 알맞게 배치합니다.

작업된 로고는 Selection Tool(	)로 모두 선택한 후 Ctrl + G 를 눌러 그룹 설정합니다.

4) 타이틀

❶ Type Tool(	)를 선택하고 '스마트 팜'을 입력합니다.

[Window]-[Type]-[Character] 패널에서 서체, 크기, 자간 설정, 띄어쓰기 등을 출력형태와 비슷하게 설정합니다.

 Tip

서체 : 휴먼모음T(그림과 동일한 서체가 없을 시 비슷한 서체를 선택하여 사용)

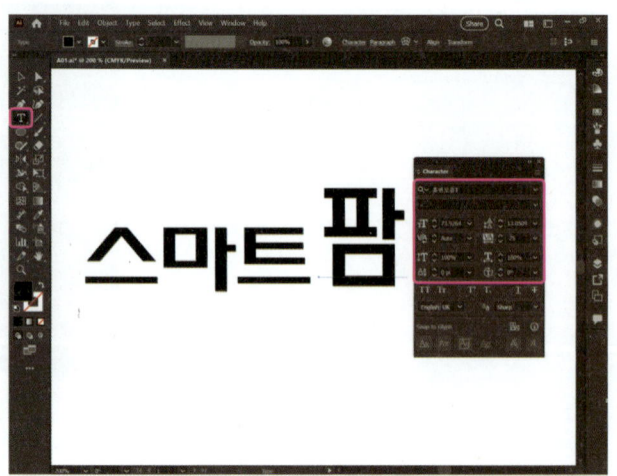

❷ Selection Tool(▶)로 문자를 선택하고 [Type]-[Create Outlines]를 클릭하여 이미지로 변경한 후 Shift + Ctrl + G 를 눌러 그룹 해제합니다. Direct Selection Tool(▶)로 문자 '스'의 'ㅅ' 상단의 패스를 선택한 후 Delete 를 누릅니다.

> **Tip**
>
> Ctrl + Y 를 눌러 아웃라인 화면에서 세밀하게 작업합니다.

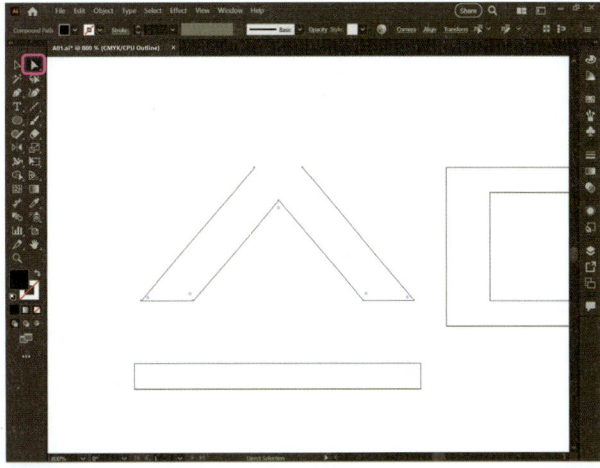

❸ Pen Tool(✒)로 끊어진 고정점을 클릭한 후 뾰족한 모양이 되도록 추가 연결하여 드로잉합니다.

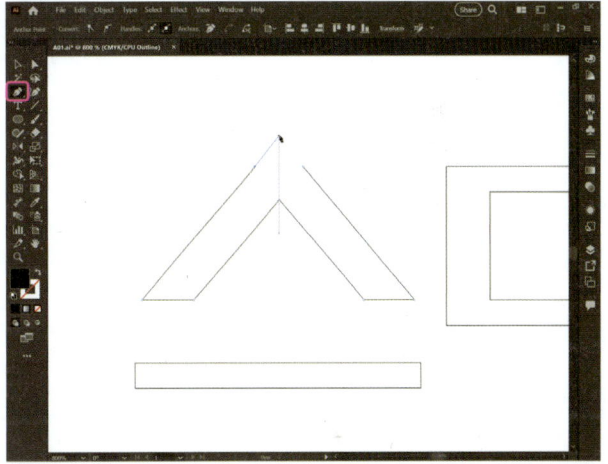

❹ Direct Selection Tool(▶)로 문자 'ㅅ'의 왼쪽과 오른쪽의 고정점을 이동해 변형하고 위치도 알맞게 배치합니다.

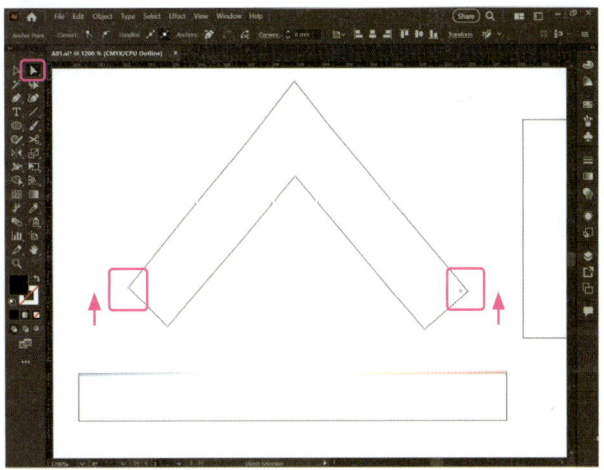

❺ Direct Selection Tool(▶)로 모음 'ㅡ'의 왼쪽 상단과 오른쪽 상단의 고정점을 선택하여 위로 이동시켜 사각형의 높이를 늘립니다.

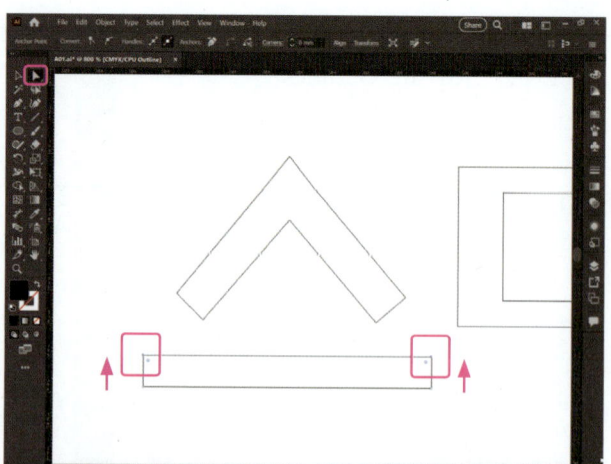

❻ ❹~❺위와 같은 방법으로 나머지 글자도 길이와 넓이를 수정하여 그림과 같이 제작합니다.

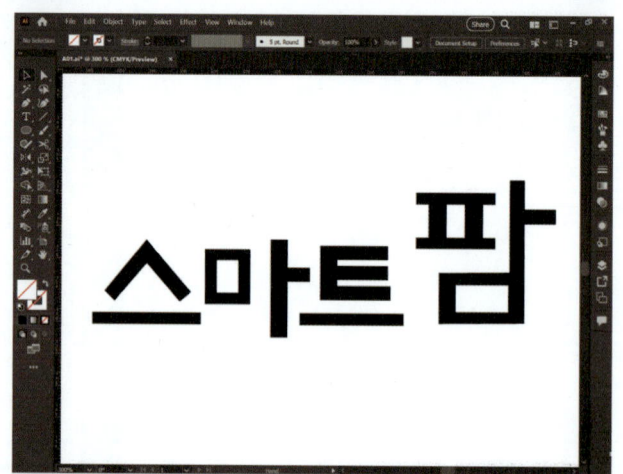

❼ '3) 로고 그리기 ─ ❻'에서 제작한 나뭇잎을 Ctrl + C 를 누른 후 Ctrl + V 를 눌러 복사하고 문자 '팜' 위에 알맞게 배치합니다.

 Tip

모양이 같은 이미지는 복사하여 사용하면 작업시간을 단축시킬 수 있습니다.

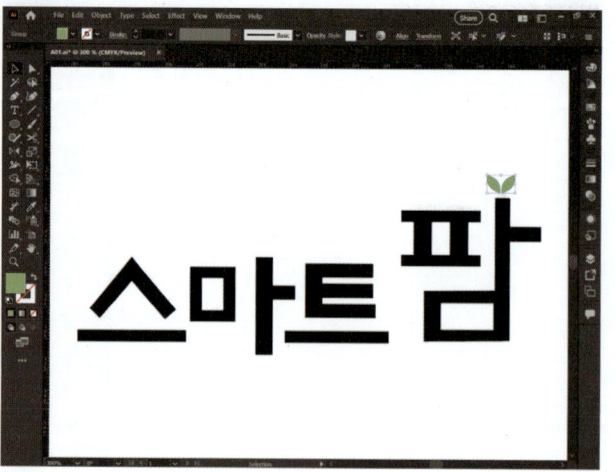

❽ Selection Tool( )로 문자 '스마트'를 선택한 후 면색은 C0M0Y0K0, 선색은 C90M70Y40K10으로 설정합니다. [Stroke] 패널에서 선의 두께를 2pt로 설정하고 Corner : Round Join 아이콘을 눌러 선의 끝부분을 부드럽게 변경합니다.

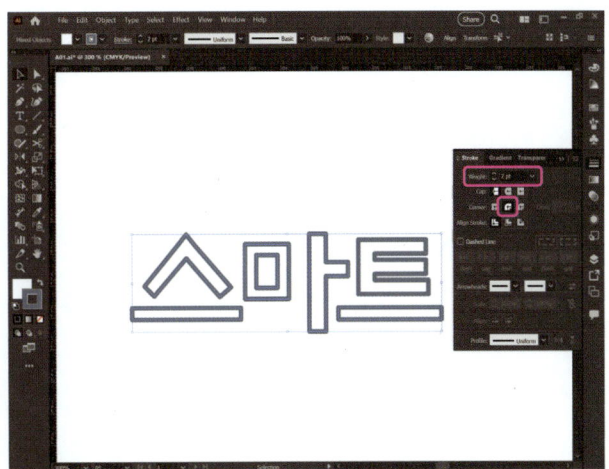

❾ Selection Tool( )로 나뭇잎과 문자 '팜'을 선택한 후 면색은 C89M60Y100K50, 선색은 C20M5Y30으로 설정합니다. [Stroke] 패널에서 선의 두께를 1.5pt로 설정하고 Corner : Round Join 아이콘을 눌러 선의 끝부분을 부드럽게 변경합니다. '팜'의 모음과 받침은 [Window]-[Pathfinder] 패널에서 Shape Modes : Unite를 눌러 한 면으로 만듭니다.

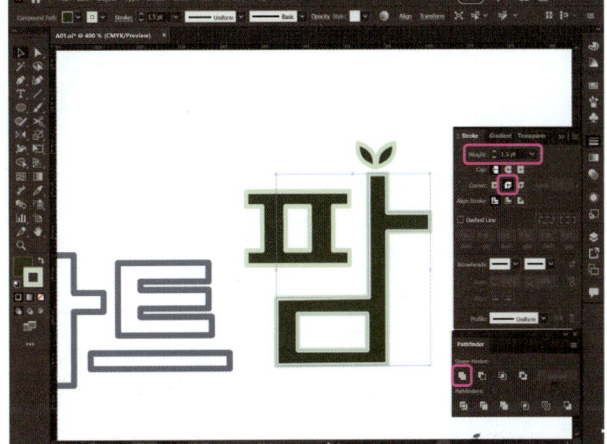

❿ Type Tool( )를 선택한 후 'IT기술과 농업의 융합'을 입력합니다.
[Window]-[Type]-[Character] 패널에서 서체, 크기, 자간 설정, 띄어쓰기 등을 출력형태와 비슷하게 설정합니다. 문자의 색상은 C90M60Y35K20으로 설정합니다.

Tip ✓

- 서체 : 나눔고딕, Bold(그림과 동일한 서체가 없을 시 비슷한 서체를 선택하여 사용)
- 글자 크기 : 13pt

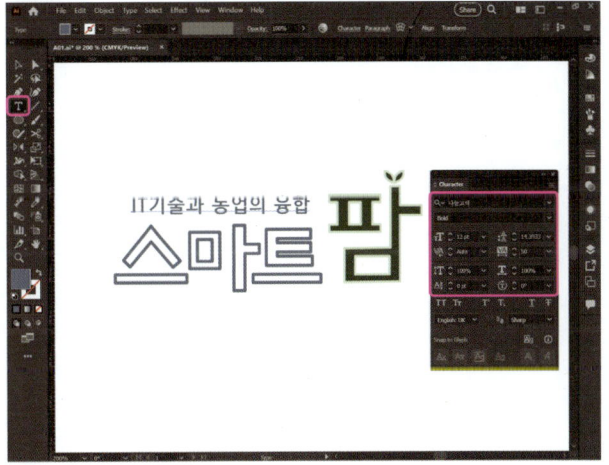

4 포토샵 작업

01 작업 준비하기(도큐멘트 설정, 가이드 선)

❶ 포토샵 프로그램에서 [File]-[New]를 선택합니다. [New] 옵션 상자의 Width : 166mm, Height : 246mm, Resolution : 300pixels/inch, Color Mode : RGB Color, Background Contents : White 로 설정한 후 [Create]를 누릅니다.

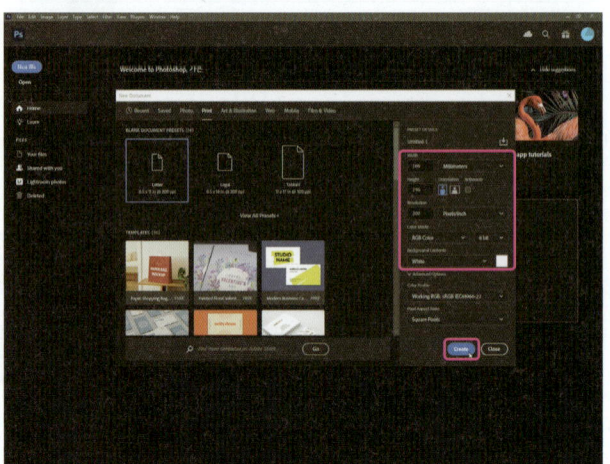

Tip

1. Resolution : 300pixels/inch은 고품질의 해상도로 인쇄, 출판에 적합한 해상도입니다. 해상도가 높아지면 파일의 용량이 커집니다. 시험에서 제출할 파일의 총 용량은 10MB 이하이기 때문에 작업 완료를 한 후 용량이 10MB를 넘으면 [Image]-[Image Size]에서 150~250 정도의 해상도로 변경하여 제출합니다.

2. 인쇄에 적합한 Color Mode는 CMYK Color 입니다. 하지만 포토샵에서 CMYK Color로 설정되어 있으면 시험에서 요구하는 Filter 의 효과가 제한됩니다.
   시험장에서 사용되는 일반 프린트 기기는 RGB Color 사용하여도 오류가 없기 때문에 포토샵에서 작업할 시 도큐멘트의 Color Mode는 RGB Color로 사용합니다.

❷ [File]−[Save as]를 선택하고 [Save as] 옵션 상자에 저장할 비번호 폴더(A01)를 찾아 클릭합니다. 파일 이름은 비번호 'A01'을 입력하고 파일형식 : Photoshop(*.PSD, *.PDD, *.PSDT)을 선택한 후 [저장(S)]을 누릅니다.

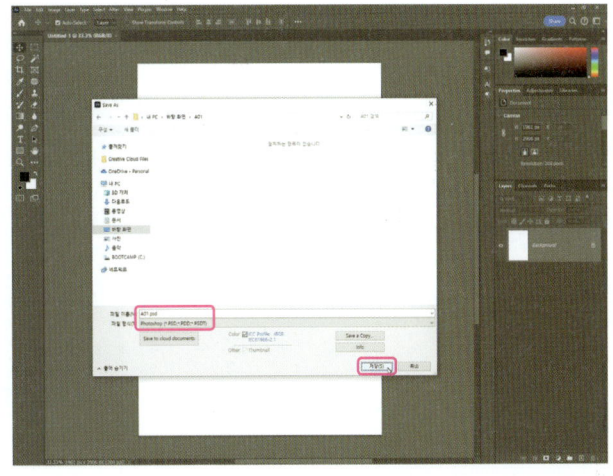

> **Tip**
>
> Ctrl + S 를 눌러 작업한 내용을 수시로 저장하는 습관을 들이면 프로그램 오류에 빠르게 대처할 수 있습니다.

❸ 일러스트 작업 창 [Window]−[Layers] 패널에서 '가이드 선' 레이어의 [Toggles Lock] 아이콘을 클릭하여 잠금을 해제합니다.
Selection Tool(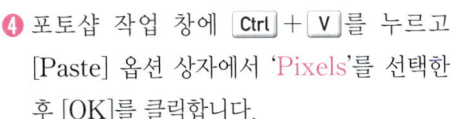)로 가이드 선을 선택하고 Ctrl + C 를 눌러 복사합니다.

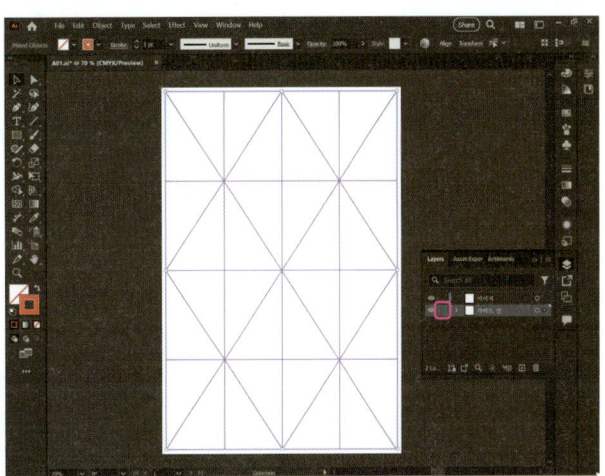

❹ 포토샵 작업 창에 Ctrl + V 를 누르고 [Paste] 옵션 상자에서 'Pixels'를 선택한 후 [OK]를 클릭합니다.
[Window]−[Layer] 패널에서 레이어 이름을 더블 클릭하여 '가이드 선'으로 레이어 이름을 변경합니다.

❺ Move Tool( )을 선택하고 옵션 바의 Align To : Canvas, 'Align vertical centers', 'Align horizontal centers'를 클릭하여 도큐멘트의 가운데에 배치합니다. '가이드 선' 레이어의 'Lock all' 아이콘을 클릭하여 잠그고 'Background' 레이어를 선택하여 작업을 시작합니다.

Tip

'가이드 선' 레이어가 선택되어 있으면 이미지를 불러올 때 '가이드 선' 레이어 위에 위치하게 되므로 가이드 선이 보이지 않게 됩니다. 정확한 이미지 배치를 위해 '가이드 선' 레이어는 항상 작업물 위에 위치하도록 합니다.

02 이미지 합성 제작

1) 배경

❶ [Layers] 패널에서 'Create new fill or adjustment layer' 아이콘을 클릭하고 'Solid Color'를 실행합니다. [Color Picker] 옵션 상자에 C30M10으로 입력하고 [OK]를 클릭한 후 '가이드 선' 레이어의 'Toggle Layer Visibility' 아이콘을 클릭합니다.

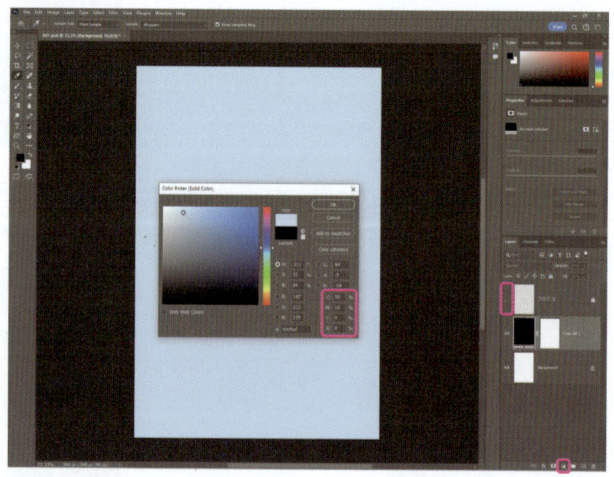

❷ [Layers] 패널에서 'Create a new layer' 아이콘을 눌러 레이어를 생성하고 Elliptical Marquee Tool()로 드래그 하여 타원형으로 선택영역을 지정합니다. 도구 바의 전경색을 클릭하여 분홍색 계열 로 색상을 지정한 후 Alt + Delete 를 눌러 색상을 채우고 Ctrl + D 를 눌러 선택영역 해제합니다.

> **Tip**
>
> 분홍색 : C10M32(실제 시험에서는 색상 슬라 이더를 조절하여 적당한 색상값을 선택)

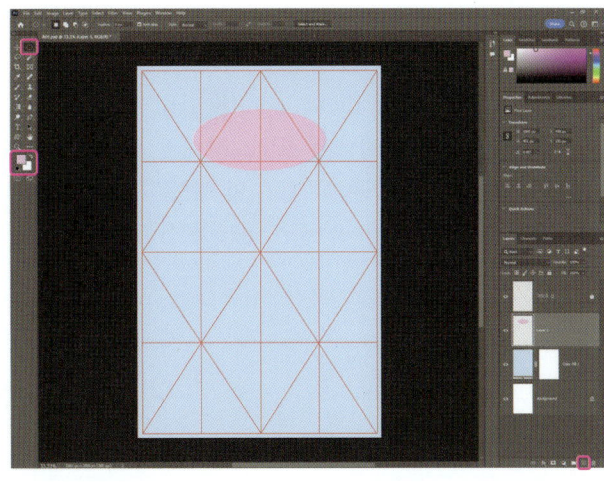

❸ [Filter]-[Blur]-[Gaussian Blur]를 선 택하고 옵션 상자에 Radius : 160pixels 로 입력한 후 [OK]를 클릭합니다.

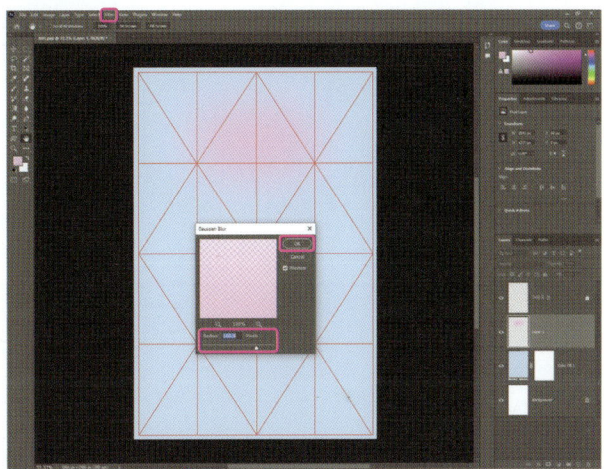

❹ [File]-[Open]을 선택한 후 '팜_01.jpg' 파일을 열고 Ctrl + A 를 눌러 전체 선택 합니다. 이어서 Ctrl + C 를 누르고 'A01. psd' 작업 창으로 이동한 후 Ctrl + V 로 붙여넣습니다. Ctrl + T 를 눌러 이미지의 바운딩 박스 점을 드래그하여 크기를 조정 한 후 Enter 를 눌러 알맞게 배치하고 레이 어의 이름을 '팜_01'로 변경합니다.

> **Tip**
>
> 레이어 이름 변경하기
> 레이어 패널에서 변경할 레이어의 이름 부분 을 더블 클릭합니다. 새 이름을 입력한 후 Enter 를 누릅니다.

❺ '팜_01' 레이어에 [Add layer mask] 아이콘을 클릭하고 전경색은 검은색, 배경색은 흰색인 상태에서 Gradient Tool( )을 선택합니다. 옵션 바에서 [Presets]의 [Foreground to Transparent] 아이콘을 클릭한 후 Type : Linear Gradient를 선택합니다.

❻ 그라데이션의 방향은 위에서 아래 방향으로 드래그하여 자연스럽게 합성합니다.

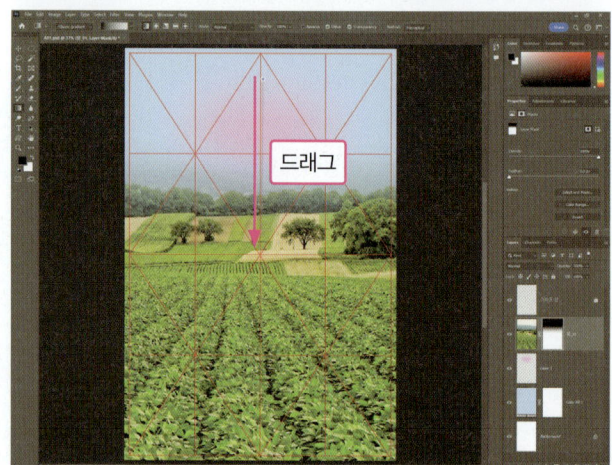

❼ [Layers] 패널에서 '팜_01' 레이어의 이미지 섬네일을 선택합니다. Rectangular Marquee Tool( )로 하단의 필요한 이미지 부분만 드래그하여 선택한 후 Ctrl + J 를 눌러 레이어를 복사하고 레이어의 이름을 '배경_필터'로 변경합니다.

❽ '배경-필터' 레이어를 선택한 후 [Filter]-[Filter Gallery]-[Texture]에서 'Stained Glass'를 선택합니다. 옵션값을 알맞게 조정한 후 [OK]를 클릭합니다.

> **Tip**
>
> **Stained Glass 설정값**
> Cell Size : 13, Border Thickness : 4, Light Intensity : 3

❾ '배경-필터' 레이어에 [Add layer mask] 아이콘을 클릭하고 전경색은 검은색, 배경색은 흰색인 상태에서 Gradient Tool(■)를 선택합니다. 옵션 바에서 [Presets]의 [Foreground to Transparent] 아이콘을 클릭한 후 Type : Linear Gradient를 선택합니다.
그라데이션의 방향은 상단에서 하단 방향으로 드래그하여 자연스럽게 합성합니다.

❿ [File]-[Open]을 선택한 후 '팜_02.jpg' 파일을 열고 Ctrl + A를 눌러 전체 선택한 후 Ctrl + C를 누릅니다. 'A01.psd' 작업 창으로 이동한 후 Ctrl + V로 붙여 넣습니다. Ctrl + T를 눌러 이미지의 바운딩 박스 점을 드래그하여 크기를 조정한 후 Enter를 눌러 알맞게 배치하고 레이어의 이름을 '팜_02'로 변경합니다.

⓫ [Layers] 패널에서 '팜_02' 레이어를 선택하고 블랜드 'Normal'을 클릭한 후 'Screen'을 선택합니다.

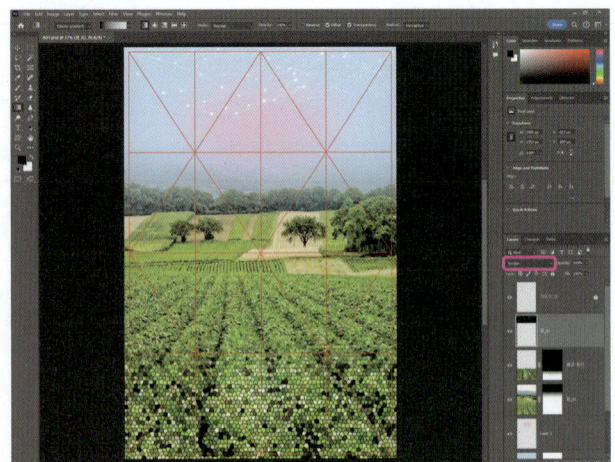

⓬ 일러스트 작업 창에서 Selection Tool( )로 '아이콘' 틀 이미지를 선택하고 Ctrl + C 를 누릅니다.
포토샵 작업 창으로 이동한 후 Ctrl + V 로 붙여넣습니다. [Paste] 옵션 상자에서 'Pixels'를 선택하고 [OK]를 클릭한 후 알맞게 배치하고 레이어의 이름을 '아이콘'으로 변경합니다.

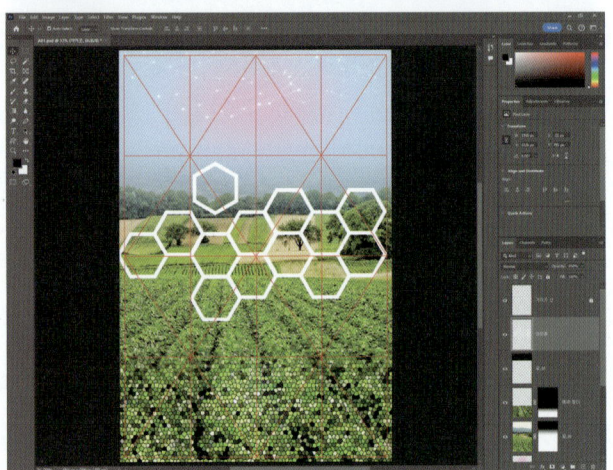

⓭ 다시 일러스트 작업 창에서 Selection Tool( )로 '아이콘' 소스 이미지 4개를 선택하고 Ctrl + C 를 누릅니다.
포토샵 작업 창으로 이동한 후 Ctrl + V 로 붙여넣습니다. [Paste] 옵션 상자에서 'Pixels'를 선택하고 [OK]를 클릭한 후 알맞게 배치하고 레이어의 이름을 '아이콘2'로 변경합니다.

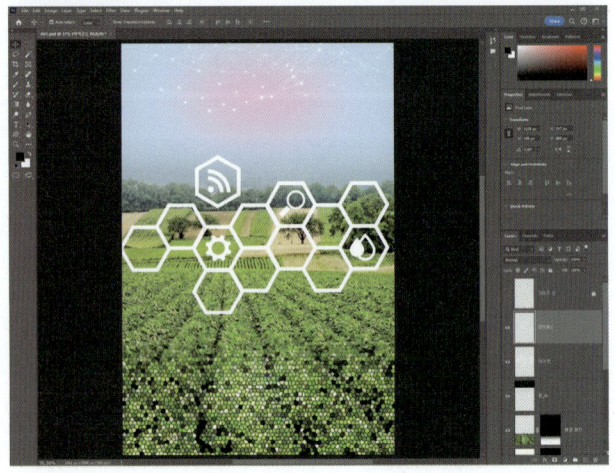

⓮ [Layers] 패널에서 '아이콘2' 레이어를 더블 클릭하여 [Layer Style] 창을 실행합니다. Styles : Drop Shadow를 선택하고 Opacity : 70%, Angle : 130°, Distance : 10px, Spread : 0%, Size : 15px로 입력한 후 [OK]를 클릭합니다.

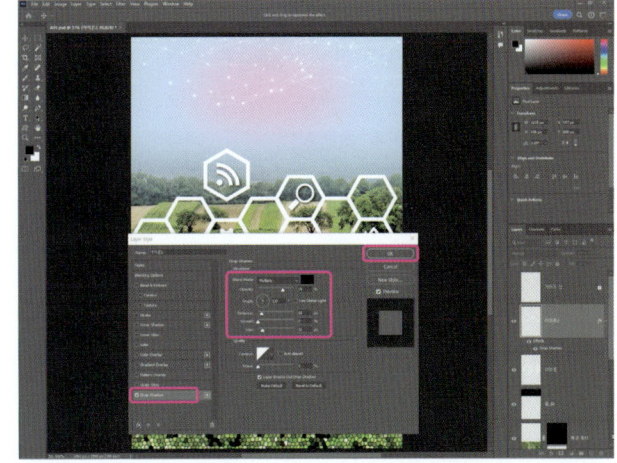

⓯ [Layers] 패널에서 '팜_01' 레이어를 선택하고 Polygonal Lasso Tool( )로 색상이 변경될 부분을 육각형의 형태로 클릭하여 선택영역으로 지정합니다.

⓰ 선택영역을 지정한 상태에서 [Image]－[Adjustment]－[Hue/Saturation]을 선택한 후 옵션 상자에서 [Colorize]를 선택합니다. Hue, Saturation, Lightness 슬라이더를 이동시켜 보라색 계열로 색상 보정한 후 [OK]를 클릭합니다.

Hue : +288, Saturation : +25, Lightness : 0

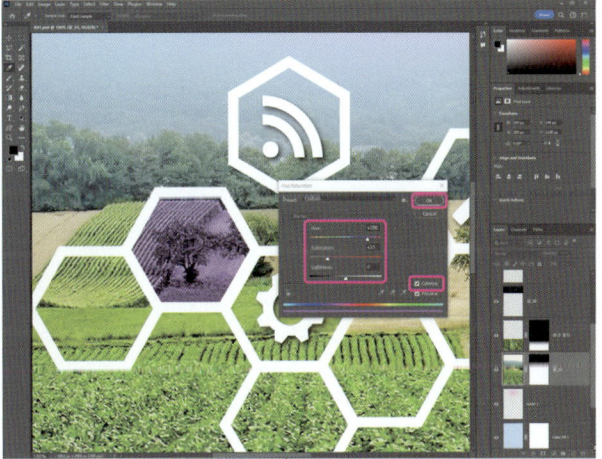

⓱ ⓯~⓰과 같은 방법으로 색상이 변경될 부분을 Polygonal Lasso Tool()로 선택하고 `Ctrl`+`U`를 누른 후 [Colorize]를 선택합니다. 입력값을 조절하여 각각 초록색 계열, 파란색 계열로 색상 보정한 후 [OK]를 클릭합니다.

> **Tip** ✓
>
> **초록색 계열**
> Hue : +108, Saturation : +35, Lightness : 0
>
> **파란색 계열**
> Hue : +210, Saturation : +50, Lightness : 0

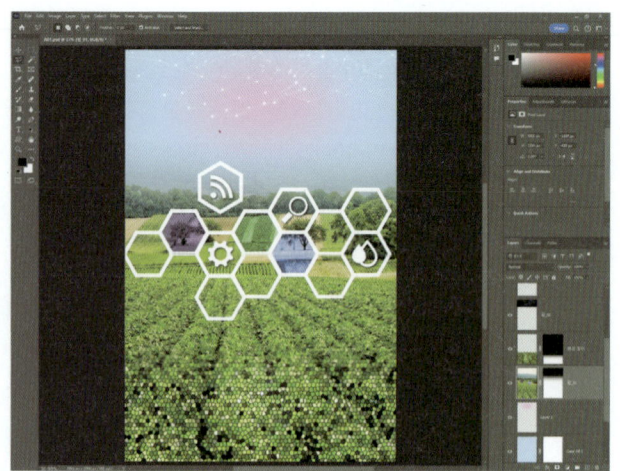

2) 오브젝트 합성

❶ [File]-[Open]을 선택한 후 '팜_03.jpg' 파일을 열고 [Layers] 패널의 자물쇠 아이콘을 눌러 잠금 해제합니다.
  Magic Wand Tool( )을 선택하고 옵션 바에서 Tolerance : 10으로 입력한 후 이미지 배경을 클릭합니다. 선택된 배경은 `Delete`를 눌러 삭제합니다.

❷ 지워지지 않은 부분은 Polygonal Lasso Tool( )로 클릭하여 선택영역으로 지정하고 `Delete`를 눌러 삭제합니다. `Ctrl`+`A`를 눌러 전체 선택한 후 `Ctrl`+`C`를 누릅니다.
  'A01.psd' 작업 창으로 이동한 후 `Ctrl`+`V`로 붙여넣습니다. `Ctrl`+`T`를 눌러 이미지의 크기를 알맞게 조절하고 완성도면과 비슷하게 살짝 기울여서 배치한 후 레이어의 이름을 '팜_03'으로 변경합니다.

❸ '팜_03' 레이어는 [Image]-[Adjustment]-[Levels]를 눌러 옵션 상자에서 Input Levels : 0, 2.05, 175로 입력하여 밝기를 보정한 후 [OK]를 클릭합니다.

Tip

Levels : Ctrl + L

❹ [File]-[Open]을 선택한 후 '팜_04.jpg' 파일을 열고 [Layers] 패널의 자물쇠 아이콘을 눌러 잠금 해제합니다. Magic Wand Tool()을 선택하고 옵션 바에서 Tolerance : 15로 입력한 후 이미지 배경을 클릭합니다. 선택된 배경은 Delete 를 눌러 삭제합니다.

Tip

Magic Wand Tool( )로 선택되지 않은 부분을 Shift 를 누른 채 클릭하면 선택영역이 확장됩니다.

❺ Ctrl + A 를 눌러 전체 선택한 후 Ctrl + C 를 누릅니다.
'A01.psd' 작업 창으로 이동한 후 Ctrl + V 로 붙여넣습니다. Ctrl + T 를 눌러 이미지의 크기를 알맞게 조절하여 배치하고 레이어의 이름을 '팜_04'로 변경합니다.

❻ 다시 [File]-[Open]을 선택한 후 '팜_01.jpg' 파일을 엽니다. Rectangular Marquee Tool( )로 필요한 부분만 드래그하여 선택한 후 Ctrl + C 를 누릅니다.

❼ 'A01.psd' 작업 창으로 이동하여 Ctrl + V 로 붙여넣습니다. Ctrl + T 를 눌러 이미지의 크기를 조정하고 마우스 우클릭하여 'Distort'를 선택합니다. 태블릿 화면에 맞게 기울기를 조정한 후 Enter 를 눌러 알맞게 배치하고 레이어의 이름을 '팜_01-1'로 변경합니다.

❽ '팜_01-1' 레이어는 [Filter]-[Pixelate]에서 'Color Halftone'를 선택합니다. 옵션값을 알맞게 조절한 후 [OK]를 클릭합니다.

> **Tip** ✓
>
> **Color Halftone 설정**
> - Max Radius : 망점 크기 조정
> - Channel : 색상의 망점 각도
>   - Channel 1(기본값 : 108도)
>   - Channel 2(기본값 : 162도)
>   - Channel 3(기본값 : 90도)
>   - Channel 4(기본값 : 45도)

❾ 일러스트 작업 창에서 Selection Tool( )로 '원문양'을 선택하고 Ctrl + C 를 누릅니다. 포토샵 작업 창으로 이동하여 Ctrl + V 로 붙여넣습니다. [Paste] 옵션 상자에서 'Pixels'를 선택하고 [OK]를 클릭한 후 알맞게 배치하고 레이어의 이름을 '원문양'으로 변경합니다.

❿ Ctrl + T 를 눌러 이미지의 크기를 조정하고 마우스 우클릭을 하여 'Distort'를 선택합니다. 태블릿 화면에 맞게 기울기를 조정한 후 Enter 를 눌러 알맞게 배치합니다.

⓫ Rectangle Tool( )을 선택한 후 옵션 바에서 Fill : M5Y15, Stroke : None으로 설정하고 작업 창 하단에 가이드 선을 기준으로 드래그하여 직사각형을 알맞게 그립니다.

 Tip

[Layers] 패널에서 이미지 섬네일 창을 더블클릭하면 [Colo Picker] 창을 활성화할 수 있습니다.

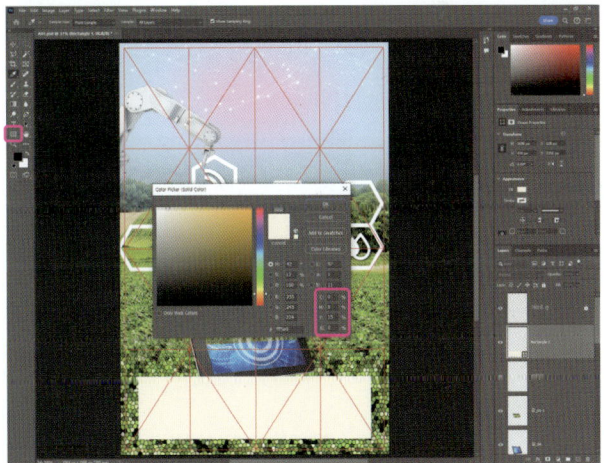

CHAPTER 4 스마트팜 포스터 디자인 **211**

⑫ Rectangle Tool(▭) 직사각형 안에 그림과 같은 직사각형을 그리고 옵션 바에서 Fill : None, Stroke : C70M10Y90, 2px로 설정합니다.

⑬ Pen Tool(✒)을 선택한 후 옵션 바에서 Shape를 선택하고 Fill : None, Stroke : C70M10Y90, 2px로 설정합니다.
세로 방향으로 클릭하여 선을 그리고 Ctrl + J 를 눌러 선을 복사합니다. 복사한 선은 Move Tool(✥)을 선택한 후 Shift 를 누른 상태로 오른쪽으로 이동시킵니다.

⑭ [File]−[Open]을 선택한 후 '팜_05.jpg' 파일을 열고 [Layers] 패널의 자물쇠 아이콘을 눌러 잠금 해제합니다.
Magic Wand Tool(✦)을 선택하고 옵션 바에서 Tolerance : 32로 입력하고 이미지 배경을 클릭합니다.
[Select]−[Similar]를 눌러 팔 안쪽의 배경을 모두 선택하고 Delete 를 눌러 삭제합니다.

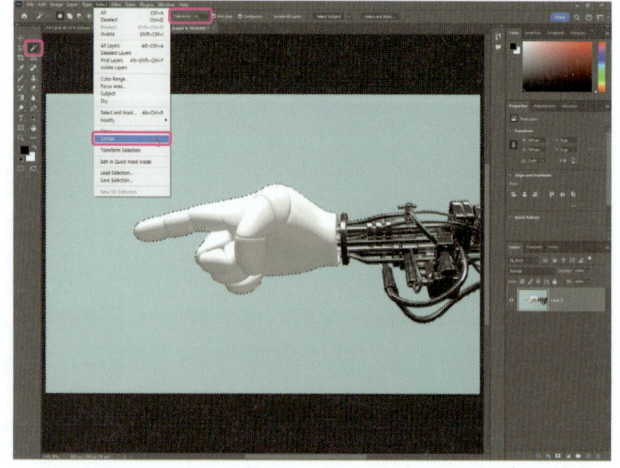

⓯ Ctrl + A 를 눌러 전체 선택한 후 Ctrl + C 를 누르고 'A01.psd' 작업 창으로 이동하여 Ctrl + V 로 붙여넣습니다. Ctrl + T 를 눌러 이미지의 크기 및 기울기를 알맞게 조절하여 배치하고 레이어의 이름을 '팜_05'로 변경합니다.

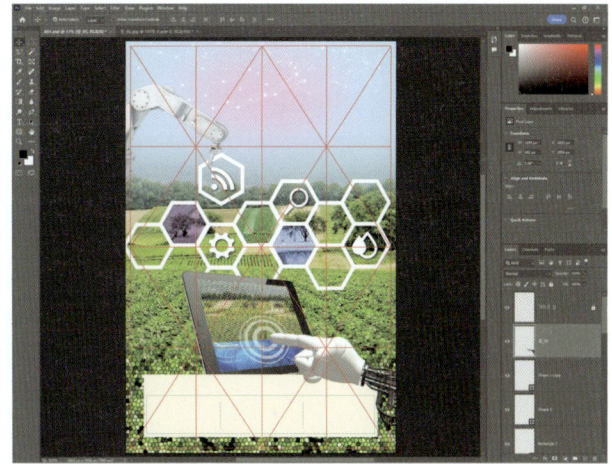

⓰ [Layers] 패널에서 '팜_05' 레이어를 더블클릭하여 [Layer Style] 창을 실행합니다. Styles : Drop Shadow를 선택하고 옵션값을 알맞게 조정한 후 [OK]를 클릭합니다.

Tip

Drop Shadow 설정값
Opacity : 70%, Angle : 130°, Distance : 10px, Spread : 0%, Size : 15px

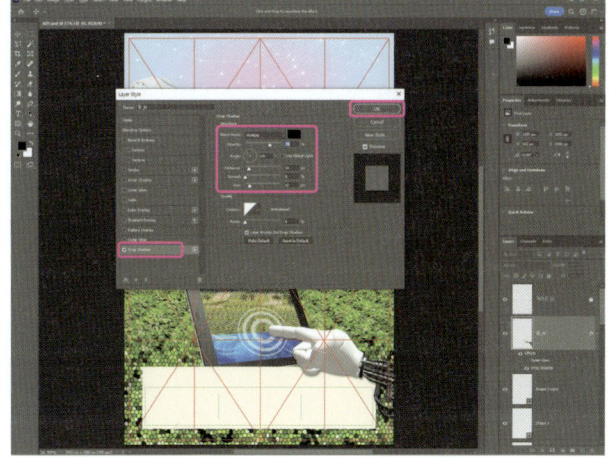

3) 로고, 타이틀

❶ 일러스트 작업 창에서 Selection Tool()로 '로고' 이미지를 선택한 후 Ctrl + C 를 누릅니다.
포토샵 작업 창으로 이동한 후 Ctrl + V 로 붙여넣습니다. [Paste] 옵션 상자에서 'Pixels'를 선택하고 [OK]를 클릭한 후 알맞게 배치하고 레이어의 이름을 '로고'로 변경합니다.

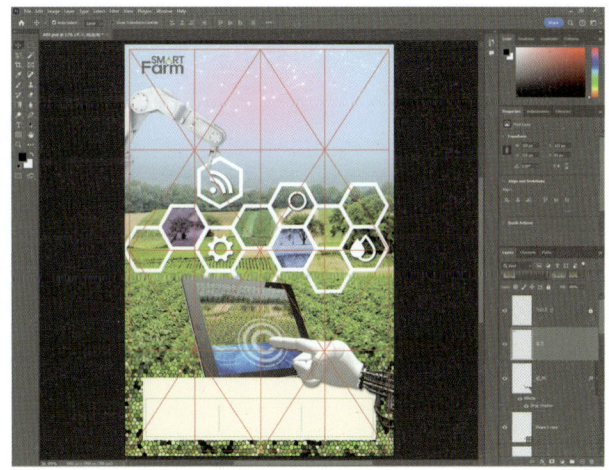

❷ [Layers] 패널에서 '로고' 레이어를 더블 클릭하여 [Layer Style] 창을 실행합니다. Styles : Outer Glow를 선택하고 Opacity : 70%, Size : 30px로 입력하여 조정한 후 [OK]를 클릭합니다.

❸ 일러스트 작업 창에서 Selection Tool()로 타이틀 중 '스마트 팜'을 선택하고 Ctrl + C 를 누릅니다.
포토샵 작업 창으로 이동한 후 Ctrl + V 로 붙여넣습니다. [Paste] 옵션 상자에서 'Pixels'를 선택하고 [OK]를 클릭한 후 알맞게 배치하고 레이어의 이름을 '스마트 팜'으로 변경합니다.

❹ [Layers] 패널에서 '스마트 팜' 레이어를 더블 클릭하여 [Layer Style] 창을 실행합니다. Styles : Drop Shadow를 선택하고 옵션값을 알맞게 조정한 후 [OK]를 클릭합니다.

> **Tip**
>
> **Drop Shadow 설정값**
> Opacity : 70%, Angle : 130°, Distance : 5px, Spread : 0%, Size : 15px

❺ 일러스트 작업 창에서 Selection Tool( )로 타이틀 중 'IT기술과~'를 선택하고 Ctrl + C 를 누릅니다.
포토샵 작업 창으로 이동한 후 Ctrl + V 로 붙여넣습니다. [Paste] 옵션 상자에서 'Pixels'를 선택하고 [OK]를 클릭한 후 알맞게 배치합니다.

03 파일 검토 및 저장하기

❶ 전체적으로 가이드 선을 이용하여 크기와 배치를 최종 검토합니다.
[Layers] 패널의 '가이드 선'은 'Toggle layer visibility' 아이콘을 클릭하여 눈 모양을 끕니다.

❷ [File]-[Save a Copy]를 선택하여 파일 명 : 비번호 'A01', Format : 'JPEG'를 선택한 뒤 [저장(S)]을 누릅니다. [JPEG Options] 상자에서 Quality : 12, Format Options : Baseline("Standard")으로 설정하고 [OK]를 클릭합니다.

JPEG 저장 경로(버전 22.4부터 변경)
- 2021 버전 이하 : [File]-[Save As]
- 2021 버전 이상 : [File]-[Save a Copy]

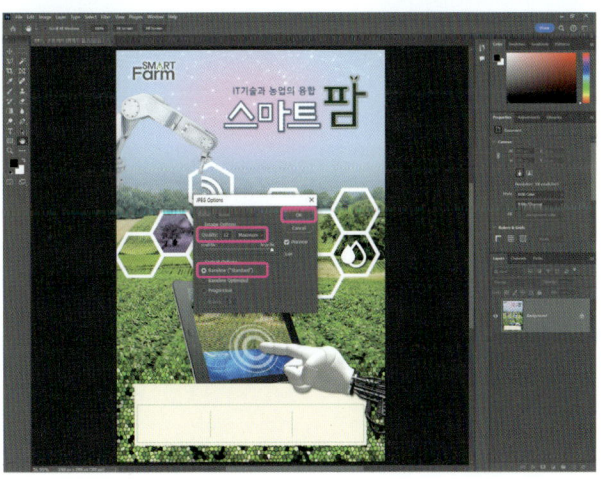

5 인디자인 작업

1) 도큐멘트 설정하기

[파일]-[새로 만들기]-[문서] 또는 Ctrl + N 를 실행하여 새로운 도큐멘트 대화상자를 활성화합니다. 대화상자 상단 탭에서 [인쇄]-[새 A4 문서 - 210×297mm 시작]을 선택하고 페이지 : 1, 페이지 마주보기 : 체크 해제한 후 [여백 및 단]을 누릅니다.

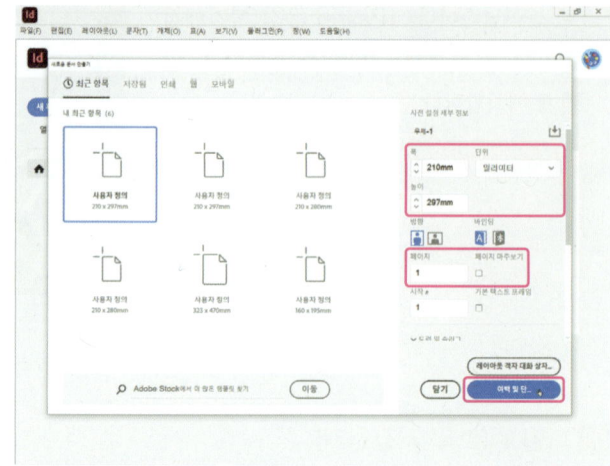

2) 여백 및 단 설정하기

대화상자의 링크 아이콘은 클릭하여 끊어진 링크로 설정합니다. 여백의 위쪽과 아래쪽 : 25.5mm, 왼쪽과 오른쪽 : 22mm로 설정하고, 열의 개수 : 1로 입력 후 [확인]을 누릅니다.

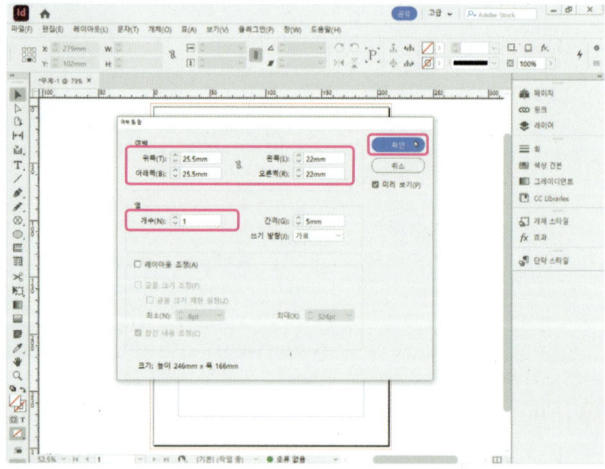

3) 안내선 만들기

❶ Ctrl + + 를 눌러 작업 창의 왼쪽 상단을 확대하고, 눈금자의 기준점을 왼쪽 상단의 여백에 드래그하여 눈금자의 숫자를 '0'으로 설정합니다.

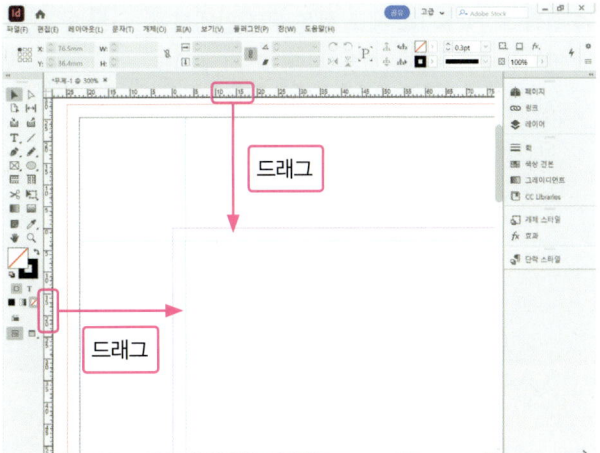

❷ 눈금자를 드래그하여 안내선의 위쪽, 아래쪽, 왼쪽, 오른쪽을 3mm만큼 안쪽으로 이동시켜 가이드 선을 배치합니다.

Tip

눈금자의 기준점을 각 모서리에 드래그하여 각각의 모서리를 모두 '0'으로 설정할 수 있고 안내선을 선택 후 옵션 바에서 X 또는 Y : 3mm 또는 -3mm를 입력하면 쉽게 가이드 선을 제작할 수 있습니다.

4) 재단선 만들기

❶ 선 도구(✏)를 이용하여 Shift 를 누른 채 세로 방향으로 드래그합니다. 옵션 바에서 L : 5~10mm, 두께 : 0.3pt로 입력하여 세로 선을 만듭니다.

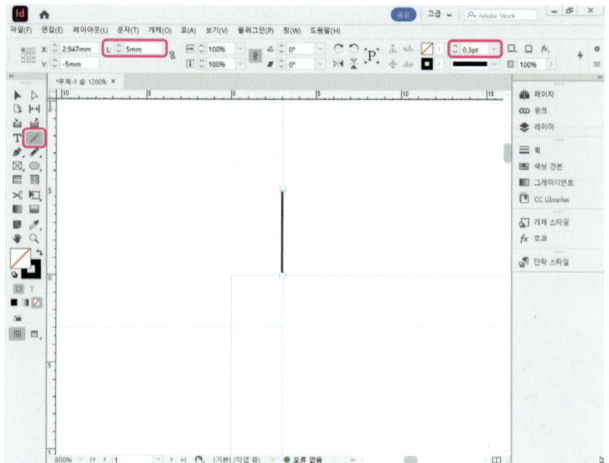

❷ 선택 도구(▶)로 세로 선을 세로 안내선에 배치합니다. 세로 선은 선택 도구(▶)로 Alt 를 누른 채 드래그하여 복사하고 Shift 를 누른 채 회전시켜 가로 안내선에 배치합니다.

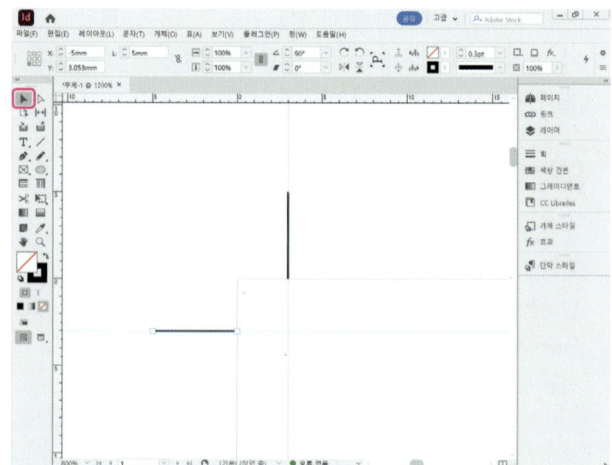

❸ 각 모서리를 ❷와 같은 방법으로 복사한 후 가로 안내선과 세로 안내선에 알맞게 배치하여 재단선을 만듭니다.

5) 비번호 만들기

❶ 왼쪽 아래에 문자 도구(T)로 입력할 영역을 드래그하여 문자 프레임을 생성한 후 비번호 'A01'을 입력합니다.

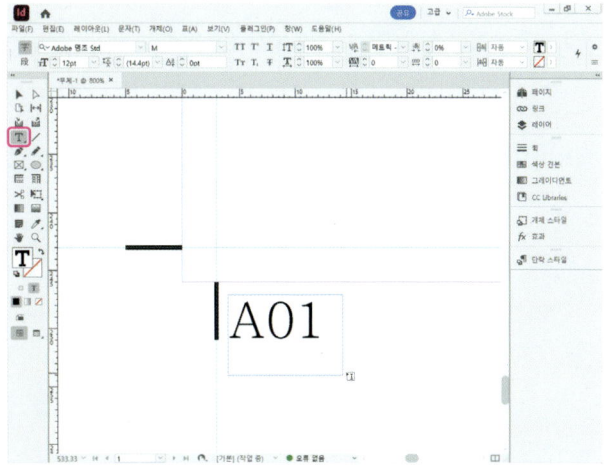

❷ [창]−[문자 및 표]−[문자] 패널에 서체 : 돋움 또는 Arial(고딕), 문자 크기 : 10pt 로 입력합니다.

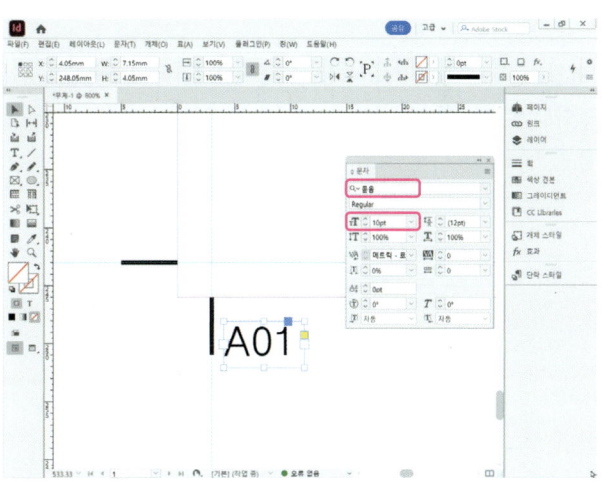

❸ 선택 도구(▶)로 문자와 왼쪽 하단의 세로 재단선과 같은 위치에 배치하기 위해 [창]−[개체 및 레이아웃]−[정렬] 패널에서 왼쪽 정렬 아이콘을 누릅니다.

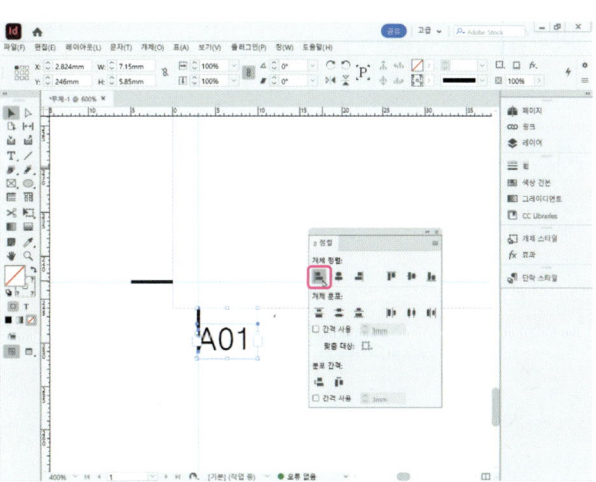

❹ [정렬] 패널의 분포 간격에서 간격 사용을 체크하고 3mm을 입력합니다. '수평 공간 분포' 아이콘을 눌러 재단선에서 3mm를 띄어 배치합니다.

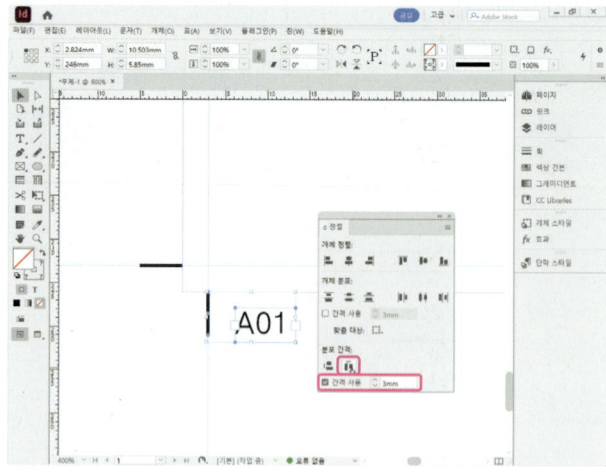

6) 파일 저장하기

[파일]-[다른 이름으로 저장]을 선택한 후 바탕화면에 있는 'A01' 폴더를 클릭하고 파일 이름 : A01.indd(비번호)로 저장합니다.

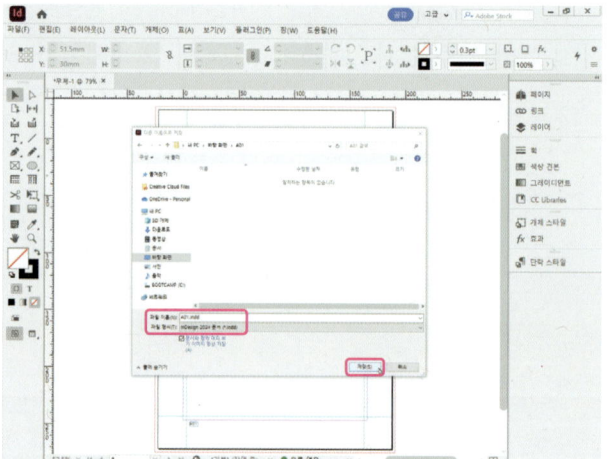

7) 이미지 배치하기

❶ [파일]-[가져오기] 또는 Ctrl + D 를 눌러 'A01.jpg' 파일을 선택한 후 [열기(O)]를 누릅니다.

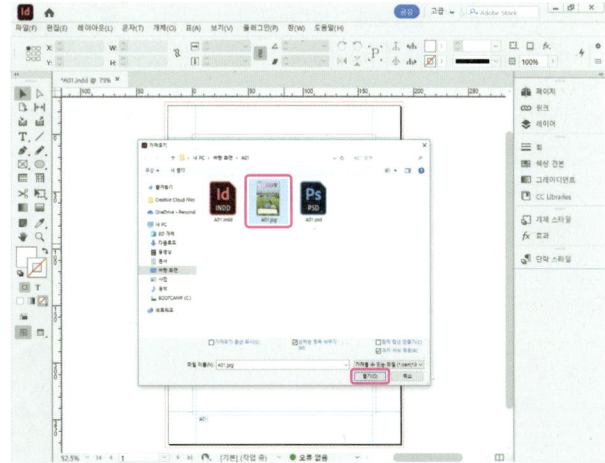

❷ 왼쪽 상단의 여백 모서리를 클릭하여 이미지를 불러옵니다.

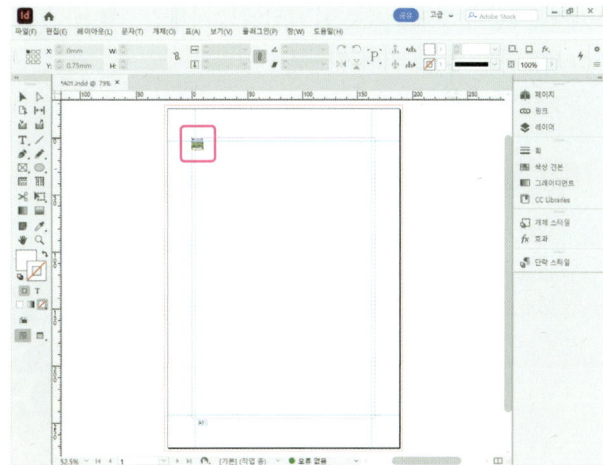

❸ 이미지를 선택한 후 옵션에서 이미지의 중심이 왼쪽 상단이 될 수 있도록 점을 선택하고 X : 0mm, Y : 0mm, W : 166mm, H : 246mm로 입력하여 정확하게 배치합니다.

 Tip

이미지는 [보기]-[화면 표시 성능]-[고품질 표시]를 선택하면 선명하게 볼 수 있습니다.

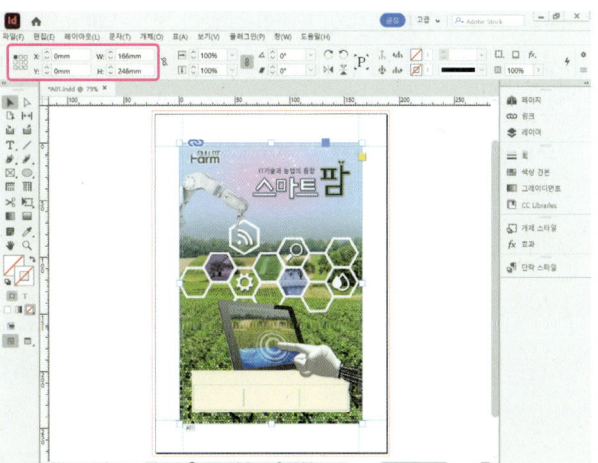

8) 텍스트

❶ 문자 도구(T)로 드래그하여 글자가 들어갈 프레임을 생성하고 '미래 성장산업으로 부상하고 있는 스마트팜 일손부족과 고령화 등 농촌문제도 해결 가능'을 입력합니다. 문자의 색상은 [창]-[색상견본]에서 [검정]을 선택합니다.

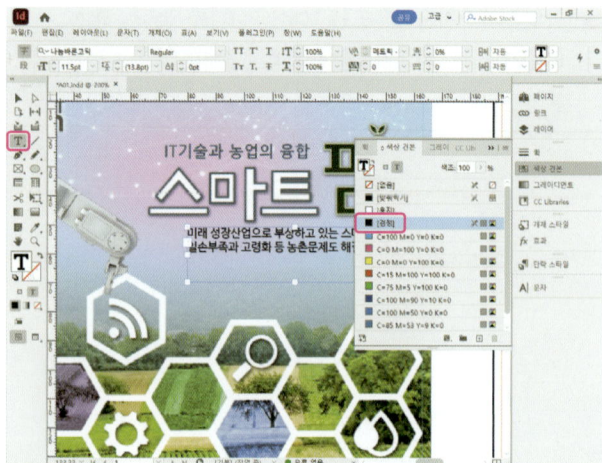

❷ [창]-[문자 및 표]-[문자] 패널에서 서체, 크기, 자간 설정, 띄어쓰기 등을 그림과 같이 설정합니다.

> **Tip** ✓
> • 서체 : 나눔바른고딕(그림과 동일한 서체가 없을 시 비슷한 서체를 선택하여 사용)
> • 글자 크기 : 11.5pt

❸ 하단의 직사각형 상자에 프레임을 각각 생성하고 '기술수준에 따른 스마트팜 세대', '1세대, 시설개방, 냉난방, 차광원격조정', '2세대, 온도, 습도, 토양상태 등 생육환경 데이터화', '3세대, 시설 내 작물, 가축의 개체별 정보를 파악관리'를 입력합니다.

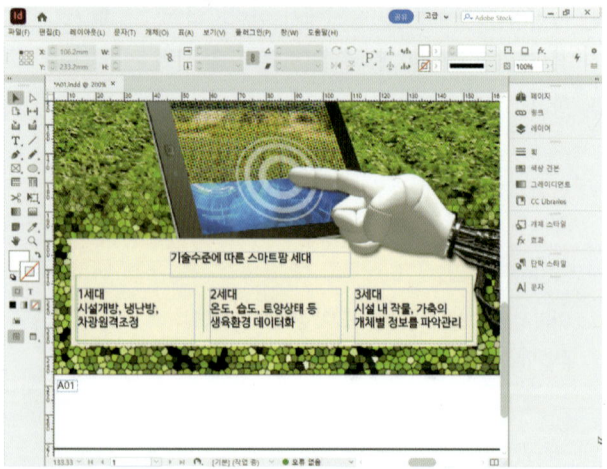

❹ [창]-[문자 및 표]-[문자] 패널에서 서체, 크기, 자간 설정, 띄어쓰기 등을 그림과 같이 설정하고 [문자 및 표]-[단락] 패널에서 가운데 정렬 아이콘을 클릭합니다.

> Tip
>
> • 서체 : HY견고딕, HY중고딕(그림과 동일한 서체가 없을 시 비슷한 서체를 선택하여 사용)
> • 글자 크기 : 15pt, 10pt

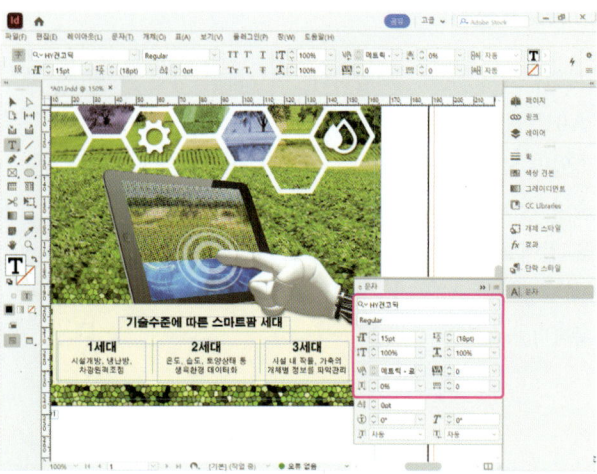

❺ 문자 패널 오른쪽 상단 옵션 아이콘을 눌러 새 색상 견본을 클릭합니다. C85M50Y90K60을 입력한 후 [확인]을 클릭하여 추가하고 다시 한번 새 견본에 C70M10Y90을 입력한 후 [확인]을 클릭합니다.

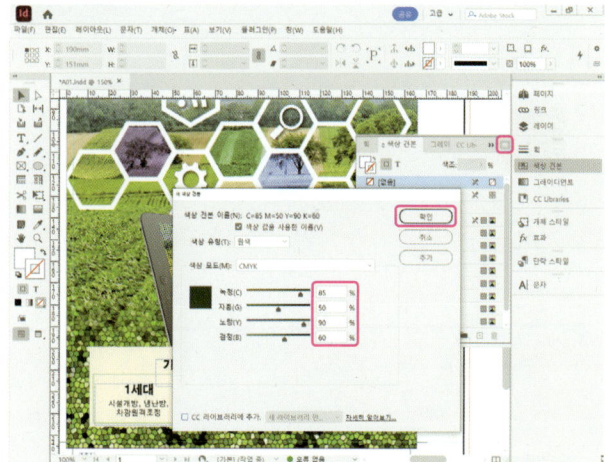

❻ 색상이 바뀔 문자는 드래그하고 추가한 문자 색상을 클릭하여 문자 색상을 변경합니다.

CHAPTER 4 스마트팜 포스터 디자인 223

9) 파일 제출하기

[파일]-[저장]을 선택합니다. 바탕화면 작업 'A01' 폴더를 열어 'A01.indd'와 'A01.jpg' 파일만 넣어 제출합니다.

출력 지정 자리로 이동하여 'A01.indd' 파일을 열어 출력하고, 출력된 이미지는 시험장에서 제공하는 A3용지 가운데에 부착시켜 제출합니다.

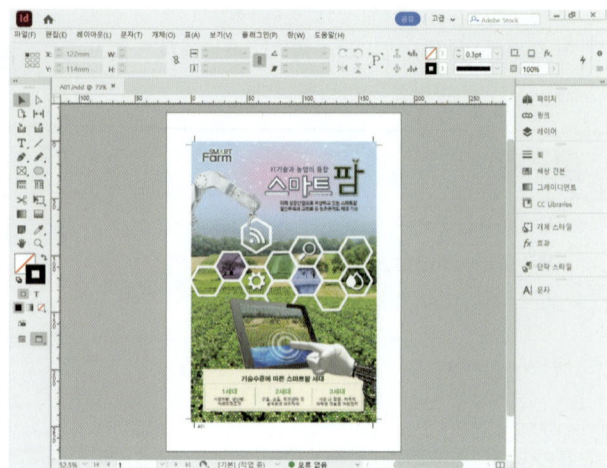

CHAPTER 5 레트로 음악회

1 유의사항 및 디자인 원고 확인하기

국가기술자격 실기시험 문제

자격종목	컴퓨터그래픽기능사	과제명	레트로음악회

※ 시험시간 : 3시간 30분

1. 요구사항

※ 다음의 요구사항에 맞도록 주어진 자료(컴퓨터에 수록)를 활용하여 디자인원고를 시험시간 내에 컴퓨터 작업으로 완성하여 A4용지로 출력 후 A3용지에 마운팅(부착)하여 제출하시오.
※ 모든 작업은 수험자가 컴퓨터 바탕화면에 폴더를 만들어 저장하시오.

가. 작품규격(재단되었을 때의 규격) : 디자인원고 참조 A4용지 중앙에 작품이 배치되도록 하시오
- 원고 규격 : 160×240mm

나. 구성요소(문자, 그림) : 디자인원고 참조
● 문자요소
- RETRO MUSIC FESTIVAL
- Retro Music Festival
- Hanam TownHall Opening doors: 9:30 P.M.
- 하남시
- HANAM TOWNHALL
- .17th. APR
- TICKETS | 8,000WON WWW.REROMUSICFESTIVAL.CO.KR

● 그림요소

음악회_01.jpg

음악회_02.jpg

음악회_03.jpg

음악회_04.jpg

음악회_05.jpg

음악회_06.jpg

음악회_07.jpg

음악회_08.jpg

음악회_09.jpg

음악회_10.jpg

다. 작업내용
1) 주어진 디자인원고(그림, 사진, 문자, 색채, 레이아웃, 규격 등)와 동일하게 작업하시오.
2) 디자인원고 내용 중 불명확한 형상, 색상코드 불일치, 색 지정이 없는 부분, 원고에 없는 형상 등이 있을 때는 수험자가 「5 - 5」페이지 (나. 완성도면) 내용과 같이 작업하시오.
3) 디자인원고의 서체(요구 서체)가 사용 컴퓨터 및 소프트웨어와 맞지 않을 경우는 가장 근접한 서체를 사용하시오.
4) 상하, 좌우에 3mm 재단여유를 갖도록 작품을 배치하고, 재단선은 작품규격에 맞추어 용도에 맞게 표시하시오(단, 디자인원고 중 작품의 규격을 표시한 외곽선이 있을 때는 「5 - 5」원고의 지시에 따라 표시여부를 결정한다).
5) 디자인원고 좌측 하단으로부터 3mm를 띄어 비번호를 고딕 10pt로 반드시 기록하시오.
6) 출력물(A4)은 어떠한 경우에도 절취할 수 없으며, 반드시 A3용지 중앙에 마운팅 하시오.

라. 컴퓨터 작업범위
1) 10MB 용량의 폴더에 수록될 수 있도록 작업범위(해상도 및 포맷형식)를 계획하시오.
2) 규격 : A4(210×297mm) 중앙에 디자인원고 내용과 같은 작품(원고규격)을 배치하시오.
3) 해상도 및 포맷형식 : 제한용량 범위 내에서 선택하시오.

4) 기타
　① 제공된 자료범위 내에서 활용하시오.
　② 3개의 2D 응용프로그램을 고루 활용하되, **최종작업 및 출력은 편집 프로그램(쿽 익스프레스, 인디자인)**에서 하시오(최종작업 파일이 다른 프로그램에서 생성되어진 경우는 출력할 수 없음).

2. 수험자 유의사항

1) 수험자 인적사항 및 답안작성은 흑색 필기구만 사용해야 합니다.
2) 시설목록상의 소프트웨어 및 참고자료가 하드웨어에 설치되었는지 확인한 후 작업하시오.
　(단, 시설목록 이외의 동등한 소프트웨어, 폰트 등 [**반드시 정품에 한함**]을 설치 하고자 할 때에는 시험 시작 전 감독위원의 입회하에 설치할 수 있으며, 무료폰트, 프리웨어 소프트웨어는 설치할 수 없습니다)
　※ **수험자가 지참한 펜마우스, 그래픽 타블렛, 디지타이저, 스캐너 등 입력장치는 사용할 수 없습니다.**
3) 지참공구 『**수험표, 신분증, 연필(1개), 사인펜(1개), 눈금자(30cm), 가위, 양면테이프**』 이외의 참고자료 및 저장매체 등 어떠한 물품(핸드폰 전원 Off)이라도 시험 중 지참할 수 없습니다.
　※ 작업 중 계산이 필요한 경우는 컴퓨터 내 계산기를 사용할 수 있습니다.
4) 수험자의 컴퓨터 활용 미숙 등으로 인한 시험 진행이 어렵다고 판단되었을 때는 감독위원은 시험을 중지시키고 실격처리를 할 수 있습니다.
5) 바탕화면에 **폴더를 생성하여 주기적으로 작업한 파일을 저장하시오.**
6) **작업이 끝나면 생성한 비번호 폴더에 10MB 용량 이내로 출력과 관련된 파일만(최종 작업 파일)을 저장하고 감독위원의 지시에 따라 전송하시오**(단, 시험시간은 저장한 파일이 포함된 폴더를 전송한 시점까지이며, 전송 후에는 일체의 재작업을 할 수 없음).
7) 프린트는 감독위원의 별도 지시에 따라 순서에 의해 수험자 본인이 출력하며, 1회 출력을 원칙으로 합니다(단, 기계 이상 또는 출력 오류 등의 사유로 인쇄가 잘못되었을 시 감독위원의 확인 후 다시 출력할 수 있으며 잘못된 인쇄본은 감독위원에게 제출하시오).
8) A3용지 좌측 상단 표제란에 인적사항을 기재하고, 작품(출력물, A4)은 표제란을 제외한 A3용지의 중앙에 **마운팅(부착)**하며, 작품 부착 경계선상에 감독위원의 확인 날인을 받으시오(단, 마운팅 소요시간 5분 이내).
9) 지급된 A3용지 및 컴퓨터 작업 내에는 불필요한 내용의 표시를 하지 마시오.
10) 모든 작품을 감독위원 또는 채점위원이 검토하여 **카피된 작품(동일작품)**이 있을 때에는 **관련된 수험자 모두를 부정행위**로 처리합니다.
11) 컴퓨터 H/W에 작업된 모든 내용과 시험자료는 **A3용지에 마운팅 한 후 삭제**하고, 출력물을 부착한 A3용지를 제출하시오.
12) 장시간 컴퓨터 작업으로 신체에 무리가 가지 않도록 적절한 몸풀기(스트레칭) 후 작업하시오.
13) 다음 사항에 대해서는 실격에 해당되어 채점 대상에서 제외됩니다.
　가) 수험자 본인이 수험 도중 시험에 대한 포기(기권) 의사를 표시하고 포기하는 경우
　나) 지정 작업범위(용량)를 초과한 경우
　다) 요구사항과 현격히 다른 경우(채점위원이 판단)
　라) 제한시간을 초과하여 미완성인 경우
　마) 과제기준 20% 이상 완성이 되지 않은 경우(채점위원이 판단)
　바) 최종작업을 편집프로그램으로 하지 않았거나, 수험자 미숙으로 출력을 못하였을 경우
14) 주요 채점 항목은 다음과 같습니다.
　가) 응용프로그램의 활용능력 및 최종 편집 프로그램 사용　　나) 색채, 그림요소의 표현
　다) 그림 및 문자요소의 레이아웃　　라) 타이포그래피(서체특성 및 크기, 자간 및 행간의 정확도, 오타 등)
　마) 원고규격, 재단선의 적합성, 디자인원고의 배치

3. 지급재료 목록

일련번호	재료명	규격	단위	수량	비고
1	복사 용지	A3	장	1	1인당
2	프린터 용지	A4(360dpi 이상 또는 일반용지)	장	2	1인당(프린터기에 내장)

컴퓨터그래픽기능사 디자인 원고

작품명 : 레트로 음악회

※ 작품규격(재단되어 있을 때의 규격) : 160×240mm, 작품 외곽선은 생략하고, 재단선은 3mm 재단 여유를 두고 용도에 맞게 표시하시오.

※ 불명확한 형상, 색상코드 불일치, 색 지정이 없는 부분, 원고에 없는 형상 등이 있을 때는 (나. 완성도면)와 같이 작업하시오.

가. 지시사항

나. 완성도면

2 디자인 원고에 그리드 그리기

❶ 출력된 디자인 문제지의 '완성도면'에 직접 자와 빨간 펜 등 눈에 띄는 색상의 펜을 활용하여 16등분 선으로 그림과 같이 그리드 선을 그립니다.

Tip

문제지 출력형태와 작업 도큐멘트에 같은 그리드를 그리면 오브젝트의 크기, 위치, 배치 간격을 파악하는 데 도움이 됩니다.

나. 완성도면

3 일러스트레이터 작업

01 작업 준비하기(도큐멘트 설정, 가이드 선 레이어 만들기)

1) 도큐멘트 설정하기

❶ 일러스트레이터에서 [File]−[New] 또는 `Ctrl`+`N`을 눌러 Width : 166mm, Height : 246mm, Color Mode : CMYK Color, Raster Effects : High(300ppi)로 설정한 후 [Create]를 클릭합니다.

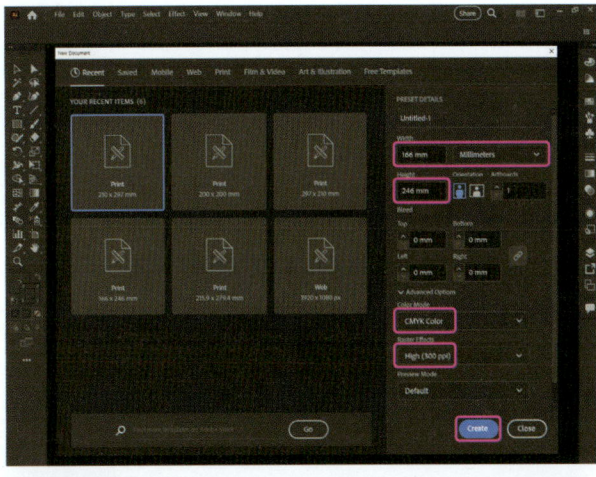

❷ 바탕화면에 새 폴더를 생성한 후 폴더 이름은 비번호 'A01'로 변경합니다. 일러스트레이터 프로그램에서 [File]−[Save]를 선택하고 파일 이름은 비번호 'A01'을 입력하고 파일형식 : Adobe Illustrator(*.Ai)를 선택한 후 [저장(S)]을 누릅니다. [Illustrator Options] 창이 활성화되면 [OK]를 눌러 저장합니다.

`Ctrl`+`S`를 눌러 작업한 내용을 수시로 저장하는 습관을 들이면 프로그램 오류에 빠르게 대처할 수 있습니다.

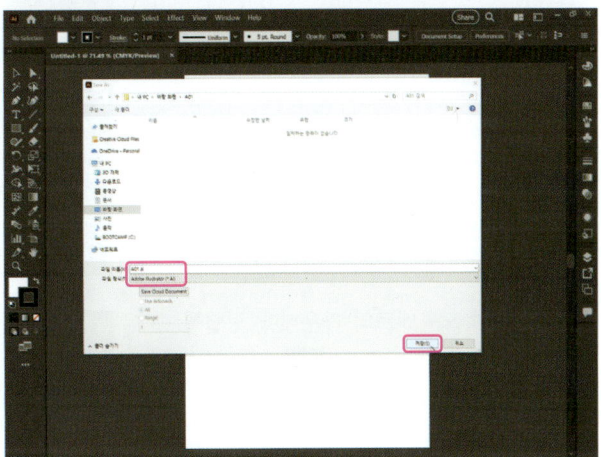

❸ 작업 창에 가로와 세로를 16등분 하는 격자 선을 그리드로 그리기 위해 Line Segment Tool( ) 아이콘 아래의 작은 삼각형을 길게 눌러 Rectangular Grid Tool( )을 선택하고 작업 창을 클릭합니다.

> **Tip**
>
> 문제지 출력형태와 작업 도큐멘트에 같은 그리드를 그리면 오브젝트의 크기, 위치, 배치 간격을 파악하는 데 도움이 됩니다. 그리드 작업이 필수 항목은 아니지만 디자인 작업이 숙련될 때까지 그리드 활용하는 것을 권장합니다.

❹ [Rectangular Grid] 옵션 상자를 활성화합니다. Default Size Width : 160mm, Height : 240mm, Horizontal Dividers Number : 3, Vertical Dividers Number : 3을 입력하고 [OK]를 클릭합니다.

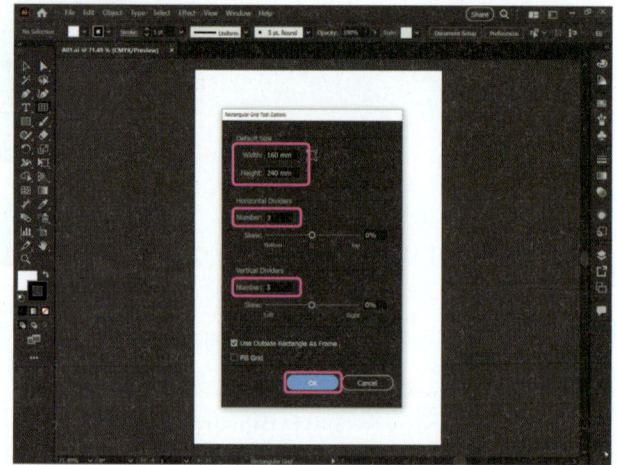

❺ 격자 선이 도큐멘트의 가운데에 정렬될 수 있도록 Selection Tool( )로 격자 선을 클릭하여 선택합니다.
[Window]-[Align] 패널을 활성화하고 Align To : Align to Artboard, Align Objects : Horizontal Align Center, Vertical Align Center를 눌러 작업 창 가운데 격자 선을 배치합니다.

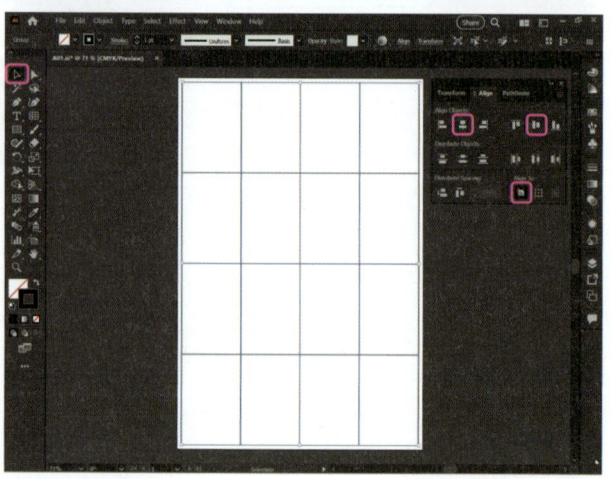

❻ 격자 선은 상단 메뉴의 [Object]−[Lock]
−[Selection] 또는 Ctrl + 2 를 눌러 격
자 선이 움직이지 않도록 고정합니다.

Tip

Pen Tool( )로 기존 고정점을 클릭하면 삭
제되기 때문에 고정점이 선택되지 않도록 잠
그고 추가 선을 그립니다.

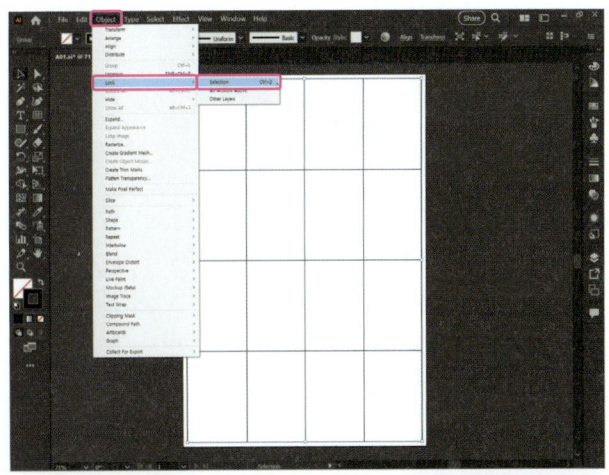

❼ Pen Tool( )로 격자 선의 상, 하, 좌,
우 가운데 점을 연결하여 마름모(◇) 형태
로 선을 그립니다.

Tip

[Menu]−[View]−[Smart Guide] 또는 Ctrl
+ U 를 활성화하면 오브젝트를 그릴 때 교차
점이나 고정점을 정확하게 맞추는 데 도움이
됩니다.

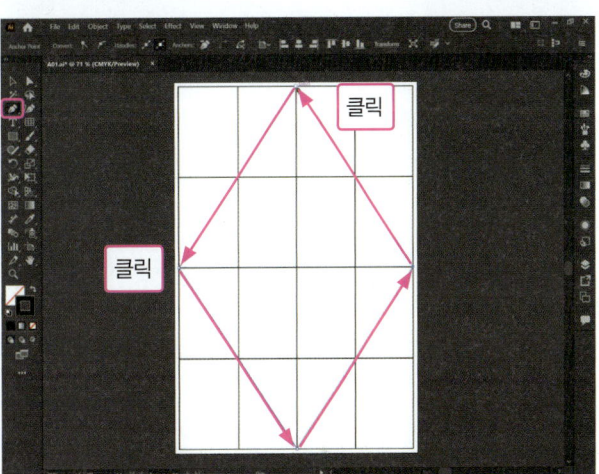

❽ Pen Tool( )로 X 형태로 추가 선을 그
립니다.

Tip

Pen Tool( )로 X선을 그릴 때, 왼쪽 상단에
서 오른쪽 하단으로 대각선을 그린 후 Ctrl 을
누른 채 작업 창의 공간을 클릭하여 선 끝내기
를 하고 반대 방향으로 대각선을 그립니다.

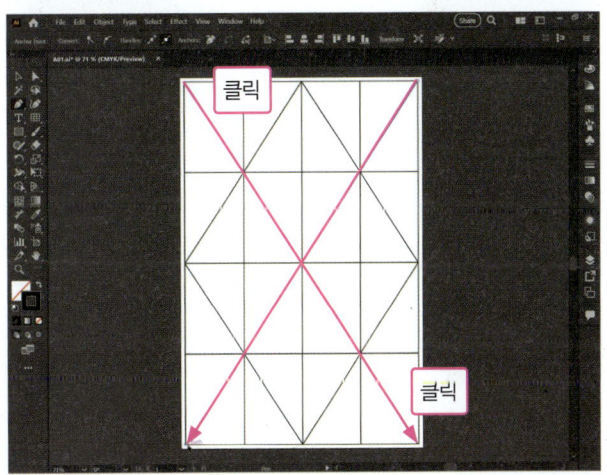

⑨ [Object]−[Unlock All] 또는 Alt +Ctrl+2를 선택하여 잠근 격자 선을 풀고, [Select]−[All] 또는 Ctrl+A를 눌러 격자 선을 모두 선택합니다.

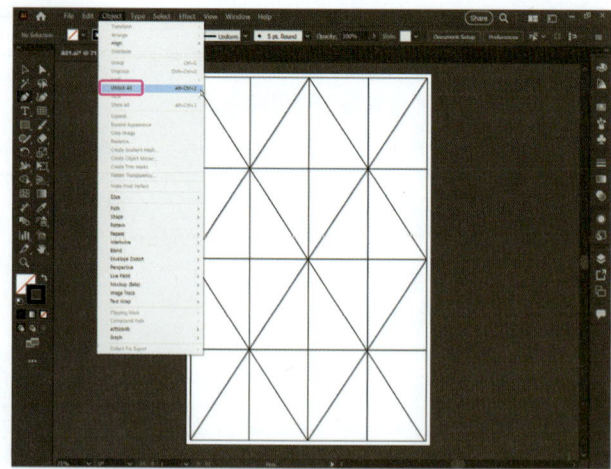

⑩ [Stroke Color] 아이콘을 더블 클릭하여 [Color Picker] 대화창에 빨간색 색상값 M100Y100을 입력합니다.

문제지에 표기되지 않은 색상은 0%로 입력합니다.

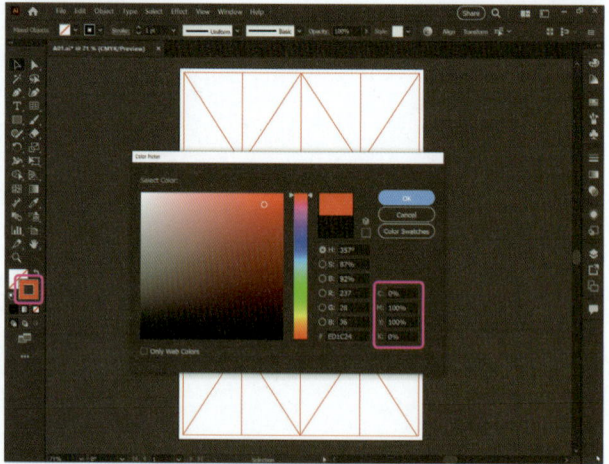

⑪ [Object]−[Group] 또는 Ctrl+G를 눌러 그룹으로 지정합니다.

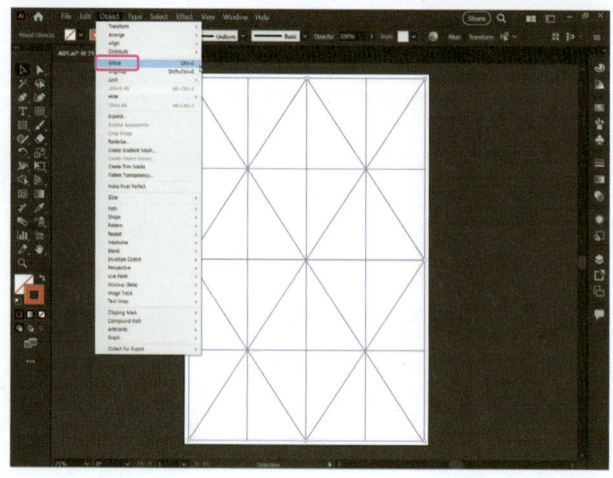

2) 가이드 선 레이어 만들기

❶ [Window]-[Layers] 패널을 활성화합니다. 'Layer 1' 이름을 더블 클릭하여 '가이드 선'으로 변경합니다. '가이드 선' 레이어는 [Toggles Lock]을 눌러 변경되지 않도록 고정합니다.

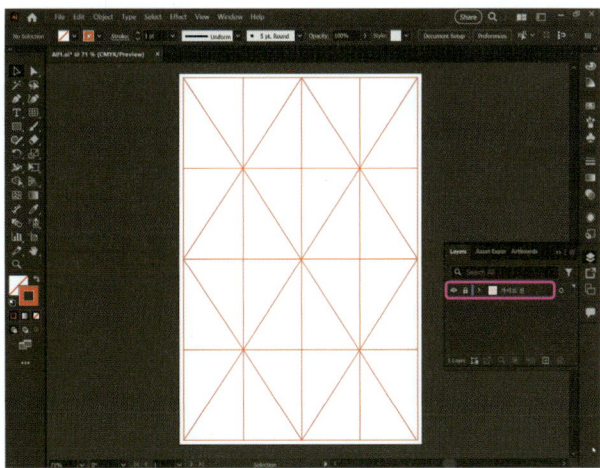

❷ [Layers] 패널에서 'Create New Layer' 아이콘을 눌러 새 레이어를 추가하고, 'Layer 2'를 더블 클릭한 후 레이어 이름을 '이미지'로 변경합니다.
일러스트레이터 작업물은 '이미지' 레이어에 작업합니다.

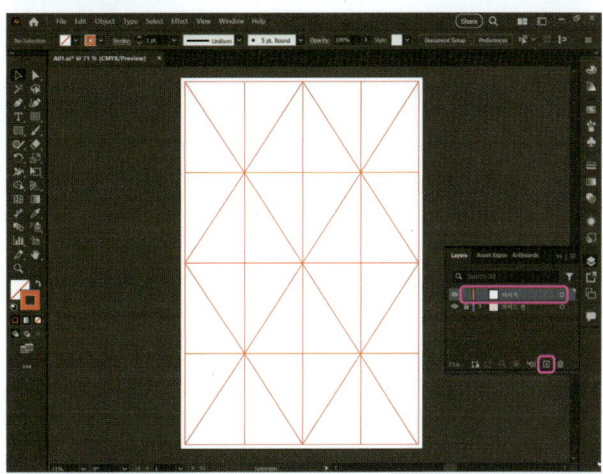

> **Tip**
>
> [Layers] 패널에서 '이미지' 레이어를 더블 클릭하여 [Layer Options] 대화창을 활성화합니다. 레이어 색상을 변경하여 작업하기 편한 환경을 만듭니다.

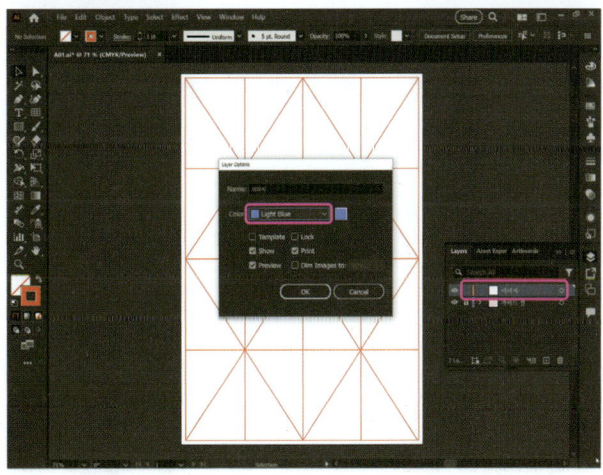

02 이미지 제작

1) 타이틀

❶ Ellipse Tool()로 그림과 같이 정원을 그리고 Selection Tool( )로 Alt 를 누른 채 드래그하여 옆에 복사합니다.

> **Tip**
>
> 원 크기 : 75×75mm(도형의 크기는 정확하지 않아도 되며, 디자인 원고를 참고하여 비율을 맞춰 비슷하게 그림)

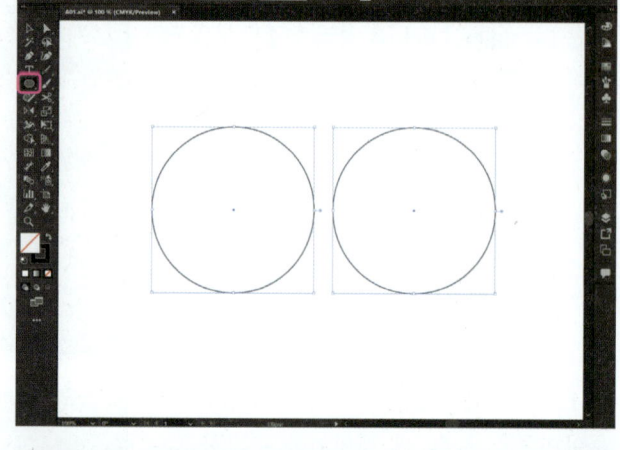

❷ Type On a Path Tool( )로 글자가 시작할 왼쪽 패스를 클릭하고 'RETRO MUSIC FESTIVAL'을 입력합니다.

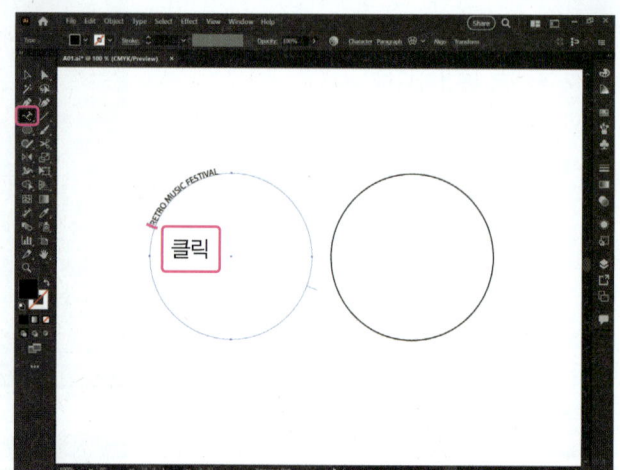

❸ 오른쪽도 글자가 시작할 오른쪽 부분의 패스를 클릭한 후 'HANAM TOWNHALL'을 입력합니다.

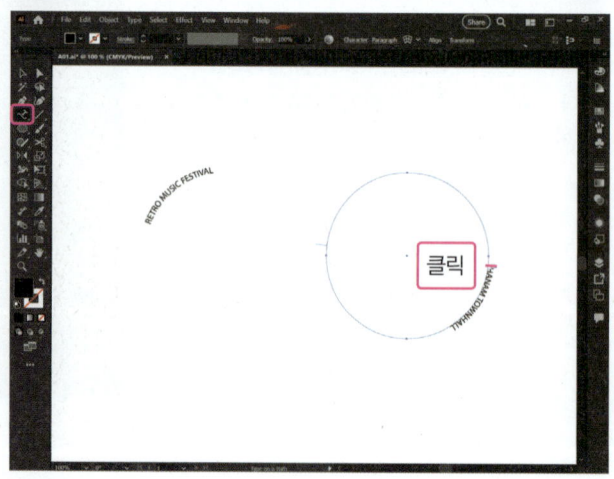

❹ Direct Selection Tool()로 문자를 안쪽으로 드래그하여 글자의 방향을 변경합니다.

> **Tip**
>
> Direct Selection Tool()로 조절점을 드래그하여 위치와 방향을 변경합니다.

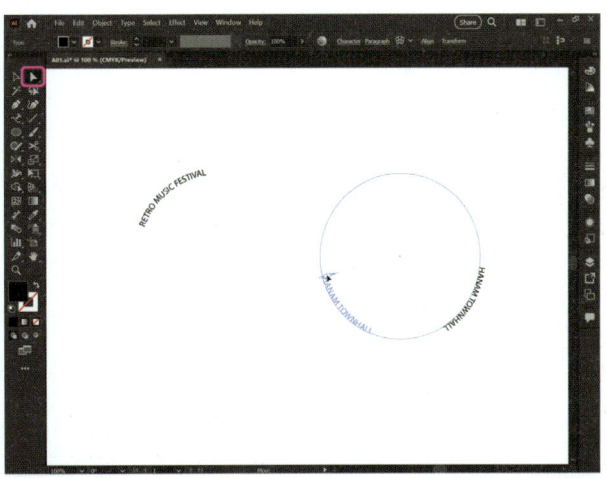

❺ 모든 글자는 [Window]-[Type]-[Character] 패널에서 서체, 크기, 자간 설정 등을 출력형태와 비슷하게 설정하고 Selection Tool( )로 2개의 원을 겹쳐 그림과 같이 알맞게 배치합니다.

> **Tip**
>
> 서체 : Myriad Pro(그림과 동일한 서체가 없을 시 비슷한 서체를 선택하여 사용)

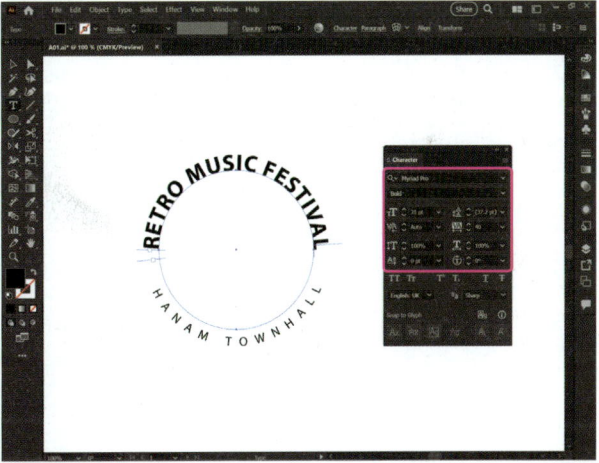

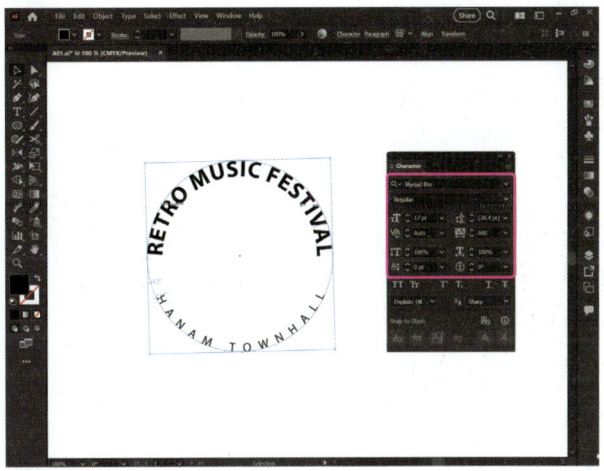

❻ 'HANAM TOWNHALL' 문자의 원은 를 누른 채 드래그하여 원의 크기를 크게 조절합니다. 문자의 색상은 C0M0Y0K0으로 설정합니다.

❼ Star Tool( )을 선택한 후 작업창을 클릭하고 옵션 상자에서 Points : 6을 입력합니다. 2개의 별을 만들고 그림과 같은 위치에 복사하여 배치합니다.

> **Tip**
> 별은 Ctrl + C 를 누른 후 Ctrl + V 를 눌러 복사하거나 Selection Tool( ) 로 Alt 를 누른 채 드래그하여 복사합니다.

2) 높은음자리표와 음표

❶ 포토샵 프로그램에서 [File]-[New]를 클릭하여 단위는 Millimeters, Width : 210, Height : 297, Resolution : 300으로 입력한 후 [Create]를 누릅니다.

> **Tip**
> 높은음자리표 모양은 '포토샵의 Shape' 도구를 이용하여 쉽게 그릴 수 있습니다.

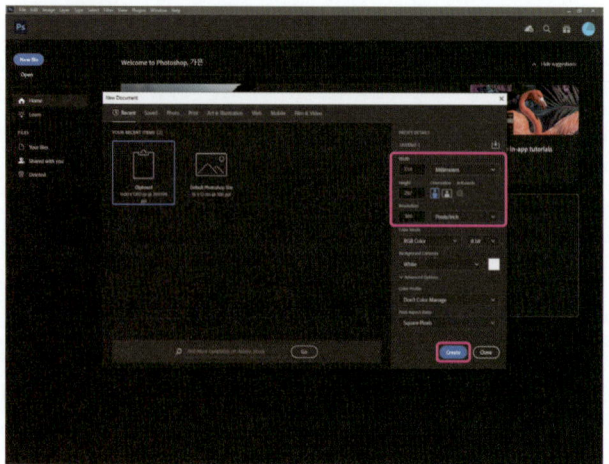

❷ Custom Shape Tool()을 선택한 후 옵션 바에서 Fill : 임의의 색상, Stroke : None으로 설정하고 [Shape] 아이콘을 눌러 높은음자리표를 선택합니다.

> **Tip**
> **숨겨져 있는 Shape 이미지 찾기**
> • CC 버전 : 옵션 바의 셰이프의 옵션 아이콘 클릭-[All] 선택
> • 2020 버전 이상 : [Window]-[Shapes]-옵션 아이콘 클릭-[Legacy Shapes and More]-[All Legacy Default Shapes]-[Music] 폴더 선택

❸ Shift 를 누른 채 드래그하여 이미지를 그리고 Path Selection( )을 선택한 후 도형을 클릭합니다. 패스와 고정점이 확인되면 Ctrl + C 를 누르고 일러스트레이터의 작업 창을 활성화합니다.

❹ 일러스트레이터 작업 창에 Ctrl + V 를 눌러 [Paste Options] 상자의 Compound Shape(fully editable)를 클릭하고 [OK]를 누릅니다. 면색은 C0M0Y0K0, 선색은 None으로 설정합니다.

❺ Direct Selection Tool(▶)로 고정점과 핸들 점을 조정하고, Pen Tool(✒)로 보완할 부분을 다시 그려 출력형태와 같도록 수정합니다.

❻ 4분 음표를 그리기 위해 Ellipse Tool(○)로 작은 타원형을 그립니다.

❼ Pen Tool(✒)로 그림과 같이 직선을 면색은 None, 선색은 임의의 색상으로 설정하여 그리고 [Stroke] 패널에서 선의 두께를 3pt로 설정합니다.
[Object]-[Expand]-[OK]를 눌러 선을 면으로 변경한 후 4분 음표를 모두 선택하고 면색은 C0M0Y0K, 선색은 None으로 설정한 후 Ctrl + G 를 눌러 그룹 설정합니다.

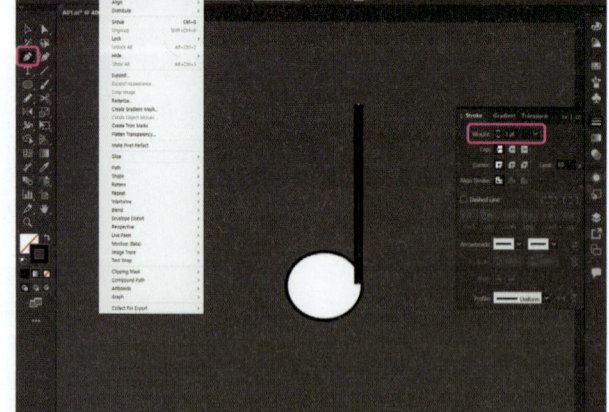

> **Tip**
> 선을 면으로 변경하면 이미지 크기 조정에 따라 선의 두께가 변형되는 것을 방지할 수 있습니다.

❽ 8분 음표는 앞에서 작업한 4분 음표를 복사한 후 Pen Tool( )로 꼬리 부분만 곡선으로 그립니다. ❼의 이미지와 색상의 통일감을 위해 면색은 None, 선색은 C0M0Y0K0으로 설정합니다.

❾ 옵션 바에서 Variable Width Profile : Width Profile 4를 선택하고 Stroke의 두께를 적절하게 조정합니다.
[Object]-[Expand Appearance]를 눌러 면으로 변경한 후 8분 음표를 모두 선택하고 그룹 설정합니다.

❿ ❻~❾와 같은 방법으로 나머지 음표를 그리고 면색은 눈에 띄는 색상으로 설정합니다.

> **Tip**
> 면색은 임의의 색상으로 채우고 선색은 None으로 설정해 동일한 속성으로 그리면 이후 이미지 편집 작업이 효율적입니다.

⑪ '높은음자리표' 이미지는 Ctrl + 2 를 눌러 잠그고, 높은음자리표 위에 음표들을 Selection Tool( )로 Alt 를 누른 채 드래그하여 복사하고 크기 조절과 회전을 하여 그림과 같이 배치합니다.

⑫ Selection Tool( )로 '높은음자리표' 이미지를 Alt + Ctrl + 2 를 눌러 잠금 해제한 후 옆으로 이동시키고 배치한 음표만 선택하여 Ctrl + G 를 눌러 그룹 설정합니다. 음표의 면색은 C0M0Y0K0, 선색은 None으로 설정합니다.

3) 텍스트

❶ Type Tool( )로 'Retro Music Festival'을 입력합니다. 면색은 C0M0Y0K0, 선색은 None으로 설정합니다.
[Window]-[Type]-[Character] 패널에서 서체, 크기, 자간, 행간, 장평 등을 출력형태와 비슷하게 설정합니다.

Tip

서체 : Myriad Pro(그림과 동일한 서체가 없을 시 비슷한 서체를 선택하여 사용)

❷ Star Tool()을 선택한 후 작업 창을 클릭하고 옵션 상자에 Points : 6을 입력하여 별을 만들고 면색은 None, 선색은 C0M0Y0K0으로 설정합니다. '**2) 높은음자리표와 음표**—❾'에 그린 음표를 복사한 후 그림과 같이 배치합니다.

> **Tip**
> 시험장에서 같은 이미지는 복사하여 사용하면 작업시간을 단축할 수 있습니다.

❸ Rectangle Tool( )로 그림과 같이 직사각형을 그린 후 면색은 None, 선색은 C0M0Y0K0으로 설정합니다.

❹ Direct Selection Tool( )로 직사각형 상단의 패스를 선택한 후 Delete 를 눌러 삭제합니다.

4) 로고

❶ Spiral Tool( )로 드래그하여 그림과 같이 나선형 모양을 그리고 면색은 None, 선색은 C100M70으로 설정합니다.

> **Tip** ✓
> 1. Spiral Tool( )로 그리는 중 방향키 위 또는 아래를 누르면 나선형이 그려지는 곡선의 개수를 지정할 수 있습니다.
> 2. Spiral Tool( )로 그리는 중 Ctrl 을 누른 채 드래그하면 나선형의 곡선과 곡선 사이의 간격을 조정할 수 있습니다.

❷ Direct Selection Tool( )로 불필요한 선들을 선택한 후 Delete 를 눌러 삭제하고 회전하거나 크기를 변형하여 로고의 기본 선을 만듭니다.

❸ Width Tool( )로 선의 패스를 드래그하여 선의 폭을 넓게 지정하고 그림과 같은 이미지를 만듭니다. Selection Tool( )로 나선형 모양을 클릭한 후 [Object]-[Expand Appearance]를 선택하여 면으로 변경합니다.

❹ Pen Tool( )로 그림과 같이 반원을 만들고 면색은 C90M5Y80, 선색은 None으로 설정합니다. 이어서 Ellipse Tool( )로 타원형을 그린 후 면색은 C2M35Y70, 선색은 None으로 설정합니다.

❺ Type Tool( )로 '하남시'를 입력하고 [Window]-[Type]-[Character] 패널에서 서체, 크기와 자간, 장평 등을 문제지 출력형태와 비슷하게 설정합니다.

❻ 문자는 [Type]-[Create Outlines]를 눌러 이미지로 변경하고 각 오브젝트가 수정되도록 Shift + Ctrl + G 를 눌러 그룹 해제합니다.

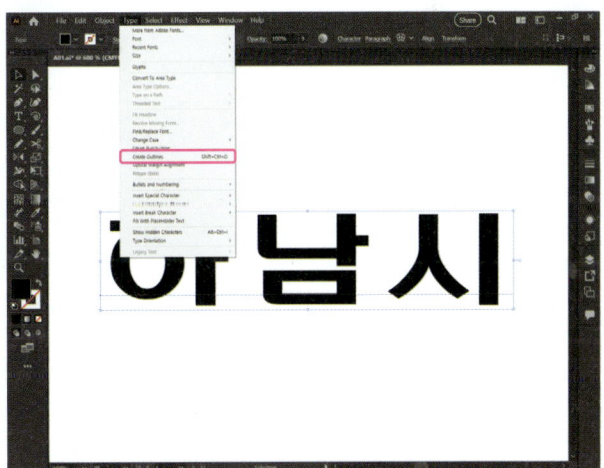

❼ 문자 '하'의 모음 'ㅏ'는 Direct Selection Tool(▶)로 오른쪽 획의 고정점을 선택하여 상단으로 이동시키고, 높이를 조정합니다.

❽ Direct Selection Tool(▶)로 왼쪽 상단의 Live Corner 점을 선택하고 안쪽으로 드래그하여 모서리를 둥글게 만듭니다.

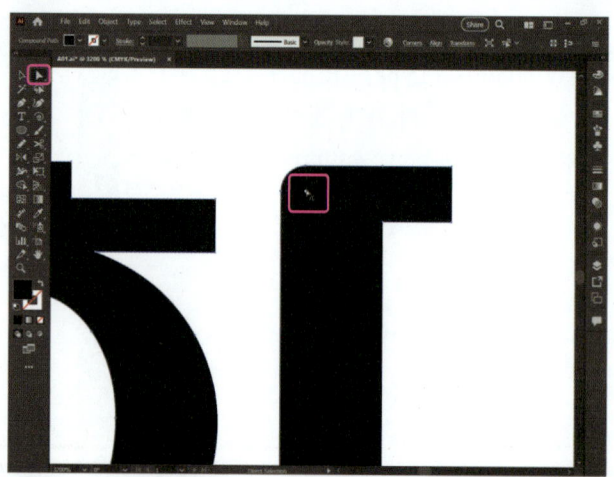

❾ ❼~❽과 같은 방법으로 문자 '남'의 모음 'ㅏ'도 그림과 같게 작업하여 배치합니다. 작업된 이미지는 모두 선택한 후 Ctrl + G 를 눌러 그룹 설정합니다.

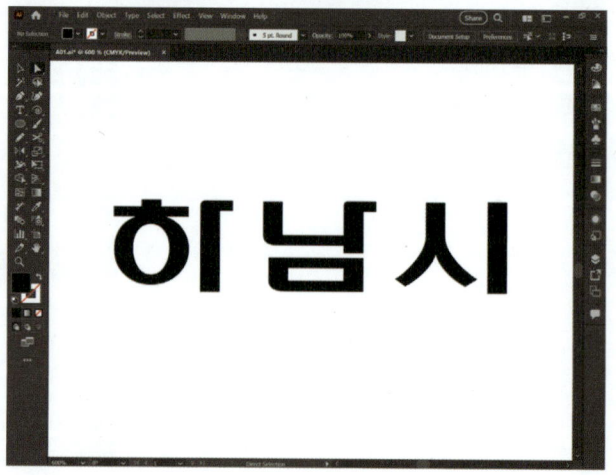

❿ 작업된 ❹번과 ❾번의 이미지와 문자는 크기와 위치를 적절히 조절하여 배치한 후 모두 선택하고 Ctrl + G 를 눌러 그룹 설정합니다.

4 포토샵 작업

01 작업 준비하기(도큐멘트 설정, 가이드 선)

❶ 포토샵 프로그램에서 [File]－[New]를 선택합니다. [New] 옵션 상자의 Width : 166mm, Height : 246mm, Resolution : 300pixels/inch, Color Mode : RGB Color, Background Contents : White 로 설정한 후 [Create]를 누릅니다.

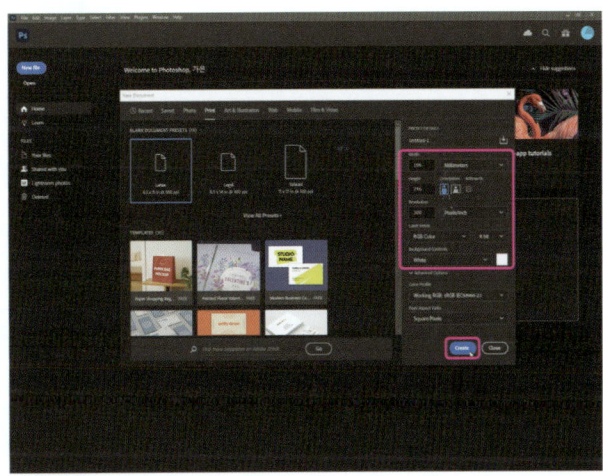

> **Tip**
> 1. Resolution : 300pixels/inch는 고품질의 해상도로 인쇄, 출판에 적합한 해상도입니다. 해상도가 높아지면 파일의 용량이 커집니다. 시험에서 제출할 파일의 총 용량은 10MB 이하이기 때문에 작업 완료를 한 후 용량이 10MB를 넘으면 [Image]－[Image Size]에서 150~250 정도의 해상도로 변경하여 제출합니다.
> 2. 인쇄에 적합한 Color Mode는 CMYK Color입니다. 하지만 포토샵에서 CMYK Color로 설정되어 있으면 시험에서 요구하는 Filter의 효과가 제한됩니다.
> 시험장에서 사용되는 일반 프린트 기기는 RGB Color를 사용하여도 오류가 없기 때문에 포토샵에서 작업할 시 도큐멘트의 Color Mode는 RGB Color로 사용합니다.

❷ [File]-[Save as]를 선택하고 [Save as] 옵션 상자에 저장할 비번호 폴더(A01)를 찾아 클릭합니다. 파일 이름은 비번호 'A01'을 입력하고 파일형식 : Photoshop(*.PSD, *.PDD, *.PSDT) 을 선택한 후 [저장(S)]을 누릅니다.

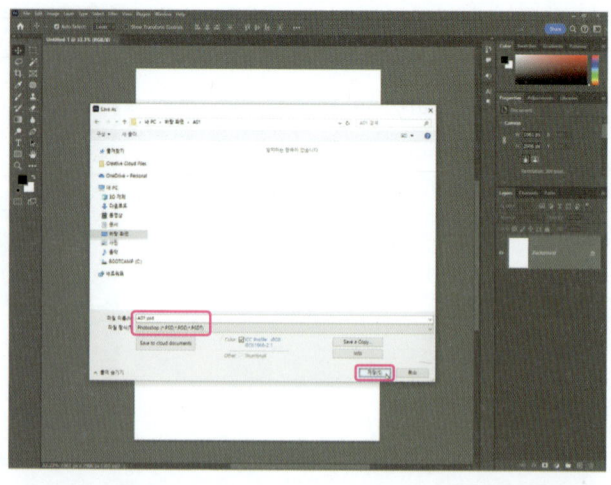

> **Tip**
>
> Ctrl + S 를 눌러 작업한 내용을 수시로 저장하는 습관을 들이면 프로그램 오류에 빠르게 대처할 수 있습니다.

❸ 일러스트 작업 창의 [Window]-[Layers] 패널에서 '가이드 선' 레이어의 [Toggles Lock]을 클릭하여 잠금을 해제합니다. Selection Tool()로 가이드 선을 선택하고 Ctrl + C 를 눌러 복사합니다.

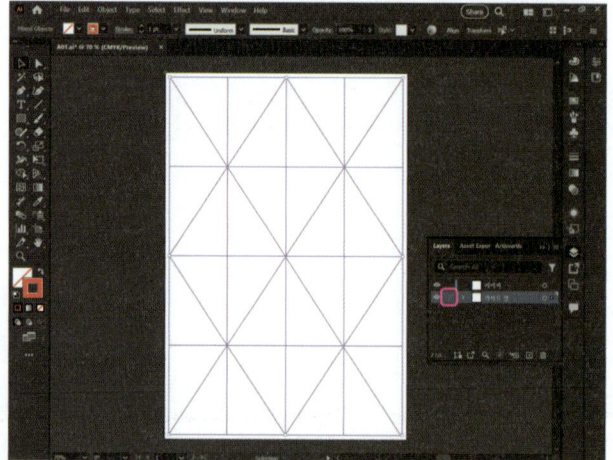

❹ 포토샵 작업 창에 Ctrl + V 를 누르고 [Paste] 옵션 상자에서 'Pixels'를 선택한 후 [OK]를 클릭합니다.
[Window]-[Layers] 패널에서 레이어 이름을 더블 클릭하여 '가이드 선'으로 레이어 이름을 변경합니다.

❺ Move Tool()을 선택하고 옵션 바의 Align To : Canvas, 'Align vertical centers', 'Align horizontal centers'를 클릭하여 도큐멘트의 가운데에 배치합니다. '가이드 선' 레이어의 'Lock all' 아이콘을 클릭하여 잠그고 'Background' 레이어를 선택한 후 작업을 시작합니다.

> **Tip**
>
> '가이드 선' 레이어가 선택되어 있으면 이미지를 불러올 때 '가이드 선' 레이어 위에 위치하게 되므로 가이드 선이 보이지 않게 됩니다. 정확한 이미지 배치를 위해 '가이드 선' 레이어는 항상 작업물 위에 위치하도록 합니다.

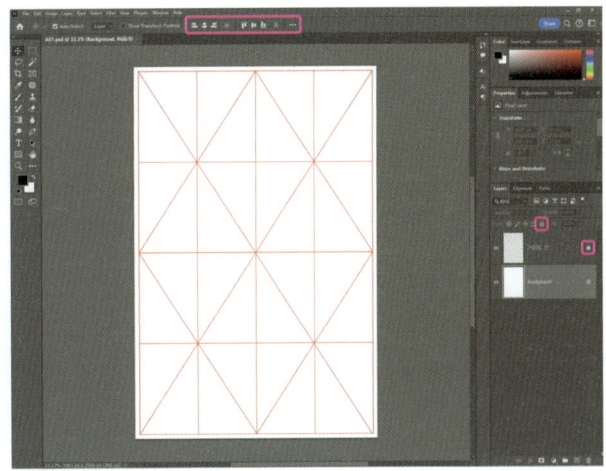

02 이미지 합성 제작

1) 배경

❶ [Layers] 패널에서 'Adjustment Layer' 아이콘을 클릭하고 'Gradient'를 실행합니다.

❷ [Gradient Fill] 옵션 상자의 그라데이션 색상 바를 클릭합니다. 색상은 밝은 갈색 계열(C36M35Y47) → 어두운 갈색 계열 (C74M75Y86K56)로 설정하고 Style : Radial, Angle : 0°, Scale : 200%로 설정한 후 [OK]를 클릭합니다.

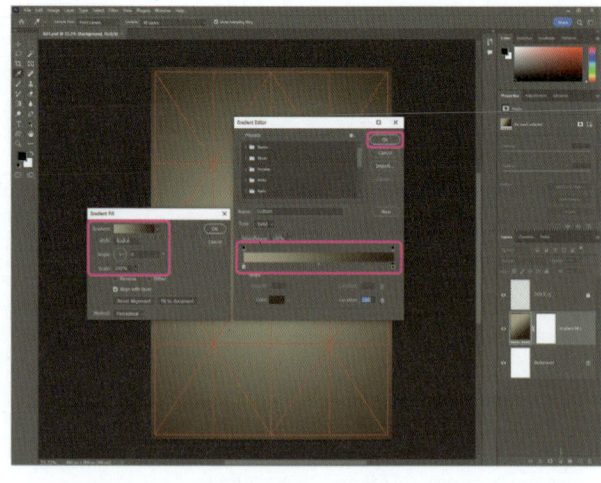

> **Tip**
>
> 그라데이션을 사용할 때 이전 설정의 영향을 받으면 D를 눌러 전경색과 배경색을 초기화 한 후, 옵션 바의 [Foreground to Background] 아이콘을 클릭하고 색상값을 입력합니다.

❸ [File]-[Open]을 선택한 후 '음악회_09. jpg' 파일을 열고 [Layers] 패널에서 자물쇠 아이콘을 눌러 레이어를 잠금 해제합니다.

❹ Quick Selecton Tool()로 배경을 드래그하여 선택하고 Delete를 눌러 삭제합니다.

> **Tip**
>
> Quick Selecton Tool( )로 선택된 부분을 Alt를 누른 채 드래그하면 선택영역에서 제거됩니다.

❺ Ctrl + A 를 눌러 전체 선택한 후 Ctrl + C 를 누르고 'A01.psd' 작업 창으로 이동하여 Ctrl + V 로 붙여넣습니다. Ctrl + T 를 눌러 이미지의 바운딩 박스 점을 드래그하여 크기를 조정하고 Enter 를 눌러 알맞게 배치하고 레이어의 이름을 '음악회_09'로 변경합니다.

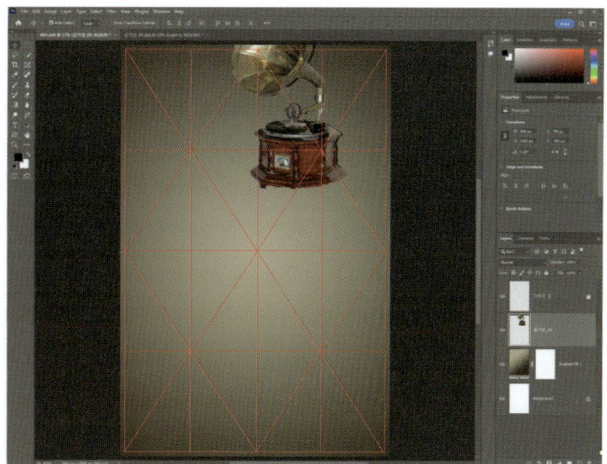

❻ D 를 눌러 도구 바의 전경색은 검은색, 배경색은 흰색으로 설정하고 [Filter]-[Filter Gallery]의 [Sketch] 폴더에서 'Graphic Pen'을 선택합니다. Stroke Length : 15, Light/Dark Balance : 50, Stroke Direction : Right Diagonal 로 설정한 후 [OK]를 누릅니다.

Tip

[Filter]의 종류 중 [Sketch]는 전경색과 배경색에 영향을 받아 색상이 달라지게 됩니다. 전경색과 배경색은 D 를 누르면 기본 색상인 검은색과 흰색으로 변경됩니다.

❼ [Layers] 패널에서 블랜드 'Normal'을 클릭한 후 'Multiply', Opacity : 80%로 설정하여 자연스럽게 합성합니다.

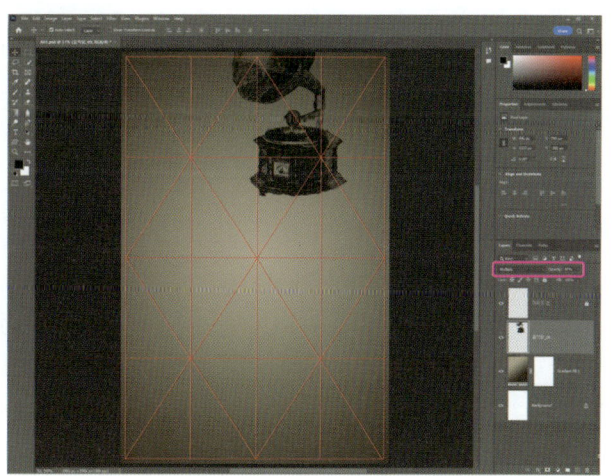

❽ [File]-[Open]을 선택한 후 '음악회_10.jpg' 파일을 열고 Ctrl + A 를 눌러 전체 선택한 후 Ctrl + C 를 누릅니다. 'A01.psd' 작업 창으로 이동한 후 Ctrl + V 로 붙여넣습니다. Ctrl + T 를 누르고 이미지의 바운딩 박스 점을 드래그하여 크기를 조정하고 회전한 후 Enter 를 눌러 알맞게 배치하고 레이어의 이름을 '음악회_10'으로 변경합니다.

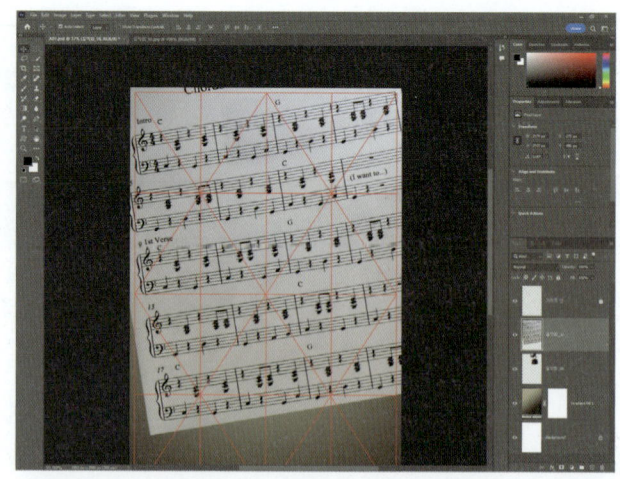

❾ [Layers] 패널에서 블랜드 모드의 'Normal'을 클릭하여 'Multiply', Opacity : 70%로 설정합니다.

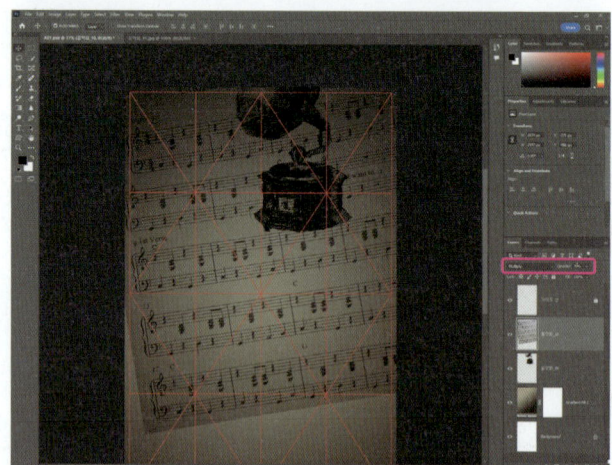

❿ [Layers] 패널에서 [Add layer mask] 아이콘을 클릭하고 D 를 눌러 전경색은 검은색, 배경색은 흰색으로 설정하고 Gradient Tool(■)을 선택합니다.

> **Tip**
>
> 그라데이션 색상은 전경색과 배경색에 영향 받기 때문에 기본 컬러로 변경한 후 사용합니다.

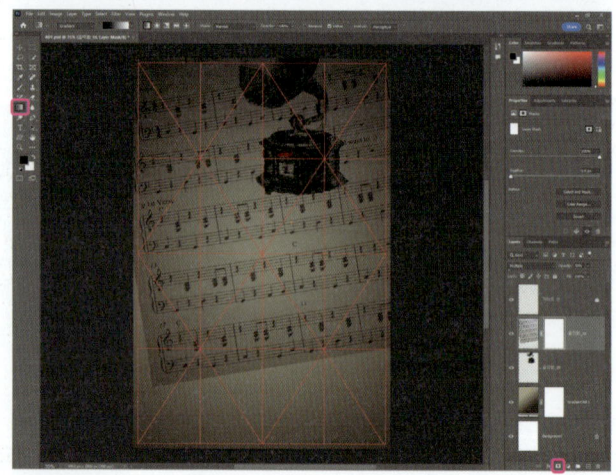

11 옵션 바에서 [Presets]의 [Foreground to Transparent] 아이콘을 클릭한 후 [Type : Linear Gradient]를 선택합니다.

[Foreground to Transparent]의 색상을 선택하여 마스크를 적용하면 자유롭게 방향 설정하여 이미지를 가릴 수 있습니다.

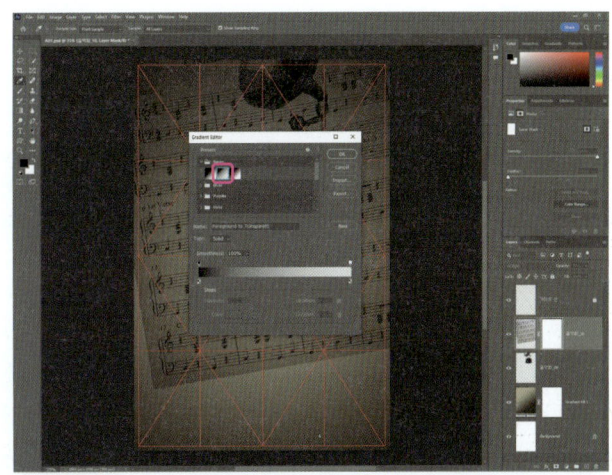

12 이미지의 하단에서 상단 방향으로 드래그하여 자연스럽게 합성합니다.

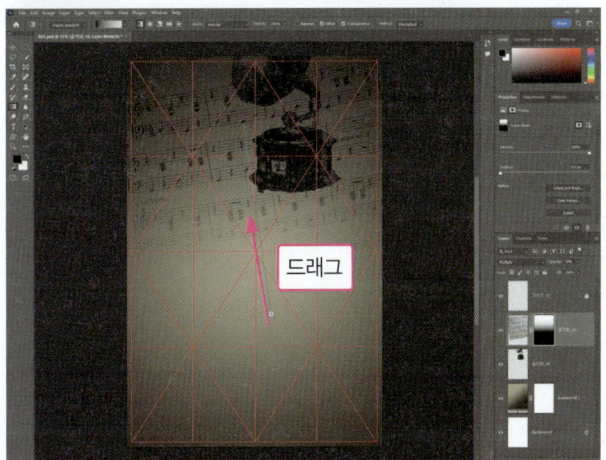

13 이미지의 왼쪽에서 오른쪽으로, 오른쪽에서 왼쪽으로 드래그하여 주변과 조화롭도록 합성합니다.

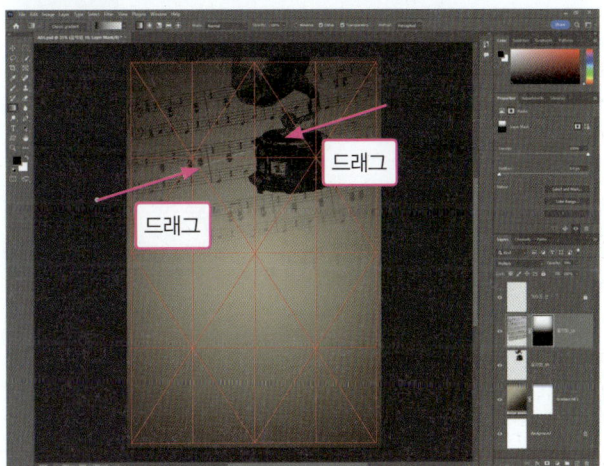

CHAPTER 5 레트로 음악회 **253**

2) 3단 배경

❶ Pen Tool( )을 선택하고 옵션 바에서 [Shape]를 선택합니다. Fill : 임의의 색상, Stroke : None으로 설정하고 그림과 같이 면을 그립니다.

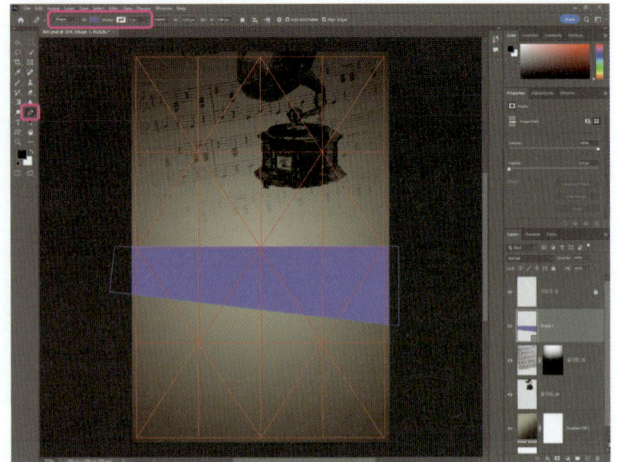

❷ 'Shape 1' 레이어의 이미지 섬네일을 더블 클릭한 후 [Color Picker] 창에 M45Y20으로 설정하고 [OK]를 클릭한 후 레이어의 이름을 '분홍색'으로 변경합니다.

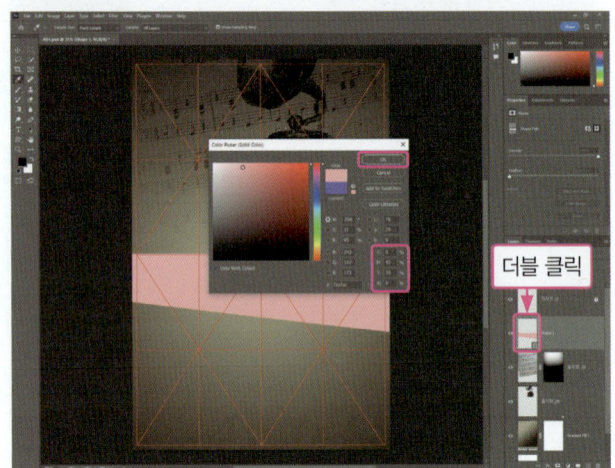

❸ ❶~❷와 같은 방법으로 Pen Tool( )로 각각의 면을 그린 후 노란색은 C10M20Y75, 남색은 C80M75Y55K20으로 설정하고 각각 레이어의 이름을 '노란색', '남색'으로 변경합니다.

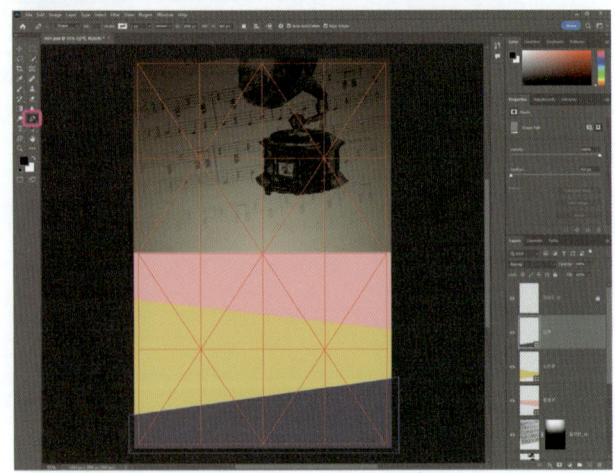

❹ [Layers] 패널의 '분홍색' 레이어를 클릭한 후 [File]-[Open]을 선택하고 '음악회_01.jpg' 파일을 엽니다. Ctrl + A 를 눌러 전체 선택하고 Ctrl + C 를 누른 후 'A01.psd' 작업 창으로 이동하여 Ctrl + V 로 붙여넣고 레이어의 이름을 '음악회_01'로 변경합니다.

'음악회_01' 레이어는 '분홍색' 레이어 위에 배치하고 Alt + Ctrl + G 를 눌러 클리핑 마스크를 적용합니다.

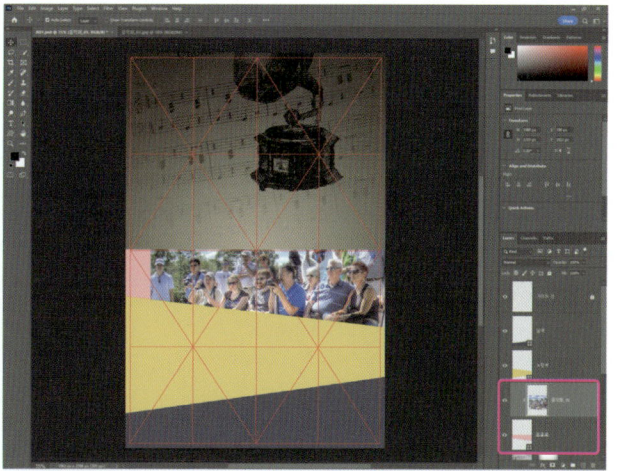

❺ '음악회_01' 레이어를 선택하고 Ctrl + T 를 눌러 이미지의 크기를 알맞게 조절하여 배치합니다. [Filter]-[Filter Gallery]의 [Texture] 폴더에서 'Texturizer'를 선택합니다. Texture : Canvas, Scaling : 100%, Relief : 5, Light : Top으로 설정한 후 [OK]를 누릅니다.

Texturizer 설정
- Texture : 질감
- Scaling : 질감의 크기
- Relief : 질감의 입체감
- Light : 빛의 방향

❻ [Layers] 패널에서 블랜드 'Normal'을 클릭한 후 'Overlay', Opacity : 80%로 설정합니다.

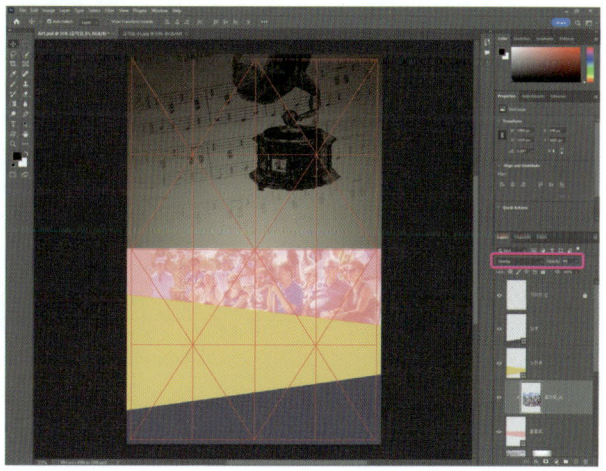

CHAPTER 5 레트로 음악회

❼ '분홍색' 레이어에 [Add layer mask] 아이콘을 클릭한 후 D를 눌러 전경색은 검은색, 배경색은 흰색으로 설정하고 Gradient Tool( )을 선택합니다.
옵션 바에서 [Presets]의 [Foreground to Transparent] 아이콘을 클릭한 후 [Type : Linear Gradient]를 선택합니다.

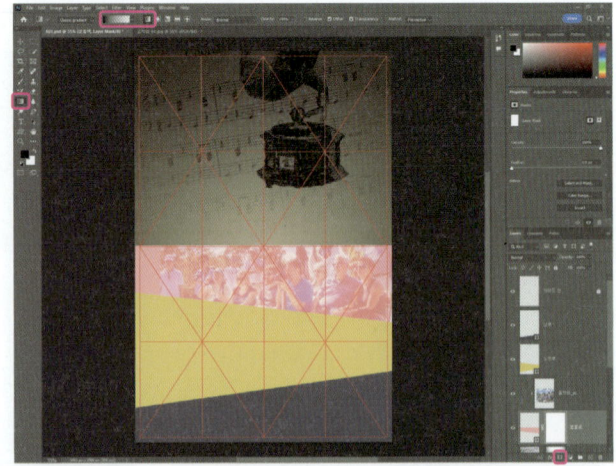

❽ 상단에서 하단 방향으로 드래그하여 자연스럽게 합성합니다.

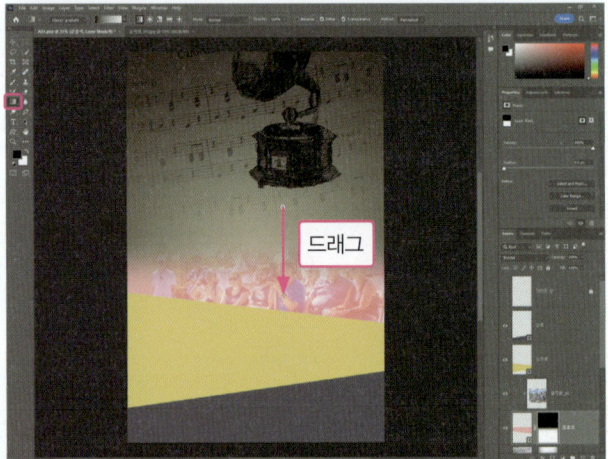

❾ ❹~❼의 방법을 참고하여 '음악회_04.jpg' 파일은 '노란색' 레이어에 클리핑 마스크를 적용하고 [Filter]-[Filter Gallery]-[Texture] 폴더에서 'Texturizer'를 선택합니다. 블랜드는 'Overlay'로 설정하고 레이어의 이름을 '음악회_04'로 변경합니다.

❿ 다시 한번 더 '음악회_05.jpg' 파일은 '남색' 레이어에 클리핑 마스크를 적용하고 [Filter]-[Filter Gallery]-[Texture] 폴더에서 'Texturizer'를 선택합니다. 블랜드는 'Multiply', Opacity : 50%로 설정하고 레이어의 이름을 '음악회_05'로 변경합니다.

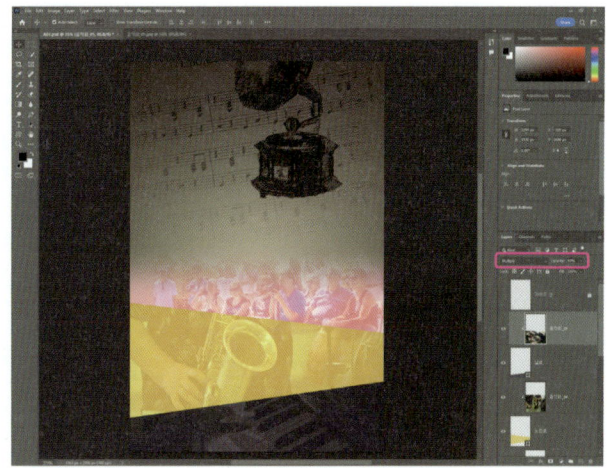

> **Tip**
> 자격증 시험에서 [Filter]와 [Blend] 등 효과가 지정되어 있지 않는 경우 시험 출력형태 원고와 근접한 효과로 적용합니다.

3) 사진 이미지 합성

❶ [File]-[Open]을 선택한 후 '음악회_02.jpg' 파일을 열고 [Layers] 패널에서 자물쇠 아이콘을 눌러 레이어를 잠금 해제합니다.
Quick Selecton Tool()로 필요한 부분의 배경을 선택하고 Delete 를 눌러 삭제합니다.

❷ Rectangular Marquee Tool( )로 필요한 부분만 드래그하여 선택한 후 Ctrl + C 를 누릅니다.

❸ 'A01.psd' 작업 창으로 이동한 후 Ctrl
+ V 로 붙여넣습니다.
Ctrl + T 를 눌러 마우스 우클릭한 후
'Flip Horizontal'을 눌러 좌우 반전합니
다. 이미지의 바운딩 박스 점을 드래그하여
크기를 조정하고 Enter 를 눌러 알맞게 배
치하고 레이어의 이름을 '음악회_02'로 변
경합니다.

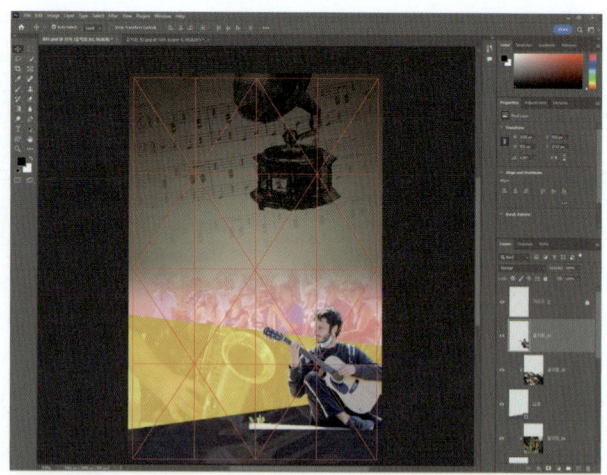

❹ '음악회_02' 레이어는 [Image]-
[Adjustment]-[Hue/Saturation]을 선
택한 후 옵션 상자에서 [Colorize]를 선택
하고 Hue, Saturation, Lightness 슬라
이더를 이동시켜 브라운 계열로 색상 보정
한 후 [OK]를 클릭합니다.

> **Tip**
>
> Hue : +40, Saturation : +55, Lightness :
> -30

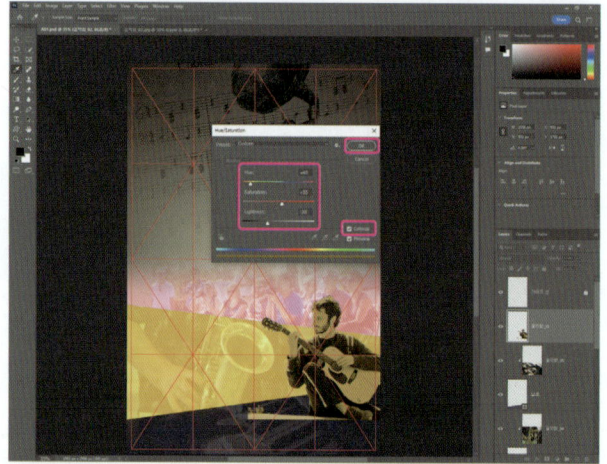

❺ [Filter]-[Filter Gallery]-[Artistic] 폴
더에서 'Cutout'을 선택합니다. Number
of Levels : 6, Edge Simplicity : 3,
Edge Fidelity : 2로 설정한 후 [OK]를
누릅니다.

> **Tip**
>
> **Cutout 설정**
> • Number of Levels : 색상의 조절 단계
> • Edge Simplicity : 윤곽선 단순화
> • Edge Fidelity : 윤곽선의 디테일

❻ '음악회_02' 레이어는 '남색' 레이어 아래에 위치하도록 [Layers] 패널에서 드래그하여 놓습니다.

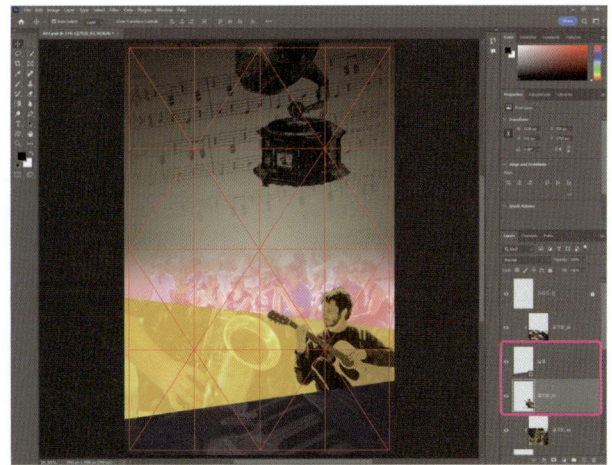

❼ [File]−[Open]을 선택한 후 '음악회_03.jpg' 파일을 열고 Pen Tool( )을 선택합니다. 옵션 바에서 [Path]를 선택하고 그림과 같이 필요한 부분을 패스로 그립니다.

❽ Ctrl + Enter 를 눌러 선택영역으로 변경하고 Ctrl + J 를 눌러 선택영역을 복사합니다.
[Background] 레이어는 [Toggle layer visibility] 이이콘을 클릭하여 눈 모양을 끕니다.

Tip

이미지가 아닌 배경이 선택되면 [Select] [Inverse]로 반전시켜 현재 선택된 영역의 반대 부분을 선택할 수 있습니다.

❾ Pen Tool()로 지워지지 않은 배경을 다시 패스로 그리고 Ctrl + Enter 를 누른 후 Delete 를 눌러 삭제합니다.

❿ Ctrl + A 를 눌러 전체 선택한 후 Ctrl + C 를 누릅니다.
'A01.psd' 작업 창으로 이동한 후 '음악회_05' 레이어를 선택하고 Ctrl + V 로 붙여넣습니다. Ctrl + T 를 눌러 이미지의 크기를 알맞게 조절하여 배치하고 레이어의 이름을 '음악회_03'으로 변경합니다.

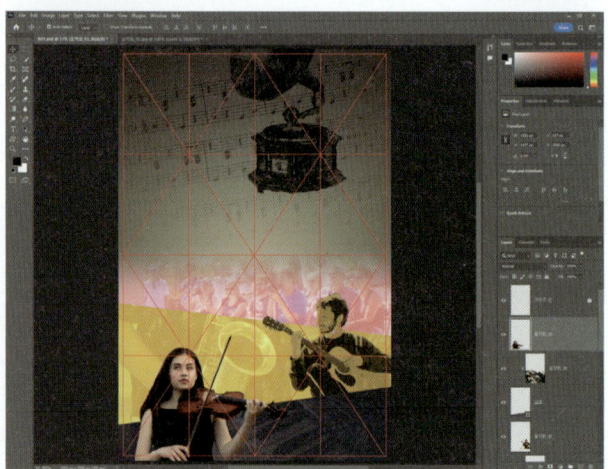

⓫ '음악회_03' 레이어는 [Image]-[Adjustment]-[Hue/Saturation]을 선택한 후 옵션 상자에서 [Colorize]를 선택하고 Hue, Saturation, Lightness 슬라이더를 이동시켜 남색 계열로 색상 보정한 후 [OK]를 클릭합니다.

> **Tip** ✓
>
> Hue : +228, Saturation : +10, Lightness : -25

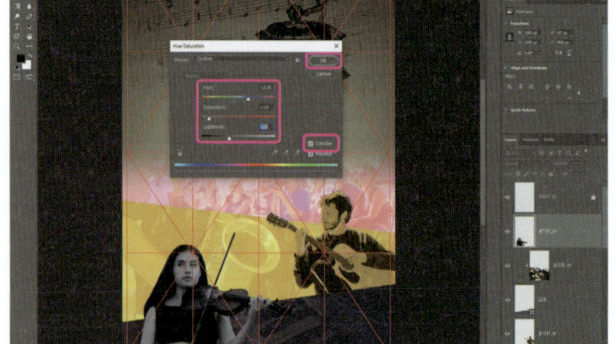

⓬ [Filter]-[Filter Gallery]-[Texture] 폴더에서 'Texturizer'를 선택합니다. 옵션값을 적절히 조정한 후 [OK]를 누릅니다.

Tip ✓

Texturizer 설정값
Texture : Canvas, Scaling : 100%, Relief : 6, Light : Top

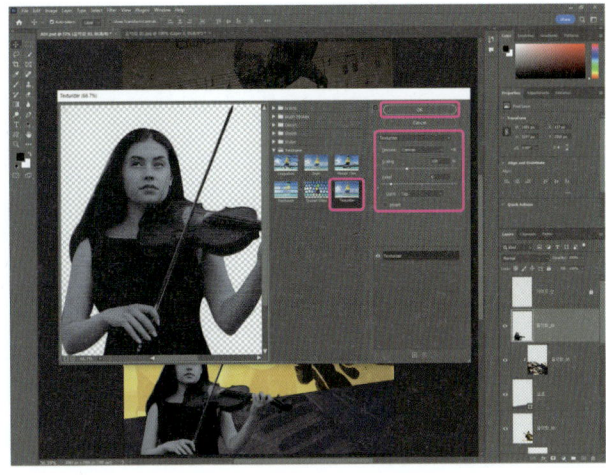

4) 음표 합성

❶ 일러스트 작업 창에서 Selection Tool(▷)로 '높은음자리표' 이미지를 선택하고 Ctrl + C 를 누릅니다.
포토샵 작업 창으로 이동한 후 Ctrl + V 로 붙여넣습니다. [Paste] 옵션 상자에서 'Pixels'를 선택하고 [OK]를 클릭한 후 알맞게 배치하고 레이어의 이름을 '높은음자리표'로 변경합니다.

❷ 일러스트 작업 창에서 Selection Tool(▷)로 '음표' 이미지를 선택하고 Ctrl + C 를 누릅니다.
포토샵 작업 창으로 이동한 후 Ctrl + V 로 붙여넣습니다. [Paste] 옵션 상자에서 'Pixels'를 선택하고 [OK]를 클릭한 후 알맞게 배치하고 레이어의 이름을 '음표'로 변경합니다.

❸ [Layers] 패널에서 '높은음자리표' 레이어를 더블 클릭하여 [Layer Style] 창을 실행합니다. Styles : Stroke를 선택하고 Size : 15px, Position : Outside, Color : C56M52Y62K2(배경과 비슷한 색상)으로 설정합니다.

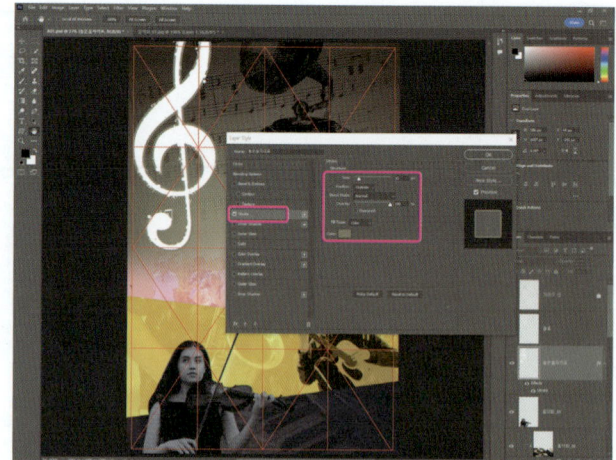

❹ Styles : Inner Shadow를 선택한 후 Opacity : 70%, Angle : 130°, Distance : 10px, Size : 15px로 설정합니다.

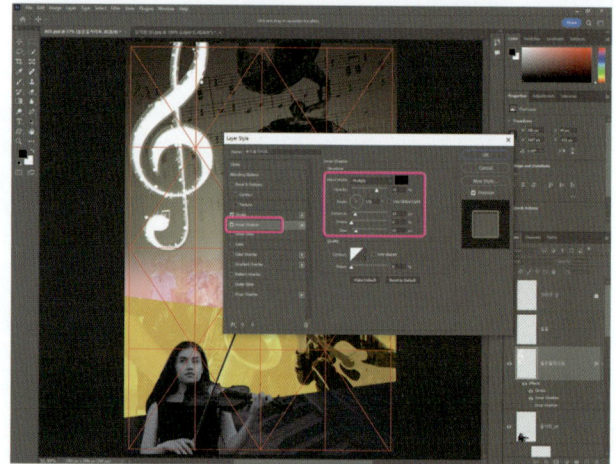

❺ Styles : Drop Shadow를 선택한 후 Opacity : 70%, Angle : 130°, Distance : 20px, Size : 30px로 설정하고 [OK]를 클릭합니다.

효과의 옵션 값은 절댓값이 아니며, 옵션값을 조절하여 작업물에 조화롭게 적용합니다.

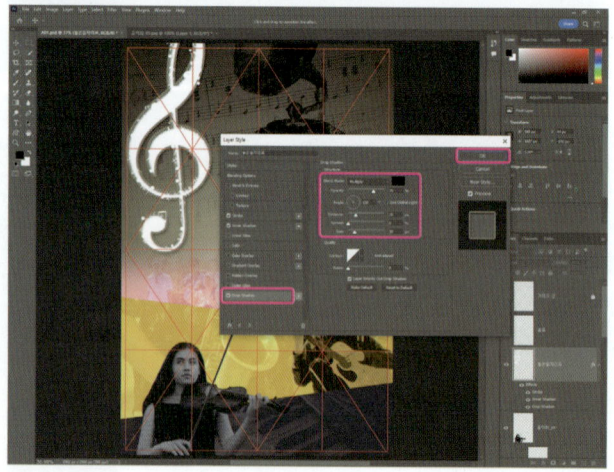

❻ [Layers] 패널에서 블랜드 'Divide'를 선택합니다.

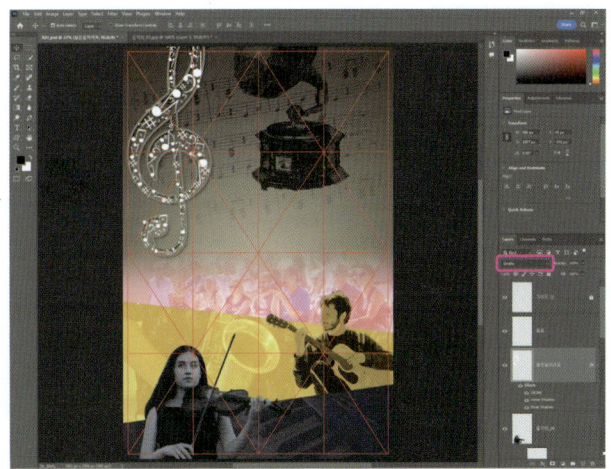

❼ [Layers] 패널에서 '음표' 레이어를 더블 클릭하여 [Layer Style] 창을 실행합니다. Styles : Stroke를 선택하고 Size : 2px, Position : Outside, Color : K100 색상으로 설정하고 Styles : Bevel & Emboss를 클릭합니다. Style : Inner Bevel, Direction : Down을 선택하고 옵션값을 알맞게 조정한 후 [OK]를 클릭합니다.

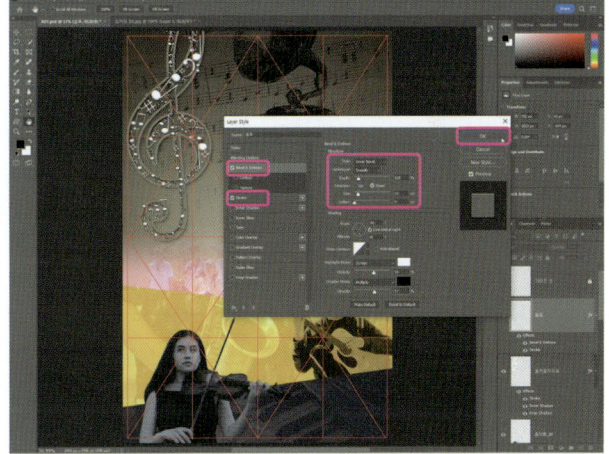

Bevel & Emboss 설정값
Depth : 120%, Size : 11px, Soften : 0px

❽ [Layers] 패널에서 Fill : 0%로 설정하여 면을 투명하게 만듭니다.

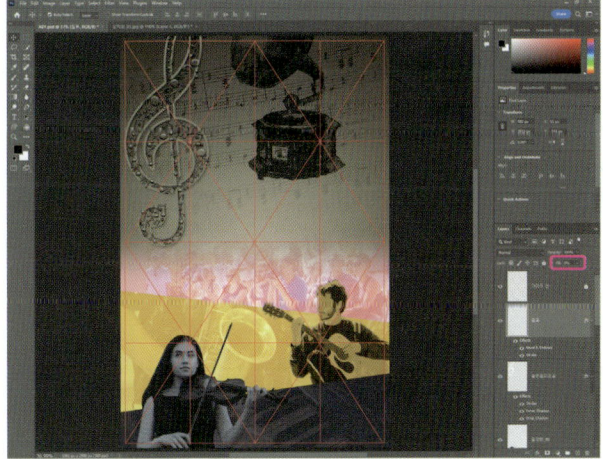

5) 메인 이미지 합성

❶ [File]-[Open]을 선택한 후 '음악회_07.jpg' 파일을 열고 [Layers] 패널에서 자물쇠 아이콘을 눌러 레이어를 잠금 해제합니다. Magic Wand Tool( )로 옵션 바에서 Tolerance : 32로 설정한 후 배경을 클릭하고 Delete 를 눌러 삭제합니다.

❷ Ctrl + A 를 눌러 전체 선택한 후 Ctrl + C 를 누르고 'A01.psd' 작업 창으로 이동하여 Ctrl + V 로 붙여넣습니다. Ctrl + T 를 눌러 이미지의 크기를 알맞게 조절하여 배치하고 레이어의 이름을 '음악회_07'로 변경합니다. Ctrl + J 를 여러 번 눌러 이미지를 복사하고 그림과 같이 배치합니다.

> **Tip**
>
> [Layer]-[Arrange]
> - Bring to Front : 맨 앞으로 가져오기
> - Bring Foward : 앞으로 가져오기
> - Send Backward : 뒤로 보내기
> - Send to Back : 맨 뒤로 보내기

❸ '음악회_07 Copy' 레이어를 선택한 후 [Image]-[Adjustment]-[Hue/Saturation]을 클릭합니다. 옵션 상자에서 Hue : -37로 슬라이더를 이동시켜 핑크색 계열로 변경합니다.

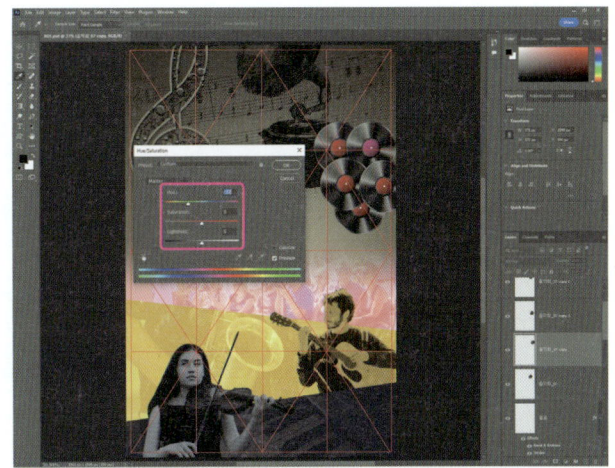

❹ ❸의 방법과 같이 색상을 변경할 레이어를 선택한 후 [Image]-[Adjustment]-[Hue/Saturation]을 선택하여 옵션 상자에서 Hue 슬라이더를 이동시켜 블루, 그린, 오렌지 계열로 그림과 같이 색상을 변경합니다.

블루 계열
Hue : -142, Saturation : 0, Lightness : 0

그린 계열
Hue : +90, Saturation : 0, Lightness : 0

오렌지 계열
Hue : +32, Saturation : 0, Lightness : 0

❺ 색상을 변경한 '음악회_07' 이미지 레이어들은 [Layers] 패널에서 Shift 를 누른 채 다중 선택한 후 Ctrl + G 를 눌러 그룹 폴더로 생성합니다.

그룹 지정 : [Layer]-[Group Layers]

CHAPTER 5 레트로 음악회

❻ [Layers] 패널에서 'Group 1' 레이어를 더블 클릭하여 [Layer Style] 창을 실행합니다. Styles : Stroke를 클릭하고 Size : 25px, Position : Outside, Color : C0M0Y0K0 색상으로 설정합니다. Styles : Drop Shadow도 선택하고 Opacity : 100%, Angle : 80°, Distance : 35px, Spread : 0%, Size : 30px로 설정한 후 [OK]를 클릭합니다.

❼ 그룹 폴더는 Ctrl + J 를 눌러 복사한 후 레이어 이름을 'Group 2'로 변경합니다. Move Tool(✥)을 선택한 후 Ctrl + T 를 눌러 크기 조정을 하고 왼쪽 하단으로 이동합니다.

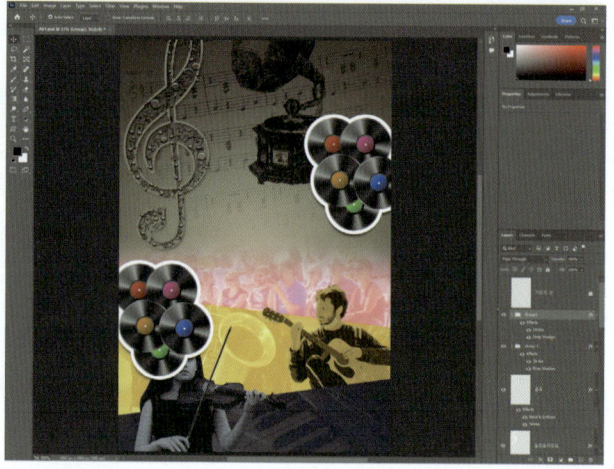

> **Tip** ✓
> 1. 그룹으로 지정된 폴더는 Move Tool(✥)을 사용할 때 옵션 바의 'Layer'를 'Group'으로 변경해야 그룹 안의 이미지가 함께 이동됩니다.
> 2. 그룹에 Ctrl + T 를 눌러 크기 조절점을 활성화하면 옵션을 변경하지 않아도 함께 이동됩니다.

❽ [Layers] 패널에서 'Group 2' 그룹 폴더 안의 '음악회_07' 레이어를 선택한 후 Ctrl + J 를 눌러 복사합니다. 레이어의 순서 배열을 알맞게 조절하여 배치합니다.

❾ [File]-[Open]을 선택한 후 '음악회_06. jpg' 파일을 엽니다. Elliptical Marquee Tool(◯)로 드래그하여 오브젝트를 선택하고 Ctrl + C 를 누릅니다.

> **Tip** ✓
>
> Elliptical Marquee Tool(◯)로 선택한 후 마우스 우클릭하여 'Transform Selection' 클릭하면 선택영역의 크기를 조절할 수 있습니다.
> - 바운딩 박스점 드래그 : 가로, 세로 비율 유지되어 크기 조정
> - Shift +바운딩 박스점 드래그 : 자유롭게 크기 조정

❿ 'A01.psd' 작업 창으로 이동한 후 Ctrl + V 로 붙여넣습니다. Ctrl + T 를 눌러 이미지의 크기를 알맞게 조절하여 배치하고 레이어의 이름을 '음악회_06'으로 변경합니다.

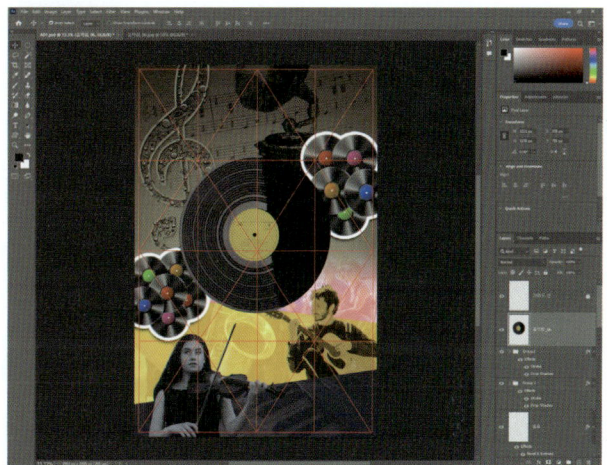

⓫ [Layers] 패널에서 '음악회_06' 레이어를 더블 클릭한 후 [Layer Style] 창을 실행합니다. Styles : Stroke를 클릭하고 Size : 25px, Position : Outside, Color : C0M0Y0K0 색상으로 설정합니다. Styles : Drop Shadow도 선택하여 옵션값을 알맞게 조정한 후 [OK]를 클릭합니다.

> **Tip** ✓
>
> **Drop Shadow 설정 값**
> Opacity : 80%, Angle : 101°, Distance : 43px, Spread : 0%, Size : 50px

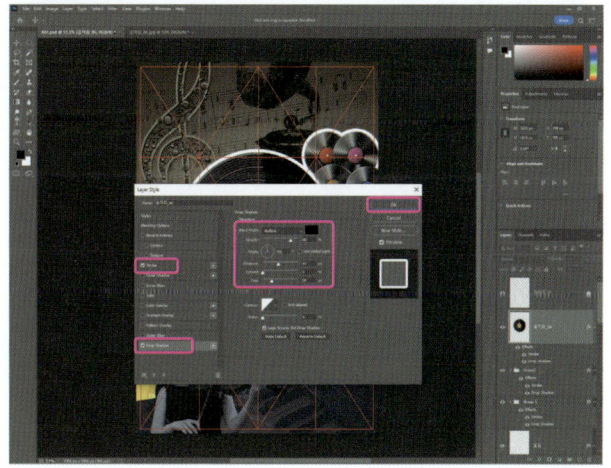

⓬ [File]-[Open]을 선택한 후 '음악회_08.jpg' 파일을 열고 Ctrl+A를 눌러 전체 선택합니다.
Ctrl+C를 누른 후 'A01.psd' 작업 창으로 이동하여 Ctrl+V로 붙여넣고 레이어의 이름을 '음악회_08'로 변경합니다.

⓭ '음악회_08' 레이어는 [Image]-[Adjustment]-[Hue/Saturation]을 선택하고 옵션 상자에서 [Saturation] 슬라이더를 왼쪽으로 이동시켜 흑백으로 보정한 후 [OK]를 클릭합니다.

⓮ '음악회_08' 레이어는 '음악회_06' 레이어 위에 배치하고 Alt+Ctrl+G를 눌러 클리핑 마스크를 적용한 후 Ctrl+T를 눌러 크기를 조정하고 알맞게 배치합니다.
[Layers] 패널에서 블랜드 'Multiply'를 선택합니다.

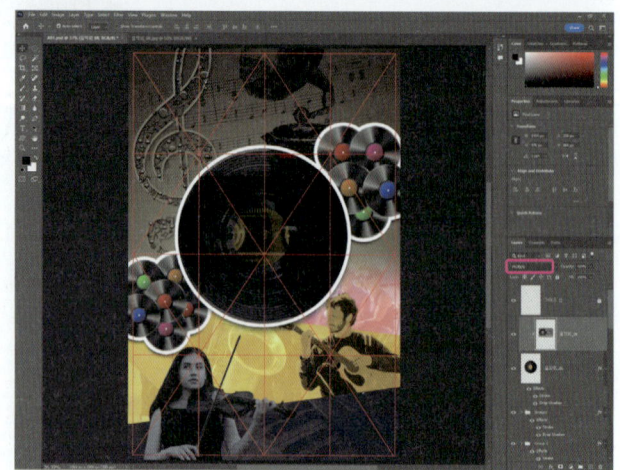

⑮ '음악회_06' 레이어에서 음반 제목 스티커를 Elliptical Marquee Tool(○)로 드래그하여 선택합니다. Ctrl + J 를 눌러 복사한 후 '음악회_08' 레이어 위에 배치하고 레이어의 이름을 '음악회_06-1'로 변경합니다.

Tip

'Toggle Layer Visibility'는 개별 레이어를 숨기거나 표시하여 작업을 집중적으로 수행할 수 있도록 합니다. 작업에 맞게 이 기능을 활용하면 작업을 효율적으로 진행할 수 있습니다.

⑯ '음악회_06-1' 레이어에서 [Effects]의 'Toggle Layer Visibility' 아이콘을 클릭하여 눈 모양을 끕니다.

6) 로고, 텍스트 합성

❶ 일러스트 작업 창에서 Selection Tool(▶)로 '타이틀'을 선택하고 Ctrl + C 를 누릅니다.
포토샵 작업 창으로 이동한 후 Ctrl + V 로 붙여넣습니다. [Paste] 옵션 상자에서 'Pixels'를 선택하고 [OK]를 클릭한 후 알맞게 배치하고 레이어의 이름을 '타이틀'로 변경합니다.

❷ 일러스트 작업 창에서 Selection Tool( )로 '텍스트'를 선택하고 Ctrl + C 를 누릅니다.
포토샵 작업 창으로 이동한 후 Ctrl + V 로 붙여넣습니다. [Paste] 옵션 상자에서 'Pixels'를 선택하고 [OK]를 클릭한 후 알맞게 배치하고 레이어의 이름을 '텍스트'로 변경합니다.

❸ 일러스트 작업 창에서 Selection Tool( )로 '로고'를 선택하고 Ctrl + C 를 누릅니다.
포토샵 작업 창으로 이동한 후 Ctrl + V 로 붙여넣습니다. [Paste] 옵션 상자에서 'Pixels'를 선택하고 [OK]를 클릭한 후 알맞게 배치하고 레이어의 이름을 '로고'로 변경합니다.

❹ [Layers] 패널에서 '로고' 레이어를 더블클릭하여 [Layer Style] 창을 실행합니다. Styles : Stroke를 클릭하고 Size : 10px, Position : Outside, Color : C0M0Y0K0 색상으로 설정합니다.

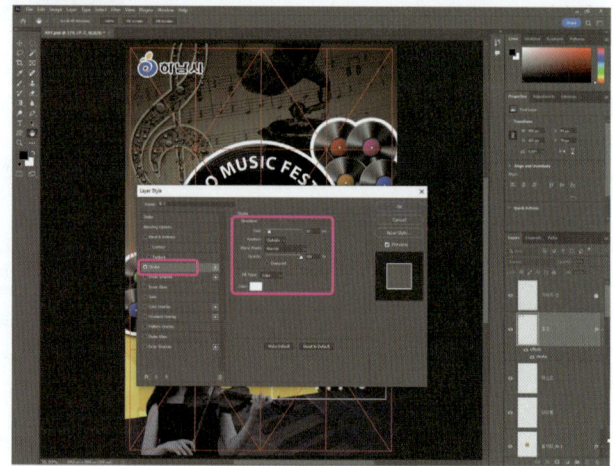

03 파일 검토 및 저장하기

❶ 전체적으로 가이드 선을 이용하여 크기와 배치를 최종 검토합니다.
[Layers] 패널의 '가이드 선'은 'Toggle Layer Visibility' 아이콘을 클릭하여 눈 모양을 끕니다.

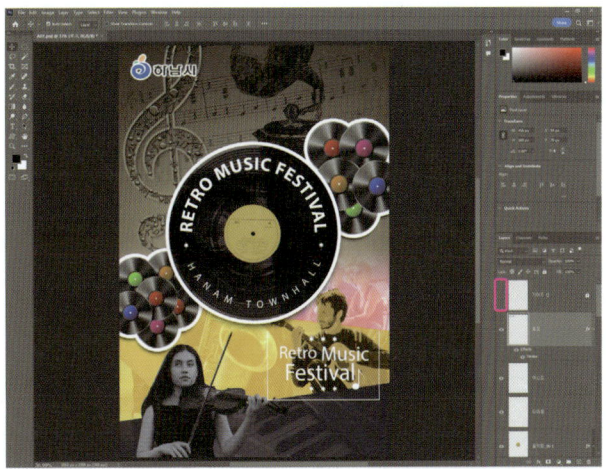

❷ [File]-[Save a Copy]를 선택하여 파일 명 : 비번호 'A01', Format : 'JPEG'를 선택한 뒤 [저장(S)]을 누릅니다. [JPEG Options] 상자에서 Quality : 12, Format Options : Baseline("Standard")으로 설정하고 [OK]를 클릭합니다.

JPEG 저장 경로(버전 22.4부터 변경)
- 2021 버전 이하 : [File]-[Save As]
- 2021 버전 이상 : [File]-[Save a Copy]

5 인디자인 작업

1) 도큐멘트 설정하기

[파일]-[새로 만들기]-[문서] 또는 Ctrl + N 를 실행하여 새로운 도큐멘트 대화상자를 활성화합니다. 대화상자 상단 탭에서 [인쇄]-[새 A4 문서 - 210×297mm 시작]을 선택하고 페이지 : 1, 페이지 마주보기 : 체크 해제한 후 [여백 및 단]을 누릅니다.

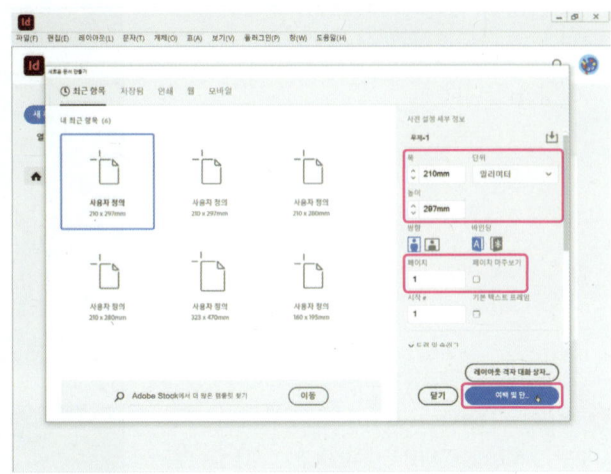

2) 여백 및 단 설정하기

대화상자의 링크 아이콘은 클릭하여 끊어진 링크로 설정합니다. 여백의 위쪽과 아래쪽 : 25.5mm, 왼쪽과 오른쪽 : 22mm로 설정하고, 열의 개수 : 1로 입력 후 [확인]을 누릅니다.

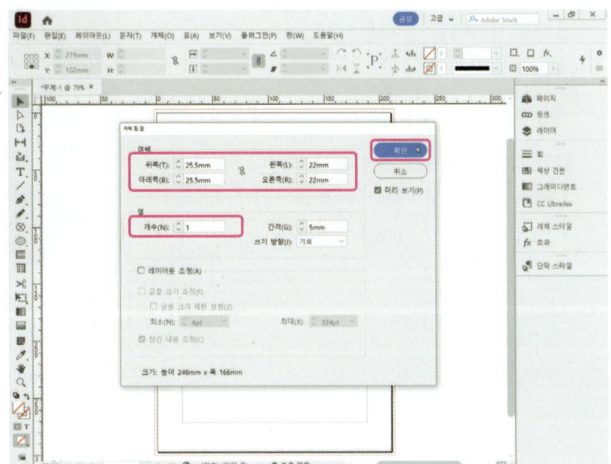

3) 안내선 만들기

❶ Ctrl + + 를 눌러 작업 창의 왼쪽 상단을 확대하고, 눈금자의 기준점을 왼쪽 상단의 여백에 드래그하여 눈금자의 숫자를 '0'으로 설정합니다.

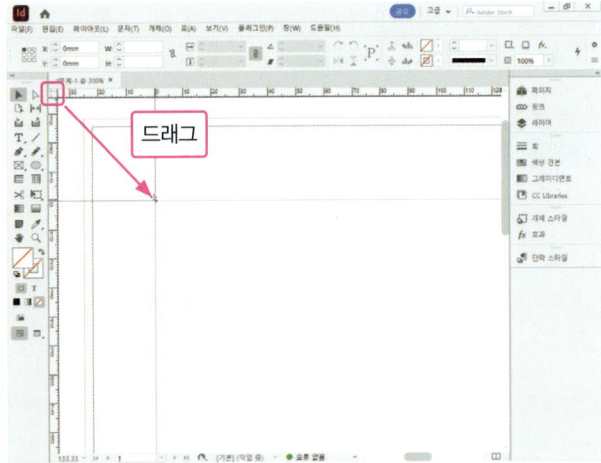

❷ 눈금자를 드래그하여 안내선의 위쪽, 아래쪽, 왼쪽, 오른쪽을 3mm만큼 안쪽으로 이동시켜 가이드 선을 배치합니다.

Tip

눈금자의 기준점을 각 모서리에 드래그하여 각각의 모서리를 모두 '0'으로 설정할 수 있고 안내선을 선택 후 옵션 바에서 X 또는 Y : 3mm 또는 -3mm를 입력하면 쉽게 가이드 선을 제작할 수 있습니다.

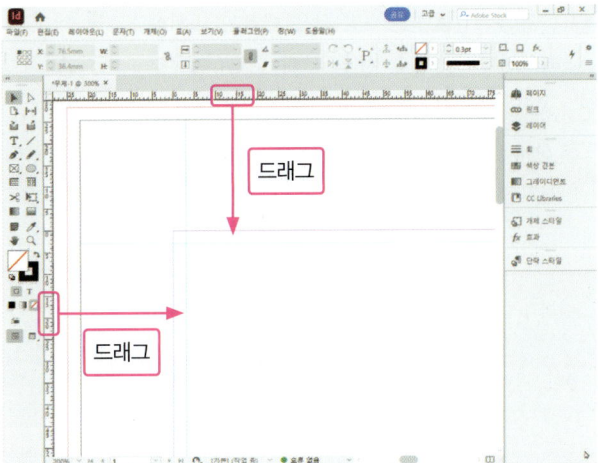

4) 재단선 만들기

❶ 선 도구(✏)를 이용하여 Shift 를 누른 채 세로 방향으로 드래그합니다. 옵션 바에서 L : 5~10mm, 두께 : 0.3pt로 입력하고 세로 선을 만듭니다.

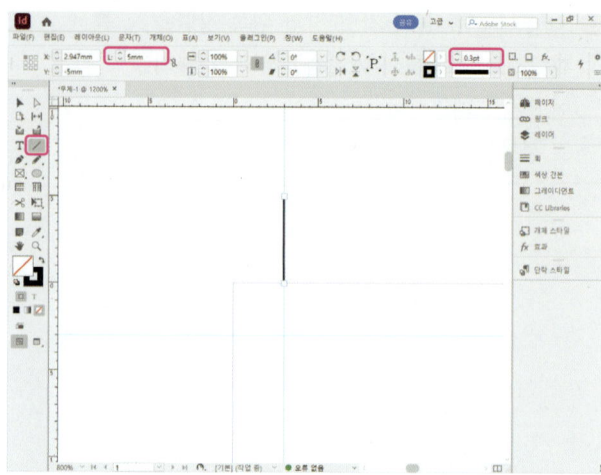

❷ 선택 도구(▶)로 세로 선을 세로 안내선에 배치합니다. 세로 선은 선택 도구(▶)로 Alt 를 누른 채 드래그하여 복사하고 Shift 를 누른 채 회전시켜 가로 안내선에 배치합니다.

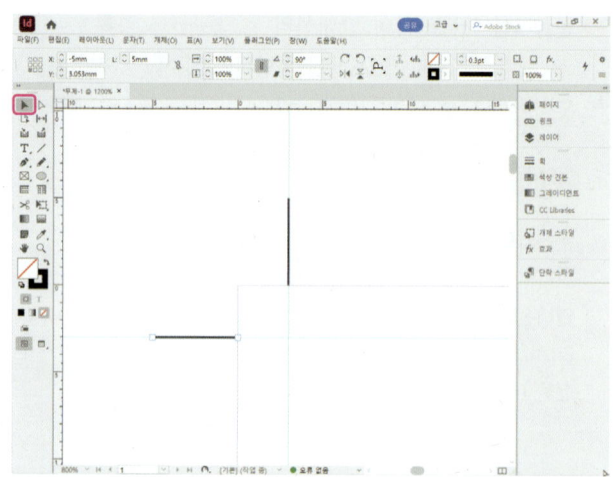

❸ 각 모서리를 ❷와 같은 방법으로 복사한 후 가로 안내선과 세로 안내선에 알맞게 배치하여 재단선을 만듭니다.

5) 비번호 만들기

❶ 왼쪽 아래에 문자 도구(T)로 입력할 영역을 드래그하여 문자 프레임을 생성한 후 비번호 'A01'을 입력합니다.

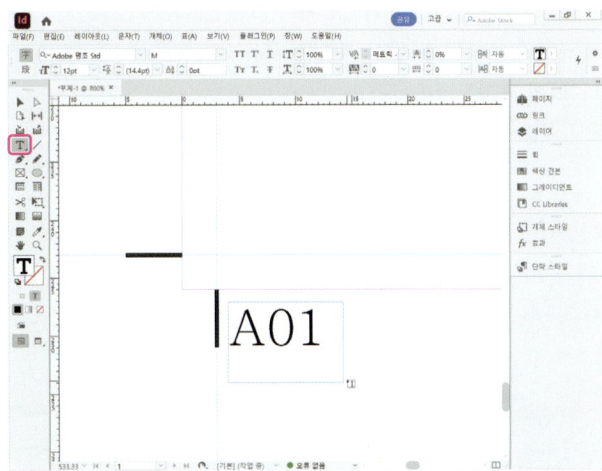

❷ [창]-[문자 및 표]-[문자] 패널에 서체 : 돋움 또는 Arial(고딕), 문자 크기 : 10pt 로 입력합니다.

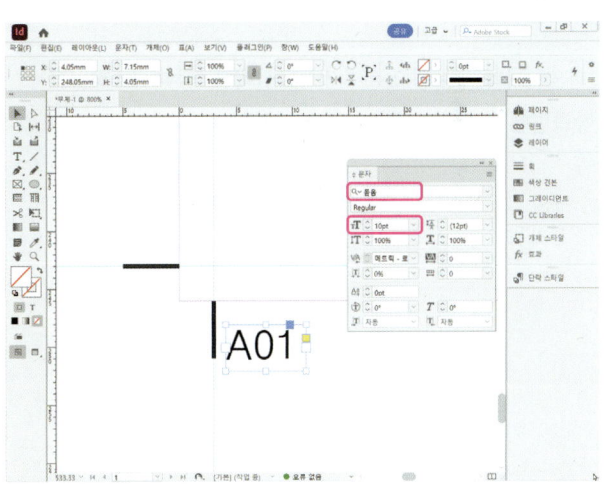

❸ 선택 도구(▶)로 문자와 왼쪽 하단의 세로 재단선과 같은 위치에 배치하기 위해 [창]-[개체 및 레이아웃]-[정렬] 패널에서 왼쪽 정렬 아이콘을 누릅니다.

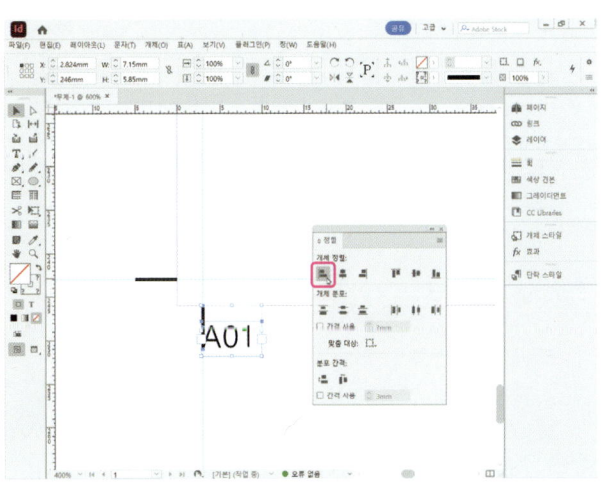

❹ [정렬] 패널의 분포 간격에서 간격 사용을 체크하고 3mm을 입력합니다. '수평 공간 분포' 아이콘을 눌러 재단선에서 3mm를 띄어 배치합니다.

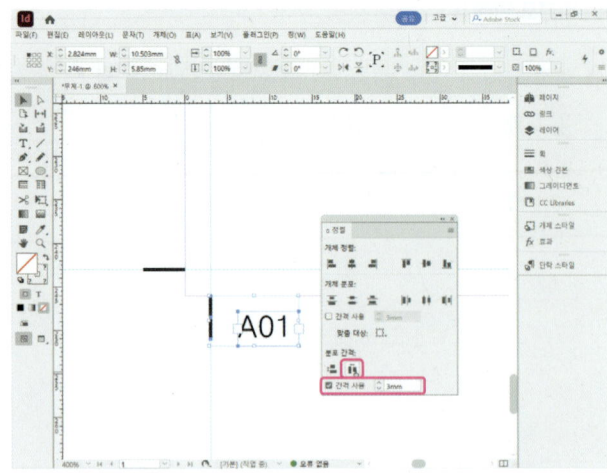

6) 파일 저장하기

[파일]−[다른 이름으로 저장]을 선택한 후 바탕화면에 있는 'A01' 폴더를 선택하고 파일 이름 : A01.indd(비번호)로 저장합니다.

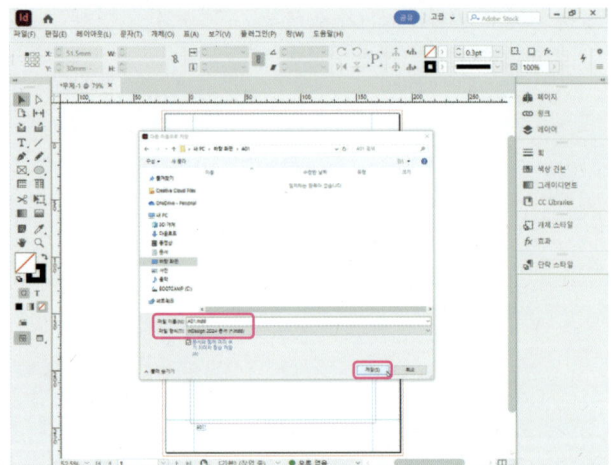

7) 이미지 배치하기

❶ [파일]-[가져오기] 또는 Ctrl + D 를 눌러 'A01.jpg' 파일을 선택한 후 [열기(O)]를 누릅니다.

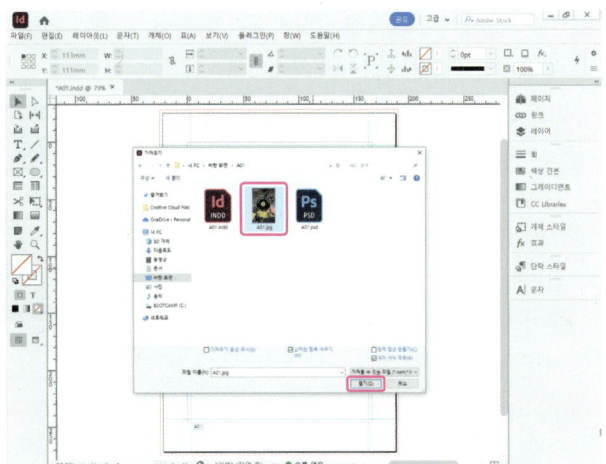

❷ 왼쪽 상단의 여백 모서리를 클릭하여 이미지를 불러옵니다.

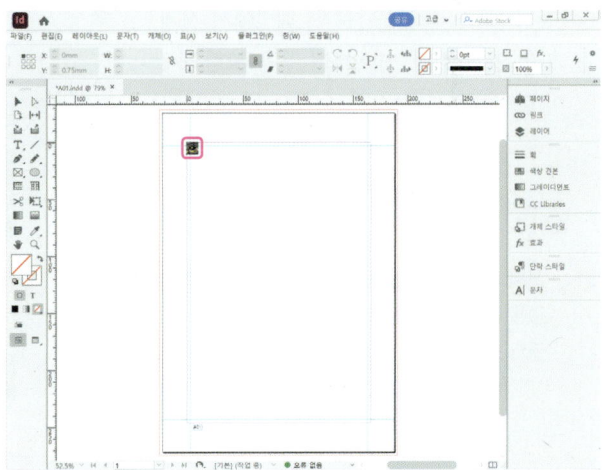

❸ 이미지를 선택한 후 옵션에서 이미지의 중심이 왼쪽 상단이 될 수 있도록 점을 선택하고 X : 0mm, Y : 0mm, W : 166mm, H : 246mm로 입력하여 정확하게 배치합니다.

이미지는 [보기]-[화면 표시 성능]-[고품질 표시]를 선택하면 선명하게 볼 수 있습니다.

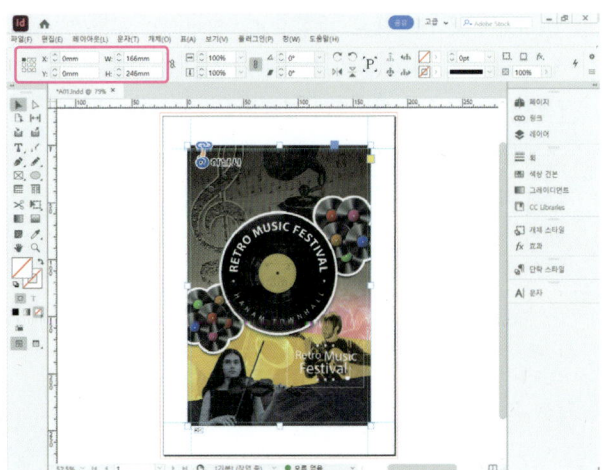

CHAPTER 5 레트로 음악회

8) 텍스트

❶ 문자 도구(T)로 드래그하여 글자가 들어갈 프레임을 3개 생성하고 차례대로 '17th. APR', 'Hanam TownHall Opening doors : 9 : 30P.M.', 'TICKETS|8,000WON WWW. REROMUSICFESTIVAL.CO.KR'을 입력합니다.
문자의 색상은 [창]-[색상견본]에서 [용지]를 선택합니다.

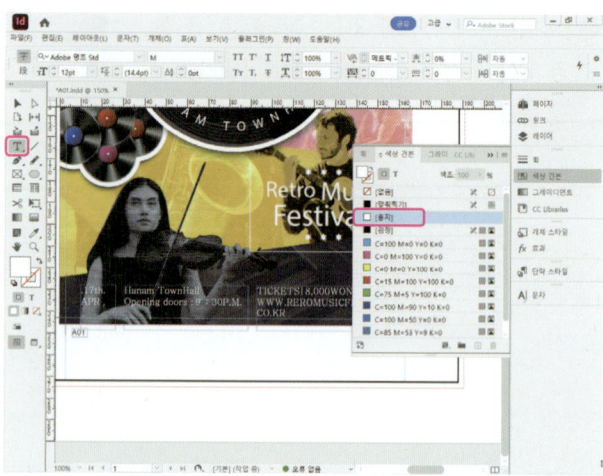

❷ [창]-[문자 및 표]-[문자] 패널에서 서체, 크기, 자간 설정, 띄어쓰기 등을 그림과 같이 설정하고 [문자 및 표]-[단락] 패널에서 가운데 정렬 아이콘을 클릭합니다.

Tip

- 서체 : Calibri, Light(그림과 동일한 서체가 없을 시 비슷한 서체를 선택하여 사용)
- 글자 크기 : 9pt

❸ 선 도구(/)로 세로 방향으로 Shift 를 누른 채 드래그하여 문자 사이에 선을 긋고, [색상 견본] 패널에서 선의 색상은 [용지]를 선택합니다.
[획] 패널에서 선의 두께를 1pt로 지정합니다.

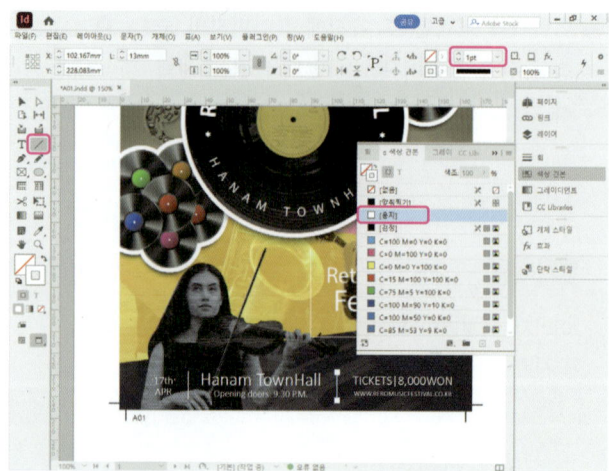

9) 파일 제출하기

[파일]-[저장]을 선택합니다. 바탕화면 작업 'A01' 폴더를 열어 'A01.indd'와 'A01.jpg' 파일만 넣어 제출합니다.

출력 지정 자리로 이동하여 'A01.indd' 파일을 열어 출력하고, 출력된 이미지는 시험장에서 제공하는 A3용지 가운데에 부착시켜 제출합니다.

유튜브 선생님에게 배우는

유선배

PART 4
포토샵 핵심 기출 유형문제

CHAPTER 1 살아있는 면발의 맛

CHAPTER 2 울산고래축제

CHAPTER 3 꽃피는 봄날

CHAPTER 4 장미꽃말

CHAPTER 5 국가 정원 포스터 디자인

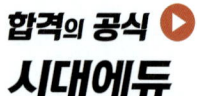 유선배 컴퓨터그래픽기능사 실기 합격노트
이 시대의 모든 합격! 무료 동영상 강의와 함께 합격하세요!
www.youtube.com → '디자인툴스' 검색 → 구독

CHAPTER 1

살아있는 면발의 맛

1 유의사항 및 디자인 원고 확인하기

국가기술자격 실기시험 문제

자격종목	컴퓨터그래픽기능사	과제명	살아있는 면발의 맛

※ 시험시간 : 3시간 30분

1. 요구사항

※ 다음의 요구사항에 맞도록 주어진 자료(컴퓨터에 수록)를 활용하여 디자인원고를 시험시간 내에 컴퓨터 작업으로 완성하여 A4용지로 출력 후 A3용지에 마운팅(부착)하여 제출하시오.
※ 모든 작업은 수험자가 컴퓨터 바탕화면에 폴더를 만들어 저장하시오.

가. 작품규격(재단되었을 때의 규격) : 디자인원고 참조 A4용지 중앙에 작품이 배치되도록 하시오.
- 원고 규격 : 160×240mm

나. 구성요소(문자, 그림) : 디자인원고 참조
● 문자요소
- 살아있는 면발의 맛
- The taste of live noodles
- ▶쫄깃쫄깃 칼국수 우동
- ▶면의 쫄깃쫄깃 씹히는 맛과 영양을 가득 담은 부재료들의 환상적인 조화
- 민들레국수집

● 그림요소

맛_01.jpg

맛_02.jpg

맛_03.jpg

맛_04.jpg

다. 작업내용
1) 주어진 디자인원고(그림, 사진, 문자, 색채, 레이아웃, 규격 등)와 동일하게 작업하시오.
2) 디자인원고 내용 중 불명확한 형상, 색상코드 불일치, 색 지정이 없는 부분, 원고에 없는 형상 등이 있을 때는 수험자가 「5 – 5」페이지 (나. 완성도면) 내용과 같이 작업하시오.
3) 디자인원고의 서체(요구서체)가 사용 컴퓨터 및 소프트웨어와 맞지 않을 경우는 가장 근접한 서체를 사용하시오.
4) 상하, 좌우에 3mm 재단여유를 갖도록 작품을 배치하고, 재단선은 작품규격에 맞추어 용도에 맞게 표시하시오(단, 디자인원고 중 작품의 규격을 표시한 외곽선이 있을 때는 「5 – 5」원고의 지시에 따라 표시여부를 결정한다).
5) 디자인원고 좌측 하단으로부터 3mm를 띄어 비번호를 고딕 10pt로 반드시 기록하시오.
6) 출력물(A4)은 어떠한 경우에도 절취할 수 없으며, 반드시 A3용지 중앙에 마운팅 하시오.

라. 컴퓨터 작업범위
1) 10MB 용량의 폴더에 수록될 수 있도록 작업범위(해상도 및 포맷형식)를 계획하시오.
2) 규격 : A4(210×297mm) 중앙에 디자인원고 내용과 같은 작품(원고규격)을 배치하시오.
3) 해상도 및 포맷형식 : 제한용량 범위 내에서 선택하시오.
4) 기타
   ① 제공된 자료범위 내에서 활용하시오.
   ② 3개의 2D 응용프로그램을 고루 활용하되, 최종작업 및 출력은 편집 프로그램(쿽 익스프레스, 인디자인)에서 하시오(최종작업 파일이 다른 프로그램에서 생성되어진 경우는 출력할 수 없음).

2. 수험자 유의사항

1) 수험자 인적사항 및 답안작성은 흑색 필기구만 사용해야 합니다.
2) 시설목록상의 소프트웨어 및 참고자료가 하드웨어에 설치되었는지 확인한 후 작업하시오.
    (단, 시설목록 이외의 동등한 소프트웨어, 폰트 등 [반드시 정품에 한함]을 설치하고자 할 때에는 시험 시작 전 감독위원의 입회하에 설치할 수 있으며, 무료폰트, 프리웨어 소프트웨어는 설치할 수 없습니다.)
    ※ 수험자가 지참한 펜마우스, 그래픽 타블렛, 디지타이저, 스캐너 등 입력장치는 사용할 수 없습니다.
3) 지참공구 『수험표, 신분증, 연필(1개), 사인펜(1개), 눈금자(30cm), 가위, 양면테이프』 이외의 참고자료 및 저장매체 등 어떠한 물품(핸드폰 전원 Off)이라도 시험 중 지참할 수 없습니다.
    ※ 작업 중 계산이 필요한 경우는 컴퓨터 내 계산기를 사용할 수 있습니다.
4) 수험자의 컴퓨터 활용 미숙 등으로 인한 시험 진행이 어렵다고 판단되었을 때는 감독위원은 시험을 중지시키고 실격처리를 할 수 있습니다.
5) 바탕화면에 폴더를 생성하여 주기적으로 작업한 파일을 저장하시오.
6) 작업이 끝나면 생성한 비번호 폴더에 10MB 용량 이내로 출력과 관련된 파일만(최종 작업 파일)을 저장하고 감독위원의 지시에 따라 전송하시오(단, 시험시간은 저장한 파일이 포함된 폴더를 전송한 시점까지이며, 전송 후에는 일체의 재작업을 할 수 없음).
7) 프린트는 감독위원의 별도 지시에 따라 순서에 의해 수험자 본인이 출력하며, 1회 출력을 원칙으로 합니다(단, 기계 이상 또는 출력 오류 등의 사유로 인쇄가 잘못되었을 시 감독위원의 확인 후 다시 출력할 수 있으며 잘못된 인쇄본은 감독위원에게 제출하시오).
8) A3용지 좌측 상단 표제란에 인적사항을 기재하고, 작품(출력물, A4)은 표제란을 제외한 A3용지의 중앙에 마운팅(부착)하며, 작품 부착 경계선상에 감독위원의 확인 날인을 받으시오(단, 마운팅 소요시간 5분 이내).
9) 지급된 A3용지 및 컴퓨터 작업 내에는 불필요한 내용의 표시를 하지 마시오.
10) 모든 작품을 감독위원 또는 채점위원이 검토하여 카피된 작품(동일작품)이 있을 때에는 관련된 수험자 모두를 부정행위로 처리합니다.
11) 컴퓨터 H/W에 작업된 모든 내용과 시험자료는 A3용지에 마운팅 한 후 삭제하고, 출력물을 부착한 A3용지를 제출하시오.
12) 장시간 컴퓨터 작업으로 신체에 무리가 가지 않도록 적절한 몸풀기(스트레칭) 후 작업하시오.
13) 다음 사항에 대해서는 실격에 해당되어 채점 대상에서 제외됩니다.
    가) 수험자 본인이 수험 도중 시험에 대한 포기(기권) 의사를 표시하고 포기하는 경우
    나) 지정 작업범위(용량)를 초과한 경우
    다) 요구사항과 현격히 다른 경우(채점위원이 판단)
    라) 제한시간을 초과하여 미완성인 경우
    마) 과제기준 20% 이상 완성이 되지 않은 경우(채점위원이 판단)
    바) 최종작업을 편집 프로그램으로 하지 않았거나, 수험자 미숙으로 출력을 못 하였을 경우
14) 주요 채점 항목은 다음과 같습니다.
    가) 응용프로그램의 활용능력 및 최종 편집 프로그램 사용
    나) 색채, 그림요소의 표현
    다) 그림 및 문자요소의 레이아웃
    라) 타이포그래피(서체특성 및 크기, 자간 및 행간의 정확도, 오타 등)
    마) 원고규격, 재단선의 적합성, 디자인원고의 배치

3. 지급재료 목록

일련번호	재료명	규격	단위	수량	비고
1	복사 용지	A3	장	1	1인당
2	프린터 용지	A4(360dpi 이상 또는 일반용지)	장	2	1인당(프린터기에 내장)

컴퓨터그래픽기능사 디자인 원고

작품명 : 살아있는 면발의 맛

※ 작품규격(재단되어 있을 때의 규격) : 160×240mm, 작품 외곽선은 생략하고, 재단선은 3mm 재단 여유를 두고 용도에 맞게 표시하시오.

※ 불명확한 형상, 색상코드 불일치, 색 지정이 없는 부분, 원고에 없는 형상 등이 있을 때는 '나. 완성도면'과 같이 작업하시오.

가. 지시사항

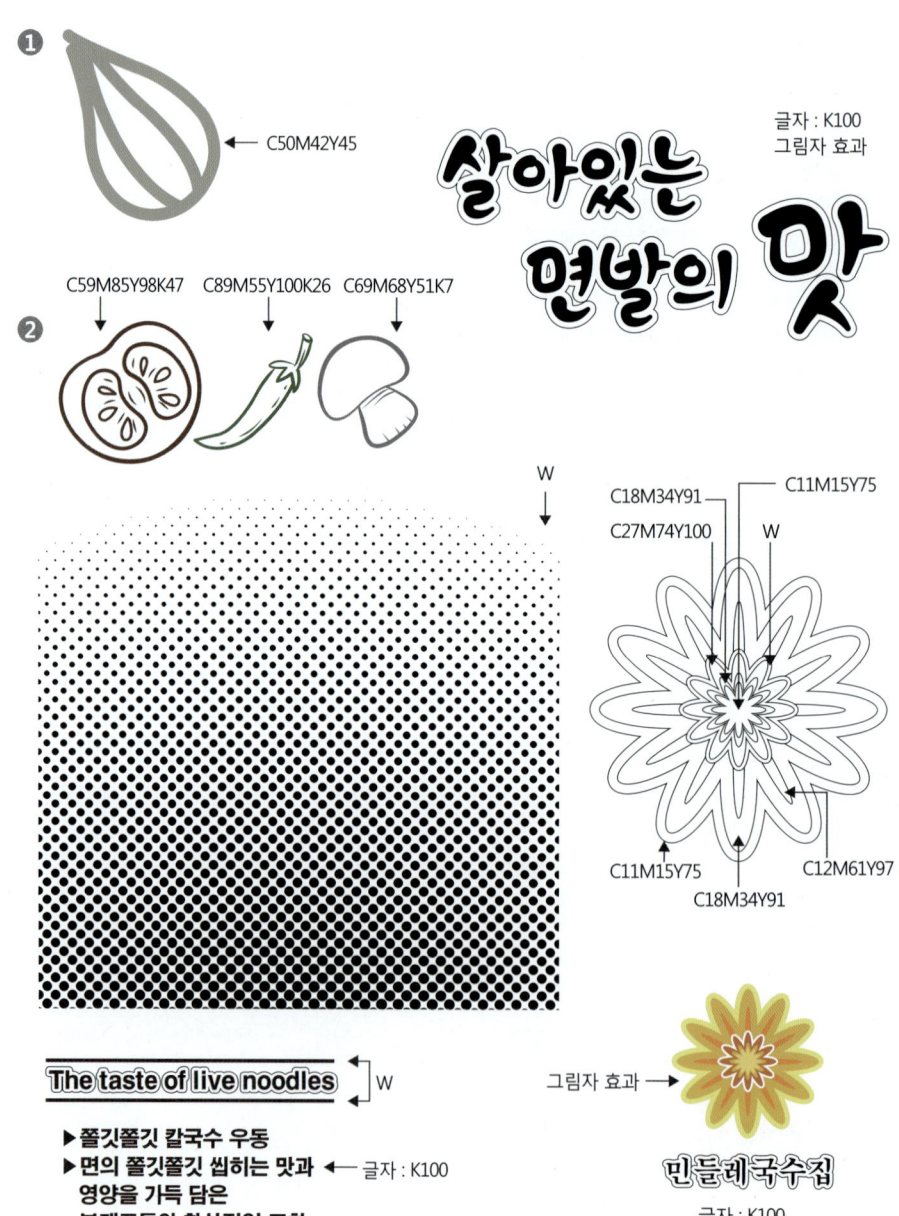

나. 완성도면

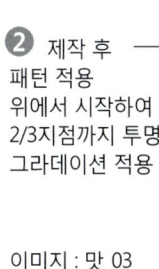

❷ 제작 후
패턴 적용
위에서 시작하여
2/3지점까지 투명
그라데이션 적용

이미지 : 맛_03
Crystallize
필터 효과

❶ 제작 후
흐림효과, 타일효과
색상 변경
투명도 조절
레이어 마스크

이미지 : 맛_01
필터, 잔물결 효과,
레이어 마스크

이미지 : 맛_01
배경 합성

이미지 : 맛_04
색상 변경
C59M10Y29
C51M81Y26
C40M27Y76

이미지 : 맛_02
필터, 점묘화 효과,
레이어 마스크

2 디자인 원고에 그리드 그리기

❶ 출력된 디자인 문제지의 '완성도면'에 직접 자와 빨간 펜 등 눈에 띄는 색상의 펜을 활용하여 16등분 선으로 그림과 같이 그리드 선을 그립니다.

> **Tip**
> 문제지 출력형태와 작업 도큐멘트에 같은 그리드를 그리면 오브젝트의 크기, 위치, 배치 간격을 파악하는 데 도움이 됩니다.

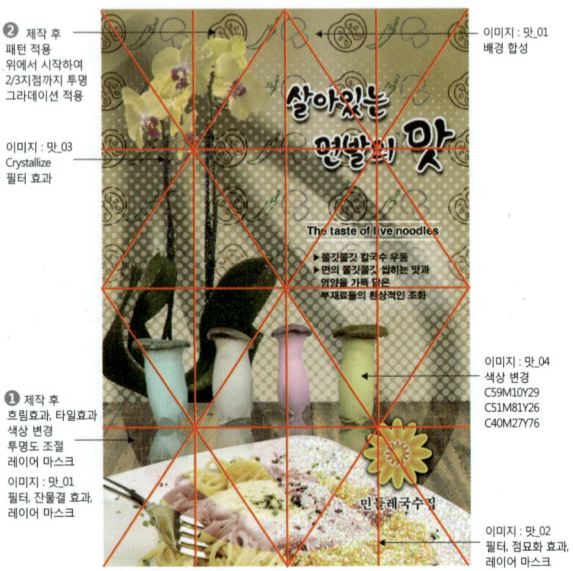

3 일러스트레이터 작업

01 작업 준비하기(도큐멘트 설정, 가이드 선 레이어 만들기)

1) 도큐멘트 설정하기

❶ 일러스트레이터에서 [File]−[New] 또는 Ctrl + N 을 눌러 Width : 166mm, eight : 246mm, Color Mode : CMYK Color, Raster Effects : High(300ppi) 로 설정한 후 [Create]를 클릭합니다.

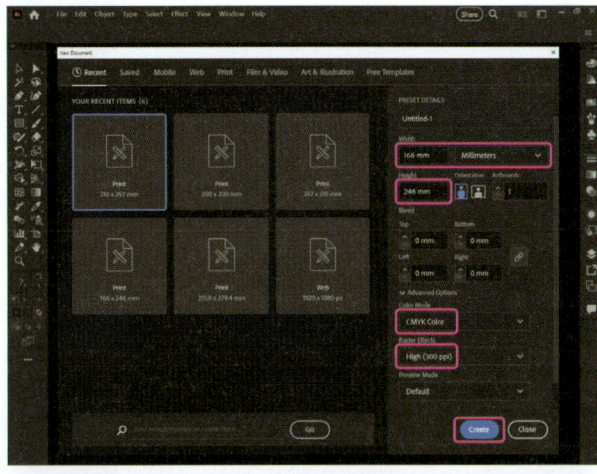

❷ 바탕화면에 새폴더를 생성한 후 폴더 이름은 비번호 'A01'로 변경합니다. 일러스트레이터 프로그램에서 [File]−[Save]를 선택하고 파일 이름은 비번호 'A01'을 입력하고 파일형식 : Adobe Illustrator(*.Ai)를 선택한 후 [저장(S)]을 누릅니다. [Illustrator Options] 창이 활성화되면 [OK]를 눌러 저장합니다.

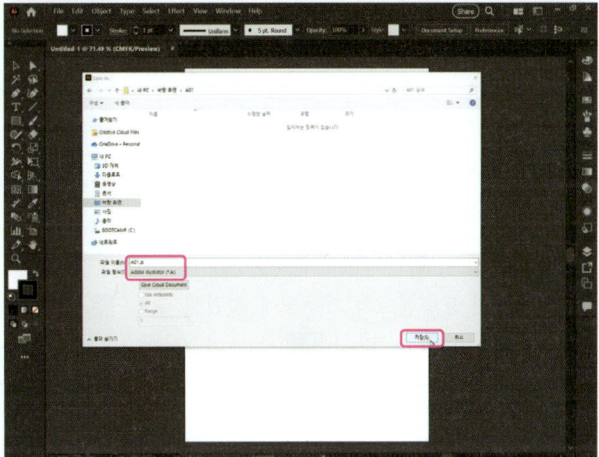

Ctrl + S 를 눌러 작업한 내용을 수시로 저장하는 습관을 들이면 프로그램 오류에 빠르게 대처할 수 있습니다.

CHAPTER 1 살아있는 면발의 맛 289

❸ 작업 창에 가로와 세로를 16등분 하는 격자 선을 그리드로 그리기 위해 Line Segment Tool(   ) 아이콘 아래의 작은 삼각형을 길게 눌러 Rectangular Grid Tool(   ) 을 선택하고 작업 창을 클릭합니다.

> **Tip**
>
> 문제지 출력형태와 작업 도큐먼트에 같은 그리드를 그리면 오브젝트의 크기, 위치, 배치 간격을 파악하는 데 도움이 됩니다. 그리드 작업이 필수 항목은 아니지만 디자인 작업이 숙련될 때까지 그리드 활용하는 것을 권장합니다.

❹ [Rectangular Grid] 옵션 상자를 활성화 합니다. Default Size Width : 160mm, Height : 240mm, Horizontal Dividers Number : 3, Vertical Dividers Number : 3을 입력하고 [OK]를 클릭합니다.

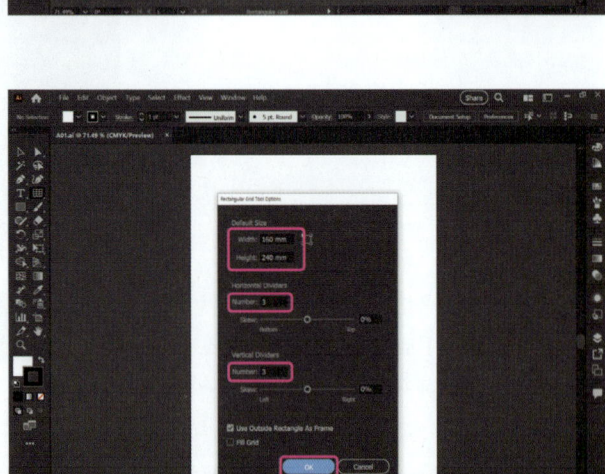

❺ 격자 선이 도큐먼트의 가운데에 정렬될 수 있도록 Selection Tool(   )로 격자 선을 클릭하여 선택합니다.
[Window]-[Align] 패널을 활성화하고 Align To : Align to Artboard, Align Objects : Horizontal Align Center, Vertical Align Center를 눌러 작업 창 가운데 격자 선을 배치합니다.

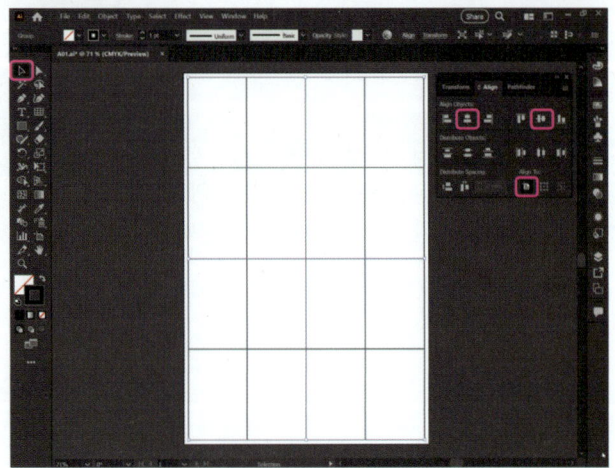

❻ 격자 선은 상단 메뉴의 [Object]-[Lock]-[Selection] 또는 Ctrl + 2 를 눌러 격자 선이 움직이지 않도록 고정합니다.

> **Tip**
> Pen Tool( )로 기존 고정점을 클릭하면 삭제되기 때문에 고정점이 선택되지 않도록 잠그고 추가 선을 그립니다.

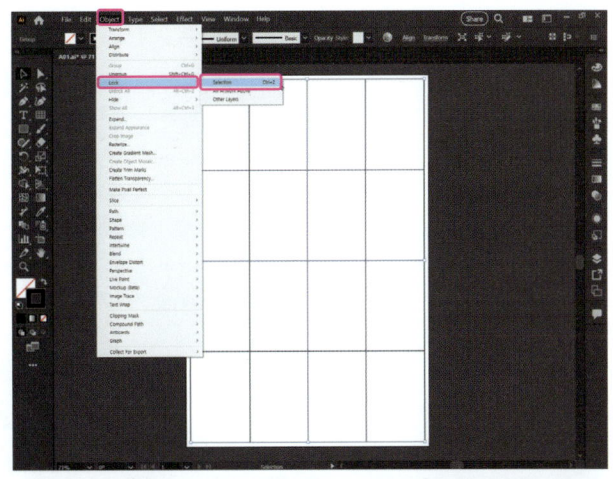

❼ Pen Tool( )로 격자 선의 상, 하, 좌, 우 가운데 점을 연결하여 마름모(◇) 형태로 선을 그립니다.

> **Tip**
> [Menu]-[View]-[Smart Guide] 또는 Ctrl + U 를 활성화하면 오브젝트를 그릴 때 교차점이나 고정점을 정확하게 맞추는 데 도움이 됩니다.

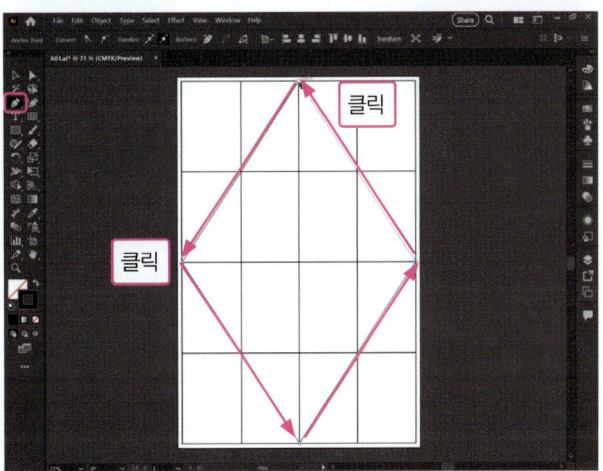

❽ Pen Tool( )로 X 형태로 추가 선을 그립니다.

> **Tip**
> Pen Tool( )로 X선을 그릴 때, 왼쪽 상단에서 오른쪽 하단으로 대각선을 그린 후 Ctrl 을 누른 채 작업 창의 공간을 클릭하여 선 끝내기를 하고 반대 방향으로 대각선을 그립니다.

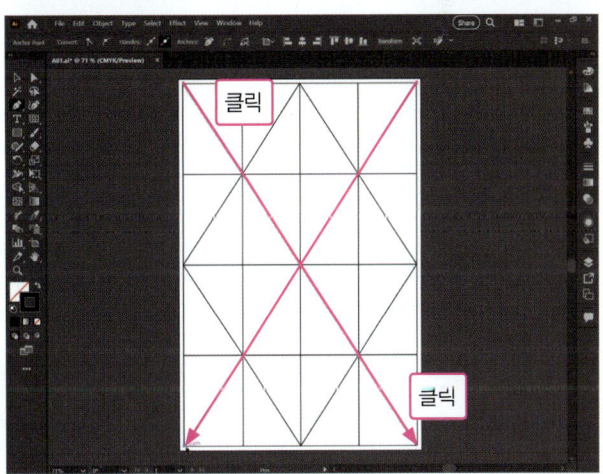

❾ [Object]-[Unlock All] 또는 Alt
+ Ctrl + 2 를 선택하여 잠근 격자 선을
풀고, [Select]-[All] 또는 Ctrl + A 를
눌러 격자 선을 모두 선택합니다.

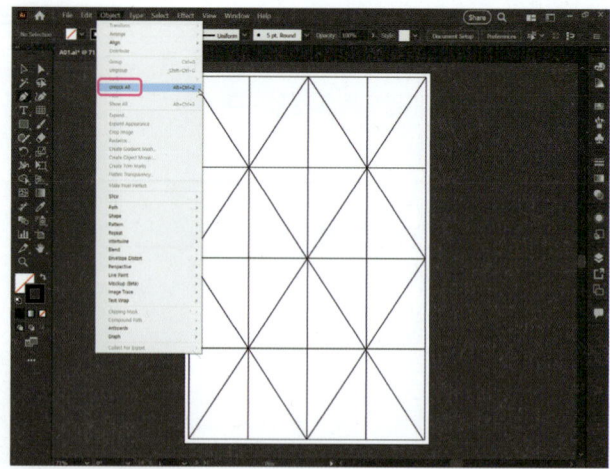

❿ [Stroke Color] 아이콘을 더블 클릭하여
[Color Picker] 대화창에 빨간색 색상값
M100Y100을 입력합니다.

문제지에 표기되지 않은 색상은 0%로 입력합
니다.

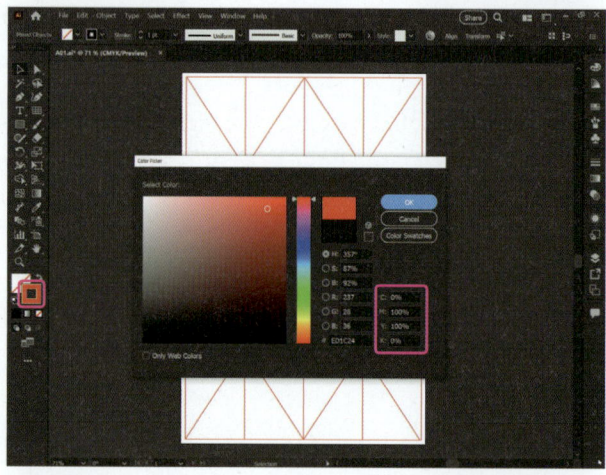

⓫ [Object]-[Group] 또는 Ctrl + G 를 눌
러 그룹으로 지정합니다.

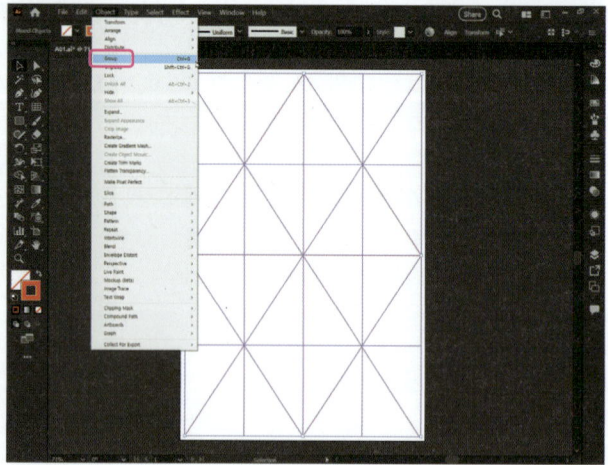

2) 가이드 선 레이어 만들기

❶ [Window]−[Layers] 패널을 활성화합니다. 'Layer 1' 이름을 더블 클릭하여 '가이드 선'으로 변경합니다. '가이드 선' 레이어는 [Toggles Lock]을 눌러 변경되지 않도록 고정합니다.

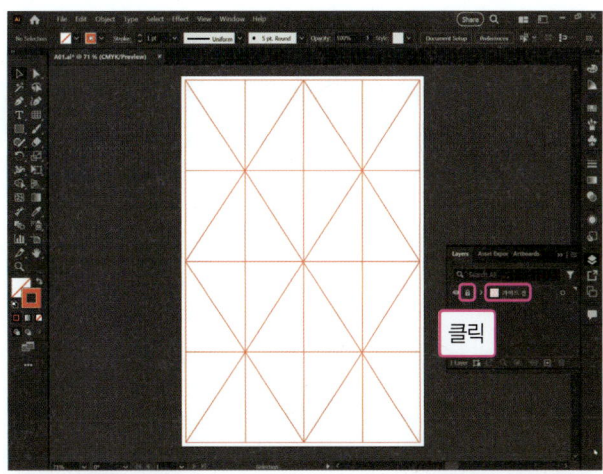

❷ [Layers] 패널에서 'Create New Layer' 아이콘을 눌러 새 레이어를 추가하고, 'Layer 2'를 더블 클릭한 후 레이어 이름을 '이미지'로 변경합니다. 일러스트레이터 작업물은 '이미지' 레이어에 작업합니다.

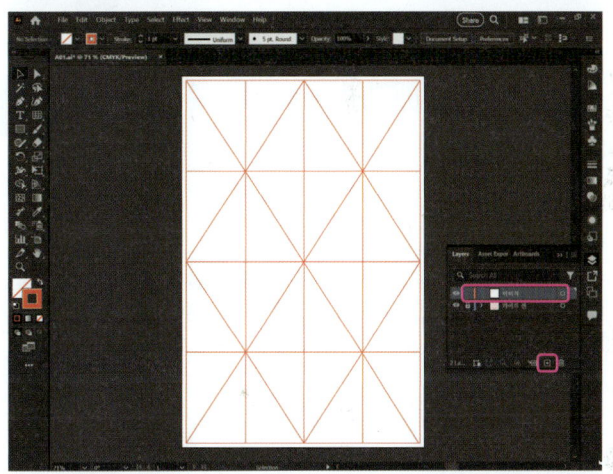

> **Tip**
>
> [Layers] 패널에서 '이미지' 레이어를 더블 클릭하여 [Layer Options] 대화창을 활성화합니다. 레이어 색상을 변경하여 작업하기 편한 환경을 만듭니다.

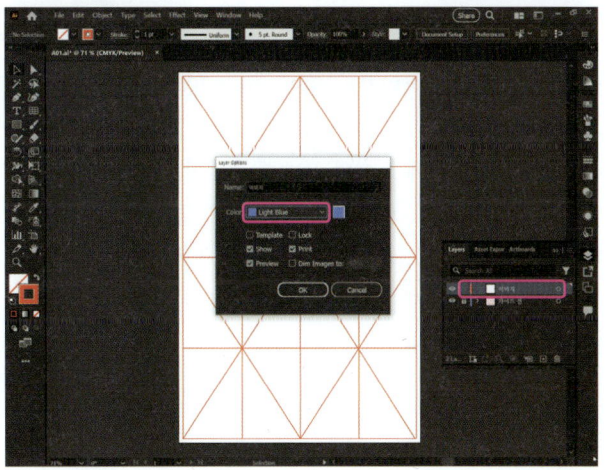

02 이미지 제작

1) 채소

❶ Pen Tool( )로 마늘의 외곽선을 곡선으로 그립니다. Ctrl 을 누른 채 작업 창을 클릭하여 선 강제 종료를 한 후 면색은 None, 선색은 C50M42Y45로 설정합니다.

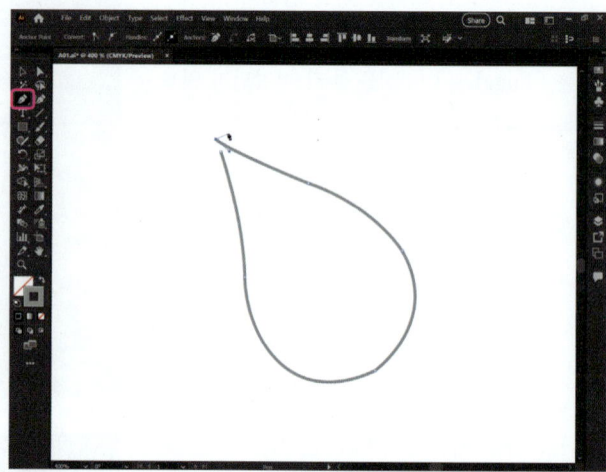

❷ 다시 Pen Tool( )로 마늘의 안쪽을 곡선으로 그림과 같이 그립니다.

각이 지거나 어색한 획은 Selection Tool( )로 선을 선택 후 Smooth Tool( )로 고정점이나 패스를 클릭하여 부드럽게 수정합니다.

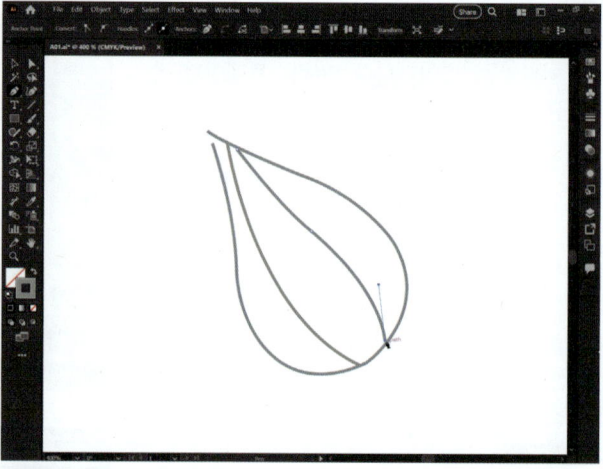

❸ 작업된 '마늘' 이미지는 Selection Tool( )로 모두 선택한 후 [Window]-[Stroke] 패널에서 선의 두께를 적절히 조절하고, Cap : Round Cap 아이콘을 눌러 양쪽 끝 선을 부드럽게 조정합니다. 오브젝트는 모두 선택한 후 Ctrl + G 를 눌러 그룹으로 설정합니다.

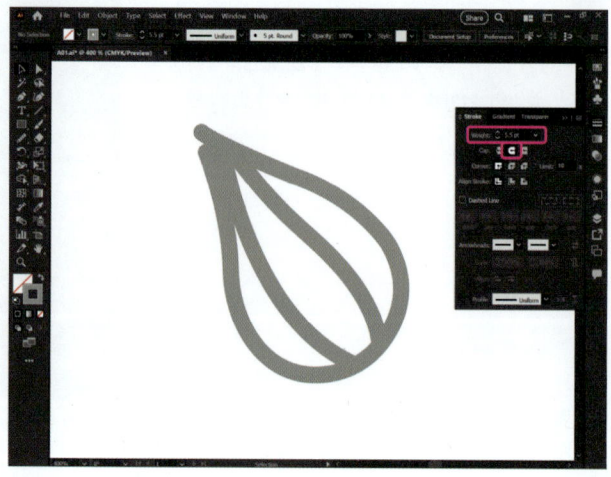

❹ 토마토를 그리기 위해 Ellipse Tool(◯)로 Shift 를 누른 채 드래그하여 그림과 같이 정원을 그립니다.

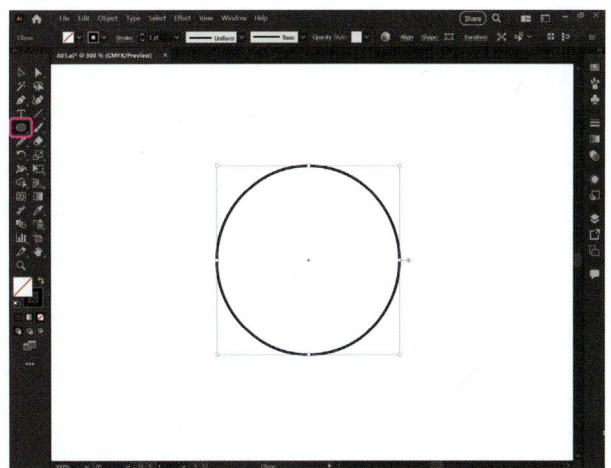

❺ Direct Selection Tool(▶)로 상단의 고정점을 클릭하고 아래로 드래그하여 모양을 변형합니다.

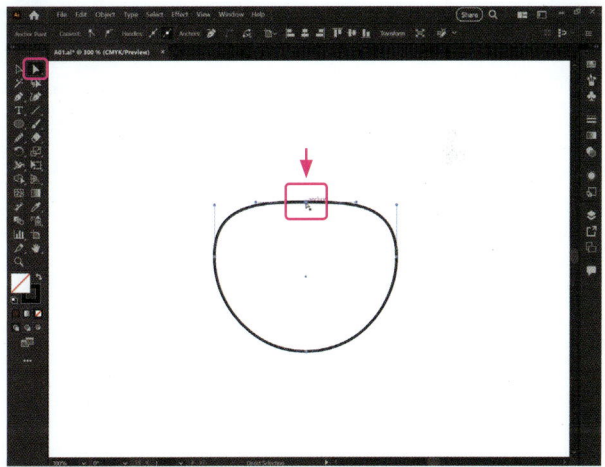

❻ 왼쪽 핸들 점을 위로 드래그하여 곡선을 조절하고 오른쪽 핸들 점은 Alt 를 누른 채 위로 드래그합니다.

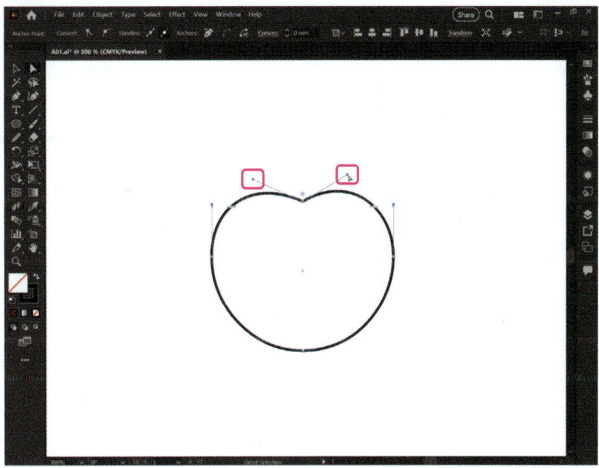

❼ Direct Selection Tool( )로 안쪽의 'Live Corner Widget'를 드래그하여 각이 진 부분을 부드럽게 조절합니다.

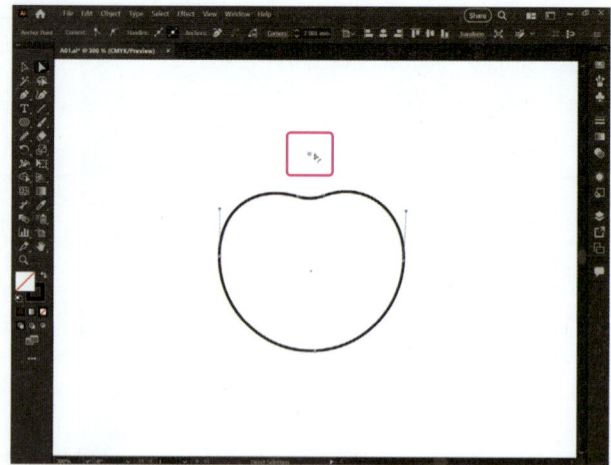

❽ Pen Tool( )로 그림과 같이 반쪽의 면을 그립니다.

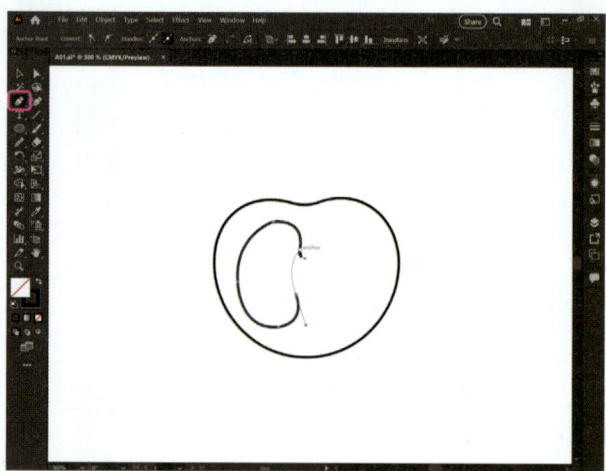

❾ Pen Tool( )로 안쪽의 씨앗도 면과 선으로 그립니다.

❿ Selection Tool(▶)로 토마토 안의 오브젝트를 모두 선택하고 Reflect Tool(◁▷)을 더블 클릭합니다. [Reflect] 옵션 상자에서 Axis : Vertical을 선택하고 [Copy]를 누릅니다. 반전된 이미지는 알맞게 배치합니다.

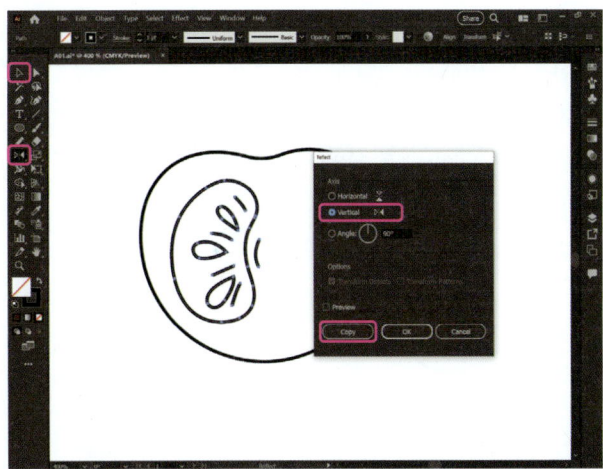

⓫ Selection Tool(▶)로 선을 선택한 후 [Stroke] 패널에서 선의 두께를 적절히 조절하고 선의 모양을 바꿀 수 있는 옵션 바에서 Profile : Variable Width Profile의 'Width Profile 1'을 선택합니다.

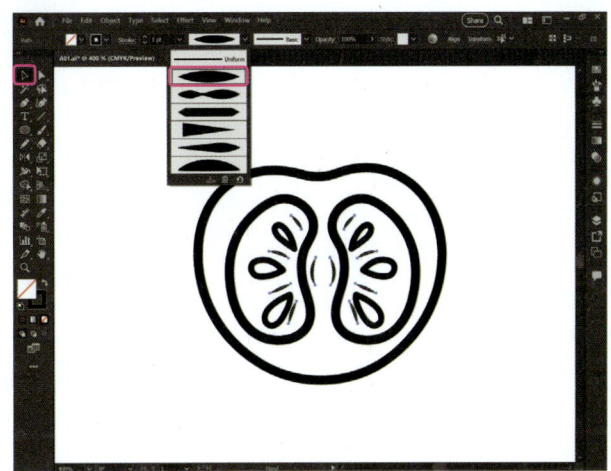

⓬ 토마토의 외곽은 Width Tool()로 패스를 드래그하여 선의 굵기를 부분적으로 더 조절합니다. Direct Selection Tool(▶)로 길이 선의 길이 수정도 하여 토마토 모양을 완성합니다.

> **Tip** ✓
>
> **Width Tool() 수정**
> Width Tool로 추가한 폭 점은 바깥쪽 또는 안쪽으로 드래그하여 선의 두께를 조절하거나 폭 점을 선택한 후 `Delete`를 눌러 삭제합니다.

CHAPTER 1 살아있는 면발의 맛 **297**

⑬ Selection Tool( )로 토마토의 이미지를 모두 선택하고 그림과 같이 회전시켜 배치합니다. 면색은 None, 선색은 C59M85Y98K47로 설정합니다.
작업이 완료된 오브젝트는 모두 선택한 후 Ctrl + G 를 눌러 그룹으로 설정합니다.

⑭ Pen Tool( )로 고추 이미지를 그림과 같이 그립니다.

⑮ Selection Tool( )로 고추 이미지를 모두 선택한 후 [Stroke] 패널에서 선의 두께를 적절히 조절하고 Profile : Variable Width Profile의 'Width Profile 5'를 선택합니다.
Width Tool( )로 패스를 드래그하여 선 모양을 추가로 수정한 후 이미지를 완성합니다.

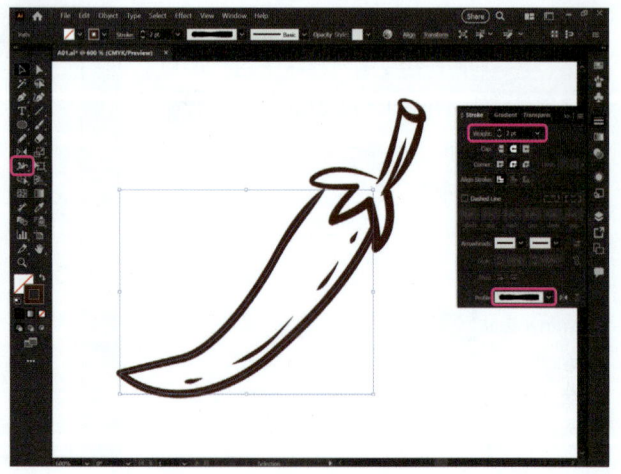

⓰ Selection Tool(▲)로 '고추' 이미지를 모두 선택하고 면색은 None, 선색은 C89M55Y100K26 설정합니다. Ctrl + G 를 눌러 그룹으로 설정합니다.

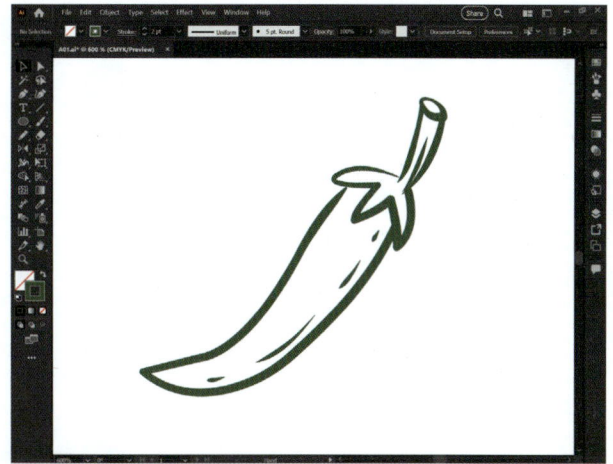

⓱ Pen Tool(✎)로 '버섯' 이미지를 그림과 같이 그립니다.

⓲ ⓯~⓰과 같은 방법으로 선의 두께와 모양을 변경하고 Width Tool(🗲)로 패스를 드래그하여 선 모양을 추가로 수정한 후 이미지를 완성시킵니다. 면색은 None, 선색은 C69M68Y51K7로 설정하고 Ctrl + G 를 눌러 그룹으로 설정합니다.

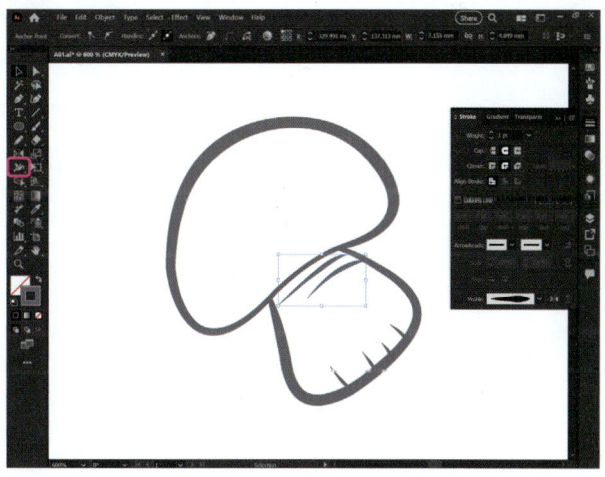

⑲ 토마토, 고추, 버섯 순서로 이미지를 배치한 후 `Ctrl`+`G`를 눌러 그룹으로 설정합니다.

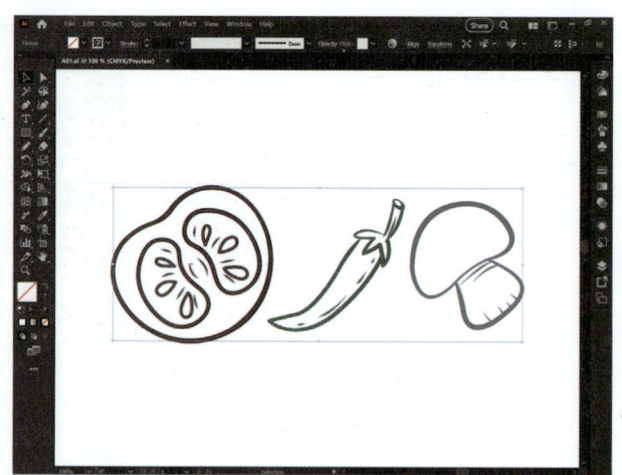

2) 타이틀

❶ Type Tool(T)로 작업 창을 클릭하고 '살아있는 면발의 맛'을 입력합니다. [Character] 패널에서 원고와 비슷한 서체를 선택합니다.

> **Tip**
> • 서체 : 휴먼편지체(그림과 동일한 서체가 없을 시 비슷한 서체를 선택하여 사용)
> • 글자 크기 : 50pt

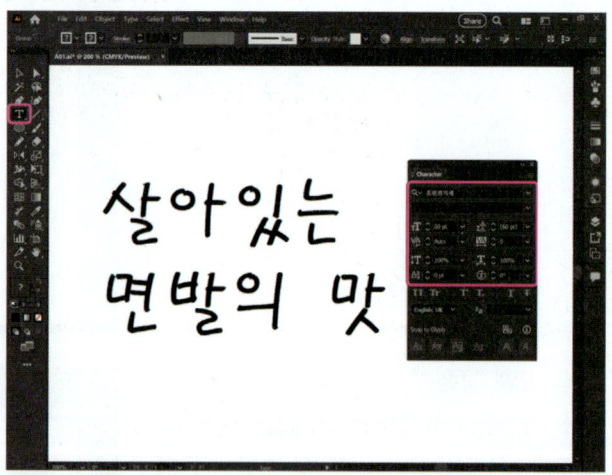

❷ Selection Tool(▶)로 문자를 선택하고 [Type]-[Create Outlines]를 클릭합니다. `Shift`+`Ctrl`+`G`를 눌러 그룹 해제하고 출력형태의 원고와 비슷하게 배치합니다.

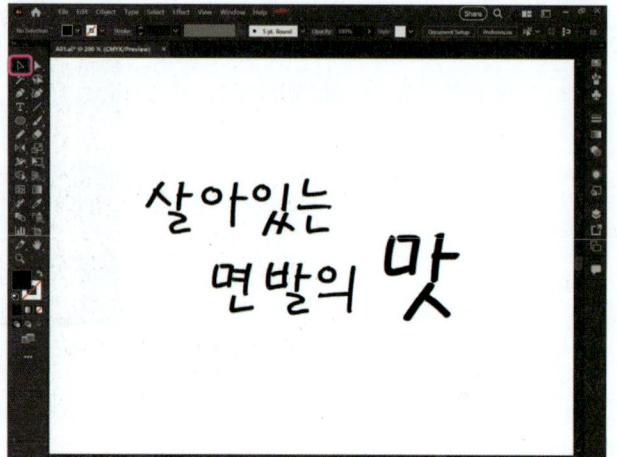

❸ Selection Tool( )로 모든 문자를 선택하고 옵션 바에서 Opacity : 30%로 입력하고 [Object]-[Lock]-[Selection]으로 움직이지 않게 잠급니다.

Tip

캘리그래피를 드로잉할 때 서체를 대고 그리면 균형 맞게 그릴 수 있습니다.

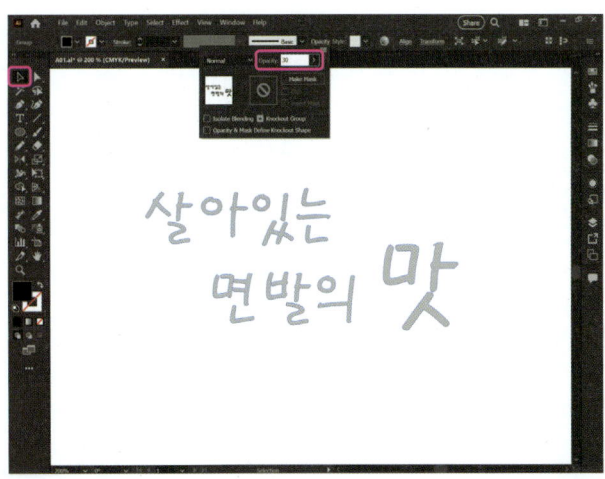

❹ Pen Tool( )을 선택하고 면색은 None, 선색은 M100Y100으로 설정한 후 글자 '살'을 선으로 그립니다.
출력형태에 보여지는 형태로 변형하면서 선을 그립니다.

Tip

Pen Tool( )로 다음 선을 그리기 위해 Ctrl 을 누른 채 작업 창의 공간을 클릭하면 선이 강제 종료되어 새롭게 선을 그릴 수 있습니다.

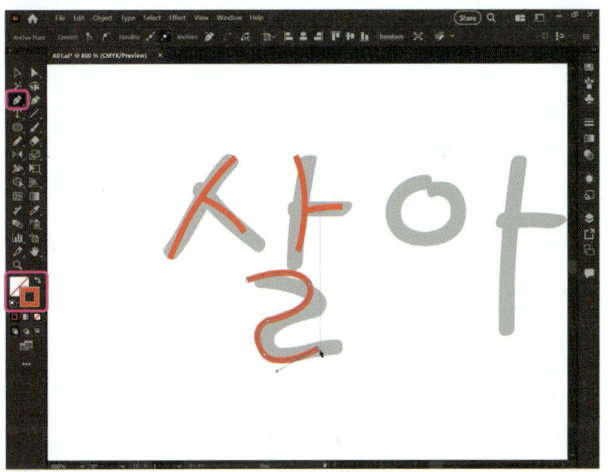

❺ ❹와 같은 방법으로 나머지 글자도 위치를 참고하여 Pen Tool( )로 출력형태와 비슷하도록 변형하면서 그립니다.

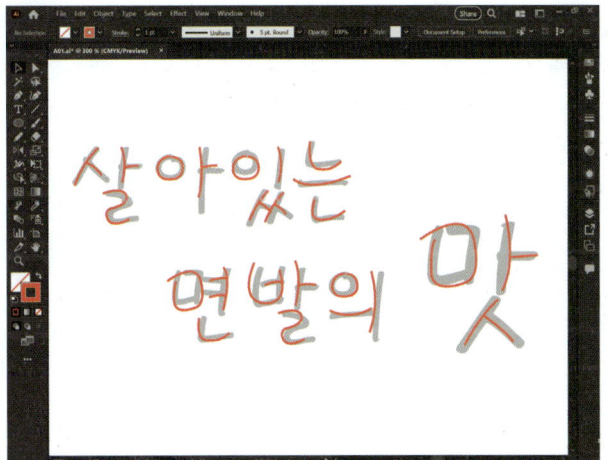

❻ Selection Tool( )로 드로잉한 모든 선을 선택한 후 입력한 문자 밖으로 이동시키고 [Object]-[Unlock All]을 클릭하여 잠금 해제합니다. 입력한 문자는 Delete 를 눌러 삭제합니다.

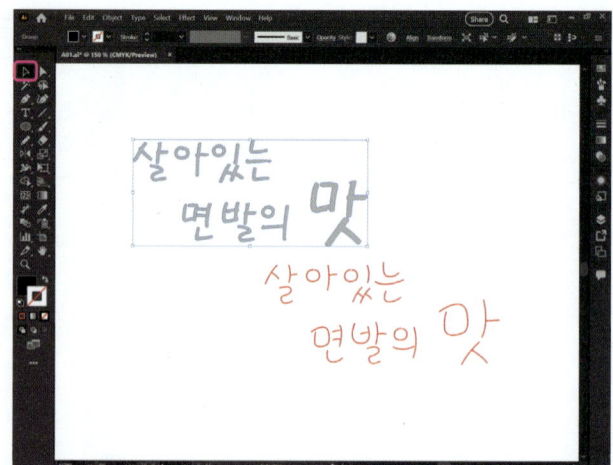

❼ 드로잉한 선은 출력형태의 원고와 비슷하도록 Direct Selection Tool( )과 Smooth Tool( )을 이용해 모양을 다듬고 Selection Tool( )로 크기와 기울기를 조정하여 캘리그래피의 기본선을 완성합니다.

> **Tip** ✓
> 같은 자음과 모음은 복사하여 사용하면 작업시간을 단축할 수 있습니다.

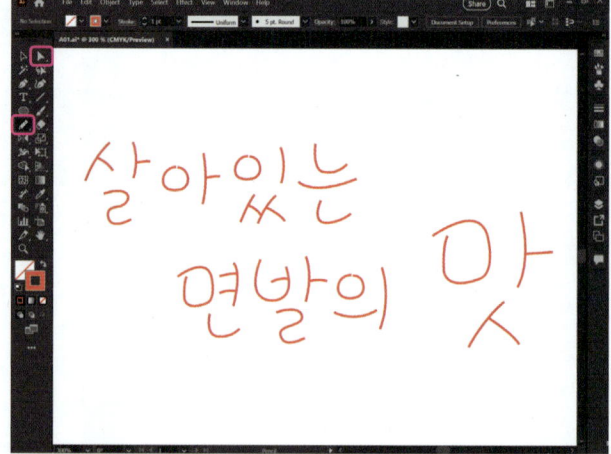

❽ [Stroke] 패널에서 선의 끝부분이 부드러워 질 수 있도록 Cap : Round Cap 아이콘을 클릭하고, 선의 두께를 알맞게 조정합니다.

> **Tip** ✓
> 선의 두께 : 5pt

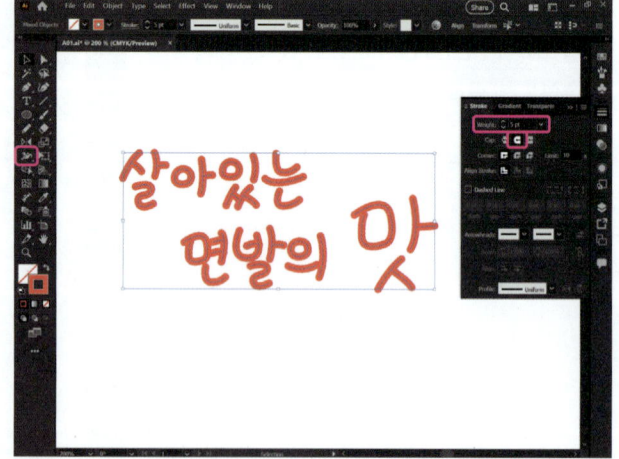

⑨ Selection Tool(▷)로 글자 '살아있는'의 'ㅅ'을 선택하고 Width Tool(🖋)로 패스를 드래그하여 선 모양을 변경합니다.

⑩ ⑨와 같은 방법으로 Width Tool(🖋)로 모든 선의 두께를 조절하여 캘리그래피를 완성하고, 글자 색상은 K100으로 설정합니다.

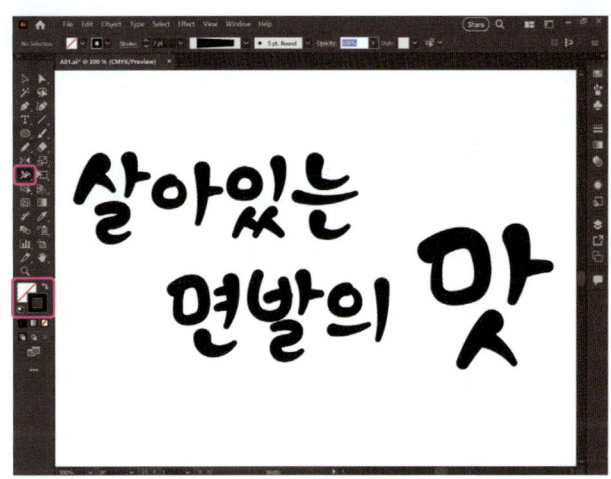

⑪ Selection Tool(▷)로 모든 글자를 선택하고 [Object]-[Path]-[Outline Stroke]를 클릭하여 선을 면으로 변경합니다.

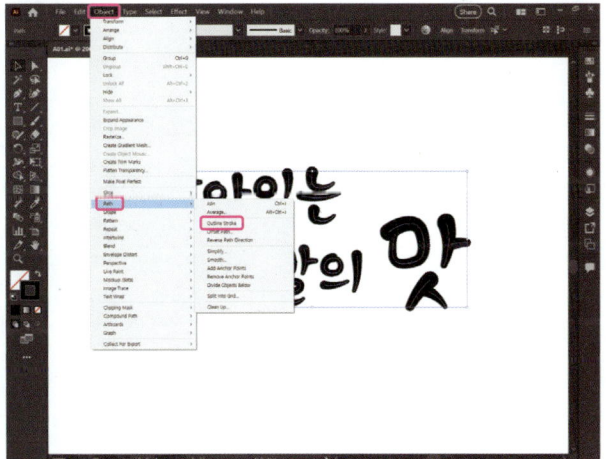

⓬ [Window]−[Pathfinder] 패널에서 옵션 아이콘을 클릭하고 [Make Compound Shape]를 선택한 후 [Expand]를 클릭하여 하나의 면으로 만듭니다.

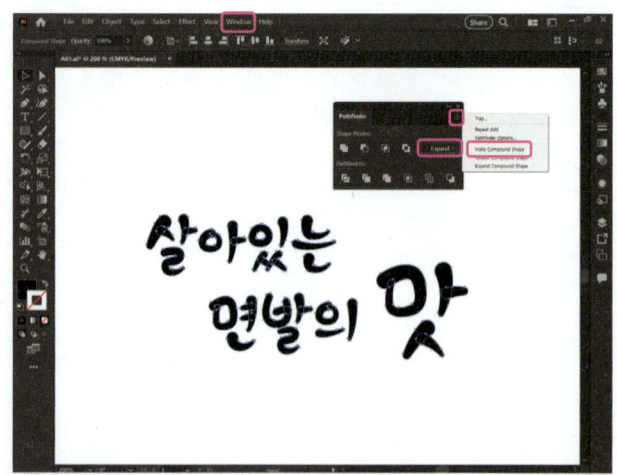

⓭ [Object]−[Path]−[Offset Path]를 클릭하고 옵션 상자에서 Offset : 1mm을 입력한 후 [OK]를 클릭합니다.

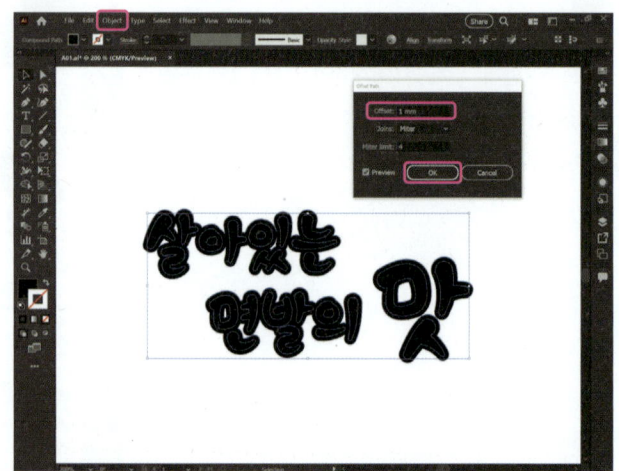

⓮ 확장된 문자 테두리의 면 색은 C0M0Y0K0, 선색은 None으로 설정합니다.

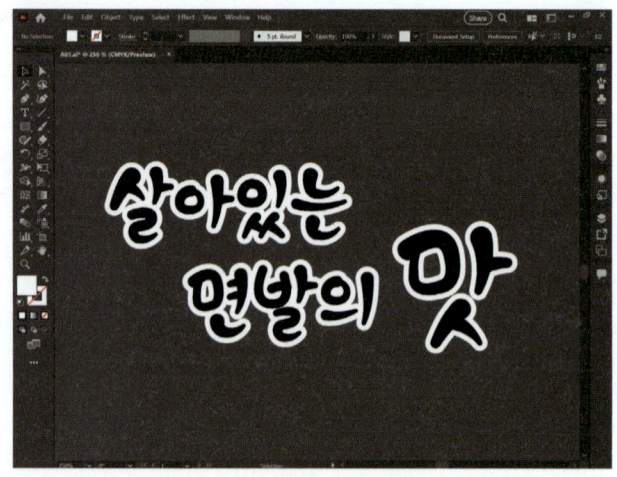

3) 꽃

❶ Ellipse Tool( )로 드래그하여 2개의 타원형을 그립니다. 큰 원의 면색은 C18M34Y91, 작은 원의 면색은 C12M61Y97, 선색은 모두 None으로 설정합니다.

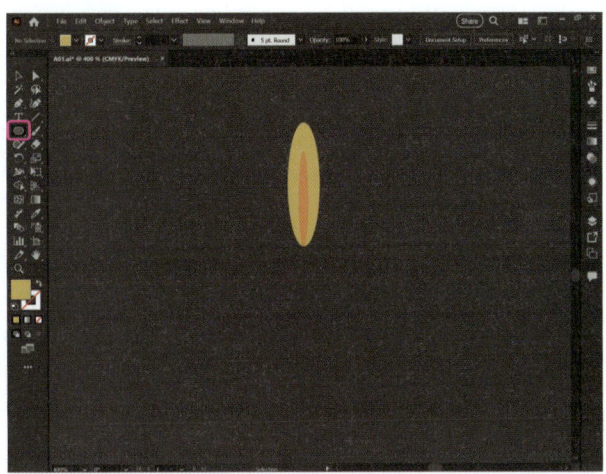

❷ Selection Tool( )로 2개의 원을 선택하고 Rotate Tool( )을 선택합니다. 타원형의 아래쪽을 중심으로 설정하기 위해 Alt 를 누른 채 아래의 고정점을 클릭한 후 [Rotate] 옵션 상자에 Angle : 30°를 입력하고 [Copy]를 누릅니다.

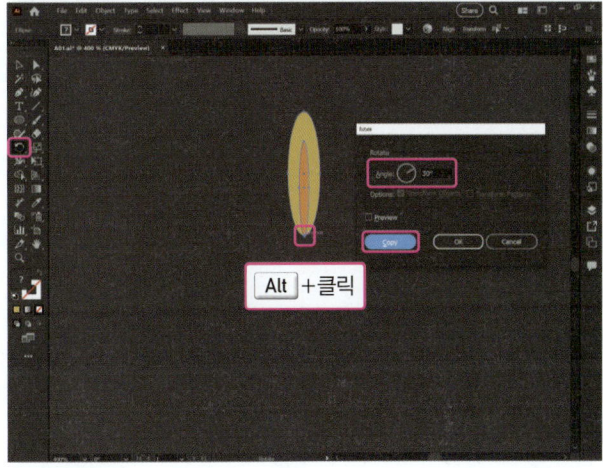

> **Tip**
>
> **Angle 값 쉽게 구하기**
> 필요한 개수 12를 [Rotate] 옵션 상자에 Angle : '360/필요한 개수(12)'를 입력한 후 Tab 을 누르면 자동 계산됩니다.

❸ Ctrl + D 를 여러 번 눌러 총 12개의 꽃잎이 되도록 복사합니다.

❹ Selection Tool( )로 12개의 큰 타원형을 선택하고 [Window]-[Pathfinder] 패널에서 Shape Modes : Unite 아이콘을 클릭하여 하나의 면으로 만듭니다.
마우스 우클릭한 후 [Arrange]-[Send to Back]을 눌러 레이어를 뒤에 배치합니다.

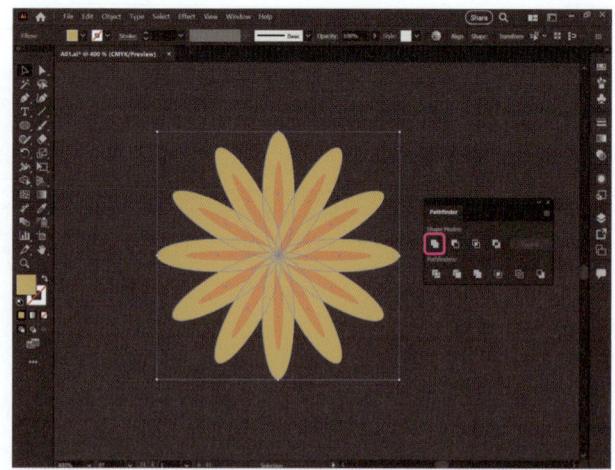

❺ 뒤에 배치된 꽃은 Selection Tool( )로 선택한 후 [Object]-[Path]-[Offset Path]를 클릭합니다. 옵션 상자에서 Offset : 1mm를 입력한 후 [OK]를 클릭합니다.
확장된 면을 선택하고 면색은 C11M15Y75, 선색은 None으로 설정합니다.

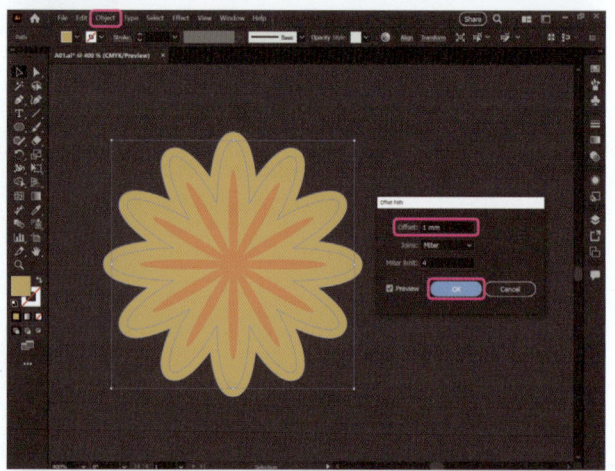

❻ Selection Tool( )로 면색 C12M61Y97의 작은 원을 모두 선택하고 Ctrl + G 를 눌러 그룹으로 설정합니다.

❼ Selection Tool( )로 면색 C18M34Y91과 C11M15Y75의 꽃을 선택하고 Scale Tool( )을 더블 클릭합니다. [Scale] 옵션 상자에 Uniform : 40%로 입력한 후 [Copy]를 누릅니다.
마우스 우클릭하여 [Arrange]-[Bring to Front]를 눌러 모든 이미지의 앞에 위치하도록 설정합니다

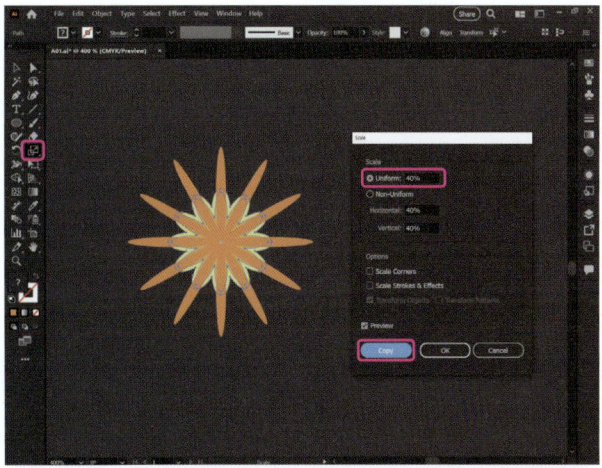

❽ 면색은 바깥쪽에서 안쪽 순서로 C0M0Y0K0, C27M74Y100, 선색은 모두 None으로 설정합니다.

❾ Selection Tool( )로 안쪽의 면색 C27M74Y100의 작은 꽃을 선택하고 Scale Tool( )을 더블 클릭합니다. [Scale] 옵션 상자에 Uniform : 65%로 입력한 후 [Copy]를 누르고 면색은 C18M34Y91, 선색은 None으로 설정합니다.

이미지를 복사하여 중앙에서 크기 조절하는 방법
복사할 이미지를 선택하고 Ctrl + C 를 누른 후 Ctrl + F 를 눌러 복사합니다. Alt + Shift 를 누른 채 바운드 박스 점을 드래그한 후 중앙에서부터 크기를 조정하여 배치합니다.

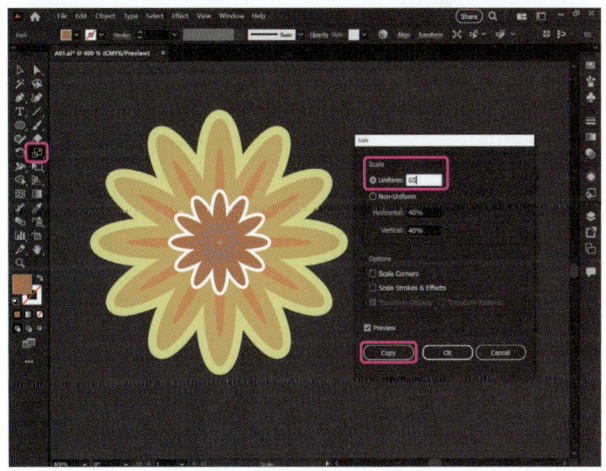

CHAPTER 1 살아있는 면발의 맛 307

❿ Selection Tool( )로 안쪽의 면색 C18M34Y91의 작은 꽃을 선택하고 Scale Tool( )을 더블 클릭합니다. [Scale] 옵션 상자에 Uniform : 75%로 입력한 후 [Copy]를 누르고 면색은 C11M15Y75, 선색은 None으로 설정합니다.

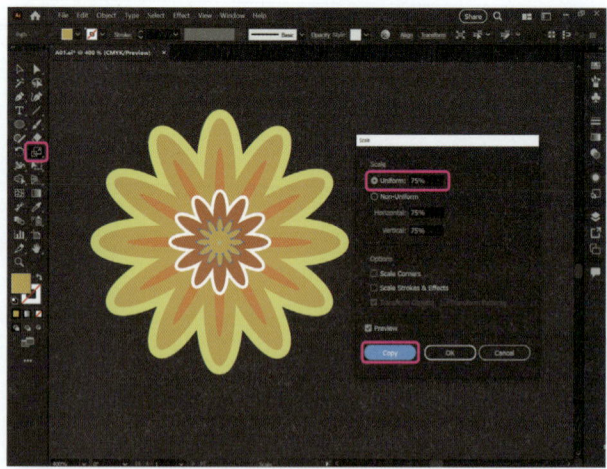

⓫ 완성된 꽃 오브젝트를 모두 선택한 후 Ctrl + G 를 눌러 그룹으로 설정합니다.

> **Tip**
>
> 꽃의 크기 : 31×31mm(도형의 크기는 정확하지 않아도 되며, 디자인 원고를 참고하여 비율을 맞춰 비슷하게 그림)

4) 하프톤

❶ Rectangle Tool(▭)을 선택하고 작업 창을 클릭한 후 Width : 210mm, Height : 210mm로 입력하여 사각형을 그립니다.

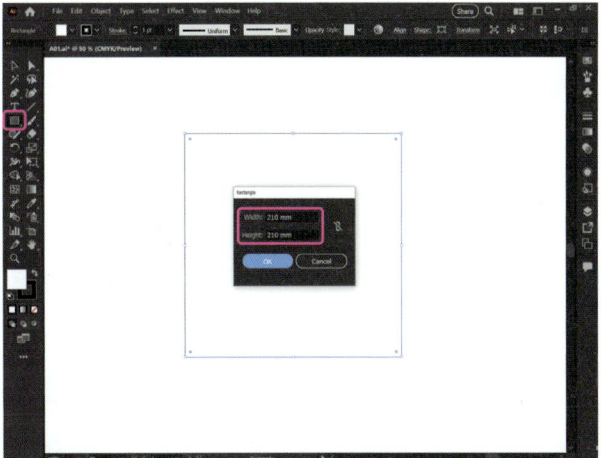

❷ [Window]−[Swatches] 패널에서 면색은 그라디언트 색상의 White, Black 아이콘을 클릭하고 선색은 None으로 설정합니다.

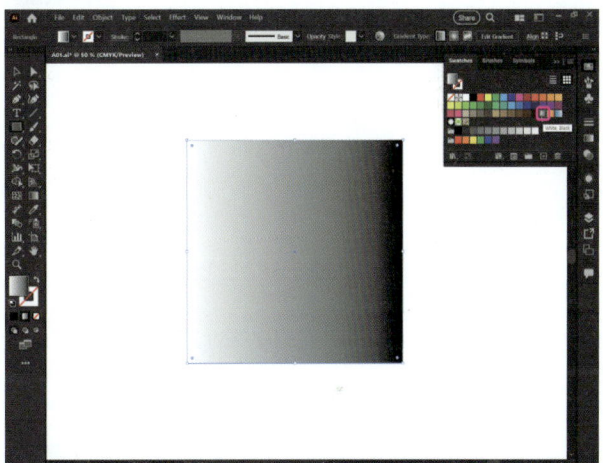

❸ Selection Tool(▶)로 사각형을 클릭한 후 사각형의 면에 [Gradient] 패널에서 Type : Radial Gradient를 선택합니다.

Gradient Tool(▭)을 더블 클릭하면 [Gradient] 패널이 활성화됩니다.

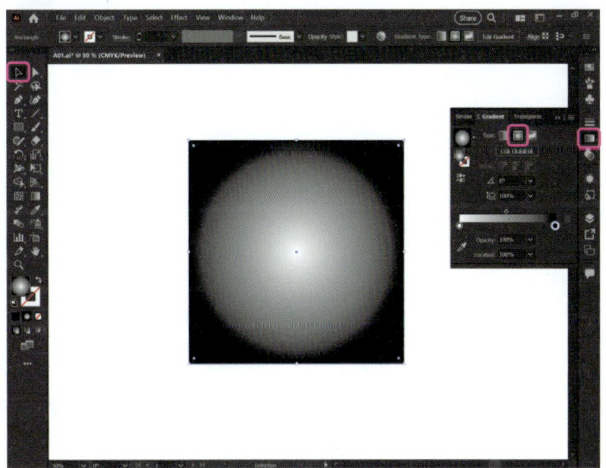

❹ [Reverse Gradient] 아이콘을 클릭하고, Gradient Tool(▢)로 하단에서 상단 방향으로 드래그하여 그라디언트 방향을 그림과 같이 설정합니다.

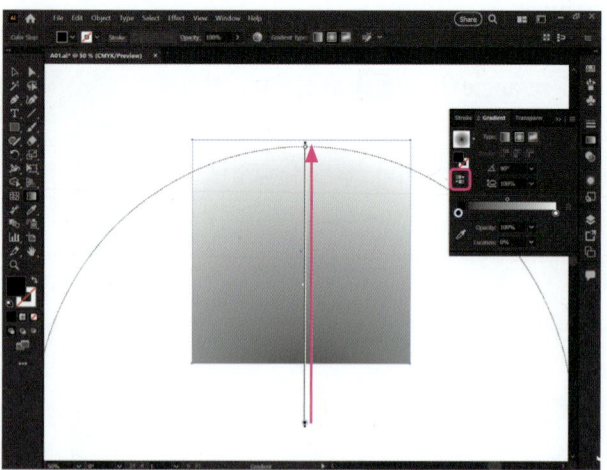

❺ Selection Tool(▶)로 사각형을 클릭한 후 [Effect]-[Pixelate]-[Color Halftone]을 선택하고, 옵션 상자에 Max. Radius : 40, Channel 1~4 : 45로 입력합니다.

> **Tip** ✓
> • Max. Radius : 최대 반지름의 크기(숫자가 커질수록 원의 크기가 커집니다)
> • Channel : 색상의 각도(45 또는 90 추천)

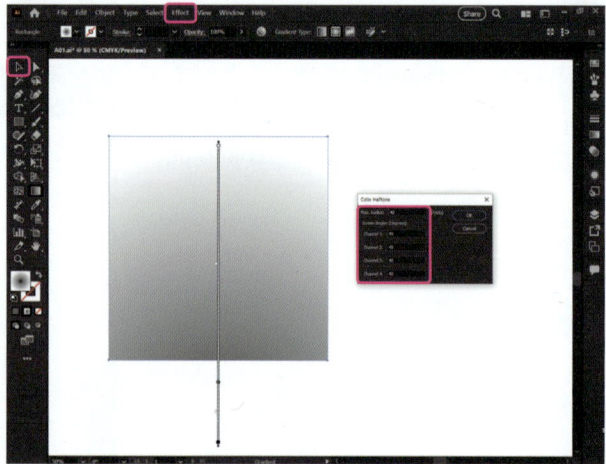

❻ 하프톤 이미지는 [Object]-[Expand Appearance]를 클릭하여 수정할 수 없는 오브젝트(래스터 이미지)로 변경합니다.

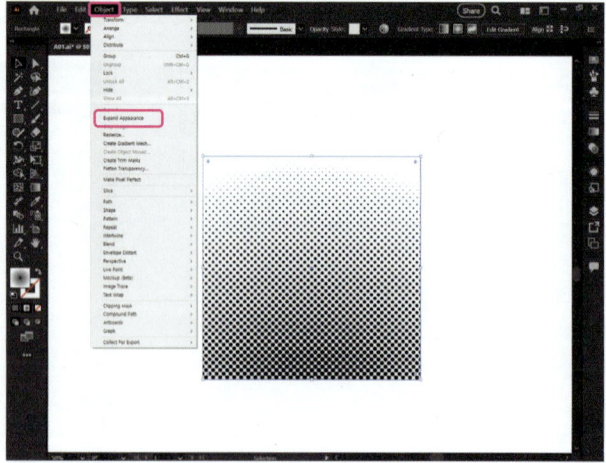

❼ [Object]-[Image Trace]-[Make and Expand]를 누른 후 확인 창에서 [OK]를 누릅니다.

Tip

'Tracing may proceed slowly with this large image. Would you like to continue?'의 경고 창이 나타나면 [OK]를 클릭합니다.

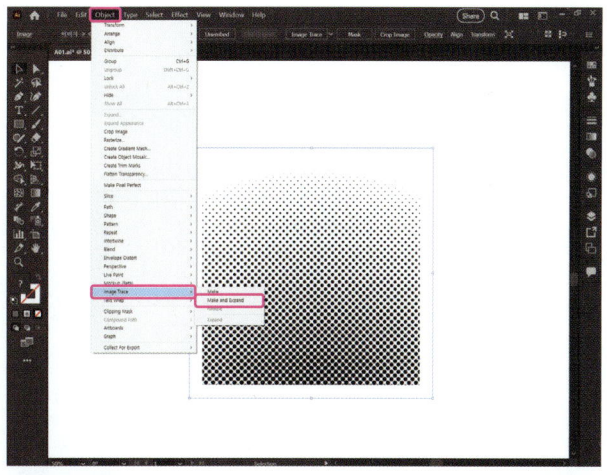

❽ Direct Selection Tool()로 하프톤을 감싸고 있는 사각형을 선택한 후 Delete 를 눌러 삭제합니다.

Tip

Direct Selection Tool( )로 선택한 점이나 선은 Delete 를 한 번 누르면 삭제되며, 두 번 누르면 연결된 점과 선까지 모두 삭제됩니다.

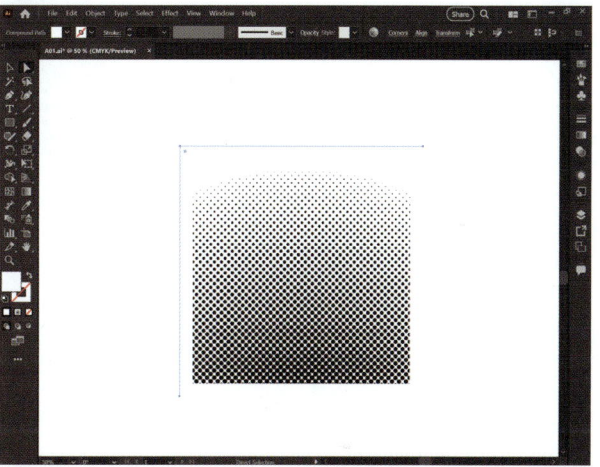

❾ 하프톤의 면색은 C0M0Y0K0, 선색은 None으로 설정합니다.

4 포토샵 작업

01 작업 준비하기(도큐멘트 설정, 가이드 선)

❶ 포토샵 프로그램에서 [File]-[New]를 선택합니다. [New] 옵션 상자의 Width : 166mm, Height : 246mm, Resolution : 300pixels/inch, Color Mode : RGB Color, Background Contents : White 로 설정한 후 [Create]를 누릅니다.

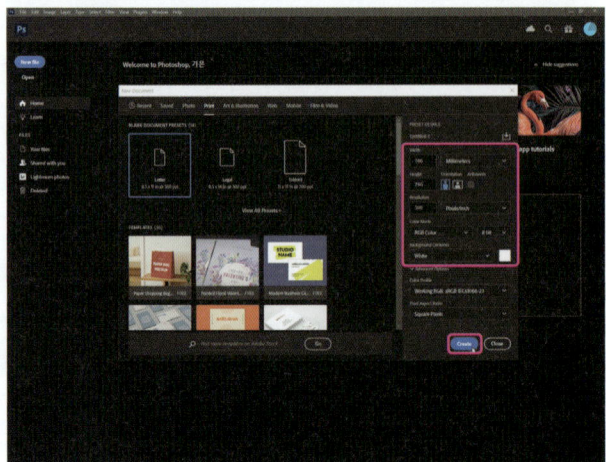

Tip

1. Resolution : 300pixels/inch은 고품질의 해상도로 인쇄, 출판에 적합한 해상도입니다. 해상도가 높아지면 파일의 용량이 커집니다. 시험에서 제출할 파일의 총 용량은 10MB 이하이기 때문에 작업 완료를 한 후 용량이 10MB를 넘으면 [Image]-[Image Size]에서 150~250 정도의 해상도로 변경하여 제출합니다.
2. 인쇄에 적합한 Color Mode는 CMYK Color 입니다. 하지만 포토샵에서 CMYK Color로 설정되어 있으면 시험에서 요구하는 Filter의 효과가 제한됩니다.
시험장에서 사용되는 일반 프린트 기기는 RGB Color를 사용하여도 오류가 없기 때문에 포토샵에서 작업할 시 도큐멘트의 Color Mode는 RGB Color로 사용합니다.

❷ [File]−[Save as]를 선택하고 [Save as] 옵션 상자에 저장할 비번호 폴더(A01)를 찾아 클릭합니다. 파일 이름은 비번호 'A01'을 입력하고 파일형식 : Photoshop(*.PSD, *.PDD, *.PSDT) 을 선택한 후 [저장(S)]을 누릅니다.

> **Tip**
>
> Ctrl + S 를 눌러 작업한 내용을 수시로 저장하는 습관을 들이면 프로그램 오류에 빠르게 대처할 수 있습니다.

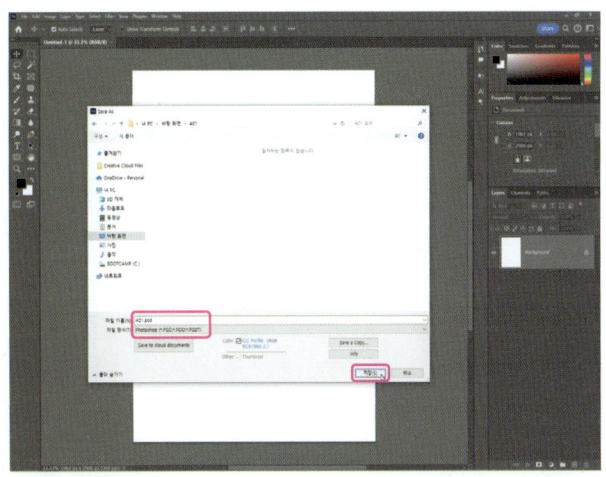

❸ 일러스트 작업 창 [Window]−[Layers] 패널에서 '가이드 선' 레이어의 [Toggles Lock] 아이콘을 클릭하여 잠금을 해제합니다.
Selection Tool()로 가이드 선을 선택하고 Ctrl + C 를 눌러 복사합니다.

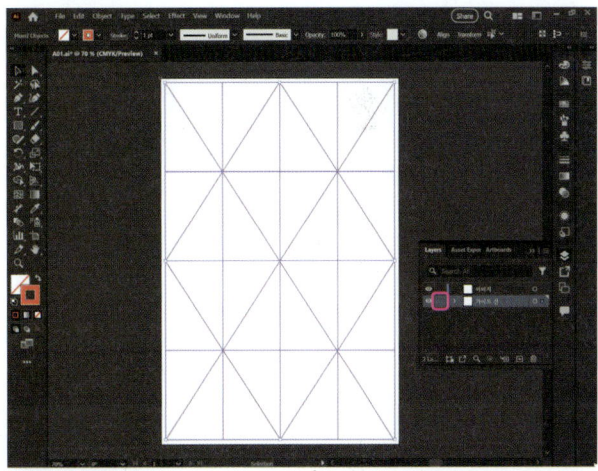

❹ 포토샵 작업 창에 Ctrl + V 를 누르고 [Paste] 옵션 상자에서 'Pixels'를 선택한 후 [OK]를 클릭합니다.
[Window]−[Layers] 패널에서 레이어 이름을 더블 클릭하여 '가이드 선'으로 레이어 이름을 변경합니다.

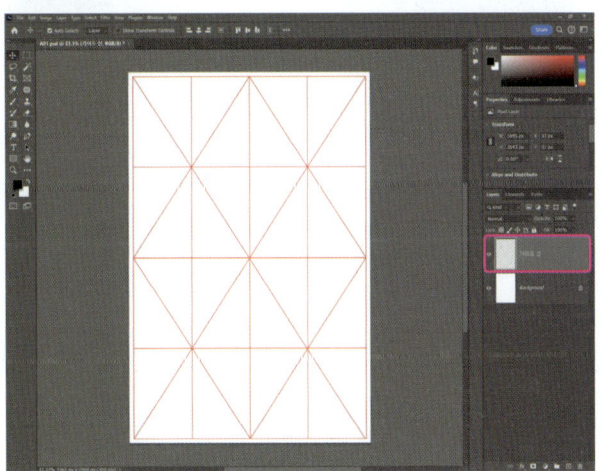

❺ Move Tool(✣)을 선택하고 옵션 바의 Align To : Canvas, 'Align vertical centers', 'Align horizontal centers'를 클릭하여 도큐멘트의 가운데에 배치합니다. '가이드 선' 레이어의 'Lock all' 아이콘을 클릭하여 잠그고 'Background' 레이어를 선택한 후 작업을 시작합니다.

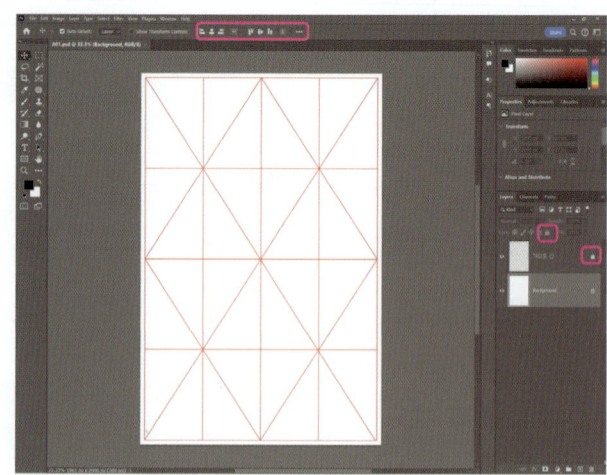

> **Tip**
>
> '가이드 선' 레이어가 선택되어 있으면 이미지를 불러올 때 '가이드 선' 레이어 위에 위치하게 되므로 가이드 선이 보이지 않게 됩니다. 정확한 이미지 배치를 위해 '가이드 선' 레이어는 항상 작업물 위에 위치하도록 합니다.

02 이미지 합성 제작

1) 배경

❶ [File]-[Open]을 선택하고 '맛_01.jpg' 파일을 불러옵니다. Ctrl + A 를 눌러 전체 선택한 후 Ctrl + C 를 누릅니다. 'A01.psd' 작업 창으로 이동한 후 Ctrl + V 로 붙여넣습니다. Ctrl + T 를 눌러 이미지의 바운딩 박스 점을 드래그하여 크기를 조정하고 Enter 를 눌러 알맞게 배치한 후 레이어의 이름을 '맛_01'로 변경합니다.

❷ [Filter]-[Blur]-[Gaussian Blur]를 선택하고 Radius : 40pixels로 입력한 후 [OK]를 클릭합니다.

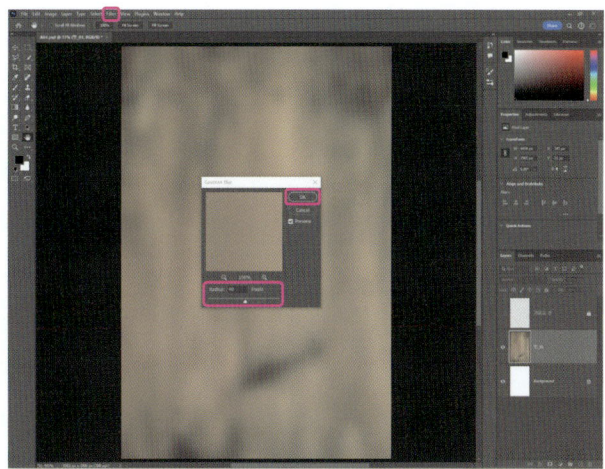

❸ '맛_01' 레이어는 [Image]-[Adjustment]-[Hue/Saturation]을 선택한 후 옵션 상자에서 [Colorize]를 선택합니다. Hue, Saturation, Lightness 슬라이더를 이동시켜 밝은 브라운 계열로 색상으로 보정한 후 [OK]를 클릭합니다.

Hue : +40, Saturation : +30, Lightness : +25

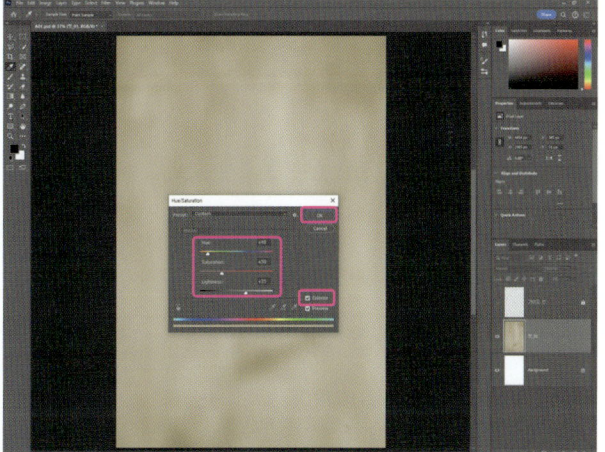

❹ 배경의 질감을 표현하기 위해 [Filter]-[Distort]에서 'Ripple'을 선택합니다. 옵션 상자에서 Amount : 999%, Size : Medium을 선택하고 [OK]를 클릭합니다.

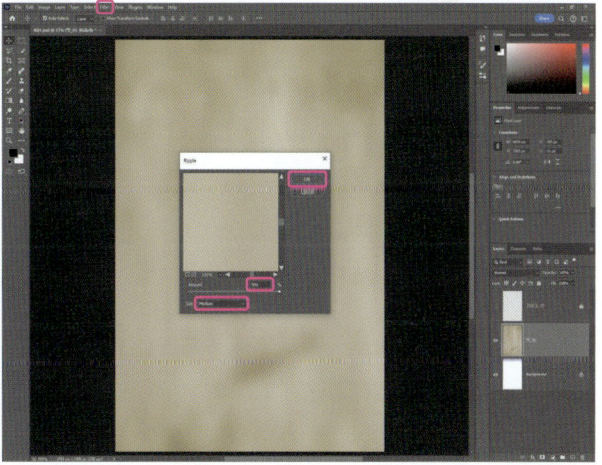

CHAPTER 1 살아있는 면발의 맛

❺ 다시 '맛_01.jpg' 파일을 열고 Ctrl + A 를 눌러 전체 선택한 후 Ctrl + C 를 누르고 'A01.psd' 작업 창으로 이동하여 Ctrl + V 로 붙여넣습니다.
Ctrl + T 를 누른 후 마우스 우클릭하여 'Perspective'를 선택합니다. 이미지의 바운딩 박스 점을 드래그하여 기울기와 크기를 조정하고 Enter 를 눌러 알맞게 배치한 후 레이어의 이름을 '맛_01-1'로 변경합니다.

❻ '맛_01-1' 레이어는 Ctrl + J 를 눌러 이미지를 복사하고, 복사한 이미지는 [Filter]-[Distort]에서 'Ripple'를 선택한 후 옵션 상자에서 Amount : 999%, Size : Medium을 선택하고 [OK]를 클릭합니다.

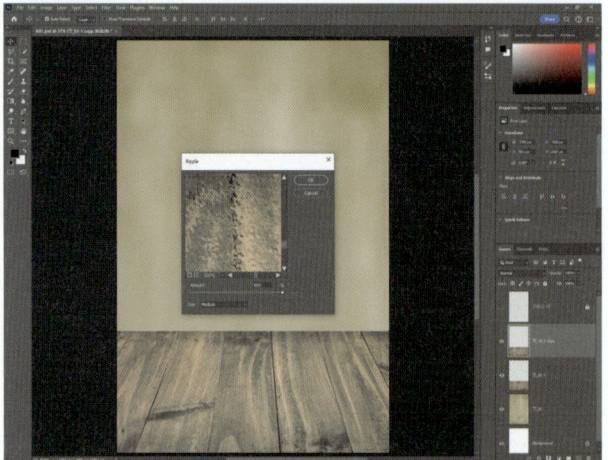

❼ '맛_01-1 Copy' 레이어에 [Add layer mask] 아이콘을 클릭하고 D 를 눌러 전경색은 검은색, 배경색은 흰색으로 설정하고 Gradient Tool( ) 선택합니다.
옵션 바에서 [Presets]의 [Foreground to Transparent] 아이콘을 클릭한 후 Type : Linear Gradient를 선택합니다.

❽ 왼쪽에서 오른쪽 방향으로 드래그하여 자연스럽게 합성합니다.

> Tip ✓
>
> Shift 를 누른 채 드래그하면 정방향으로 고르게 이미지를 가릴 수 있습니다.

2) 패턴

❶ 일러스트 작업 창에서 Selection Tool ( )로 패턴에 적용할 '채소' 이미지를 선택하고 Ctrl + C 를 누릅니다. 포토샵 작업 창으로 이동하여 Ctrl + N 을 눌러 바로 [Create]를 클릭한 후 새로운 도큐멘트를 생성하고 Ctrl + V 로 붙여넣습니다. [Paste] 옵션 상자에서 'Pixels'를 선택하고 [OK]를 클릭한 후 Ctrl + T 를 눌러 크기를 조정하여 알맞게 배치합니다.

> Tip ✓
>
> 패턴의 작업 창 크기 : 564×263px(72ppi)(작업 창의 크기는 위의 크기와 정확히 일치하지 않아도 되며, 패턴을 적용할 때 디자인 원고를 참고하여 비율을 조정해 배치)

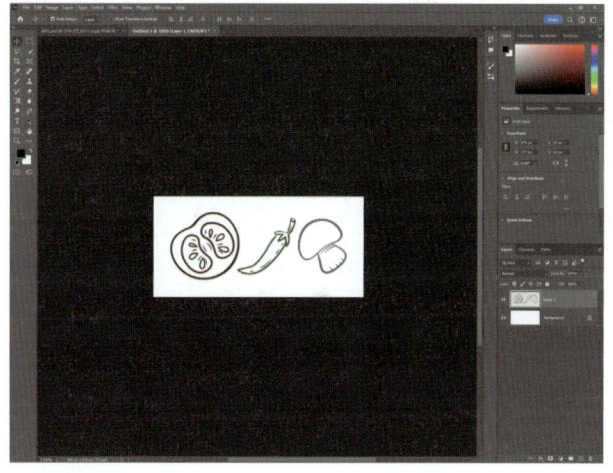

❷ [Layers] 패널의 'Background' 레이어는 'Toggle Layer Visibility' 아이콘의 눈 모양을 클릭하여 끕니다. [Edit]-[Define Pattern]을 선택하고 [OK]를 눌러 패턴을 등록합니다.

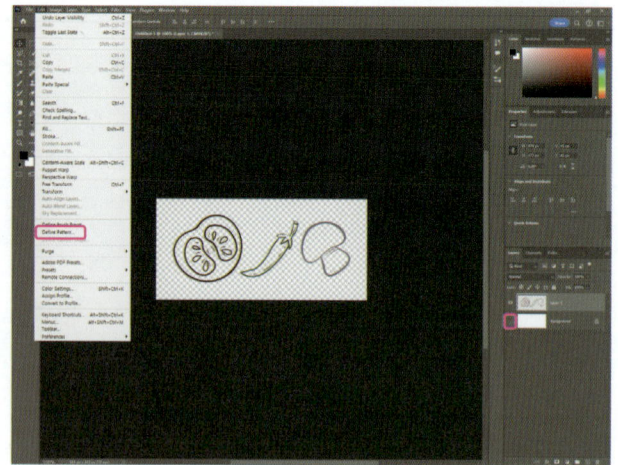

❸ 'A01.psd' 작업 창으로 이동한 후 Rectangle Tool(▢)로 드래그하여 패턴이 들어갈 직사각형을 그리고 옵션 바의 Fill과 Stroke는 None으로 설정합니다.

❹ [Layers] 패널에서 'Rectangle 1' 레이어를 더블 클릭하여 [Layer Style] 창을 실행합니다.
Styles : Pattern Overlay를 선택하고 옵션 상자의 [Pattern] 아이콘을 눌러 등록한 패턴을 선택합니다. [Scale]을 조정하여 패턴의 크기를 설정하고 작업 창에서 패턴을 드래그하여 위치를 알맞게 조정한 후 [OK]를 클릭합니다.

❺ 'Rectangle 1' 레이어에 [Add layer mask] 아이콘을 클릭하고 D를 눌러 전경색은 검은색, 배경색은 흰색으로 설정하고 Gradient Tool( ) 선택합니다.
옵션 바에서 [Presets]의 [Foreground to Transparent] 아이콘을 클릭한 후 Type : Linear Gradient를 선택합니다.
하단에서 상단 방향으로 드래그하여 자연스럽게 합성합니다.

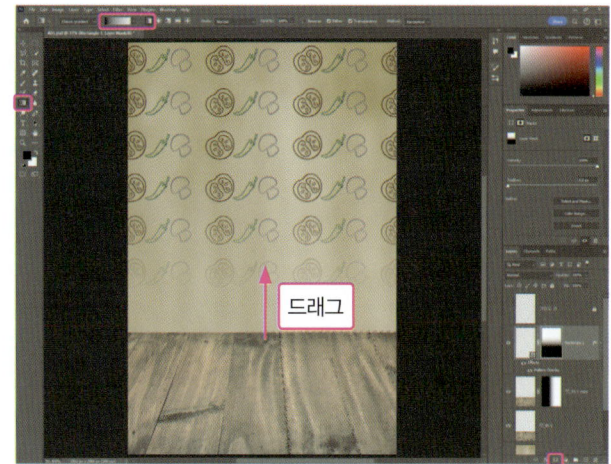

3) 오브젝트 합성

❶ 일러스트 작업 창에서 Selection Tool( )로 '채소' 이미지 중 나머지 '마늘' 이미지를 선택하고 Ctrl + C 를 누릅니다.
포토샵 작업 창으로 이동한 후 Ctrl + V 로 붙여넣습니다. [Paste] 옵션 상자에서 'Pixels'를 선택하고 [OK]를 클릭한 후 알맞게 배치하고 레이어의 이름을 '마늘'로 변경합니다.

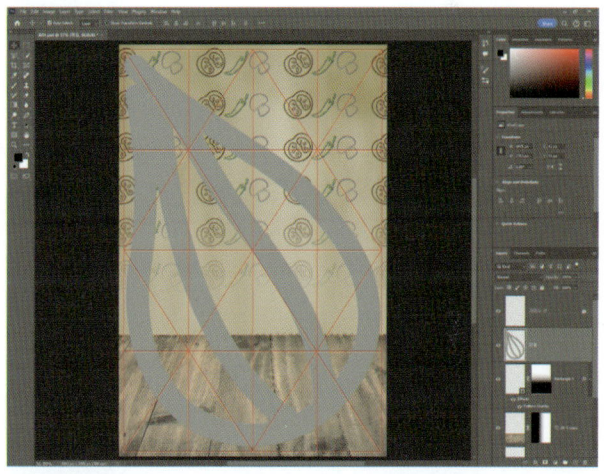

❷ '마늘' 레이어는 Ctrl + J 를 눌러 복사하고 레이어 이름을 더블 클릭하여 '마늘타일'로 이름을 변경한 후 'Toggle Layer Visibility' 아이콘의 눈 모양을 클릭하여 안 보이게 끕니다.

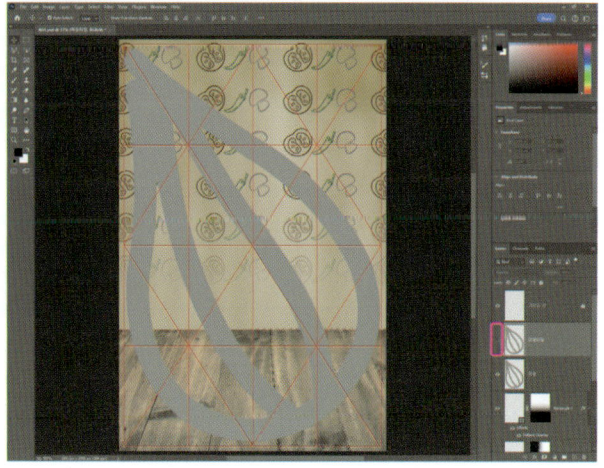

CHAPTER 1 살아있는 면발의 맛

❸ '마늘' 레이어를 선택하고 [Filter]−[Blur]−[Radial Blur] 옵션 상자에서 Amount : 10, Blur Method : Spin으로 설정한 후 [OK]를 클릭합니다.

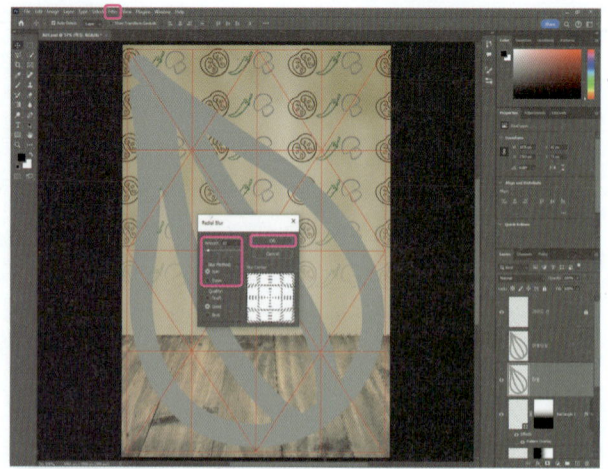

❹ Rectangular Marquee Tool(　)로 드래그하여 벽에 있는 마늘의 일부분을 선택합니다.

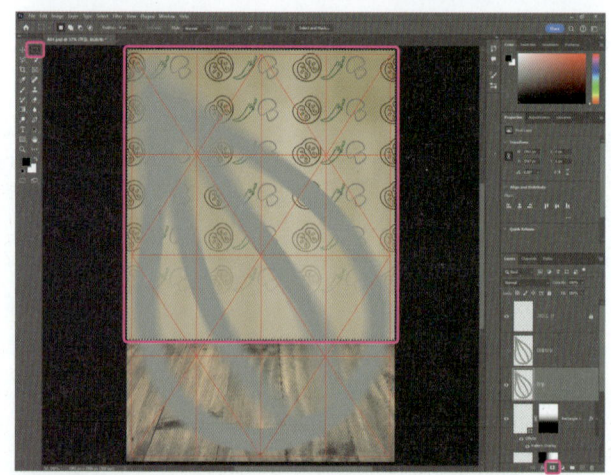

❺ 레이어에 [Add layer mask] 아이콘을 클릭한 후 마늘의 아랫부분을 가립니다. [Layers] 패널에서 블랜드 'Normal'을 클릭하고 'Multiply'를 설정하여 자연스럽게 합성합니다.

❻ '마늘타일' 레이어를 선택한 후 'Toggle Layer Vsibility' 아이콘을 클릭하여 보이도록 설정한 후 D를 눌러 전경색과 배경색을 초기화합니다.
[Filter]−[Stylize]에서 'Tiles'를 선택하고 Number of Tiles : 35, Fill Empty Area With : Background Color(흰색)를 선택한 후 [OK]를 클릭합니다.

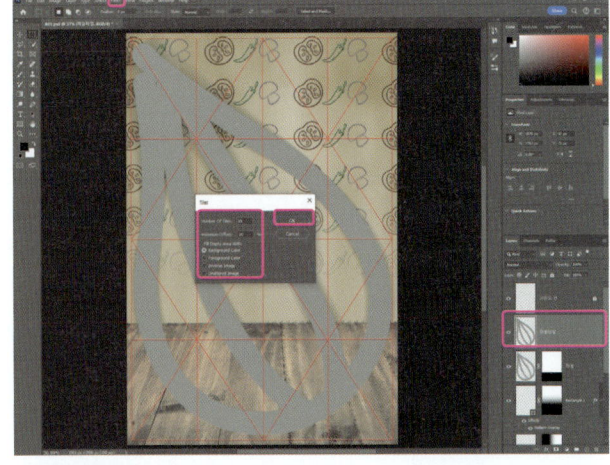

❼ '마늘타일' 레이어에 [Add layer mask] 아이콘을 클릭하고 Gradient Tool( )을 선택합니다.
옵션 바에서 [Presets]의 [Foreground to Transparent] 아이콘을 클릭한 후 Type : Linear Gradient를 선택합니다.
상단에서 하단방향으로 드래그하여 자연스럽게 합성합니다.

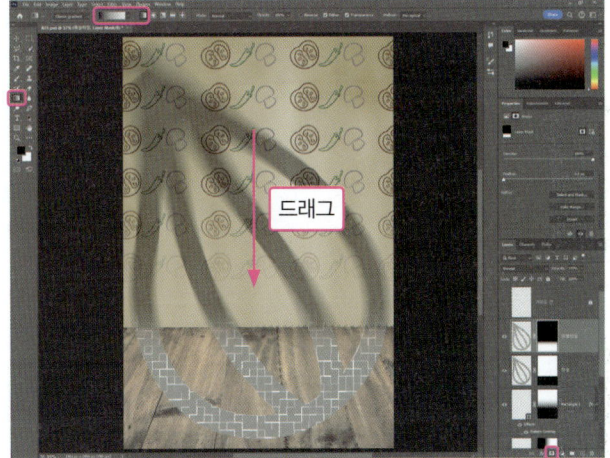

❽ [Layers] 패널에서 블랜드 'Normal'을 클릭한 후 'Multiply'를 설정하여 자연스럽게 합성합니다.

❾ 일러스트 작업 창에서 Selection Tool(　)로 나머지 '하프톤' 이미지를 선택하고 Ctrl + C 를 누릅니다.
포토샵 작업 창으로 이동한 후 Ctrl + V 로 붙여넣습니다. [Paste] 옵션 상자에서 'Pixels'를 선택하고 [OK]를 클릭한 후 알맞게 배치하고 레이어의 이름을 '하프톤'으로 변경합니다.

❿ '하프톤' 레이어는 [Layers] 패널에서 블랜드 'Normal'을 클릭한 후 'Soft Light'를 적용합니다.

⓫ [File]-[Open]을 선택하고 '맛_03.jpg' 파일을 불러옵니다. [Layers] 패널의 자물쇠 아이콘을 눌러 잠금을 해제합니다.
Quick Selecton Tool(　)로 드래그하여 배경을 선택하고 Delete 를 눌러 삭제합니다.

 Tip

Alt 를 누른 채 드래그하면 선택영역을 제거할 수 있습니다.

⓬ Ctrl + A 를 눌러 전체 선택한 후 Ctrl + C 를 누릅니다.
'A01.psd' 작업 창으로 이동한 후 Ctrl + V 로 붙여넣고 Ctrl + T 를 눌러 이미지의 크기를 조절하고 알맞게 배치하고 레이어의 이름을 '맛_03'으로 변경합니다.

⓭ [Filter]-[Pixelate]에서 'Crystallize'를 선택합니다. 옵션 상자에 Cell Size : 12를 입력하고 [OK]를 클릭합니다.

⓮ [File]-[Open]을 선택하고 '맛_02.jpg' 파일을 불러옵니다. Pen Tool( )을 선택한 후 옵션 바에서 [Path]를 클릭합니다. 접시 이미지를 패스로 그린 후 Ctrl + Enter 를 눌러 선택영역으로 변경하고 Ctrl + C 를 누릅니다.

CHAPTER 1 살아있는 면발의 맛 323

⓯ 작업 창으로 이동하여 Ctrl + V 로 붙여넣습니다. Ctrl + T 를 눌러 크기를 조절하여 알맞게 배치하고 레이어의 이름을 '맛_02'로 변경합니다. '맛_02' 레이어를 선택한 후 Ctrl 과 함께 '마늘타일' 레이어의 섬네일을 클릭하고 마늘의 모양을 선택영역으로 지정합니다.

⓰ '맛_02' 레이어는 [Image]-[Adjustment]-[Hue/Saturation]을 선택하여 옵션 상자에서 [Colorize]를 선택한 후 Saturation : +38로 슬라이더를 이동시켜 붉은색 계열로 색상 보정한 후 [OK]를 클릭하고 Ctrl + D 를 눌러 선택영역을 해제합니다.

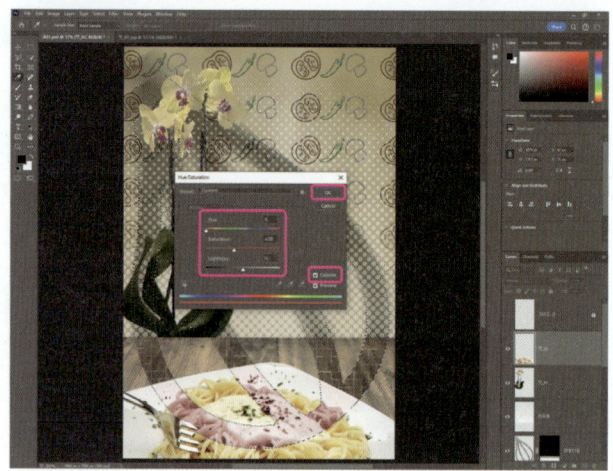

⓱ '맛_02' 레이어는 Ctrl + J 를 눌러 레이어를 복사하고 레이어의 이름을 '맛_02 필터'로 변경합니다. 복사한 이미지는 [Filter]-[Pixelate]에서 'Pointillize'를 선택하고 Cell Size : 15로 입력한 후 [OK]를 클릭합니다.

Tip

레이어 이름 변경하기
레이어 패널에서 변경할 레이어의 이름 부분을 더블 클릭합니다. 새 이름을 입력한 후 Enter 를 누릅니다.

⓲ '맛_02 필터' 레이어에 [Add layer mask] 아이콘을 클릭하고 Gradient Tool(■) 선택합니다.
옵션 바에서 [Presets]의 [Foreground to Transparent] 아이콘을 클릭한 후 Type : Linear Gradient를 선택합니다.
왼쪽에서 오른쪽 방향으로 드래그하여 자연스럽게 합성합니다.

CHAPTER 1 살아있는 면발의 맛 325

4) 색상 변경하기

❶ [File]-[Open]을 선택하고 '맛_04.jpg' 파일을 불러옵니다. [Layers] 패널의 자물쇠 아이콘을 눌러 잠금 해제합니다.
　Quick Selecton Tool( )로 드래그하여 배경을 선택하고 Delete 를 눌러 삭제합니다. Ctrl + A 를 눌러 전체 선택한 후 Ctrl + C 로 버섯 이미지를 복사합니다.

> **Tip**
>
> Alt 를 누른 채 드래그하면 선택영역을 제거할 수 있습니다.

❷ 'A01.psd' 작업 창으로 이동한 후 Ctrl + V 를 눌러 '버섯' 이미지를 작업 창에 옮기고 레이어의 이름을 '맛_04'로 변경합니다. 다시 Rectangular Marquee Tool( )로 왼쪽의 버섯 한 개를 감싸듯 드래그하여 선택합니다. Shift + Ctrl + J 를 눌러 왼쪽부터 하나씩 레이어를 분리합니다.

> **Tip**
>
> 다음 이미지를 분리할 때 레이어 패널의 '맛_04' 레이어를 클릭하여 분리합니다.

❸ 분리된 이미지는 Move Tool( )로 이동시키고 Ctrl + T 를 눌러 알맞게 크기 조정하여 그림과 같이 배치합니다.

❹ [Layers] 패널에서 분리된 'Layer 1' 레이어를 선택하고 [Image]-[Adjustments]에서 'Photo Filter'를 선택합니다. 옵션 상자의 'Color'를 클릭한 후 C59M10Y29를 입력하고 Density : 100%로 설정하고 [OK]를 클릭합니다.

❺ ❹와 같은 방법으로 색상을 변경할 '버섯' 이미지를 선택하고 [Image]-[Adjustments]에서 'Photo Filter'를 클릭합니다. 옵션 상자의 'Color'를 클릭하여 각 'C51M81Y26'과 'C40M27Y76'으로 색상 값을 입력하고 Density : 100%로 설정하여 [OK]를 클릭합니다.

❻ 'Layer 1' 레이어는 Ctrl + J 를 눌러 복사하고 '그림자1'로 레이어의 이름을 변경합니다. Ctrl + T 를 누른 후 마우스 우클릭하여 'Flip Vertical'를 선택합니다. 화면과 같이 이미지의 아래에 맞춰 놓아주고 '그림자1' 레이어는 'Layer 1' 레이어 아래에 배치합니다.

> **Tip**
>
> 이해를 돕기 위해 'Layer 1' 레이어의 복사본 이름을 '그림자1'로 변경하였습니다.

❼ '그림자1' 레이어를 선택한 후 [Add layer mask] 아이콘을 클릭하고 Gradient Tool(▭)을 선택합니다.
옵션 바에서 [Presets]의 [Foreground to Transparent] 아이콘을 클릭하고 Type : Linear Gradient를 선택합니다.
하단에서 상단 방향으로 드래그하여 자연스럽게 합성합니다.

❽ 나머지 이미지도 ❻~❼과 같은 방법으로 그림자를 제작하여 자연스럽게 합성합니다.

5) 타이틀과 로고

❶ 일러스트 작업 창에서 Selection Tool(▶)로 '타이틀' 이미지를 선택하고 Ctrl + C 를 누릅니다.
포토샵 작업 창으로 이동한 후 Ctrl + V 로 붙여넣습니다. [Paste] 옵션 상자에서 'Pixels'를 선택하고 [OK]를 클릭한 후 알맞게 배치하고 레이어의 이름을 '타이틀'로 변경합니다.

❷ [Layers] 패널에서 '타이틀' 레이어를 더블 클릭하여 [Layer Style] 창을 실행합니다. Styles : Drop Shadow를 선택하고 옵션 값을 알맞게 조정한 후 [OK]를 클릭합니다.

Tip

Drop Shadow 설정값
Opacity : 70%, Angle : 110°, Distance : 20px, Spread : 0%, Size : 15px

❸ [Layers] 패널에서 'Create a new layer' 아이콘을 눌러 레이어를 생성하고 화면과 같이 Rectangular Marquee Tool( )로 드래그하여 벽에 직사각형으로 선택영역을 지정한 후 전경색을 클릭하여 C0M0Y0K0으로 입력합니다.
Alt + Delete 를 눌러 흰색으로 채우고 Ctrl + D 를 눌러 선택영역을 해제합니다.

❹ [Filter]-[Blur]-[Gaussian Blur]를 선택하고 Radius : 40pixels로 입력한 후 [OK]를 클릭합니다.
[Layers] 패널에서 Opacity : 40%로 설정합니다.

❺ Horizontal Type Tool(T)로 작업 창을 클릭하고 'The taste of live noodles'를 입력합니다. [Window]−[Character] 패널에서 서체, 크기를 알맞게 설정하고 [Text Color]를 클릭하고 K100으로 입력합니다.

> **Tip**
> • 서체 : HY견고딕(그림과 동일한 서체가 없을 시 비슷한 서체를 선택하여 사용)
> • 글자 크기 : 14pt

❻ [Layers] 패널에서 'The taste of live noodle' 레이어를 더블 클릭하여 [Layer Style] 창을 실행합니다. Styles : Stroke를 클릭하고 Size : 6px, Position : Outside, Color : C0M0Y0K0으로 설정합니다.

❼ Line Tool(/)을 선택하고 옵션 바에서 Fill : C0M0Y0K0, Stroke : None으로 설정하고, Weight : 8px로 입력합니다. 'The Taste~' 문자 위와 아래에 Shift 를 누른 채 드래그하여 그림과 같이 직선을 그립니다.

❽ 다시 Horizontal Type Tool(T)로 작업 창을 클릭하고 '▶쫄깃쫄깃 칼국수 우동, ▶면의 쫄깃쫄깃 씹히는 맛과 영양을 가득 담은 부재료들의 환상적인 조화'를 입력합니다.
[Window]-[Character] 패널에서 서체, 크기를 알맞게 설정하고 [Text Color]를 클릭하고 K100으로 입력합니다.

> **Tip**
>
> • 서체 : HY견고딕(그림과 동일한 서체가 없을 시 비슷한 서체를 선택하여 사용)
> • 글자 크기 : 12pt

❾ 일러스트 작업 창에서 Selection Tool(▶)로 나머지 '꽃' 이미지를 선택하고 Ctrl + C 를 누릅니다.
포토샵 작업 창으로 이동한 후 Ctrl + V 로 붙여넣습니다. [Paste] 옵션 상자에서 'Pixels'를 선택하고 [OK]를 클릭한 후 알맞게 배치하고 레이어의 이름을 '꽃'으로 변경합니다.

❿ [Layers] 패널에서 '꽃' 레이어를 더블 클릭한 후 [Layer Style] 창을 실행합니다.
Styles : Drop Shadow를 선택하고 옵션 값을 알맞게 조정한 후 [OK]를 클릭합니다.

> **Tip**
>
> **Drop Shadow 설정값**
> Opacity : 80%, Angle : 90°, Distance : 5px, Spread : 30%, Size : 30px

⓫ Horizontal Type Tool(T)로 작업 창을 클릭하고 '민들레국수집'을 입력합니다. [Window]-[Character] 패널에서 서체, 크기를 알맞게 설정하고 [Text Color]를 클릭하고 K100으로 입력합니다.

> **Tip**
> • 서체 : HY견명조(그림과 동일한 서체가 없을 시 비슷한 서체를 선택하여 사용)
> • 글자 크기 : 17pt

⓬ [Layers] 패널에서 '민들레국수집' 레이어를 더블 클릭한 후 [Layer Style] 창을 실행합니다. Styles : Stroke를 클릭하고 Size : 8px, Position : Outside, Color : C0M0Y0K0으로 설정합니다.

03 파일 검토 및 저장하기

❶ 전체적으로 가이드 선을 이용하여 크기와 배치를 최종 검토합니다.
[Layers] 패널의 '가이드 선'은 'Toggle layer visibility' 아이콘을 클릭하여 눈 모양을 끕니다.

❷ [File]−[Save a Copy]를 선택하여 파일 명 : 비번호 'A01', Format : 'JPEG'를 선택한 뒤 [저장(S)]을 누릅니다. [JPEG Options] 상자에서 Quality : 12, Format Options : Baseline("Standard")으로 설정하고 [OK]를 클릭합니다.

JPEG 저장 경로(버전 22.4부터 변경)
- 2021 버전 이하 : [File]−[Save As]
- 2021 버전 이상 : [File]−[Save a Copy]

5 인디자인 작업

1) 도큐멘트 설정하기

[파일]-[새로 만들기]-[문서] 또는 Ctrl +N를 눌러 새로운 도큐멘트 대화상자를 활성화합니다. 대화상자 상단 탭에서 [인쇄]-[새 A4 문서 - 210×297mm 시작]을 선택하고 페이지 : 1, 페이지 마주보기 : 체크 해제한 후 [여백 및 단]을 누릅니다.

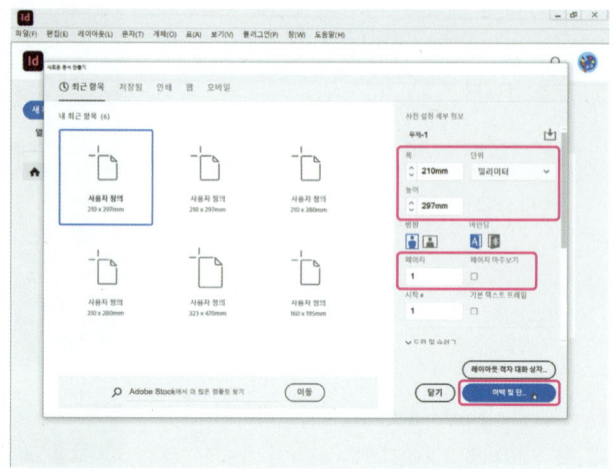

2) 여백 및 단 설정하기

대화상자의 링크 아이콘은 클릭하여 끊어진 링크로 설정합니다. 여백의 위쪽과 아래쪽 : 25.5mm, 왼쪽과 오른쪽 : 22mm로 설정하고, 열의 개수 : 1로 입력 후 [확인]을 누릅니다.

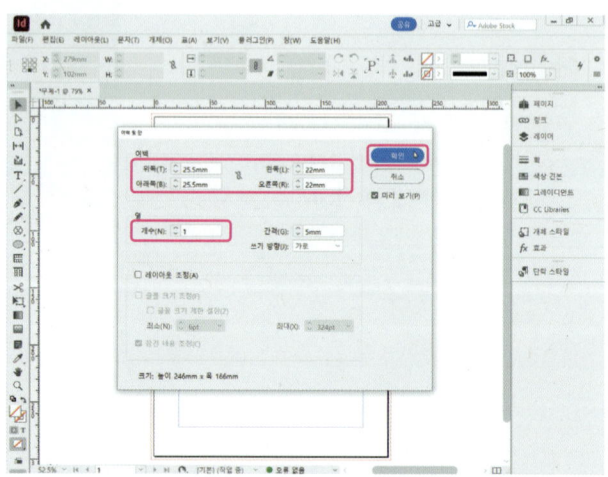

3) 안내선 만들기

❶ Ctrl + + 를 눌러 작업 창의 왼쪽 상단을 확대하고, 눈금자의 기준점을 왼쪽 상단의 여백에 드래그하여 눈금자의 숫자를 '0'으로 설정합니다.

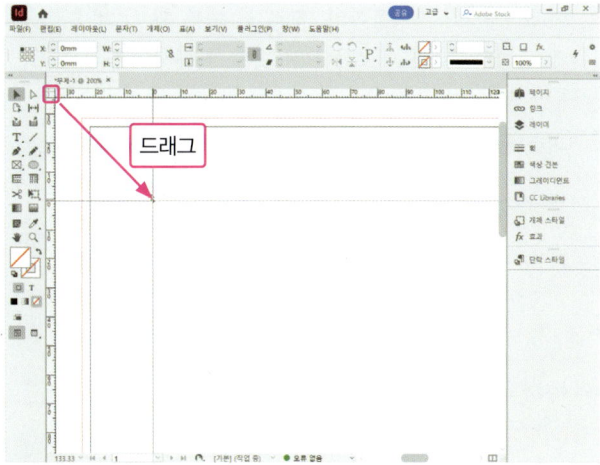

❷ 눈금자를 드래그하여 안내선의 위쪽, 아래쪽, 왼쪽, 오른쪽을 3mm만큼 안쪽으로 이동시켜 가이드 선을 배치합니다.

Tip

눈금자의 기준점을 각 모서리에 드래그하여 각각의 모서리를 모두 '0'으로 설정할 수 있고 안내선을 선택 후 옵션 바에서 X 또는 Y : 3mm 또는 -3mm를 입력하면 쉽게 가이드 선을 제작할 수 있습니다.

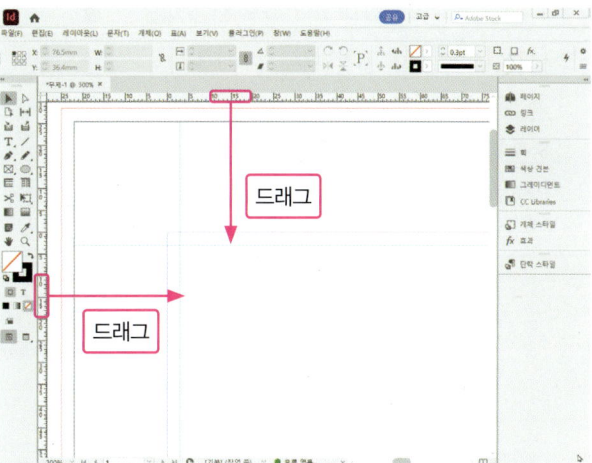

4) 재단선 만들기

❶ 선 도구(/)를 이용하여 Shift 를 누른 채 세로 방향으로 드래그합니다. 옵션 바에서 L : 5~10mm, 두께 : 0.3pt로 입력하고 세로 선을 만듭니다.

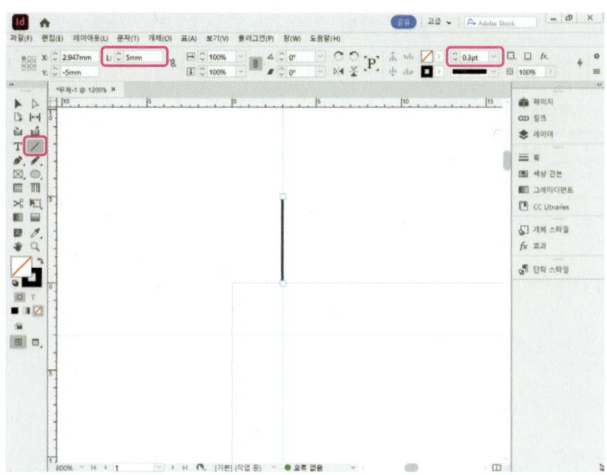

❷ 선택 도구(▶)로 세로 선을 세로 안내선에 배치합니다. 세로 선은 선택 도구(▶)로 Alt 를 누른 채 드래그하여 복사하고 Shift 를 누른 채 회전시켜 가로 안내선에 배치합니다.

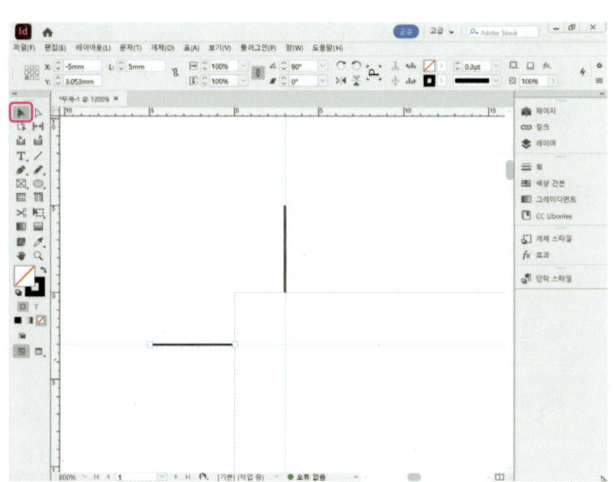

❸ 각 모서리를 ❷와 같은 방법으로 복사한 후 가로 안내선과 세로 안내선에 알맞게 배치하여 재단선을 만듭니다.

5) 비번호 만들기

❶ 왼쪽 아래에 문자 도구(T)로 입력할 영역을 드래그하여 문자 프레임을 생성한 후 비번호 'A01'을 입력합니다.

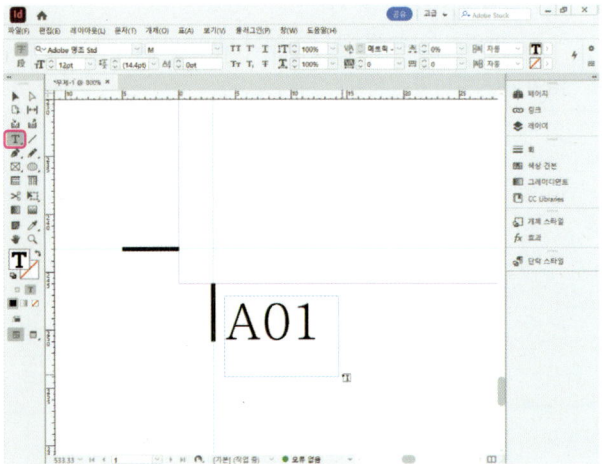

❷ [창]-[문자 및 표]-[문자] 패널에 서체 : 돋움 또는 Arial(고딕), 문자 크기 : 10pt 로 입력합니다.

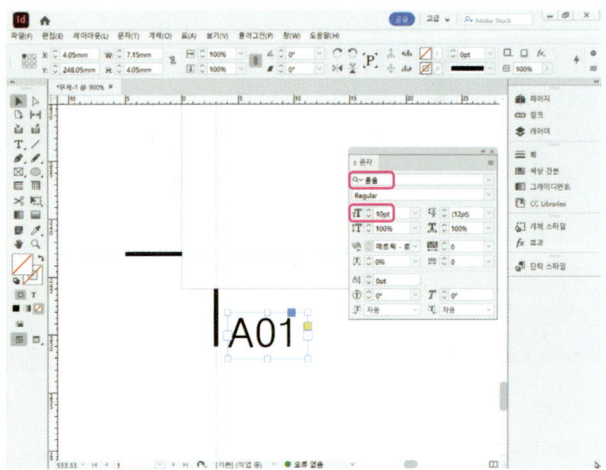

❸ 선택 도구(▶)로 문자와 왼쪽 하단의 세로 재단선과 같은 위치에 배치하기 위해 [창]-[개체 및 레이아웃]-[정렬] 패널에서 왼쪽 정렬 아이콘을 누릅니다.

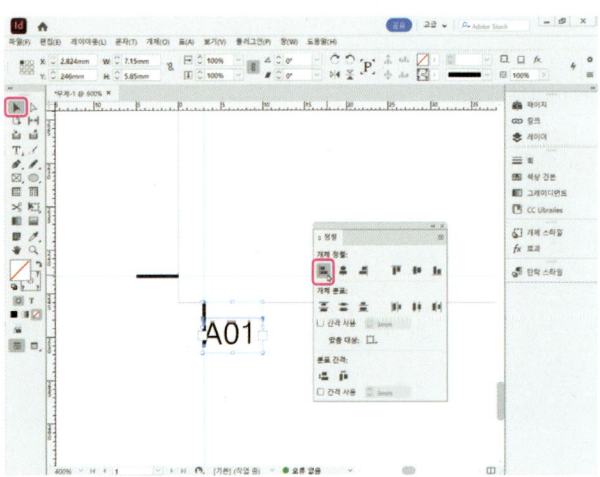

❹ [정렬] 패널의 분포 간격에서 간격 사용을 체크하고 3mm을 입력합니다. '수평 공간 분포' 아이콘을 눌러 재단선에서 3mm를 띄어 배치합니다.

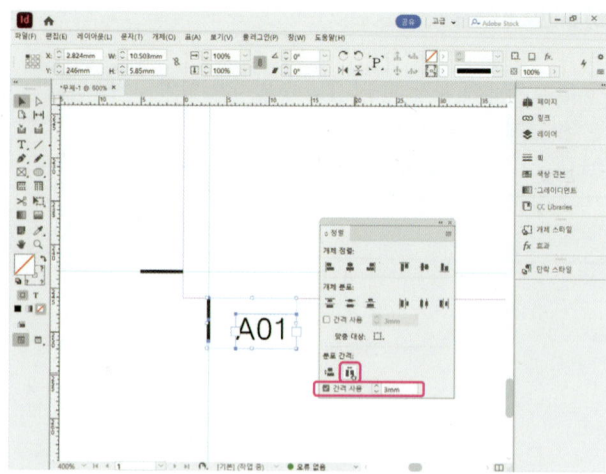

6) 파일 저장하기

[파일]-[다른 이름으로 저장]을 선택한 후 바탕화면에 있는 'A01' 폴더를 클릭하고 파일 이름 : A01.indd(비번호)로 저장합니다.

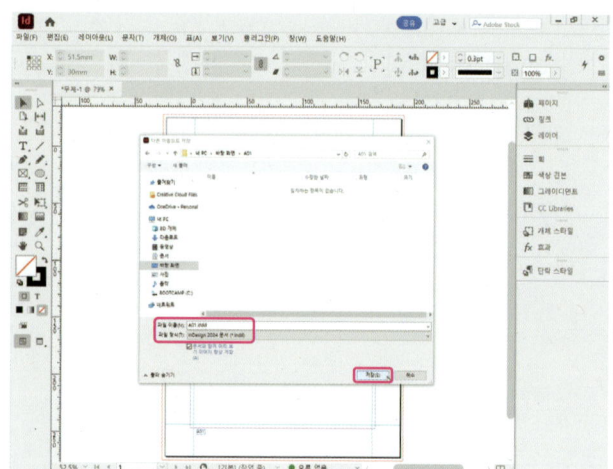

7) 이미지 배치하기

❶ [파일]-[가져오기] 또는 Ctrl + D 를 눌러 'A01.jpg' 파일을 선택한 후 [열기(O)]를 누릅니다.

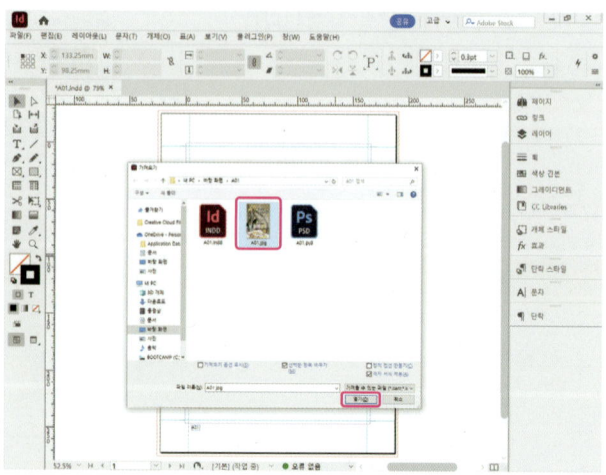

❷ 왼쪽 상단의 여백 모서리를 클릭하여 이미지를 불러옵니다.

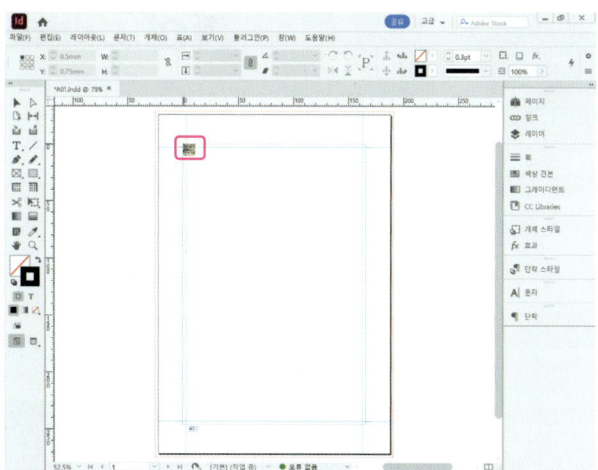

❸ 이미지를 선택 후 옵션에서 이미지의 중심이 왼쪽 상단이 될 수 있도록 점을 선택하고 X : 0mm, Y : 0mm, W : 166mm, H : 246mm로 입력하여 정확하게 배치합니다.

이미지는 [보기]-[화면 표시 성능]-[고품질 표시]를 선택하면 선명하게 볼 수 있습니다.

8) 파일 제출하기

[파일]-[저장]을 선택합니다. 바탕화면 작업 'A01' 폴더를 열어 'A01.indd'와 'A01.jpg' 파일만 넣어 제출합니다.

출력 지정 자리로 이동하여 'A01.indd' 파일을 열어 출력하고, 출력된 이미지는 시험장에서 제공하는 A3용지 가운데에 부착시켜 제출합니다.

CHAPTER 2 울산고래축제

1 유의사항 및 디자인 원고 확인하기

국가기술자격 실기시험 문제

자격종목	컴퓨터그래픽기능사	과제명	울산고래축제

※ 시험시간 : 3시간 30분

1. 요구사항

※ 다음의 요구사항에 맞도록 주어진 자료(컴퓨터에 수록)를 활용하여 디자인원고를 시험시간 내에 컴퓨터 작업으로 완성하여 A4용지로 출력 후 A3용지에 마운팅(부착)하여 제출하시오.
※ 모든 작업은 수험자가 컴퓨터 바탕화면에 폴더를 만들어 저장하시오.

가. 작품규격(재단되었을 때의 규격) : 디자인원고 참조 A4용지 중앙에 작품이 배치 되도록 하시오
- 원고 규격 : 160×240mm

나. 구성요소(문자, 그림) : 디자인원고 참조
- **문자요소**
  - 울산고래축제
  - 고래의 꿈! 바다의 꿈! 울산의 꿈!
  - whale cultural foundation
  - Ulsan Whale Festival
  - 고래문화재단

- **그림요소**

고래_01.jpg 고래_02.jpg 고래_03.jpg 고래_04.jpg 고래_05.jpg
고래_06.jpg 고래_07.jpg 고래_08.jpg 고래_09.jpg 고래_10.jpg

다. 작업내용
1) 주어진 디자인원고(그림, 사진, 문자, 색채, 레이아웃, 규격 등)와 동일하게 작업하시오.
2) 디자인원고 내용 중 불명확한 형상, 색상코드 불일치, 색 지정이 없는 부분, 원고에 없는 형상 등이 있을 때는 수험자가 「5 - 5」페이지 (나. 완성도면) 내용과 같이 작업하시오.
3) 디자인원고의 서체(요구서체)가 사용 컴퓨터 및 소프트웨어와 맞지 않을 경우는 가장 근접한 서체를 사용하시오.
4) 상하, 좌우에 3mm 재단여유를 갖도록 작품을 배치하고, 재단선은 작품규격에 맞추어 용도에 맞게 표시하시오(단, 디자인원고 중 작품 의 규격을 표시한 외곽선이 있을 때는 「5 - 5」원고의 지시에 따라 표시여부를 결정한다).
5) 디자인원고 좌측 하단으로부터 3mm를 띄어 비번호를 고딕 10pt로 반드시 기록하시오.
6) 출력물(A4)은 어떠한 경우에도 절취할 수 없으며, 반드시 A3용지 중앙에 마운팅 하시오.

라. 컴퓨터 작업범위
1) 10MB 용량의 폴더에 수록될 수 있도록 작업범위(해상도 및 포맷형식)를 계획하시오.
2) 규격 : A4(210×297mm) 중앙에 디자인원고 내용과 같은 작품(원고규격)을 배치하시오.
3) 해상도 및 포맷형식 : 제한용량 범위 내에서 선택하시오.
4) 기타
   ① 제공된 자료범위 내에서 활용하시오.
   ② 3개의 2D 응용프로그램을 고루 활용하되, 최종작업 및 출력은 편집 프로그램(쿽 익스프레스, 인디자인)에서 하시오(최종작업 파일 이 다른 프로그램에서 생성되어진 경우는 출력할 수 없음).

2. 수험자 유의사항

1) 수험자 인적사항 및 답안작성은 흑색 필기구만 사용해야 합니다.
2) 시설목록상의 소프트웨어 및 참고자료가 하드웨어에 설치되었는지 확인한 후 작업하시오.
   (단, 시설목록 이외의 동등한 소프트웨어, 폰트 등 [반드시 정품에 한함]을 설치하고자 할 때에는 시험 시작 전 감독위원의 입회하에 설치할 수 있으며, 무료폰트, 프리웨어 소프트웨어는 설치할 수 없습니다)
   ※ 수험자가 지참한 펜마우스, 그래픽 타블렛, 디지타이저, 스캐너 등 입력장치는 사용할 수 없습니다.
3) 지참공구 『수험표, 신분증, 연필(1개), 사인펜(1개), 눈금자(30cm), 가위, 양면테이프』이외의 참고자료 및 저장매체 등 어떠한 물품(핸드폰 전원 Off)이라도 시험 중 지참할 수 없습니다.
   ※ 작업 중 계산이 필요한 경우는 컴퓨터 내 계산기를 사용할 수 있습니다.
4) 수험자의 컴퓨터 활용 미숙 등으로 인한 시험 진행이 어렵다고 판단되었을 때는 감독위원은 시험을 중지시키고 실격처리를 할 수 있습니다.
5) 바탕화면에 폴더를 생성하여 주기적으로 작업한 파일을 저장하시오.
6) 작업이 끝나면 생성한 비번호 폴더에 10MB 용량 이내로 출력과 관련된 파일만(최종 작업 파일)을 저장하고 감독위원의 지시에 따라 전송하시오(단, 시험시간은 저장한 파일이 포함된 폴더를 전송한 시점까지이며, 전송 후에는 일체의 재작업을 할 수 없음).
7) 프린트는 감독위원의 별도 지시에 따라 순서에 의해 수험자 본인이 출력하며, 1회 출력을 원칙으로 합니다.
   (단, 기계 이상 또는 출력 오류 등의 사유로 인쇄가 잘못되었을 시 감독위원의 확인 후 다시 출력할 수 있으며 잘못된 인쇄본은 감독위원에게 제출하시오.
8) A3용지 좌측 상단 표제란에 인적사항을 기재하고, 작품(출력물, A4)은 표제란을 제외한 A3용지의 중앙에 마운팅(부착)하며, 작품 부착 경계선상에 감독위원의 확인 날인을 받으시오(단, 마운팅 소요시간 5분 이내).
9) 지급된 A3용지 및 컴퓨터 작업 내에는 불필요한 내용의 표시를 하지 마시오.
10) 모든 작품을 감독위원 또는 채점위원이 검토하여 카피된 작품(동일작품)이 있을 때에는 관련된 수험자 모두를 부정행위로 처리합니다.
11) 컴퓨터 H/W에 작업된 모든 내용과 시험자료는 A3용지에 마운팅 한 후 삭제하고, 출력물을 부착한 A3용지를 제출하시오.
12) 장시간 컴퓨터 작업으로 신체에 무리가 가지 않도록 적절한 몸풀기(스트레칭) 후 작업하시오.
13) 다음 사항에 대해서는 실격에 해당되어 채점 대상에서 제외됩니다.
    가) 수험자 본인이 수험 도중 시험에 대한 포기(기권) 의사를 표시하고 포기하는 경우
    나) 지정 작업범위(용량)를 초과한 경우
    다) 요구사항과 현격히 다른 경우(채점위원이 판단)
    라) 제한시간을 초과하여 미완성인 경우
    마) 과제기준 20% 이상 완성이 되지 않은 경우(채점위원이 판단)
    바) 최종작업을 편집프로그램으로 하지 않았거나, 수험자 미숙으로 출력을 못하였을 경우
14) 주요 채점 항목은 다음과 같습니다.
    가) 응용프로그램의 활용능력 및 최종 편집 프로그램 사용
    나) 색채, 그림요소의 표현
    다) 그림 및 문자요소의 레이아웃
    라) 타이포그래피(서체특성 및 크기, 자간 및 행간의 정확도, 오타 등)
    마) 원고규격, 재단선의 적합성, 디자인원고의 배치

3. 지급재료 목록

일련번호	재료명	규격	단위	수량	비고
1	복사 용지	A3	장	1	1인당
2	프린터 용지	A4(360dpi 이상 또는 일반용지)	장	2	1인당(프린터기에 내장)

컴퓨터그래픽기능사 디자인 원고

작품명 : **울산고래축제**

※ 작품규격(재단되어 있을 때의 규격) : 160×240mm, 작품 외곽선은 생략하고, 재단선은 3mm 재단 여유를 두고 용도에 맞게 표시하시오.
※ 불명확한 형상, 색상코드 불일치, 색 지정이 없는 부분, 원고에 없는 형상 등이 있을 때는 '나. 완성도면'과 같이 작업하시오.

가. 지시사항

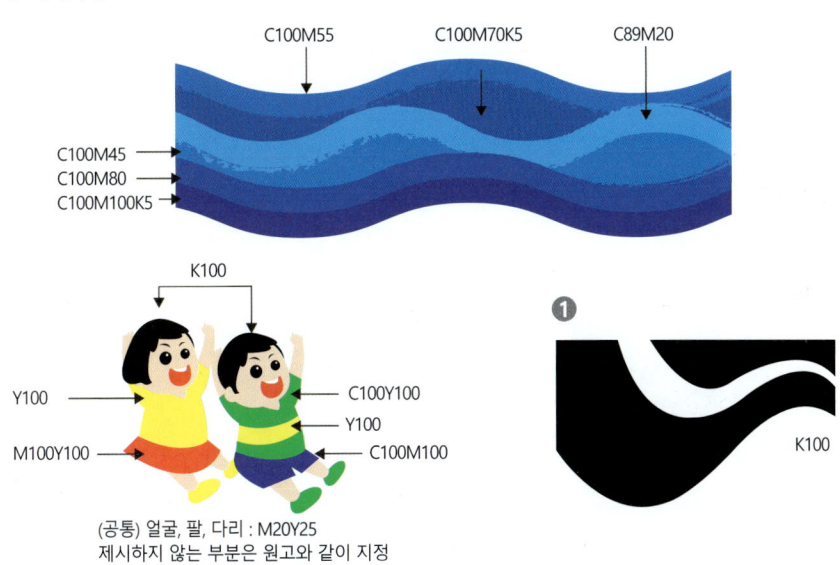

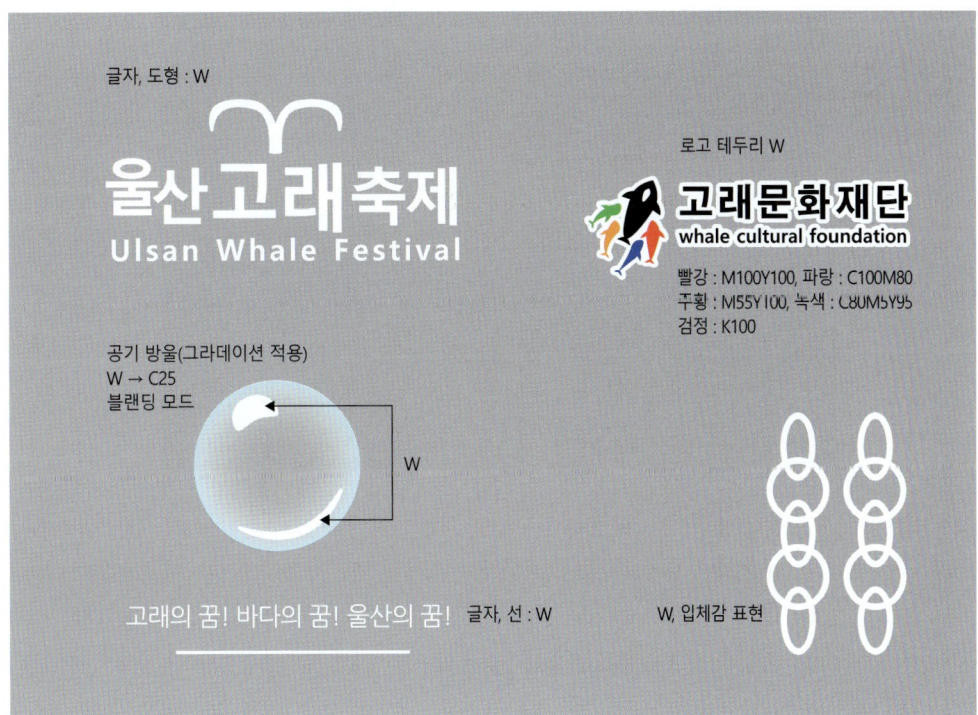

CHAPTER 2 울산고래축제 343

나. 완성도면

일러스트 ❶
이미지 : 고래_01
마스크,
그림자 효과

이미지 : 고래_02
필터 적용

이미지 :
고래_08, 09, 10
필터 적용
액자 테두리 : 질감,
입체감, 그림자 효과

이미지 : 고래_03
배경 활용

이미지 : 고래_07
블랜딩 모드

이미지 : 고래_06
필터, 블랜딩 모드

테두리
C100M50
블랜딩 모드,
그림자 효과

필터 적용

이미지 : 고래_02, 05
물결에 맞추어 배치

이미지 : 고래_05
블랜딩 모드

이미지 : 고래_04
색상 조정 M68Y100
외부광선 효과

원고와 같이
글 배경 제작

2 디자인 원고에 그리드 그리기

❶ 출력된 디자인 문제지의 '완성도면'에 직접 자와 빨간 펜 등 눈에 띄는 색상의 펜을 활용하여 16등분 선으로 그림과 같이 그리드 선을 그립니다.

Tip ✓

문제지 출력형태와 작업 도큐멘트에 같은 그리드를 그리면 오브젝트의 크기, 위치, 배치 간격을 파악하는데 도움이 됩니다.

나. 완성도면

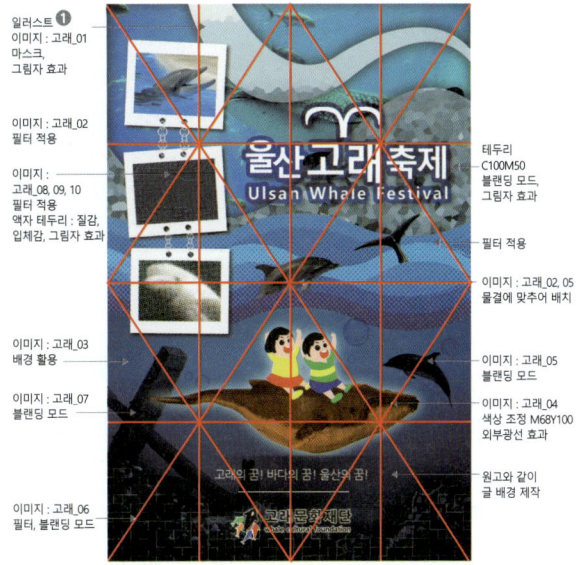

CHAPTER 2 울산고래축제 345

3 일러스트레이터 작업

01 작업 준비하기(도큐멘트 설정, 가이드 선 레이어 만들기)

1) 도큐멘트 설정하기

❶ 일러스트레이터에서 [File]−[New] 또는 Ctrl + N 을 눌러 Width : 166mm, Height : 246mm, Color Mode : CMYK Color, Raster Effects : High(300ppi)로 설정한 후 [Create]를 클릭합니다.

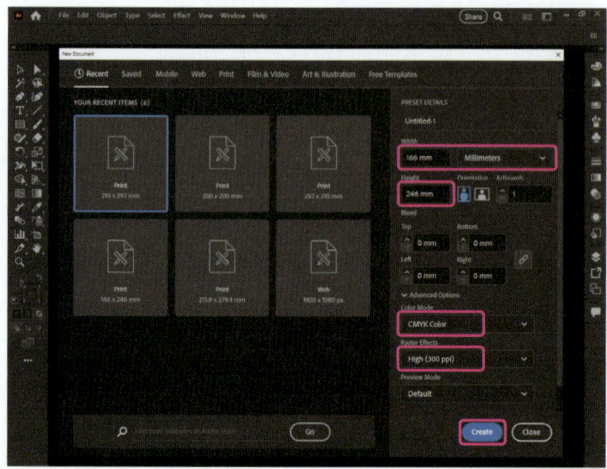

❷ 바탕화면에 새 폴더를 생성한 후 폴더 이름은 비번호 'A01'로 변경합니다. 일러스트레이터 프로그램에서 [File]−[Save]를 선택하고 파일 이름은 비번호 'A01'을 입력하고 파일형식 : Adobe Illustrator(*.Ai)를 선택한 후 [저장(S)]을 누릅니다. [Illustrator Options] 창이 활성화되면 [OK]를 눌러 저장합니다.

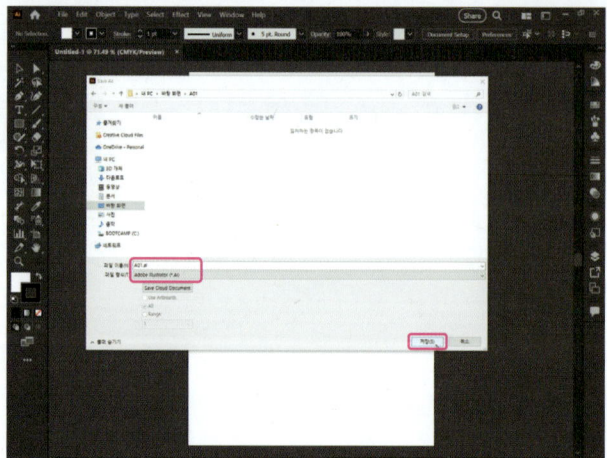

Tip

Ctrl + S 를 눌러 작업한 내용을 수시로 저장하는 습관을 들이면 프로그램 오류에 빠르게 대처할 수 있습니다.

❸ 작업 창에 가로와 세로를 16등분 하는 격자 선을 그리드로 그리기 위해 Line Segment Tool( ) 아이콘 아래의 작은 삼각형을 길게 눌러 Rectangular Grid Tool( )을 선택하고 작업 창을 클릭합니다.

> **Tip**
>
> 문제지 출력형태와 작업 도큐멘트에 같은 그리드를 그리면 오브젝트의 크기, 위치, 배치 간격을 파악하는 데 도움이 됩니다. 그리드 작업이 필수 항목은 아니지만 디자인 작업이 숙련될 때까지 그리드 활용하는 것을 권장합니다.

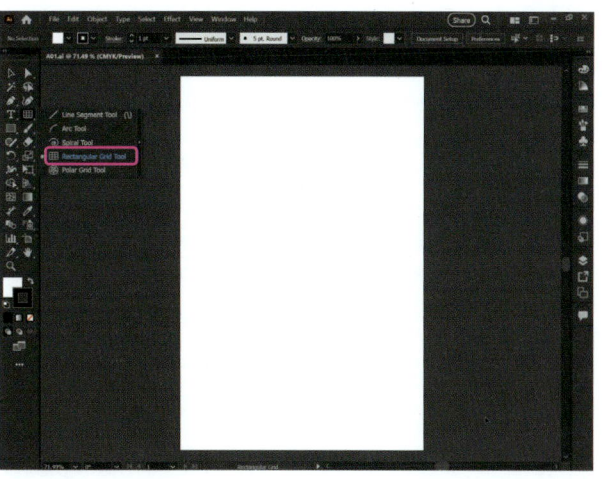

❹ [Rectangular Grid] 옵션 상자를 활성화합니다. Default Size Width : 160mm, Height : 240mm, Horizontal Dividers Number : 3, Vertical Dividers Number : 3을 입력하고 [OK]를 클릭합니다.

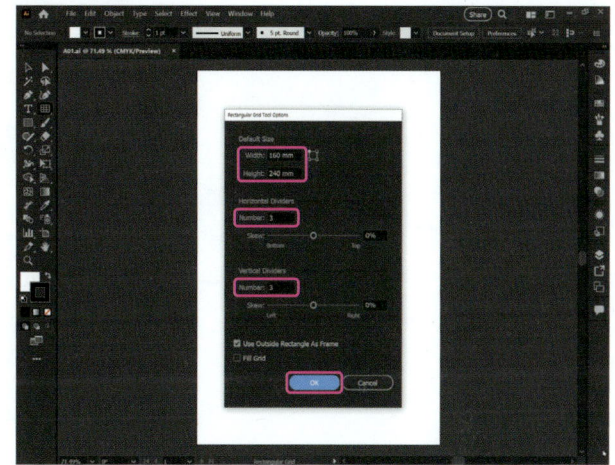

❺ 격자 선이 도큐멘트의 가운데에 정렬될 수 있도록 Selection Tool( )로 격자 선을 클릭하여 선택합니다.
[Window]−[Align] 패널을 활성화하고 Align To : Align to Artboard, Align Objects : Horizontal Align Center, Vertical Align Center를 눌러 작업 창 가운데 격자 선을 배치합니다.

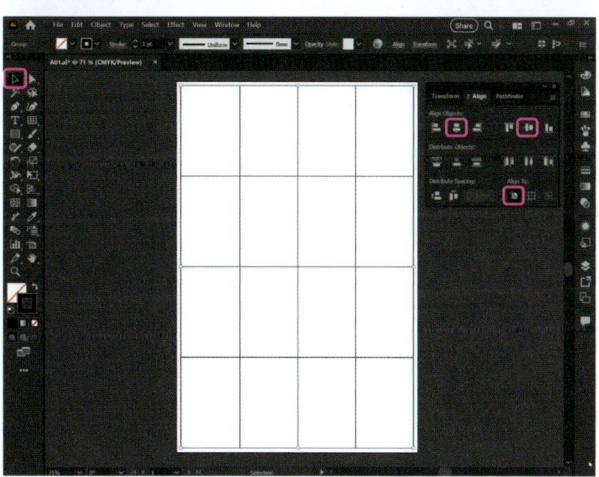

❻ 격자 선은 상단 메뉴의 [Object]–[Lock]–[Selection] 또는 Ctrl + 2 를 눌러 격자 선이 움직이지 않도록 고정합니다.

> **Tip**
>
> Pen Tool( )로 기존 고정점을 클릭하면 삭제되기 때문에 고정점이 선택되지 않도록 잠그고 추가 선을 그립니다.

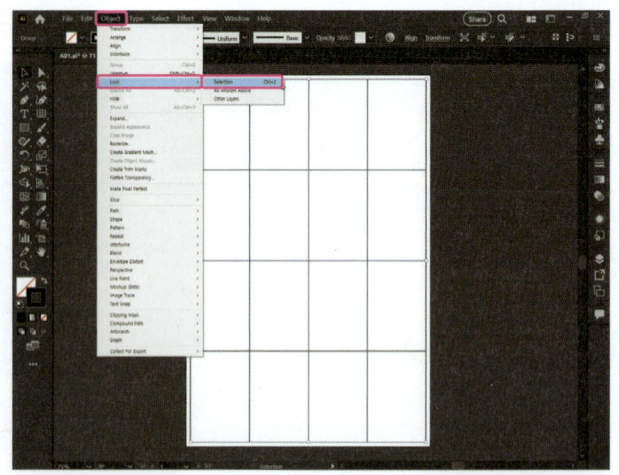

❼ Pen Tool( )로 격자 선의 상, 하, 좌, 우 가운데 점을 연결하여 마름모(◇) 형태로 선을 그립니다.

> **Tip**
>
> [Menu]–[View]–[Smart Guide] 또는 Ctrl + U 를 활성화하면 오브젝트를 그릴 때 교차점이나 고정점을 정확하게 맞추는 데 도움이 됩니다.

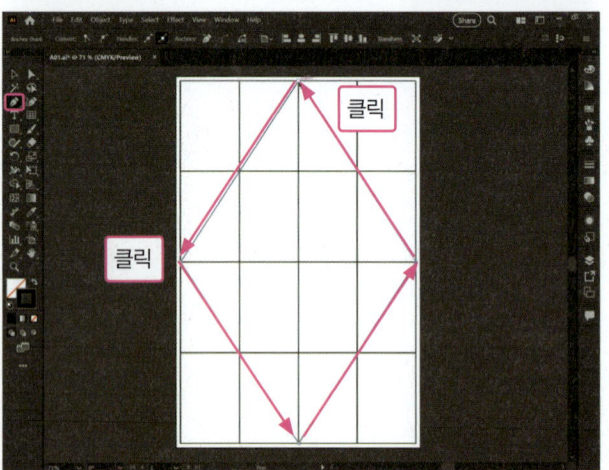

❽ Pen Tool( )로 X 형태로 추가 선을 그립니다.

> **Tip**
>
> Pen Tool( )로 X선을 그릴 때, 왼쪽 상단에서 오른쪽 하단으로 대각선을 그린 후 Ctrl 을 누른 채 작업 창의 공간을 클릭하여 선 끝내기를 하고 반대 방향으로 대각선을 그립니다.

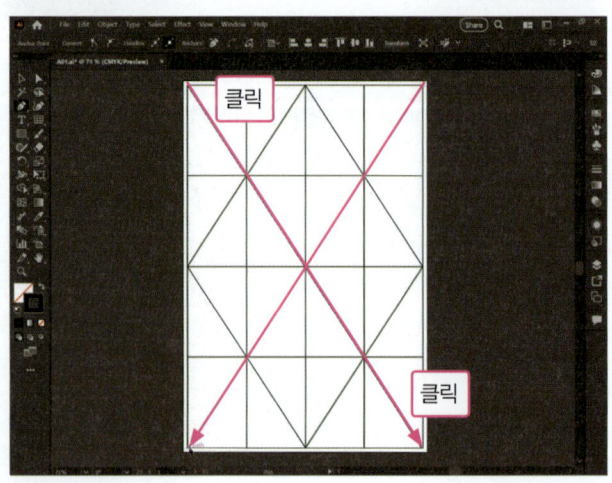

❾ [Object]-[Unlock All] 또는 Alt +Ctrl+2를 선택하여 잠근 격자 선을 풀고, [Select]-[All] 또는 Ctrl+A를 눌러 격자 선을 모두 선택합니다.

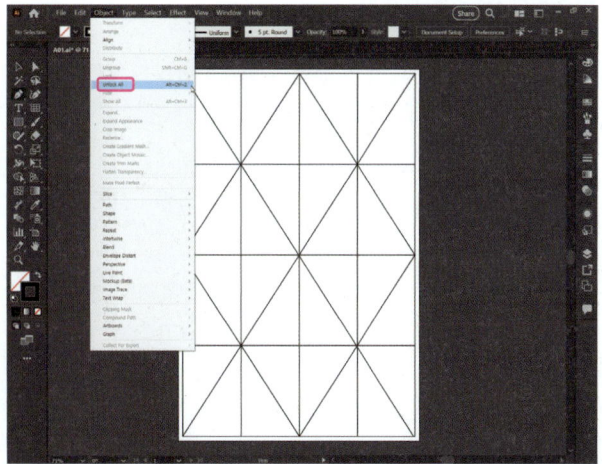

❿ [Stroke Color] 아이콘을 더블 클릭하여 [Color Picker] 대화창에 빨간색 색상값 M100Y100을 입력합니다.

문제지에 표기되지 않은 색상은 0%로 입력합니다.

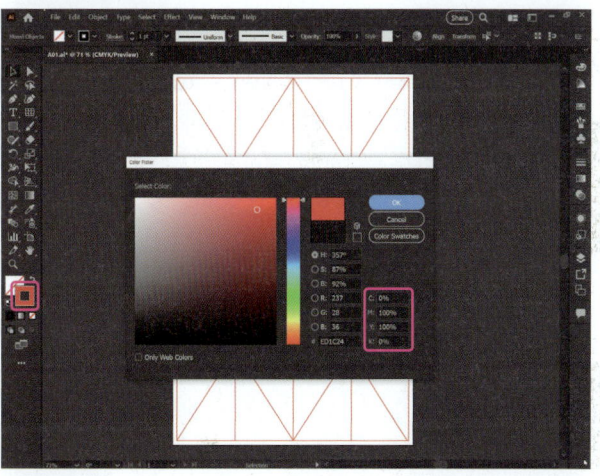

⓫ [Object]-[Group] 또는 Ctrl+G를 눌러 그룹으로 지정합니다.

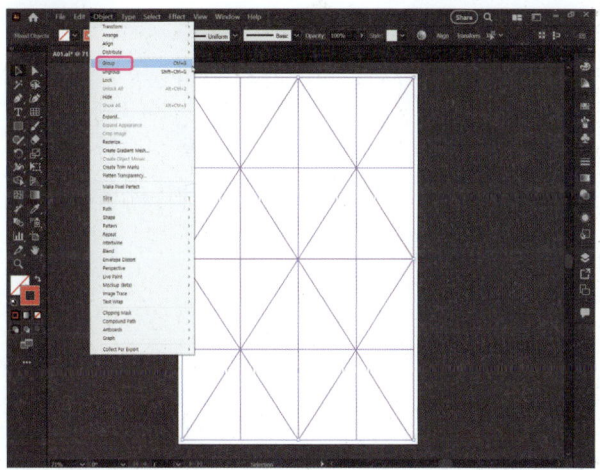

2) 가이드 선 레이어 만들기

❶ [Window]−[Layers] 패널을 활성화합니다. 'Layer 1' 이름을 더블 클릭하여 '가이드 선'으로 변경합니다. '가이드 선' 레이어는 [Toggles Lock]을 눌러 변경되지 않도록 고정합니다.

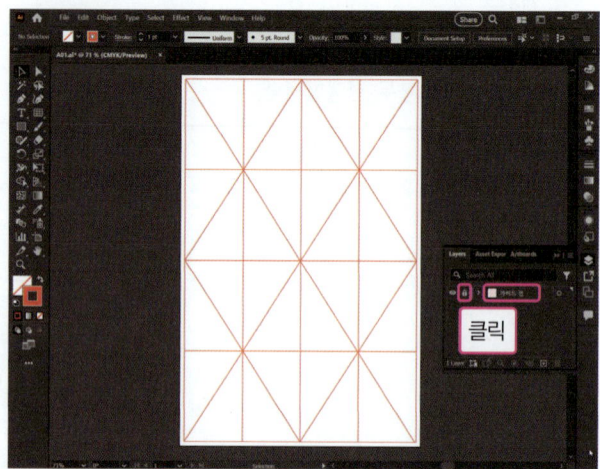

❷ [Layers] 패널에서 'Create New Layer' 아이콘을 눌러 새 레이어를 추가하고, 'Layer 2'를 더블 클릭한 후 레이어 이름을 '이미지'로 변경합니다. 일러스트레이터 작업물은 '이미지' 레이어에 작업합니다.

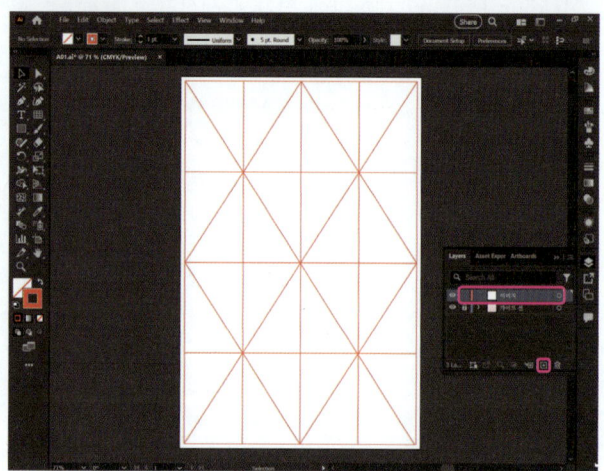

> **Tip** ✓
>
> [Layers] 패널에서 '이미지' 레이어를 더블 클릭하여 [Layer Options] 대화창을 활성화합니다. 레이어 색상을 변경하여 작업하기 편한 환경을 만듭니다.

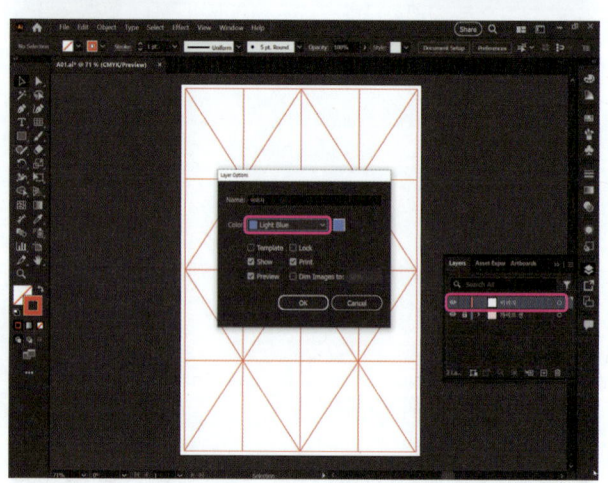

이미지 제작

1) 물결

❶ Rectangle Tool(▢)로 드래그하여 그림과 같이 직사각형을 그립니다.

> **Tip**
>
> 직사각형 크기 : 166×30mm(도형의 크기는 정확하지 않아도 되며, 디자인 원고를 참고하여 비율을 맞춰 비슷하게 그림)

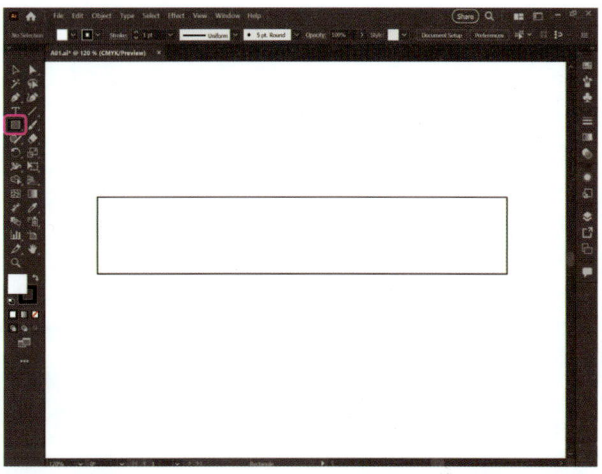

❷ Line Segment Tool(╱)을 선택한 후 선색은 임의의 색상을 선택하고 Shift 를 누른 채 가로 방향으로 드래그하여 직선을 그립니다. 직선이 선택된 상태로 [Effect]-[Distort & Transform]-[Zig Zag]를 클릭한 후 [Zig Zag] 옵션 상자의 Size : 5mm, Ridges per Segment : 3, Points : Smooth를 선택하고 [OK]를 눌러 물결 모양을 만듭니다.

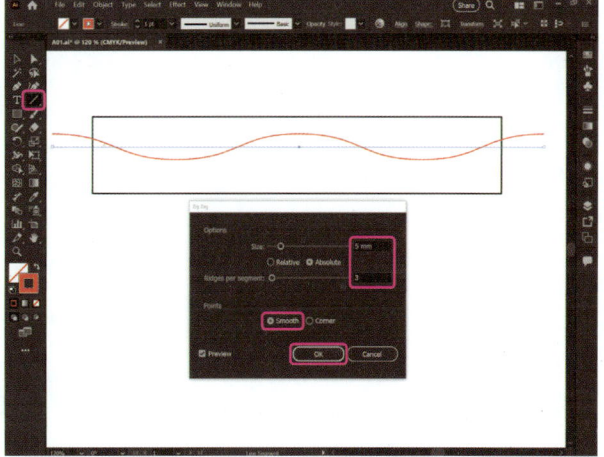

❸ 물결은 수정이 가능하도록 [Object]-[Expand Appearance]를 선택하고 Selection Tool(▶)로 물결선을 선택한 후 Alt 를 누른 채 드래그하여 복사하고 그림과 같이 배치합니다.

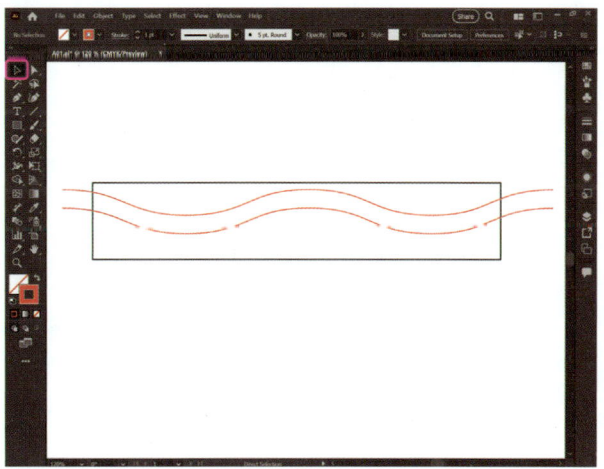

❹ Selection Tool(▶)로 오브젝트를 모두 선택하고 [Window]-[Pathfinder] 패널에서 Pathfinders : Divide 아이콘을 클릭합니다.

Shift + Ctrl + G 를 눌러 그룹 해제하고 불필요한 이미지는 Delete 를 눌러 삭제합니다.

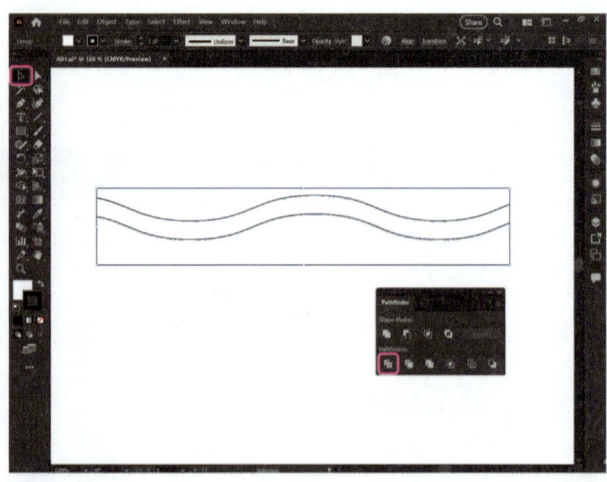

❺ 면색은 ⓐ C100M55, ⓑ C100M70K5, 선색은 None으로 설정합니다. Selection Tool(▶)로 모두 선택한 후 Ctrl + G 를 눌러 그룹 설정합니다.

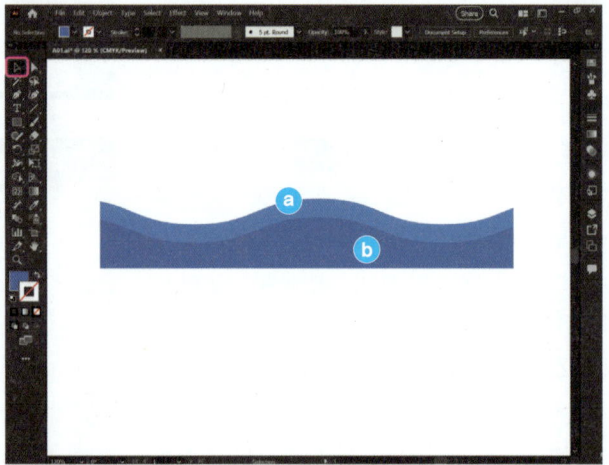

❻ ❷와 같은 방법으로 다시 한번 Rectangle Tool(■)로 직사각형을 그리고, Line Segment Tool(/)로 Shift 를 누른 채 가로 방향으로 드래그하여 직선을 그립니다. 직선은 [Effect]-[Distort&Transform]-[Zig Zag]를 클릭하고 옵션 상자에서 Size : 5mm, Ridges per segment : 4, Points : Smooth를 선택한 후 [OK]를 눌러 물결 모양을 만듭니다.

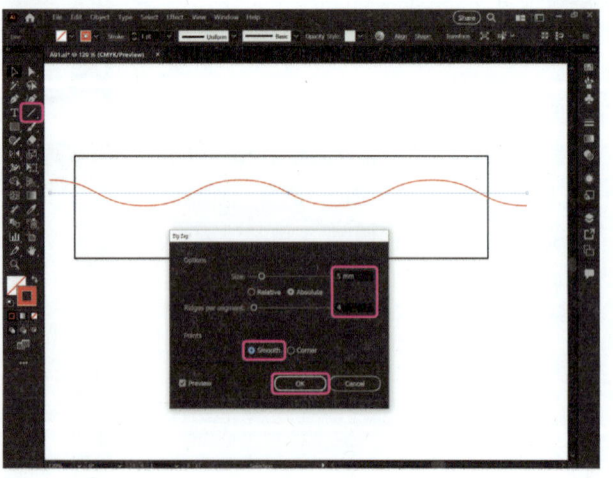

> **Tip**
> [Zig Zag]의 옵션값은 ❷의 이미지와 다르게 설정합니다.

❼ 물결은 수정이 가능하도록 [Object]-[Expand Appearance]를 선택하고 Selection Tool(▶)로 물결선을 선택한 후 Alt 를 누른 채 드래그하여 복사하고 배치합니다.
Selection Tool(▶)로 오브젝트를 모두 선택하고 [Pathfinder] 패널에서 Pathfinders : Divide 아이콘을 클릭합니다.
Shift + Ctrl + G 를 눌러 그룹 해제하고 불필요한 이미지는 Delete 를 눌러 삭제합니다.

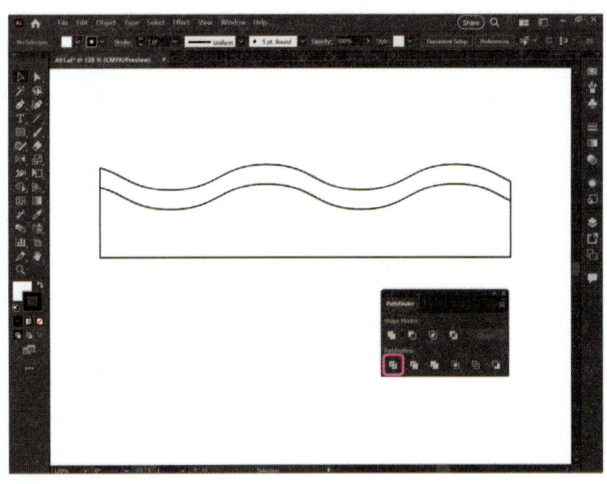

❽ 면색은 ⓒ C100M45, ⓓ C89M20, 선색은 None으로 설정하고 Selection Tool(▶)로 모두 선택한 후 Ctrl + G 를 눌러 그룹 설정합니다. 그림과 같이 알맞게 배치합니다.

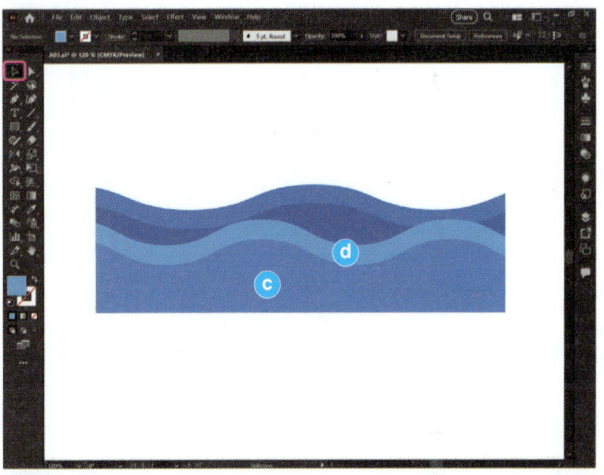

❾ ❺에서 만든 '물결' 이미지를 Selection Tool(▶)로 선택하고 Alt 를 누른 채 드래그하여 복사한 후 아래에 배치합니다. 마우스 우클릭 후 [Arrange]-[Bring Forward]를 눌러 알맞게 배치하고 Shift + Ctrl + G 를 눌러 그룹 해제합니다. 가장 아래의 면을 선택한 후 Delete 를 눌러 삭제합니다.

❿ 물결 1개의 이미지를 선택한 후 Alt 를 누른 채 드래그하여 아래에 복사하고 면색은 ⓔ C100M80, ⓕ C100M100K5, 선색은 None으로 설정합니다.

⓫ Direct Selection Tool(▶)로 하단에 보이는 고정점을 드래그하여 위로 이동하여 길이를 수정합니다.

⓬ 물결의 질감을 표현하기 위해 ⓑ C100M70K5 물결을 복사하고 그룹을 해제하여 그림과 같이 불필요한 이미지는 Delete 를 눌러 삭제합니다. 선을 표현하기 위해 도구 바의 'Swap Fill and Stroke' 아이콘을 클릭합니다.
[Brushes] 패널을 열어 왼쪽 하단의 [Brush Libraries Menu]를 클릭한 후 [Artistic]-[Artistic_ChalkCharcoalPencil]을 선택합니다. 적절한 질감의 브러시를 선택하고 옵션 바에서 선의 두께를 3pt로 설정합니다.

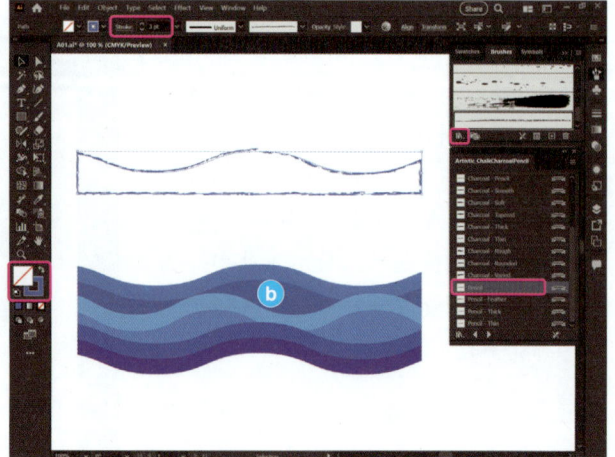

⓬ Direct Selection Tool(▶)로 물결 상단의 선만 남기고 나머지 불필요한 선은 선택한 후 Delete 를 눌러 삭제합니다. 선은 물결 위에 알맞게 배치합니다.

Tip

[Object]-[Arrange]를 활용하여 레이어 순서를 알맞게 배치합니다.

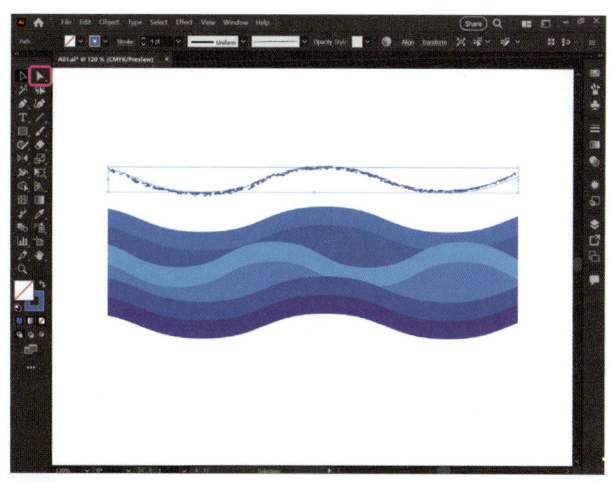

⓮ ⓬~⓭과 같은 방법으로 질감이 필요한 부분의 선에 브러시를 적용하고 그림과 같이 배치하여 완성합니다.

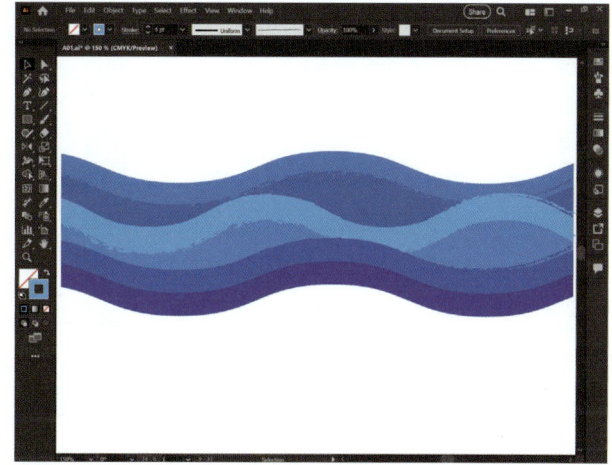

2) 어린이

❶ Pen Tool(✒)을 선택한 후 D 를 눌러 면색과 선색을 초기화하고 남자 어린이의 얼굴, 머리, 귀, 목을 그립니다.

Tip

1. 면과 선이 있는 상태에서 드로잉하면 레이어의 위치를 정확하게 파악할 수 있습니다.
2. 어색한 부분은 Smooth Tool(✐)로 정리하면서 그립니다.

❷ 머리의 면색은 K100, 얼굴, 귀, 목의 면색은 M20Y25, 선색은 모두 None으로 설정합니다.

Selection Tool( )로 오른쪽 머리를 선택하여 [Arrange]-[Send to Back]을 눌러 레이어의 순서를 알맞게 배치합니다.

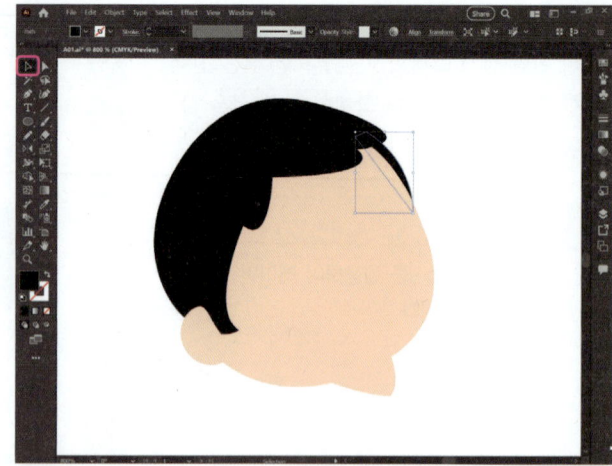

❸ ❶과 같은 방법으로 Pen Tool( )로 티셔츠를 그리고 무늬는 곡선으로 그림과 같이 그립니다.

> **Tip**
>
> 곡선의 면색은 None, 선색은 임의로 설정해야 Divide를 했을 때 불필요한 면이 생성되지 않습니다.

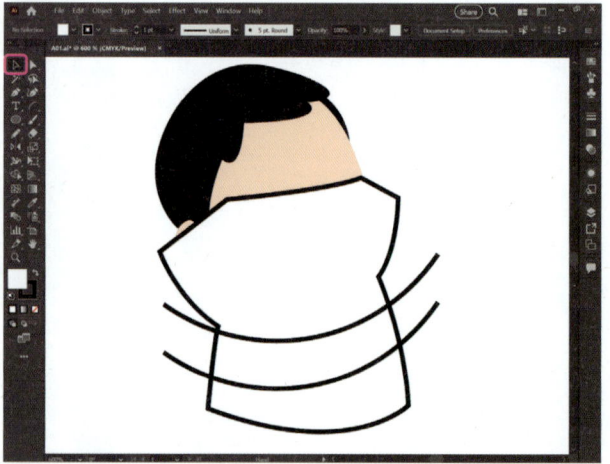

❹ Selection Tool( )로 티셔츠와 곡선 두 개를 같이 선택하고 [Window]-[Pathfinder] 패널에서 Pathfinders : Divide 아이콘을 클릭합니다. 티셔츠의 면색은 녹색(C100Y100), 노랑색(Y100), 선색은 None으로 설정합니다.

Selection Tool( )로 티셔츠를 선택하고 마우스 우클릭 후 [Arrange]-[Send to Back]을 눌러 레이어의 순서를 알맞게 배치합니다.

> **Tip**
>
> 그룹으로 지정되어있는 면은 Direct Selection Tool( )로 선택할 수 있습니다.

❺ Pen Tool(　)로 바지, 다리, 신발을 그린 후 면색은 바지(C100M100), 다리(M20Y25), 신발(C100Y100), 선색은 None으로 설정합니다.

다리와 신발은 같이 선택하고 Alt 를 누른 채 드래그하여 크기를 조절한 후 마우스 우클릭하여 [Arrange]-[Send to Back]을 눌러 레이어의 순서를 알맞게 배치합니다.

❻ 팔은 Pen Tool(　)로 그리고 손은 Pencil Tool(　)로 부드럽게 그립니다. 면색은 M20Y25, 선색은 None으로 설정합니다.

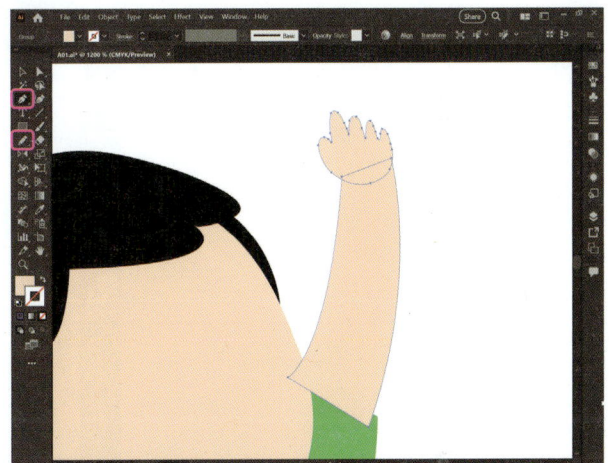

❼ Selection Tool(　)로 손과 팔을 선택하고 Reflect Tool(　)을 더블 클릭하여 [Reflect] 옵션 상자에서 Axis : Vertical을 선택 후 [Copy]를 클릭합니다.

마우스 우클릭 후 [Arrange]-[Send to Back]을 눌러 레이어의 순서를 알맞게 배치합니다.

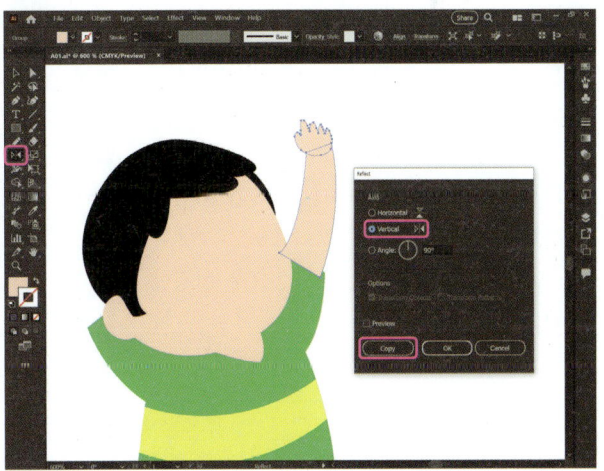

❽ 눈썹은 Pen Tool( )로 그리고 Ellipse Tool( )로 눈을 그립니다. 면색은 흰색(C0M0Y0K0), 검은색(K100), 선색은 모두 None으로 설정합니다.

❾ Pen Tool( )로 입의 형태를 그리고 치아 부분의 면색은 None, 선색은 임의의 색상으로 선택하여 곡선을 그립니다.

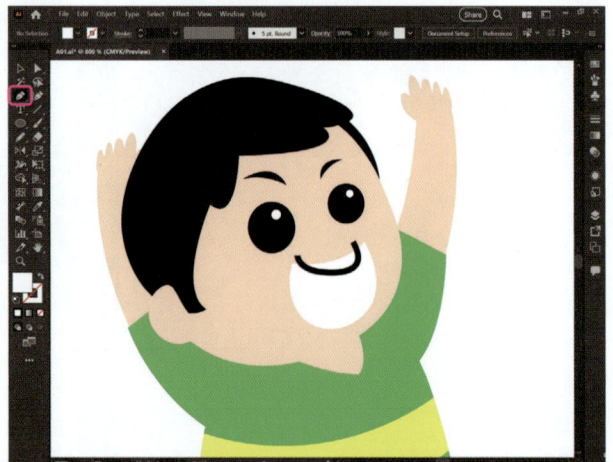

❿ Selection Tool( )로 입의 형태와 치아 곡선을 같이 선택하고 [Window]－[Pathfinder] 패널에서 Pathfinders : Divide 아이콘을 클릭합니다.
Direct Selection Tool( )로 개별 선택하여 면색은 입(M100Y100), 치아(C0M0Y0K0), 선색은 None으로 설정합니다.

⓫ Selection Tool(▶)로 남자 어린이 오브젝트를 모두 선택하고 Alt 를 누른 채 드래그하여 복사합니다.

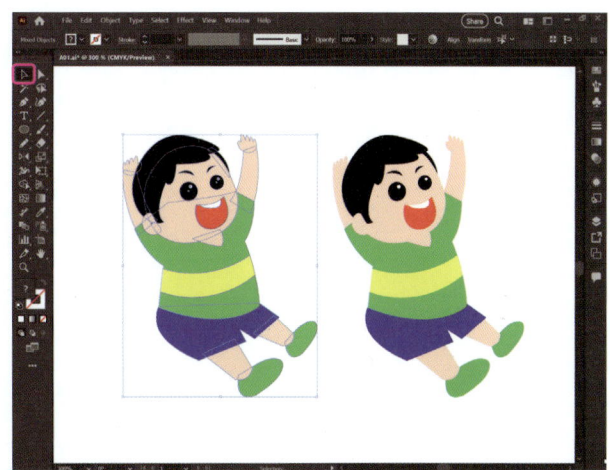

⓬ 복사한 오브젝트의 면색은 티셔츠와 신발(Y100), 바지(M100Y100), 선색은 None으로 변경합니다.

⓭ Direct Selection Tool(▶)로 바지 하단의 고정점들을 선택하고 Delete 를 눌러 삭제합니다.

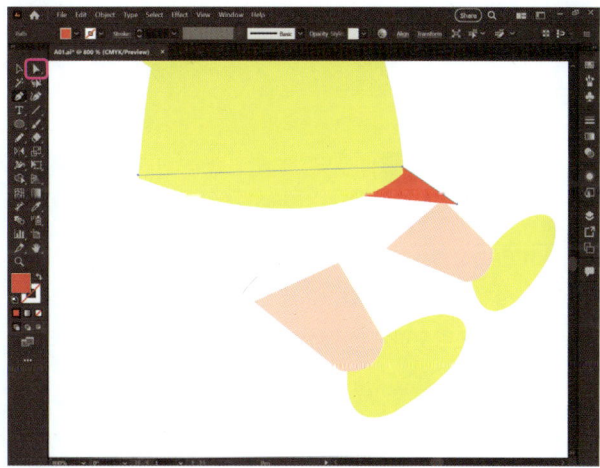

⑭ 끊어진 고정점을 Pen Tool( )로 클릭하여 곡선으로 연결해 치마 모양으로 변형합니다.

⑮ ⑬~⑭와 같은 방법으로 Direct Selection Tool( )과 Pen Tool( )을 활용하여 단발머리로 변형합니다.
작업된 이미지는 각각 Selection Tool( )로 선택한 후 Ctrl + G 를 눌러 그룹 설정합니다.
여자 어린이는 마우스 우클릭 후 [Arrange] -[Send to Back]을 눌러 레이어의 순서를 알맞게 배치합니다.

3) 타이틀

❶ Type Tool( )로 '울산고래축제'와 'Ulsan Whale Festival'을 입력하고 [Window]-[Type]-[Character] 패널에서 서체, 크기와 자간, 장평 등을 문제지 출력형태와 비슷하게 설정합니다.
문자 색상은 C0M0Y0K0으로 설정합니다.

> **Tip** ✓
> • 서체 : 맑은 고딕, Bold(그림과 동일한 서체가 없을 시 비슷한 서체를 선택하여 사용)
> • 글자 크기 : 46pt, 22pt

❷ Selection Tool( )로 '울산고래축제' 글자를 선택한 후 [Type]-[Create Outlines]를 클릭하여 이미지로 변경합니다. Shift + Ctrl + G 를 눌러 그룹 해제한 후 크기를 조정하고 알맞게 배치합니다.

❸ Pen Tool( )로 고래의 왼쪽 꼬리를 그림과 같이 그립니다. 면색은 None, 선색은 C0M0Y0K0으로 설정합니다.

❹ Selection Tool( )로 선을 선택하고 [Stroke] 패널에서 Cap : Round Cap을 눌러 선의 끝점을 둥글게 변경한 후 선의 두께를 알맞게 조정합니다.

선의 두께 : 3pt

❺ Width Tool( )로 선을 드래그하여 넓이를 조절합니다.

> **Tip**
>
> **Width Tool( ) 수정**
> Width Tool로 추가한 폭 점은 바깥쪽 또는 안쪽으로 드래그하여 선의 두께를 조절하거나 폭 점을 선택한 후 Delete 를 눌러 삭제합니다.

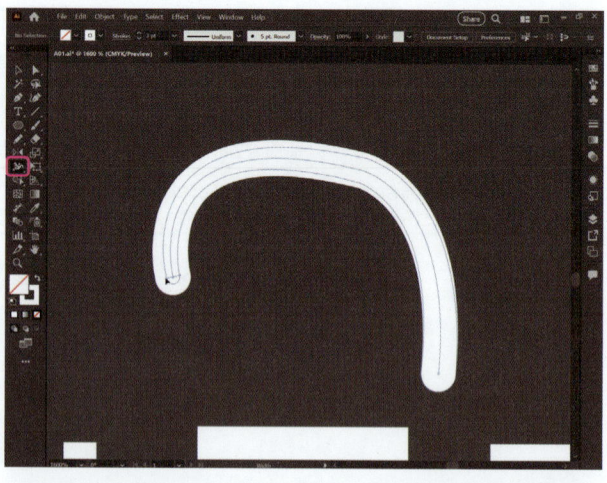

❻ 부분 수정이 가능하도록 [Object]-[Expand Appearance]를 눌러 면으로 설정하고 Direct Selection Tool( )로 고정점과 핸들점을 이용해 그림과 같이 이미지를 수정합니다.

❼ Selection Tool( )로 왼쪽 꼬리를 선택하고 Reflect Tool( )을 더블 클릭합니다. [Reflect] 옵션 상자에서 Axis : Vertical 을 선택 후 [Copy]를 눌러 오른쪽에 배치합니다.

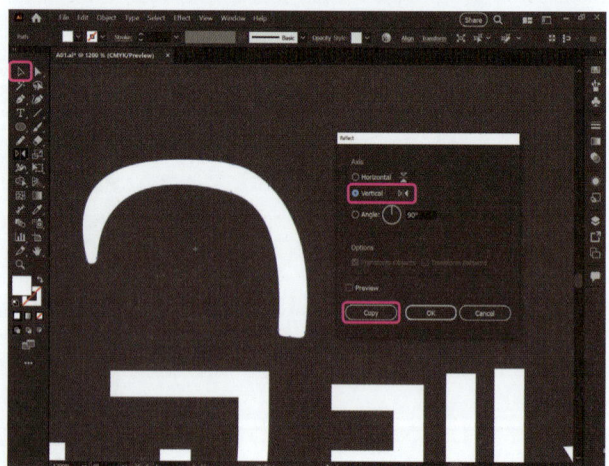

❽ 작업된 메인 텍스트는 Selection Tool (▶)로 모두 선택하고 Ctrl + G 를 눌러 그룹 설정합니다.

4) 공기 방울

❶ Ellipse Tool(◯)로 Shift 를 누른 채 드래그하여 정원을 그립니다.

> **Tip**
>
> 원 크기 : 25×25mm(도형의 크기는 정확하지 않아도 되며, 디자인 원고를 참고하여 비율을 맞춰 비슷하게 그림)

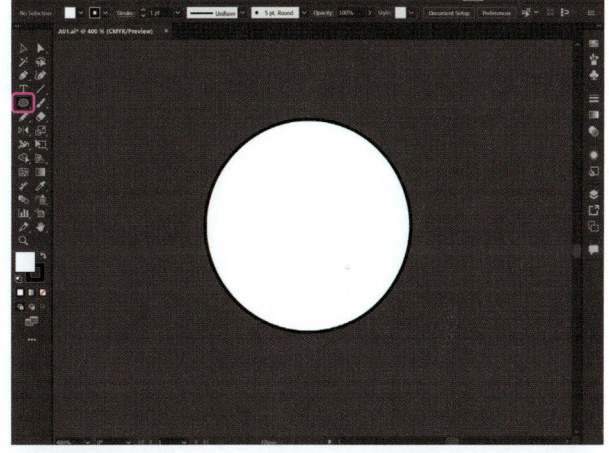

❷ [Window]-[Gradient] 패널에서 Type : Radial Gradient, 면의 색상은 C0M0Y0K0 → C25, 선색은 None으로 설정하고 [Gradient Slider] ◇ 아이콘을 오른쪽으로 드래그하여 색상을 알맞게 적용합니다.

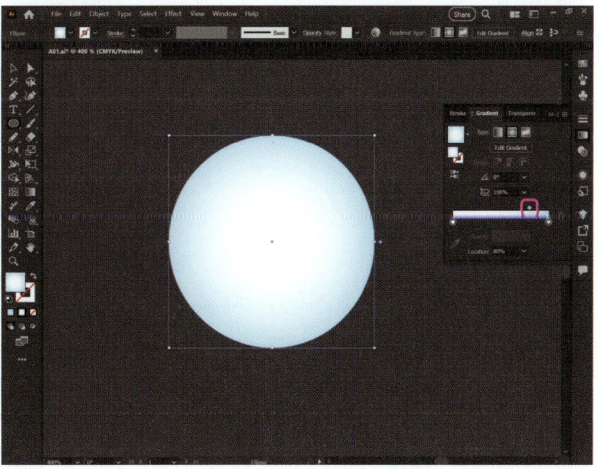

❸ 다시 Ellipse Tool(◯)을 선택한 후 Shift 를 누른 채 드래그하여 작은 원을 그립니다. 면색은 C0M0Y0K0, 선색은 None으로 설정합니다.

❹ Direct Selection Tool(▷)로 하단의 고정점을 클릭한 채 드래그하여 그림과 같은 형태로 변경하고 공기 방울 위에 알맞게 배치합니다.

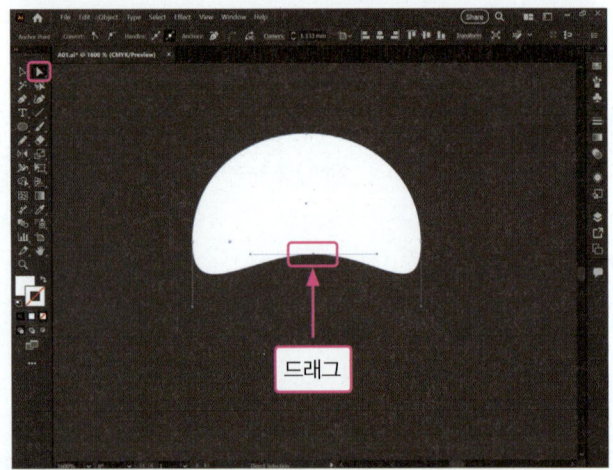

❺ Pen Tool(✎)로 아래의 반사 빛을 그리기 위해 면색은 None, 선색은 C0M0Y0K0으로 설정한 후 곡선으로 부드럽게 그립니다.
[Stroke] 패널에서 Cap : Round Cap을 눌러 선의 끝점을 둥글게 변경하고 선의 두께를 알맞게 조정합니다.
Width Tool(✍)로 선을 드래그하여 넓이를 그림과 같이 조절한 후 Selection Tool(▷)로 공기 방울을 모두 선택하고 Ctrl + G 를 눌러 그룹 설정합니다.

5) 액자와 고리

❶ 액자를 그리기 위해 Rectangle Tool(□)로 그림과 같이 2개의 직사각형을 그립니다. 면색은 흰색(C0M0Y0K0), 검정색(K100), 선색은 None으로 설정합니다.

> **Tip**
>
> 직사각형 크기 : 46×40mm, 38×28mm(도형의 크기는 정확하지 않아도 되며, 디자인 원고를 참고하여 비율을 맞춰 비슷하게 그림)

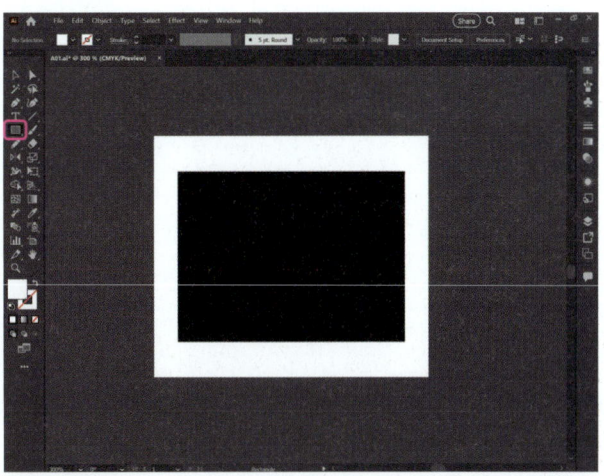

❷ Ellipse Tool(○)로 Shift 를 누른 채 드래그하여 작은 정원을 그리고 Selection Tool(▶)로 원을 선택한 후 Alt + Shift 를 누른 채 드래그하여 오른쪽에 복사합니다. 2개의 작은 원을 선택한 후 Ctrl + G 를 눌러 그룹으로 설정하고 [Window]-[Align] 패널에서 Align To : Align to Selection, Align Objects : Horizontal Align Center 아이콘을 클릭합니다.

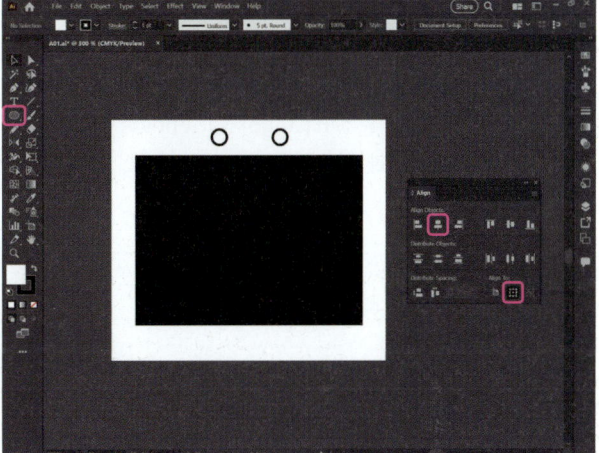

❸ 2개의 원은 Selection Tool(▶)로 Alt + Shift 를 누른 채 드래그하여 아래쪽에 복사합니다.

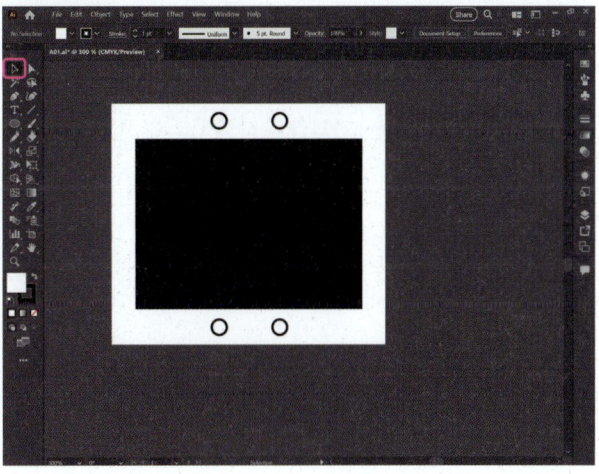

❹ Selection Tool( )로 액자를 모두 선택하고 Alt 를 누른 채 드래그하여 복사합니다. 왼쪽 액자 이미지 아래의 있는 원 2개를 선택한 후 Delete 를 눌러 삭제합니다.

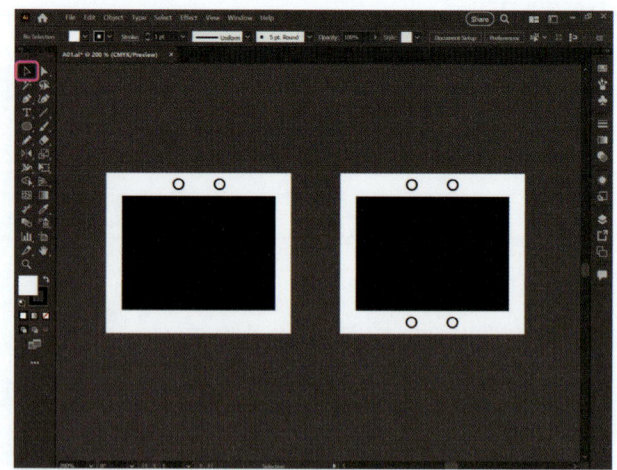

❺ 두 액자의 흰색 사각형과 원을 모두 선택하고 [Window]−[Pathfinder] 패널의 Shape Modes : Exclude를 클릭합니다. Selection Tool( )로 흰색 면을 선택하고 마우스 우클릭 후 [Arrange]−[Send to Back]을 눌러 레이어의 순서를 알맞게 배치합니다.

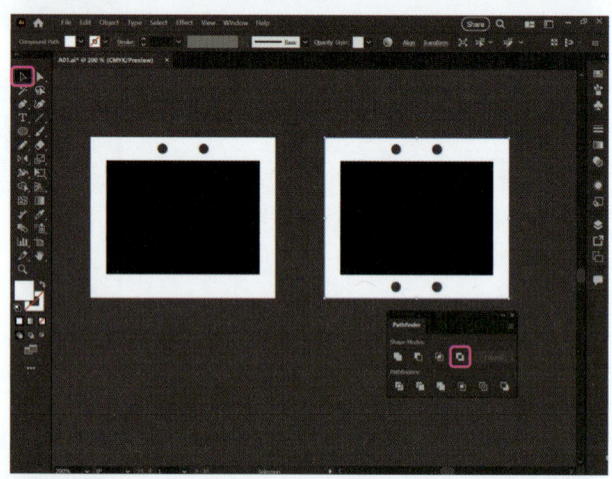

❻ 각각의 액자는 Ctrl + G 를 눌러 그룹으로 설정하고 필요한 이미지는 Selection Tool( )로 선택한 후 Alt 를 누른 채 드래그하여 복사합니다. 액자는 회전시켜 그림과 같이 알맞게 배치합니다.

❼ 액자 고리는 Ellipse Tool( )로 타원형과 정원을 그려 알맞게 겹쳐 배치하고 [Stroke] 패널에서 선의 두께를 알맞게 조정한 후 면색은 None, 선색은 C0M0Y0K0으로 설정합니다.

고리는 모두 선택하여 [Window]-[Align] 패널에서 Align To : Align to Selection, Align Objects : Horizontal Align Center 아이콘을 클릭합니다.

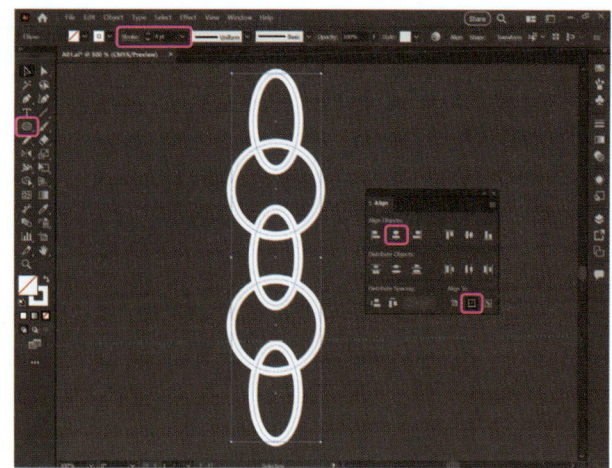

6) 로고

❶ 고래의 몸을 그리기 위해 Ellipse Tool( )로 타원형을 그리고 Direct Selection Tool( )로 하단 고정점을 드래그하여 변형합니다.

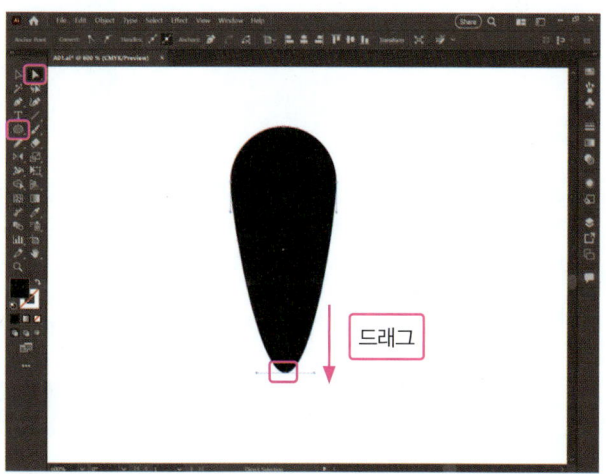

❷ Anchor Point Tool( )로 상단 고정점을 클릭한 후 뾰족하게 만들고 Direct Selection Tool( )로 고정점과 핸들점을 드래그하여 부드럽게 변형합니다.

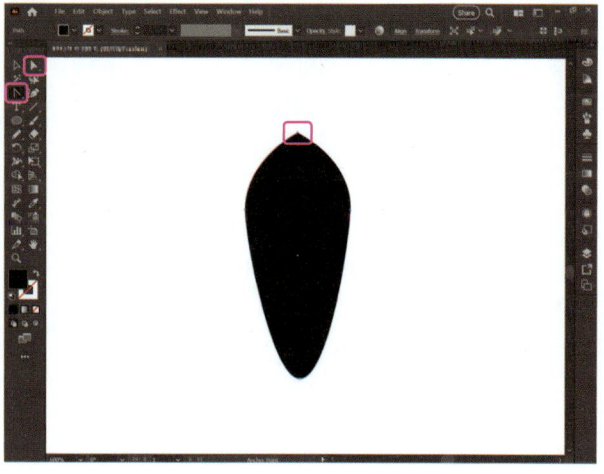

❸ Pen Tool( )로 고래의 등, 지느러미와 꼬리를 그리고 그림과 같이 조합한 후 회전시켜 알맞게 배치합니다.
면색은 검정(K100), 흰색(C0M0Y0K0), 선색은 None으로 설정합니다.

❹ Pen Tool( )로 고래를 추가로 그리고 각 고래의 면색은 초록(C80M5Y95), 주황(M55Y100), 파랑(C100M80), 빨강(M100Y100), 선색은 None으로 설정합니다.

> **Tip** ✓
>
> 생김새가 비슷한 고래는 Selection Tool( )로 Alt 를 누른 채 오브젝트를 드래그하여 복사한 후 Direct Selection Tool( )로 수정하면 작업시간이 단축됩니다.

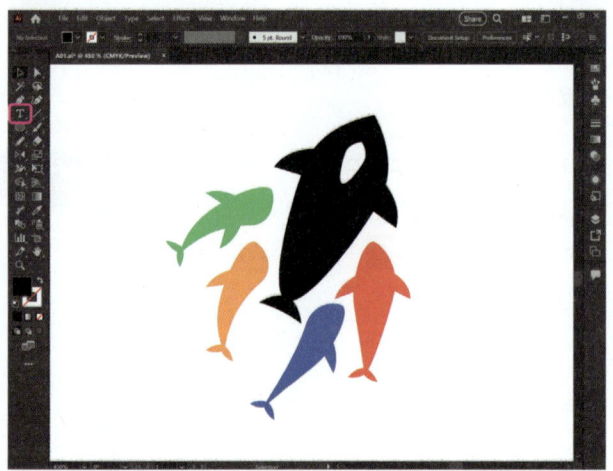

❺ Type Tool( )로 '고래문화재단'과 'whale cultural foundation'을 입력하고 [Window]-[Type]-[Character] 패널에서 서체, 크기와 자간, 장평 등을 문제지 출력형태와 비슷하게 설정합니다.
문자 색상은 K100으로 설정합니다.

> **Tip** ✓
>
> 서체 : 한글-HY견고딕, 영문-맑은 고딕, Bold(그림과 동일한 서체가 없을 시 비슷한 서체를 선택하여 사용)

❻ '로고' 이미지는 알맞게 크기를 조정하여 배치합니다.

7) 배경

Pen Tool( )로 가이드 선을 기준으로 그림과 같이 부드러운 곡면을 그리고 면색은 K100, 선색은 None으로 설정합니다.

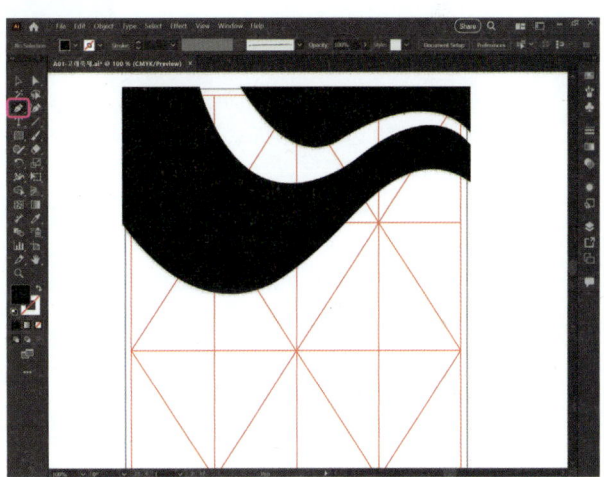

4 포토샵 작업

01 작업 준비하기(도큐멘트 설정, 가이드 선)

❶ 포토샵 프로그램에서 [File]−[New]를 선택합니다. [New] 옵션 상자의 Width : 166mm, Height : 246mm, Resolution : 300pixels/inch, Color Mode : RGB Color, Background Contents : White 로 설정한 후 [Create]를 누릅니다.

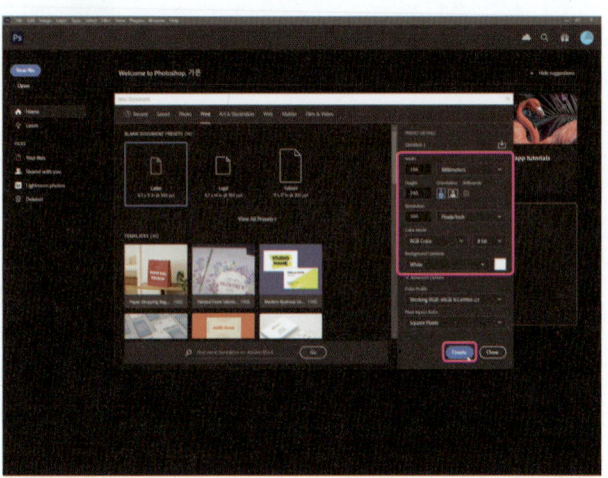

Tip ✓

1. Resolution : 300pixels/inch는 고품질의 해상도로 인쇄, 출판에 적합한 해상도입니다. 해상도가 높아지면 파일의 용량이 커집니다. 시험에서 제출할 파일의 총 용량은 10MB 이하이기 때문에 작업 완료를 한 후 용량이 10MB를 넘으면 [Image]−[Image Size]에서 150~250 정도의 해상도로 변경하여 제출합니다.
2. 인쇄에 적합한 Color Mode는 CMYK Color 입니다. 하지만 포토샵에서 CMYK Color로 설정되어 있으면 시험에서 요구하는 Filter의 효과가 제한됩니다.
시험장에서 사용되는 일반 프린트 기기는 RGB Color를 사용하여도 오류가 없기 때문에 포토샵에서 작업할 시 도큐멘트의 Color Mode는 RGB Color로 사용합니다.

❷ [File]−[Save as]를 선택하고 [Save as] 옵션 상자에 저장할 비번호 폴더(A01)를 찾아 클릭합니다. 파일 이름은 비번호 'A01'을 입력하고 파일형식 : Photoshop(*.PSD,*.PDD,*.PSDT)을 선택한 후 [저장(S)]을 누릅니다.

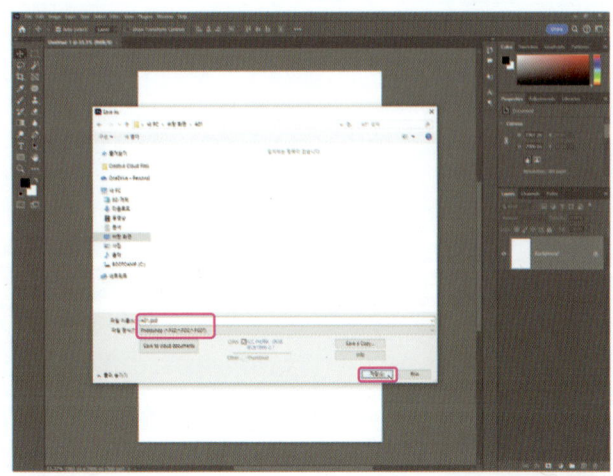

Tip ✓

Ctrl + S 를 눌러 작업한 내용을 수시로 저장하는 습관을 들이면 프로그램 오류에 빠르게 대처할 수 있습니다.

❸ 일러스트 작업 창 [Window]-[Layers] 패널에서 '가이드 선' 레이어의 [Toggles Lock] 아이콘을 클릭하여 잠금을 해제합니다.
Selection Tool( )로 가이드 선을 선택하고 Ctrl + C 를 눌러 복사합니다.

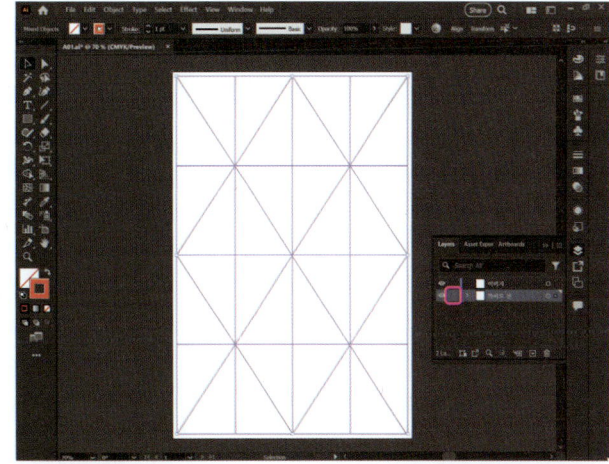

❹ 포토샵 작업 창에 Ctrl + V 를 누르고 [Paste] 옵션 상자에서 'Pixels'를 선택한 후 [OK]를 클릭합니다.
[Window]-[Layers] 패널에서 레이어 이름을 더블 클릭하여 '가이드 선'으로 레이어 이름을 변경합니다.

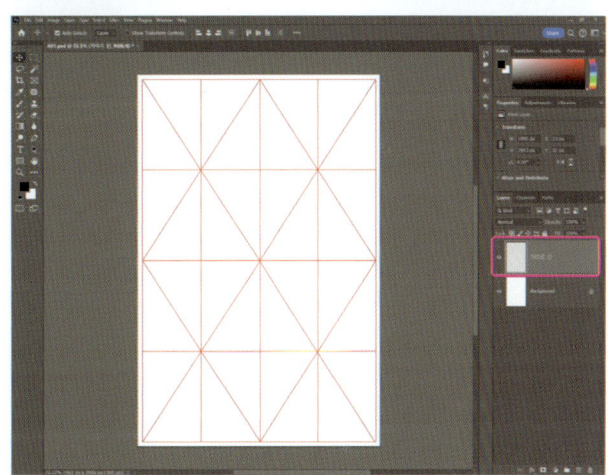

❺ Move Tool()을 선택하고 옵션 바의 Align To : Canvas, 'Align vertical centers', 'Align horizontal centers'를 클릭하여 도큐멘트의 가운데에 배치합니다. '가이드 선' 레이어의 'Lock all' 아이콘을 클릭하여 잠그고 'Background' 레이어를 선택한 후 작업을 시작합니다.

Tip

'가이드 선' 레이어가 선택되어 있으면 이미지를 불러올 때 '가이드 선' 레이어 위에 위치하게 되므로 가이드 선이 보이지 않게 됩니다. 정확한 이미지 배치를 위해 '가이드 선' 레이어는 항상 작업물 위에 위치하도록 합니다.

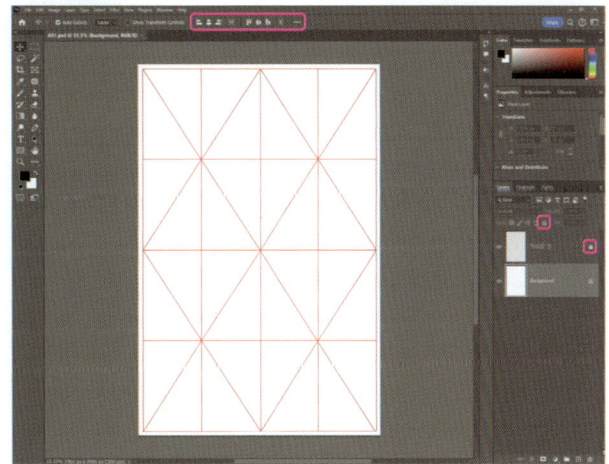

02 이미지 합성 제작

1) 배경

❶ [File]−[Open]을 선택하고 '고래_02.jpg' 파일을 불러옵니다. Ctrl+A를 눌러 전체 선택한 후 Ctrl+C를 누르고 'A01.psd' 작업 창으로 이동하여 Ctrl+V로 붙여넣습니다. Ctrl+T를 눌러 이미지의 바운딩 박스 점을 드래그하여 크기를 조정한 후 Enter를 눌러 알맞게 배치하고 레이어의 이름을 '고래_02'로 변경합니다.

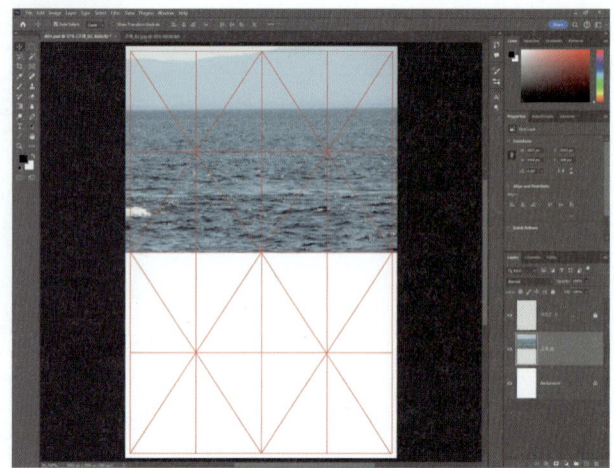

❷ '고래_02' 레이어는 [Filter]−[Pixelate]에서 'Ctystallize'를 선택하고 Cell Size : 50으로 입력한 후 [OK]를 클릭합니다.

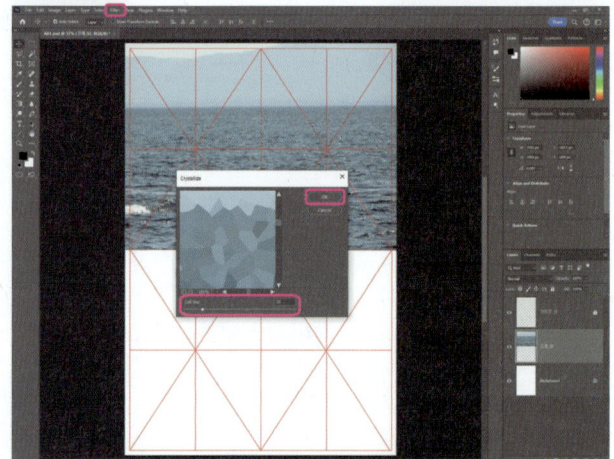

❸ 일러스트 작업 창에서 Selection Tool( )로 '배경' 이미지를 선택하고 Ctrl+C를 누릅니다.
포토샵 작업 창으로 이동한 후 Ctrl+V로 붙여넣습니다. [Paste] 옵션 상자에서 'Pixels'를 선택하고 [OK]를 클릭한 후 알맞게 배치하고 레이어의 이름을 '배경'으로 변경합니다.

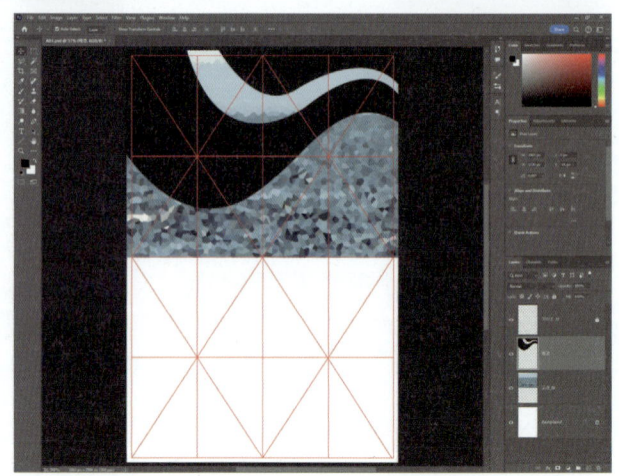

❹ [Layers] 패널에서 '배경' 레이어를 더블 클릭하여 [Layer Style] 창을 실행합니다. Styles : Inner Shadow를 선택하고 옵션 상자의 Opacity : 60%, Angle : 130°, Distance : 0px, Choke : 15%, Size : 80px로 입력한 후 [OK]를 클릭합니다.

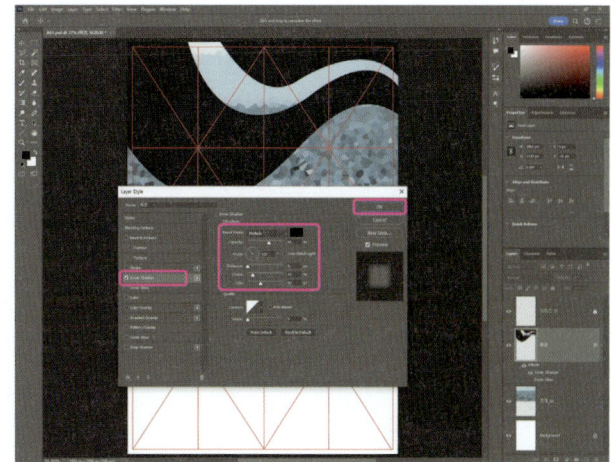

❺ [File]－[Open]을 선택하고 '고래_01.jpg' 파일을 불러옵니다. Ctrl + A 를 눌러 전체 선택한 후 Ctrl + C 를 누르고 'A01.psd' 작업 창으로 이동합니다. Ctrl + V 로 붙여넣고 레이어의 이름을 '고래_01'로 변경합니다.
'고래_01' 레이어는 '배경' 레이어 위에 배치하고 Alt + Ctrl + G 를 눌러 클리핑 마스크를 적용합니다. Ctrl + T 를 눌러 크기를 조정한 후 Enter 를 눌러 알맞게 배치합니다.

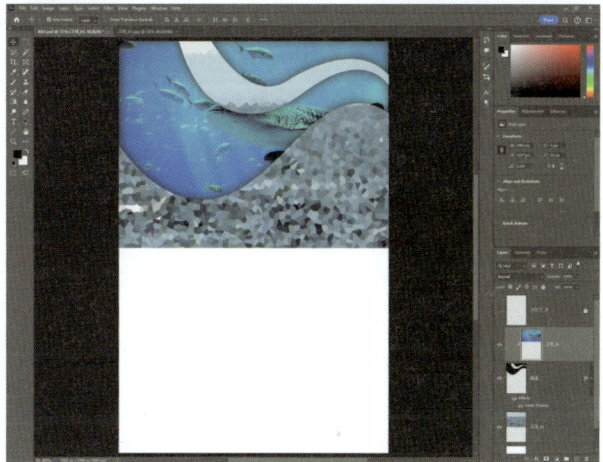

❻ [File]－[Open]을 선택하고 '고래_03.jpg' 파일을 불러옵니다. Ctrl + A 를 눌러 전체 선택한 후 Ctrl + C 를 누릅니다.
'A01.psd' 작업 창으로 이동한 후 Ctrl + V 로 붙여넣습니다. Ctrl + T 를 눌러 크기를 조정한 후 Enter 를 눌러 알맞게 배치하고 레이어의 이름을 '고래_03'으로 변경합니다.

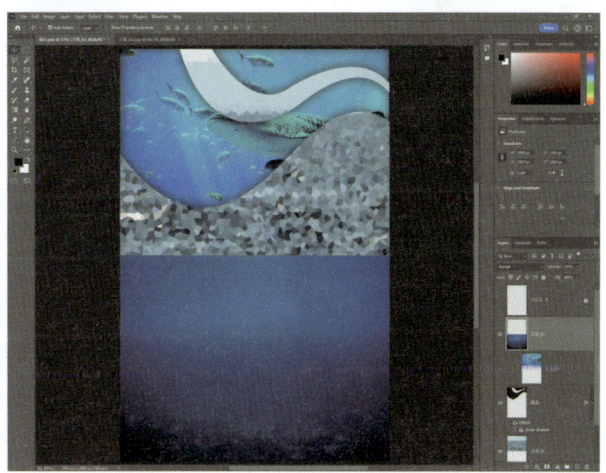

❼ [File]-[Open]을 선택하고 '고래_07.jpg' 파일을 불러옵니다. Pen Tool( )을 클릭하고 옵션 바에서 [Path]를 선택합니다. 필요한 닻 부분만 패스로 그리고 Ctrl + Enter 를 눌러 선택영역으로 지정한 후 Ctrl + C 를 누릅니다.

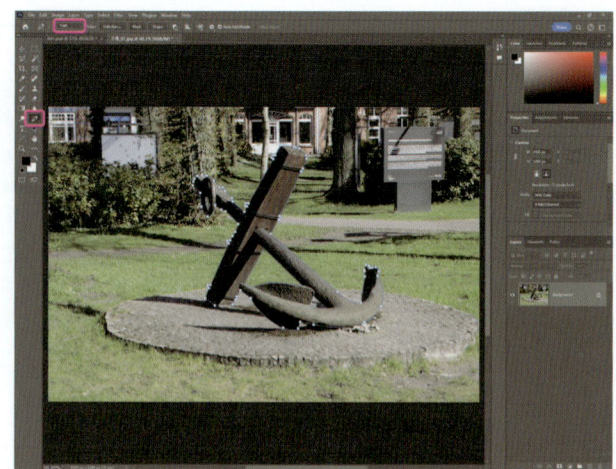

❽ 'A01.psd' 작업 창으로 이동한 후 Ctrl + V 로 붙여넣습니다. Ctrl + T 를 눌러 크기를 조절한 후 알맞게 배치하고 레이어의 이름을 '고래_07'로 변경합니다.

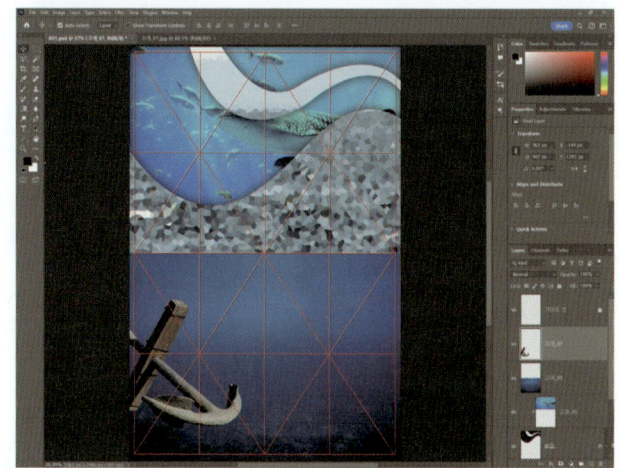

❾ '고래_07' 레이어는 [Layers] 패널에서 블랜드 'Normal'을 클릭하고 'Multiply', Opacity : 70%로 입력하여 자연스럽게 합성합니다.

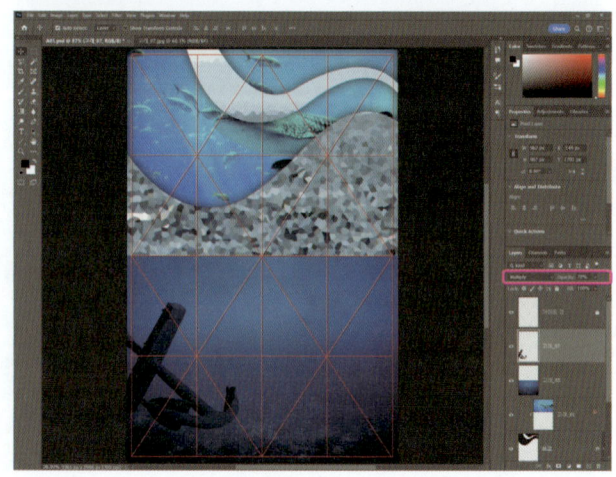

❿ [File]-[Open]을 선택하고 '고래_06.jpg' 파일을 불러옵니다. Quick Selecton Tool( )로 드래그하여 아래에 있는 배경만 선택하고 Ctrl + C 를 누릅니다.

> **Tip**
>
> Alt 를 누른 채 드래그하면 선택영역을 제거할 수 있습니다.

⓫ 'A01.psd' 작업 창으로 이동한 후 Ctrl + V 로 붙여넣습니다. Ctrl + T 를 눌러 크기를 조절한 후 알맞게 배치하고 레이어의 이름을 '고래_06'으로 변경합니다.

⓬ '고래_06' 레이어를 선택하고 D 를 눌러 전경색과 배경색을 초기화합니다. [Filter]-[Stylize]에서 'Tiles'를 선택하고 Number of Tiles : 20, Fill Empty Area With : Background Color(흰색)를 선택한 후 [OK]를 클릭합니다.

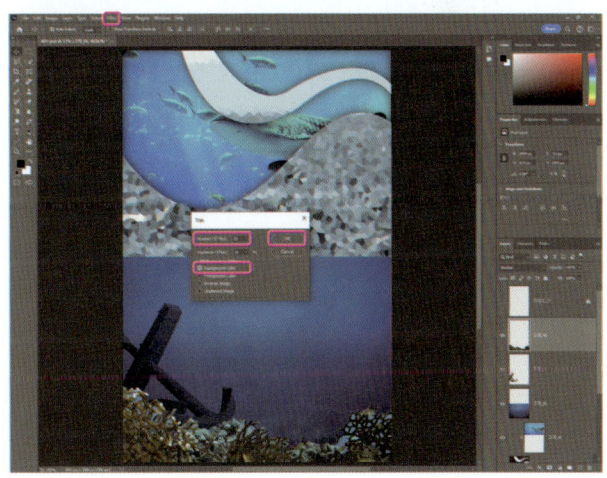

⑬ [Layers] 패널에서 블랜드 'Normal'을 클릭하여 'Soft Light'를 설정합니다.

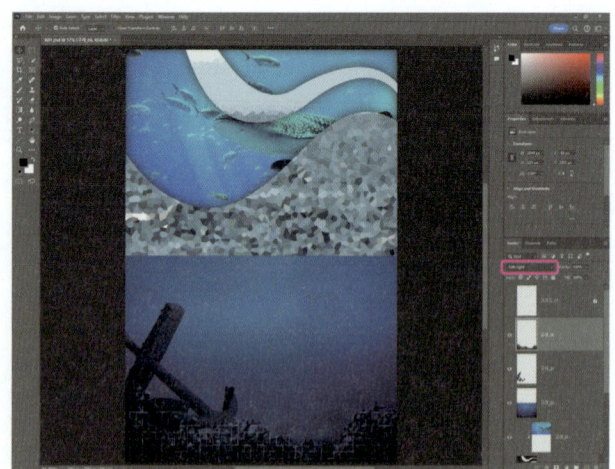

⑭ '고래_06' 레이어를 더블 클릭한 후 [Layer Style] 창을 실행합니다.
Styles : Drop Shadow를 선택하고 옵션 값을 알맞게 조정한 후 [OK]를 클릭합니다.

> **Tip**
>
> **Drop Shadow 설정값**
> Opacity : 70%, Angle : 90°, Distance : 25px, Spread : 20%, Size : 250px

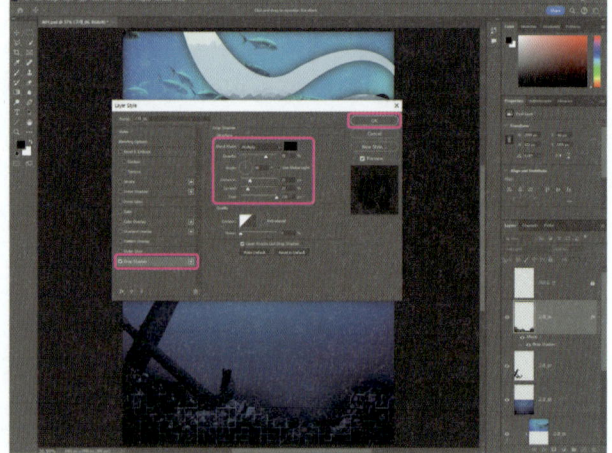

⑮ 일러스트 작업 창에서 Selection Tool ()로 '물결' 이미지를 선택하고 Ctrl + C 를 누릅니다.
포토샵 작업 창으로 이동한 후 Ctrl + V 로 붙여넣습니다. [Paste] 옵션 상자에서 'Pixels'를 선택하고 [OK]를 클릭한 후 알맞게 배치하고 레이어의 이름을 '물결'로 변경합니다.

⑯ 질감을 표현하기 위해 [Layers] 패널에서 'Create a new layer' 아이콘을 눌러 레이어를 생성하고 레이어의 이름을 '하프톤'으로 변경합니다. D를 눌러 전경색은 검은색, 배경색은 흰색의 기본값으로 설정합니다. Gradient Tool( ) 선택하고, 옵션 바에서 [Presets]의 [Foreground to Background] 아이콘을 클릭하고 Type : Linear Gradient 를 선택합니다.
작업 창에 하단에서 상단 방향으로 드래그하여 그라데이션을 적용합니다.

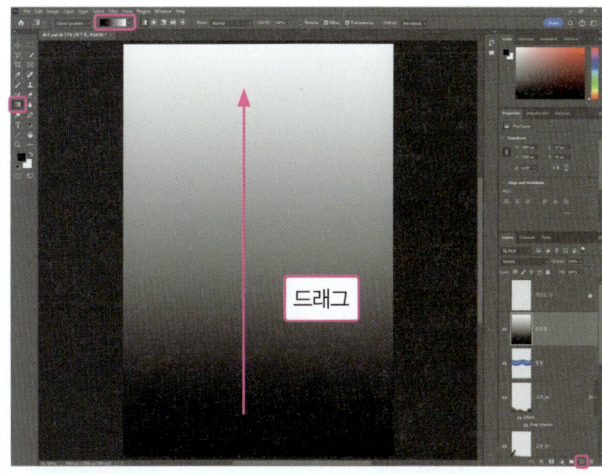

⑰ [Filter]−[Filter Gallery]−[Sketch]에서 'Halftone Pattern'을 선택합니다. Size : 6, Contrast : 50, Pattern Type : Dot을 선택하고 [OK]를 클릭합니다.

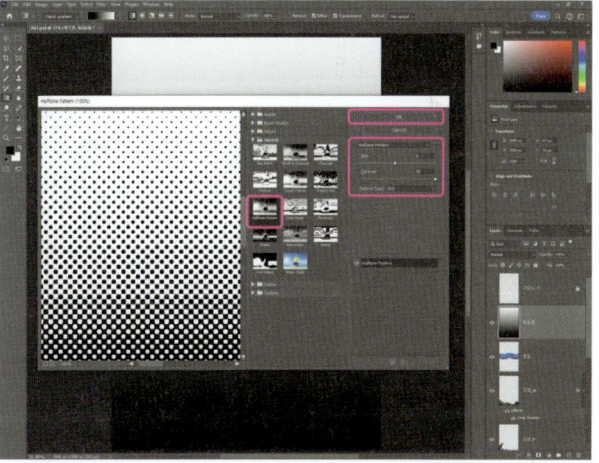

⑱ '하프톤' 레이어를 '물결' 레이어 위에 배치하고 Alt + Ctrl + G 를 눌러 클리핑 마스크를 적용한 후 Ctrl + T 를 눌러 크기를 조정하고 Enter 를 눌러 알맞게 배치합니다.

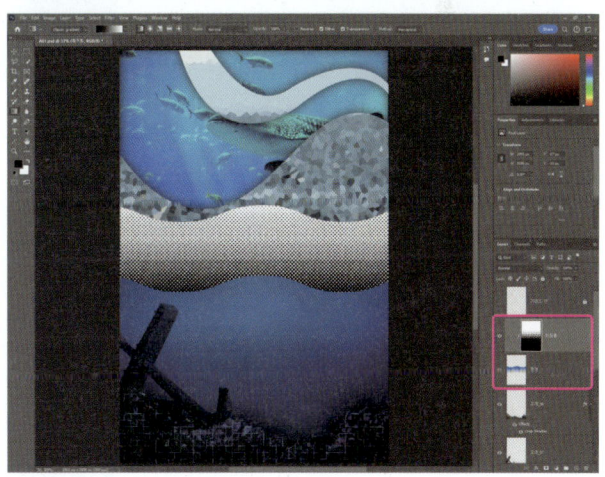

⑲ '하프톤' 레이어는 [Layers] 패널에서 블랜드 'Normal'을 클릭하여 'Soft Light', Opacity : 50%로 입력하여 자연스럽게 합성합니다.

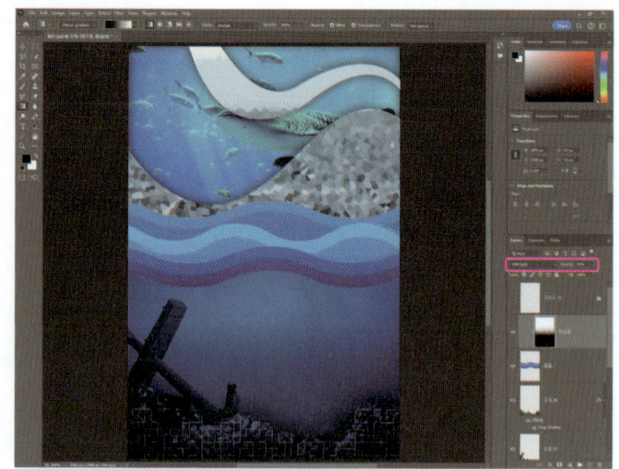

2) 메인 이미지 합성

❶ [File]-[Open]을 선택하고 '고래_04.jpg' 파일을 불러옵니다. Pen Tool( )을 클릭하고 옵션 바에서 [Path]를 선택합니다. 필요한 고래만 패스로 그리고 Ctrl + Enter 를 눌러 선택영역으로 지정하고 Ctrl + C 를 누릅니다.

❷ 'A01.psd' 작업 창으로 이동한 후 Ctrl + V 로 붙여넣습니다. Ctrl + T 를 눌러 크기를 조절한 후 알맞게 배치하고 레이어의 이름을 '고래_04'로 변경합니다.

❸ [Layers] 패널에서 'Create new fill or adjustment layer' 아이콘을 클릭하고 'Solid Color'를 실행합니다.
M68Y100으로 색상 값을 입력한 후 [OK]를 클릭합니다.

❹ 'Color Fill 1' 레이어는 '고래_04' 레이어 위에 배치하고 Alt + Ctrl + G 를 눌러 클리핑 마스크를 적용합니다. 블랜드 'Normal'을 클릭한 후 'Color'를 적용합니다.

❺ 일러스트 작업 창에서 Selection Tool( )로 '어린이' 이미지를 선택하고 Ctrl + C 를 누릅니다.
포토샵 작업 창으로 이동한 후 Ctrl + V 로 붙여넣습니다. [Paste] 옵션 상자에서 'Pixels'를 선택한 후 [OK]를 클릭하고 Ctrl + T 를 눌러 크기를 조정하여 알맞게 배치하고 레이어의 이름을 '어린이'로 변경합니다.

❻ [Layers] 패널에서 '고래_04', 'Color Fill 1', '어린이' 레이어를 Shift 를 누른 채 다중 선택하고 Ctrl + G 를 눌러 그룹 폴더로 만듭니다. 'Group 1' 레이어는 더블 클릭하여 [Layer Style] 창을 실행합니다. Styles : Outer Glow를 선택하고 옵션값을 알맞게 조정한 후 [OK]를 클릭합니다.

Outer Glow 설정값
Blend Mode : Screen, Opacity : 50%, Noise : 0%, Technique : Softer, Spread : 0%, Size : 70px

❼ 일러스트 작업 창에서 Selection Tool (▶)로 '타이틀' 이미지를 선택하고 Ctrl + C 를 누릅니다.
포토샵 작업 창으로 이동한 후 Ctrl + V 로 붙여넣습니다. [Paste] 옵션 상자에서 'Pixels'를 선택하고 [OK]를 클릭한 후 알맞게 배치하고 레이어의 이름을 '타이틀'로 변경합니다.

❽ [Layers] 패널에서 '타이틀' 레이어를 더블 클릭한 후 [Layer Style] 창을 실행합니다. Styles : Stroke를 클릭하고 Size : 23px, Position : Outside, Blend Mode : Multiply, Color : C100M50으로 설정합니다. Styles : Drop Shadow도 선택한 후 옵션값을 알맞게 조정하고 [OK]를 클릭합니다.

Drop Shadow 설정값
Opacity : 70%, Angle : 130°, Distance : 35px, Spread : 10%, Size : 30px

❾ [File]-[Open]을 선택하고 '고래_05.jpg' 파일을 불러옵니다. Pen Tool(∅)을 클릭하고 옵션 바에서 [Path]를 선택합니다. 필요한 고래만 패스로 그리고 Ctrl + Enter 를 눌러 선택영역으로 지정한 후 Ctrl + C 를 누릅니다.

❿ 'A01.psd' 작업 창으로 이동한 후 Ctrl + V 로 붙여넣고 레이어의 이름을 '고래_05'로 변경합니다. Move Tool(✣)로 '고래' 이미지를 Alt 를 누른 채 드래그하여 복사하고 레이어의 이름을 '고래_05-1'로 변경합니다.

⓫ '고래_05-1' 레이어는 Ctrl + T 를 눌러 이미지의 크기를 조절하고 회전하여 알맞게 배치하고 [Layers] 패널에서 블랜드는 'Multiply'를 선택합니다.

CHAPTER 2 울산고래축제

⓬ '고래_05' 레이어는 Ctrl + T 를 눌러 마우스 우클릭합니다. 'Flip Horizontal'을 선택한 후 좌우 반전하고 크기 조정과 회전하여 알맞게 배치합니다.

⓭ '고래_05' 레이어에 [Add layer mask] 아이콘을 클릭하고 전경색은 검은색으로 설정합니다. Brush Tool( )을 선택하고 작업 창에 마우스 우클릭 후 옵션 바의 브러시는 [General Brushes] 폴더에서 'Hard Round'를 선택합니다.
브러시는 물결의 선에 맞춰 크기를 설정하고 가릴 부분을 드래그하여 지워줍니다.

> **Tip** ✓
>
> 전경색 : #000000(검은색)

⓮ [File]−[Open]을 선택하고 '고래_02.jpg' 파일을 불러옵니다. Pen Tool( )을 클릭하고 옵션 바에서 [Path]를 선택합니다. 필요한 고래 꼬리만 패스로 그리고 Ctrl + Enter 를 눌러 선택영역으로 지정하고 Ctrl + C 를 누릅니다.

⑮ 'A01.psd' 작업 창으로 이동한 후 Ctrl + V 로 붙여넣습니다. Ctrl + T 를 눌러 크기를 조절한 후 알맞게 배치하고 레이어의 이름을 '고래_02-1'로 변경합니다.

3) 액자 합성

❶ 일러스트 작업 창에서 Selection Tool(▶)로 '액자' 이미지를 선택하고 Ctrl + C 를 누릅니다.
포토샵 작업 창으로 이동한 후 Ctrl + V 로 붙여넣습니다. [Paste] 옵션 상자에서 'Pixels'를 선택하고 [OK]를 클릭한 후 알맞게 배치하고 레이어의 이름을 '액자'로 변경합니다.

❷ [Filter]-[Noise]에서 'Add Noise'를 클릭합니다. 옵션 상자에서 Amount : 10%, Distribution : Uniform을 선택하고 [OK]를 클릭합니다.

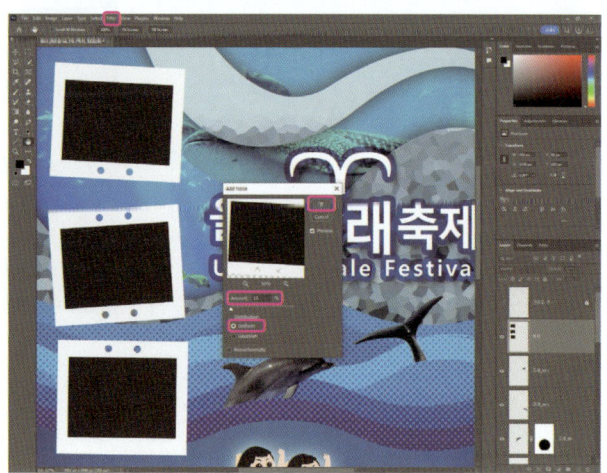

❸ [Layers] 패널에서 '액자' 레이어를 더블 클릭한 후 [Layer Style] 창을 실행합니다.
Styles : Drop Shadow를 선택하고 옵션값을 알맞게 조정한 후 [OK]를 클릭합니다.

> **Tip** ✓
>
> **Drop Shadow 설정값**
> Opacity : 70%, Angle : 130°, Distance : 15px, Spread : 5%, Size : 20px

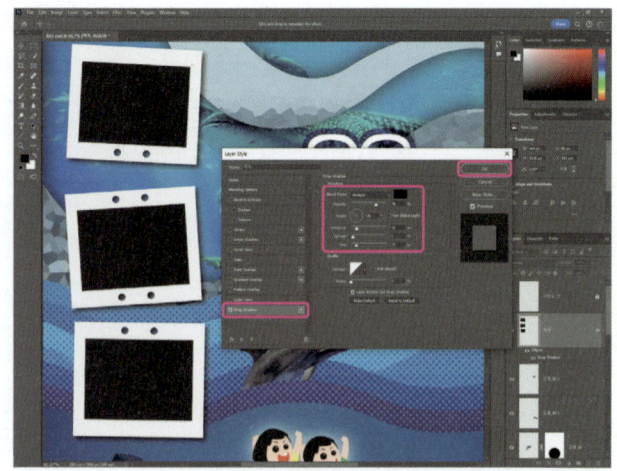

❹ 일러스트 작업 창에서 Selection Tool( )로 '고리' 이미지를 선택하고 Ctrl + C 를 누릅니다.
포토샵 작업 창으로 이동한 후 Ctrl + V 로 붙여넣습니다. [Paste] 옵션 상자에서 'Pixels'를 선택하고 [OK]를 클릭한 후 Ctrl + T 를 눌러 크기를 조정하여 알맞게 배치하고 레이어의 이름을 '고리'로 변경합니다.

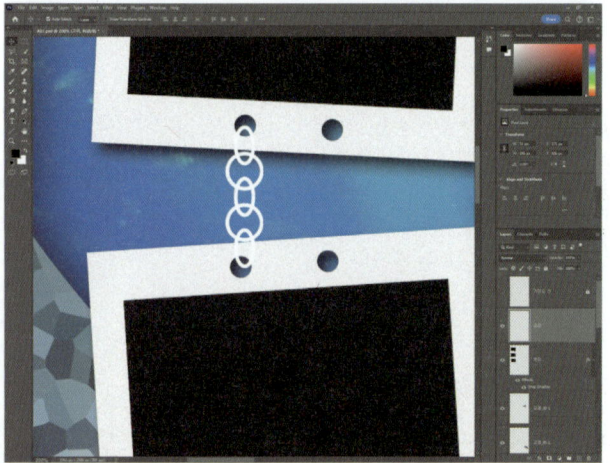

❺ [Layers] 패널에서 '고리' 레이어를 더블 클릭한 후 [Layer Style] 창을 실행합니다.
Styles : Bevel & Emboss를 선택하고 Style : Inner Bevel, Technique : Chisel Hard로 설정한 후 나머지 옵션값을 알맞게 조정하여 [OK]를 클릭합니다.

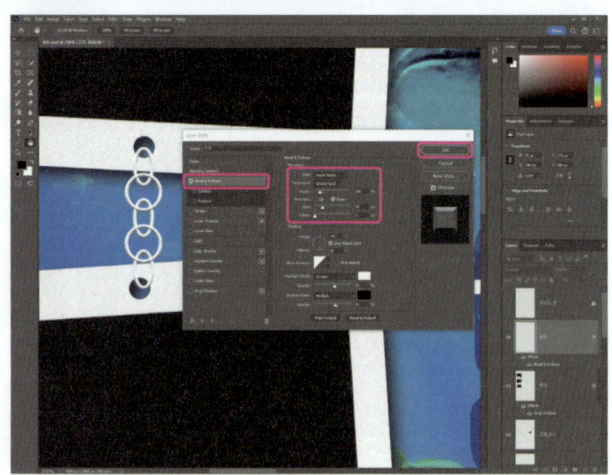

❻ '고리' 레이어에 [Add layer mask] 아이콘을 클릭하고 전경색은 검은색으로 설정합니다. Brush Tool( )을 선택하고 작업창에서 마우스 우클릭 후 옵션 바의 브러시는 [General Brushes] 폴더에서 'Hard Round'를 선택합니다.
브러시 크기를 적절히 조정하고 가릴 부분을 드래그하여 지워줍니다.

❼ Move Tool( )로 고리 이미지를 Alt 를 누른 채 드래그하여 복사하고 Ctrl + T 를 눌러 크기 조정하여 알맞게 배치합니다.

❽ [File]-[Open]을 선택하고 '고래_08.jpg' 파일을 불러옵니다. [Filter]-[Filter Gallery]-[Brush Strokes]에서 'Angled Strokes'를 선택하고 옵션값을 알맞게 조정한 후 [OK]를 클릭합니다.

Tip

Angled Strokes 설정값
Direction Balance : 50, Stroke Length : 15, Sharpness : 3

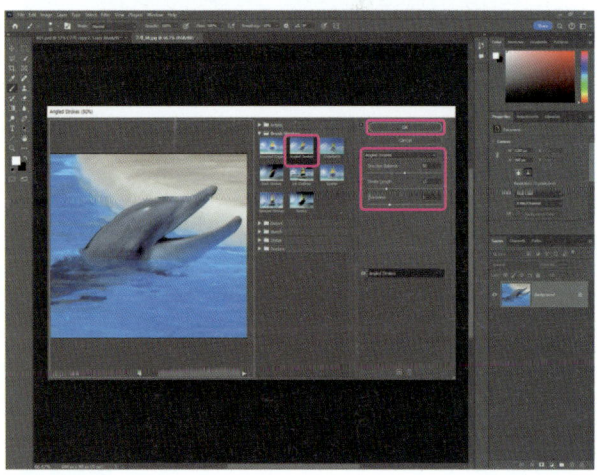

❾ Ctrl + A 를 눌러 전체 선택한 후 Ctrl + C 를 누르고 'A01.psd' 작업 창으로 이동하여 Ctrl + V 로 붙여넣습니다. Ctrl + T 를 눌러 적절한 크기로 조절하여 알맞게 배치하고 레이어의 이름을 '고래_08'로 변경합니다.

'고래_08' 레이어는 [Layers] 패널에서 'Toggle layer visibility' 아이콘의 눈 모양을 클릭하여 끕니다.

❿ '액자' 레이어에서 Magic Wand Tool(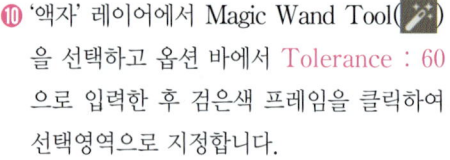)을 선택하고 옵션 바에서 Tolerance : 60으로 입력한 후 검은색 프레임을 클릭하여 선택영역으로 지정합니다.

'고래_08' 레이어를 선택하고 'Toggle layer visibility'를 클릭한 후 이미지가 보이게 설정하고 [Add layer mask]를 클릭합니다.

Tip
선택영역을 지정 후 마스크를 적용하면 선택영역은 보이고 나머지 영역은 보이지 않습니다.

⓫ [Layers] 패널에서 '고래_08' 섬네일과 '마스크' 섬네일 사이의 링크를 클릭하여 연결 해제합니다.

'고래_08' 섬네일을 클릭하고 Ctrl + T 를 눌러 크기를 조정하고 회전하여 알맞게 배치합니다.

⓬ [File]−[Open]을 선택하고 '고래_09.jpg' 파일을 불러옵니다. [Filter]−[Stylize]에서 'Emboss'를 선택하고 옵션 상자에서 Angle : 135°, Height : 3pixels, Amount : 100%로 입력한 후 [OK]를 클릭합니다.

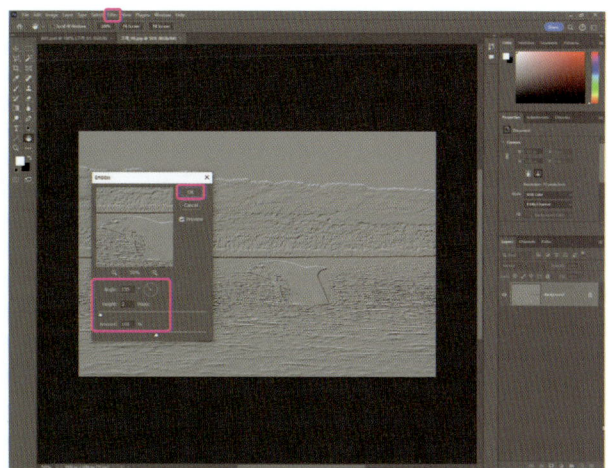

⓭ [Image]−[Adjustment]−[Hue/Saturation]을 선택한 후 옵션 상자에서 [Colorize]를 선택하고 Hue, Saturation, Lightness 슬라이더를 이동시켜 파랑색 계열로 색상 보정한 후 [OK]를 클릭합니다.

> **Tip**
>
> Hue : +215, Saturation : +30, Lightness : −50

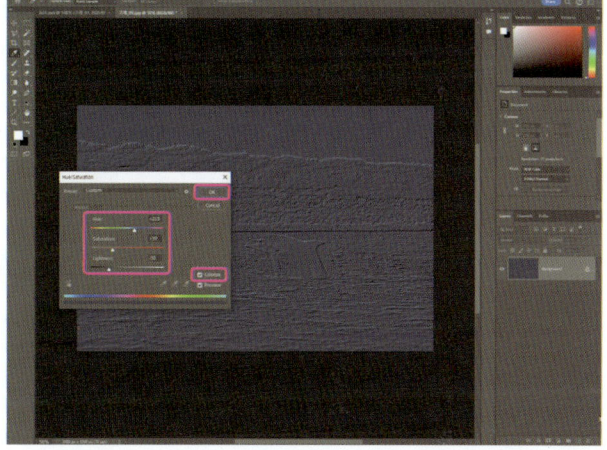

⓮ Ctrl + A 를 눌러 전체 선택한 후 Ctrl + C 를 누릅니다. 'A01.psd' 작업 창으로 이동한 후 Ctrl + V 로 붙여넣고 ❾~⓫과 같은 방법으로 레이어 마스크를 활용하여 액자에 자연스럽게 합성하고 레이어의 이름을 '고래_09'로 변경합니다.

⑮ [File]−[Open]을 선택하고 '고래_10.jpg' 파일을 불러옵니다. [Filter]−[Pixelate] 에서 'Color Halftone'을 선택하고 옵션값을 알맞게 조정한 후 [OK]를 클릭합니다.

> **Tip** ✓
>
> **Color Halftone 설정값**
> Max. Radius : 12, Channel 1 : 108, Channel 2 : 162, Channel 3 : 90, Channel 4 : 45

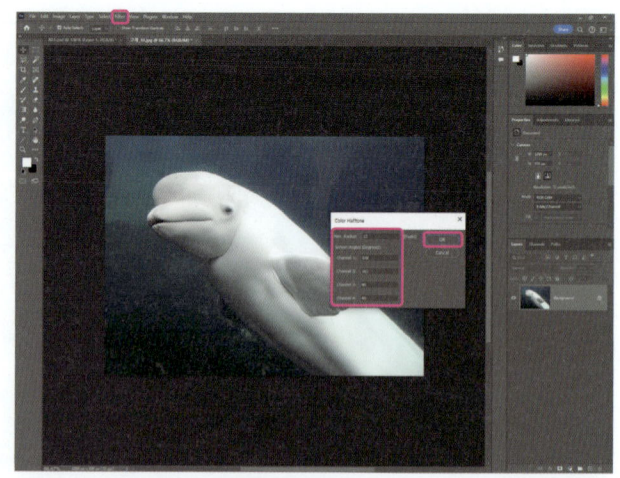

⑯ ⑨~⑪과 같은 방법으로 작업 창에 옮기고 레이어 마스크를 적용하여 액자와 자연스럽게 합성한 후 레이어의 이름을 '고래_10'으로 변경합니다.

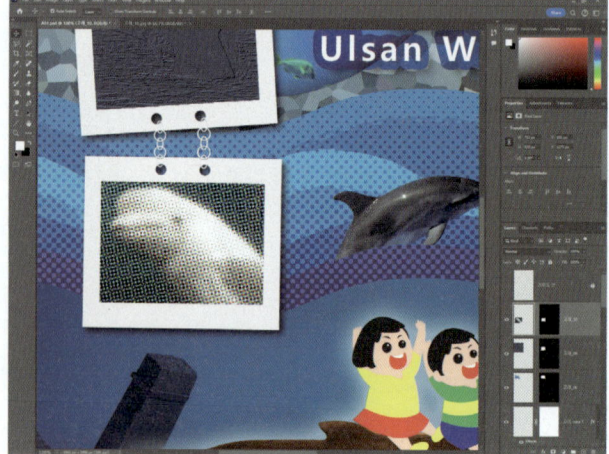

4) 텍스트와 로고

❶ [Layers] 패널에서 'Create a new layer' 아이콘을 눌러 레이어를 생성하고 Rectangular Marquee Tool( )로 드래그한 후 벽에 직사각형으로 선택영역을 지정하고, 전경색을 클릭하여 K100으로 입력합니다.
 Alt + Delete 를 눌러 검정색으로 채우고 Ctrl + D 를 눌러 선택영역을 해제합니다.

❷ [Filter]−[Blur]−[Motion Blur]를 선택하고 옵션 상자에 Angle : 0°, Distance : 500pixels로 입력한 후 [OK]를 클릭합니다.

❸ 다시 [Filter]−[Blur]−[Gaussian Blur]를 선택하고 옵션 상자에 Radius : 5pixels로 입력한 후 [OK]를 클릭합니다. [Layers] 패널에서 Opacity : 40%로 설정합니다.

❹ Horizontal Type Tool()로 작업 창을 클릭하고 '고래의 꿈! 바다의 꿈! 울산의 꿈!'을 입력합니다.
[Window]−[Character] 패널에서 서체, 크기를 알맞게 설정하고 [Text Color] 아이콘을 클릭하고 C0M0Y0K0으로 입력합니다.

> **Tip**
> • 서체 : 나눔고딕, Regular(그림과 동일한 서체가 없을 시 비슷한 서체를 선택하여 사용)
> • 글자 크기 : 15pt

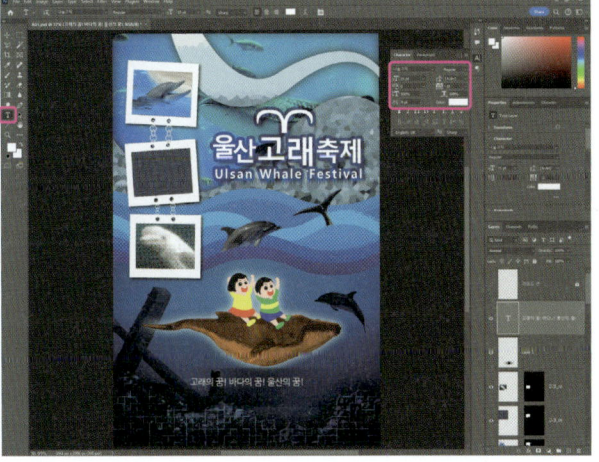

CHAPTER 2 울산고래축제 **389**

❺ Line Tool( )을 선택하고 옵션 바에서 Fill : C0M0Y0K0, Stroke : None으로 설정하고, Weight : 5px로 입력합니다. '고래의 꿈!~' 문자 아래에 Shift 를 누른 채 드래그 하여 직선을 그림과 같이 그립니다.

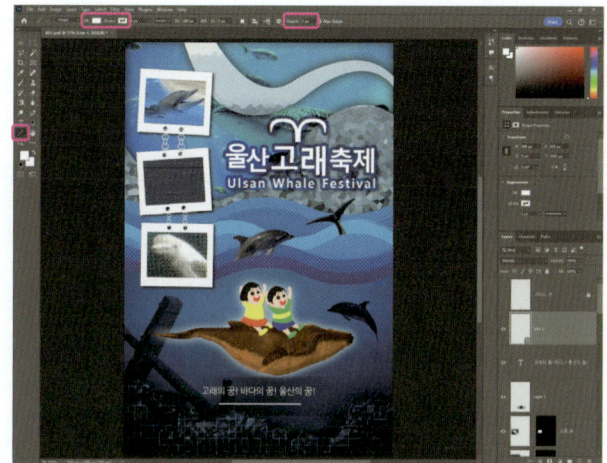

❻ 일러스트 작업 창에서 Selection Tool( )로 '로고' 이미지를 선택하고 Ctrl + C 를 누릅니다.
포토샵 작업 창으로 이동한 후 Ctrl + V 로 붙여넣습니다. [Paste] 옵션 상자에서 'Pixels'를 선택하고 [OK]를 클릭한 후 알맞게 배치하고 레이어의 이름을 '로고'로 변경합니다.

❼ [Layers] 패널에서 '로고' 레이어를 더블 클릭한 후 [Layer Style] 창을 실행합니다. Styles : Stroke를 클릭하고 Size : 4px, Position : Outside, Color : C0M0Y0K0 색상으로 설정한 후 [OK]를 클릭합니다.

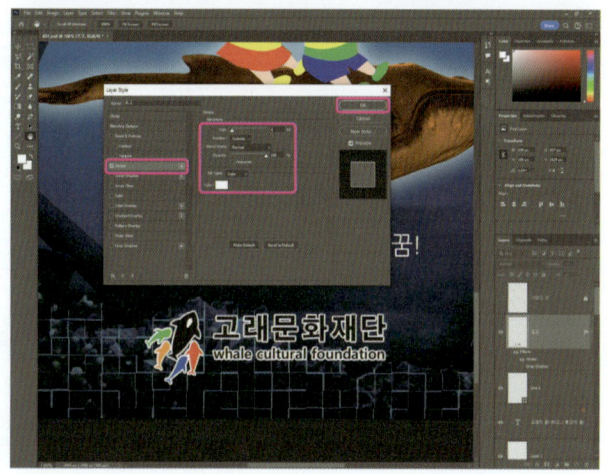

❽ 일러스트 작업 창에서 Selection Tool( )로 '공기방울' 이미지를 선택하고 Ctrl + C 를 누릅니다.
포토샵 작업 창으로 이동한 후 Ctrl + V 로 붙여넣습니다. [Paste] 옵션 상자에서 'Pixels'를 선택하고 [OK]를 클릭한 후 알맞게 배치합니다. [Layers] 패널에서 블랜드 모드는 'Linear Burn'을 선택하고 레이어의 이름을 '공기방울'로 변경합니다.

❾ Move Tool( )로 '공기방울' 이미지를 Alt 를 누른 채 드래그하여 복사하고 Ctrl + T 를 눌러 그림과 같이 크기를 조정하여 알맞게 배치합니다.

Tip
복사한 공기방울의 크기를 각각 다르게 조정하여 배치한 후, 다중 선택하여 복사하면 작업 속도를 더욱 빠르게 할 수 있습니다.

03 파일 검토 및 저장하기

❶ 전체적으로 가이드 선을 이용하여 크기와 배치를 최종 검토합니다.
[Layers] 패널의 '가이드 선'은 'Toggle layer visibility' 아이콘을 클릭하여 눈 모양을 끕니다.

❷ [File]-[Save a Copy]를 선택하여 파일명 : 비번호 'A01', Format : 'JPEG'를 선택한 뒤 [저장(S)]을 누릅니다. [JPEG Opions] 상자에서 Quality : 12, Format Options : Baseline("Standard")으로 설정하고 [OK]를 클릭합니다.

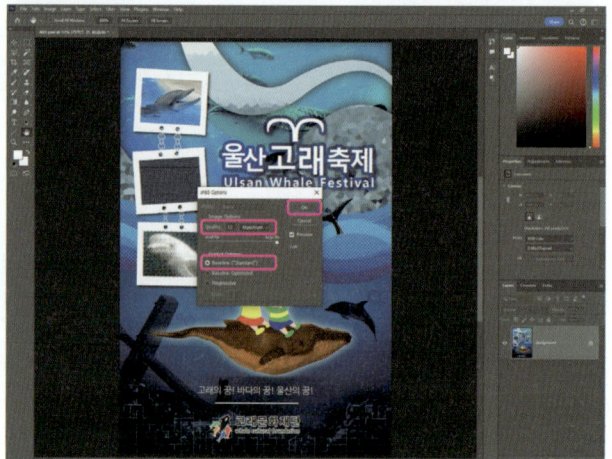

JPEG 저장 경로(버전 22.4부터 변경)
- 2021 버전 이하 : [File]-[Save As]
- 2021 버전 이상 : [File]-[Save a Copy]

5 인디자인 작업

1) 도큐멘트 설정하기

[파일]-[새로 만들기]-[문서] 또는 Ctrl +N 를 실행하여 새로운 도큐멘트 대화상자를 활성화합니다. 대화상자 상단 탭에서 [인쇄]-[새 A4 문서 - 210×297mm 시작]을 선택하고 페이지 : 1, 페이지 마주보기 : 체크 해제한 후 [여백 및 단]을 누릅니다.

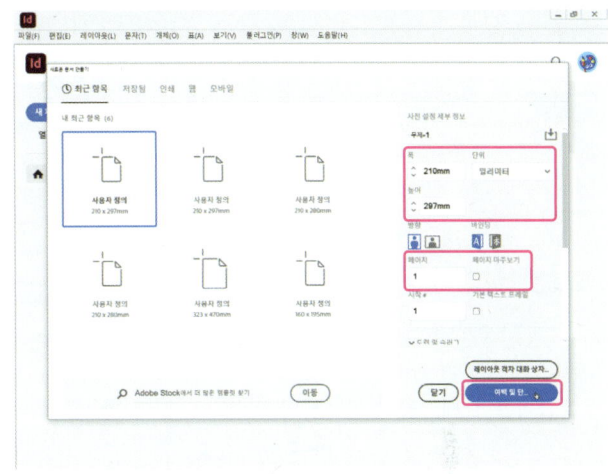

2) 여백 및 단 설정하기

대화상자의 링크 아이콘은 클릭하여 끊어진 링크로 설정합니다. 여백의 위쪽과 아래쪽 : 25.5mm, 왼쪽과 오른쪽 : 22mm로 설정하고, 열의 개수 : 1로 입력 후 [확인]을 누릅니다.

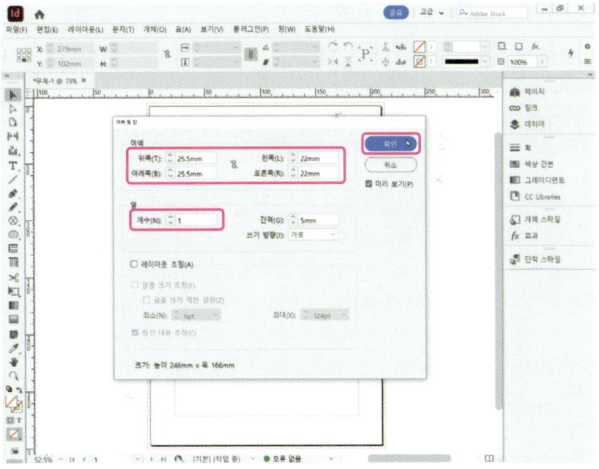

3) 안내선 만들기

❶ Ctrl + + 를 눌러 작업 창의 왼쪽 상단을 확대하고, 눈금자의 기준점을 왼쪽 상단의 여백에 드래그하여 눈금자의 숫자를 '0'으로 설정합니다.

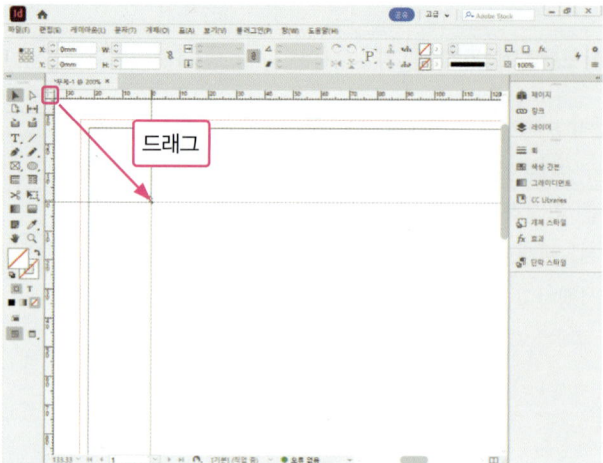

❷ 눈금자를 드래그하여 안내선의 위쪽, 아래쪽, 왼쪽, 오른쪽을 3mm만큼 안쪽으로 이동시켜 가이드 선을 배치합니다.

> **Tip**
>
> 눈금자의 기준점을 각 모서리에 드래그하여 각각의 모서리를 모두 '0'으로 설정할 수 있고 안내선을 선택 후 옵션 바에서 X 또는 Y : 3mm 또는 -3mm를 입력하면 쉽게 가이드 선을 제작할 수 있습니다.

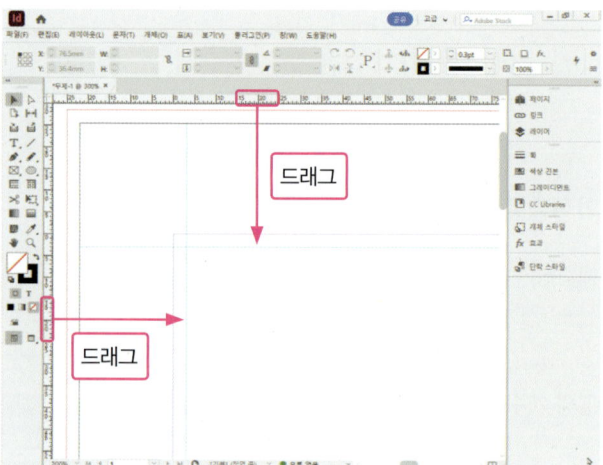

4) 재단선 만들기

① 선 도구(✏)를 이용하여 Shift 를 누른 채 세로 방향으로 드래그합니다. 옵션 바에서 L : 5~10mm, 두께 : 0.3pt로 입력하여 세로 선을 만듭니다.

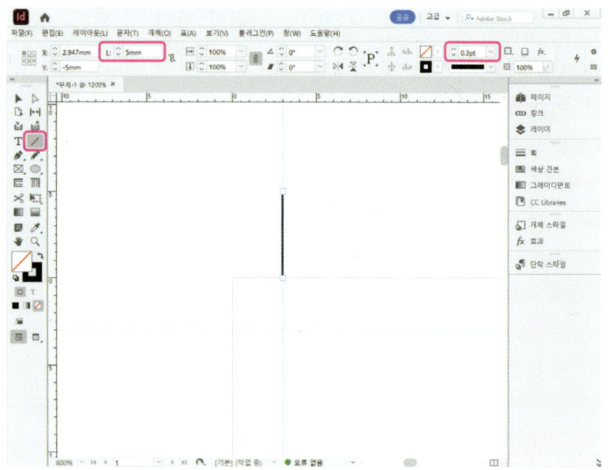

② 선택 도구(▶)로 세로 선을 세로 안내선에 배치합니다. 세로 선은 선택 도구(▶)로 Alt 를 누른 채 드래그하여 복사하고 Shift 를 누른 채 회전시켜 가로 안내선에 배치합니다.

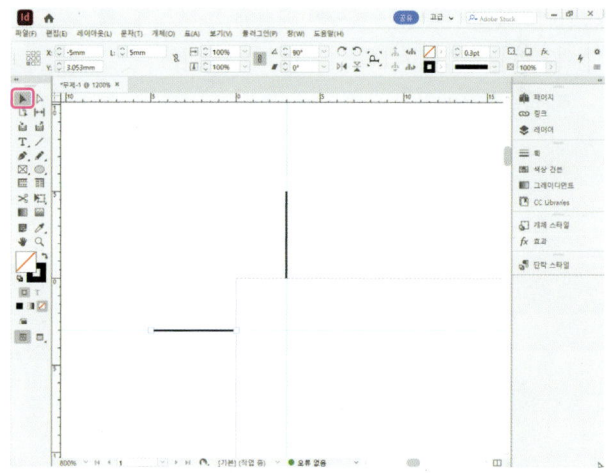

③ 각 모서리를 ②와 같은 방법으로 복사한 후 가로 안내선과 세로 안내선에 알맞게 배치하여 재단선을 만듭니다.

5) 비번호 만들기

❶ 왼쪽 아래에 문자 도구(T)로 입력할 영역을 드래그하여 문자 프레임을 생성한 후 비번호 'A01'을 입력합니다.

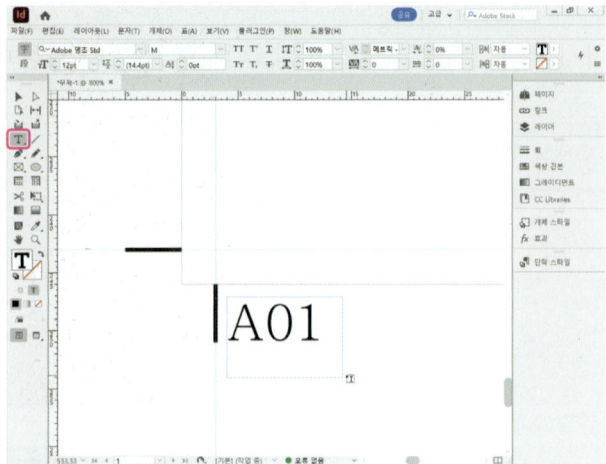

❷ [창]-[문자 및 표]-[문자] 패널에 서체 : 돋움 또는 Arial(고딕), 문자 크기 : 10pt 로 입력합니다.

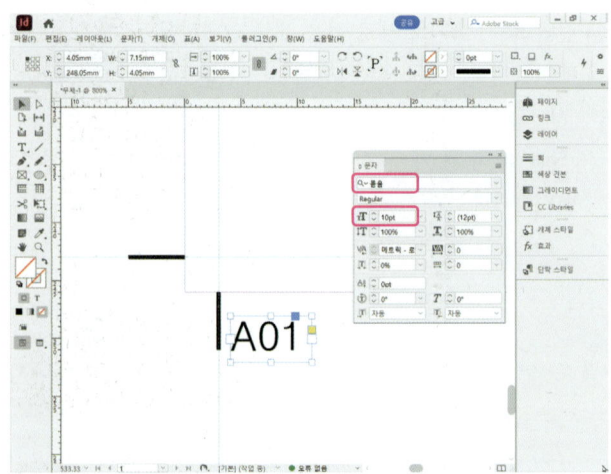

❸ 선택 도구(▶)로 문자와 왼쪽 하단의 세로 재단선과 같은 위치에 배치하기 위해 [창]-[개체 및 레이아웃]-[정렬] 패널에서 왼쪽 정렬 아이콘을 누릅니다.

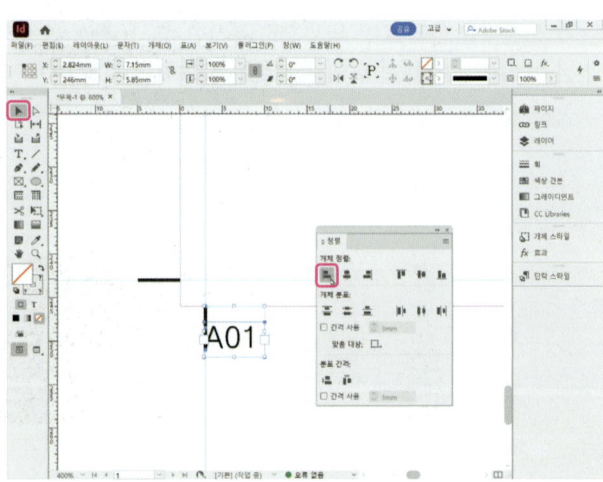

❹ [정렬] 패널의 분포 간격에서 간격 사용을 체크하고 3mm을 입력합니다. '수평 공간 분포' 아이콘을 눌러 재단선에서 3mm를 띄어 배치합니다.

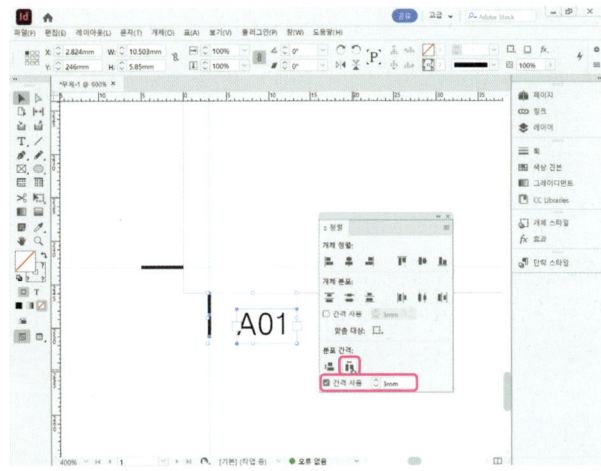

6) 파일 저장하기

[파일]-[다른 이름으로 저장]을 선택한 후 바탕화면에 있는 'A01' 폴더를 클릭하고 파일 이름 : A01.indd(비번호)로 저장합니다.

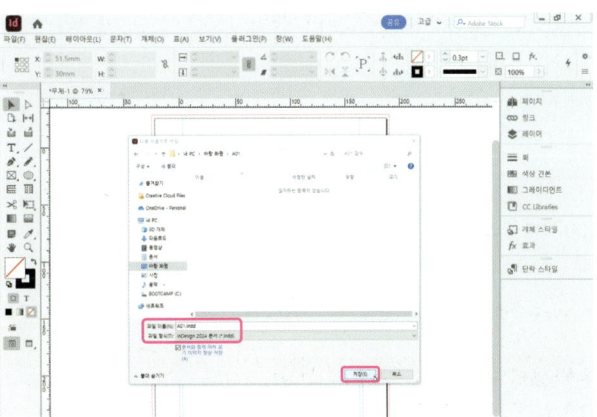

7) 이미지 배치하기

❶ [파일]-[가져오기] 또는 Ctrl + D 를 눌러 'A01.jpg' 파일을 선택한 후 [열기(O)]를 누릅니다.

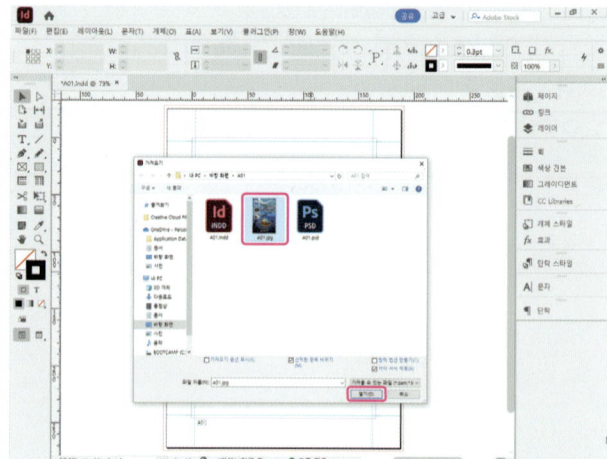

❷ 왼쪽 상단의 여백 모서리를 클릭하여 이미지를 불러옵니다.

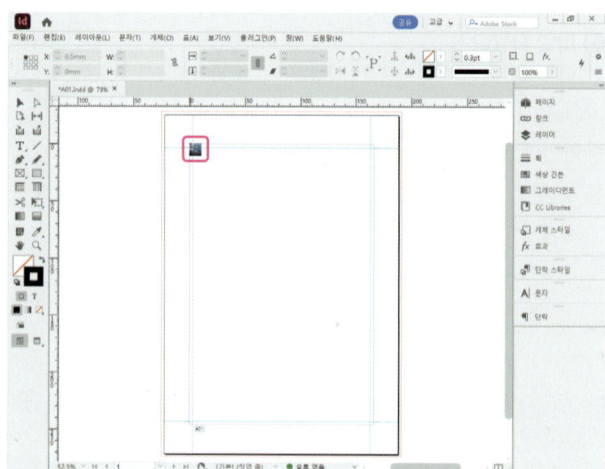

❸ 이미지를 선택한 후 옵션의 이미지 중심이 왼쪽 상단이 될 수 있도록 점을 선택하고 X : 0mm, Y : 0mm, W : 166mm, H : 246mm로 입력하여 정확하게 배치합니다.

이미지는 [보기]-[화면 표시 성능]-[고품질 표시]를 선택하면 선명하게 볼 수 있습니다.

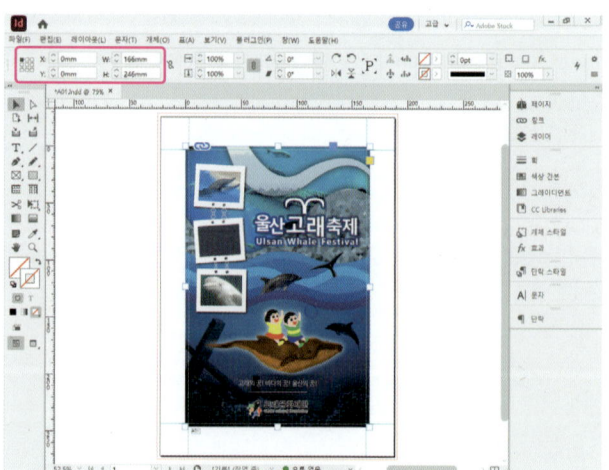

8) 파일 제출하기

[파일]−[저장]을 선택합니다. 바탕화면 작업 'A01' 폴더를 열어 'A01.indd'와 'A01.jpg' 파일만 넣어 제출합니다.

출력 지정자리로 이동하여 'A01.indd' 파일을 열어 출력하고, 출력된 이미지는 시험장에서 제공하는 A3용지 가운데에 부착시켜 제출합니다.

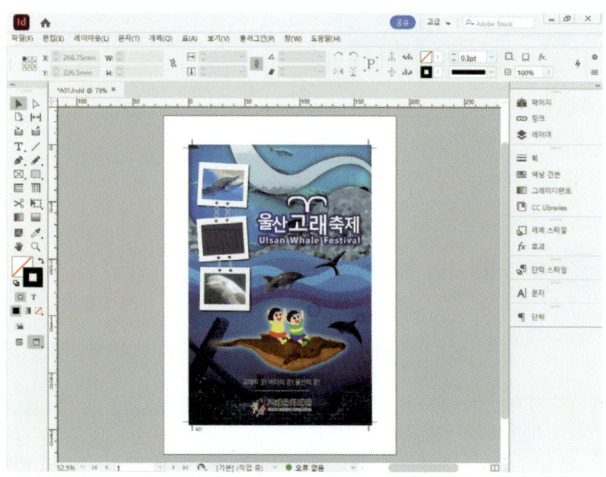

CHAPTER 3

꽃피는 봄날

1 유의사항 및 디자인 원고 확인하기

국가기술자격 실기시험 문제

자격종목	컴퓨터그래픽기능사	과제명	꽃피는 봄날

※ 시험시간 : 3시간 30분

1. 요구사항

※ 다음의 요구사항에 맞도록 주어진 자료(컴퓨터에 수록)를 활용하여 디자인원고를 시험시간 내에 컴퓨터 작업으로 완성하여 A4용지로 출력 후 A3용지에 마운팅(부착)하여 제출하시오.
※ 모든 작업은 수험자가 컴퓨터 바탕화면에 폴더를 만들어 저장하시오.

가. 작품규격(재단되었을 때의 규격) : 디자인원고 참조 A4용지 중앙에 작품이 배치되도록 하시오.
- 원고 규격 : 160×240mm

나. 구성요소(문자, 그림) : 디자인원고 참조

● 문자요소
- CHERRY BLOSSOMS FESTIVAL
- 행복중심 영등포
- 꽃비 내리는 여의도 한바퀴 PROGRAM
- 주최, 후원
- 꽃피는 봄날
- 4.14 토 ~ 4.15 일 영등포구 여의도동 여의서로
- 함께 걸어요 벚꽃런 / 꽃이 반짝반짝 야간 조명쇼 / 다양한 먹거리 푸드트럭

● 그림요소

봄날_01.jpg 봄날_02.jpg 봄날_03.jpg 봄날_04.jpg 봄날_05.jpg 봄날_06.jpg 봄날_07.jpg

다. 작업내용
1) 주어진 디자인원고(그림, 사진, 문자, 색채, 레이아웃, 규격 등)와 동일하게 작업하시오.
2) 디자인원고 내용 중 불명확한 형상, 색상코드 불일치, 색 지정이 없는 부분, 원고에 없는 형상 등이 있을 때는 수험자가 「5 - 5」 페이지 (나. 완성도면) 내용과 같이 작업하시오.
3) 디자인원고의 서체(요구서체)가 사용 컴퓨터 및 소프트웨어와 맞지 않을 경우는 가장 근접한 서체를 사용하시오.
4) 상하, 좌우에 3mm 재단여유를 갖도록 작품을 배치하고, 재단선은 작품규격에 맞추어 용도에 맞게 표시하시오(단, 디자인원고 중 작품의 규격을 표시한 외곽선이 있을 때는 「5 - 5」 원고의 지시에 따라 표시여부를 결정한다).
5) 디자인원고 좌측 하단으로부터 3mm를 띄어 비번호를 고딕 10pt로 반드시 기록하시오.
6) 출력물(A4)은 어떠한 경우에도 절취할 수 없으며, 반드시 A3용지 중앙에 마운팅 하시오.

라. 컴퓨터 작업범위
1) 10MB 용량의 폴더에 수록될 수 있도록 작업범위(해상도 및 포맷형식)를 계획하시오.
2) 규격 : A4(210×297mm) 중앙에 디자인원고 내용과 같은 작품(원고규격)을 배치하시오.
3) 해상도 및 포맷형식 : 제한용량 범위 내에서 선택하시오.
4) 기타
  ① 제공된 자료범위 내에서 활용하시오.
  ② 3개의 2D 응용프로그램을 고루 활용하되, 최종작업 및 출력은 편집 프로그램(쿽 익스프레스, 인디자인)에서 하시오(최종작업 파일이 다른 프로그램에서 생성되어진 경우는 출력할 수 없음).

2. 수험자 유의사항

1) 수험자 인적사항 및 답안작성은 흑색 필기구만 사용해야 합니다.
2) 시설목록상의 소프트웨어 및 참고자료가 하드웨어에 설치되었는지 확인한 후 작업하시오.
   (단, 시설목록 이외의 동등한 소프트웨어, 폰트 등 [반드시 정품에 한함]을 설치하고자 할 때에는 시험 시작 전 감독위원의 입회하에 설치할 수 있으며, 무료폰트, 프리웨어 소프트웨어는 설치할 수 없습니다)
   ※ 수험자가 지참한 펜마우스, 그래픽 타블렛, 디지타이저, 스캐너 등 입력장치는 사용할 수 없습니다.
3) 지참공구『수험표, 신분증, 연필(1개), 사인펜(1개), 눈금자(30cm), 가위, 양면테이프』이외의 참고자료 및 저장매체 등 어떠한 물품(핸드폰 전원 Off)이라도 시험 중 지참할 수 없습니다.
   ※ 작업 중 계산이 필요한 경우는 컴퓨터 내 계산기를 사용할 수 있습니다.
4) 수험자의 컴퓨터 활용 미숙 등으로 인한 시험 진행이 어렵다고 판단되었을 때는 감독위원은 시험을 중지시키고 실격처리를 할 수 있습니다.
5) 바탕화면에 폴더를 생성하여 주기적으로 작업한 파일을 저장하시오.
6) 작업이 끝나면 생성한 비번호 폴더에 10MB 용량 이내로 출력과 관련된 파일만(최종 작업 파일)을 저장하고 감독위원의 지시에 따라 전송하시오(단, 시험시간은 저장한 파일이 포함된 폴더를 전송한 시점까지이며, 전송 후에는 일체의 재작업을 할 수 없음).
7) 프린트는 감독위원의 별도 지시에 따라 순서에 의해 수험자 본인이 출력하며, 1회 출력을 원칙으로 합니다.
   (단, 기계 이상 또는 출력 오류 등의 사유로 인쇄가 잘못되었을 시 감독위원의 확인 후 다시 출력할 수 있으며 잘못된 인쇄본은 감독위원에게 제출하시오)
8) A3용지 좌측 상단 표제란에 인적사항을 기재하고, 작품(출력물, A4)은 표제란을 제외한 A3용지의 중앙에 마운팅(부착)하며, 작품 부착 경계선상에 감독위원의 확인 날인을 받으시오(단, 마운팅 소요시간 5분 이내).
9) 지급된 A3용지 및 컴퓨터 작업 내에는 불필요한 내용의 표시를 하지 마시오.
10) 모든 작품을 감독위원 또는 채점위원이 검토하여 카피된 작품(동일작품)이 있을 때에는 관련된 수험자 모두를 부정행위로 처리합니다.
11) 컴퓨터 H/W에 작업된 모든 내용과 시험자료는 A3용지에 마운팅 한 후 삭제하고, 출력물을 부착한 A3용지를 제출하시오.
12) 장시간 컴퓨터 작업으로 신체에 무리가 가지 않도록 적절한 몸풀기(스트레칭) 후 작업하시오.
13) 다음 사항에 대해서는 실격에 해당되어 채점 대상에서 제외됩니다.
   가) 수험자 본인이 수험 도중 시험에 대한 포기(기권) 의사를 표시하고 포기하는 경우
   나) 지정 작업범위(용량)를 초과한 경우
   다) 요구사항과 현격히 다른 경우(채점위원이 판단)
   라) 제한시간을 초과하여 미완성인 경우
   마) 과제기준 20% 이상 완성이 되지 않은 경우(채점위원이 판단)
   바) 최종작업을 편집프로그램으로 하지 않았거나, 수험자 미숙으로 출력을 못하였을 경우
14) 주요 채점 항목은 다음과 같습니다.
   가) 응용프로그램의 활용능력 및 최종 편집 프로그램 사용
   나) 색채, 그림요소의 표현
   다) 그림 및 문자요소의 레이아웃
   라) 타이포그래피(서체특성 및 크기, 자간 및 행간의 정확도, 오타 등)
   마) 원고규격, 재단선의 적합성, 디자인원고의 배치

3. 지급재료 목록

일련번호	재료명	규격	단위	수량	비고
1	복사 용지	A3	장	1	1인당
2	프린터 용지	A4(360dpi 이상 또는 일반용지)	장	2	1인당(프린터기에 내장)

컴퓨터그래픽기능사 디자인 원고

작품명 : 꽃피는 봄날

※ 작품규격(재단되어 있을 때의 규격) : 160×240mm, 작품 외곽선은 생략하고, 재단선은 3mm 재단 여유를 두고 용도에 맞게 표시하시오.

※ 불명확한 형상, 색상코드 불일치, 색 지정이 없는 부분, 원고에 없는 형상 등이 있을 때는 '나. 완성도면'과 같이 작업하시오.

가. 지시사항

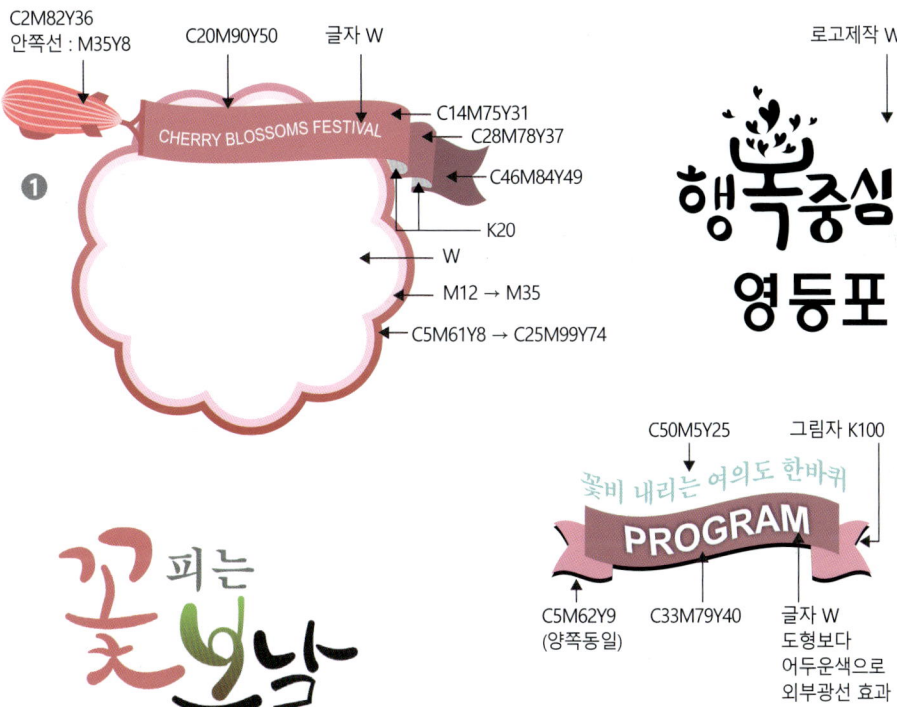

꽃 : C16M82Y44
피는 : K70
봄(윗부분) : C53Y86 → C53M75Y87K21
나머지 글자 : K100
봄(받침부분) 이미지 : 봄날_03의 화분 합성

토, 일 : 원 C30M98Y74, 글자 W
그 외 글자 : K100

이미지 : 봄날_05 : 왼쪽 부분 가장자리 제거
이미지 : 봄날_06, 07 : 이미지 합성하여 연결
이미지 : 봄날_08 : 가장자리 제거 후
왼쪽 부분 모션 블러 효과 적용하여 합성
위의 꽃 모양으로 이미지 합성하여 블랜딩 모드 적용

나. 완성도면

2 디자인 원고에 그리드 그리기

❶ 출력된 디자인 문제지의 '완성도면'에 직접 자와 빨간 펜 등 눈에 띄는 색상의 펜을 활용하여 16등분 선으로 그림과 같이 그리드 선을 그립니다.

> **Tip**
>
> 문제지 출력형태와 작업 도큐멘트에 같은 그리드를 그리면 오브젝트의 크기, 위치, 배치 간격을 파악하는 데 도움이 됩니다.

나. 완성도면

3 일러스트레이터 작업

01 작업 준비하기(도큐멘트 설정, 가이드 선 레이어 만들기)

1) 도큐멘트 설정하기

❶ 일러스트레이터에서 [File]−[New] 또는 Ctrl + N 을 눌러 Width : 166mm, Height : 246mm, Color Mode : CMYK Color, Raster Effects : High(300ppi)로 설정한 후 [Create]를 클릭합니다.

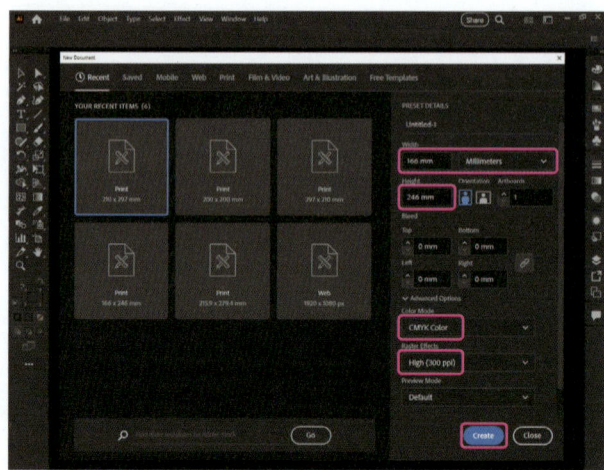

❷ 바탕화면에 새 폴더를 생성한 후 폴더 이름은 비번호 'A01'로 변경합니다. 일러스트레이터 프로그램에서 [File]−[Save]를 선택하고 파일 이름은 비번호 'A01'을 입력하고 파일형식 : Adobe Illustrator(*.Ai)를 선택한 후 [저장(S)]을 누릅니다. [Illustrator Options] 창이 활성화되면 [OK]를 눌러 저장합니다.

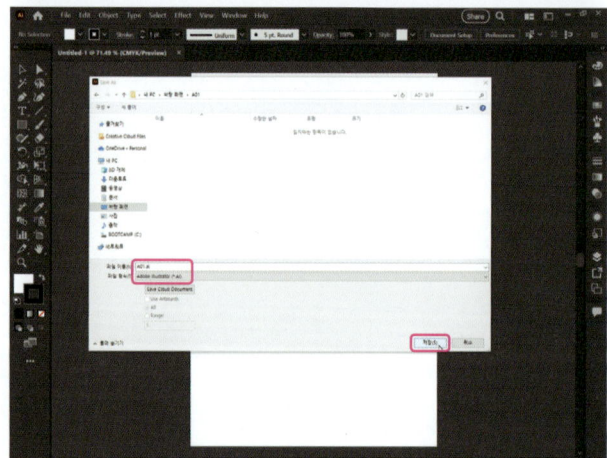

 Tip

Ctrl + S 를 눌러 작업한 내용을 수시로 저장하는 습관을 들이면 프로그램 오류에 빠르게 대처할 수 있습니다.

❸ 작업 창에 가로와 세로를 16등분 하는 격자 선을 그리드로 그리기 위해 Line Segment Tool( ) 아이콘 아래의 작은 삼각형을 길게 눌러 Rectangular Grid Tool( )을 선택하고 작업 창을 클릭합니다.

> **Tip**
>
> 문제지 출력형태와 작업 도큐멘트에 같은 그리드를 그리면 오브젝트의 크기, 위치, 배치 간격을 파악하는 데 도움이 됩니다. 그리드 작업이 필수 항목은 아니지만 디자인 작업이 숙련될 때까지 그리드 활용하는 것을 권장합니다.

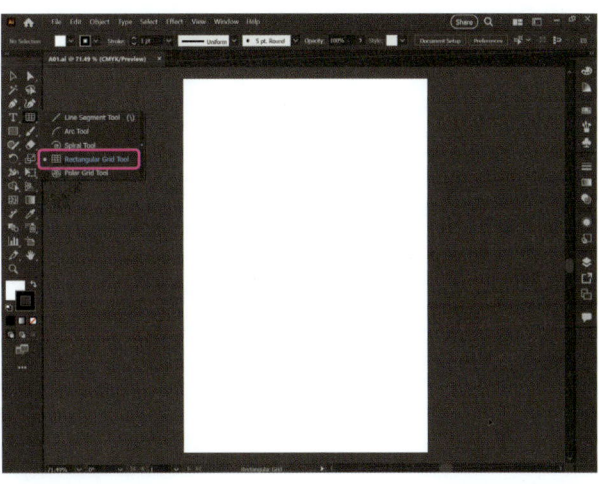

❹ [Rectangular Grid] 옵션 상자를 활성화합니다. Default Size Width : 160mm, Height : 240mm, Horizontal Dividers Number : 3, Vertical Dividers Number : 3을 입력하고 [OK]를 클릭합니다.

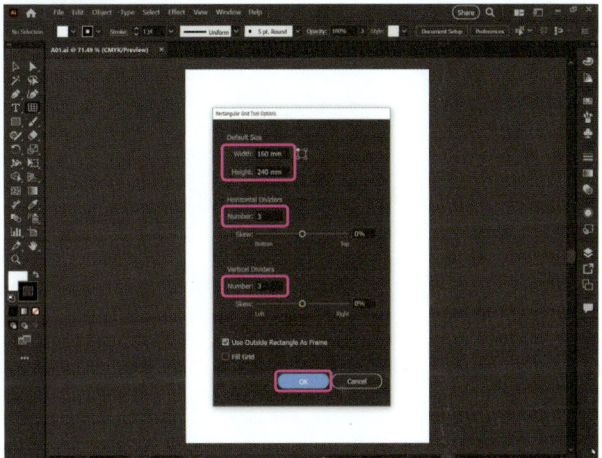

❺ 격자 선이 도큐멘트의 가운데에 정렬될 수 있도록 Selection Tool( )로 격자 선을 클릭하여 선택합니다.
[Window]-[Align] 패널을 활성화하고 Align To : Align to Artboard, Align Objects : Horizontal Align Center, Vertical Align Center를 눌러 작업 창 가운데 격자 선을 배치합니다.

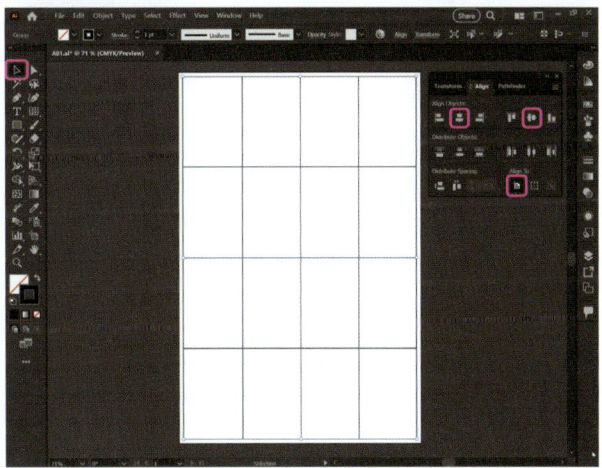

❻ 격자 선은 상단 메뉴의 [Object]-[Lock]-[Selection] 또는 Ctrl + 2 를 눌러 격자 선이 움직이지 않도록 고정합니다.

> **Tip**
>
> Pen Tool( )로 기존 고정점을 클릭하면 삭제되기 때문에 고정점이 선택되지 않도록 잠그고 추가 선을 그립니다.

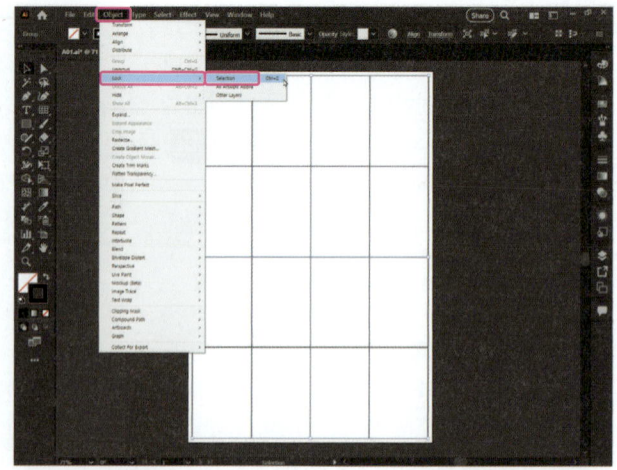

❼ Pen Tool( )로 격자 선의 상, 하, 좌, 우 가운데 점을 연결하여 마름모(◇) 형태로 선을 그립니다.

> **Tip**
>
> [Menu]-[View]-[Smart Guide] 또는 Ctrl + U 를 활성화하면 오브젝트를 그릴 때 교차점이나 고정점을 정확하게 맞추는 데 도움이 됩니다.

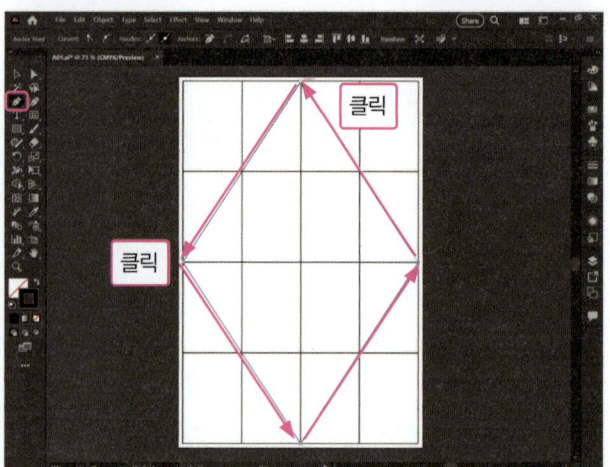

❽ Pen Tool( )로 X 형태로 추가 선을 그립니다.

> **Tip**
>
> Pen Tool( )로 X선을 그릴 때, 왼쪽 상단에서 오른쪽 하단으로 대각선을 그린 후 Ctrl 을 누른 채 작업 창의 공간을 클릭하여 선 끝내기를 하고 반대 방향으로 대각선을 그립니다.

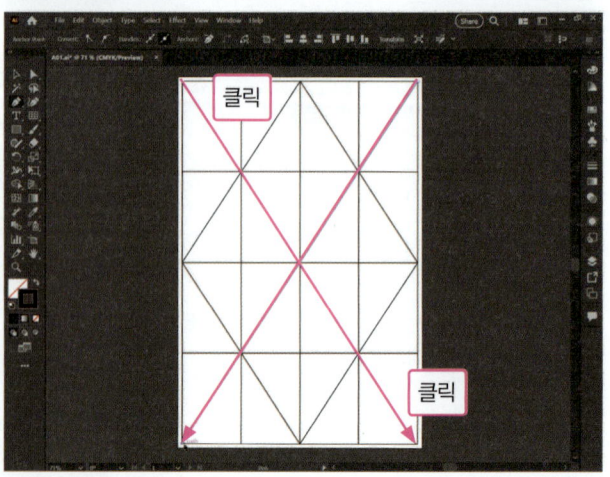

❾ [Object]-[Unlock All] 또는 `Alt`
+`Ctrl`+`2`를 선택하여 잠근 격자 선을
풀고, [Select]-[All] 또는 `Ctrl`+`A`를
눌러 격자 선을 모두 선택합니다.

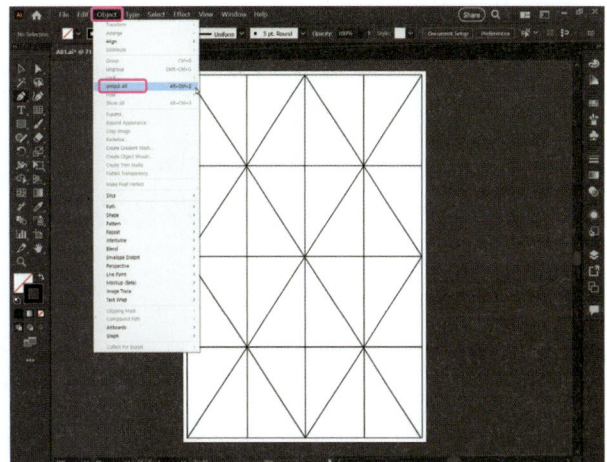

❿ [Stroke Color] 아이콘을 더블 클릭하여
[Color Picker] 대화창에 빨간색 색상값
M100Y100을 입력합니다.

문제지에 표기되지 않은 색상은 0%로 입력합
니다.

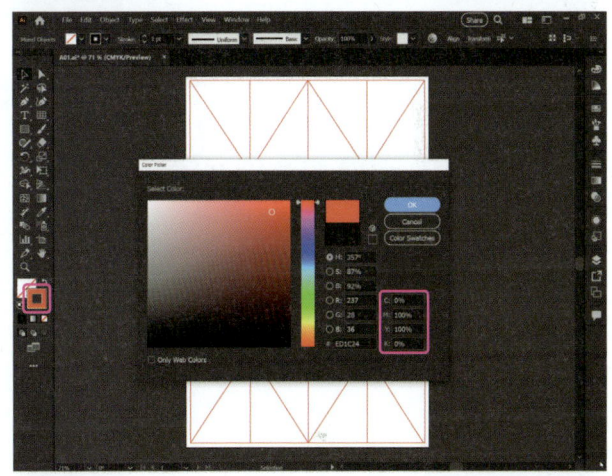

⓫ [Object]-[Group] 또는 `Ctrl`+`G`를 눌
러 그룹으로 지정합니다.

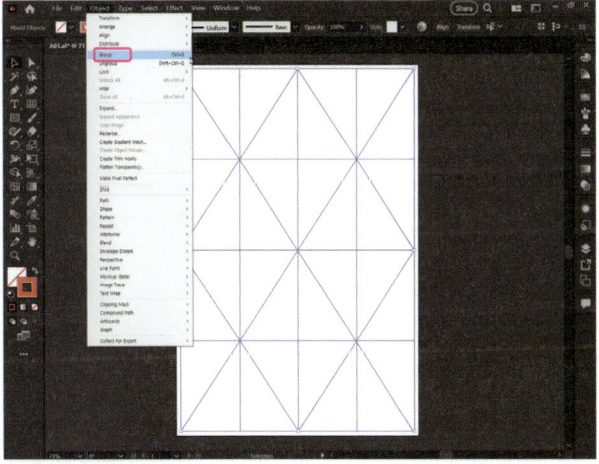

CHAPTER 3 꽃피는 봄날 409

2) 가이드 선 레이어 만들기

❶ [Window]-[Layers] 패널을 활성화합니다. 'Layer 1' 이름을 더블 클릭하여 '가이드 선'으로 변경합니다. '가이드 선' 레이어는 [Toggles Lock]을 눌러 변경되지 않도록 고정합니다.

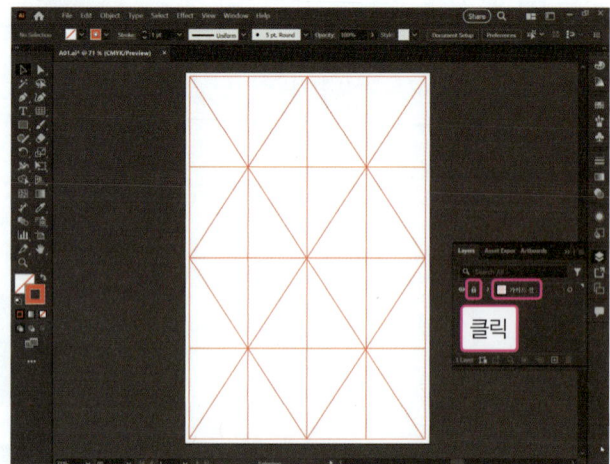

❷ [Layers] 패널에서 'Create New Layer' 아이콘을 눌러 새 레이어를 추가하고, 'Layer 2'를 더블 클릭한 후 레이어 이름을 '이미지'로 변경합니다.
일러스트레이터 작업물은 '이미지' 레이어에 작업합니다.

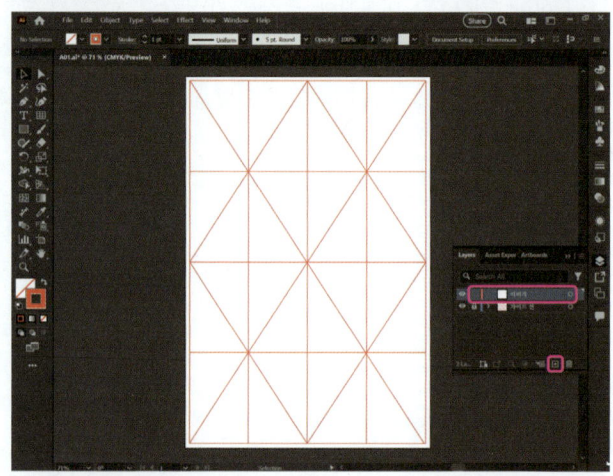

> **Tip**
>
> [Layers] 패널에서 '이미지' 레이어를 더블 클릭하여 [Layer Options] 대화 창을 활성화합니다. 레이어 색상을 변경하여 작업하기 편한 환경을 만듭니다.

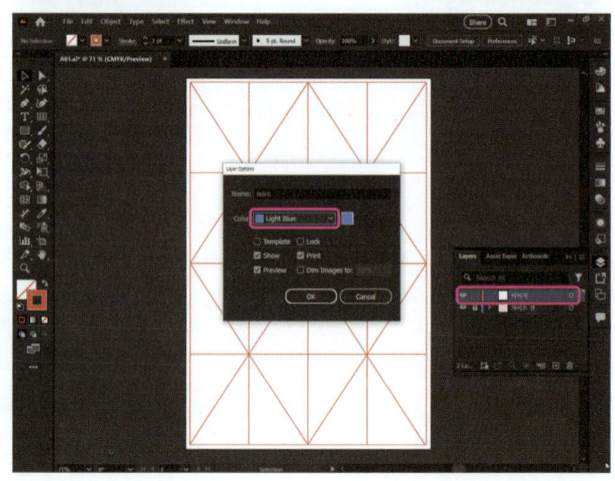

02 이미지 제작

1) 꽃

❶ Ellipse Tool( )로 Shift 를 누른 채 드래그하여 정원을 그리고 Selection Tool ( )로 Alt 를 누른 채 아래로 드래그하면서 추가로 Shift 를 눌러 정방향으로 이동시켜 복사한 후 그림과 같이 2개의 원을 만듭니다.

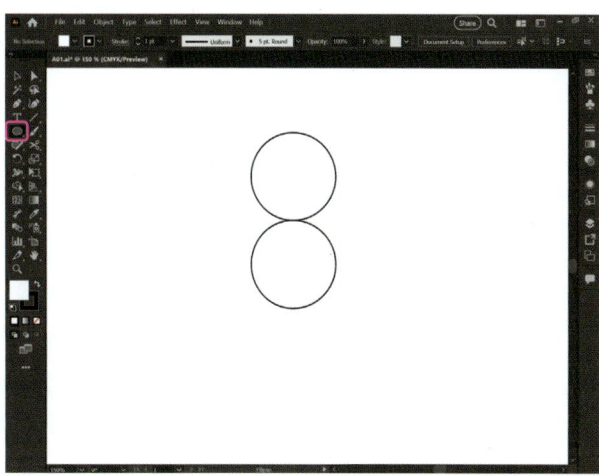

❷ Selection Tool( )로 위에 위치한 원을 선택하고 Rotate Tool( )을 클릭합니다. 아래 원의 가운데를 Alt 를 누른 채 클릭한 후 [Rotate Tool] 옵션 상자에서 Angle : 40°를 입력하고 [Copy]를 클릭합니다.

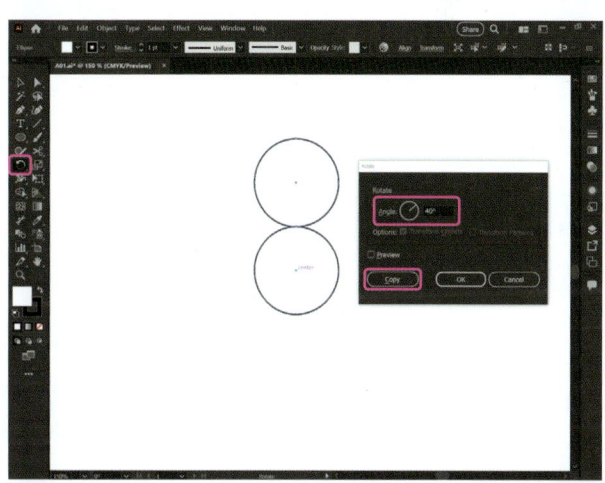

❸ Ctrl + D 를 7번 눌러 원을 회전시켜 복사합니다.

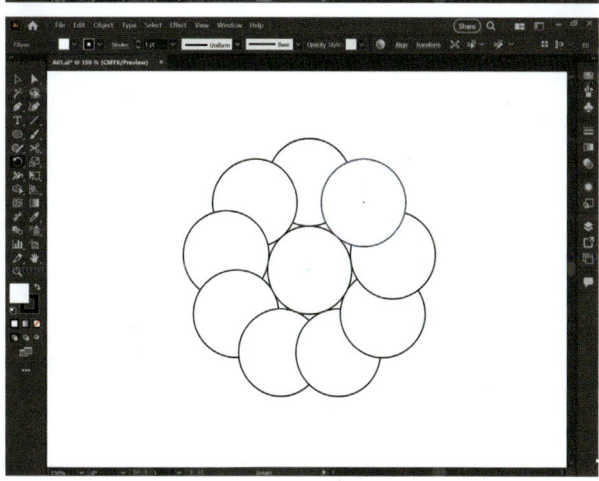

❹ Selection Tool( )로 가운데의 원을 선택하고 Alt + Shift 를 누른 채 바운딩 박스 점을 바깥쪽으로 드래그하여 빈 공간을 채웁니다.

> **Tip**
>
> 원 크기 : 27.5×27.5mm(도형의 크기는 정확하지 않아도 되며, 디자인 원고를 참고하여 비율을 맞춰 비슷하게 그림)

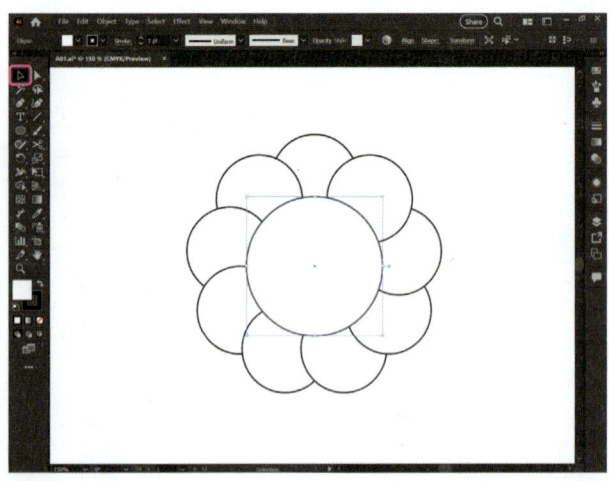

❺ Selection Tool( )로 모든 오브젝트를 선택합니다. [Window]-[Pathfinder] 패널의 Shape Modes : Unite를 클릭하여 하나의 면으로 만듭니다.

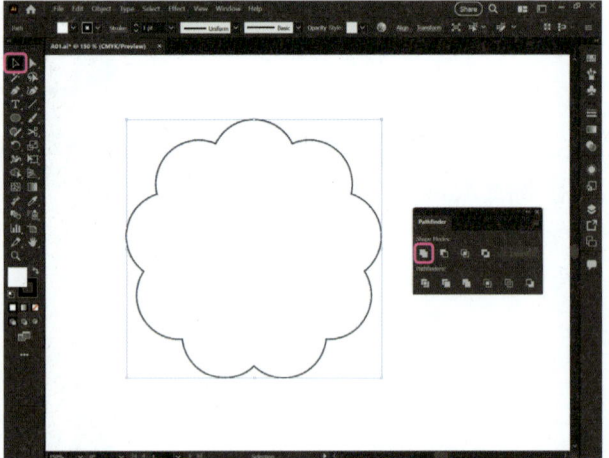

❻ Rotate Tool( )을 더블 클릭하고 옵션 상자에 Angle : 25°를 입력한 후 [OK]를 클릭합니다.

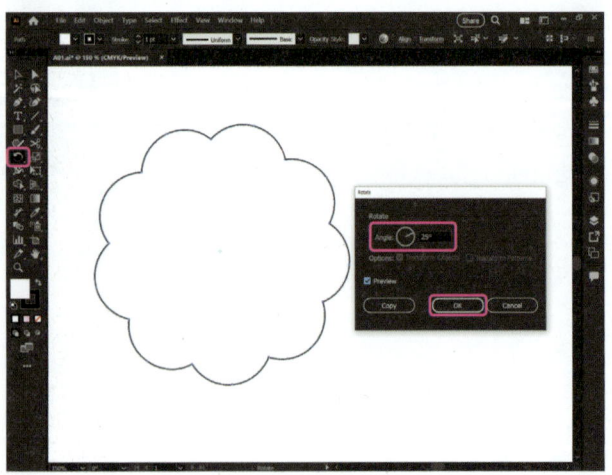

❼ [Gradient] 패널에서 슬라이드를 클릭한 후 면색에 M12 → M35를 입력합니다. 선색은 None으로 설정하고 Angle : −90°를 입력합니다.

> **Tip**
>
> Gradient Tool()을 더블 클릭하면 [Gradient] 패널을 활성화할 수 있습니다.

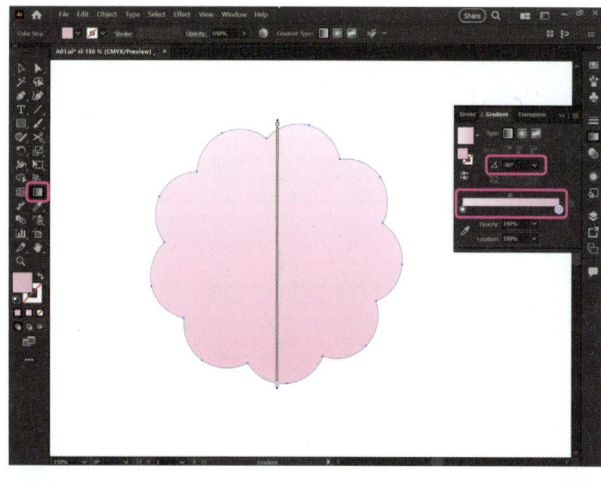

❽ '꽃' 이미지를 선택한 후 [Object]−[Path]−[Offset Path]를 클릭합니다. [Offset Path] 옵션 상자에서 Offset : −2mm를 입력하고 [OK]를 클릭합니다. 면색은 C0M0Y0K0, 선색은 None으로 설정합니다.

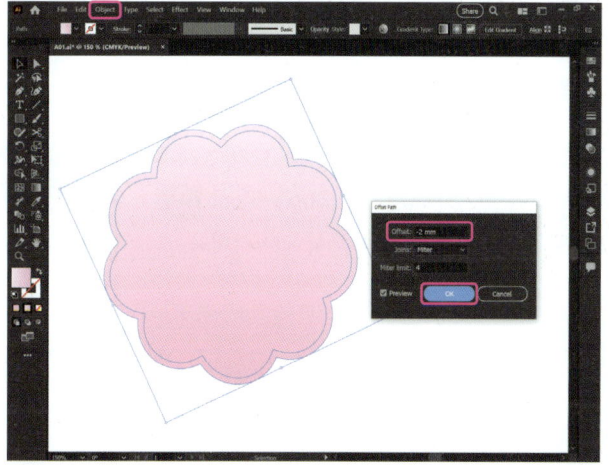

❾ 그라데이션을 적용한 '꽃' 이미지를 선택하고 [Object]−[Path]−[Offset Path]를 선택합니다. [Offset Path] 옵션 상자에서 Offset : 2mm를 입력하고 [OK]를 클릭합니다.

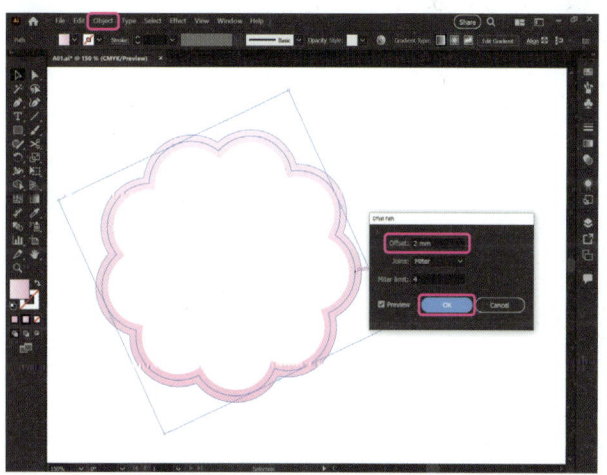

CHAPTER 3 꽃피는 봄날

❿ 면색은 그라디언트 색상으로 C5M61Y8 → C25M99Y74, 선색은 None으로 설정하고 Angle : −90°를 입력합니다.
완성된 꽃은 Selection Tool( )로 모두 선택하고 Ctrl + G 를 눌러 그룹 설정합니다.

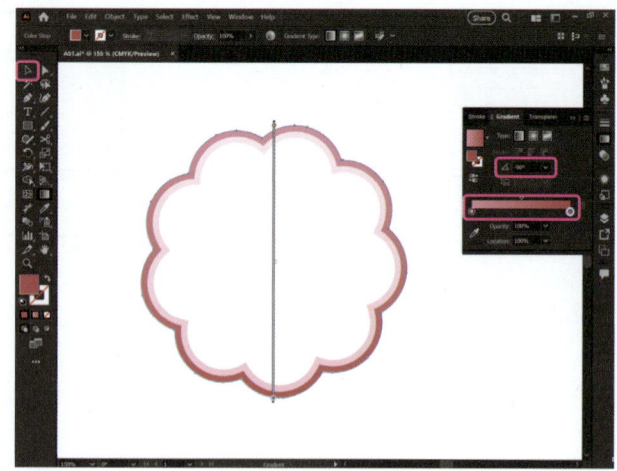

2) 꽃배너

❶ 빈 작업 창을 클릭한 후 D 를 눌러 면색과 선색을 초기화하고, Rectangle Tool( )로 드래그하여 그림과 같이 직사각형을 그립니다.

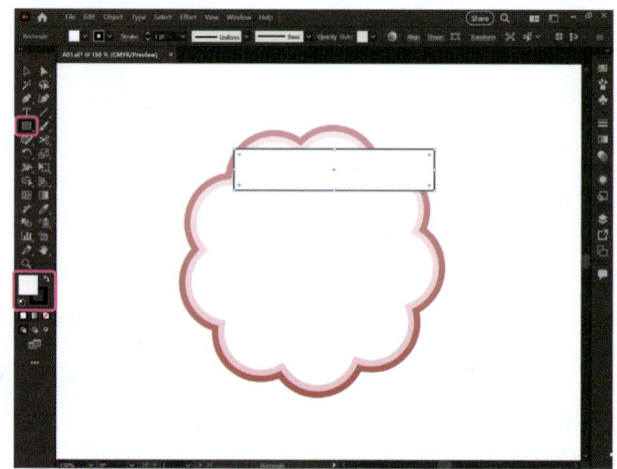

❷ Selection Tool( )로 직사각형을 선택하고 [Object]−[Envelope Distort]−[Make With Warp]를 선택합니다.

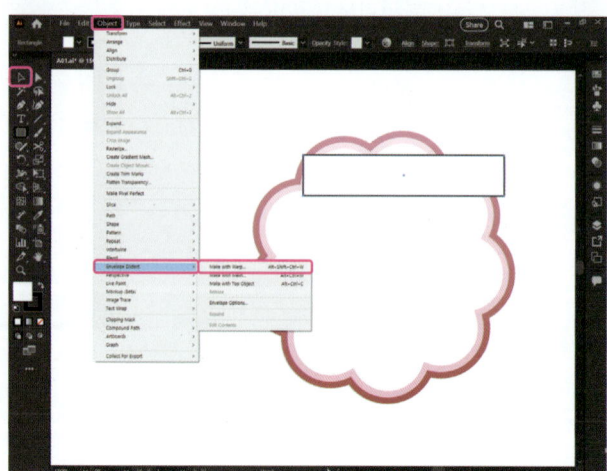

❸ [Warp] 옵션 상자에서 Style : Flag, Horizontal, Bend : 20%로 조정하고 [OK]를 클릭합니다.

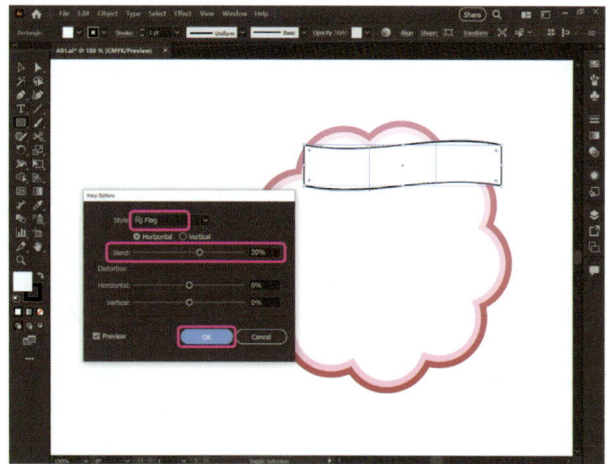

❹ [Object]-[Expand]를 선택하고 옵션 상자에서 [OK]를 눌러 수정 가능한 이미지로 변경합니다.

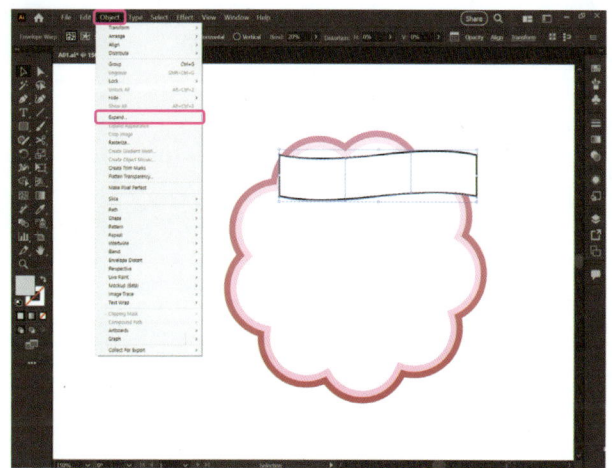

❺ 면색은 C14M75Y31, 선색은 None으로 설정합니다.

❻ Direct Selection Tool( )로 오른쪽 상단과 하단의 핸들 점을 드래그하여 끝부분의 곡선을 그림과 같이 부드럽게 조정합니다.

❼ Pen Tool( )로 그림과 같이 오른쪽에 곡선 면으로 부드럽게 그린 후 면색은 K20, 선색은 None으로 설정합니다. 마우스 우클릭 후 [Arrange]-[Send to Back]을 선택하여 알맞게 배치합니다.

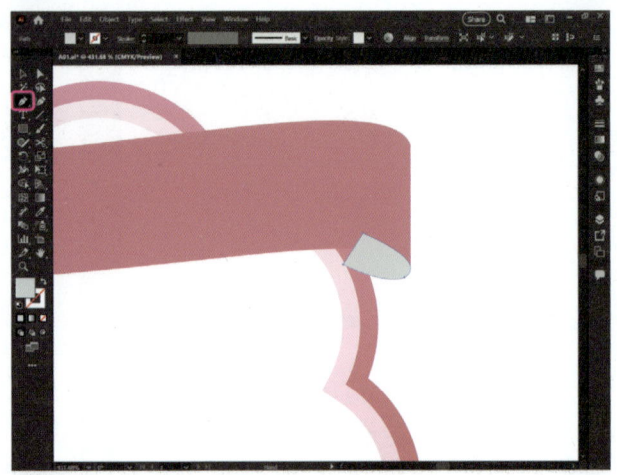

❽ Selection Tool( )로 ❻의 직사각형을 선택하고 Alt 를 누른 채 오른쪽으로 드래그하여 복사하고 마우스 우클릭 후 [Arrange]-[Send to Back]을 선택하여 알맞게 배치합니다. 면색은 C28M78Y37, 선색은 None으로 설정합니다.

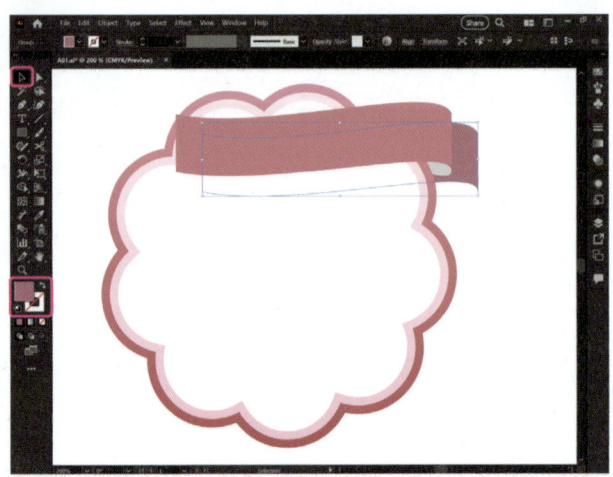

❾ Direct Selection Tool(▶)로 오른쪽 상단과 하단의 핸들 점을 드래그하여 끝부분의 곡선을 그림과 같이 부드럽게 조정합니다.

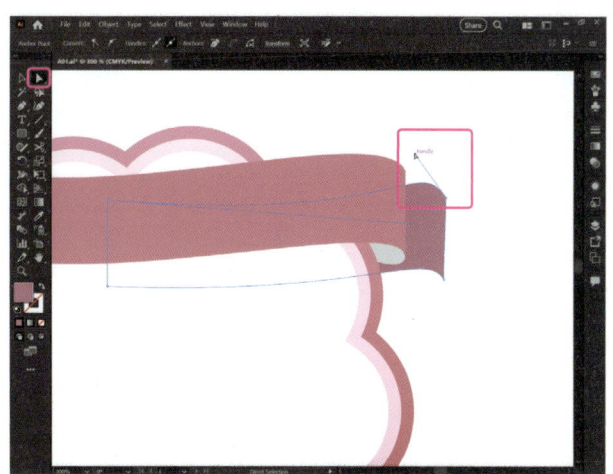

❿ Pen Tool(✒)로 그림과 같이 오른쪽에 곡선 면으로 부드럽게 그린 후 면색은 K20, 선색은 None으로 설정합니다. 마우스 우클릭 후 [Arrange]-[Send to Back]을 선택하여 알맞게 배치합니다.

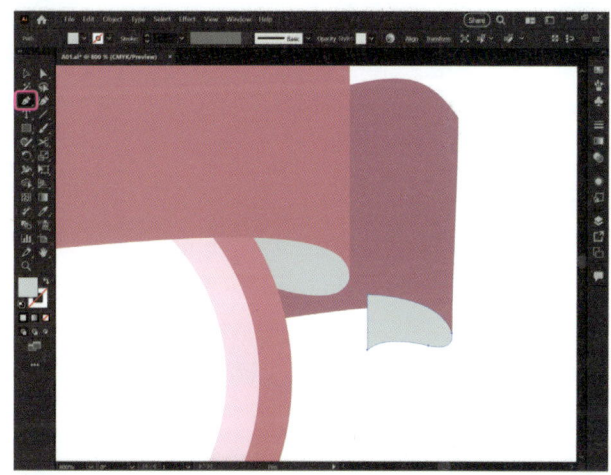

⓫ Rectangle Tool(▢)로 드래그하여 짧은 직사각형을 그립니다. 면색은 C46M84Y49, 선색은 None으로 설정합니다.

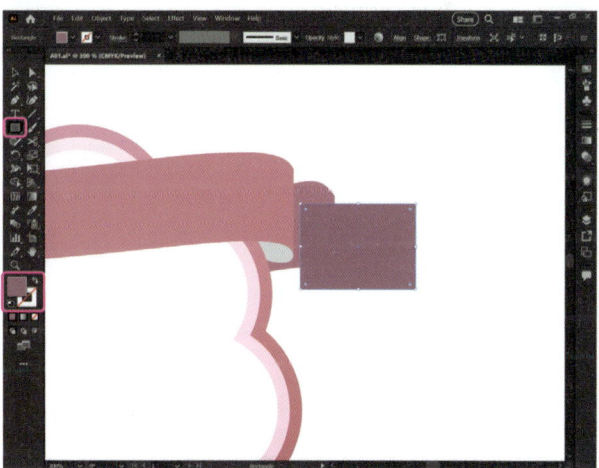

⓬ Add Anchor Point Tool( )로 오른쪽 면의 가운데 패스를 클릭하여 고정점을 추가합니다.

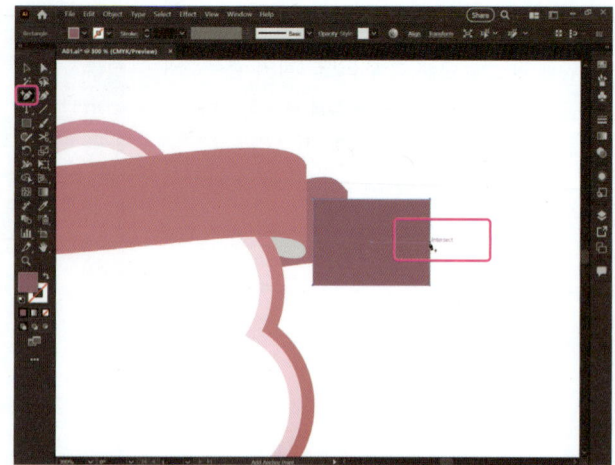

⓭ Direct Selection Tool( )로 추가한 고정점을 클릭하고 왼쪽으로 드래그하여 이동한 후 모양을 그림과 같이 변형합니다.

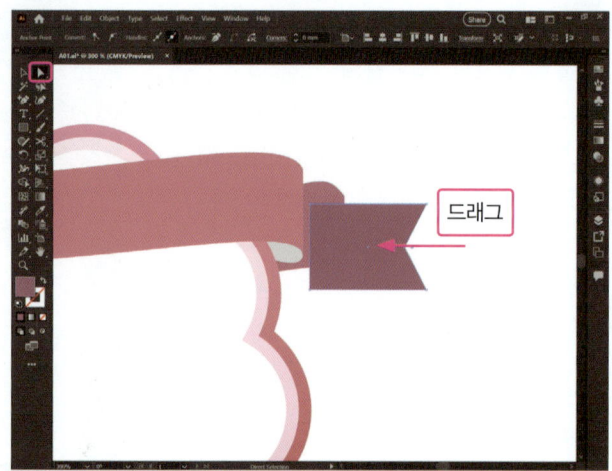

⓮ Selection Tool( )로 ⓭에서 작업한 도형을 선택하고 [Object]-[Envelope Distort]-[Make With Warp]를 클릭합니다.
[Warp Options] 상자에서 Style : Flag, Horizontal, Bend : -30%로 입력하고 [OK]를 클릭합니다.

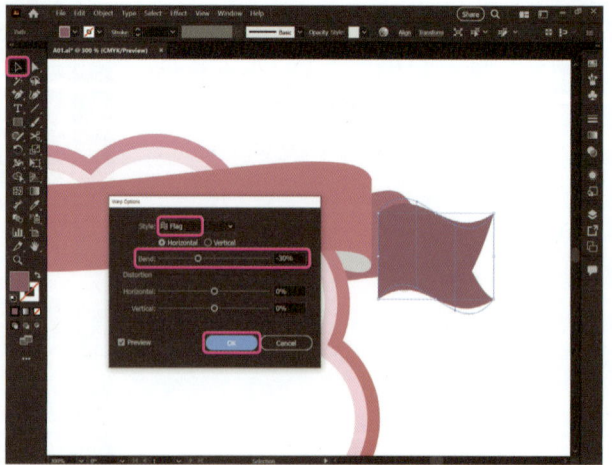

⑮ [Object]-[Expand]를 선택하고 [OK]를 눌러 수정 가능한 이미지로 변경하고 마우스 우클릭 후 [Arrange]-[Send to Back]을 선택하여 알맞게 배치합니다.

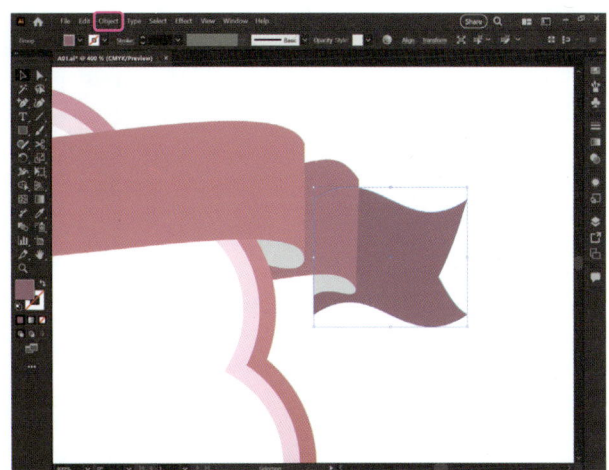

⑯ Direct Selection Tool( )로 수정이 필요한 고정점을 클릭하고 이동하여 모양을 다듬어 조정합니다.

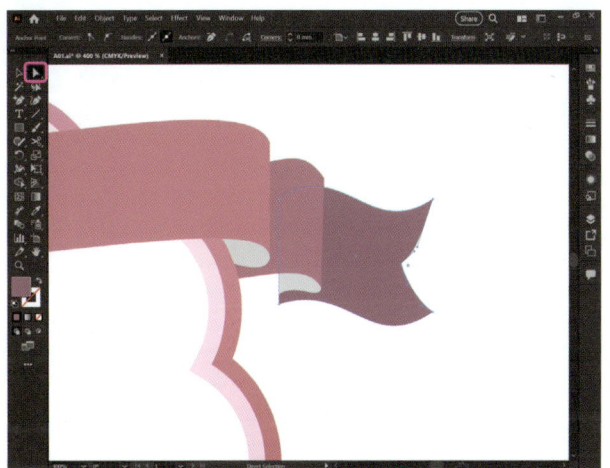

⑰ Pen Tool( )로 리본의 왼쪽 고리를 선으로 그리고 면색은 None, 선색은 C20M90Y50으로 설정하고 [Stroke] 패널에서 선의 두께를 적절히 조정하여 배치합니다.

선의 두께 : 3pt

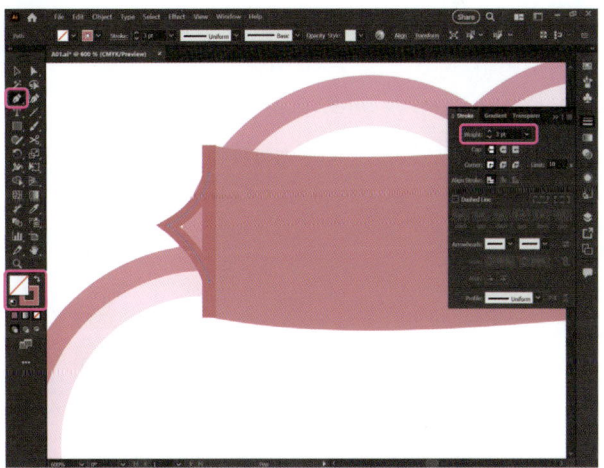

⓲ Ellipse Tool(◯)로 원을 그리고 면색은 C2M82Y36, 선색은 None으로 설정합니다.

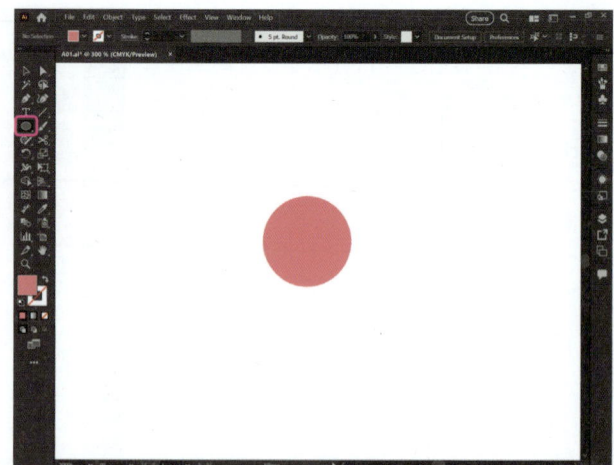

⓳ Direct Selection Tool(▷)로 오른쪽 고정점을 클릭한 후 오른쪽으로 이동하고 핸들 점을 드래그하여 모양을 다듬어 줍니다.

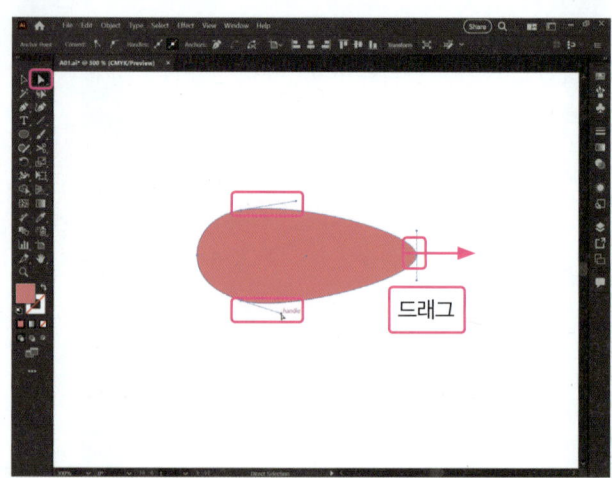

⓴ Selection Tool(▷)로 오브젝트를 선택하고 Ctrl + C 를 누른 후 Ctrl + F 를 눌러 선택한 이미지 앞에 복사하고 면색은 None, 선색은 M35Y8로 설정합니다.

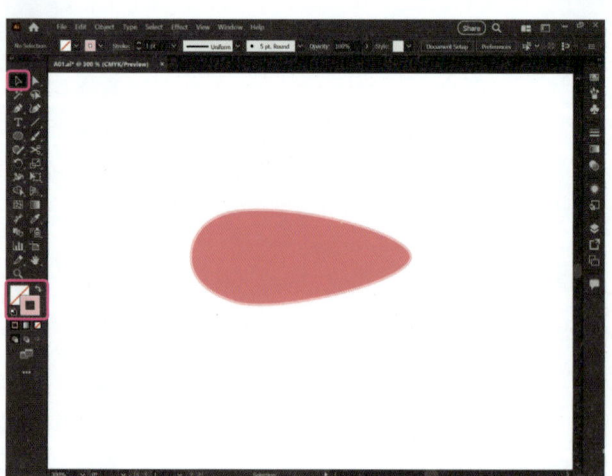

㉑ 선은 Alt 를 누른 채 상단 가운데 바운딩 박스점을 아래로 드래그하여 축소합니다.

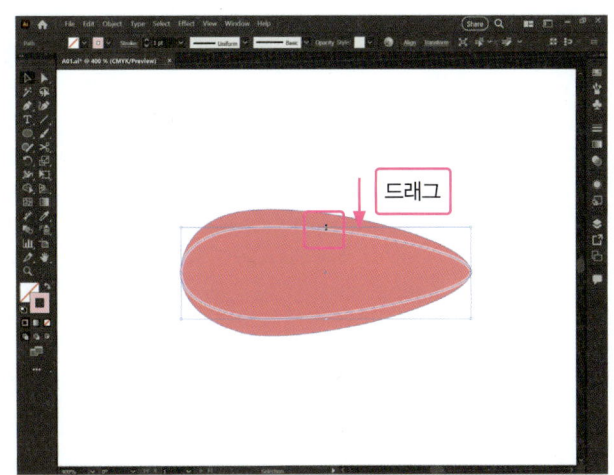

㉒ ㉑과 같은 방법으로 Ctrl + C 를 누른 후 Ctrl + F 를 눌러 복사하고 Alt 를 누른 채 바운딩 박스 점을 아래로 드래그하여 축소하고 한 번 더 반복합니다.

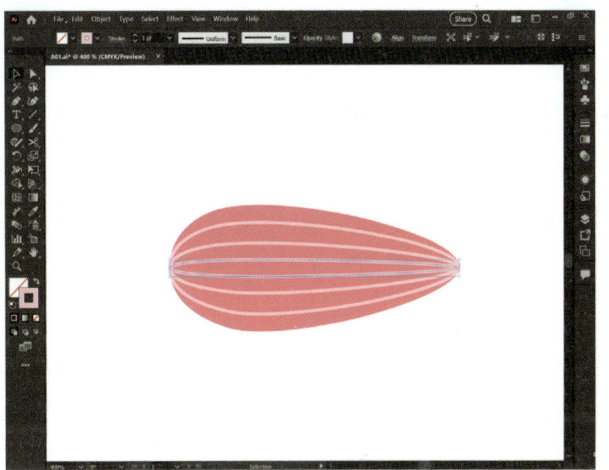

㉓ Selection Tool( )로 기구의 몸체는 비스듬하게 회전하고 Pen Tool( )로 비행기 꼬리 부분을 그리고 면색은 C20M90Y50, 선색은 None으로 설정합니다, 마우스 우클릭 후 [Arrange]-[Send to Back]을 선택하여 알맞게 배치합니다.

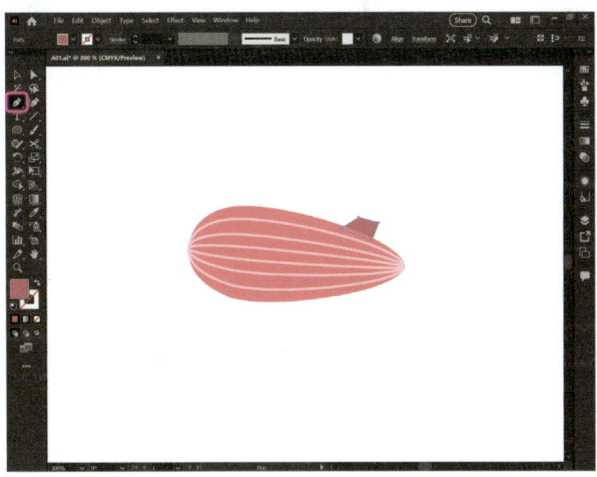

② ㉓과 같은 방법으로 나머지 필요한 부분도 Pen Tool( )로 그려 완성합니다. '꽃'과 '꽃배너' 이미지를 알맞게 배치하고 Selection Tool( )로 모두 선택하여 Ctrl + G 를 눌러 그룹 설정합니다.

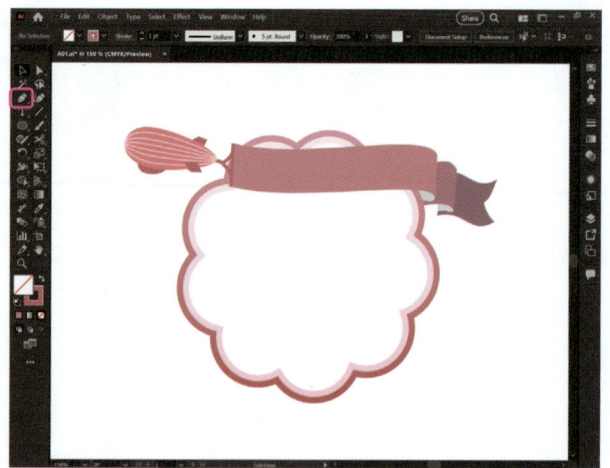

㉕ Pen Tool( )을 선택하고 면색은 None, 선색은 임의의 색상으로 지정한 후 그림과 같이 부드럽게 곡선을 그립니다.

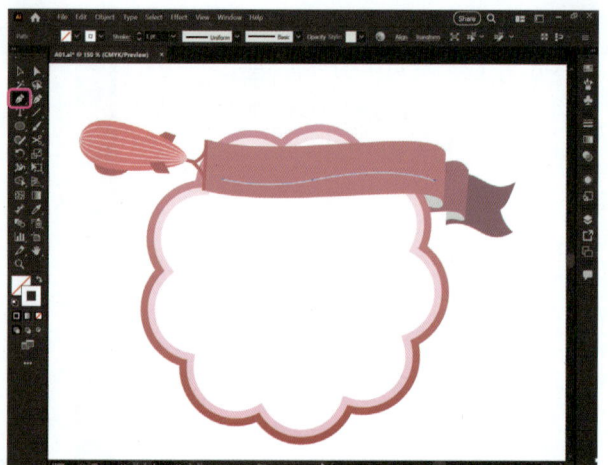

㉖ Type On a Path Tool( )로 곡선의 시작하는 패스를 클릭한 후 'CHERRY BLOSSOMS FESTIVAL'로 입력하고 [Window]-[Type]-[Character] 패널에서 서체, 크기와 자간, 장평 등을 문제지 출력형태와 비슷하게 설정합니다. 문자 색상은 C0M0Y0K0으로 설정합니다.

- 서체 : Arial, Regular(그림과 동일한 서체가 없을 시 비슷한 서체를 선택하여 사용)
- 글자 크기 : 14pt

2) 리본배너

❶ Rectangle Tool()로 드래그하여 그림과 같이 직사각형을 그립니다.

> **Tip**
>
> 직사각형 크기 : 52×10mm(도형의 크기는 정확하지 않아도 되며, 디자인 원고를 참고하여 비율을 맞춰 비슷하게 그림)

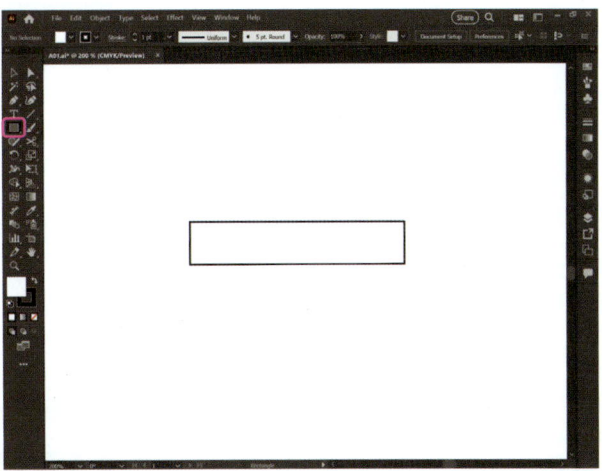

❷ Selection Tool(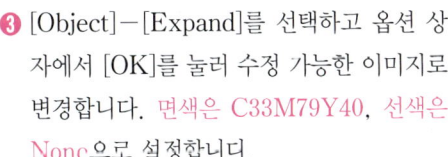)로 직사각형을 선택하고 [Object]-[Envelope Distort]-[Make With Warp]를 선택합니다.
[Warp Options] 상자에서 Style : Flag, Horizontal, Bend : 50%로 입력하고 [OK]를 클릭합니다.

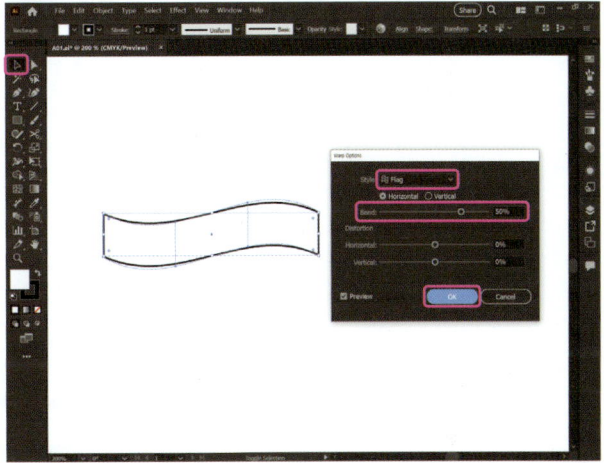

❸ [Object]-[Expand]를 선택하고 옵션 상자에서 [OK]를 눌러 수정 가능한 이미지로 변경합니다. 면색은 C33M79Y40, 선색은 None으로 설정합니다.

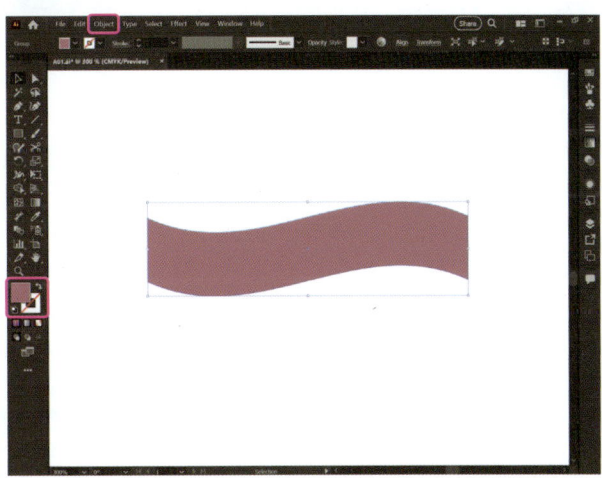

❹ Rectangle Tool(□)로 드래그하여 그림과 같이 길이가 짧은 직사각형을 그리고 면색은 C5M62Y9, 선색은 None으로 설정합니다.

> **Tip**
> 직사각형 크기 : 13×10mm(도형의 크기는 정확하지 않아도 되며, 디자인 원고를 참고하여 비율을 맞춰 비슷하게 그림)

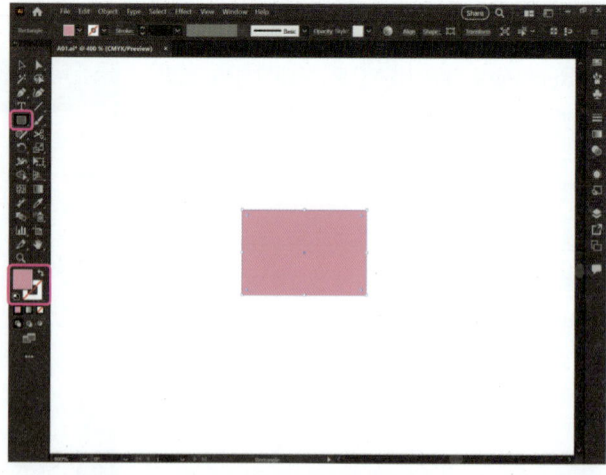

❺ Add Anchor Point Tool(✒)로 왼쪽 면의 가운데 패스를 클릭하여 고정점을 추가합니다.

❻ Direct Selection Tool(▶)로 추가한 고정점을 클릭하고 오른쪽으로 이동시켜 모양을 그림과 같이 변형합니다.

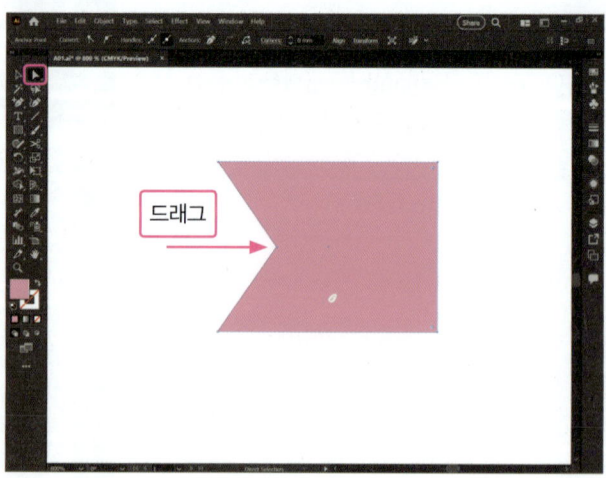

❼ Selection Tool( )로 ❻에서 작업한 도형을 선택하고 [Object]-[Envelope Distort]-[Make With Warp]를 클릭합니다.
[Warp Options] 상자에서 Style : Flag, Horizontal, Bend : -15%로 입력하고 [OK]를 클릭합니다.

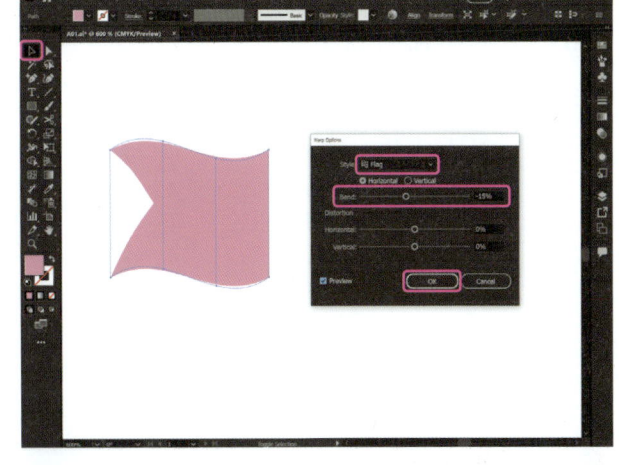

❽ [Object]-[Expand]를 선택하고 옵션 상자에서 [OK]를 눌러 수정 가능한 이미지로 변경합니다.
마우스 우클릭 후 [Arrange]-[Send to Back]을 클릭하고 위에 그려놓은 이미지의 왼쪽에 알맞게 배치합니다. 바운딩 박스 점을 드래그하여 가로의 길이와 각도를 조정합니다.

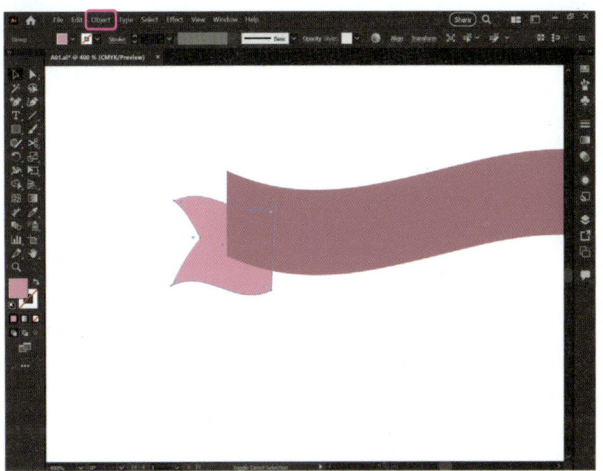

❾ Selection Tool( )로 리본의 끈을 선택하고 Reflect Tool( )을 더블 클릭합니다. [Reflect] 옵션 상자에서 Axis : Vertical을 선택하고 [Copy]를 클릭한 후 오른쪽에 알맞게 배치합니다.

Tip

Reflect Tool( )로 직사각형의 가운데 점을 를 누른 채 클릭하면 왼쪽과 동일한 너비로 좌우 대칭하여 복사할 수 있습니다.

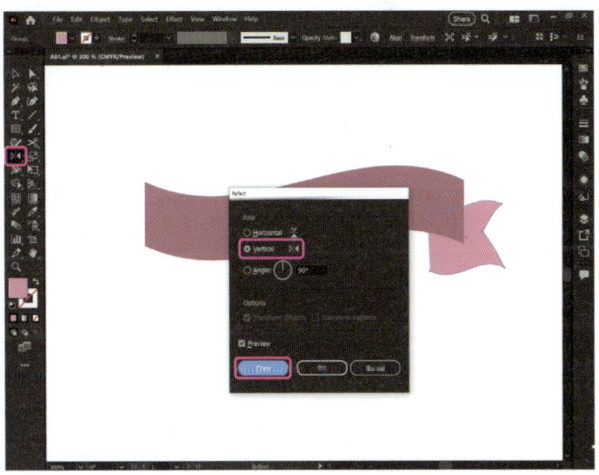

❿ Selection Tool( )로 배너의 이미지를 모두 선택하고 Ctrl + G 를 눌러 그룹으로 설정합니다. Ctrl + C 를 누른 후 Ctrl + B 를 눌러 이미지를 뒤에 복사하여 배치합니다. 아래 방향으로 이동시키고 면색은 K100, 선색은 None으로 설정한 후 그림자를 만듭니다.

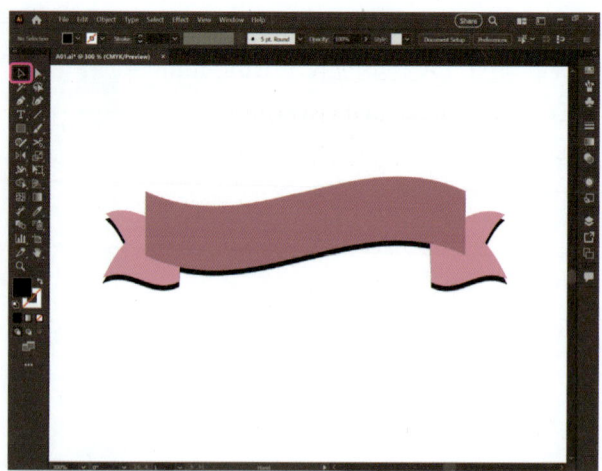

⓫ Type Tool( )로 작업 창을 클릭하고 '꽃비 내리는 여의도 한바퀴'를 입력합니다. [Window]-[Type]-[Character] 패널에서 서체, 크기와 자간, 장평 등을 문제지 출력형태와 비슷하게 설정합니다. 문자 색상은 C50M5Y25로 설정합니다.

> **Tip** ✓
> • 서체 : HY견명조(그림과 동일한 서체가 없을 시 비슷한 서체를 선택하여 사용)
> • 글자 크기 : 15pt

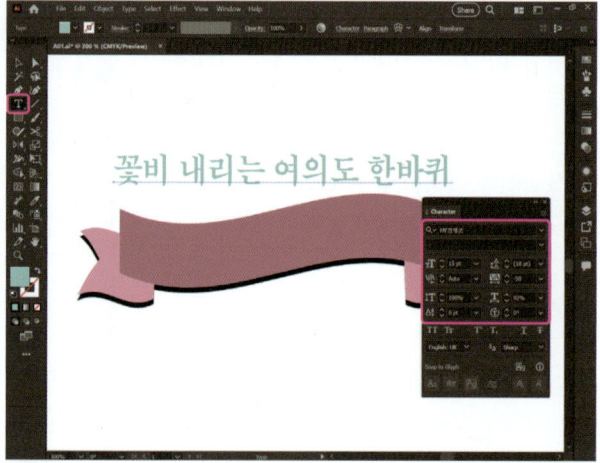

⓬ [Object]-[Envelope Distort]-[Make With Warp]를 선택합니다.
[Warp Options] 상자에서 Style : Flag, Horizontal, Bend : 80%로 입력하고 [OK]를 클릭합니다.

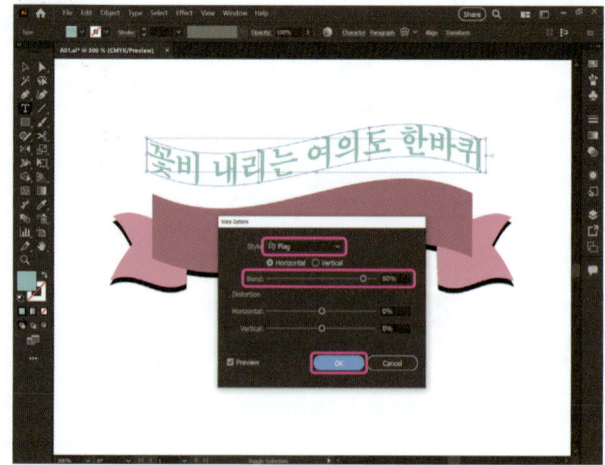

⓭ Type Tool()로 작업 창을 클릭하고 'PROGRAM'를 입력합니다. [Window]−[Type]−[Character] 패널에서 서체, 크기와 자간, 장평 등을 문제지 출력형태와 비슷하게 설정합니다. 문자 색상은 C0M0Y0K0로 설정합니다.

> **Tip**
> • 서체 : Arial, Bold(그림과 동일한 서체가 없을 시 비슷한 서체를 선택하여 사용)
> • 글자 크기 : 21pt

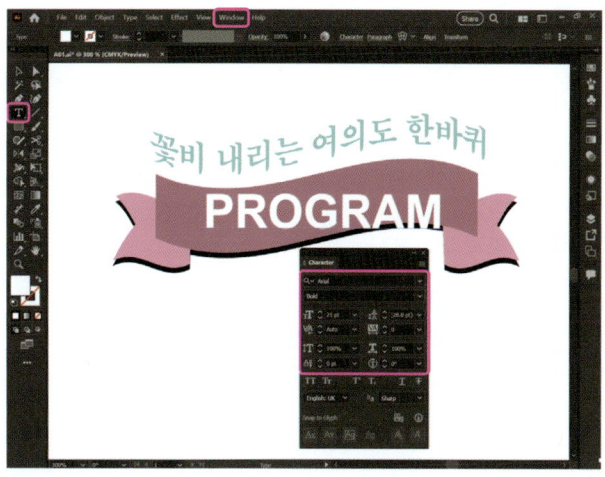

⓮ [Object]−[Envelope Distort]−[Make With Warp]를 선택합니다.
[Warp Options] 상자에서 Style : Flag, Horizontal, Bend : 40%로 입력하고 [OK]를 클릭합니다.

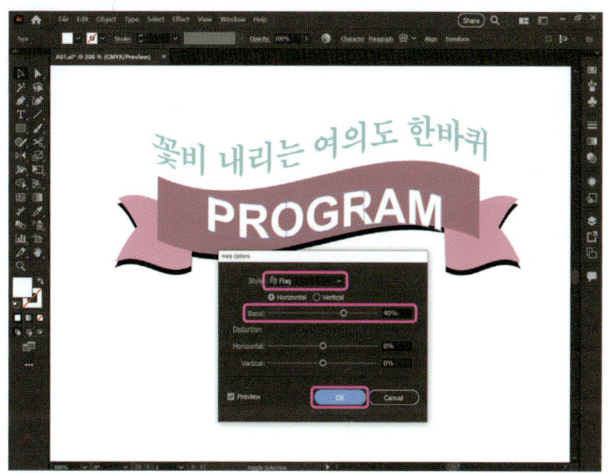

⓯ 글자는 Selection Tool( )로 선택하고 바운딩 박스점을 드래그하여 회전시킨 후 알맞게 배치하고 [Effect]−[Stylize]−[Outer Glow]를 선택하고 옵션 상자에서 컬러 : K100, Mode : Multiply, Opacity : 60%, Blur : 0.5mm를 입력한 후 [OK]를 클릭합니다.

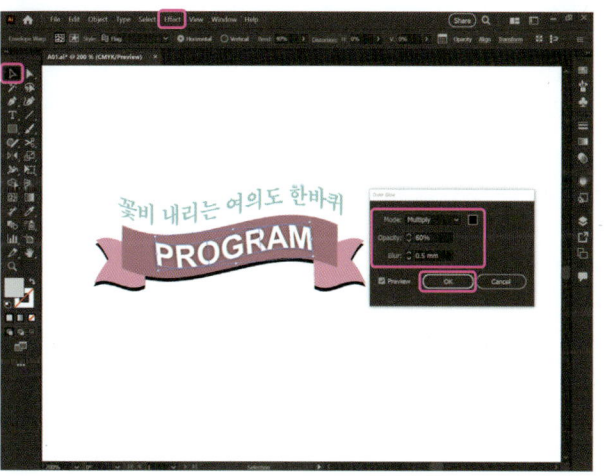

3) 캘리그래피

❶ Pen Tool()을 선택하고 면색은 None, 선색은 C16M82Y44로 설정하고 '꽃'의 'ㄲ'을 선으로 그립니다.

> **Tip**
>
>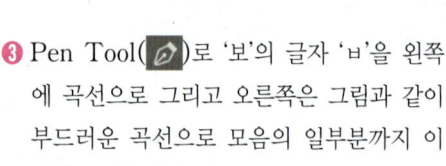
> Pen Tool( )로 다음 선을 그리기 위해 Ctrl을 누른 채 작업 창의 공간을 클릭하면 선이 강제 종료되어 새롭게 선을 그릴 수 있습니다.

❷ Pen Tool( )로 모음과 받침 순서로 캘리그래피의 기본선을 완성합니다.

❸ Pen Tool( )로 '보'의 글자 'ㅂ'을 왼쪽에 곡선으로 그리고 오른쪽은 그림과 같이 부드러운 곡선으로 모음의 일부분까지 이어서 그립니다

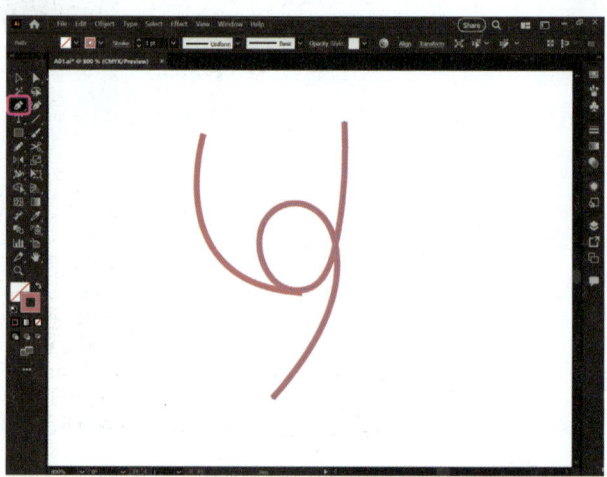

❹ Pen Tool( )로 아래에 획을 그어 글자 '보'를 완성합니다. Selection Tool( )로 글자를 선택하고 면색은 None, '보'의 앞 글자의 선색은 그라데이션 C53Y86 → C53M75Y87K21, 모음 아래의 선색은 K100으로 설정합니다.

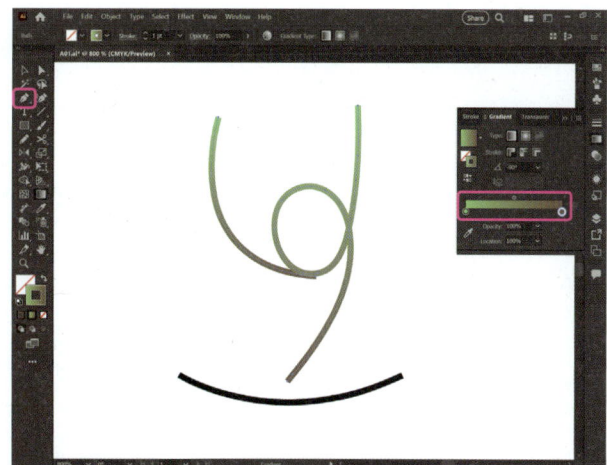

❺ ❶~❹와 같은 방법으로 글자 '날'도 알맞은 위치에 Pen Tool( )로 그린 후 완성합니다. 면색은 None, 선색은 K100으로 설정합니다.

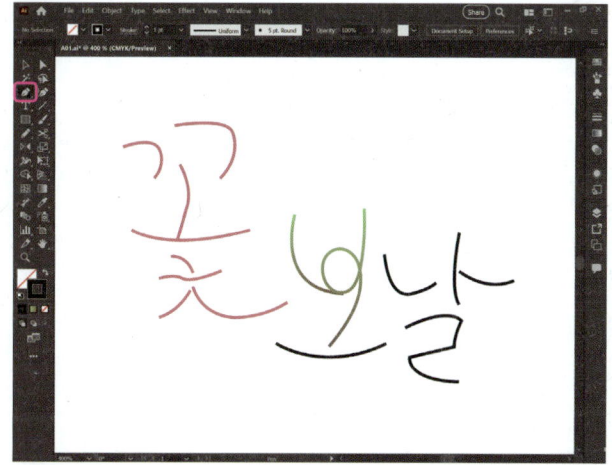

❻ Selection Tool( )로 글자를 모두 선택하고 [Window]-[Stroke] 패널에서 Cap : Round Cap을 클릭하고 선의 두께를 1차 조정합니다.

선의 두께 : 3pt

CHAPTER 3 꽃피는 봄날

❼ Selection Tool()로 글자 '꽃'의 'ㄱ'을 선택하고 Width Tool( )로 패스를 드래그하여 선 모양을 변경합니다.

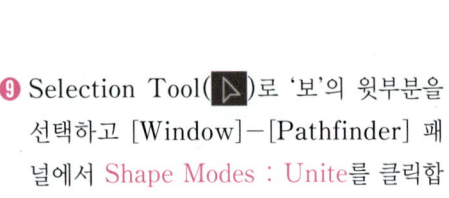

❽ ❼과 같은 방법으로 Width Tool( )로 모든 선의 두께를 조절한 후 캘리그래피를 완성합니다. Selection Tool( )로 모든 글자를 선택하고 [Object]-[Path]-[Outline Stroke]를 클릭한 후 선을 면으로 변경합니다.

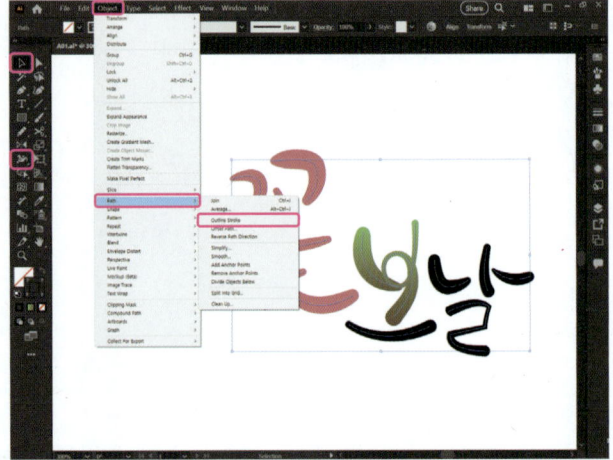

❾ Selection Tool( )로 '보'의 윗부분을 선택하고 [Window]-[Pathfinder] 패널에서 Shape Modes : Unite를 클릭합니다.

❿ Type Tool(T)로 작업 창을 클릭하고 '피는'을 입력합니다.
[Character] 패널에서 서체와 크기를 알맞게 지정하고 문자 색상은 K70으로 설정하여 배치합니다.

> **Tip**
> • 서체 : HY견명조(그림과 동일한 서체가 없을 시 비슷한 서체를 선택하여 사용)
> • 글자 크기 : 21pt

4) 로고

❶ Type Tool(T)로 작업 창을 클릭하고 '행복중심 영등포'를 입력합니다.
[Character] 패널에서 원고와 비슷한 서체를 선택합니다. 문자 색상은 K100으로 설정합니다.

> **Tip**
> • 서체 : 휴먼모음T(그림과 동일한 서체가 없을 시 비슷한 서체를 선택하여 사용)
> • 글자 크기 : 32pt

❷ Selection Tool( )로 문자를 선택하고 [Type]-[Create Outlines]를 클릭합니다.

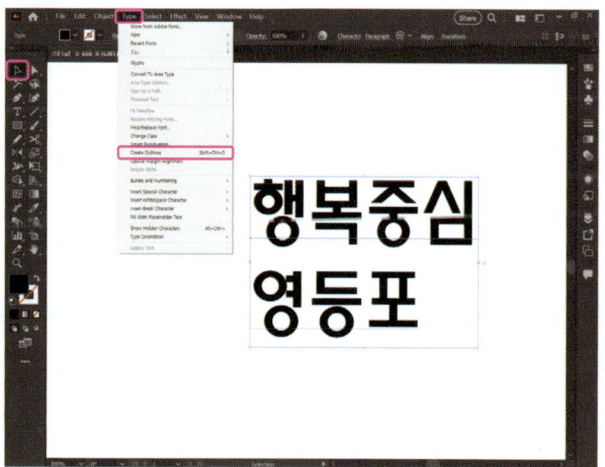

❸ Shift + Ctrl + G 를 눌러 그룹 해제하고 각 문자는 Selection Tool( )로 출력형태의 원고와 비슷하게 배치합니다.

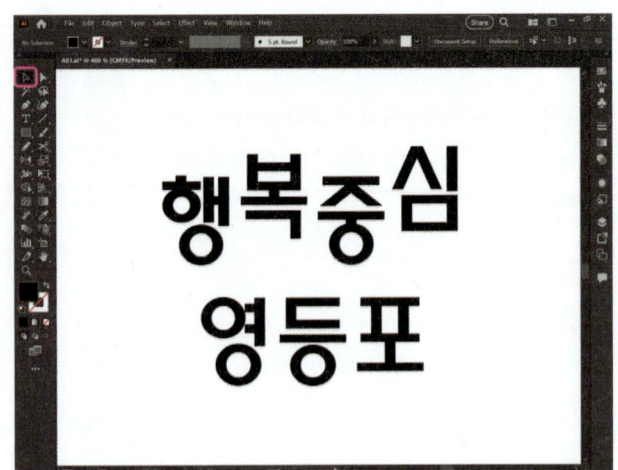

❹ Selection Tool( )로 '행복중심'의 문자를 선택하고 옵션 바에서 Opacity : 30%로 입력한 후 [Object]-[Lock]-[Selection]으로 움직이지 않게 잠급니다.

> **Tip**
> 캘리그래피를 드로잉할 때 서체를 대고 그리면 균형 맞게 그릴 수 있습니다.

❺ Pen Tool( )을 선택하고 면색은 None, 선색은 M100Y100으로 설정하고 행의 'ㅎ'을 선으로 그립니다.

❻ ❺와 같은 방법으로 나머지 글자도 위치를 참고하여 출력형태와 비슷하도록 Pen Tool( )로 변형하면서 그립니다.

❼ Selection Tool( )로 드로잉한 모든 선을 선택하여 입력한 문자 밖으로 이동시키고 [Object]-[Unlock All]를 클릭한 후 잠금 해제합니다. 입력한 문자는 Delete 를 눌러 삭제합니다.

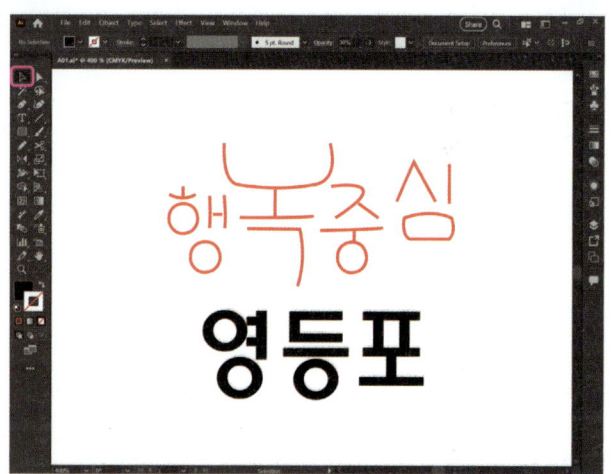

❽ 캘리그래피의 선에 붓글씨의 효과를 주기 위해 Selection Tool( )로 '행'의 'ㅎ'을 선택하고 [Window]-[Brushes] 패널을 열어 왼쪽 하단의 [Brush Libraries Menu]를 클릭한 후 [Artistic]-[Artistic_Calligraphic] 패널을 선택합니다. '5pt. Oval' 브러시를 선택하고 옵션 바에서 [Stroke]의 두께를 조절하여 출력형태와 비슷하도록 설정합니다.

❾ Selection Tool( )로 오브젝트를 선택해 크기와 위치를 알맞게 수정합니다.

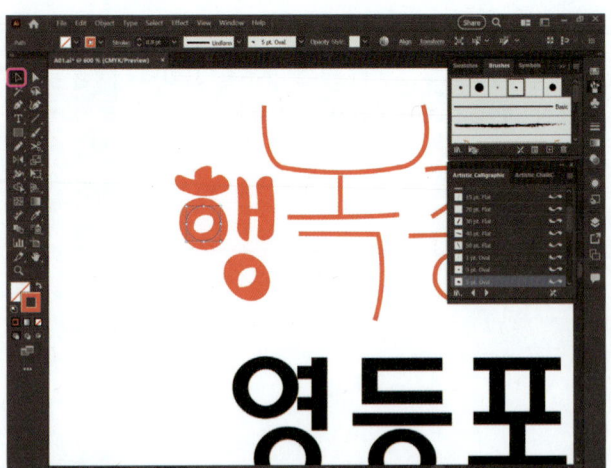

❿ ❾와 같은 방법으로 모든 선에 브러시를 적용하여 '행복중심' 캘리그래피의 기본선을 완성합니다.

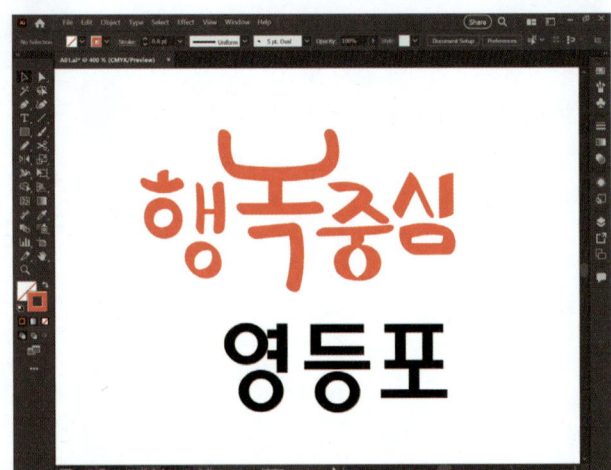

⓫ Selection Tool( )로 '행복중심' 글자를 선택하고 [Object]-[Path]-[Outline Stroke]를 클릭하여 선을 면으로 변경합니다.
Direct Selection Tool( )로 고정점을 드래그하여 형태를 보완하고 Pencil Tool( )로 패스를 이어 드로잉하여 패스의 외곽을 수정합니다.

⓬ Selection Tool( )로 글자 '영등포'를 선택하고 [Object]-[Compound Path]-[Release]를 선택합니다.

Tip

[Compound Path]-[Release]를 적용하면 떨어져 있는 문자를 개별로 선택하여 수정하기 편리합니다.

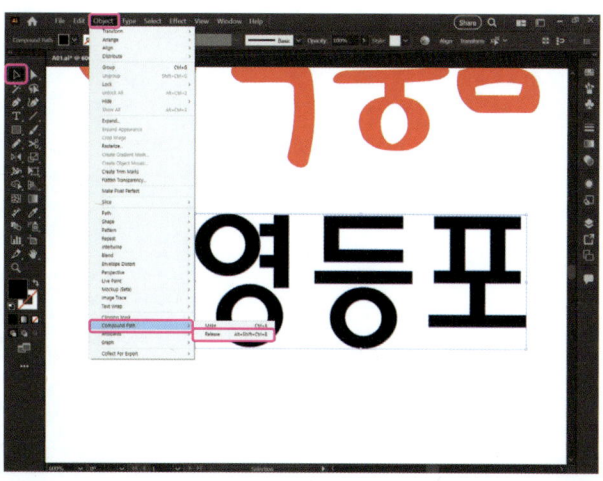

⓭ [Window]-[Pathfinder] 패널에서 Shape Modes : Exclude를 선택하고 Shift + Ctrl + G 를 눌러 그룹을 해제합니다.

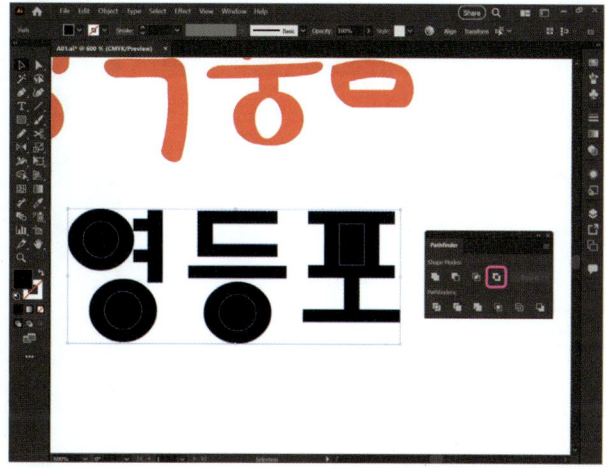

⓮ Selection Tool( )로 받침 'ㅇ'을 선택하고 위로 이동하여 로고를 완성합니다. Selection Tool( )로 글자를 모두 선택하고 면색을 C0M0Y0K0으로 설정합니다.

⓯ Pen Tool( )로 그림과 같이 하트의 모양을 그립니다. 면색은 C0M0Y0K0, 선색은 None으로 설정합니다.

⓰ 하트는 Selection Tool( )을 선택한 후 Alt 를 누른 채 드래그합니다. 복사된 하트 오브젝트는 바운딩 박스를 드래그하여 크기를 조절하고 Reflect Tool( )을 사용하여 그림과 같이 알맞게 배치합니다.

4 포토샵 작업

01 작업 준비하기(도큐멘트 설정, 가이드 선)

❶ 포토샵 프로그램에서 [File]-[New]를 선택합니다. [New] 옵션 상자에서 Width : 166mm, Height : 246mm, Resolution : 300pixels/inch, Color Mode : RGB Color, Background Contents : White 로 설정한 후 [Create]를 누릅니다.

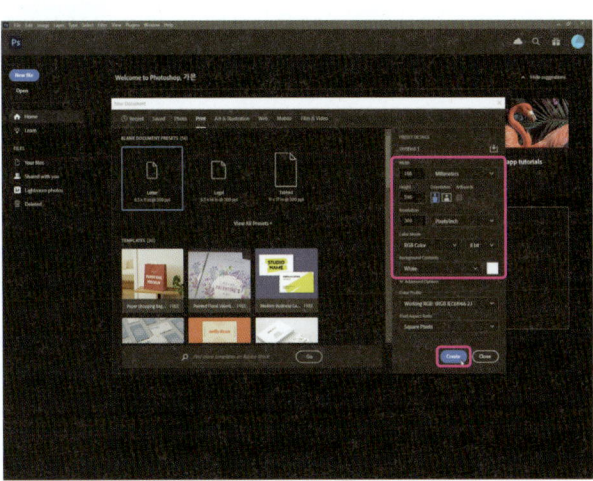

Tip

1. Resolution : 300pixels/inch은 고품질의 해상도로 인쇄, 출판에 적합한 해상도입니다. 해상도가 높아지면 파일의 용량이 커집니다. 시험에서 제출할 파일의 총 용량은 10MB 이하이기 때문에 작업 완료를 한 후 용량이 10MB를 넘으면 [Image]-[Image Size]에서 150~250 정도의 해상도로 변경하여 제출합니다.

2. 인쇄에 적합한 Color Mode는 CMYK Color 입니다. 하지만 포토샵에서 CMYK Color로 설정되어 있으면 시험에서 요구하는 Filter의 효과가 제한됩니다.
   시험장에서 사용되는 일반 프린트 기기는 RGB Color를 사용하여도 오류가 없기 때문에 포토샵에서 작업할 시 도큐멘트의 Color Mode는 RGB Color로 사용합니다.

❷ [File]-[Save as]를 선택하고 [Save as] 옵션 상자에 저장할 비번호 폴더(A01)를 찾아 클릭합니다. 파일 이름은 비번호 'A01'을 입력하고 파일형식 : Photoshop(*.PSD,*.PDD,*.PSDT)을 선택한 후 [저장(S)]을 누릅니다.

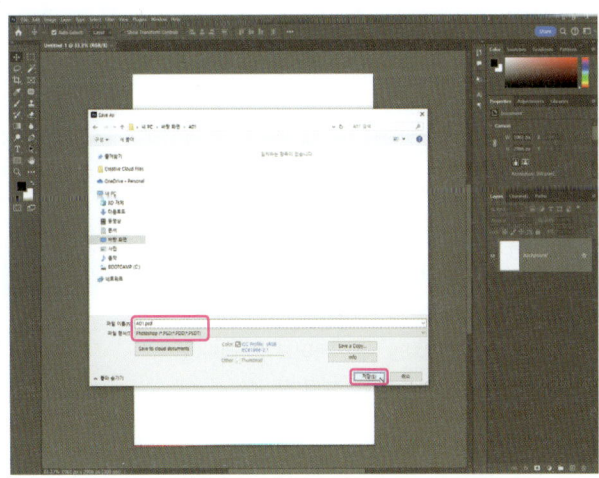

Tip

Ctrl + S 를 눌러 작업한 내용을 수시로 저장하는 습관을 들이면 프로그램 오류에 빠르게 대처할 수 있습니다.

❸ 일러스트 작업 창 [Window]−[Layers] 패널에서 '가이드 선' 레이어의 [Toggles Lock] 아이콘을 클릭하여 잠금을 해제합니다.
Selection Tool(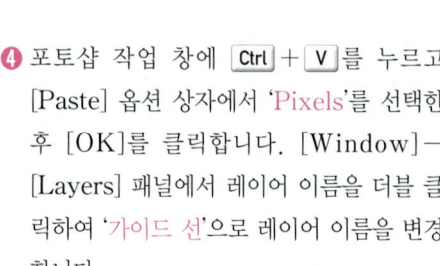)로 가이드 선을 선택하고 Ctrl + C 를 눌러 복사합니다.

❹ 포토샵 작업 창에 Ctrl + V 를 누르고 [Paste] 옵션 상자에서 'Pixels'를 선택한 후 [OK]를 클릭합니다. [Window]−[Layers] 패널에서 레이어 이름을 더블 클릭하여 '가이드 선'으로 레이어 이름을 변경합니다.

❺ Move Tool()을 선택하고 옵션 바의 Align To : Canvas, 'Align vertical centers', 'Align horizontal centers'를 클릭하여 도큐멘트의 가운데에 배치합니다. '가이드 선' 레이어의 'Lock all' 아이콘을 클릭하여 잠그고 'Background' 레이어를 선택한 후 작업을 시작합니다.

Tip

'가이드 선' 레이어가 선택되어 있으면 이미지를 불러올 때 '가이드 선' 레이어 위에 위치하게 되므로 가이드 선이 보이지 않게 됩니다. 정확한 이미지 배치를 위해 '가이드 선' 레이어는 항상 작업물 위에 위치하도록 합니다.

02 이미지 합성 제작

1) 배경

❶ [Layers] 패널에서 'Create new fill or adjustment layer' 아이콘을 클릭하고 'Solid Color'를 실행합니다.

❷ [Solid Color] 옵션 상자에서 C50M5Y22 으로 입력하고 [OK]를 클릭합니다.

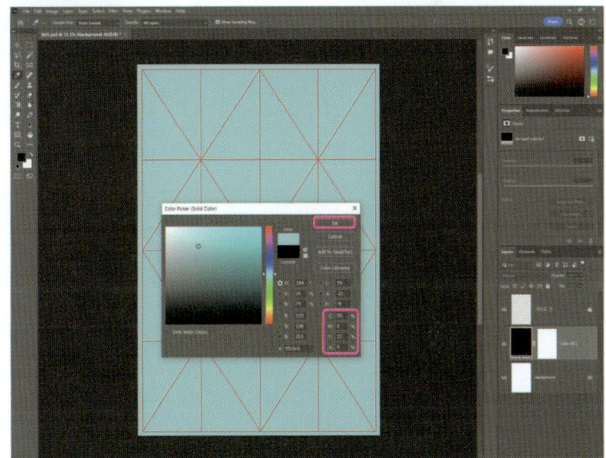

❸ [File]-[Open]을 선택하고 '봄날_02.jpg' 파일을 불러옵니다. Ctrl + A 를 눌러 전체 선택한 후 Ctrl + C 를 누르고 'A01.psd' 작업 창으로 이동하여 Ctrl + V 로 붙여넣습니다.

Ctrl + T 를 눌러 이미지의 바운딩 박스 점을 드래그하여 크기를 조정한 후 Enter 를 눌러 알맞게 배치하고 레이어의 이름을 '봄날_02'로 변경합니다.

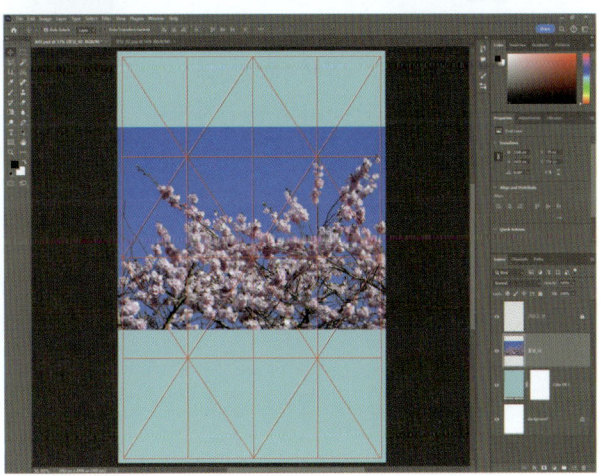

④ 전경색을 #000000(검은색)으로 설정한 후 [Filter]-[Filter Gallery]-[Sketch]에서 'Torn Edges'을 선택하고 Image Balance : 22, Smoothness : 15, Contrast : 8로 설정한 후 [OK]를 클릭합니다.

> **Tip** ✓
>
> **Torn Edges 설정**
> - Image Balance : 찢어진 효과의 대비
> - Smoothness : 가장자리의 부드러움 조절
> - Contrast : 가장자리의 선명도 조절

⑤ '봄날_02' 레이어는 [Layers] 패널에서 블랜드 'Normal'을 클릭한 후 'Screen', Opacity : 60%로 설정하여 자연스럽게 합성합니다.

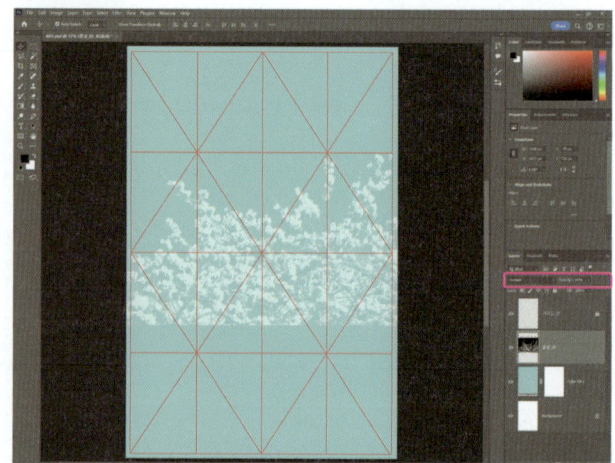

⑥ 일러스트 작업 창에서 Selection Tool(▲)로 '꽃배너' 이미지를 선택하고 Ctrl + C 를 누릅니다.
포토샵 작업 창으로 이동한 후 Ctrl + V 로 붙여넣습니다. [Paste] 옵션 상자에서 'Pixels'를 선택하고 [OK]를 클릭한 후 알맞게 배치하고 레이어의 이름을 '꽃배너'로 변경합니다.

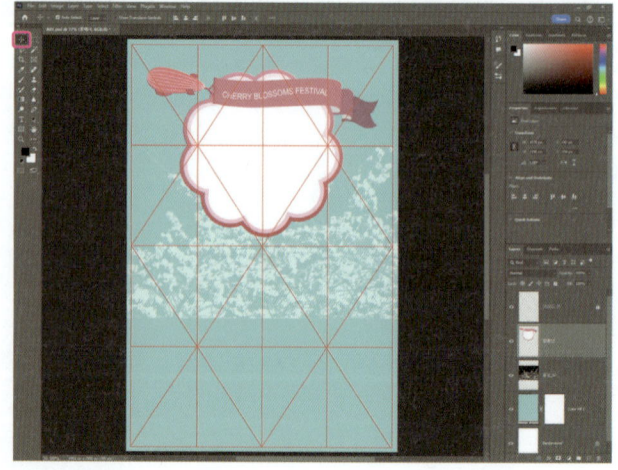

❼ [Layers] 패널에서 '꽃배너' 레이어를 더블 클릭한 후 [Layer Style] 창을 실행합니다. Styles : Outer Glow를 선택하고 Blend Mode : Screen, Opacity : 50%, Noise : 0%, Technique : Softer, Spread : 0%, Size : 40px으로 설정한 후 [OK]를 클릭합니다.

Tip

Outer Glow 설정
- Blend Mode : 외부 빛의 혼합모드
- Opacity : 외부 빛의 투명도
- Noise : 섬세한 빛 조절
- Color : 외부 빛의 색상
- Size : 외부 빛의 크기
- Spread : 빛의 확산 정도

❽ 일러스트 작업 창에서 Selection Tool()로 '캘리그래피' 이미지를 선택하고 Ctrl + C 를 누릅니다.
포토샵 작업 창으로 이동한 후 Ctrl + V 로 붙여넣습니다. [Paste] 옵션 상자에서 'Pixels'를 선택하고 [OK]를 클릭한 후 알맞게 배치하고 레이어의 이름을 '캘리그래피'로 변경합니다.

❾ [File]-[Open]을 선택하고 '봄날_03.jpg' 파일을 불러옵니다. Pen Tool( )을 클릭하고 옵션 바에서 [Path]를 선택합니다. 필요한 화분 부분만 패스로 그리고 Ctrl + Enter 를 눌러 선택영역으로 지정한 후 Ctrl + C 를 누릅니다.

❿ 'A01.psd' 작업 창으로 이동한 후 Ctrl + V 로 붙여넣습니다. Ctrl + T 를 누르고 크기를 조절한 후 알맞게 배치하고 레이어의 이름을 '봄날_03'으로 변경합니다. '봄날_03' 레이어는 '캘리그래피' 레이어 아래에 배치합니다.

⓫ [File]-[Open]을 선택하고 '봄날_01.jpg' 파일을 불러옵니다. [Layers] 패널의 자물쇠 아이콘을 눌러 잠금 해제합니다.
Magic Wand Tool( )을 선택하고 옵션 바에서 Tolerance : 60으로 입력하고 이미지 배경을 클릭한 후 [Select]-[Similar]를 선택합니다.

⓬ 나머지 선택이 되지 않은 배경은 Quick Selecton Tool( )로 드래그하여 모든 배경을 선택한 후 Delete 를 눌러 모두 삭제합니다.

⓭ Ctrl + A 를 눌러 전체 선택한 후 Ctrl + C 를 누릅니다.
'A01.psd' 작업 창으로 이동한 후 Ctrl + V 로 붙여넣습니다. Ctrl + T 를 누르고 이미지의 크기를 조절하고 회전하여 알맞게 배치한 후 레이어의 이름을 '봄날_01'로 변경합니다.

⓮ [Layers] 패널에서 '봄날_01' 레이어를 더블 클릭한 후 [Layer Style] 창을 실행합니다. Styles : Drop Shadow를 선택하고 Opacity : 60%, Angle : 130˚, Distance : 10px, Spread : 0%, Size : 20px로 설정한 후 [OK]를 클릭합니다.

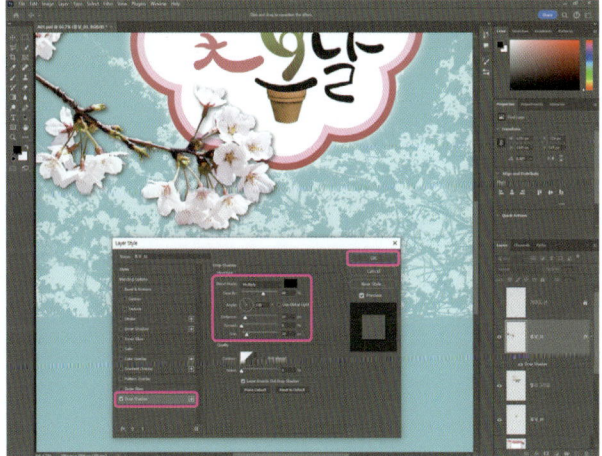

Drop Shadow 설정
- Blend Mode : 그림자의 혼합모드
- Opacity : 그림자의 투명도
- Angle : 그림자의 각도
- Distance : 그림자의 거리
- Spread : 그림자의 확산 정도
- Size : 그림자의 크기

2) 구름 그리기

❶ Ellipse Tool(◯)을 선택하고 옵션 바에서 Fill : C0M0Y0K0, Stroke : None으로 설정한 후 작업 창에 Shift 를 누른 채 드래그하여 정원을 그립니다.

❷ Move Tool(✥)로 Alt 를 누른 채 드래그하여 복사하고 Ctrl + T 를 눌러 이미지의 크기를 조절하여 알맞게 배치합니다.

❸ ❷와 같은 방법으로 원을 복사하고 크기를 조절하여 그림과 같이 배치합니다.

❹ Rectangle Tool(▢)로 드래그하여 직사각형을 그리고 옵션 바에서 Fill : C0M0Y0K0, Stroke : None으로 설정하여 면을 흰색으로 채웁니다.

❺ 작업된 원과 직사각형은 [Layers] 패널에서 Shift 를 누른 채 다중 선택합니다. 마우스 우클릭 후 'Merge Shapes' 또는 Ctrl + E 를 눌러 하나의 레이어로 정리하고 레이어의 이름을 '구름배경'으로 변경합니다.

3) 이미지 합성

❶ [File]-[Open]을 선택하고 '봄날_04.jpg' 파일을 불러옵니다. Pen Tool(✎)을 클릭하고 옵션 바에서 [Path]를 선택합니다. 필요한 트럭의 절반 부분만 패스로 그리고 Ctrl + Enter 를 눌러 선택영역으로 지정한 후 Ctrl + C 를 누릅니다.

❷ 'A01.psd' 작업 창으로 이동한 후 Ctrl + V 로 붙여넣습니다. Ctrl + T 를 누르고 마우스 우클릭 후 'Flip Horizontal'를 선택하여 좌우 반전합니다. 그다음 크기를 알맞게 조절한 후 배치하고 레이어의 이름을 '봄날_04'로 변경합니다.

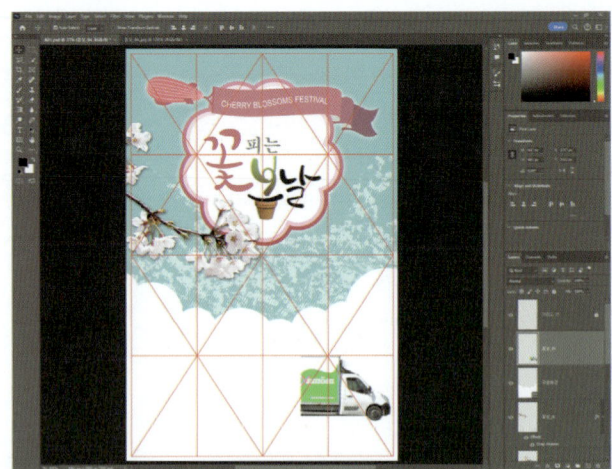

❸ Rectangle Tool(▭)로 드래그하여 트럭의 세로 길이와 같도록 직사각형을 그리고 임의의 색상으로 채웁니다.

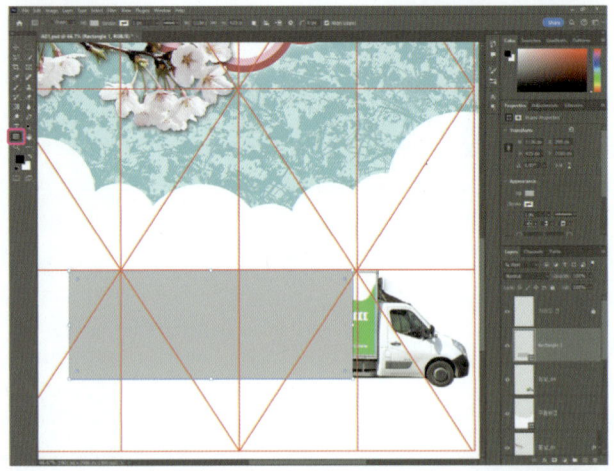

❹ [File]−[Open]을 선택하고 '봄날_05.jpg' 파일을 불러옵니다. Ctrl + A 를 눌러 전체 선택한 후 Ctrl + C 를 누릅니다. 'A01.psd' 작업 창으로 이동한 후 Ctrl + V 로 붙여넣고 레이어의 이름을 '봄날_05'로 변경합니다.
'봄날_05' 레이어는 'Rectangle 1' 레이어 위에 배치하고 Alt + Ctrl + G 를 눌러 클리핑 마스크를 적용한 후 Ctrl + T 를 눌러 크기를 조정하고 Enter 를 눌러 알맞게 배치합니다.

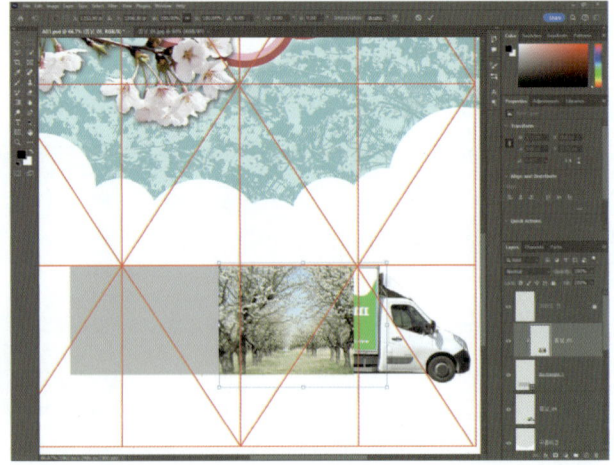

❺ 'Rectangle 1' 레이어에 [Add layer mask] 아이콘을 클릭하고 D 를 눌러 전경색은 검은색, 배경색은 흰색으로 설정하고 Gradient Tool(■)을 선택합니다.
옵션 바에서 [Presets]의 [Foreground to Transparent] 아이콘을 클릭하고 Type : Linear Gradient를 선택합니다.

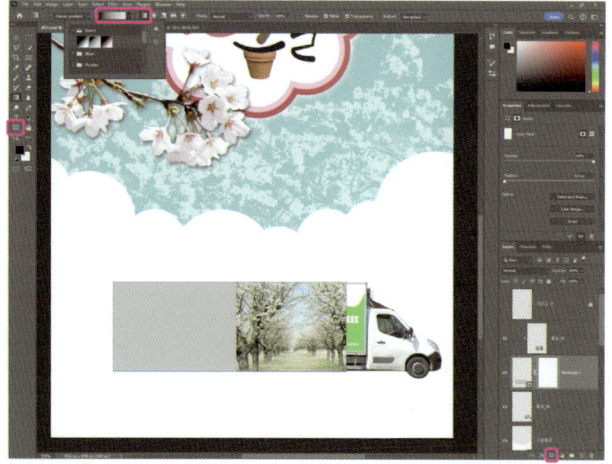

❻ 오른쪽에서 왼쪽 방향으로 드래그하여 트럭과 자연스럽게 합성합니다.

Shift 를 누른 채 드래그하면 정방향으로 고르게 이미지를 가릴 수 있습니다.

❼ '봄날_05' 레이어를 클릭한 후 [File]-[Open]을 선택하고 '봄날_06.jpg' 파일을 불러옵니다. Ctrl + A 를 눌러 전체 선택한 후 Ctrl + C 를 누릅니다. 'A01.psd' 작업 창으로 이동한 후 Ctrl + V 로 붙여넣고 레이어의 이름을 '봄날_06'으로 변경합니다.
'봄날_06' 레이어는 '봄날_05' 레이어 위에 배치하고 Alt + Ctrl + G 를 눌러 클리핑 마스크를 적용하고 Ctrl + T 를 눌러 크기 조정하여 Enter 를 눌러 알맞게 배치합니다.

CHAPTER 3 꽃피는 봄날 **447**

❽ '봄날_06' 레이어에 [Add layer mask] 아이콘을 클릭하고 Gradient Tool(   )을 선택합니다. 옵션 바에서 [Presets]의 [Foreground to Transparent] 아이콘을 클릭하고 Type : Linear Gradient를 선택합니다.
오른쪽에서 왼쪽 방향으로 드래그하여 '봄날_05' 레이어 이미지와 자연스럽게 합성합니다.

❾ [File]－[Open]을 선택하고 '봄날_07.jpg' 파일을 불러옵니다. Ctrl + A 를 눌러 전체 선택한 후 Ctrl + C 를 누릅니다. 'A01.psd' 작업 창으로 이동한 후 Ctrl + V 로 붙여넣고 레이어의 이름을 '봄날_07'로 변경합니다.
'봄날_07' 레이어는 '봄날_06' 레이어 위에 배치하고 Alt + Ctrl + G 를 눌러 클리핑 마스크를 적용한 후 Ctrl + T 를 눌러 크기를 조정하여 Enter 를 눌러 알맞게 배치합니다.

❿ [Filter]－[Blur]에서 'Motion Blur'를 선택합니다. 옵션 상자에서 Angle : 0°, Distance : 25pixels를 입력하고 [OK]를 누릅니다.

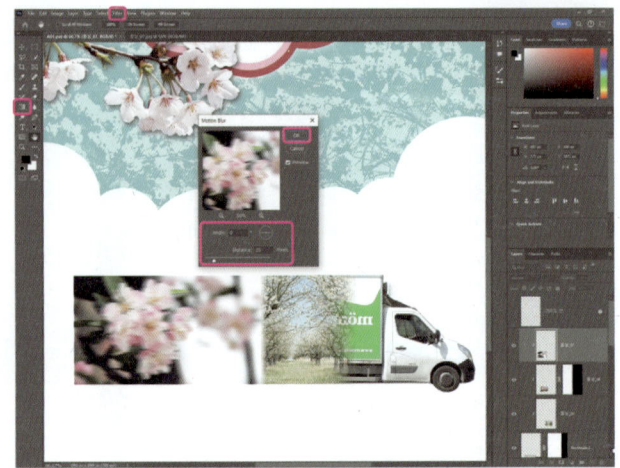

⓫ '봄날_07' 레이어에 [Add layer mask] 아이콘을 클릭하고 Gradient Tool(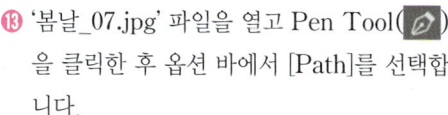)을 선택합니다. 옵션 바에서 [Presets]의 [Foreground to Transparent] 아이콘을 클릭하고 Type : Linear Gradient를 선택합니다.

오른쪽에서 왼쪽 방향으로 드래그하여 '봄날_06' 레이어 이미지와 자연스럽게 합성합니다.

⓬ 다시 'Rectangle 1' 레이어의 섬네일을 클릭하고 Gradient Tool( )을 선택합니다. 옵션 바에서 [Presets]의 [Foreground to Transparent] 아이콘을 클릭하고 Type : Linear Gradient를 선택합니다.

왼쪽에서 오른쪽 방향으로 드래그하여 '봄날_07' 레이어 이미지의 가장자리를 안보이게 제거합니다.

⓭ '봄날_07.jpg' 파일을 열고 Pen Tool( )을 클릭한 후 옵션 바에서 [Path]를 선택합니다.

꽃 이미지를 패스로 그리고 Ctrl + Enter 를 눌러 선택영역으로 지정한 후 Ctrl + C 를 누릅니다.

Tip

배경과 오브젝트를 분리할 때 Pen Tool( )과 Quick Selecton Tool( )을 같이 사용하면 작업 속도를 높일 수 있습니다.

CHAPTER 3 꽃피는 봄날 **449**

⓮ 'A01.psd' 작업 창으로 이동하여 '봄날_07' 레이어를 클릭한 후 Ctrl + V 로 붙여 넣습니다. Ctrl + T 를 누르고 크기를 조절한 후 알맞게 배치하고 레이어의 이름을 '봄날_07−1'로 변경합니다.

> **Tip**
> 이미지에 자동으로 클리핑 마스크 효과가 적용되었을 때 Alt + Ctrl + G 를 눌러 클리핑 마스크를 해제합니다.

⓯ 일러스트 작업 창에서 Selection Tool(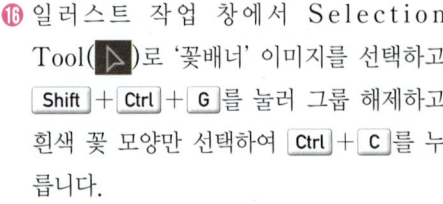)로 '리본배너' 이미지를 선택하고 Ctrl + C 를 누릅니다.
포토샵 작업 창으로 이동한 후 Ctrl + V 로 붙여넣습니다. [Paste] 옵션 상자에서 'Pixels'를 선택하고 [OK]를 클릭한 후 알맞게 배치하고 레이어의 이름을 '리본배너'로 변경합니다.

⓰ 일러스트 작업 창에서 Selection Tool( )로 '꽃배너' 이미지를 선택하고 Shift + Ctrl + G 를 눌러 그룹 해제하고 흰색 꽃 모양만 선택하여 Ctrl + C 를 누릅니다.
포토샵 작업 창으로 이동하여 Ctrl + V 로 붙여넣습니다. [Paste] 옵션 상자에서 'Pixels'를 선택한 후 [OK]를 클릭하고 레이어의 이름을 '꽃'으로 변경합니다.

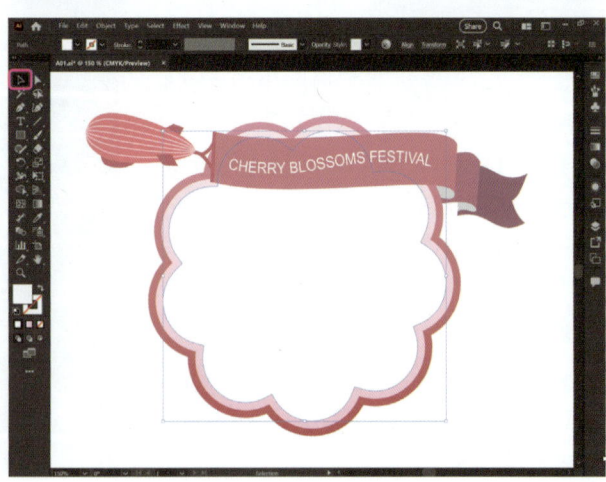

⓱ [File]-[Open]을 선택하고 '봄날_05.jpg' 파일을 불러옵니다. Ctrl + A 를 눌러 전체 선택한 후 Ctrl + C 를 누릅니다. 'A01.psd' 작업 창으로 이동한 후 Ctrl + V 로 붙여넣고 레이어의 이름을 '봄날_05'로 변경합니다.

'봄날_05' 레이어는 '꽃' 레이어 위에 배치하고 Alt + Ctrl + G 를 눌러 클리핑 마스크를 적용합니다. Ctrl + T 를 눌러 크기를 조정하고 Enter 를 눌러 알맞게 배치합니다.

⓲ [Layers] 패널에서 '꽃'과 '봄날_05' 레이어는 Shift 를 누른 채 같이 선택하고, Ctrl + E 를 눌러 하나의 레이어로 만듭니다.

Ctrl + T 를 눌러 크기를 조정하고 Enter 를 눌러 알맞게 배치합니다.

⓳ [Layers] 패널에서 블랜드 'Normal'을 클릭하여 'Divide'로 설정하고, Move Tool(✥)로 Alt 를 누른 채 드래그하여 두 번 복사하고 Ctrl + T 를 눌러 이미지의 크기를 조절하여 그림과 같이 배치합니다.

4) 로고 넣기

일러스트 작업 창에서 Selection Tool( )로 '로고' 이미지를 선택하고 Ctrl + C 를 누릅니다.
포토샵 작업 창으로 이동한 후 Ctrl + V 로 붙여넣습니다. [Paste] 옵션 상자에서 'Pixels'를 선택하고 [OK]를 클릭한 후 알맞게 배치하고 레이어의 이름을 '로고'로 변경합니다.

03 파일 검토 및 저장하기

❶ 전체적으로 가이드 선을 이용하여 크기와 배치를 최종 검토합니다.
   [Layers] 패널의 '가이드 선'은 'Toggle layer visibility' 아이콘의 눈을 끕니다.

❷ [File]－[Save a Copy]를 선택하여 파일명 : 비번호 'A01', Format : 'JPEG'를 선택한 뒤 [저장(S)]을 누릅니다. [JPEG Options] 상자에서 Quality : 12, Format Options : Baseline("Standard")으로 설정하고 [OK]를 클릭합니다.

 Tip

JPEG 저장 경로(버전 22.4부터 변경)
- 2021 버전 이하 : [File]-[Save As]
- 2021 버전 이상 : [File]-[Save a Copy]

5 인디자인 작업

1) 도큐멘트 설정하기

[파일]-[새로 만들기]-[문서] 또는 Ctrl + N 를 실행하여 새로운 도큐멘트 대화상자를 활성화합니다. 대화상자 상단 탭에서 [인쇄]-[새 A4 문서 - $210 \times 297 \mathrm{mm}$ 시작]을 선택하고 페이지 : 1, 페이지 마주보기 : 체크 해제한 후 [여백 및 단]을 누릅니다.

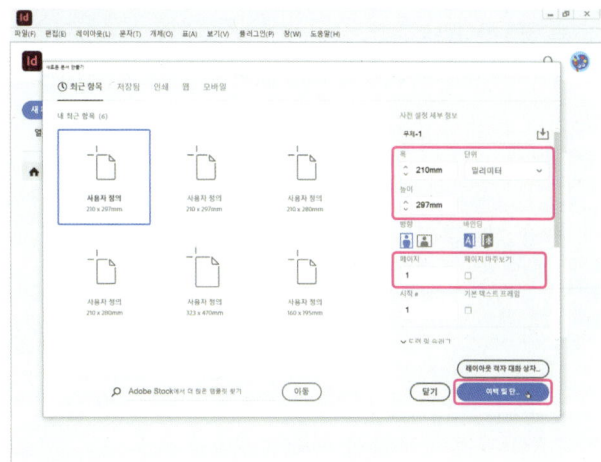

2) 여백 및 단 설정하기

대화상자의 링크 아이콘은 클릭하여 끊어진 링크로 설정합니다. 여백의 위쪽과 아래쪽 : $25.5 \mathrm{mm}$, 왼쪽과 오른쪽 : $22 \mathrm{mm}$로 설정하고, 열의 개수 : 1로 입력 후 [확인]을 누릅니다.

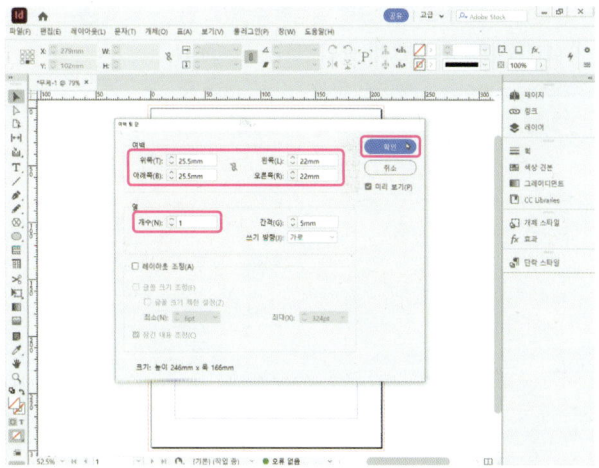

3) 안내선 만들기

❶ `Ctrl` + `+`를 눌러 작업창의 왼쪽 상단을 확대하고, 눈금자의 기준점을 왼쪽 상단의 여백에 드래그하여 눈금자의 숫자를 '0'으로 설정합니다.

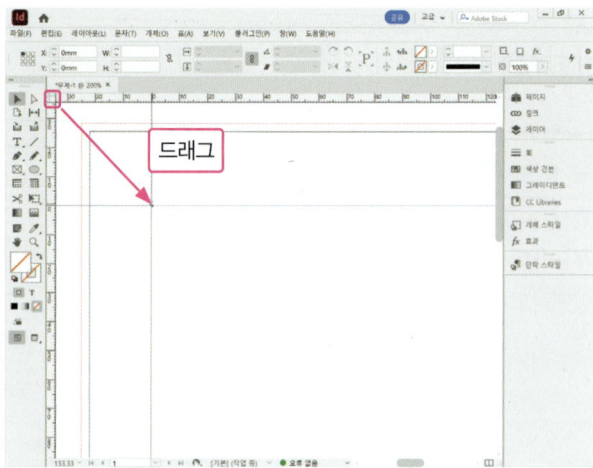

❷ 눈금자를 드래그하여 안내선의 위쪽, 아래쪽, 왼쪽, 오른쪽을 3mm만큼 안쪽으로 이동시켜 가이드 선을 배치합니다.

> **Tip**
> 눈금자의 기준점을 각 모서리에 드래그하여 각각의 모서리를 모두 '0'으로 설정할 수 있고 안내선을 선택 후 옵션 바에서 X 또는 Y : 3mm 또는 -3mm를 입력하면 쉽게 가이드 선을 제작할 수 있습니다.

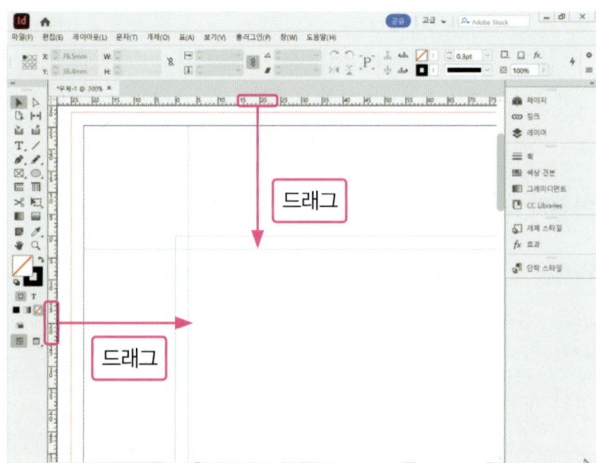

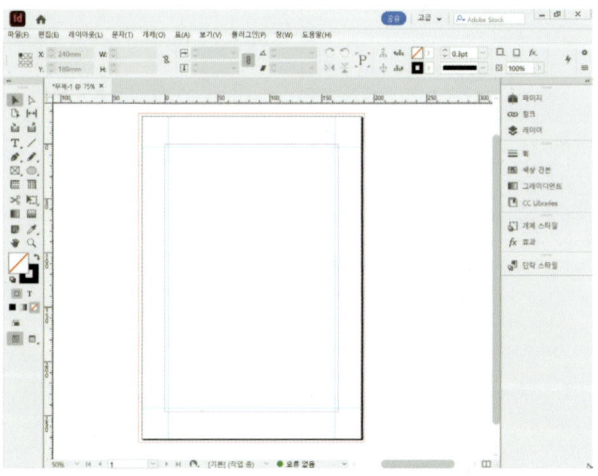

4) 재단선 만들기

❶ 선 도구(✏)를 이용하여 Shift 를 누른 채 세로 방향으로 드래그합니다. 옵션 바에서 L : 5~10mm, 두께 : 0.3pt로 입력하여 세로 선을 만듭니다.

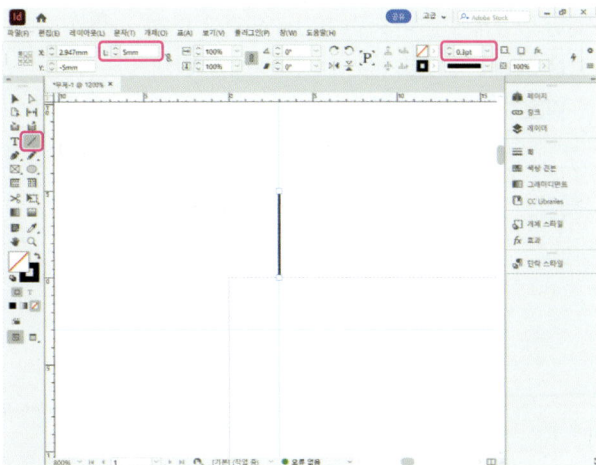

❷ 선택 도구(▶)로 세로 선을 세로 안내선에 배치합니다. 세로 선은 선택 도구(▶)로 Alt 를 누른 채 드래그하여 복사하고 Shift 를 누른 채 회전시켜 가로 안내선에 배치합니다.

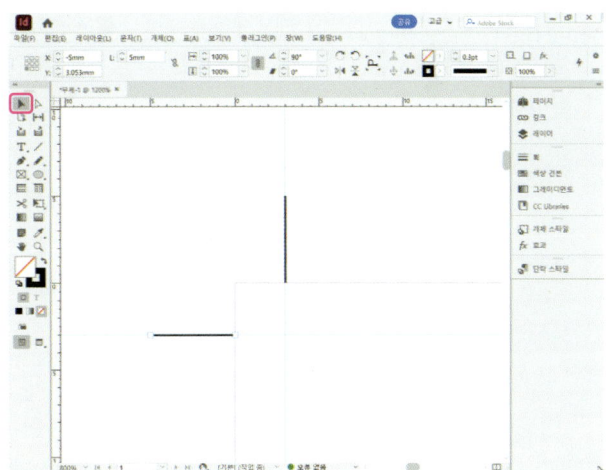

❸ 각 모서리를 ❷와 같은 방법으로 복사한 후 가로 안내선과 세로 안내선에 알맞게 배치하여 재단선을 만듭니다.

5) 비번호 만들기

❶ 왼쪽 아래에 문자 도구(T)로 입력할 영역을 드래그하여 문자 프레임을 생성한 후 비번호 'A01'을 입력합니다.

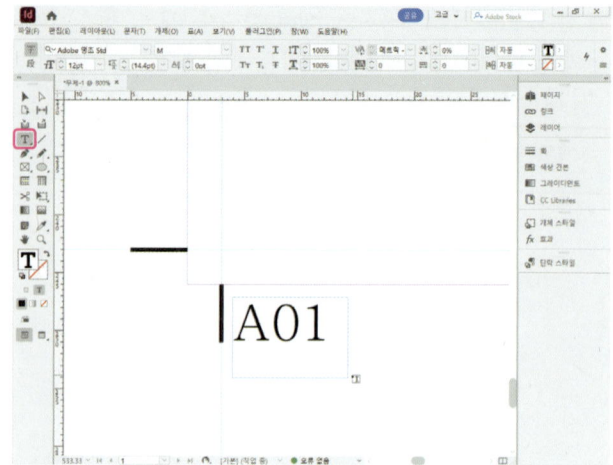

❷ [창]-[문자 및 표]-[문자] 패널에 서체 : 돋움 또는 Arial(고딕), 문자 크기 : 10pt 로 입력합니다.

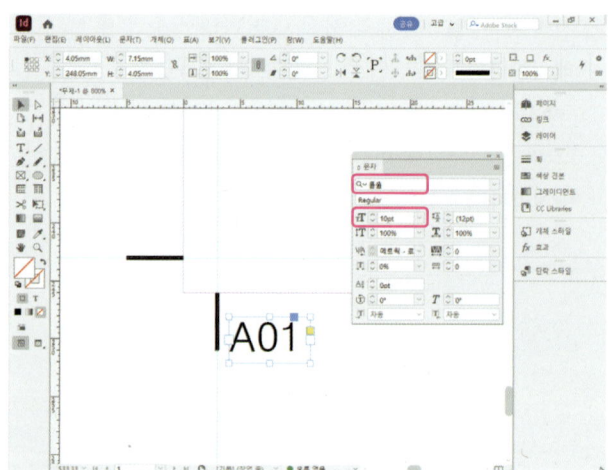

❸ 선택 도구(▶)로 문자와 왼쪽 하단의 세로 재단선과 같은 위치에 배치하기 위해 [창]-[개체 및 레이아웃]-[정렬] 패널에서 왼쪽 정렬 아이콘을 누릅니다.

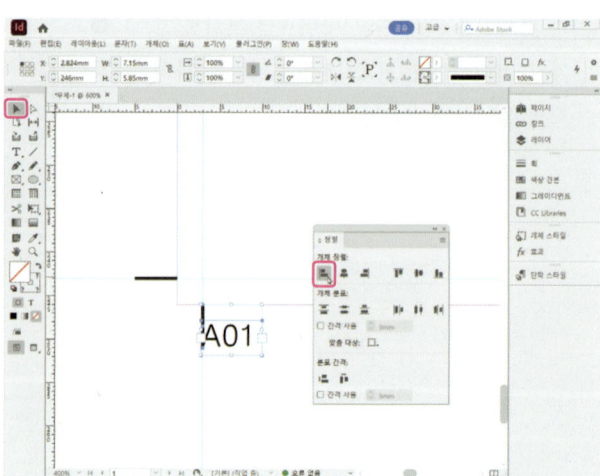

❹ [정렬] 패널의 분포 간격에서 간격 사용을 체크하고 3mm을 입력합니다. '수평 공간 분포' 아이콘을 눌러 재단선에서 3mm를 띄어 배치합니다.

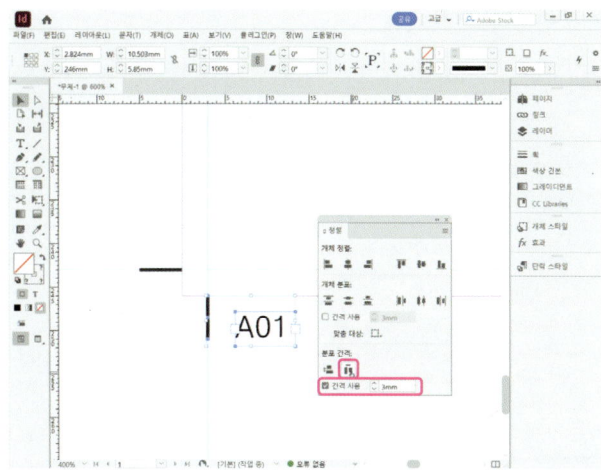

6) 파일 저장하기

[파일]-[다른 이름으로 저장]을 선택한 후 바탕화면에 있는 'A01' 폴더를 클릭하고 파일 이름 : A01.indd(비번호)로 저장합니다.

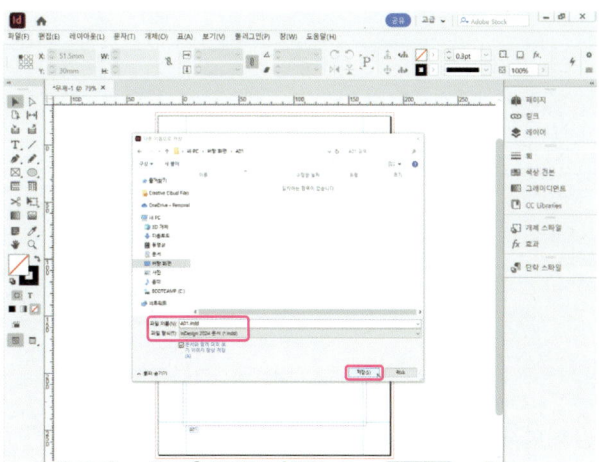

7) 이미지 배치하기

❶ [파일]-[가져오기] 또는 Ctrl + D 를 눌러 'A01.jpg' 파일을 선택한 후 [열기(O)]를 누릅니다.

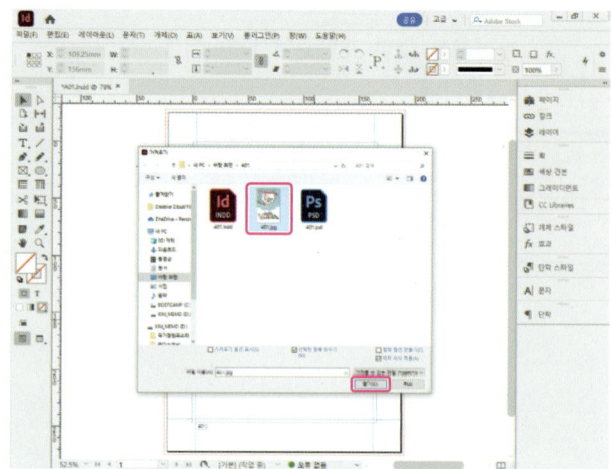

❷ 왼쪽 상단의 여백 모서리를 클릭하여 이미지를 불러옵니다.

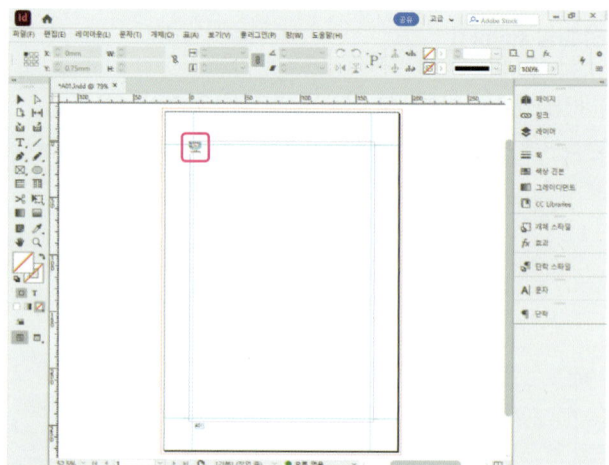

❸ 이미지를 선택한 후 옵션의 이미지 중심이 왼쪽 상단이 될 수 있도록 점을 선택하고 X : 0mm, Y : 0mm, W : 166mm, H : 246mm로 입력하여 정확하게 배치합니다.

이미지는 [보기]-[화면 표시 성능]-[고품질 표시]를 선택하면 선명하게 볼 수 있습니다.

8) 텍스트

❶ 문자 도구(T)로 드래그하여 글자가 들어갈 프레임을 생성하고 '영등포구 여의도동 여의서로 4.14 ~ 4.15'를 입력합니다.
문자의 색상은 [창]-[색상견본]에서 [검정]을 선택합니다.

❷ [창]-[문자 및 표]-[문자] 패널에서 서체, 크기, 자간 설정, 띄어쓰기 등을 그림과 같이 설정하고 [문자 및 표]-[단락] 패널에서 가운데 정렬 아이콘을 클릭합니다.

Tip

서체 : 나눔바른고딕, Bold(그림과 동일한 서체가 없을 시 비슷한 서체를 선택하여 사용)

❸ 타원 도구(◯)를 선택하고 Shift 를 누른 채 드래그하여 정원을 만듭니다.
[색상 견본] 패널 오른쪽 상단 옵션 아이콘을 눌러 '새 색상 견본'을 클릭합니다. C30M98Y74을 입력한 후 [확인]을 클릭하여 추가하고 면색에 적용합니다. 선색은 없음을 선택합니다.

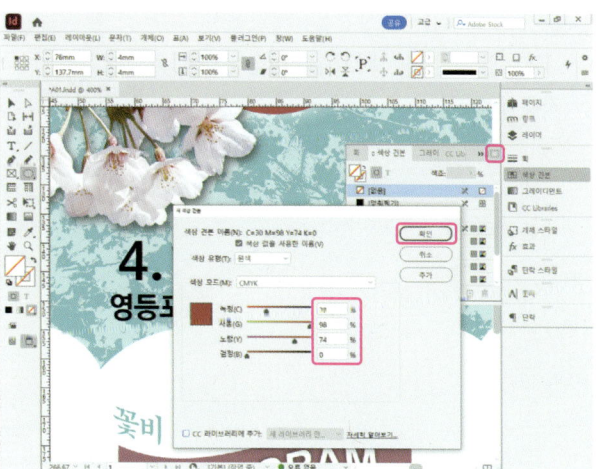

CHAPTER 3 꽃피는 봄날

❹ 문자 도구(T)로 드래그하여 글자가 들어갈 프레임을 생성하고 '토'를 입력합니다.
문자의 색상은 [창]-[색상견본] 패널에서 [용지]를 선택합니다. [문자] 패널에서 적절한 서체를 선택하고 원 위에 알맞게 배치합니다.
문자 '일'도 동일한 방법으로 작업하여 오른쪽에 배치합니다.

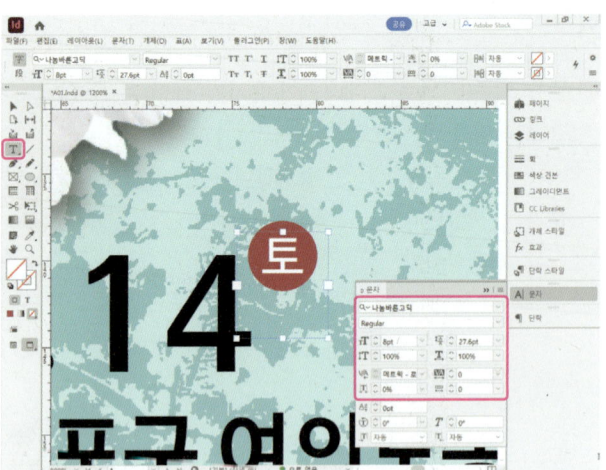

❺ 문자 도구(T)로 드래그하여 글자가 들어갈 프레임을 생성하고 '함께 걸어요 벚꽃런'을 입력합니다.
[창]-[문자 및 표]-[문자] 패널에서 서체, 크기, 자간 설정, 띄어쓰기 등을 그림과 같이 설정하고 [문자 및 표]-[단락] 패널에서 가운데 정렬 아이콘을 클릭합니다.

Tip
- 서체 : HY신명조, HY견고딕(그림과 동일한 서체가 없을 시 비슷한 서체를 선택하여 사용)
- 글자 크기 : 11pt

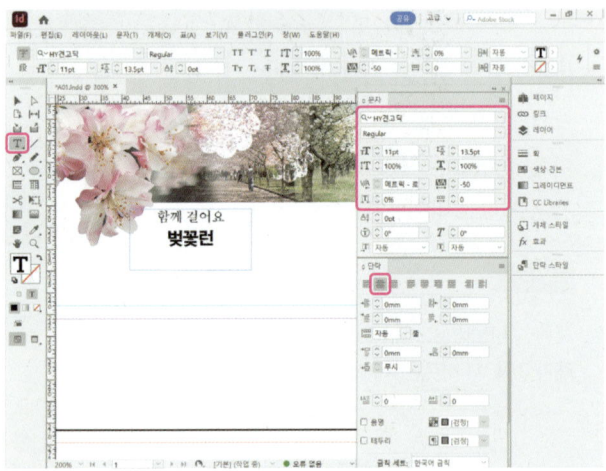

❻ 문자의 색상은 [색상견본] 패널에서 회색(K70), 빨간색(C33M79Y40)을 등록하여 적용합니다.
'꽃이 반짝반짝 야간 조명쇼'와 '다양한 먹거리 푸드트럭' 문자도 동일한 방법으로 입력합니다.

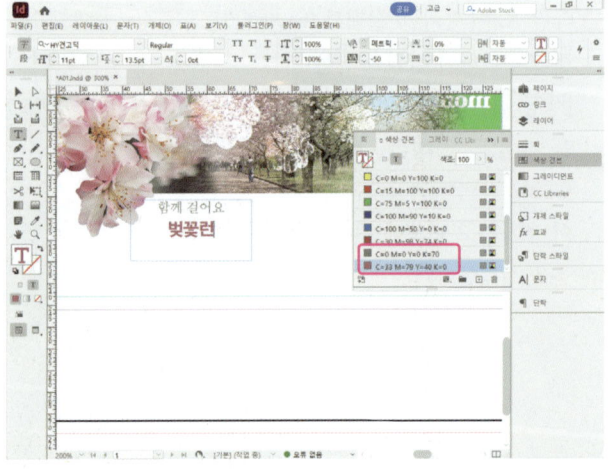

❼ 사각형 도구(□)로 드래그하여 직사각형
을 그립니다.
[색상견본] 패널에서 면색은 검정, 색조 :
20%, 선은 없음으로 설정합니다.

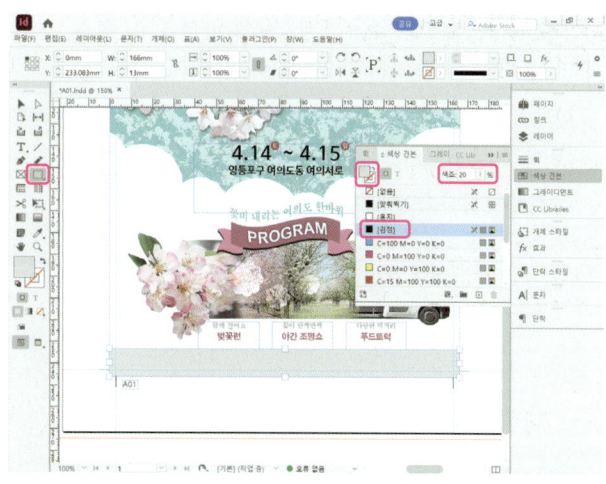

❽ 문자 도구(T)로 드래그하여 글자가 들어
갈 프레임을 생성하고 '주최'를 입력합니다.
문자의 색상은 [창]-[색상견본] 패널에서
검정, 색조 : 60%를 설정합니다. [문자] 패
널에서 적절한 서체를 선택하고 알맞게 배
치합니다.

❾ '봄날_로고.ai' 파일을 더블 클릭한 후 파일
을 열고 일러스트 작업 창에서 Selection
Tool(▶)로 '영등포구'를 선택한 후 Ctrl
+ C 를 누릅니다. 인디자인 작업 창으로
이동하여 Ctrl + V 로 붙여넣습니다.

⑩ 선택 도구(▶)로 Shift 를 누른 채 바운딩 박스점을 드래그하여 크기를 조정하고 알맞게 배치합니다.

'후원, 서울특별시' 로고도 동일한 방법으로 작업하여 오른쪽에 배치합니다.

9) 파일 제출하기

[파일]-[저장]을 선택합니다. 바탕화면 작업 'A01' 폴더를 열어 'A01.indd'와 'A01.jpg' 파일만 넣어 제출합니다.

출력 지정 자리로 이동하여 'A01.indd' 파일을 열어 출력하고, 출력된 이미지는 시험장에서 제공하는 A3용지 가운데에 부착시켜 제출합니다.

CHAPTER 4

장미꽃말

1 유의사항 및 디자인 원고 확인하기

국가기술자격 실기시험 문제

자격종목	컴퓨터그래픽기능사	과제명	장미꽃말

※ 시험시간 : 3시간 30분

1. 요구사항

※ 다음의 요구사항에 맞도록 주어진 자료(컴퓨터에 수록)를 활용하여 디자인원고를 시험시간 내에 컴퓨터 작업으로 완성하여 A4용지로 출력 후 A3용지에 마운팅(부착)하여 제출하시오.
※ 모든 작업은 수험자가 컴퓨터 바탕화면에 폴더를 만들어 저장하시오.

가. 작품규격(재단되었을 때의 규격) : 디자인원고 참조 A4용지 중앙에 작품이 배치되도록 하시오.
- 원고 규격 : 160×240mm

나. 구성요소(문자, 그림) : 디자인원고 참조
● 문자요소
  - the language of flowers
  - 빨간장미, 절정, 기쁨, 열렬한 사랑
  - 흰장미, 존경, 순결, 결백, 비밀
  - 노랑장미, 질투, 시기, 이별
  - 살고 싶고 자랑하고 싶은 행복도시 중랑
  - 장미꽃말
  - 분홍장미, 사랑의 맹세, 행복한 사랑, 감명
  - 파랑장미, 기적, 천상의 사랑
  - 주황장미, 수줍음, 첫사랑의 고백

● 그림요소

장미_01.jpg 장미_02.jpg 장미_03.jpg 장미_04.jpg 장미_05.jpg 장미_06.jpg 장미_07.jpg

다. 작업내용
1) 주어진 디자인원고(그림, 사진, 문자, 색채, 레이아웃, 규격 등)와 동일하게 작업하시오.
2) 디자인원고 내용 중 불명확한 형상, 색상코드 불일치, 색 지정이 없는 부분, 원고에 없는 형상 등이 있을 때는 수험자가 「5 - 5」페이지 (나. 완성도면) 내용과 같이 작업하시오.
3) 디자인원고의 서체(요구서체)가 사용 컴퓨터 및 소프트웨어와 맞지 않을 경우는 가장 근접한 서체를 사용하시오.
4) 상하, 좌우에 3mm 재단여유를 갖도록 작품을 배치하고, 재단선은 작품규격에 맞추어 용도에 맞게 표시하시오(단, 디자인원고 중 작품의 규격을 표시한 외곽선이 있을 때는 「5 - 5」원고의 지시에 따라 표시여부를 결정한다).
5) 디자인원고 좌측 하단으로부터 3mm를 띄어 비번호를 고딕 10pt로 반드시 기록하시오.
6) 출력물(A4)은 어떠한 경우에도 절취할 수 없으며, 반드시 A3용지 중앙에 마운팅 하시오.

라. 컴퓨터 작업범위
1) 10MB 용량의 폴더에 수록될 수 있도록 작업범위(해상도 및 포맷형식)를 계획하시오.
2) 규격 : A4(210×297mm) 중앙에 디자인원고 내용과 같은 작품(원고규격)을 배치하시오.
3) 해상도 및 포맷형식 : 제한용량 범위 내에서 선택하시오.
4) 기타
  ① 제공된 자료범위 내에서 활용하시오.
  ② 3개의 2D 응용프로그램을 고루 활용하되, 최종작업 및 출력은 편집 프로그램(쿽 익스프레스, 인디자인)에서 하시오(최종작업 파일이 다른 프로그램에서 생성되어진 경우는 출력할 수 없음).

2. 수험자 유의사항

1) 수험자 인적사항 및 답안작성은 흑색 필기구만 사용해야 합니다.
2) 시설목록상의 소프트웨어 및 참고자료가 하드웨어에 설치되었는지 확인한 후 작업하시오.
   (단, 시설목록 이외의 동등한 소프트웨어, 폰트 등 [반드시 정품에 한함]을 설치하고자 할 때에는 시험 시작 전 감독위원의 입회하에 설치할 수 있으며, 무료폰트, 프리웨어 소프트웨어는 설치할 수 없습니다)
   ※ 수험자가 지참한 펜마우스, 그래픽 타블렛, 디지타이저, 스캐너 등 입력장치는 사용할 수 없습니다.
3) 지참공구 『수험표, 신분증, 연필(1개), 사인펜(1개), 눈금자(30cm), 가위, 양면테이프』 이외의 참고자료 및 저장매체 등 어떠한 물품(핸드폰 전원 Off)이라도 시험 중 지참할 수 없습니다.
   ※ 작업 중 계산이 필요한 경우는 컴퓨터 내 계산기를 사용할 수 있습니다.
4) 수험자의 컴퓨터 활용 미숙 등으로 인한 시험 진행이 어렵다고 판단되었을 때는 감독위원은 시험을 중지시키고 실격처리를 할 수 있습니다.
5) 바탕화면에 폴더를 생성하여 주기적으로 작업한 파일을 저장하시오.
6) 작업이 끝나면 생성된 비번호 폴더에 10MB 용량 이내로 출력과 관련된 파일만(최종 작업 파일)을 저장하고 감독위원의 지시에 따라 전송하시오(단, 시험시간은 저장된 파일이 포함된 폴더를 전송한 시점까지이며, 전송 후에는 일체의 재작업을 할 수 없음).
7) 프린트는 감독위원의 별도 지시에 따라 순서에 의해 수험자 본인이 출력하며, 1회 출력을 원칙으로 합니다.
   (단, 기계 이상 또는 출력 오류 등의 사유로 인쇄가 잘못되었을 시 감독위원의 확인 후 다시 출력할 수 있으며 잘못된 인쇄본은 감독위원에게 제출하시오)
8) A3용지 좌측 상단 표제란에 인적사항을 기재하고, 작품(출력물, A4)은 표제란을 제외한 A3용지의 중앙에 마운팅(부착)하며, 작품 부착 경계선상에 감독위원의 확인 날인을 받으시오(단, 마운팅 소요시간 5분 이내).
9) 지급된 A3용지 및 컴퓨터 작업 내에는 불필요한 내용의 표시를 하지 마시오.
10) 모든 작품을 감독위원 또는 채점위원이 검토하여 카피된 작품(동일작품)이 있을 때에는 관련된 수험자 모두를 부정행위로 처리합니다.
11) 컴퓨터 H/W에 작업된 모든 내용과 시험자료는 A3용지에 마운팅 한 후 삭제하고, 출력물을 부착한 A3용지를 제출하시오.
12) 장시간 컴퓨터 작업으로 신체에 무리가 가지 않도록 적절한 몸풀기(스트레칭) 후 작업하시오.
13) 다음 사항에 대해서는 실격에 해당되어 채점 대상에서 제외됩니다.
    가) 수험자 본인이 수험 도중 시험에 대한 포기(기권) 의사를 표시하고 포기하는 경우
    나) 지정 작업범위(용량)를 초과한 경우
    다) 요구사항과 현격히 다른 경우(채점위원이 판단)
    라) 제한시간을 초과하여 미완성인 경우
    마) 과제기준 20% 이상 완성이 되지 않은 경우(채점위원이 판단)
    바) 최종작업을 편집프로그램으로 하지 않았거나, 수험자 미숙으로 출력을 못하였을 경우
14) 주요 채점 항목은 다음과 같습니다.
    가) 응용프로그램의 활용능력 및 최종 편집 프로그램 사용
    나) 색채, 그림요소의 표현
    다) 그림 및 문자요소의 레이아웃
    라) 타이포그래피(서체특성 및 크기, 자간 및 행간의 정확도, 오타 등)
    마) 원고규격, 재단선의 적합성, 디자인원고의 배치

3. 지급재료 목록

일련번호	재료명	규격	단위	수량	비고
1	복사 용지	A3	장	1	1인당
2	프린터 용지	A4(360dpi 이상 또는 일반용지)	장	2	1인당(프린터기에 내장)

컴퓨터그래픽기능사 디자인 원고

작품명 : 장미꽃말

※ 작품규격(재단되어 있을 때의 규격) : 160×240mm, 작품 외곽선은 생략하고, 재단선은 3mm 재단 여유를 두고 용도에 맞게 표시하시오.

※ 불명확한 형상, 색상코드 불일치, 색 지정이 없는 부분, 원고에 없는 형상 등이 있을 때는 '나. 완성도면'과 같이 작업하시오.

가. 지시사항

꽃 : C10M100Y100
잎 : C100Y100
테두리 : C40M70Y100K50
그림자 효과

C10M100Y100

C15M54

W

C78M67

C5M23Y89

M59Y92

C12M20Y68 → C12M20Y100K20
C66M39Y36
C12M20Y68 → C11M11Y25

패턴 제작 C40M50Y70

K95
C84M47Y15
C10M80Y60
C40Y70 → C84M32Y100
살고 싶고 자랑하고 싶은 행복도시
K70   C10M80Y60   C50 → C84M47Y15

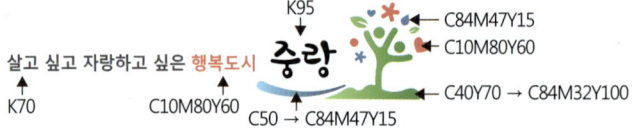

표작업(원고와 같이 적용)   세로선 0.5pt

빨간장미	분홍장미	흰장미
절정, 기쁨, 열렬한 사랑	사랑의 맹세, 행복한 사랑, 감명	존경, 순결, 결백, 비밀
파랑장미	노랑장미	주황장미
기적, 천상의 사랑	질투, 시기, 이별	수줍음, 첫사랑의 고백

1pt
0.5pt
1pt
0.5pt
1pt

제목 : 고딕계열 / C60M30, 면 : C30M15   선 : 0.5pt / C60M30
본문 : 고딕계열 / C100M90Y10, 면 : 투명   선 : 1pt / C100M90Y10

나. 완성도면

이미지 : 장미_01를 활용하여 배경 제작

이미지_장미02~07 각각 필터 효과, 그림자 적용

글자 블랜딩 모드 빛 바랜 글씨 표현

배경과 자연스럽게 합성 그림자 효과

원고와 같이 일정한 간격의 파란 계열 선 모양 제작

장미꽃말 각각 크기 조정
C60M20Y7
C77M44
C35M5Y8
C49M14Y14

심볼 : W 테두리

2 디자인 원고에 그리드 그리기

❶ 출력된 디자인 문제지의 '완성도면'에 직접 자와 빨간 펜 등 눈에 띄는 색상의 펜을 활용하여 <mark>16등분 선</mark>으로 그림과 같이 그리드 선을 그립니다.

> **Tip** ✓
> 문제지 출력형태와 작업 도큐멘트에 같은 그리느를 그리면 오브젝드의 크기, 위치, 배치 간격을 파악하는 데 도움이 됩니다.

나. 완성도면

3 일러스트레이터 작업

01 작업 준비하기(도큐멘트 설정, 가이드 선 레이어 만들기)

1) 도큐멘트 설정하기

❶ 일러스트레이터에서 [File]-[New] 또는 Ctrl + N 을 눌러 Width : 166mm, Height : 246mm, Color Mode : CMYK Color, Raster Effects : High(300ppi)로 설정한 후 [Create]를 클릭합니다.

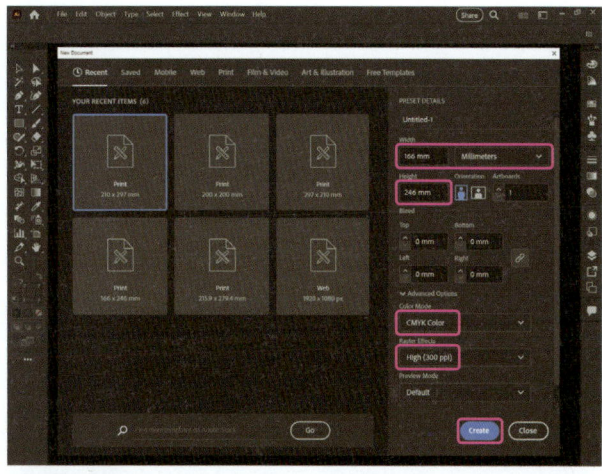

❷ 바탕화면에 새폴더를 생성한 후 폴더 이름은 비번호 'A01'로 변경합니다. 일러스트레이터 프로그램에서 [File]-[Save]를 선택하고 파일 이름은 비번호 'A01'을 입력하고 파일형식 : Adobe Illustrator(*.Ai)를 선택한 후 [저장(S)]을 누릅니다.
[Illustrator Options] 창이 활성화되면 [OK]를 눌러 저장합니다.

 Tip

Ctrl + S 를 눌러 작업한 내용을 수시로 저장하는 습관을 들이면 프로그램 오류에 빠르게 대처할 수 있습니다.

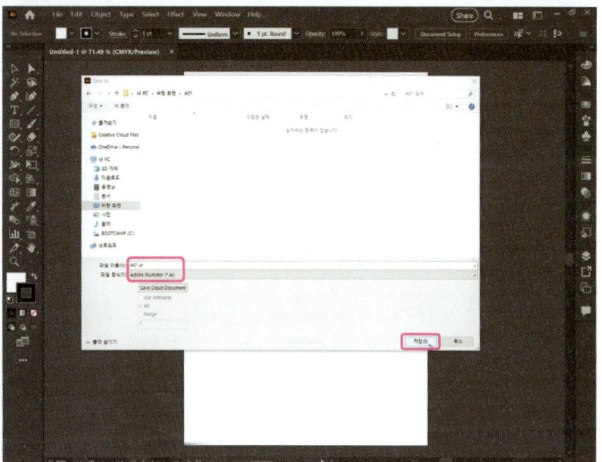

CHAPTER 4 장미꽃말 **469**

❸ 작업 창에 가로와 세로를 16등분 하는 격자 선을 그리드로 그리기 위해 Line Segment Tool( ) 아이콘 아래의 작은 삼각형을 길게 눌러 Rectangular Grid Tool( )을 선택하고 작업 창을 클릭합니다.

> **Tip**
>
> 문제지 출력형태와 작업 도큐멘트에 같은 그리드를 그리면 오브젝트의 크기, 위치, 배치 간격을 파악하는 데 도움이 됩니다. 그리드 작업이 필수 항목은 아니지만 디자인 작업이 숙련될 때까지 그리드 활용하는 것을 권장합니다.

❹ [Rectangular Grid] 옵션 상자를 활성화합니다. Default Size Width : 160mm, Height : 240mm, Horizontal Dividers Number : 3, Vertical Dividers Number : 3을 입력하고 [OK]를 클릭합니다.

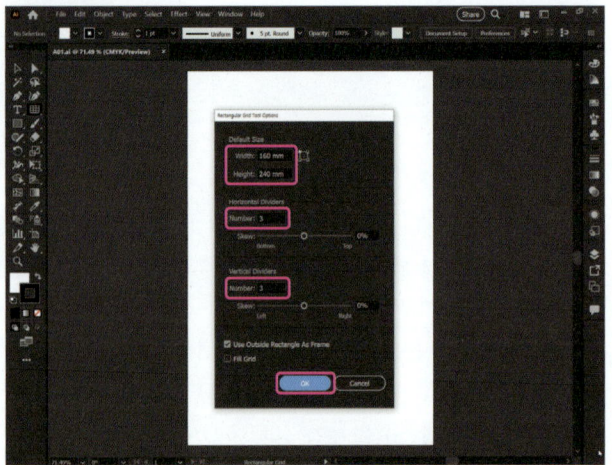

❺ 격자 선이 도큐멘트의 가운데에 정렬될 수 있도록 Selection Tool( )로 격자 선을 클릭하여 선택합니다.
[Window]-[Align] 패널을 활성화하고 Align To : Align to Artboard, Align Objects : Horizontal Align Center, Vertical Align Center를 눌러 작업 창 가운데 격자 선을 배치합니다.

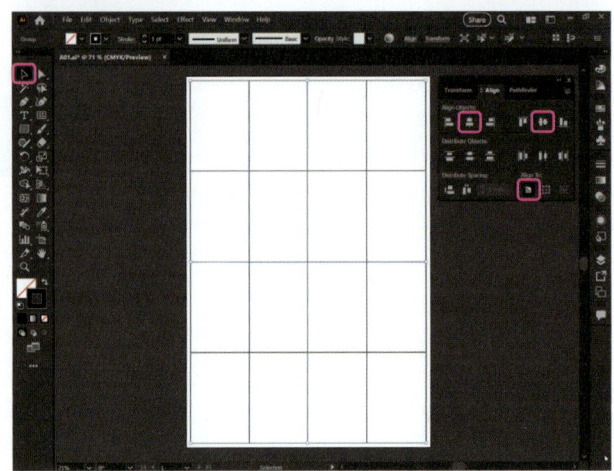

❻ 격자 선은 상단 메뉴의 [Object]-[Lock]
-[Selection] 또는 Ctrl + 2 를 눌러 격
자 선이 움직이지 않도록 고정합니다.

Tip

Pen Tool( )로 기존 고정점을 클릭하면 삭
제되기 때문에 고정점이 선택되지 않도록 잠그
고 추가 선을 그립니다.

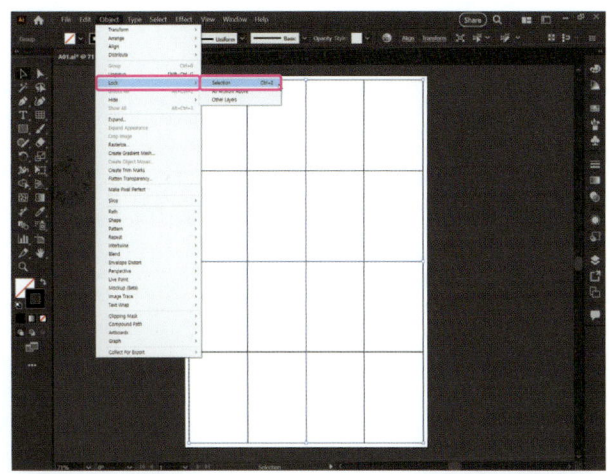

❼ Pen Tool( )로 격자 선의 상, 하, 좌,
우 가운데 점을 연결하여 마름모(◇) 형태
로 선을 그립니다.

Tip

[Menu]-[View]-[Smart Guide] 또는 Ctrl
+ U 를 활성화하면 오브젝트를 그릴 때 교차
점이나 고정점을 정확하게 맞추는 데 도움이
됩니다.

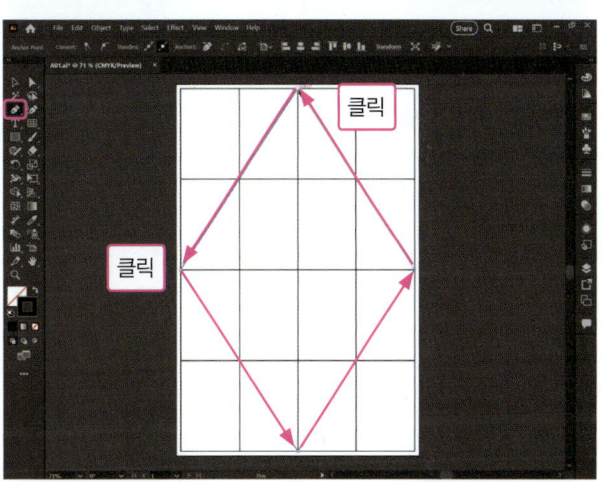

❽ Pen Tool( )로 X 형태로 추가 선을 그
립니다.

Tip

Pen Tool( )루 X선을 그릴 때, 왼쪽 상단에
서 오른쪽 하단으로 대각선을 그린 후 Ctrl 을
누른 채 작업 창의 공간을 클릭하여 선 끝내기
를 하고 반대 방향으로 대각선을 그립니다.

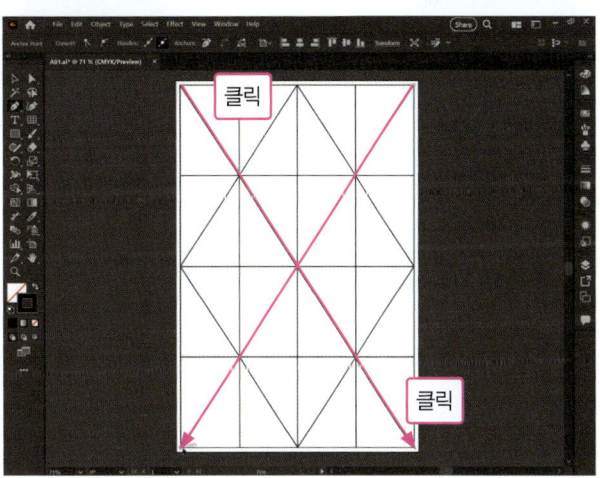

❾ [Object]−[Unlock All] 또는
+ Ctrl + 2 를 선택하여 잠근 격자 선을
풀고, [Select]−[All] 또는 Ctrl + A 를
눌러 격자 선을 모두 선택합니다.

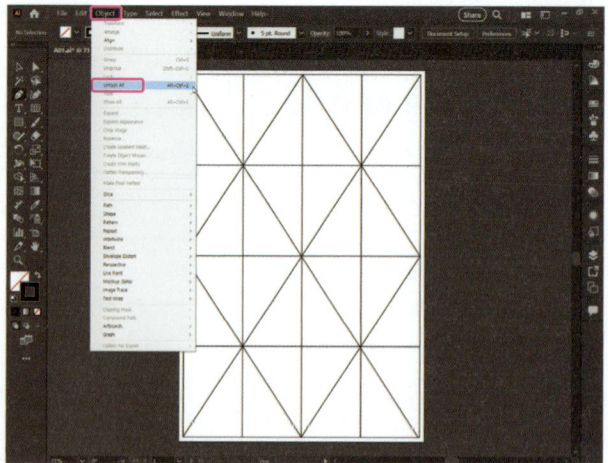

❿ [Stroke Color] 아이콘을 더블 클릭하여
[Color Picker] 대화창에 빨간색 색상값
M100Y100을 입력합니다.

> **Tip**
>
> 문제지에 표기되지 않은 색상은 0%로 입력합니다.

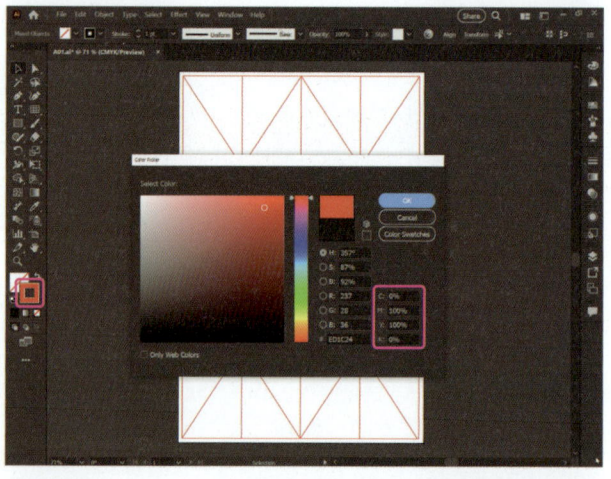

⓫ [Object]−[Group] 또는 Ctrl + G 를 눌러 그룹으로 지정합니다.

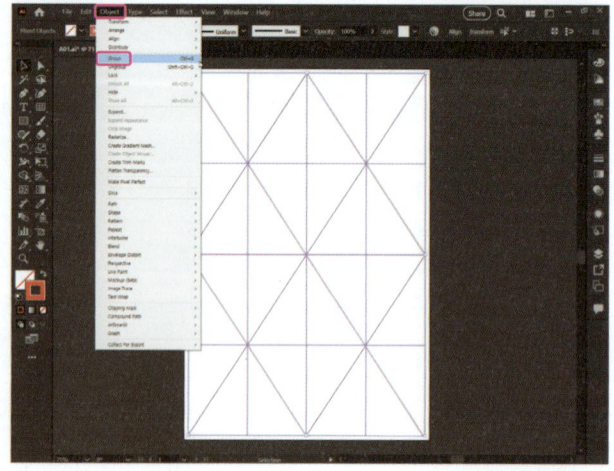

2) 가이드 선 레이어 만들기

❶ [Window]-[Layers] 패널을 활성화합니다. 'Layer 1' 이름을 더블 클릭하여 '가이드 선'으로 변경합니다. '가이드 선' 레이어는 [Toggles Lock]을 눌러 변경되지 않도록 고정합니다.

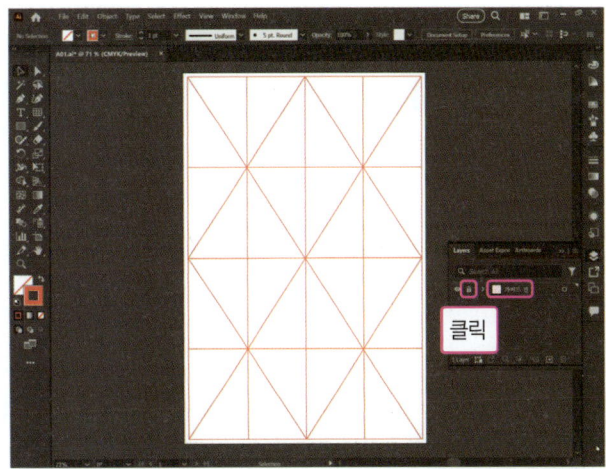

❷ [Layers] 패널에서 'Create New Layer' 아이콘을 눌러 새 레이어를 추가하고, 'Layer 2'를 더블 클릭한 후 레이어 이름을 '이미지'로 변경합니다.
일러스트레이터 작업물은 '이미지' 레이어에 작업합니다.

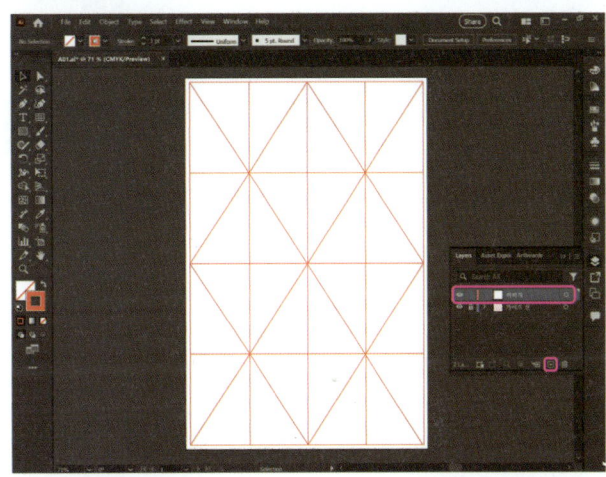

Tip

[Layers] 패널에서 '이미지' 레이어를 더블 클릭하여 [Layer Options] 대화 창을 활성화합니다. 레이어 색상을 변경하여 작업하기 편한 환경을 만듭니다.

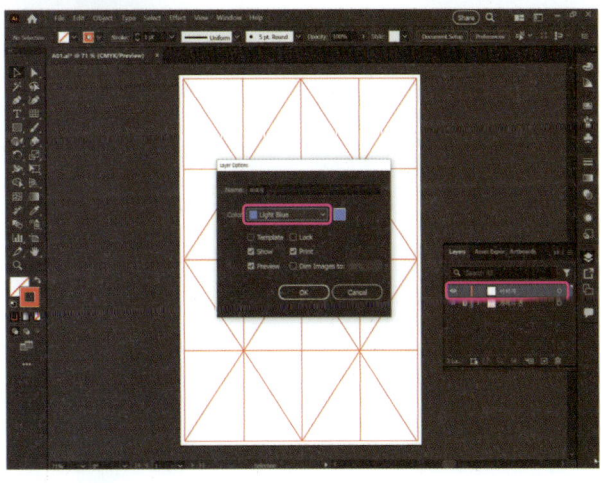

02 이미지 제작

1) 장미꽃

❶ Ellipse Tool( )을 클릭한 후 면색은 C10M100Y100, 선색은 C40M70Y100K50으로 설정하고 드래그하여 장미꽃의 가장자리를 타원형으로 그립니다. [Stroke] 패널에서 선의 두께는 4pt로 설정합니다.

> **Tip**
> 타원형 크기 : 33×29mm(도형의 크기는 정확하지 않아도 되며, 디자인 원고를 참고하여 비율을 맞춰 비슷하게 그림)

❷ Direct Selection Tool( )로 왼쪽의 고정점을 오른쪽으로 오른쪽의 고정점은 왼쪽으로 조금 이동시켜 모양을 변형합니다.

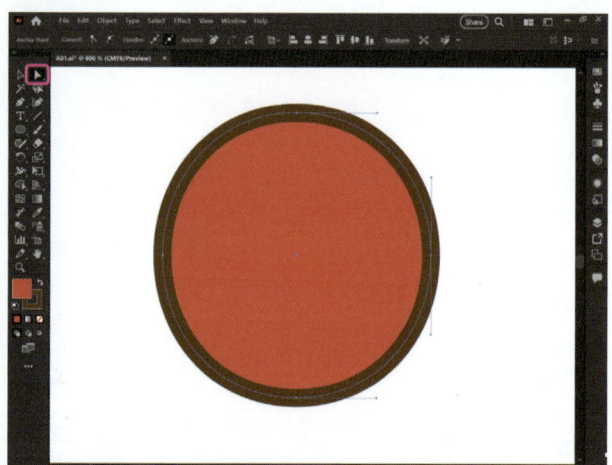

❸ Selection Tool( )로 원을 선택하고 Rotate Tool( )을 더블 클릭한 후 옵션 상자에서 Angle : 30°로 입력하고 [OK]를 클릭합니다.

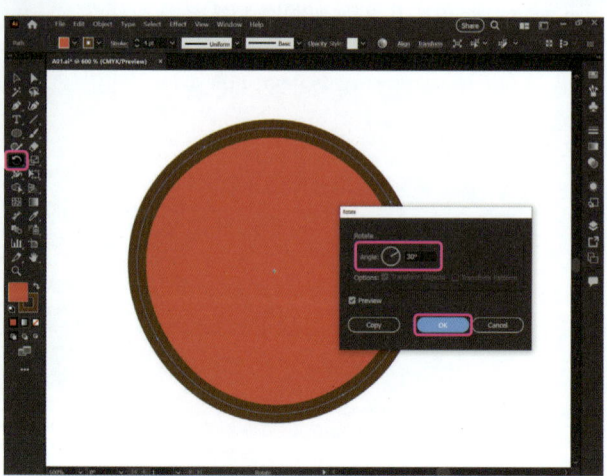

❹ Pen Tool( )을 선택하고 면색은 None, 선색은 K100으로 설정합니다. 가장자리의 꽃잎이 될 면적을 곡선으로 부드럽게 그림과 같이 그립니다.

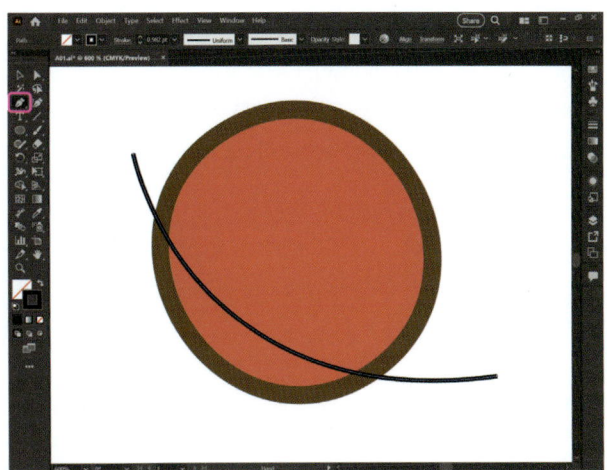

❺ Selection Tool( )로 원과 곡선을 모두 선택한 후 [Window]-[Pathfinder] 패널에서 Pathfinders : Divide를 선택하여 면을 나누고, Shift + Ctrl + G 를 눌러 그룹 해제합니다.

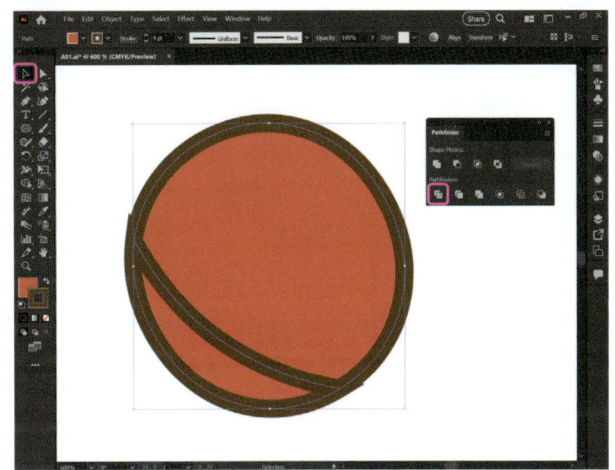

❻ 다시 Pen Tool( )로 가장자리의 꽃잎이 될 면적을 곡선으로 그림과 같이 그립니다.

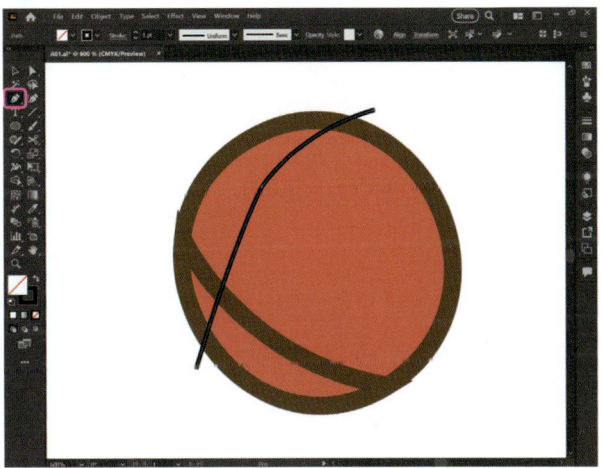

CHAPTER 4 장미꽃말 475

❼ Selection Tool( )로 넓은 면과 곡선을 모두 선택한 후 [Window]-[Pathfinder] 패널에서 Pathfinders : Divide를 선택하여 면을 나누고, Shift + Ctrl + G 를 눌러 그룹 해제합니다.

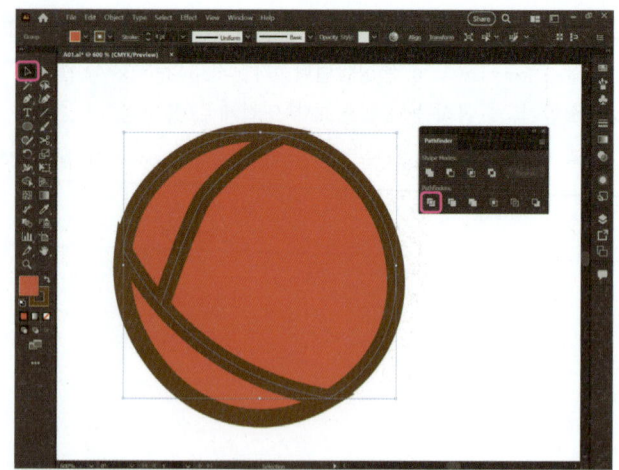

❽ ❺~❼와 같은 방법으로 Pen Tool( )로 꽃잎이 될 부분을 선으로 그리고 Pathfinders : Divide를 선택한 후 면을 나누는 작업을 반복하여 장미꽃을 완성합니다. 이미지는 Selection Tool( )로 모두 선택하고 [Stroke] 패널에서 Corner : Round Join을 클릭하여 뾰족한 선들을 정리합니다. 완성된 이미지는 Ctrl + G 를 눌러 그룹으로 설정합니다.

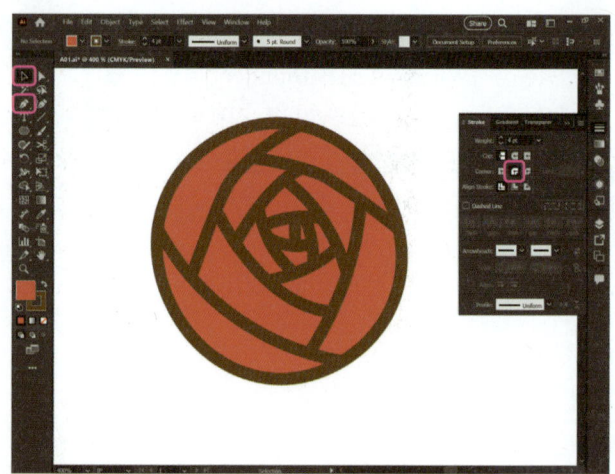

❾ 나뭇잎을 그리기 위해 Ellipse Tool( )을 선택한 후 면색은 C100Y100, 선색은 C40M70Y100K50, [Stroke] 패널에서 선의 두께는 4pt로 설정합니다. 드래그하여 그림과 같이 긴 타원형을 그립니다.

> **Tip**
>
> 타원형 크기 : 13×35mm(도형의 크기는 정확하지 않아도 되며, 디자인 원고를 참고하여 비율을 맞춰 비슷하게 그림)

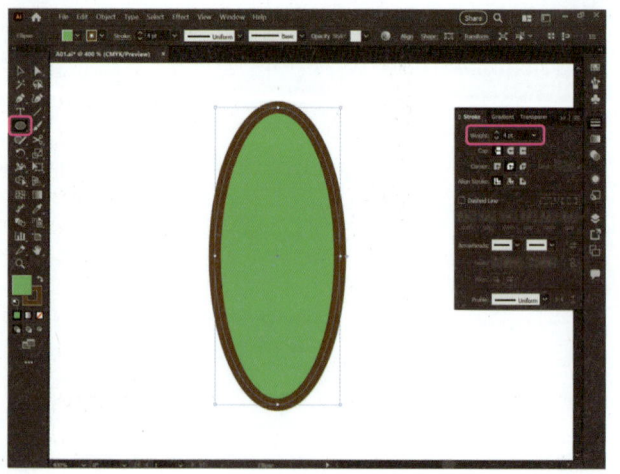

❿ Anchor Point Tool( )로 상단의 고정점을 클릭하여 뾰족하게 변형하고 Direct Selection Tool( )로 고정점과 핸들점을 이동하여 자연스러운 나뭇잎이 될 수 있도록 가장자리를 정리합니다.

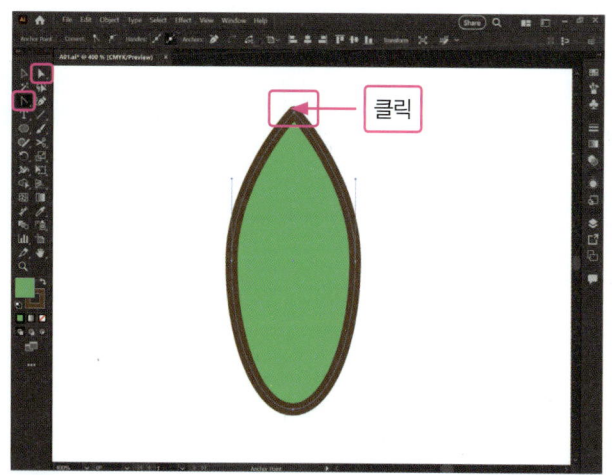

⓫ Pen Tool( )로 면색은 None, 선색은 C40M70Y100K50으로 설정하고 잎맥을 그림과 같이 선으로 그립니다. 이미지를 Selection Tool( )로 모두 선택하고 [Stroke] 패널에서 Cap : Round Cap, Corner : Round Join을 클릭하여 뾰족한 선들을 정리합니다. 완성된 이미지는 Ctrl + G 를 눌러 그룹으로 설정합니다.

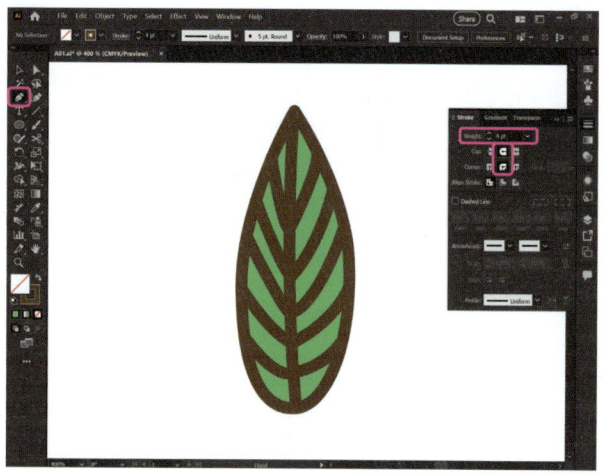

 Tip

Pen Tool( )로 다음 선을 그리기 위해 Ctrl 을 누른 채 작업 창의 공간을 클릭하면 선이 강제 종료되어 새롭게 선을 그릴 수 있습니다.

⓬ Selection Tool( )로 필요한 이미지를 복사하여 배치하고 완성도면과 같이 장미꽃을 배치한 후 Ctrl + G 를 눌러 그룹 설정합니다.

 Tip

1. Selection Tool( )로 오브젝트를 Alt 를 누른 채 드래그하여 복사합니다.
2. 오브젝트를 선택 후 마우스 우클릭하여 [Arrange]를 클릭하면 다양한 순서의 기능을 사용할 수 있습니다.
3. 꽃과 잎사귀는 [Stroke] 패널에서 선의 두께를 적절히 조절합니다.

2) 리본배너

❶ Rectangle Tool(▭)로 드래그하여 그림과 같이 직사각형을 그립니다.

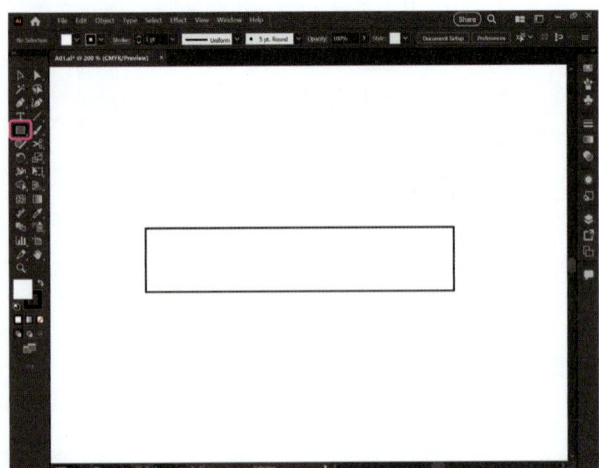

❷ Selection Tool(▶)로 직사각형을 클릭하고 [Object]-[Envelope Distort]-[Make With Warp]를 선택합니다.
[Warp Options] 상자의 Style : Arc, Bend : -65%로 설정한 후 [OK]를 클릭합니다.

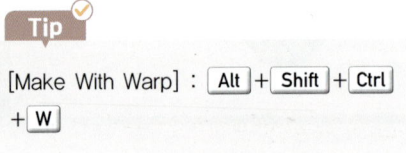

[Make With Warp] : Alt + Shift + Ctrl + W

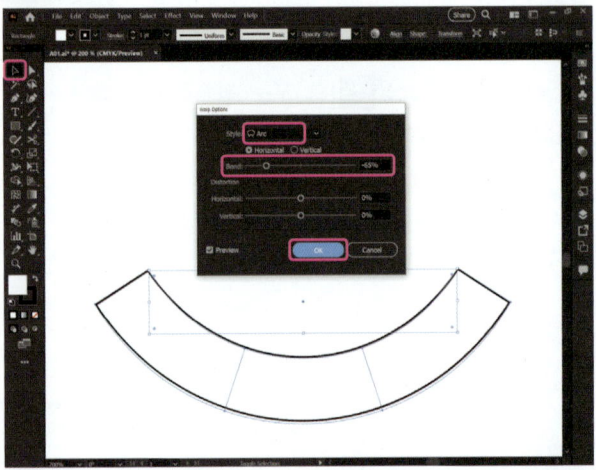

❸ [Object]-[Expand]를 선택하고 [OK]를 눌러 수정 가능한 이미지로 변경합니다. Gradient Tool(▭)을 더블 클릭한 후 [Gradient] 패널에서 Type : Radial Gradient를 선택하고 면색은 그라디언트 색상으로 C11M11Y25 → C12M20Y68, 선색은 그라디언트 색상으로 C20M30Y100K42 → C15M20Y76K31 로 설정합니다. [Stroke] 패널에서 선의 두께는 적절히 조절합니다.

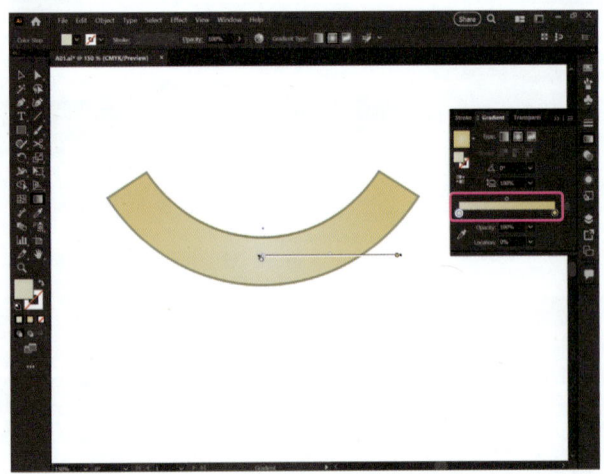

❹ Line Segment Tool(　)로 드래그하여 그림과 같이 양쪽 끝에 직선을 만들고 Selection Tool(　)로 모두 선택합니다. [Window]-[Pathfinder] 패널에서 Pathfinders : Divide를 선택한 후 면을 나누고, Shift + Ctrl + G 를 눌러 그룹 해제합니다.
양쪽 끝의 필요 없는 면은 Delete 를 눌러 삭제합니다.

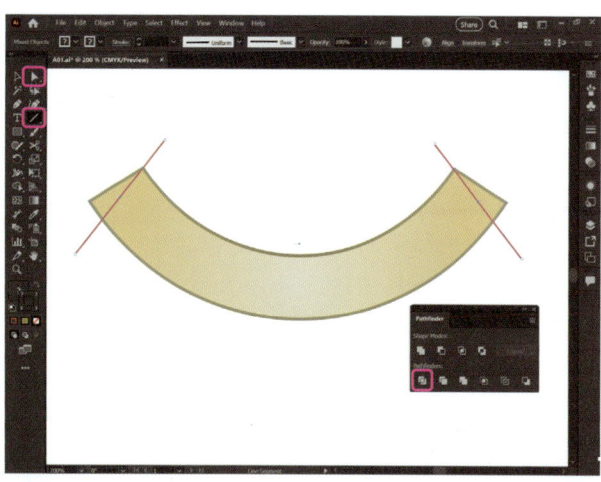

❺ ❸의 그라데이션 색상과 같게 설정하고 Rectangle Tool(　)로 드래그하여 다시 직사각형을 그립니다. Add Anchor Point Tool(　)로 왼쪽 면의 가운데 패스를 클릭하여 고정점을 추가합니다.

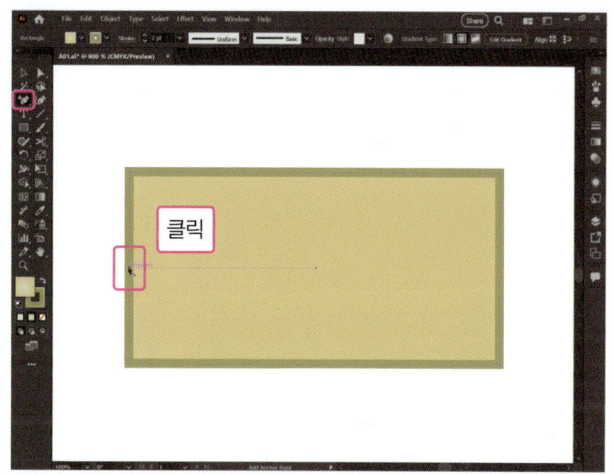

❻ Direct Selection Tool(　)로 추가한 고정점을 클릭하고 오른쪽으로 이동하여 모양을 그림과 같이 변형합니다.

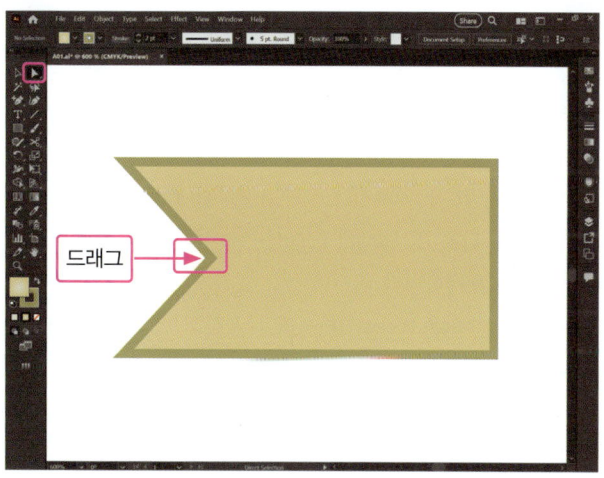

❼ Selection Tool(△)로 ❻에서 작업한 도형을 선택하고 [Object]-[Envelope Distort]-[Make With Warp]를 클릭합니다.
[Warp Options] 상자의 Style : Arc, Bend : -20%로 설정한 후 [OK]를 클릭합니다.

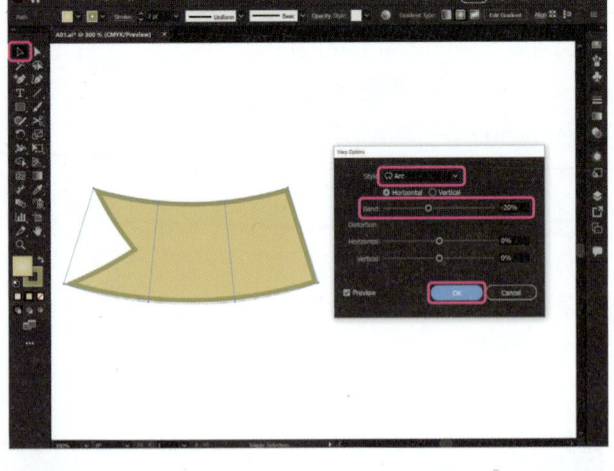

❽ [Object]-[Expand]를 선택하고 [OK]를 눌러 수정 가능한 이미지로 변경하고 회전시켜 알맞게 배치합니다.

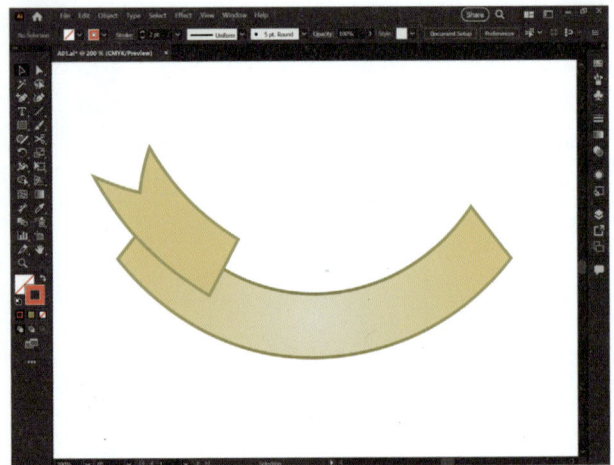

❾ Line Segment Tool(/)로 드래그하여 그림과 같이 오른쪽 끝에 직선을 만들고 Selection Tool(△)로 작은 리본과 직선을 선택한 후 [Window]-[Pathfinder] 패널에서 Pathfinders : Divide를 선택하여 면을 나누고, Shift + Ctrl + G 를 눌러 그룹 해제합니다.
필요 없는 면은 Delete 를 눌러 삭제하고 마우스 우클릭 후 [Arrange]-[Send to Back]을 선택하여 레이어의 순서를 알맞게 배치합니다.

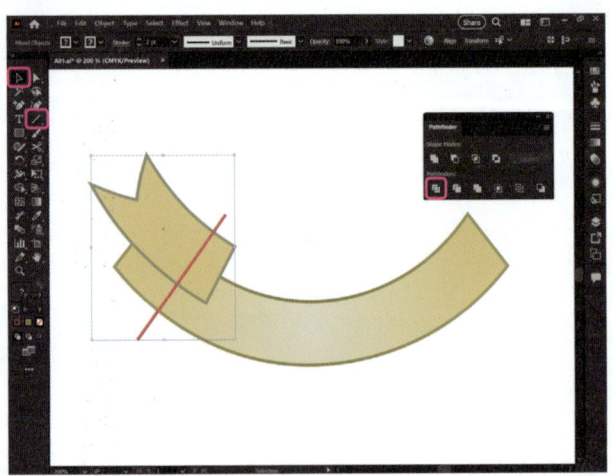

⑩ Pen Tool(　)로 안쪽의 면을 그림과 같이 그린 후 [Window]-[Gradient] 패널에서 Gradient Type : Linear Gradient 를 선택하고 면색은 그라디언트 색상으로 C12M20Y68 → C12M20Y100K20, 선색은 그라디언트 색상으로 C20M30Y100K42 → C15M20Y76K31 로 설정합니다.

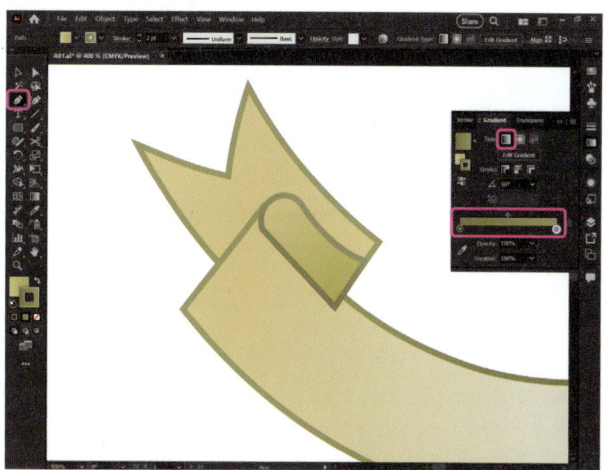

⑪ 마우스 우클릭 후 [Arrange]-[Send to Backward]을 선택하여 알맞게 배치합니다. Direct Selection Tool(　)로 리본의 오른쪽 [Live Corner Widget]을 드래그하여 부드럽게 변형합니다.

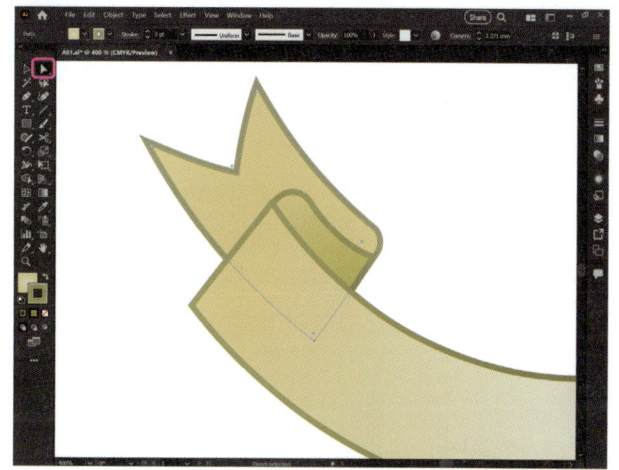

⑫ Selection Tool(　)로 왼쪽의 리본의 두 개의 면을 선택한 후 Reflect Tool(　)을 더블 클릭하여 [Reflect] 옵션 상자의 Axis : Vertical을 선택하고 [Copy]를 누른 후 오른쪽에 알맞게 배치합니다.

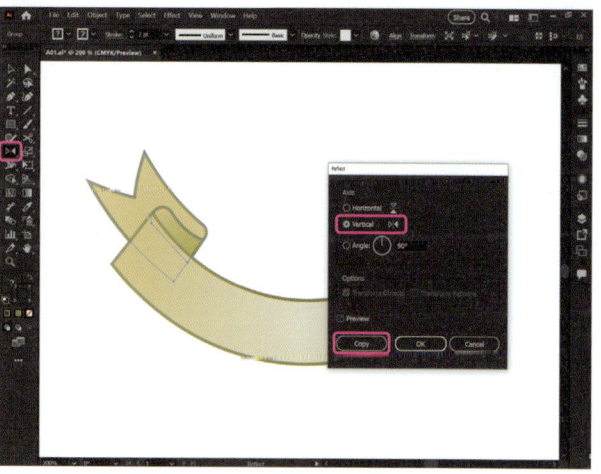

CHAPTER 4 장미꽃말

⑬ Pen Tool( )을 선택한 후 면색은 None, 선색은 임의의 색상으로 지정한 후 그림과 같이 부드럽게 곡선을 그립니다.

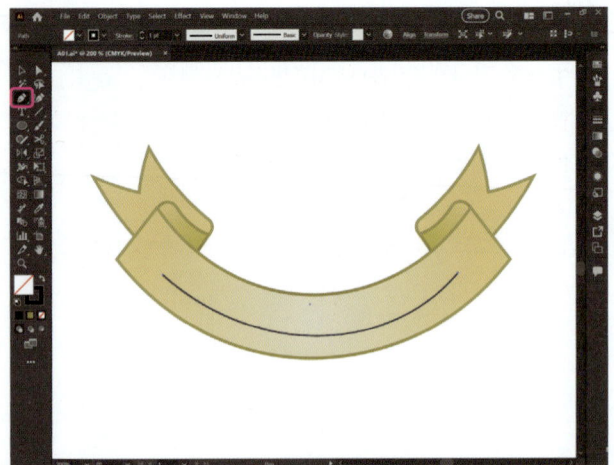

⑭ Type On a Path Tool( )로 곡선의 시작하는 패스를 클릭한 뒤 'the language of flowers'를 입력하고 [Window]-[Type]-[Character] 패널에서 서체, 크기와 자간, 장평 등을 문제지 출력형태와 비슷하게 설정합니다. 문자 색상은 C66M39Y36으로 설정합니다.

Tip

- 서체 : Myriad Pro, Regular(그림과 동일한 서체가 없을 시 비슷한 서체를 선택하여 사용)
- 글자 크기 : 17.5pt

3) 문자 패턴

❶ Type Tool()로 'the language of flowers'를 입력하고 [Window]－[Type]－[Character] 패널에서 서체, 크기와 자간, 장평 등을 문제지 출력형태와 비슷하게 설정합니다. 문자 색상은 C40M50Y100으로 설정합니다.

> **Tip** ✓
> • 서체 : Edwardian Script ITC, Regular(그림과 동일한 서체가 없을 시 비슷한 서체를 선택하여 사용)
> • 글자 크기 : 20pt

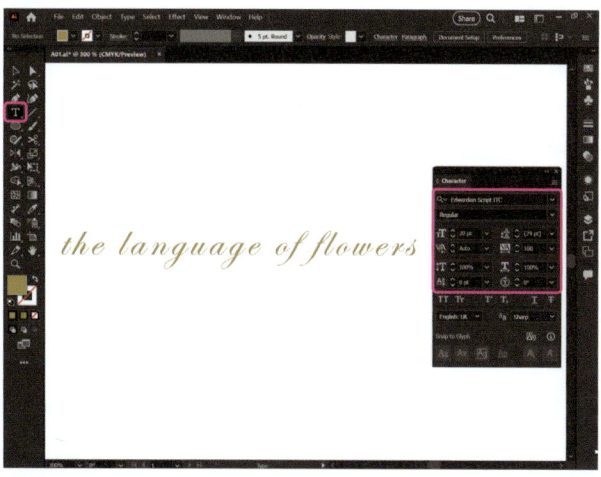

❷ 문자는 Selection Tool()로 선택하고 [Window]－[Swatches] 패널의 컬러 아이콘 빈 공간에 클릭한 채 드래그하여 놓아 패턴으로 등록합니다.

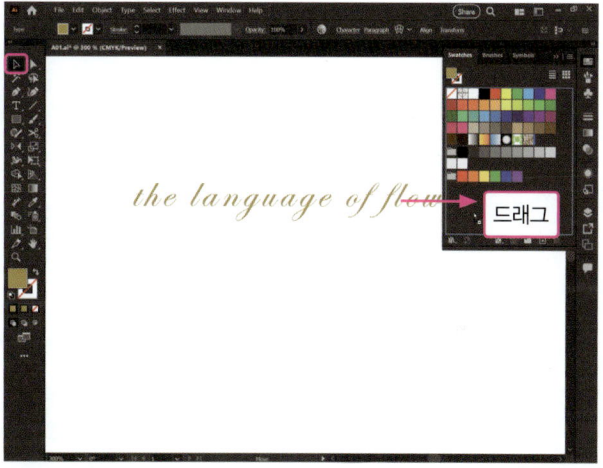

❸ Rectangle Tool(■)을 선택한 후 작업창을 클릭합니다. 옵션 상자에서 Width : 135mm, Height : 185mm를 입력하고 패턴이 들어갈 사각형을 그립니다.

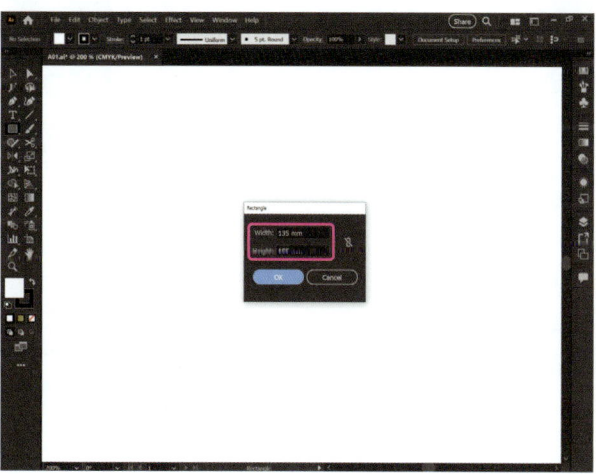

❹ [Window]-[Swatches] 패널에서 등록한 패턴 아이콘을 클릭하여 면에 패턴을 적용합니다. 선색은 None으로 지정합니다.

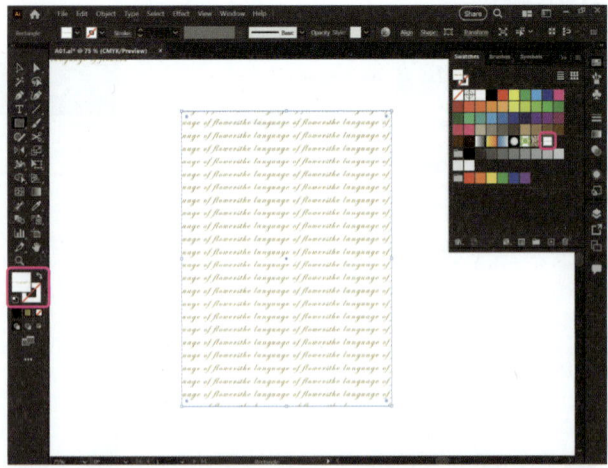

❺ 패턴의 간격을 조절하기 위해 [Swatches] 패널에서 등록한 패턴을 더블 클릭하여 [Pattern Options] 패널을 활성화하고 Tile Type : Grid, Size Tile to Art 체크, H Spacing, V Spacing 간격을 적당한 너비로 지정 후 상단 [Done]을 눌러 작업 화면으로 전환합니다.

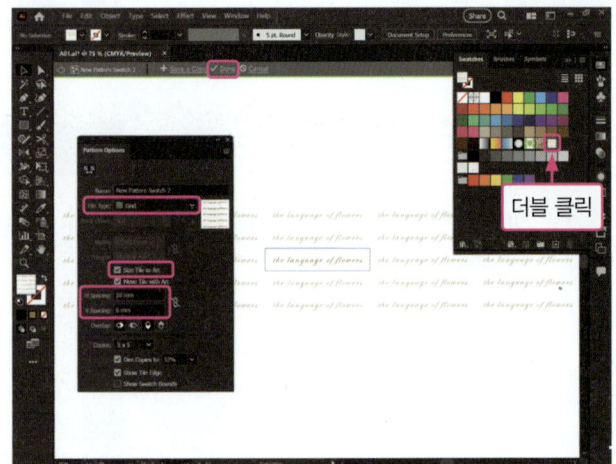

❻ 패턴의 위치를 조정하기 위해 Selection Tool(▶)을 더블 클릭하여 Options : Transform Objects 체크 해제, Transform Patterns 체크, Position의 입력값을 적절히 조절하고 [OK]를 클릭합니다.

Tip ✓

Scale, Move Options의 Transform Objects가 선택되어 있으면 이미지의 크기, 이동과 패턴의 크기, 이동이 모두 조절되므로 Transform Objects는 선택 해제합니다.

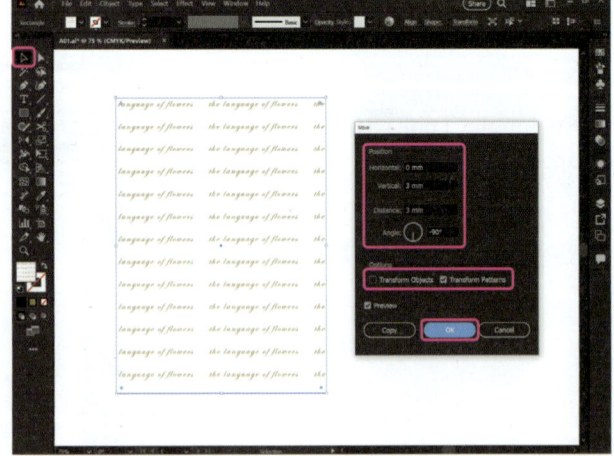

4) 사선패턴

❶ Rectangle Tool()로 드래그하여 그림과 같은 모양으로 얇은 직사각형을 그립니다. 면색은 파랑색 계열, 선색은 None으로 설정합니다.

> **Tip**
>
> 파랑색 계열 : C80M50(실제 시험에서는 디자인 원고와 비슷한 색상을 선택)

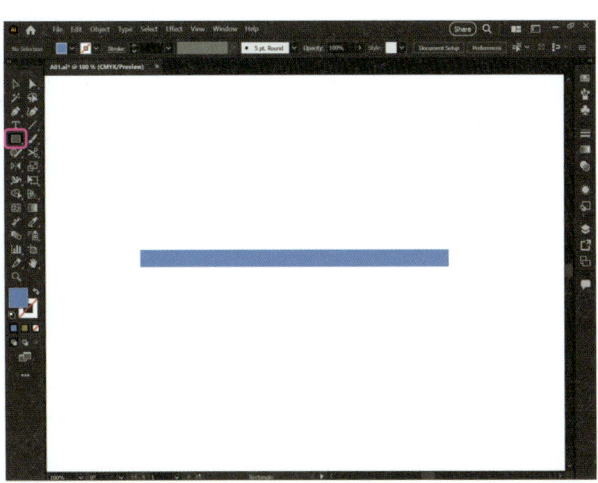

❷ Selection Tool( )로 선택하고 [Window]-[Swatches] 패널의 컬러 아이콘 빈 공간에 드래그하여 패턴으로 등록합니다.

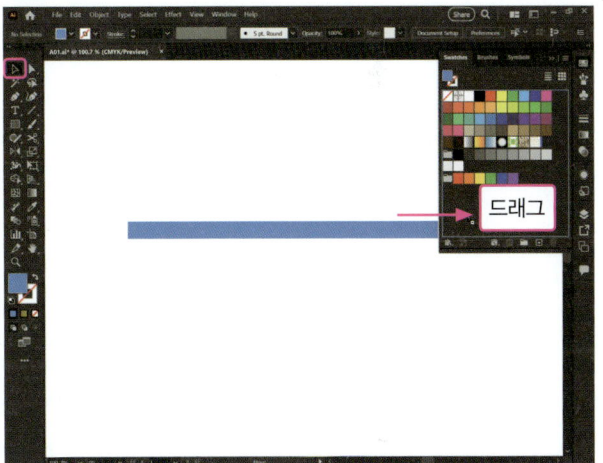

❸ Rectangle Tool( )을 선택한 후 작업 창의 빈 공간을 클릭합니다. [Rectangle Options] 창에 Width : 166mm, Height : 246mm를 입력한 후 패턴이 들어갈 사각형을 그리고 선색은 None으로 지정합니다.

[Swatches] 패널에서 등록한 패턴 아이콘을 클릭하여 면에 패턴을 적용합니다.

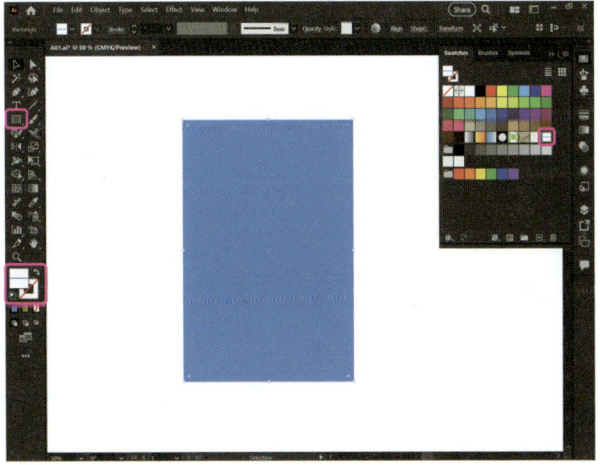

CHAPTER 4 장미꽃말 485

❹ 패턴의 간격을 조정하기 위해 [Swatches] 패널에서 등록한 패턴을 더블 클릭하여 [Pattern Options] 패널을 활성화합니다. Size Tile to Art 체크, H Spacing : 0mm, V Spacing 간격을 적당한 너비로 지정한 후 상단 [Done]을 눌러 작업 화면으로 전환합니다.

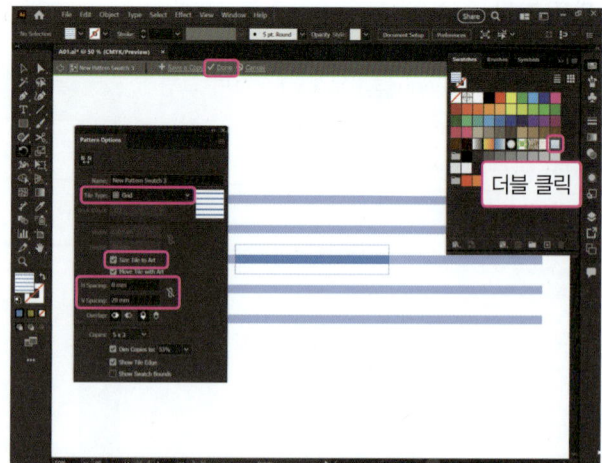

❺ Selection Tool( )로 선택한 후 패턴을 회전시키기 위해 Rotate Tool( )을 더블 클릭합니다. [Rotate] 옵션 상자의 Options : Transform Patterns만 선택하고 [Angle] 값을 적절히 조절하여 [OK]를 누릅니다.

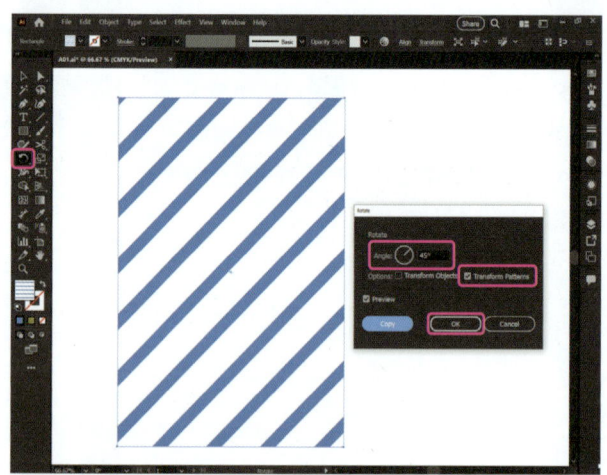

❻ 패턴의 위치를 조정하기 위해 Selection Tool( )을 더블 클릭한 후 Options : Transform Objects 체크 해제, Transform Patterns 체크, Position의 입력값을 적절히 조절하고 [OK]를 클릭합니다.

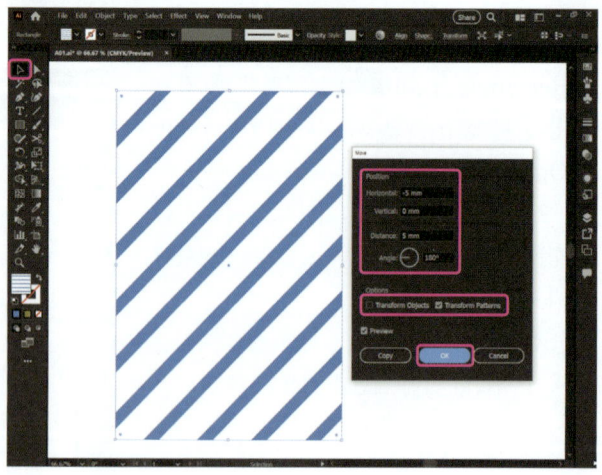

5) 로고

❶ Type Tool(T)로 작업 창을 클릭한 후 '살고 싶고 자랑하고 싶은 행복도시'를 입력하고 문자 색상은 K70, C10M80Y60으로 설정합니다.
글자는 [Window]-[Type]-[Character] 패널에서 서체, 크기와 자간, 장평 등을 문제지 출력형태와 비슷하게 설정합니다.

> **Tip**
>
> • 서체 : 맑은 고딕, Bold(그림과 동일한 서체가 없을 시 비슷한 서체를 선택하여 사용)
> • 글자 크기 : 10.5pt

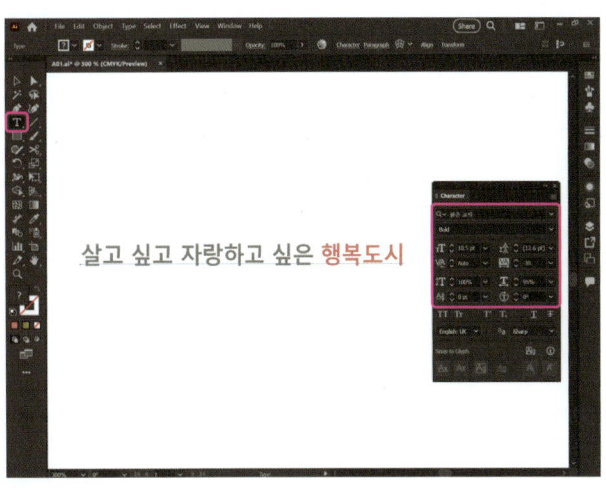

❷ Pen Tool(✐)을 선택한 후 면색은 None, 선색은 K95로 설정하고 '중랑'을 그림과 같이 선으로 그립니다.

> **Tip**
>
> Pen Tool(✐)로 다음 선을 그리기 위해 Ctrl을 누른 채 작업 창의 공간을 클릭하면 선이 강제 종료되어 새롭게 선을 그릴 수 있습니다.

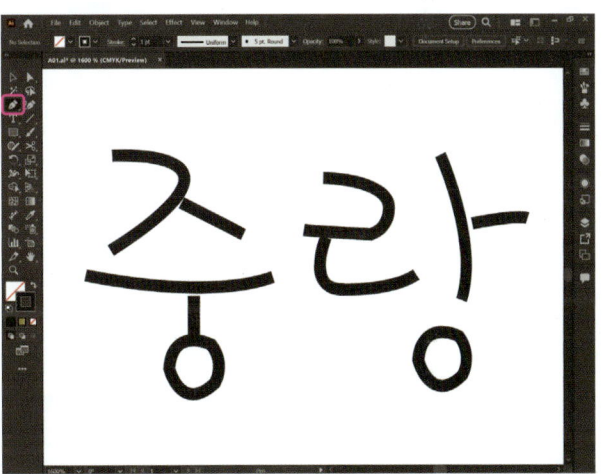

❸ 캘리그래피의 선에 붓글씨의 효과를 주기 위해 Selection Tool(▶)로 캘리그래피의 기본선을 모두 선택하고 [Stroke] 패널에서 Cap : Round Cap을 눌러 선의 끝점을 둥글게 변경하고 선의 두께를 알맞게 조정합니다.

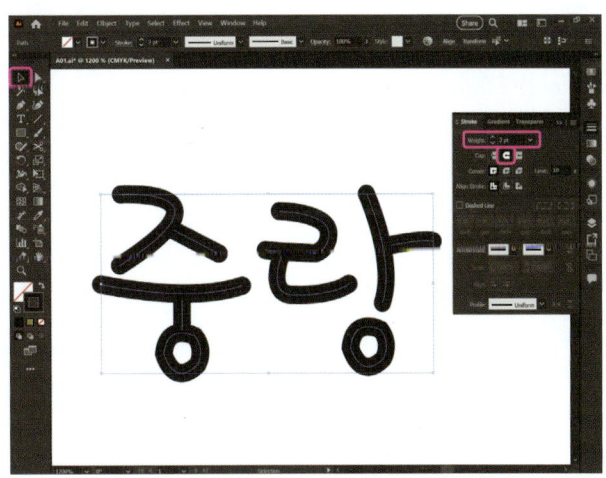

❹ Selection Tool( )로 '중랑'의 'ㅈ'을 선택하고 Width Tool( )로 선을 드래그하여 넓이를 조절합니다.

> **Tip**
>
> **Width Tool(** **) 수정**
> Width Tool로 추가한 폭 점은 바깥쪽 또는 안쪽으로 드래그하여 선의 두께를 조절하거나 폭 점을 선택한 후 Delete 를 눌러 삭제합니다.

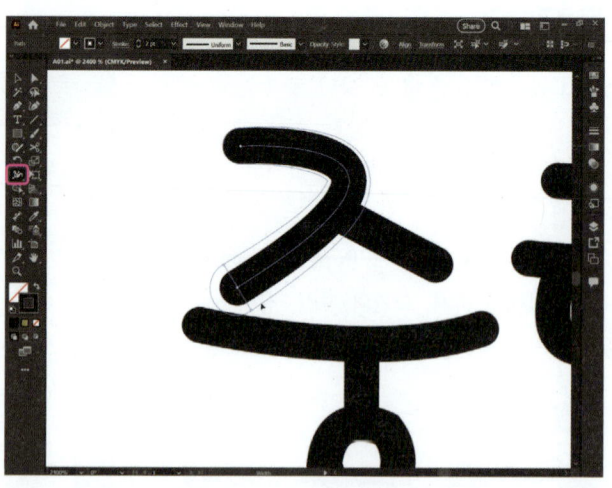

❺ ❹와 같은 방법으로 나머지 글자의 넓이도 조절한 후 캘리그래피를 완성합니다.

❻ Pen Tool( )로 아래 선을 그리고 선색은 [Window]-[Gradient] 패널에서 Type : Linear Gradient를 선택한 후 그라데이션 색상을 C50 → C84M47Y15으로 설정합니다.
[Stroke] 패널에서 Cap : Round Cap을 눌러 선의 끝점을 둥글게 변경하고 선의 두께를 알맞게 조정합니다. Width Tool( )로 선을 드래그하여 넓이를 조절합니다.

❼ Pen Tool( )을 선택하고 면색은 None, 선색은 K100으로 설정합니다. 부드러운 곡선의 면으로 심벌의 산과 나무, 나뭇잎 이미지를 그리고 Ellipse Tool( )로 작은 원을 그린 후 그림과 같이 배치합니다.

❽ Selection Tool( )로 사람의 몸의 선을 선택하고 [Window]-[Stroke] 패널에서 Cap : Round Cap을 눌러 선의 끝점을 둥글게 변경하고 선의 두께를 알맞게 조정합니다. 선은 [Object]-[Expand]를 누른 후 옵션 상자에서 [OK]를 클릭하여 면으로 설정합니다.

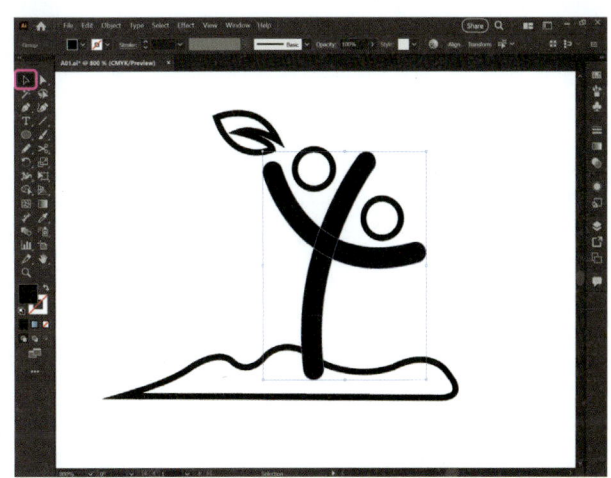

❾ Selection Tool( )로 오브젝트를 선택하고 [Window]-[Pathfinder] 패널에서 Shape Modes : Unite를 선택한 후 Direct Selection Tool( )로 이미지의 뾰족한 부분에 [Live Corner Widget]을 드래그하여 부드럽게 변형합니다.

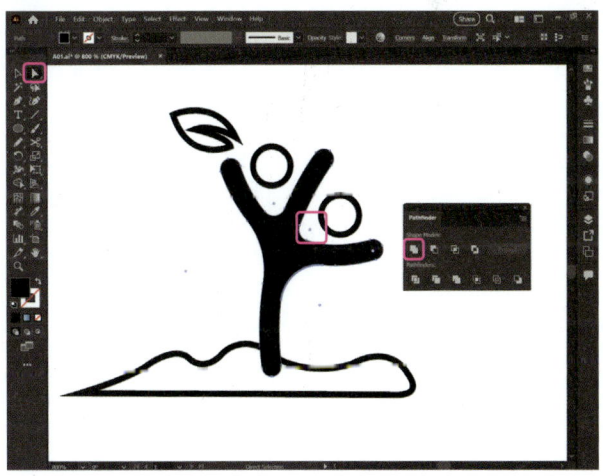

⓵⓪ Selection Tool( )로 오브젝트를 모두 선택하고 면색은 그라데이션 색상 C40Y70 → C84M32Y100, 선색은 None으로 설정합니다.
Gradient Tool( )로 왼쪽에서 오른쪽 방향으로 드래그하여 자연스럽게 색상을 넣습니다.

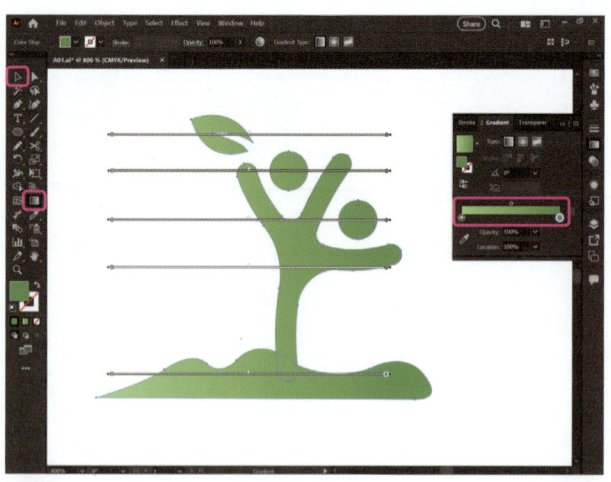

⓵⓵ 하트의 모양을 그리기 위해 Ellipse Tool( )로 Shift 를 누른 채 드래그하여 정원을 그리고 Direct Selection Tool( )로 원의 상단 고정점을 클릭한 후 드래그하여 아래로 이동시킵니다.

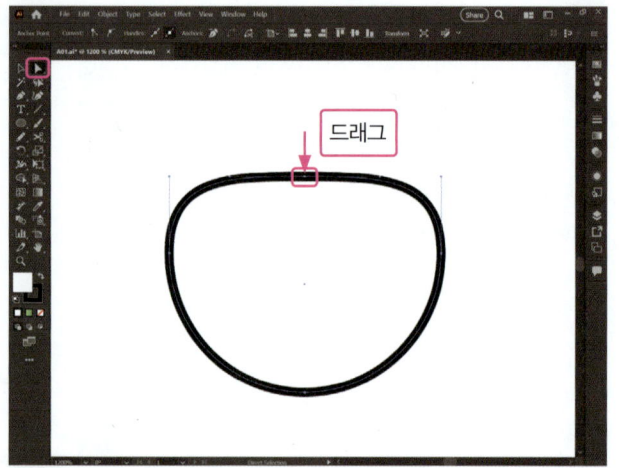

⓵⓶ 고정점 왼쪽 핸들 점을 위쪽으로 드래그하고 오른쪽 핸들 점을 Alt 를 누른 채 위쪽으로 드래그하여 모양을 변형합니다.

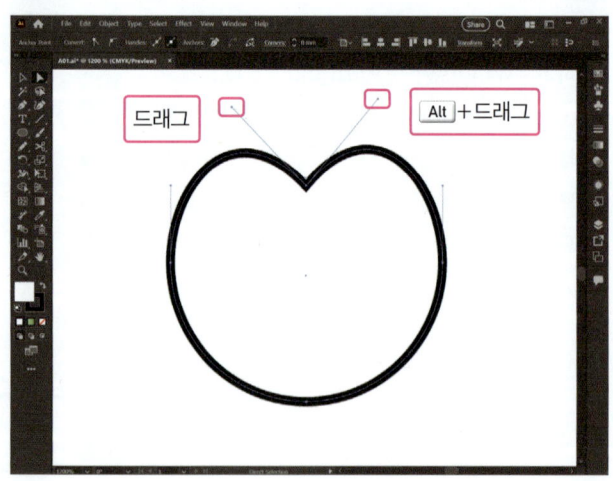

⑬ Anchor Point Tool( )로 아래의 고정점을 클릭한 후 뾰족하게 만들어 하트의 모양을 완성합니다.

> **Tip**
>
> Direct Selection Tool( )로 하트의 왼쪽과 오른쪽 고정점을 선택한 후 위로 이동시키면 하트의 모양이 부드럽게 조정됩니다.

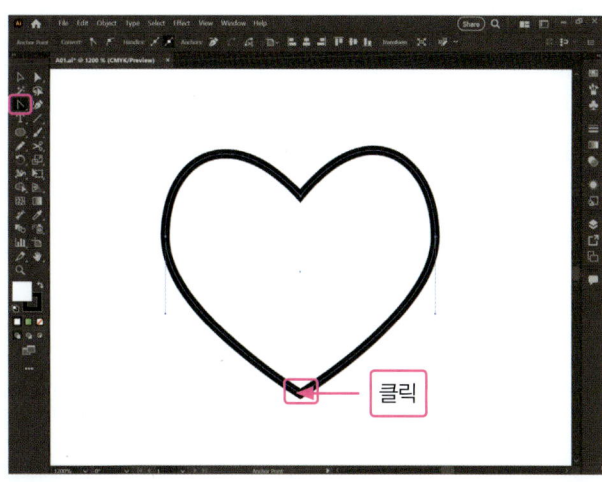

⑭ 물방울의 모양을 만들기 위해 Ellipse Tool( )로 Shift 를 누른 채 드래그하여 정원을 그리고 Direct Selection Tool( )로 원의 상단 고정점을 클릭한 후 드래그하여 위로 이동시킵니다.

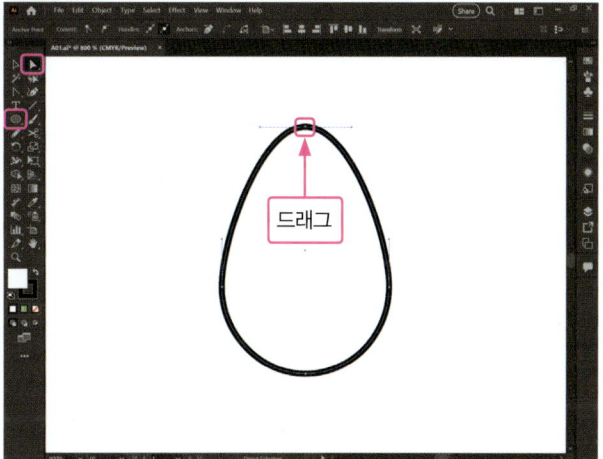

⑮ Anchor Point Tool( )로 상단 고정점을 클릭한 후 뾰족하게 만들어 물방울의 모양을 완성합니다.

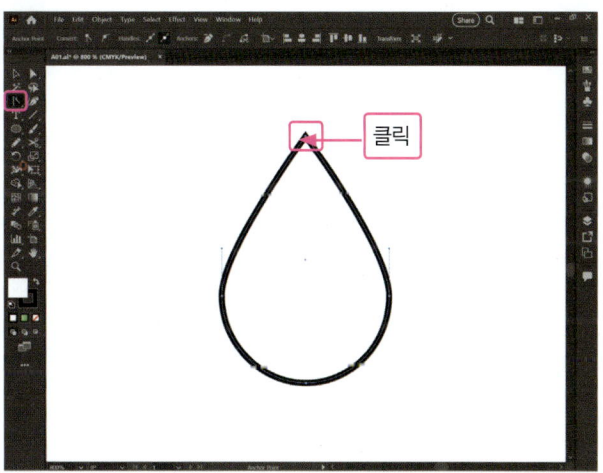

CHAPTER 4 장미꽃말 **491**

⓬ 꽃의 모양을 만들기 위해 Rounded Rectangle Tool(□)로 드래그하여 모서리가 둥근 직사각형을 그립니다.
Rotate Tool(↻)을 클릭하여 타원형의 아래 고정점을 Alt 를 누른 채 클릭하고 [Rotate Tool] 옵션 상자에 Angle : 72°를 입력하고 [Copy]를 클릭합니다.

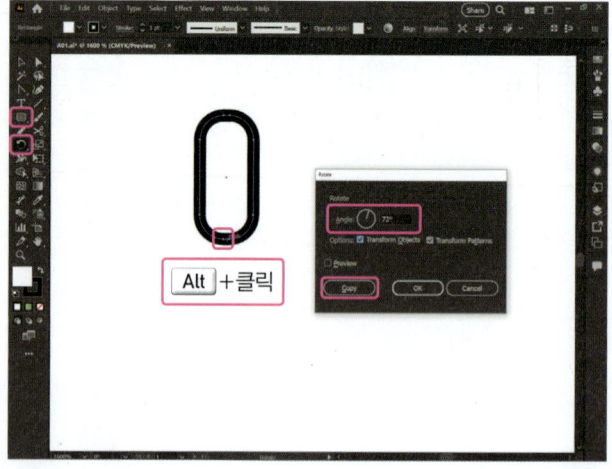

⓭ Ctrl + D 를 3번 눌러 원을 회전시켜 복사하고 Selection Tool(▶)로 모두 선택한 후 Ctrl + G 를 눌러 그룹 설정합니다.

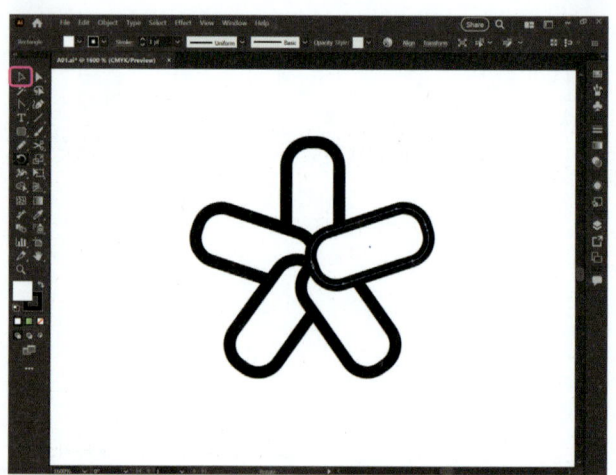

⓮ Selection Tool(▶)로 필요한 이미지는 복사하여 사용하고 완성된 오브젝트를 조합하여 그림과 같이 배치합니다.
각각의 면색을 파랑(C84M47Y15), 분홍(C10M80Y60), 선색은 None으로 화면을 참고하여 알맞게 설정합니다.
작업이 완료된 이미지는 조화롭게 배치하고 모두 선택한 후 Ctrl + G 를 눌러 그룹 설정합니다.

6) 빗금원

❶ Rectangle Tool(▢)로 드래그하여 얇은 직사각형을 그리고 면색은 C10M100Y100, 선색은 None으로 설정합니다. Selection Tool(▶)로 사각형을 선택하고 Alt + Shift 를 누른 채 아래로 이동하여 이미지를 복사합니다.

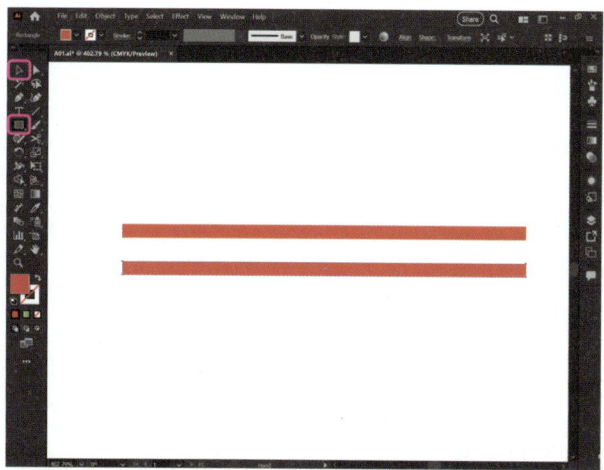

❷ Ctrl + D 를 여러 번 눌러 이미지를 복사하고 모두 선택한 후 Ctrl + G 를 눌러 그룹 설정합니다.
Ellipse Tool(◯)로 작업 창을 클릭한 후 옵션 상자에서 Width와 Height : 30mm 로 입력하여 패턴이 들어갈 정원을 그리고 선색은 None으로 지정합니다.
원을 선택하고 마우스 우클릭 후 [Arrange]-[Send to Back]을 선택하여 그림과 같이 배치합니다.

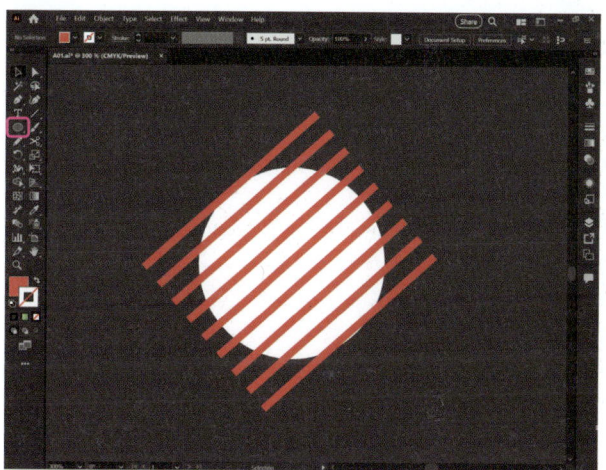

❸ 원과 직사각형을 Selection Tool(▶)로 모두 선택한 후 [Window]-[Pathfinder] 패널에서 Pathfinders : Divide를 선택하여 면을 나누고, Shift + Ctrl + G 를 눌러 그룹 해제합니다.
필요 없는 면을 선택한 후 Delete 를 눌러 삭제합니다. 완성된 이미지를 모두 선택하고 Ctrl + G 를 눌러 그룹으로 설정합니다.

❹ Selection Tool(▷)로 ❸에서 작업한 도형을 선택하고 Alt 를 누른 채 이동하여 총 6개의 이미지로 복사하고 면색을 변경합니다.

ⓐ C15M54
ⓑ C0M0Y0K0
ⓒ C78M67
ⓓ C5M23Y89
ⓔ M59Y92

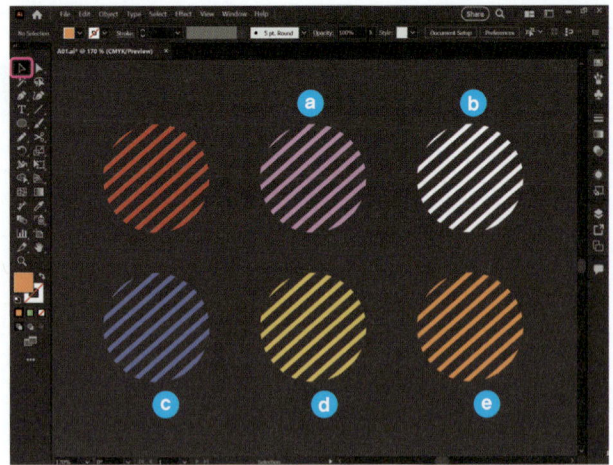

4 포토샵 작업

01 작업 준비하기(도큐멘트 설정, 가이드 선)

❶ 포토샵 프로그램에서 [File]-[New]를 선택합니다. [New] 옵션 상자에서 Width : 166mm, Height : 246mm, Resolution : 300pixels/inch, Color Mode : RGB Color, Background Contents : White 로 설정한 후 [Create]를 누릅니다.

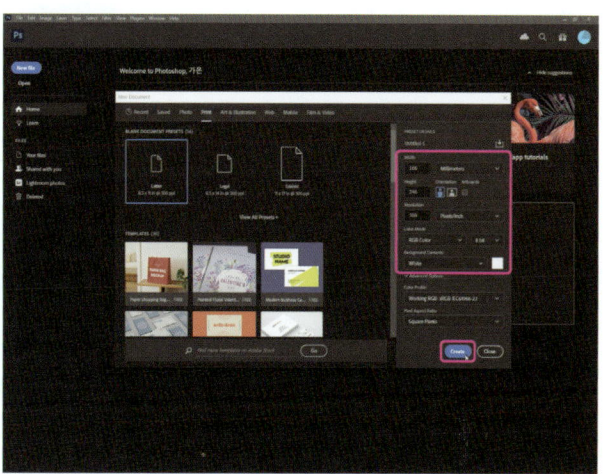

> **Tip**
>
> 1. Resolution : 300pixels/inch은 고품질의 해상도로 인쇄, 출판에 적합한 해상도입니다. 해상도가 높아지면 파일의 용량이 커집니다. 시험에서 제출할 파일의 총 용량은 10MB 이하이기 때문에 작업 완료를 한 후 용량이 10MB를 넘으면 [Image]-[Image Size]에서 150~250 정도의 해상도로 변경하여 제출합니다.
> 2. 인쇄에 적합한 Color Mode는 CMYK Color입니다. 하지만 포토샵에서 CMYK Color로 설정되어 있으면 시험에서 요구하는 Filter의 효과가 제한됩니다.
>   시험장에서 사용되는 일반 프린트 기기는 RGB Color를 사용하여도 오류가 없기 때문에 포토샵에서 작업할 시 도큐멘트의 Color Mode는 RGB Color로 사용합니다.

❷ [File]-[Save as]를 선택하고 [Save as] 옵션 상자에 저장할 비번호 폴더(A01)를 찾아 클릭합니다. 파일 이름은 비번호 'A01'을 입력하고 파일형식 : Photoshop(*.PSD,*.PDD,*.PSDT)을 선택한 후 [저장(S)]을 누릅니다.

> **Tip** ✓
>
> Ctrl + S 를 눌러 작업한 내용을 수시로 저장하는 습관을 들이면 프로그램 오류에 빠르게 대처할 수 있습니다.

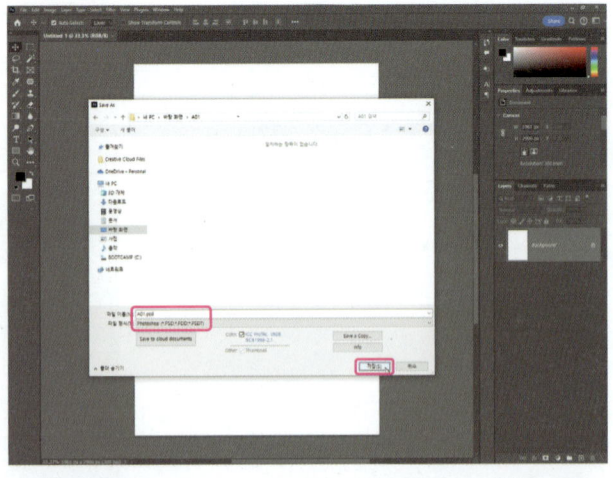

❸ 일러스트 작업 창 [Window]-[Layers] 패널에서 '가이드 선' 레이어의 [Toggles Lock] 아이콘을 클릭하여 잠금을 해제합니다.
Selection Tool(▶)로 가이드 선을 선택하고 Ctrl + C 를 눌러 복사합니다.

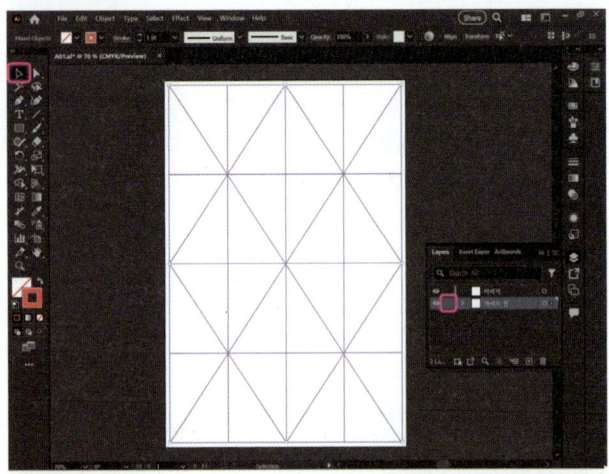

❹ 포토샵 작업 창에 Ctrl + V 를 누르고 [Paste] 옵션 상자에서 'Pixels'를 선택한 후 [OK]를 클릭합니다. [Window]- [Layers] 패널에서 레이어 이름을 더블 클릭하여 '가이드 선'으로 레이어 이름을 변경합니다.

❺ Move Tool(✥)을 선택하고 옵션 바의 Align To : Canvas, 'Align vertical centers', 'Align horizontal centers'를 클릭하여 도큐먼트의 가운데에 배치합니다. '가이드 선' 레이어의 'Lock all' 아이콘을 클릭하여 잠그고 'Background' 레이어를 선택한 후 작업을 시작합니다.

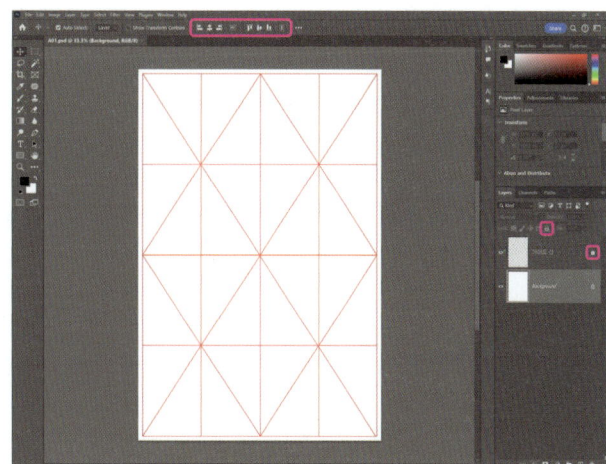

Tip

'가이드 선' 레이어가 선택되어 있으면 이미지를 불러올 때 '가이드 선' 레이어 위에 위치하게 되므로 가이드 선이 보이지 않게 됩니다. 정확한 이미지 배치를 위해 '가이드 선' 레이어는 항상 작업물 위에 위치하도록 합니다.

02 이미지 합성 제작

1) 배경

❶ [File]-[Open]을 선택하고 '장미_01.jpg' 파일을 불러옵니다. Ctrl + A 를 눌러 전체 선택한 후 Ctrl + C 를 누르고 'A01.psd' 작업 창으로 이동하여 Ctrl + V 로 붙여넣습니다. Ctrl + T 를 눌러 이미지의 바운딩 박스 점을 드래그하여 크기를 조정하고 Enter 를 눌러 알맞게 배치하고 레이어의 이름을 '장미_01'로 변경합니다.

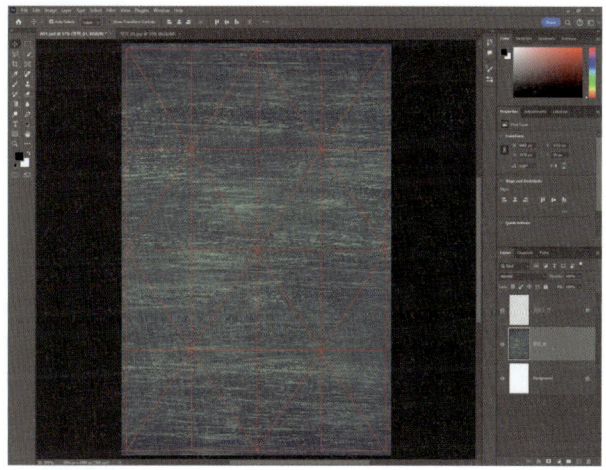

❷ '장미_01' 레이어는 [Image]-[Adjustment]-[Hue/Saturation]을 선택한 후 옵션 상자에서 [Colorize]를 선택하고 Hue, Saturation, Lightness 슬라이더를 이동시켜 밝은 브라운 계열로 색상 보정한 후 [OK]를 클릭합니다.

> **Tip**
>
> Hue : +45, Saturation : +5, Lightness : +40

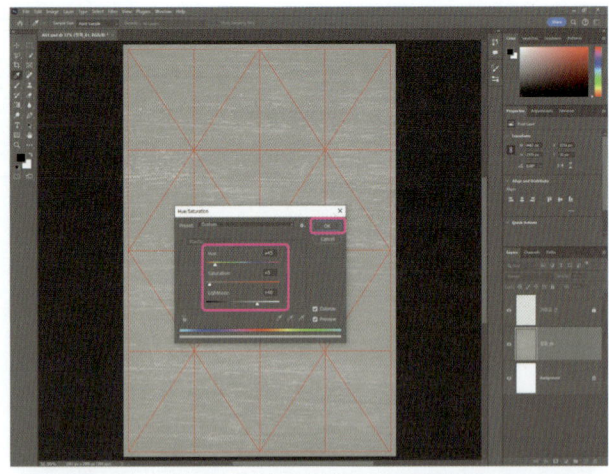

❸ 일러스트 작업 창에서 Selection Tool(▶)로 '사선패턴' 이미지를 선택하고 Ctrl + C 를 누릅니다.
포토샵 작업 창으로 이동한 후 Ctrl + V 로 붙여넣습니다. [Paste] 옵션 상자에서 'Pixels'를 선택한 후 [OK]를 클릭하여 알맞게 배치하고 레이어의 이름을 '사선패턴'으로 변경합니다.

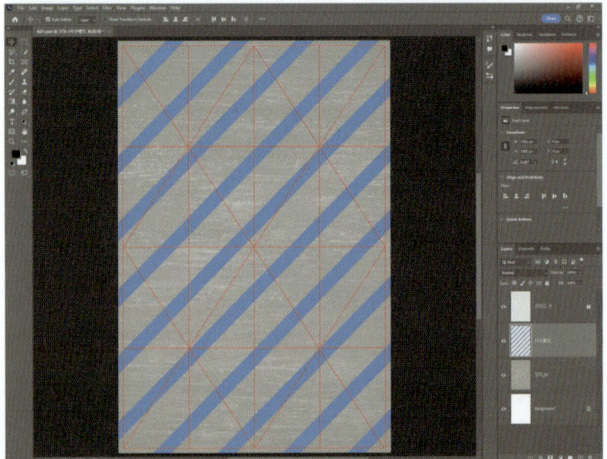

❹ '사선패턴' 레이어는 [Layers] 패널에서 Opacity : 50%로 설정한 후 자연스럽게 합성합니다.

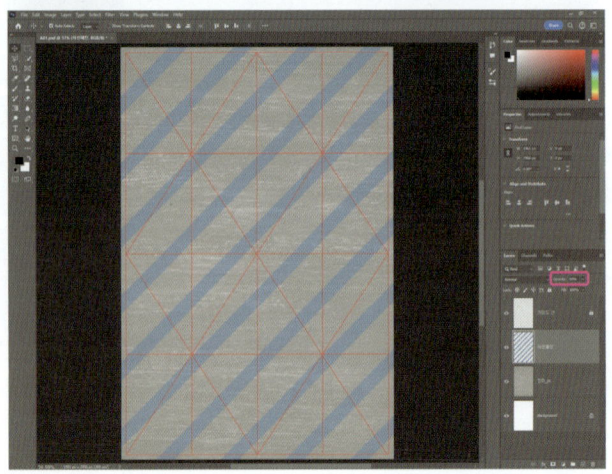

❺ Rectangle Tool()로 드래그하여 직사각형을 그리고 옵션 바에서 Fill : 임의의 밝은 색상, Stroke : None으로 설정합니다.

> **Tip** ✓
>
> 직사각형 색상 : C14M14Y16(실제 시험에서는 디자인 원고와 비슷한 색상을 선택)

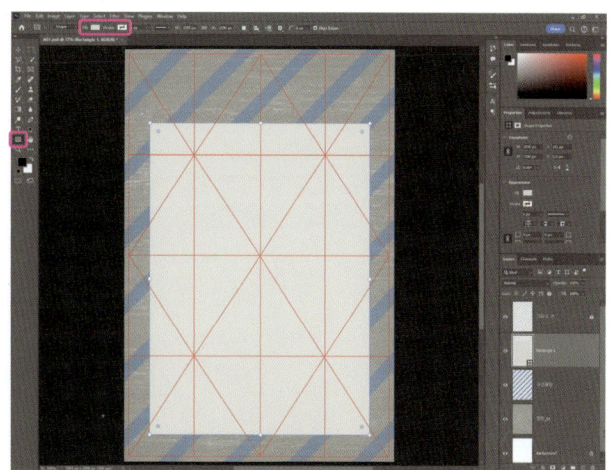

❻ [Layers] 패널에서 'Rectangle 1' 레이어를 더블 클릭하여 [Layer Style] 창을 실행합니다.
Styles : Drop Shadow를 선택하고 옵션값을 알맞게 조정한 후 [OK]를 클릭합니다.

> **Tip** ✓
>
> **Drop Shadow 설정**
> • Blend Mode : 그림자의 혼합모드
> • Opacity : 그림자의 투명도
> • Angle : 그림자의 각도
> • Distance : 그림자의 거리
> • Spread : 그림자의 확산 정도
> • Size : 그림자의 크기

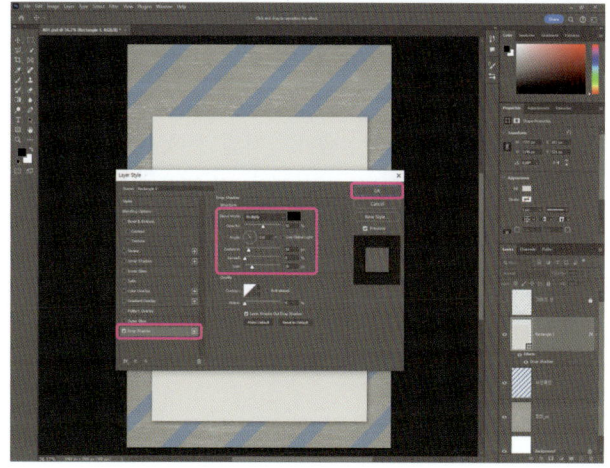

❼ 일러스트 작업 창에서 Selection Tool()로 '문자패턴' 이미지를 선택하고 Ctrl + C 를 누릅니다.
포토샵 작업 창으로 이동한 후 Ctrl + V 로 붙여넣습니다. [Paste] 옵션 상자에서 'Pixels'를 선택한 후 [OK]를 클릭하여 알맞게 배치하고 레이어의 이름을 '문자패턴'으로 변경합니다.

❽ '문자패턴' 레이어는 [Layers] 패널에서 블랜드 'Normal'을 클릭한 후 'Multiply', Opacity : 50%로 입력하여 자연스럽게 합성합니다.

❾ 빛 바랜 느낌을 나타내기 위해 '문자패턴' 레이어에 [Add layer mask] 아이콘을 클릭하고 전경색은 검은색으로 설정합니다. Brush Tool( )을 선택하고 작업 창에 마우스 우클릭 후 옵션 상자에서 Size : 800px, [General Brushes] 폴더에서 'Soft Round', 옵션 바에서 Opacity : 50%로 설정합니다. 작업화면과 같이 드래그하여 부분적으로 흐리게 가립니다.

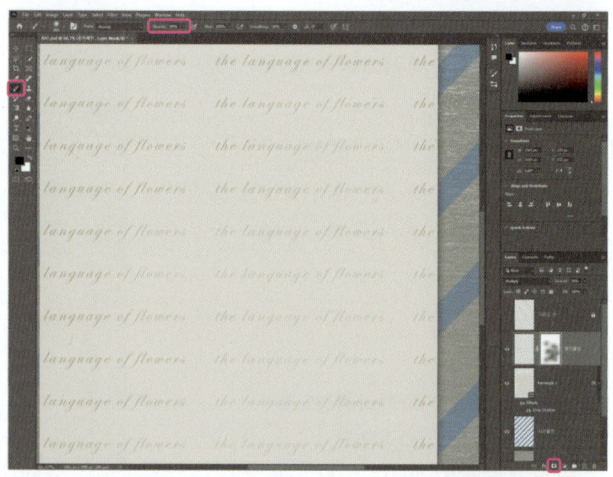

❿ 일러스트 작업 창에서 Selection Tool( )로 '장미꽃' 이미지를 선택하고 Ctrl + C 를 누릅니다.
포토샵 작업 창으로 이동한 후 Ctrl + V 로 붙여넣습니다. [Paste] 옵션 상자에서 'Pixels'를 선택한 후 [OK]를 클릭하여 알맞게 배치하고 레이어의 이름을 '장미꽃'으로 변경합니다.

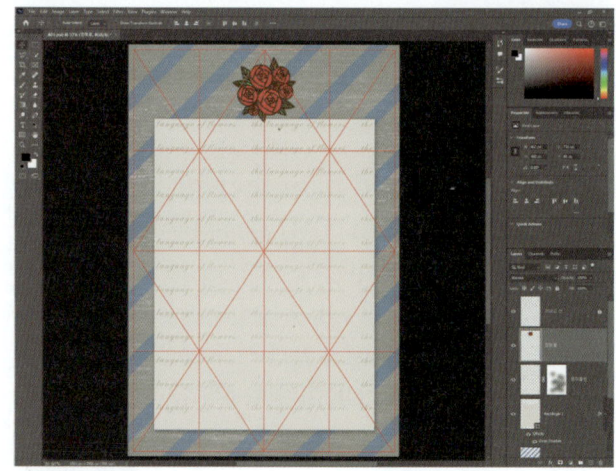

⓫ [Layers] 패널에서 '장미꽃' 레이어를 더블 클릭하여 [Layer Style] 창을 실행합니다. Styles : Drop Shadow를 선택하고 옵션 값을 알맞게 조정한 후 [OK]를 클릭합니다.

Tip

Drop Shadow 설정값
Opacity : 50%, Angle : 130°, Distance : 10px, Spread : 0%, Size : 35px

⓬ 일러스트 작업 창에서 Selection Tool()로 '리본배너' 이미지를 선택하고 Ctrl + C 를 누릅니다.
포토샵 작업 창으로 이동한 후 Ctrl + V 로 붙여넣습니다. [Paste] 옵션 상자에서 'Pixels'를 선택한 후 [OK]를 클릭하여 알맞게 배치하고 레이어의 이름을 '리본배너'로 변경합니다.

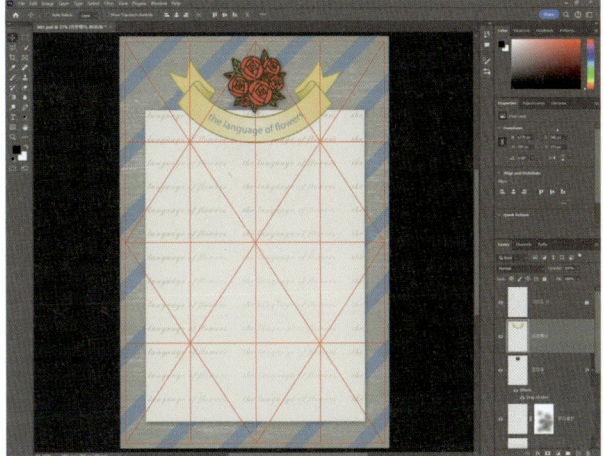

⓭ [Layers] 패널에서 '리본배너' 레이어를 더블 클릭하여 [Layer Style] 창을 실행합니다.
Styles : Drop Shadow를 선택하고 옵션값을 알맞게 조정한 후 [OK]를 클릭합니다.

Tip

Drop Shadow 설정값
Opacity : 50%, Angle : 130°, Distance : 10px, Spread : 0%, Size : 35px

⓮ Horizontal Type Tool(T)로 작업 창을 클릭하고 장미 글자 중 '장'을 입력합니다. [Window]-[Character] 패널에서 서체, 크기를 알맞게 설정하고 [Text Color] 아이콘을 클릭한 후 C60M20Y7을 입력합니다.

> **Tip**
> • 서체 : 나눔고딕, ExtraBold(그림과 동일한 서체가 없을 시 비슷한 서체를 선택하여 사용)
> • 글자 크기 : 43pt

⓯ ⓮와 같은 방법으로 다시 Horizontal Type Tool(T)로 작업 창을 클릭한 후 '미', '꽃', '말' 글자를 입력하고 [Character] 패널에서 알맞은 서체와 크기를 설정합니다. 문자 색상은 아래의 색상 값을 참고하여 입력한 후 알맞게 배치합니다.

ⓐ 미(C77M44)
ⓑ 꽃(C35M5Y8)
ⓒ 말(C49M14Y14)

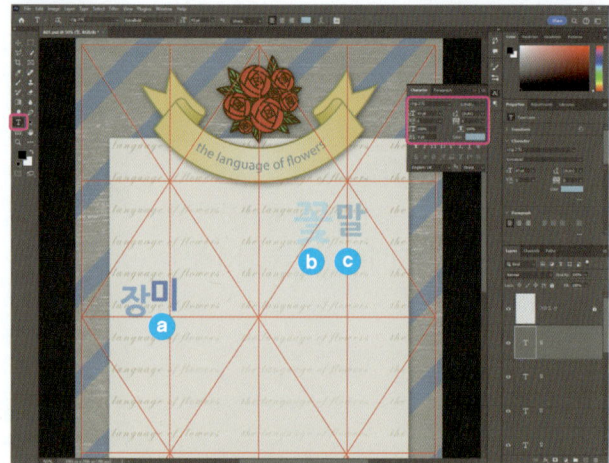

⓰ 일러스트 작업 창에서 Selection Tool(▶)로 붉은색 '빗금원' 이미지를 선택하고 Ctrl + C 를 누릅니다.
포토샵 작업 창으로 이동한 후 Ctrl + V 로 붙여넣습니다. [Paste] 옵션 상자에서 'Pixels'를 선택한 후 [OK]를 클릭하여 알맞게 배치하고 레이어의 이름을 '빗금원'으로 변경합니다.

⓱ 일러스트 작업 창에 있는 나머지 빗금원도 각각 선택한 후 포토샵 작업 창으로 이동하여 Move Tool( )로 그림과 같이 알맞게 배치합니다.

2) 장미 합성

❶ [File]−[Open]을 선택하고 '장미_02.jpg' 파일을 불러옵니다. [Layers] 패널의 자물쇠 아이콘을 눌러 잠금 해제합니다.
Magic Wand Tool( )을 선택하고 옵션 바에서 Tolerance : 32로 입력하고 이미지 배경을 클릭한 후 Delete 를 눌러 삭제하고 Ctrl + D 를 눌러 선택영역을 해제합니다.

❷ Ctrl + A 를 눌러 전체 선택한 후 Ctrl + C 를 누릅니다.
'A01.psd' 작업 창으로 이동한 후 Ctrl + V 로 붙여넣습니다. Ctrl + T 를 누르고 이미지의 크기를 조절하고 회전하여 알맞게 배치하고 레이어의 이름을 '장미_02'로 변경합니다.

❸ [Filter]-[Pixelate]에서 'Color Halftone'을 선택합니다. 옵션값을 알맞게 조정한 후 [OK]를 클릭합니다.

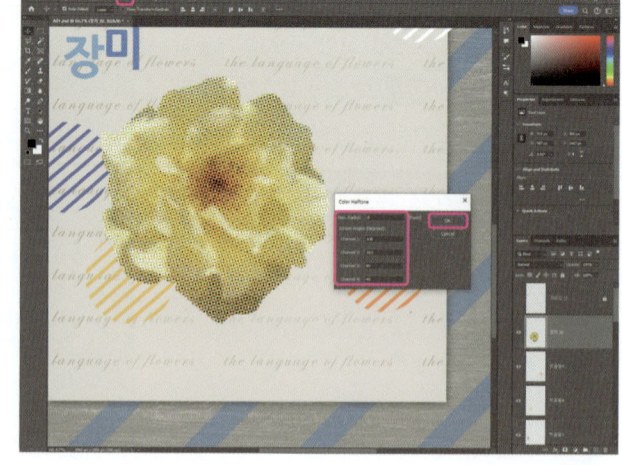

> **Tip** ✓
>
> **Color Halftone 설정**
> - Max. Radius : 망점 크기 조정
> - Channel : 색상의 망점 각도
>   - Channel 1(기본값 : 108도)
>   - Channel 2(기본값 : 162도)
>   - Channel 3(기본값 : 90도)
>   - Channel 4(기본값 : 45도)

❹ [Layers] 패널에서 '장미_02' 레이어를 더블 클릭하여 [Layer Style] 창을 실행합니다.
Styles : Drop Shadow를 선택하고 옵션값을 알맞게 조정한 후 [OK]를 클릭합니다.

> **Tip** ✓
>
> **Drop Shadow 설정값**
> Opacity : 60%, Angle : 130°, Distance : 5px, Spread : 0%, Size : 25px

❺ [File]-[Open]을 선택하고 '장미_03.jpg' 파일을 불러옵니다. [Layers] 패널의 자물쇠 아이콘을 눌러 잠금 해제합니다. Magic Wand Tool()을 선택하고 옵션 바에서 Tolerance : 32로 입력하고 이미지 배경을 클릭한 후 Delete 를 눌러 삭제하고 Ctrl + D 를 눌러 선택영역을 해제합니다.

> **Tip** ✓
>
> Shift 를 누른 채 클릭하면 선택영역을 확장할 수 있습니다.

❻ Ctrl + A 를 눌러 전체 선택한 후 Ctrl + C 를 누릅니다.
'A01.psd' 작업 창으로 이동한 후 Ctrl + V 로 붙여넣습니다. Ctrl + T 를 누르고 이미지의 크기를 조절하고 회전하여 알맞게 배치하고 레이어의 이름을 '장미_03'으로 변경합니다.

❼ [Filter]−[Filter Gallery]−[Artistic]에서 'Plastic Wrap'을 선택하고 Highlight Strength : 6, Detail : 4, Smoothness : 8로 설정한 후 [OK]를 클릭합니다.

Tip

Plastic Wrap 설정
- Highlight Strength : 빛의 강도
- Detail : 표면 질감의 디테일
- Smoothness : 표면의 부드러움

❽ [File]−[Open]을 선택하고 '장미_04.jpg' 파일을 불러옵니다. [Layers] 패널의 자물쇠 아이콘을 눌러 잠금 해제합니다.
Quick Selecton Tool( )로 드래그하여 배경을 선택한 후 Delete 를 눌러 삭제합니다.

Tip

Alt 를 누른 채 드래그하면 선택영역을 제거할 수 있습니다.

❾ Ctrl + A 를 눌러 전체 선택한 후 Ctrl + C 를 누릅니다. 'A01.psd' 작업 창으로 이동한 후 Ctrl + V 로 붙여넣습니다. Ctrl + T 를 눌러 이미지의 크기를 조절하고 회전하여 알맞게 배치하고 레이어의 이름을 '장미_04'로 변경합니다.
[Filter]-[Stylize]에서 'Oil Paint'를 선택하고 Stylization : 4.0, Cleanliness : 2.3, Scale : 0.8, Bristle Detail : 10.0, Angle : -60°, Shine : 1.3으로 설정한 후 [OK]를 클릭합니다.

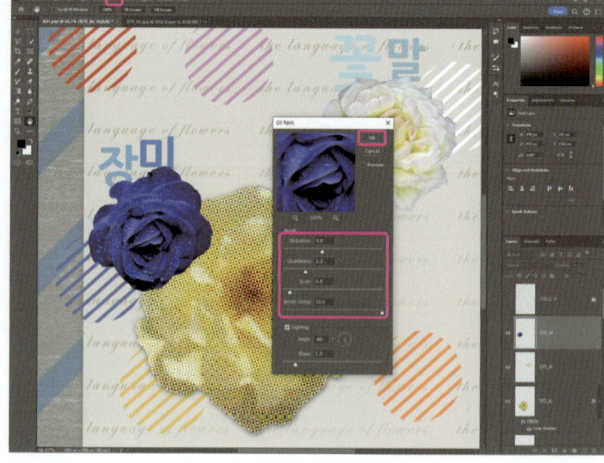

Tip

Oil Paint 설정
- Stylization : 붓터치의 부드러움
- Cleanliness : 표면의 매끄러움
- Scale : 붓터치 크기
- Bristle Detail : 붓의 세부 질감
- Lighting : 조명
- Angle : 방향
- Shine : 광택

❿ [File]-[Open]을 선택하고 '장미_05.jpg' 파일을 불러옵니다. [Layers] 패널의 자물쇠 아이콘을 눌러 잠금 해제합니다.
Quick Selecton Tool( )로 드래그하여 배경을 선택한 후 Delete 를 눌러 삭제합니다.

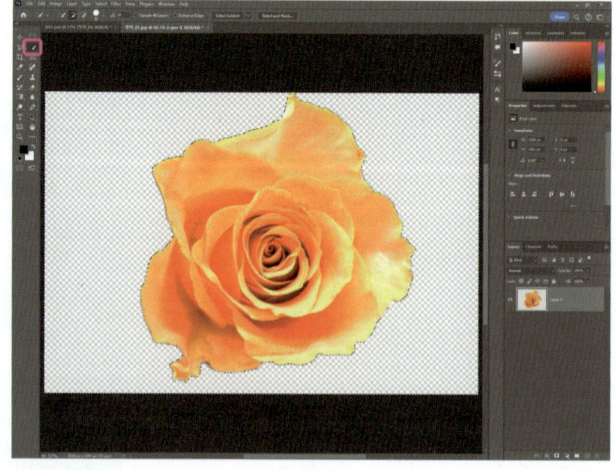

⓫ Ctrl + A 를 눌러 전체 선택한 후 Ctrl + C 를 누릅니다. 'A01.psd' 작업 창으로 이동한 후 Ctrl + V 로 붙여넣습니다. Ctrl + T 를 눌러 이미지의 크기를 조절하고 회전하여 알맞게 배치하고 레이어의 이름을 '장미_05'로 변경합니다.
[Filter]-[Filter Gallery]-[Brush Strokes]에서 'Ink Outlines'를 선택하고 Outline Length : 10, Dark Intensity : 40, Light Intensity : 10으로 설정한 후 [OK]를 클릭합니다.

Ink Outlines 설정
- Outline Length : 선의 길이
- Dark Intensity : 어두운 정도 조절
- Light Intensity : 밝은 정도 조절

⓬ [File]-[Open]을 선택하고 '장미_06.jpg' 파일을 불러옵니다. [Layers] 패널의 자물쇠 아이콘을 눌러 잠금 해제합니다.
Magic Wand Tool( )을 선택하고 옵션 바에서 Tolerance : 15로 입력하고 이미지 배경을 클릭한 후 Delete 를 눌러 삭제하고 Ctrl + D 를 눌러 선택영역을 해제합니다.

⓭ 지워지지 않은 부분은 Polygonal Lasso Tool(☒)로 선택하고 Delete 를 눌러 배경을 삭제합니다.

⓮ Ctrl + A 를 눌러 전체 선택한 후 Ctrl + C 를 누릅니다. 'A01.psd' 작업 창으로 이동한 후 Ctrl + V 로 붙여넣습니다. Ctrl + T 를 눌러 이미지의 크기를 조절하고 회전하여 알맞게 배치하고 레이어의 이름을 '장미_06'으로 변경합니다.
[Filter]-[Filter Gallery]-[Brush Strokes]에서 'Ink Outlines'을 선택하고 옵션값을 알맞게 조정한 후 [OK]를 클릭합니다.

> **Tip**
>
> **Ink Outlines 설정값**
> Outline Length : 1, Dark Intensity : 1, Light Intensity : 50

⓯ [File]-[Open]을 선택하고 '장미_07.jpg' 파일을 불러옵니다. Quick Selecton Tool(☒)로 드래그하여 장미꽃을 선택한 후 Ctrl + J 를 눌러 선택영역을 복사하고 'Background' 레이어를 선택합니다.

⓰ Pen Tool()을 선택하고 옵션 바에서 [Path]를 클릭합니다. 장미의 잎을 패스로 그린 후 Ctrl + Enter 를 눌러 선택영역으로 변경하고 Ctrl + J 를 눌러 선택영역을 복사합니다.
'Background' 레이어는 'Toggle layer visibility' 아이콘을 클릭하여 눈 모양을 끕니다.

⓱ [Layers] 패널에서 장미꽃과 잎은 Shift 를 누른 채 다중 선택하고 Ctrl + E 를 눌러 하나의 레이어로 만듭니다.
Ctrl + A 를 눌러 전체 선택한 후 Ctrl + C 를 누릅니다. 'A01.psd' 작업 창으로 이동한 후 Ctrl + V 로 붙여넣습니다. Ctrl + T 를 눌러 이미지의 크기를 조절하고 회전하여 알맞게 배치하고 레이어의 이름을 '장미_07'로 변경합니다.

⓲ [Filter]-[Filter Gallery]-[Artistic]에서 'Dry Brush'를 선택하고 Brush Size : 2, Brush Detail : 8, Texture : 1로 설정한 후 [OK]를 클릭합니다.

Tip ✅

Dry Brush 설정
• Brush Size : 붓 크기
• Brush Detail : 붓의 디테일
• Texture . 질감

CHAPTER 4 장미꽃말 509

⑲ '장미_03~장미_07' 레이어는 [Layers] 패널에서 '장미_02' 레이어에 있는 'Drop Shadow' 글자를 Alt 를 누른 채 드래그함으로써 각 레이어에 복사하여 그림자 효과를 적용합니다.

3) 로고

❶ 일러스트 작업 창에서 Selection Tool( )로 '로고' 이미지를 선택하고 Ctrl + C 를 누릅니다.
포토샵 작업 창으로 이동한 후 Ctrl + V 로 붙여넣습니다. [Paste] 옵션 상자에서 'Pixels'를 선택한 후 [OK]를 클릭하여 알맞게 배치하고 레이어의 이름을 '로고'로 변경합니다.

❷ [Layers] 패널에서 '로고' 레이어를 더블 클릭하여 [Layer Style] 창을 실행합니다. Styles : Stroke를 클릭하고 Size : 4px, Position : Outside, Color : C0M0Y0K0 색상으로 설정합니다.

03 파일 검토 및 저장하기

❶ 전체적으로 가이드 선을 이용하여 크기와 배치를 최종 검토합니다.
[Layers] 패널의 '가이드 선'은 'Toggle layer visibility' 아이콘을 클릭하여 눈 모양을 끕니다.

❷ [File]-[Save a Copy]를 선택하여 파일명 : 비번호 'A01', Format : 'JPEG'를 선택한 뒤 [저장(S)]을 누릅니다. [JPEG Options] 상자에서 Quality : 12, Format Options : Baseline("Standard")으로 설정하고 [OK]를 클릭합니다.

 Tip

JPEG 저장 경로(버전 22.4부터 변경)
• 2021 버전 이하 : [File]-[Save As]
• 2021 버전 이상 : [File]-[Save a Copy]

5 인디자인 작업

1) 도큐멘트 설정하기

[파일]-[새로 만들기]-[문서] 또는 Ctrl +N 를 실행하여 새로운 도큐멘트 대화상자를 활성화합니다. 대화상자 상단 탭에서 [인쇄]-[새 A4 문서 - 210×297mm 시작]을 선택하고 페이지 : 1, 페이지 마주보기 : 체크 해제한 후 [여백 및 단]을 누릅니다.

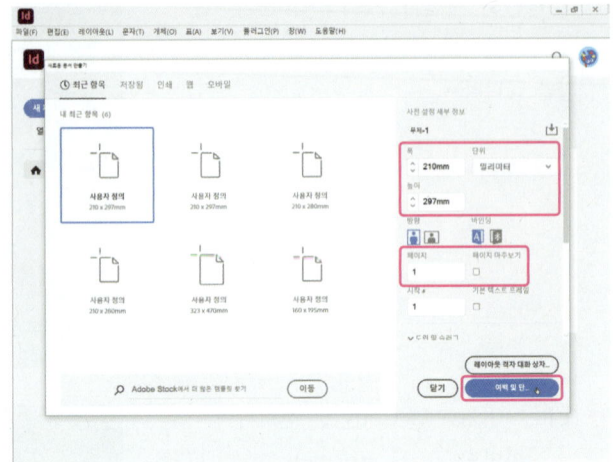

2) 여백 및 단 설정하기

대화상자의 링크 아이콘은 클릭하여 끊어진 링크로 설정합니다. 여백의 위쪽과 아래쪽 : 25.5mm, 왼쪽과 오른쪽 : 22mm로 설정하고, 열의 개수 : 1로 입력 후 [확인]을 누릅니다.

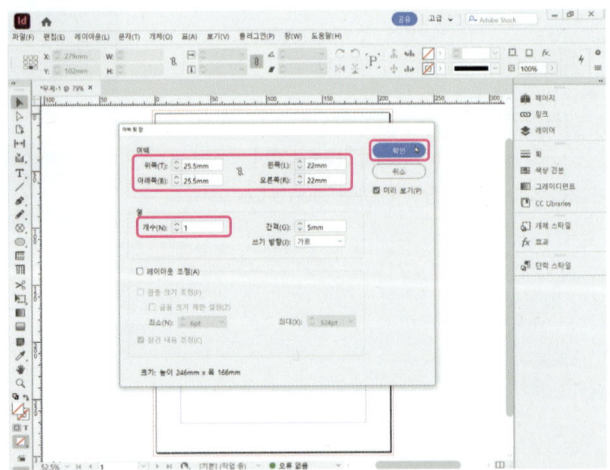

3) 안내선 만들기

❶ Ctrl + + 를 눌러 작업 창의 왼쪽 상단을 확대하고, 눈금자의 기준점을 왼쪽 상단의 여백에 드래그하여 눈금자의 숫자를 '0'으로 설정합니다.

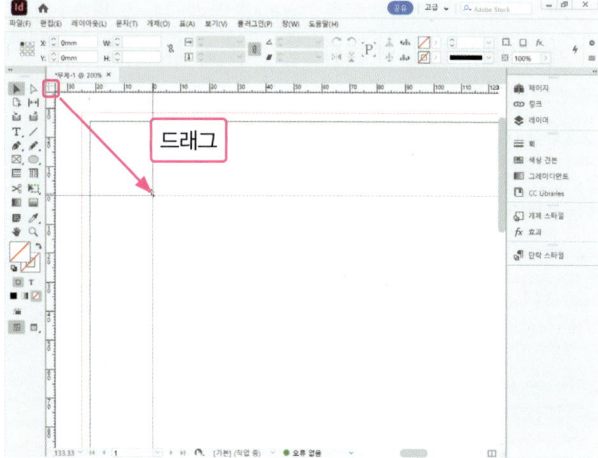

❷ 눈금자를 드래그하여 안내선의 위쪽, 아래쪽, 왼쪽, 오른쪽을 3mm만큼 안쪽으로 이동시켜 가이드 선을 배치합니다.

Tip

눈금자의 기준점을 각 모서리에 드래그하여 각각의 모서리를 모두 '0'으로 설정할 수 있고 안내선을 선택 후 옵션 바에서 X 또는 Y : 3mm 또는 -3mm를 입력하면 쉽게 가이드 선을 제작할 수 있습니다.

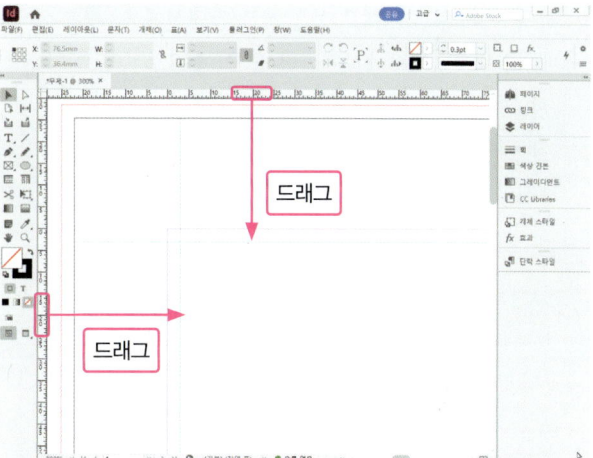

4) 재단선 만들기

① 선 도구(/)를 이용하여 Shift 를 누른 채 세로 방향으로 드래그합니다. 옵션 바에서 L : 5~10mm, 두께 : 0.3pt로 입력하여 세로 선을 만듭니다.

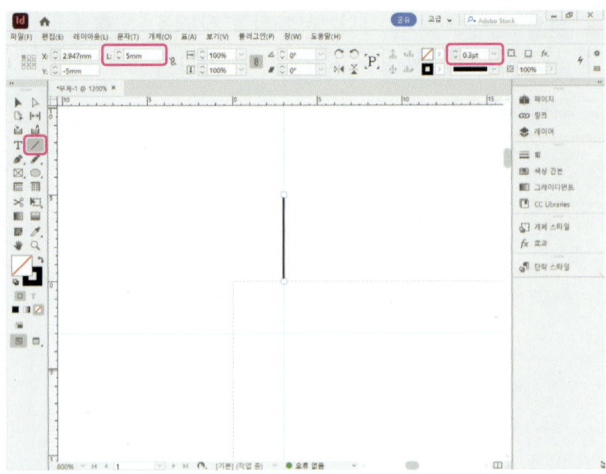

② 선택 도구(▶)로 세로 선을 세로 안내선에 배치합니다. 세로 선은 선택 도구(▶)로 Alt 를 누른 채 드래그하여 복사하고 Shift 를 누른 채 회전시켜 가로 안내선에 배치합니다.

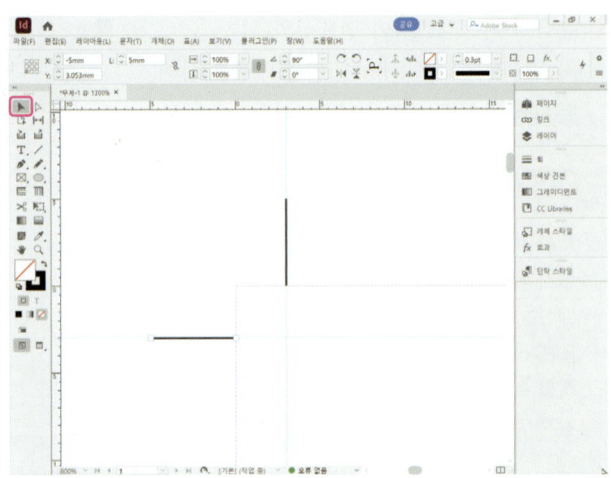

③ 각 모서리를 ②와 같은 방법으로 복사한 후 가로 안내선과 세로 안내선에 알맞게 배치하여 재단선을 만듭니다.

5) 비번호 만들기

❶ 왼쪽 아래에 문자 도구(T)로 입력할 영역을 드래그하여 문자 프레임을 생성한 후 비번호 'A01'을 입력합니다.

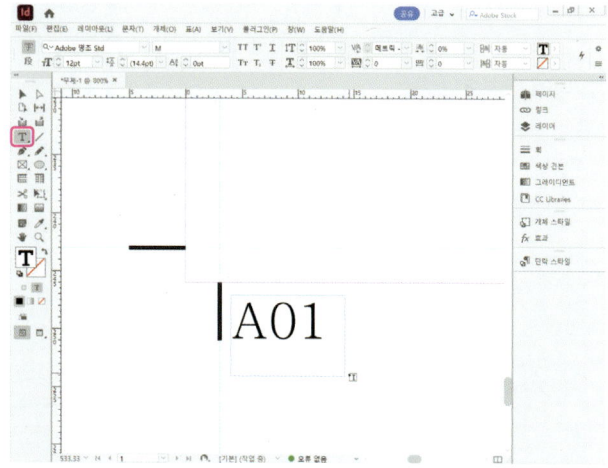

❷ [창]−[문자 및 표]−[문자] 패널에 서체 : 돋움 또는 Arial(고딕), 문자 크기 : 10pt 로 입력합니다.

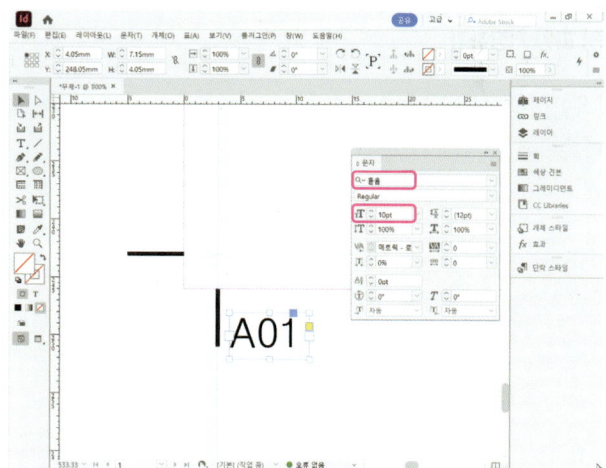

❸ 선택 도구(▶)로 문자와 왼쪽 하단의 세로 재단선과 같은 위치에 배치하기 위해 [창]−[개체 및 레이아웃]−[정렬] 패널에서 왼쪽 정렬 아이콘을 누릅니다.

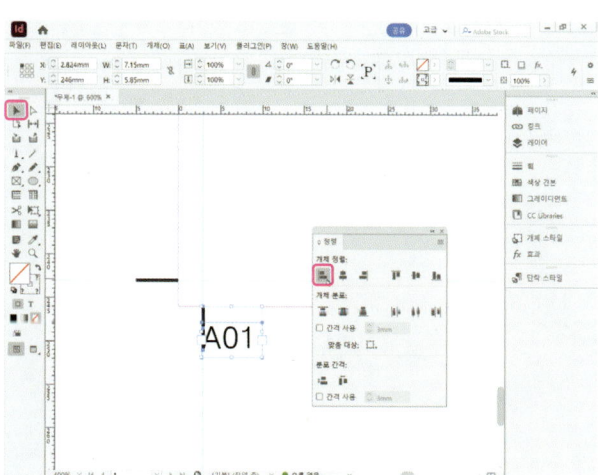

❹ [정렬] 패널의 분포 간격에서 간격 사용을 체크하고 3mm을 입력합니다. '수평 공간 분포' 아이콘을 눌러 재단선에서 3mm를 띄어 배치합니다.

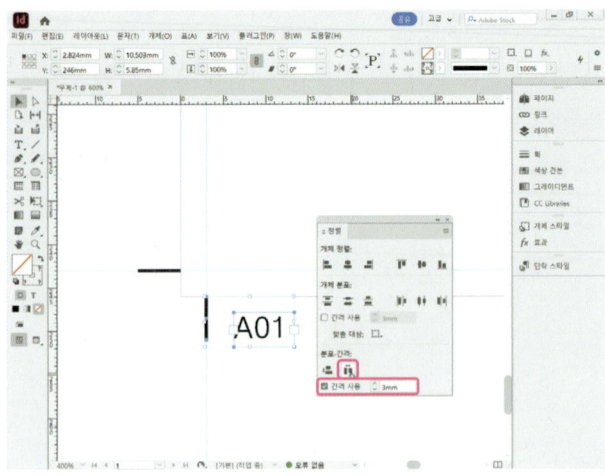

6) 파일 저장하기

[파일]-[다른 이름으로 저장]을 선택한 후 바탕화면에 있는 'A01' 폴더를 클릭하고 파일 이름 : A01.indd(비번호)로 저장합니다.

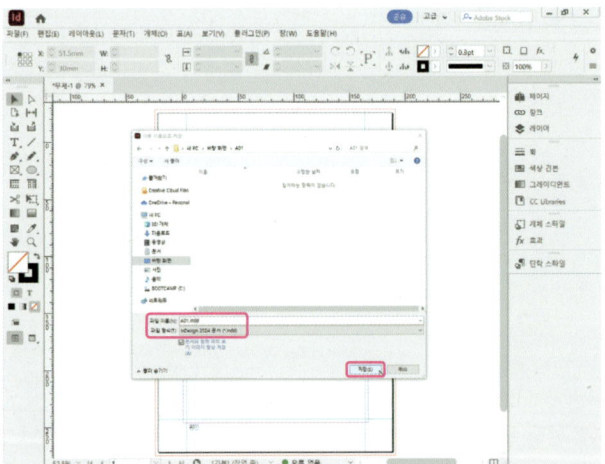

7) 이미지 배치하기

❶ [파일]-[가져오기] 또는 Ctrl + D 를 눌러 'A01.jpg' 파일을 선택한 후 [열기(O)]를 누릅니다.

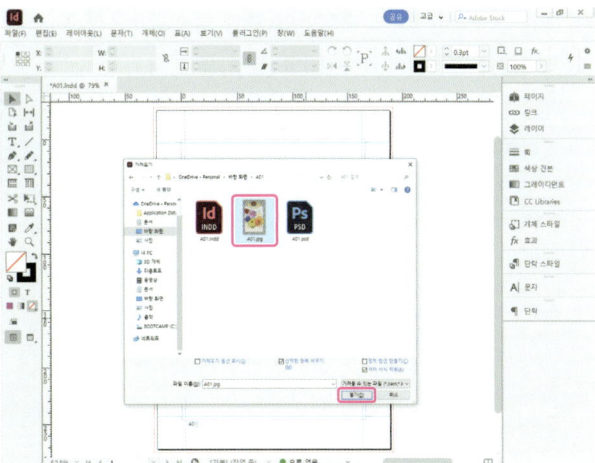

❷ 왼쪽 상단의 여백 모서리를 클릭하여 이미지를 불러옵니다.

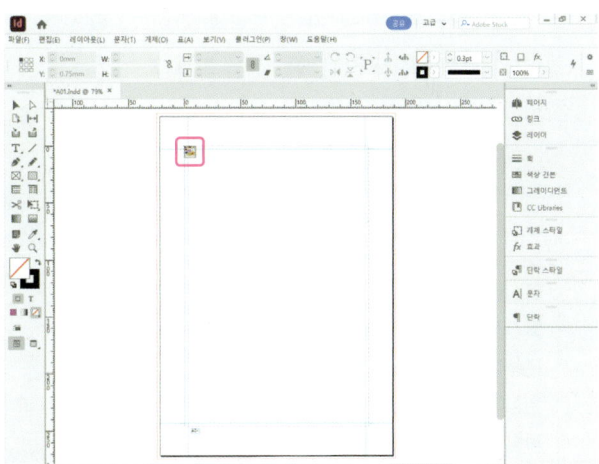

❸ 이미지를 선택 후 옵션의 이미지 중심이 왼쪽 상단이 될 수 있도록 점을 선택하고 X : 0mm, Y : 0mm, W : 166mm, H : 246mm로 입력하여 정확하게 배치합니다.

이미지는 [보기]-[화면 표시 성능]-[고품질 표시]를 선택하면 선명하게 볼 수 있습니다.

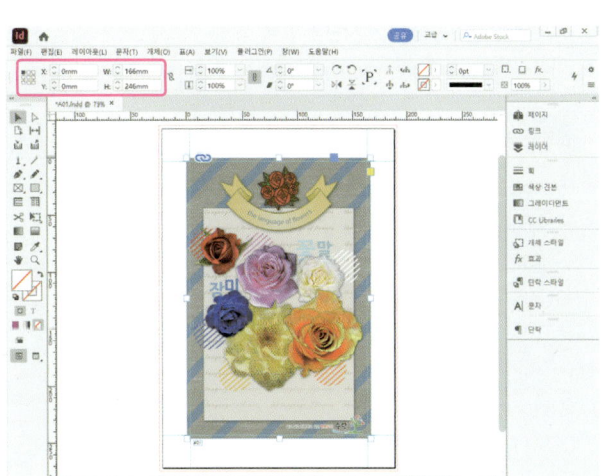

8) 텍스트

❶ 문자 도구(T)로 드래그하여 표가 들어갈 프레임을 만듭니다. [표]-[표 삽입]을 선택하고 옵션 상자의 본문 행 : 4, 열 : 3으로 입력합니다.

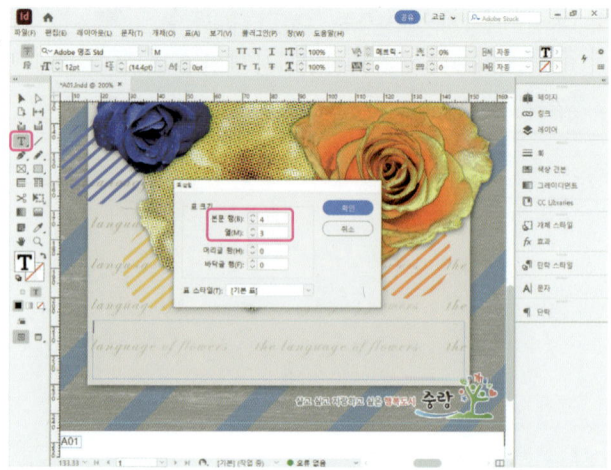

❷ 각 표의 셀에 원고의 문자를 그림과 같이 입력합니다. 문자 도구(T)로 셀을 드래그하여 글자를 선택하고 [문자] 패널에서 서체, 크기 등을 그림과 같이 설정합니다. [문자 및 표]-[단락] 패널에서 가운데 정렬 아이콘을 클릭합니다.

> **텍스트 추가**
> 빨간장미 | 절정, 기쁨, 열렬한 사랑
> 분홍장미 | 사랑의 맹세, 행복한 사랑, 감명
> 흰장미 | 존경, 순결, 결백, 비밀
> 파랑장미 | 기적, 천상의 사랑
> 노랑장미 | 질투, 시기, 이별
> 주황장미 | 수줍음, 첫사랑의 고백

Tip ✓
- 서체 : HY견고딕, Regular(그림과 동일한 서체가 없을 시 비슷한 서체를 선택하여 사용)
- 글자 크기 : 9pt

❸ [색상 견본] 패널 오른쪽 상단 옵션 아이콘을 눌러 '새 색상 견본'을 클릭합니다. 'C60M30'을 입력한 후 [추가]를 클릭하여 추가하고 다시 'C30M15', 'C100M90Y10'을 각각 입력하고 [완료]를 눌러 색상을 추가합니다.

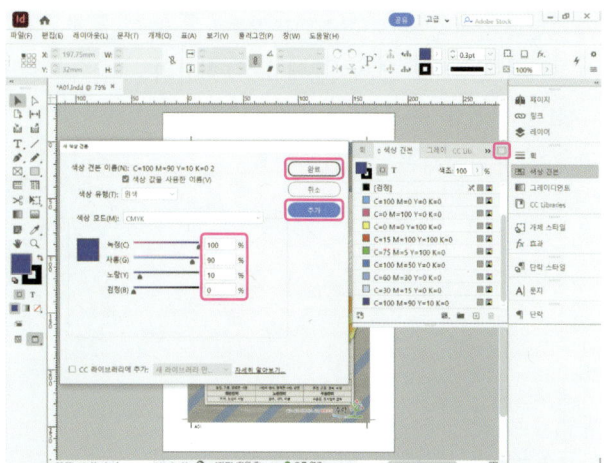

❹ 제목 부분을 문자 도구(T)로 드래그하여 [색상 견본] 패널에서 문자 색상은 'C60M30', 면색은 'C30M15'을 선택합니다. 본문의 문자 색상은 'C100M90Y10', 면색은 없음을 선택합니다.

❺ 문자 도구(T)로 셀을 드래그하여 선택하고 옵션 바의 선 아이콘에서 선을 모두 클릭하여 선택합니다. 얇은 선 : 0.5pt, 선의 색상은 'C60M30'을 선택합니다.

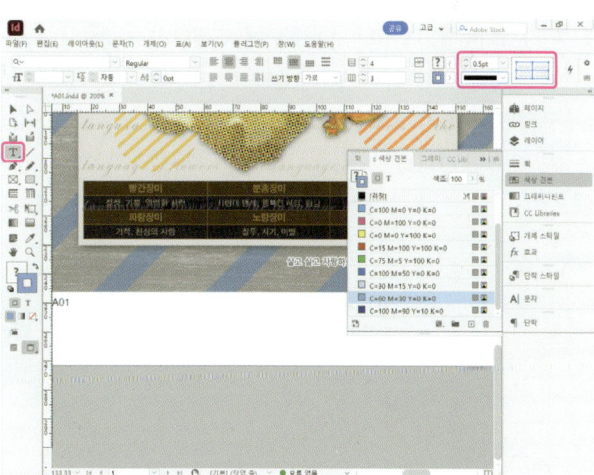

❻ 그림과 같이 문자 도구(T)로 2줄을 드래
그하여 선택하고 선 아이콘에서 상, 하단의
선만 선택한 후 굵은 선 : 1pt, 선색은
'C100M90Y10'으로 선택합니다.

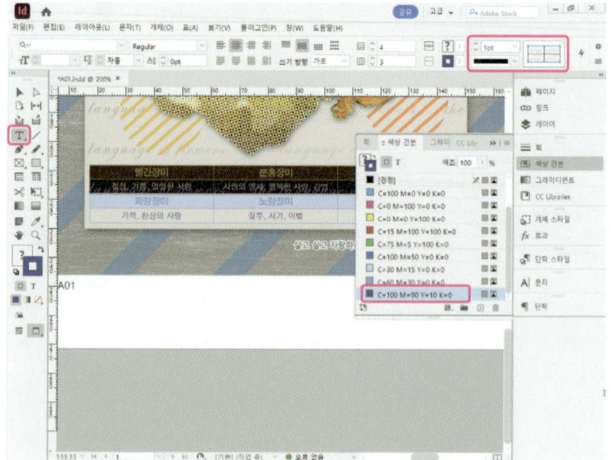

❼ 다시 하단의 행만 선택하고 선 아이콘에서
하단의 선만 선택한 후 굵은 선 : 1pt, 선색
은 'C100M90Y10'을 선택합니다.

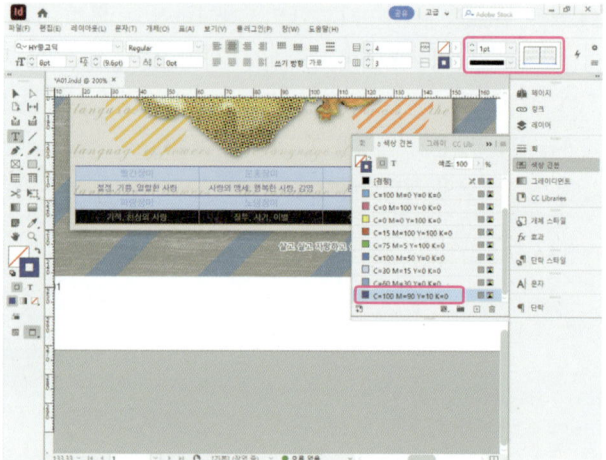

❽ 문자 도구(T)로 표는 다시 전체 드래그하
여 선택하고 선 아이콘에서 왼쪽과 오른쪽
선을 클릭하여 선택합니다. 선의 두께는
0pt로 설정합니다.

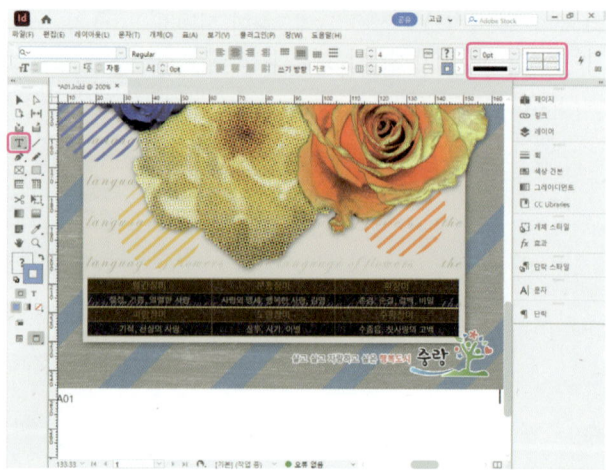

9) 파일 제출하기

[파일]-[저장]을 선택합니다. 바탕화면 작업 'A01' 폴더를 열어 'A01.indd'와 'A01.jpg' 파일만 넣어 제출합니다.

출력 지정 자리로 이동하여 'A01.indd' 파일을 열어 출력하고, 출력된 이미지는 시험장에서 제공하는 A3용지 가운데에 부착시켜 제출합니다.

CHAPTER 5
국가 정원 포스터 디자인

1 유의사항 및 디자인 원고 확인하기

국가기술자격 실기시험 문제

자격종목	컴퓨터그래픽기능사	과제명	국가 정원 포스터 디자인

※ 시험시간 : 3시간 30분

1. 요구사항

※ 다음의 요구사항에 맞도록 주어진 자료(컴퓨터에 수록)를 활용하여 디자인원고를 시험시간 내에 컴퓨터 작업으로 완성하여 A4용지로 출력 후 A3용지에 마운팅(부착)하여 제출하시오.
※ 모든 작업은 수험자가 컴퓨터 바탕화면에 폴더를 만들어 저장하시오.

가. 작품규격(재단되었을 때의 규격) : 디자인원고 참조 A4용지 중앙에 작품이 배치되도록 하시오
- 원고 규격 : 160×240mm

나. 구성요소(문자, 그림) : 디자인원고 참조
● **문자요소**
- 대한민국 제2호 국가정원
- 울산 태화강
- The Ulsan Taehwa Rivaer
- 2nd NATIONAL GARDEN OF KOREA

● **그림요소**

정원_01.jpg   정원_02.jpg   정원_03.jpg   정원_04.jpg   정원_05.jpg

다. 작업내용
1) 주어진 디자인원고(그림, 사진, 문자, 색채, 레이아웃, 규격 등)와 동일하게 작업하시오.
2) 디자인원고 내용 중 불명확한 형상, 색상코드 불일치, 색 지정이 없는 부분, 원고에 없는 형상 등이 있을 때는 수험자가 「5 - 5」페이지 (나. 완성도면) 내용과 같이 작업하시오.
3) 디자인원고의 서체(요구서체)가 사용 컴퓨터 및 소프트웨어와 맞지 않을 경우는 가장 근접한 서체를 사용하시오.
4) 상하, 좌우에 3mm 재단여유를 갖도록 작품을 배치하고, 재단선은 작품규격에 맞추어 용도에 맞게 표시하시오.(단, 디자인원고 중 작품 의 규격을 표시한 외곽선이 있을 때는 「5 - 5」원고의 지시에 따라 표시여부를 결정한다.)
5) 디자인원고 좌측 하단으로부터 3mm를 띄어 비번호를 고딕 10pt로 반드시 기록하시오.
6) 출력물(A4)은 어떠한 경우에도 절취할 수 없으며, 반드시 A3용지 중앙에 마운팅 하시오.

라. 컴퓨터 작업범위
1) 10MB 용량의 폴더에 수록될 수 있도록 작업범위(해상도 및 포맷형식)를 계획하시오.
2) 규격 : A4(210×297mm) 중앙에 디자인원고 내용과 같은 작품(원고규격)을 배치하시오.
3) 해상도 및 포맷형식 : 세한용량 범위 내에서 선택하시오.
4) 기타
   ① 제공된 자료범위 내에서 활용하시오.
   ② 3개의 2D 응용프로그램을 고루 활용하되, 최종작업 및 출력은 편집 프로그램(퀵 익스프레스, 인디자인)에서 하시오(최종작업 파일 이 다른 프로그램에서 생성되어진 경우는 출력할 수 없음).

2. 수험자 유의사항

1) 수험자 인적사항 및 답안작성은 흑색 필기구만 사용해야 합니다.
2) 시설목록상의 소프트웨어 및 참고자료가 하드웨어에 설치되었는지 확인한 후 작업하시오.
   (단, 시설목록 이외의 동등한 소프트웨어, 폰트 등 [반드시 정품에 한함]을 설치하고자 할 때에는 시험 시작 전 감독위원의 입회하에 설치할 수 있으며, 무료폰트, 프리웨어 소프트웨어는 설치할 수 없습니다)
   ※ 수험자가 지참한 펜마우스, 그래픽 타블렛, 디지타이저, 스캐너 등 입력장치는 사용할 수 없습니다.
3) 지참공구 『수험표, 신분증, 연필(1개), 사인펜(1개), 눈금자(30cm), 가위, 양면테이프』 이외의 참고자료 및 저장매체 등 어떠한 물품(핸드폰 전원 Off)이라도 시험 중 지참할 수 없습니다.
※ 작업 중 계산이 필요한 경우는 컴퓨터 내 계산기를 사용할 수 있습니다.
4) 수험자의 컴퓨터 활용 미숙 등으로 인한 시험 진행이 어렵다고 판단되었을 때는 감독위원은 시험을 중지시키고 실격처리를 할 수 있습니다.
5) 바탕화면에 폴더를 생성하여 주기적으로 작업한 파일을 저장하시오.
6) 작업이 끝나면 생성한 비번호 폴더에 10MB 용량 이내로 출력과 관련된 파일만(최종 작업 파일)을 저장하고 감독위원의 지시에 따라 전송하시오(단, 시험시간은 저장한 파일이 포함된 폴더를 전송한 시점까지이며, 전송 후에는 일체의 재작업을 할 수 없음).
7) 프린트는 감독위원의 별도 지시에 따라 순서에 의해 수험자 본인이 출력하며, 1회 출력을 원칙으로 합니다(단, 기계 이상 또는 출력 오류 등의 사유로 인쇄가 잘못되었을 시 감독위원의 확인 후 다시 출력할 수 있으며 잘못된 인쇄본은 감독위원에게 제출하시오).
8) A3용지 좌측 상단 표제란에 인적사항을 기재하고, 작품(출력물, A4)은 표제란을 제외한 A3용지의 중앙에 마운팅(부착)하며, 작품 부착 경계선상에 감독위원의 확인 날인을 받으시오(단, 마운팅 소요시간 5분 이내).
9) 지급된 A3용지 및 컴퓨터 작업 내에는 불필요한 내용의 표시를 하지 마시오.
10) 모든 작품을 감독위원 또는 채점위원이 검토하여 카피된 작품(동일작품)이 있을 때에는 관련된 수험자 모두를 부정행위로 처리합니다.
11) 컴퓨터 H/W에 작업된 모든 내용과 시험자료는 A3용지에 마운팅 한 후 삭제하고, 출력물을 부착한 A3용지를 제출하시오.
12) 장시간 컴퓨터 작업으로 신체에 무리가 가지 않도록 적절한 몸풀기(스트레칭) 후 작업하시오.
13) 다음 사항에 대해서는 실격에 해당되어 채점 대상에서 제외됩니다.
   가) 수험자 본인이 수험 도중 시험에 대한 포기(기권) 의사를 표시하고 포기하는 경우
   나) 지정 작업범위(용량)를 초과한 경우
   다) 요구사항과 현격히 다른 경우(채점위원이 판단)
   라) 제한시간을 초과하여 미완성인 경우
   마) 과제기준 20% 이상 완성이 되지 않은 경우(채점위원이 판단)
   바) 최종작업을 편집프로그램으로 하지 않았거나, 수험자 미숙으로 출력을 못 하였을 경우
14) 주요 채점 항목은 다음과 같습니다.
   가) 응용프로그램의 활용능력 및 최종 편집 프로그램 사용
   나) 색채, 그림요소의 표현
   다) 그림 및 문자요소의 레이아웃
   라) 타이포그래피(서체특성 및 크기, 자간 및 행간의 정확도, 오타 등)
   마) 원고규격, 재단선의 적합성, 디자인원고의 배치

3. 지급재료 목록

일련번호	재료명	규격	단위	수량	비고
1	복사 용지	A3	장	1	1인당
2	프린터 용지	A4(360dpi 이상 또는 일반용지)	장	2	1인당(프린터기에 내장)

컴퓨터그래픽기능사 디자인 원고

작품명 : 국가 정원 포스터 디자인

※ 작품규격(재단되어 있을 때의 규격) : 160×240mm, 작품 외곽선은 생략하고, 재단선은 3mm 재단 여유를 두고 용도에 맞게 표시하시오.

※ 불명확한 형상, 색상코드 불일치, 색 지정이 없는 부분, 원고에 없는 형상 등이 있을 때는 '나. 완성도면'과 같이 작업하시오.

가. 지시사항

나. 완성도면

2 디자인 원고에 그리드 그리기

❶ 출력된 디자인 문제지의 '완성도면'에 직접 자와 빨간 펜 등 눈에 띄는 색상의 펜을 활용하여 <mark>16등분 선</mark>으로 그림과 같이 그리드 선을 그립니다.

Tip

문제지 출력형태와 작업 도큐멘트에 같은 그리드를 그리면 오브젝트의 크기, 위치, 배치 간격을 파악하는 데 도움이 됩니다.

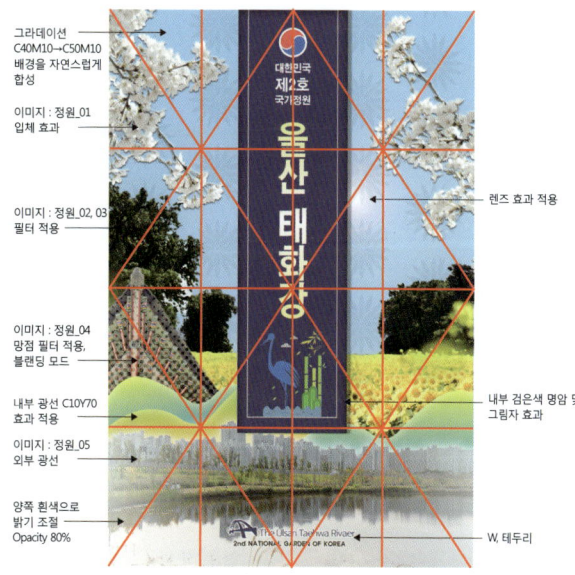

나. 완성도면

3 일러스트레이터 작업

01 작업 준비하기(도큐멘트 설정, 가이드 선 레이어 만들기)

1) 도큐멘트 설정하기

❶ 일러스트레이터에서 [File]−[New] 또는 `Ctrl` + `N`을 눌러 Width : 166mm, Height : 246mm, Color Mode : CMYK Color, Raster Effects : High(300ppi)로 설정한 후 [Create]를 클릭합니다.

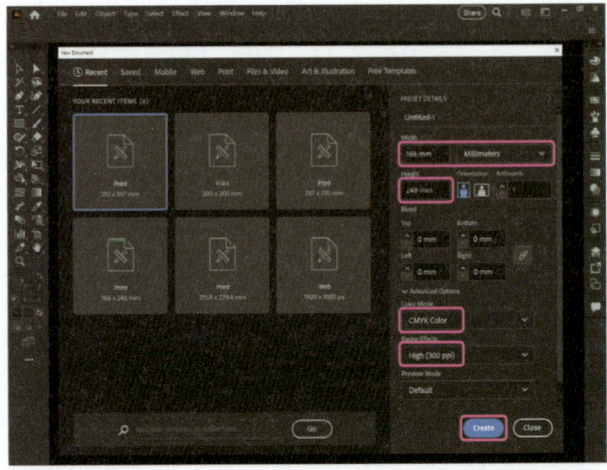

❷ 바탕화면에 새 폴더를 생성한 후 폴더 이름은 비번호 'A01'로 변경합니다. 일러스트레이터 프로그램에서 [File]−[Save]를 선택하고 파일 이름은 비번호 'A01'을 입력하고 파일형식 : Adobe Illustrator(*.Ai)를 선택한 후 [저장(S)]을 누릅니다. [Illustrator Options] 창이 활성화되면 [OK]를 눌러 저장합니다.

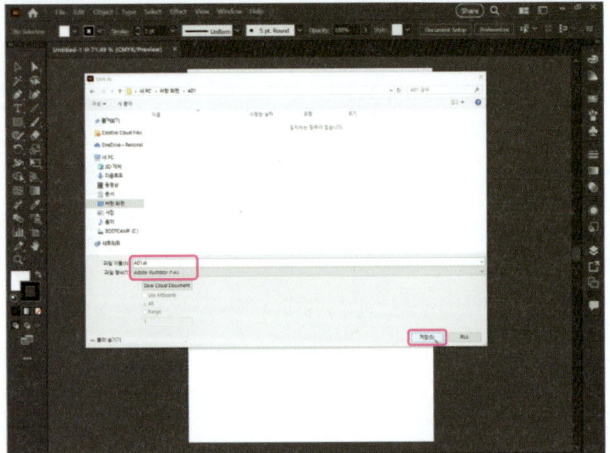

`Ctrl` + `S`를 눌러 작업한 내용을 수시로 저장하는 습관을 들이면 프로그램 오류에 빠르게 대처할 수 있습니다.

❸ 작업 창에 가로와 세로를 16등분 하는 격자 선을 그리드로 그리기 위해 Line Segment Tool( ) 아이콘 아래의 작은 삼각형을 길게 눌러 Rectangular Grid Tool( ) 을 선택하고 작업 창을 클릭합니다.

> **Tip**
>
> 문제지 출력형태와 작업 도큐멘트에 같은 그리드를 그리면 오브젝트의 크기, 위치, 배치 간격을 파악하는 데 도움이 됩니다. 그리드 작업이 필수 항목은 아니지만 디자인 작업이 숙련될 때까지 그리드 활용하는 것을 권장합니다.

❹ [Rectangular Grid] 옵션 상자를 활성화합니다. Default Size Width : 160mm, Height : 240mm, Horizontal Dividers Number : 3, Vertical Dividers Number : 3을 입력하고 [OK]를 클릭합니다.

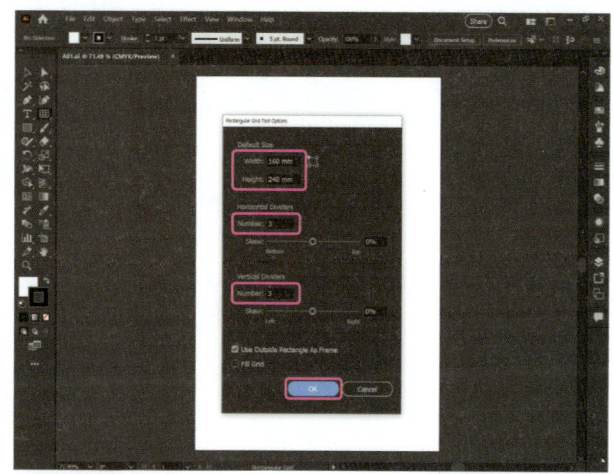

❺ 격자 선이 도큐멘트의 가운데에 정렬될 수 있도록 Selection Tool( )로 격자 선을 클릭하여 선택합니다.
[Window]-[Align] 패널을 활성화하고 Align To : Align to Artboard, Align Objects : Horizontal Align Center, Vertical Align Center를 눌러 작업 창 가운데 격자 선을 배치합니다.

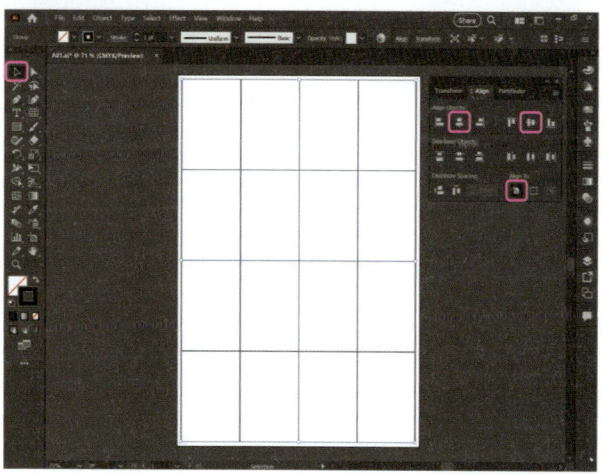

❻ 격자 선은 상단 메뉴의 [Object]-[Lock]
-[Selection] 또는 Ctrl + 2 를 눌러 격
자 선이 움직이지 않도록 고정합니다.

> **Tip**
>
> Pen Tool( )로 기존 고정점을 클릭하면 삭
> 제되기 때문에 고정점이 선택되지 않도록 잠그
> 고 추가 선을 그립니다.

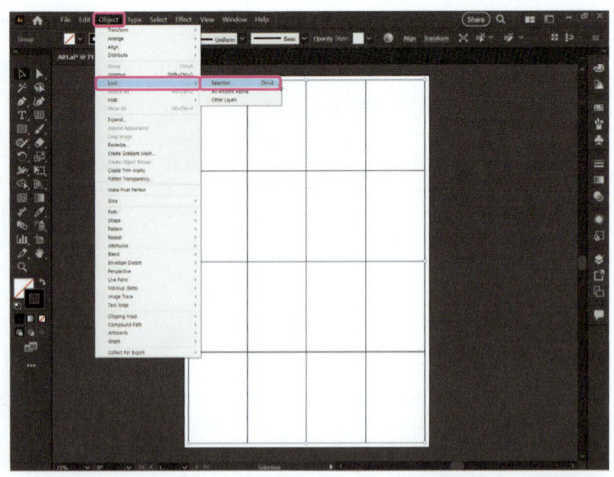

❼ Pen Tool( )로 격자 선의 상, 하, 좌,
우 가운데 점을 연결하여 마름모(◇) 형태
로 선을 그립니다.

> **Tip**
>
> [Menu]-[View]-[Smart Guide] 또는 Ctrl
> + U 를 활성화하면 오브젝트를 그릴 때 교차
> 점이나 고정점을 정확하게 맞추는 데 도움이
> 됩니다.

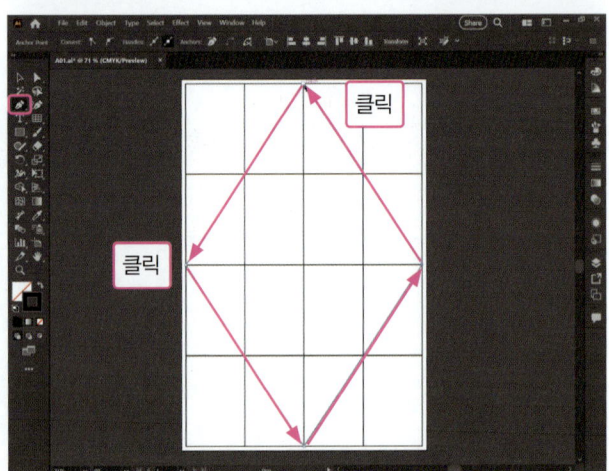

❽ Pen Tool( )로 X 형태로 추가 선을 그
립니다.

> **Tip**
>
> Pen Tool( )로 X선을 그릴 때, 왼쪽 상단에
> 서 오른쪽 하단으로 대각선을 그린 후 Ctrl 을
> 누른 채 작업 창의 공간을 클릭하여 선 끝내기
> 를 하고 반대 방향으로 대각선을 그립니다.

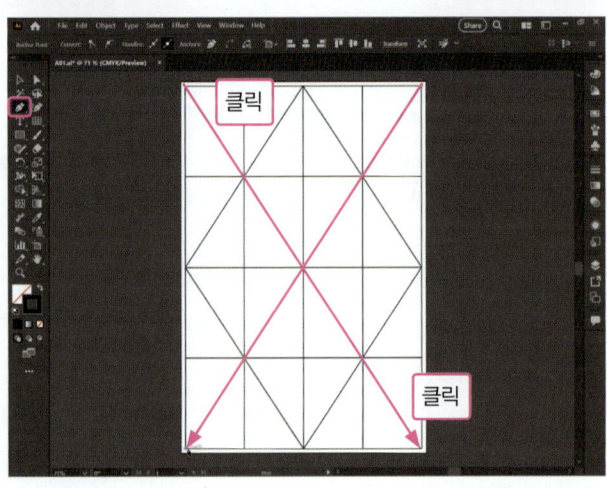

❾ [Object]−[Unlock All] 또는 Alt + Ctrl + 2 를 선택하여 잠근 격자 선을 풀고, [Select]−[All] 또는 Ctrl + A 를 눌러 격자 선을 모두 선택합니다.

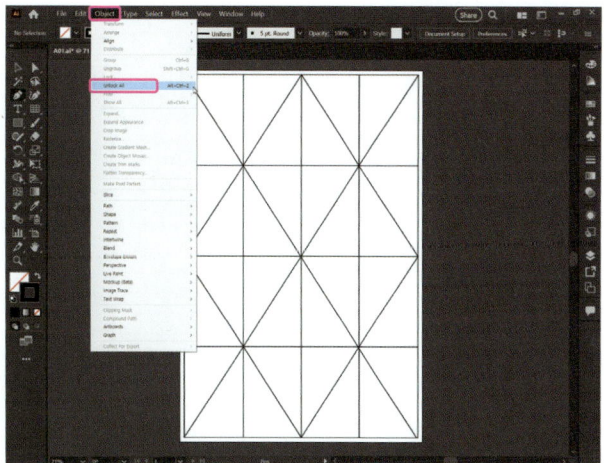

❿ [Stroke Color] 아이콘을 더블 클릭하여 [Color Picker] 대화창에 빨간색 색상값 M100Y100을 입력합니다.

문제지에 표기되지 않은 색상은 0%로 입력합니다.

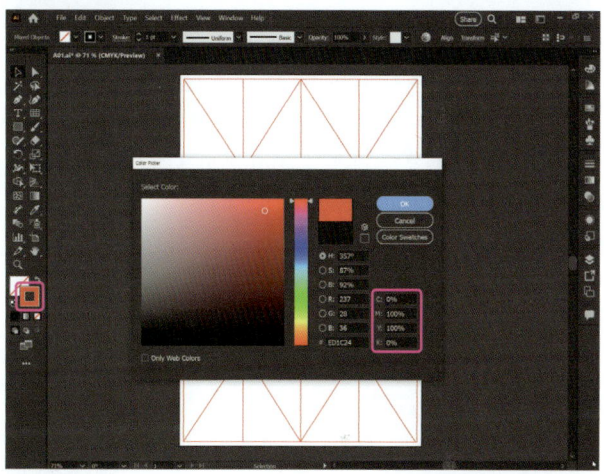

⓫ [Object]−[Group] 또는 Ctrl + G 를 눌러 그룹으로 지정합니다.

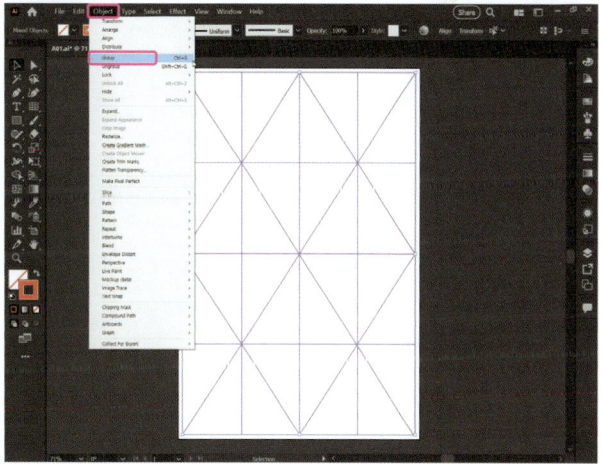

2) 가이드 선 레이어 만들기

❶ [Window]−[Layers] 패널을 활성화합니다. 'Layer 1' 이름을 더블 클릭하여 '가이드 선'으로 변경합니다. '가이드 선' 레이어는 [Toggles Lock]을 눌러 변경되지 않도록 고정합니다.

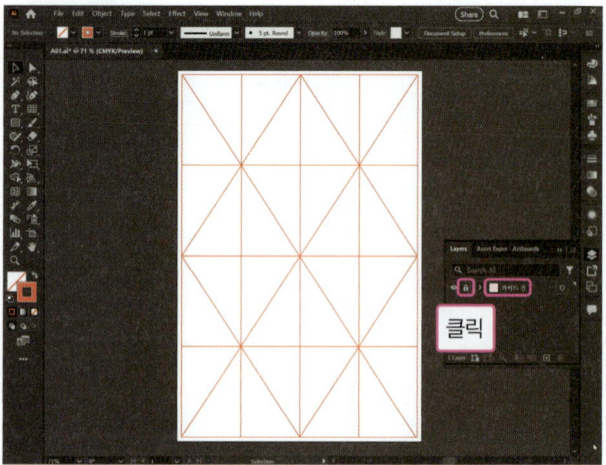

❷ [Layers] 패널에서 'Create New Layer' 아이콘을 눌러 새 레이어를 추가하고, 'Layer 2'를 더블 클릭한 후 레이어 이름을 '이미지'로 변경합니다.
일러스트레이터 작업물은 '이미지' 레이어에 작업합니다.

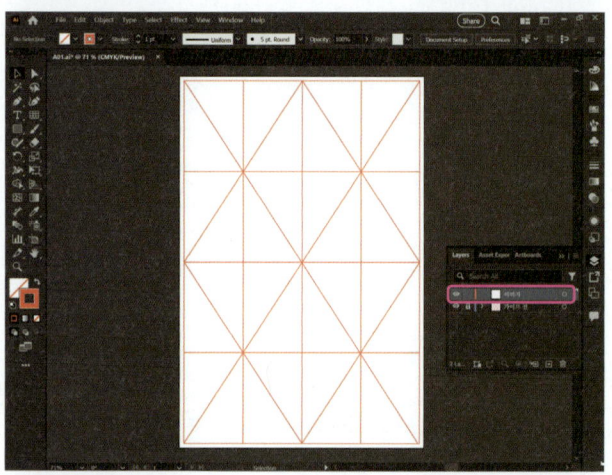

> **Tip**
>
> [Layers] 패널에서 '이미지' 레이어를 더블 클릭하여 [Layer Options] 대화 창을 활성화합니다. 레이어 색상을 변경하여 작업하기 편한 환경을 만듭니다.

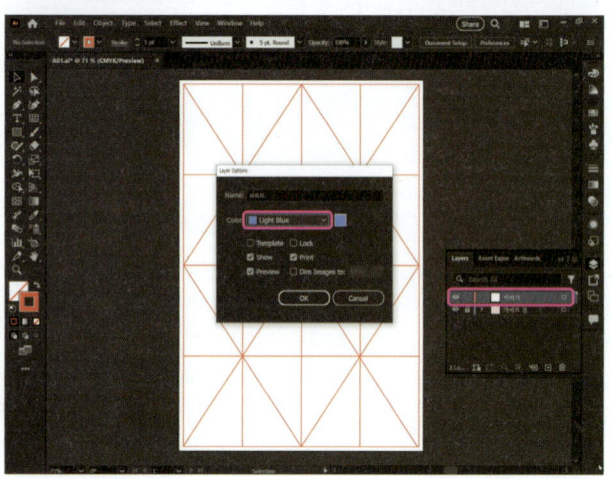

02 이미지 제작

1) 배너

❶ Rectangle Tool(▭)로 드래그하여 크기가 다른 2개의 직사각형을 그립니다.
바깥쪽 사각형의 면색은 C100M95Y40K20, 선색은 None으로 설정하고, 안쪽 사각형의 면색은 None, 선색은 M5Y20, Stroke Weight : 1px로 설정합니다.
Selection Tool(▶)로 두 개의 사각형을 선택하고 [Align] 패널에서 Align To : Align to Selection, Horizontal Align Center, Vertical Align Top 아이콘을 클릭한 후 알맞게 배치합니다.

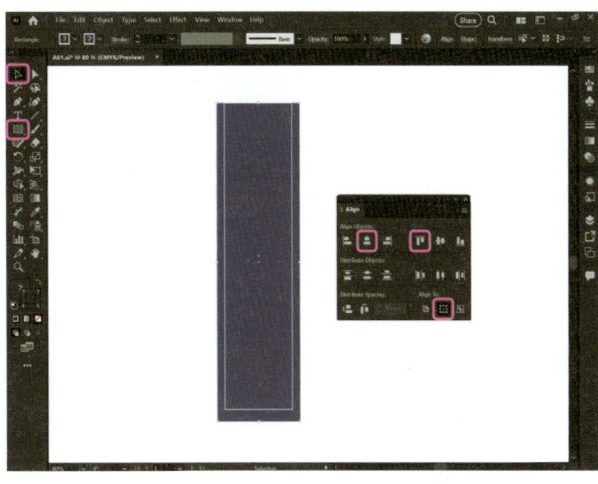

Tip

직사각형의 크기 : 50×187mm, 40×180mm
(도형의 크기는 정확하지 않아도 되며, 디자인 원고를 참고하여 비율을 맞춰 비슷하게 그림)

❷ Direct Selection Tool(▶)로 상단의 패스 선을 클릭하고 Delete 를 눌러 삭제합니다. Selection Tool(▶)로 직사각형을 모두 선택한 후 Ctrl + G 를 눌러 그룹 설정합니다.

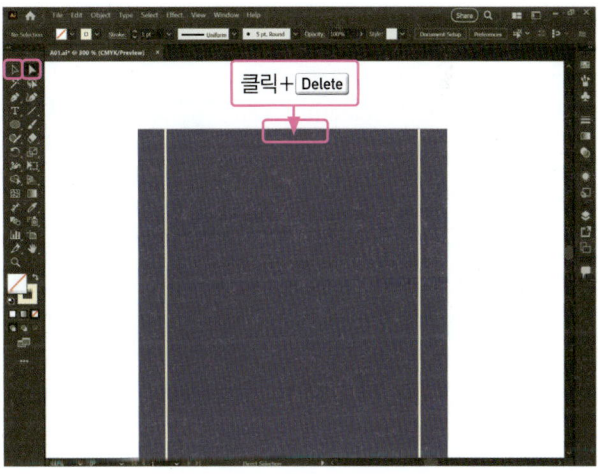

❸ 태극 문양은 Ellipse Tool( )로 Shift 를 누른 채 드래그하여 태극 문양이 들어갈 정원을 그림과 같이 2개의 원으로 그립니다.

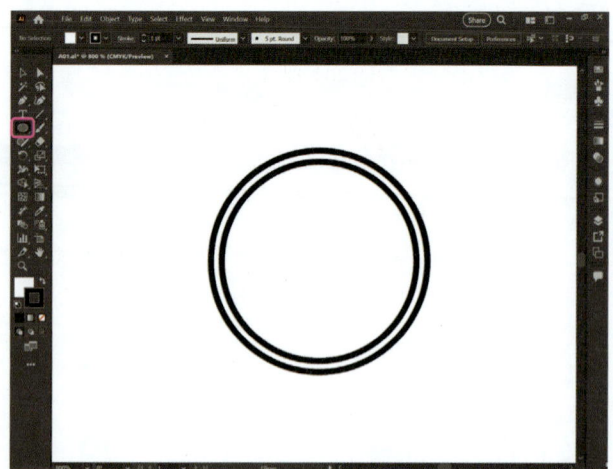

❹ Selection Tool( )로 작은 원을 선택하고 Scale Tool( ) 아이콘을 더블 클릭하여 [Scale] 옵션 상자에서 Uniform : 50%를 입력하고 [Copy]를 선택합니다.

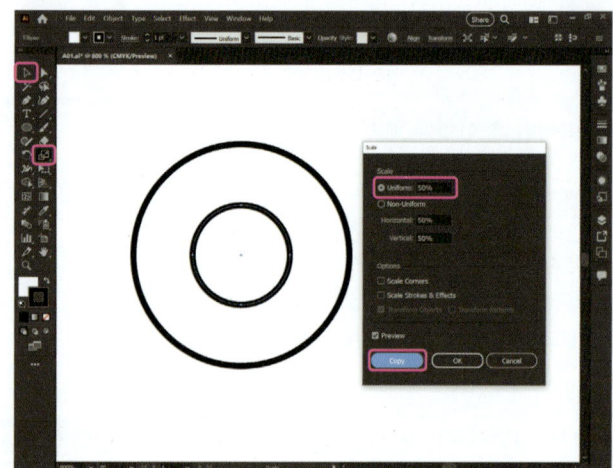

❺ 축소된 작은 원은 Selection Tool( )로 Alt 를 누른 채 오른쪽으로 드래그하면서 추가로 Shift 를 눌러 정방향으로 복사합니다. 양쪽의 2개의 원이 정확하게 붙게 배치합니다. 2개의 작은 원을 모두 선택한 후 Ctrl + G 를 눌러 그룹 설정합니다.

> **Tip**
>
> [View]-[Smart Guides]를 선택하고 작업하면 정확하게 배치하는 데 도움이 됩니다.

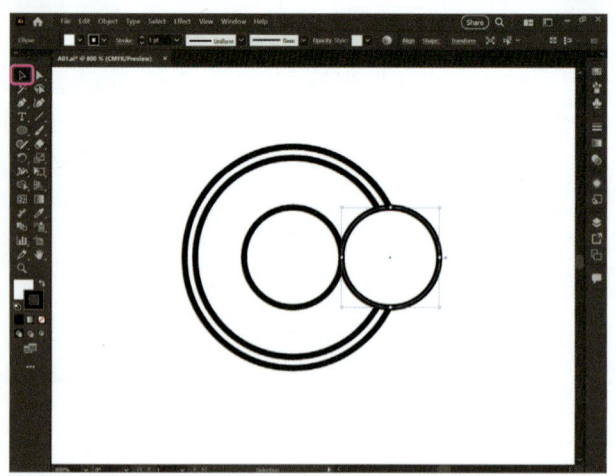

❻ Selection Tool(▶)로 모든 원을 선택하고 [Window]−[Align] 패널에서 Align To : Align to Selection, Align Objects : Horizontal Align Center, Vertical Align Center를 클릭하여 가운데 배치합니다.

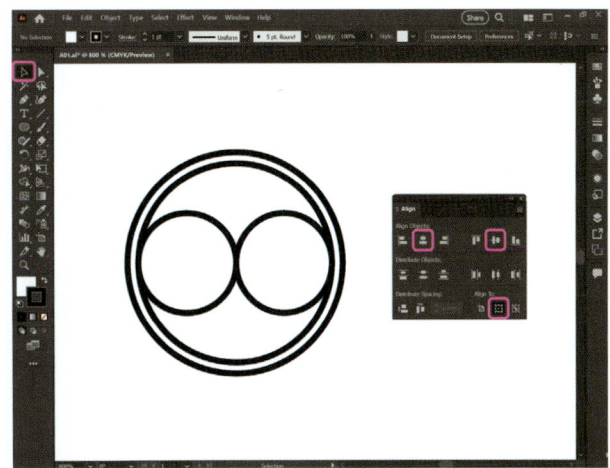

❼ Selection Tool(▶)로 안쪽의 3개의 원을 선택하고 Shape Builder Tool(◉)로 빨간색 영역을 드래그하여 하나의 면으로 합칩니다.

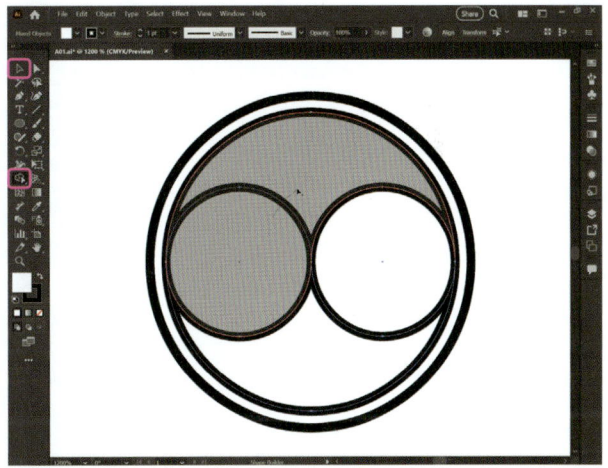

❽ 다시 Shape Builder Tool(◉)로 파란색 영역을 드래그하여 하나의 면으로 합치고, 면색은 빨강(M100Y80), 파랑(C100M70), 선색은 C0M0Y0K0으로 입력합니다.

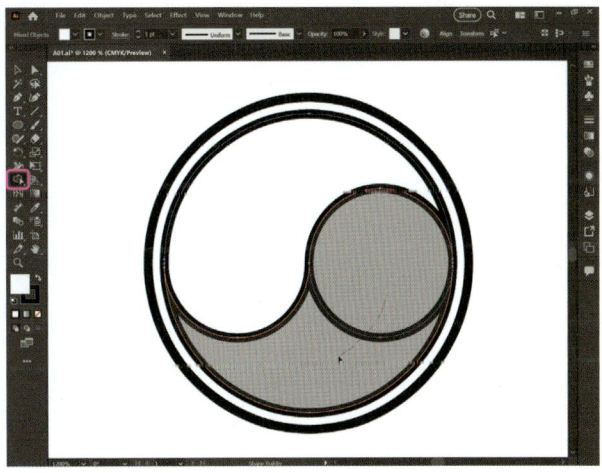

CHAPTER 5 국가 정원 포스터 디자인 535

❾ 바깥쪽의 큰 정원을 Selection Tool( )로 선택하고 면색은 C0M0Y0K0, 선색은 None으로 설정합니다.
태극마크를 모두 선택한 후 Ctrl + G 를 눌러 그룹 설정하고, ❶~❷에 작업한 직사각형에 알맞게 배치합니다.

❿ Type Tool( )로 작업 창을 클릭한 후 '대한민국 제2호 국가정원'을 입력합니다.

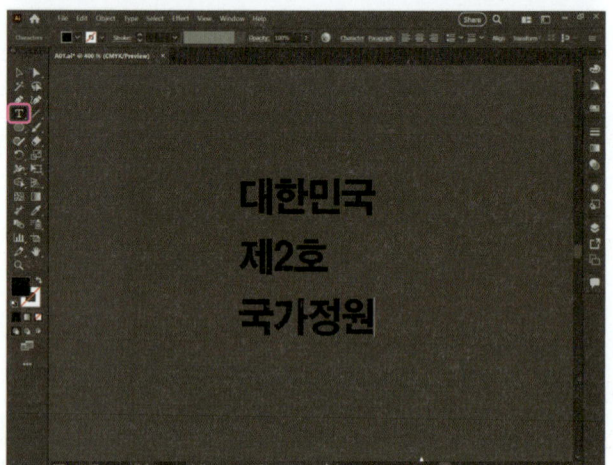

⓫ [Window]-[Type]-[Character] 패널에서 서체, 크기와 자간, 장평 등을 문제지 출력형태와 비슷하게 설정합니다. 문자 색상은 C0M0Y0K0으로 설정하고 배너 위에 알맞게 배치합니다.

Tip
• 서체 : HY견고딕(그림과 동일한 서체가 없을 시 비슷한 서체를 선택하여 사용)

⓬ Vertical Type Tool(　)로 작업 창을 클릭하여 '울산 태화강'을 세로로 입력하고, [Character] 패널에서 서체와 크기를 알맞게 지정합니다.

> **Tip** ✓
>
> • 서체 : HY견고딕(그림과 동일한 서체가 없을 시 비슷한 서체를 선택하여 사용)
> • 글자 크기 : 48.2pt

⓭ [Type]-[Create Outlines]를 선택하여 이미지로 변경하고 [Window]-[Pathfinder] 패널의 옵션 아이콘에서 [Make Compound Shape]를 클릭한 후 [Expand]를 눌러 하나의 면으로 정리합니다.

> **Tip** ✓
>
> [Make Compound Shape]를 실행하면 하나의 면으로 만들어져 그라데이션의 색상을 자연스럽게 넣을 수 있습니다.

⓮ Selection Tool(　)로 '울산 태화강' 글자를 모두 선택한 후 [Window]-[Gradient] 패널에서 가운데 색상 바를 클릭하여 색상 아이콘을 추가합니다.

[Gradient] 패널의 Angle : 90°, 문자 색상은 왼쪽에서부터 C3M6Y60 → C0M0Y0K0 → C3M6Y60으로 설정합니다.

CHAPTER 5 국가 정원 포스터 디자인 **537**

2) 학과 배경

❶ 학의 머리를 그리기 위해 Ellipse Tool(◯)로 드래그하여 원을 그립니다. 학의 부리는 Polygon Tool(⬡)을 선택하고 작업 창을 클릭한 후 [Polygon] 옵션 상자에서 Sides : 3으로 입력하여 머리 왼쪽에 알맞게 배치합니다.

❷ Direct Selection Tool(▶)로 삼각형의 왼쪽 고정점을 클릭한 후 드래그합니다.

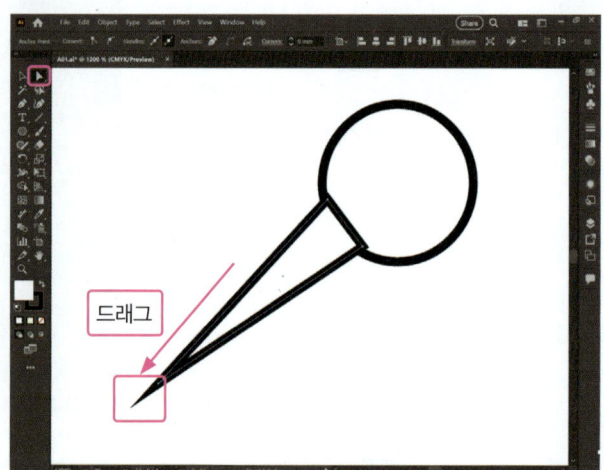

❸ Pen Tool(✒)로 그림과 같이 학의 몸을 그립니다.

❹ Pen Tool()로 학의 다리를 그림과 같이 그립니다.

> **Tip**
>
> 1. 그려진 모양은 Direct Selection Tool( )로 고정점과 핸들점을 드래그하여 수정하여 학의 형태를 보완합니다.
> 2. 학의 다리처럼 얇은 부분을 면으로 그릴 경우 [Stroke]의 두께를 얇게 설정하면 꼼꼼하게 그릴 수 있습니다.

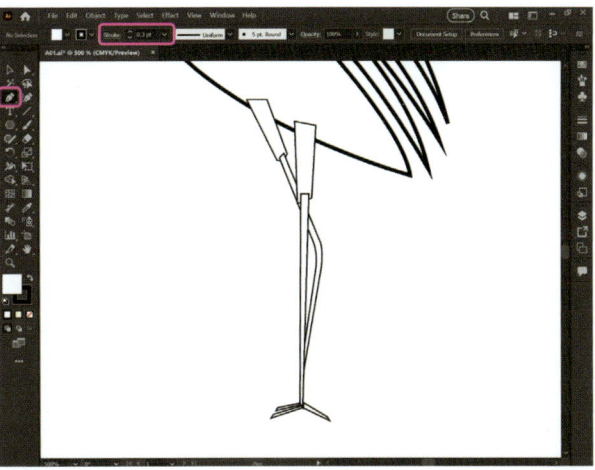

❺ Selection Tool( )로 학의 전체 이미지를 선택한 후 면색은 C90M60, 선색은 None으로 설정하고 Ctrl + G 를 눌러 그룹 설정합니다.

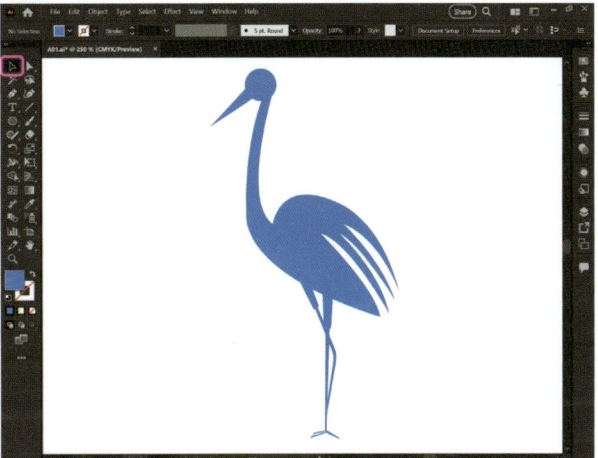

❻ 물결의 배경을 그리기 위해 Rectangle Tool( )로 드래그하여 그림과 같은 직사각형을 그립니다.

❼ Line Segment Tool( )로 Shift 를 누른 채 가로 방향으로 드래그하여 선을 그립니다.

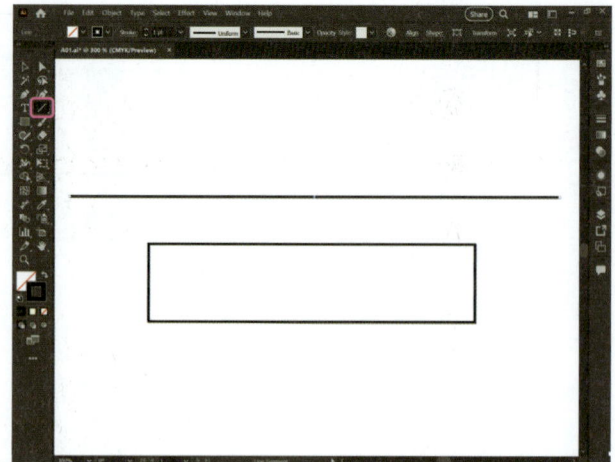

❽ Selection Tool( )로 선을 선택한 후 [Effect]-[Distort & Transform]-[Zig Zag]를 클릭하고 옵션 상자에서 Size : 2mm, Ridges per segment : 12, Points : Smooth를 선택한 후 [OK]를 누릅니다.

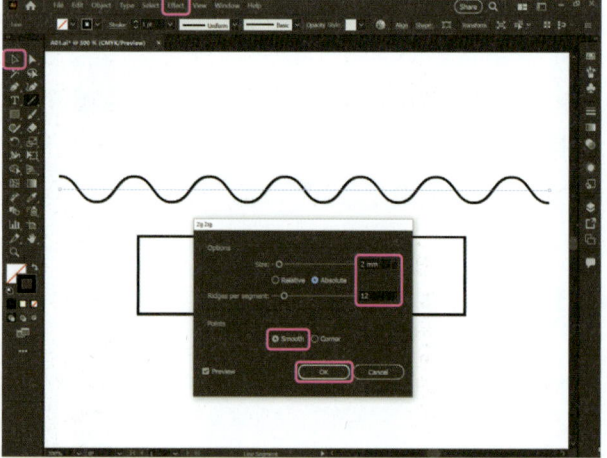

위의 입력값은 고정값이 아니므로 이미지의 환경에 맞게 적절히 조정하여 사용합니다.

❾ 물결 이미지는 이미지 수정이 가능하도록 [Object]-[Expand Appearance]를 클릭합니다.

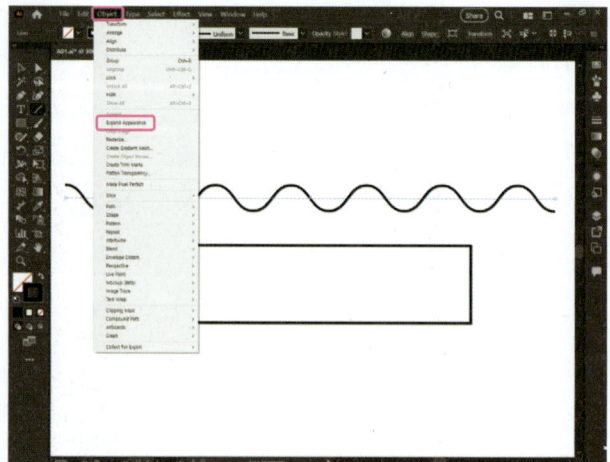

⓾ 물결 선은 직사각형에 크기를 조정하여 알맞게 위치하고 Selection Tool( )로 물결 선과 사각형을 모두 선택합니다. [Window]-[Pathfiner] 패널에서 Pathfinders : Divide 아이콘을 클릭하고 Shift + Ctrl + G 를 눌러 그룹을 해제합니다.

⓫ Selection Tool( )로 상단의 불필요한 이미지는 선택한 후 Delete 를 눌러 삭제합니다. 물결의 면색은 C70M35Y15, 선색은 None으로 설정합니다.

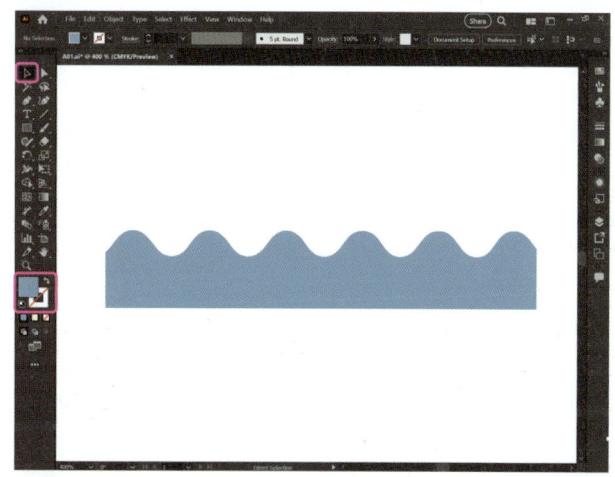

⓬ Rounded Rectangle Tool( )로 드래그하여 얇은 직사각형을 그리고 면색은 C70M35Y15K40, 선색은 None으로 설정하여 물결 이미지를 완성합니다.

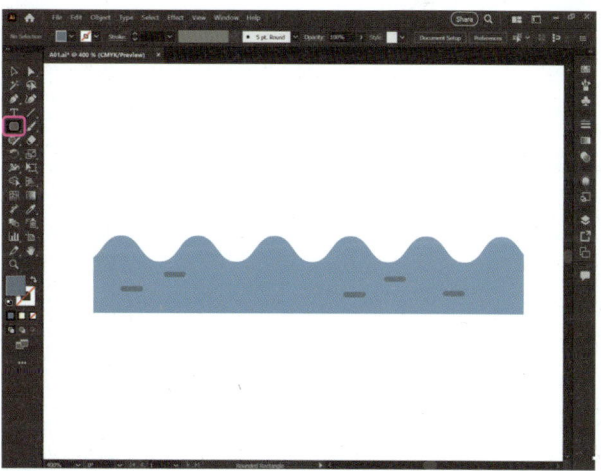

⑬ 구름을 그리기 위해 Ellipse Tool(◯)로 크기가 다른 3개의 원을 그리고 면을 겹쳐 배치합니다.

⑭ 면색은 C30M25Y25, 선색은 None으로 설정하고 Line Segment Tool(╱)로 Shift 를 누른 채 가로 방향으로 드래그하여 선을 그립니다.

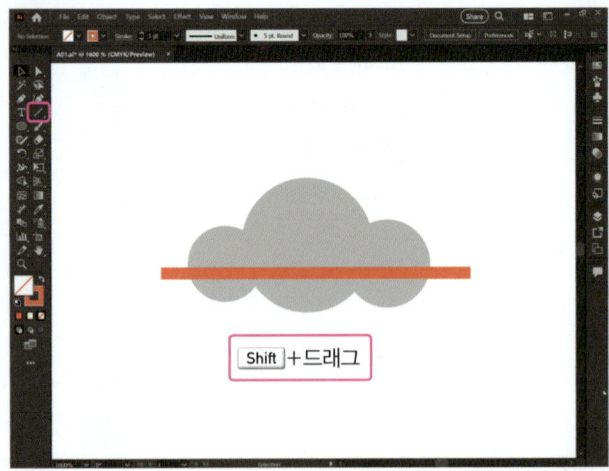

⑮ Selection Tool(▶)로 원과 선을 모두 선택하고 [Window]-[Pathfinder] 패널에서 Pathfinders : Divide를 선택한 후 면을 나누고, Shift + Ctrl + G 를 눌러 그룹 해제합니다.

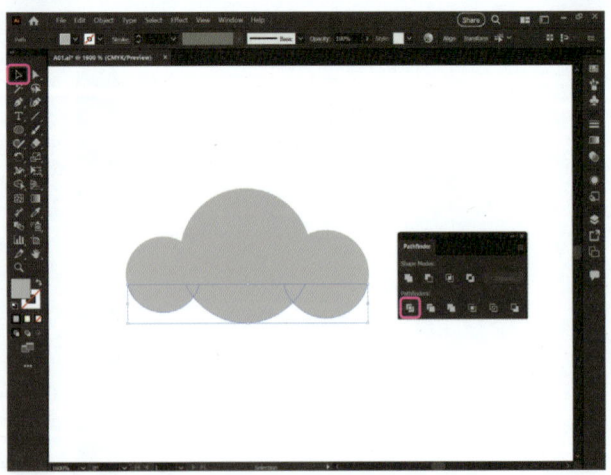

⑯ Selection Tool( )로 필요 없는 부분을 선택한 후 Delete 를 눌러 삭제합니다. 구름 도형을 모두 선택한 후 Ctrl + G 를 눌러 그룹 설정합니다. Reflect Tool( )을 더블 클릭한 후 옵션 상자에서 Axis : Vertical을 선택하고 [Copy]를 클릭하여 알맞게 배치합니다.

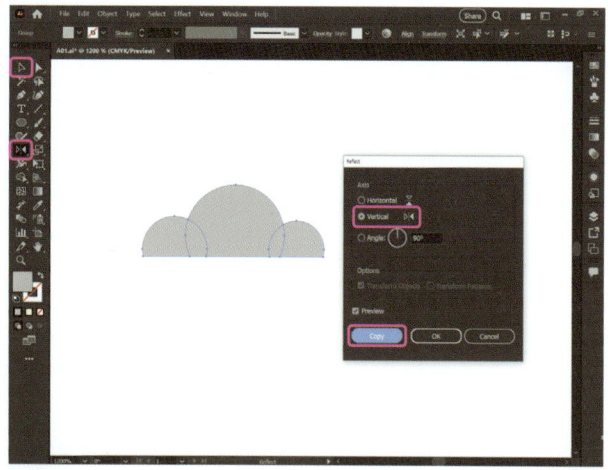

⑰ 대나무를 그리기 위해 Rectangle Tool( )로 드래그하여 세로로 긴 직사각형을 그리고 Rounded Rectangle Tool( )로 가로 방향으로 드래그하여 모서리가 둥근 직사각형을 그림과 같이 그립니다.

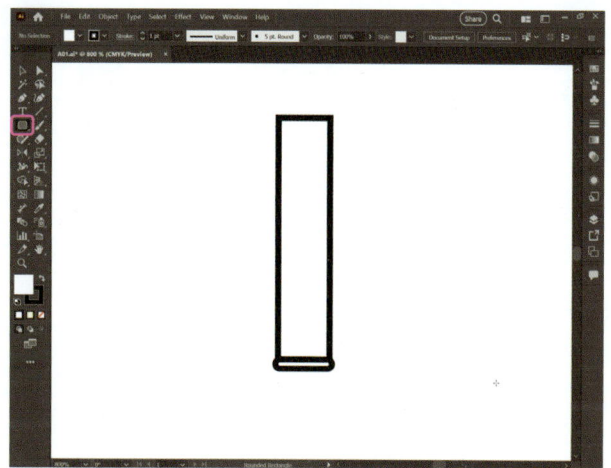

⑱ Selection Tool( )로 2개의 오브젝트를 모두 선택하고 면색은 C55M10Y100, 선색은 None으로 설정합니다.

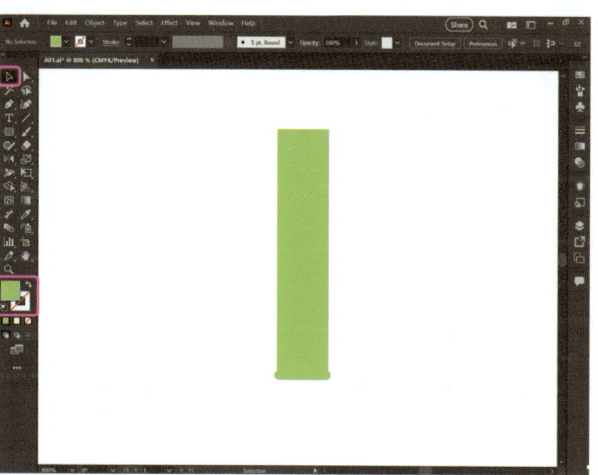

⓵⓽ Selection Tool(▸)로 Alt 를 누른 채 복사하여 길이를 조정한 후 그림과 같이 배치합니다.

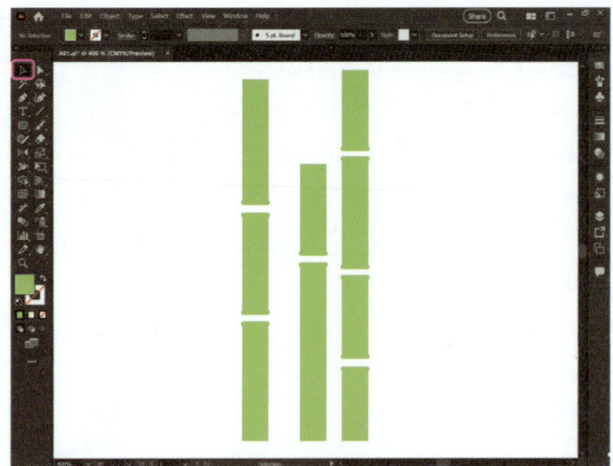

⓶⓪ 면색은 ⓐ C30M5Y100, ⓑ C50Y100, 선색은 모두 None으로 설정합니다.

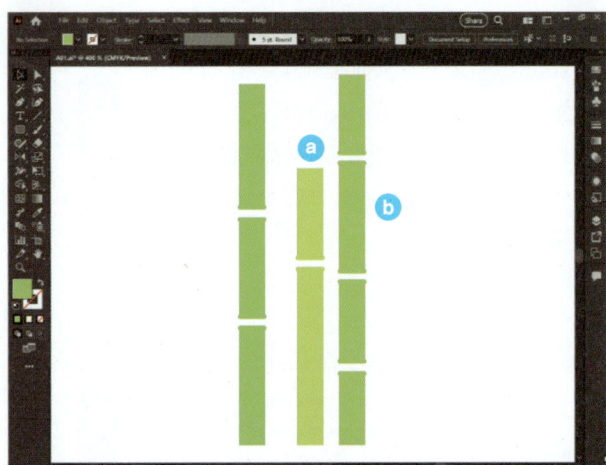

⓶⓵ 대나무 잎을 그리기 위해 Ellipse Tool (◯)로 드래그하여 타원형을 그립니다.

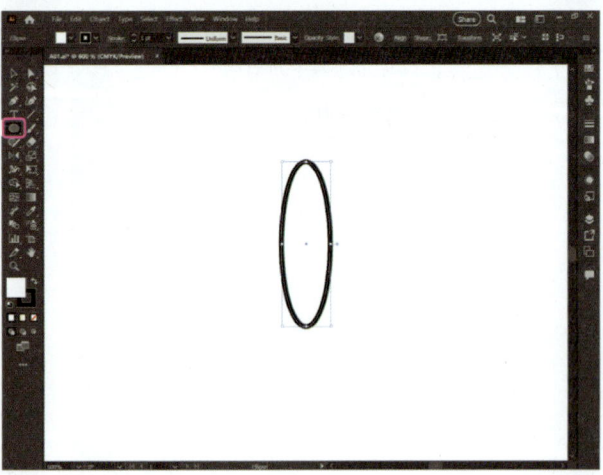

㉒ Anchor Point Tool( )로 상단과 하단의 고정점을 클릭하여 뾰족하게 만듭니다.

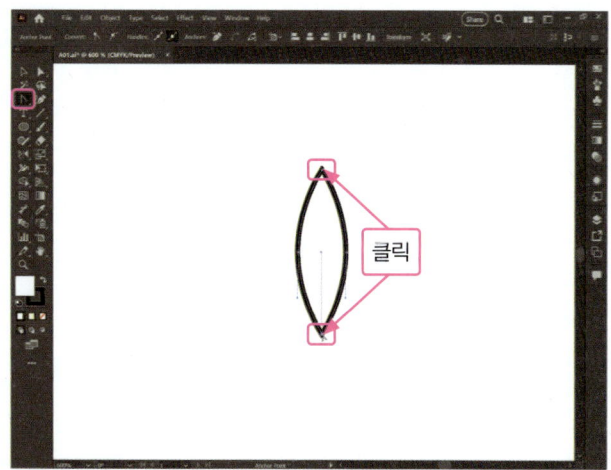

㉓ 대나무 잎은 복사한 후 크기를 조정하여 배치하고 Pen Tool( )로 대나무의 가지를 그립니다. 옅은 노랑 색상(C15M15Y100), 짙은 노랑 색상(C30M35Y100)으로 설정합니다.

Tip

가지는 [Stroke] 패널에서 Cap : Round Cap 아이콘을 눌러 끝 선을 부드럽게 조정합니다.

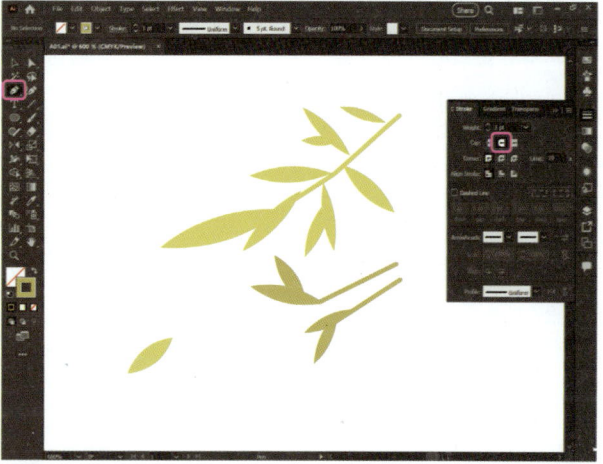

㉔ 산을 그리기 위해 Rounded Rectangle Tool( )로 드래그하여 2개의 모서리가 둥근 직사각형을 그립니다.

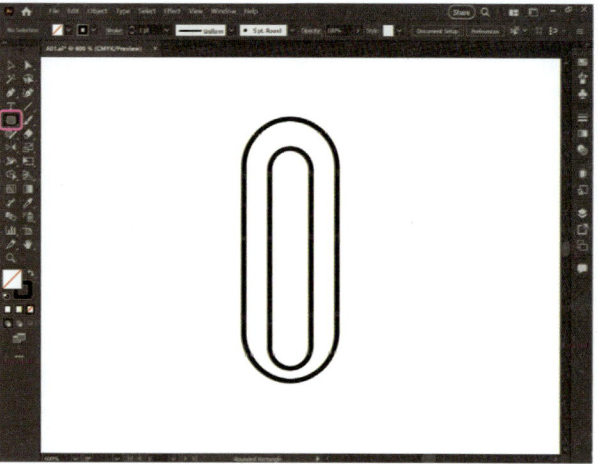

㉕ 큰 직사각형의 면색은 C80M20Y100K10, 선색은 None으로 설정하고 작은 직사각형의 면색은 None, 선색은 C75Y100으로 설정한 후 [Stroke] 패널에서 Align Stroke : Align Stroke to Inside 아이콘을 클릭하여 선의 두께를 적절히 조절합니다.

2개의 직사각형은 Selection Tool( )로 선택한 후 Ctrl + G 를 눌러 그룹 설정합니다.

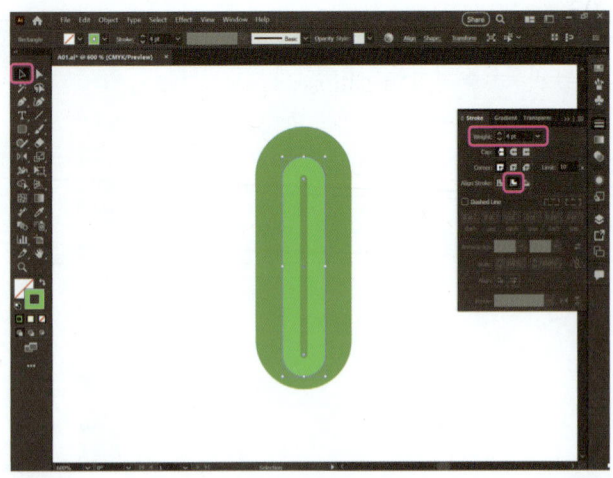

㉖ Selection Tool( )로 필요한 이미지는 복사하고 완성된 오브젝트를 조합하여 그림과 같이 배치하고 Ctrl + G 를 눌러 그룹 설정합니다.

Tip

오브젝트를 선택 후 마우스 우클릭하여 [Arrange]를 클릭하면 다양한 순서의 기능을 사용할 수 있습니다.

㉗ 일러스트 이미지는 배너 위에 알맞게 배치합니다.

3) 꽃 패턴

❶ 꽃잎을 그리기 위해 Ellipse Tool(◯)로 타원형을 그립니다. 면색은 C40M15Y20, 선색은 C0M0Y0K0으로 설정합니다.

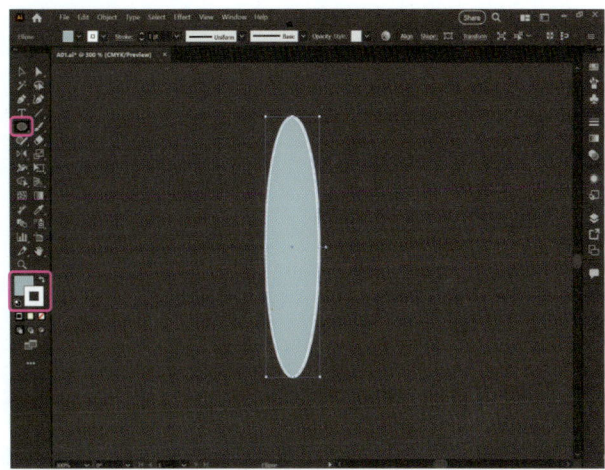

❷ Anchor Point Tool(◣)로 타원형의 상단과 하단의 고정점을 클릭하여 뾰족하게 만듭니다.

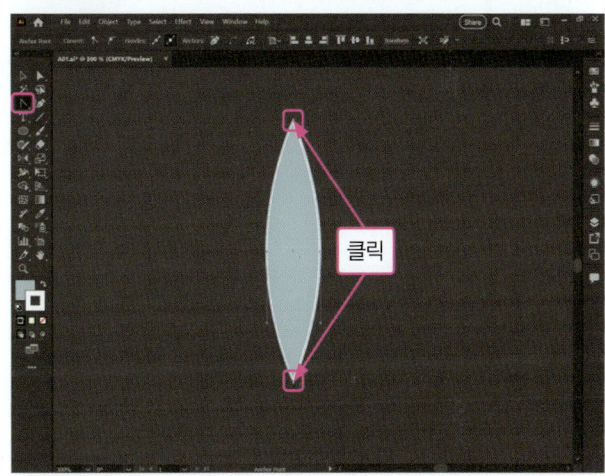

❸ Selection Tool(▶)로 꽃잎을 선택하고 Rotate Tool(⟳)을 클릭합니다. 타원형의 하단 고정점을 Alt 를 누른 채 클릭하고 [Rotate Tool] 옵션 상자에서 Angle : 45°를 입력한 후 [Copy]를 클릭합니다.

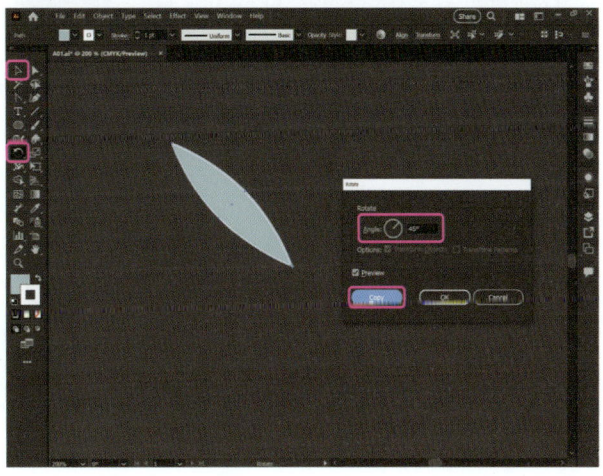

❹ Ctrl + D 를 6번 눌러 원을 회전시켜 복사하고 Selection Tool(▶)로 모두 선택한 후 Ctrl + G 를 눌러 그룹 설정합니다.

❺ 꽃을 선택하고 Rotate Tool(⟳)을 더블 클릭한 후 옵션 상자에서 Angle : 24.5°를 입력한 후 [Copy]를 눌러 회전하여 배치합니다.

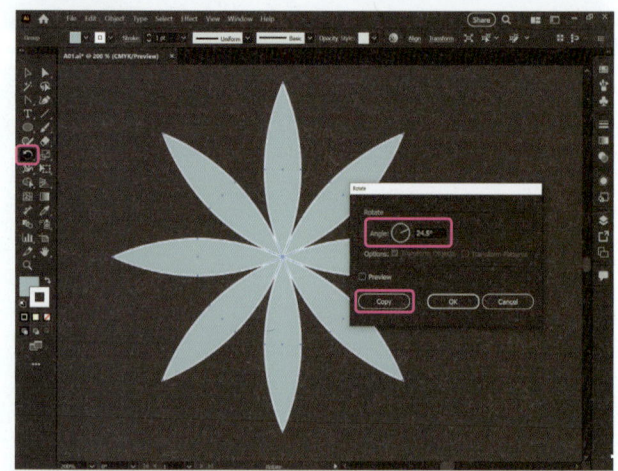

❻ 처음 그린 꽃 이미지를 Selection Tool(▶)로 복사하여 꽃잎 한 송이만 남기고 나머지는 Delete 를 눌러 삭제합니다. 마우스를 우클릭하여 [Arrange]-[Bring to Front]를 선택합니다.

❼ 꽃잎은 다시 왼쪽 꽃 이미지에 배치하고 바운드 박스점을 위에서 아래 방향으로 드래그하여 축소시킨 후 배치합니다.

❽ Selection Tool( )로 꽃잎을 선택하고 Rotate Tool( )을 클릭합니다. 타원형의 하단 고정점을 Alt 를 누른 채 클릭하고 [Rotate Tool] 옵션 상자에서 Angle : 45°를 입력한 후 [Copy]를 클릭합니다. Ctrl + D 를 6번 눌러 원을 회전시켜 복사합니다.

❾ Ellipse Tool( )로 Shift 를 누른 채 드래그하여 꽃 가운데 작은 정원을 그려 이미지를 완성합니다. 꽃은 모두 선택한 후 Ctrl + G 를 눌러 그룹 설정합니다.

❿ 패턴으로 등록하기 전 꽃은 Selection Tool( )로 선택하여 알맞게 크기를 조절합니다. [Window]−[Swatches] 패널의 색상 아이콘 빈 공간에 클릭한 채 드래그하여 패턴으로 등록합니다.

> **Tip**
> 작업 창을 기준으로 크기를 적절하게 조정한 뒤 패턴을 사용하면 작업시간을 단축할 수 있습니다.

⓫ 면색은 임의의 색상, 선색은 None으로 설정하고 Rectangle Tool( )을 선택하여 작업 창을 클릭합니다. [Rectangle Option] 창에 Width : 166mm, Height : 166mm를 입력한 후 패턴이 들어갈 사각형을 그립니다.

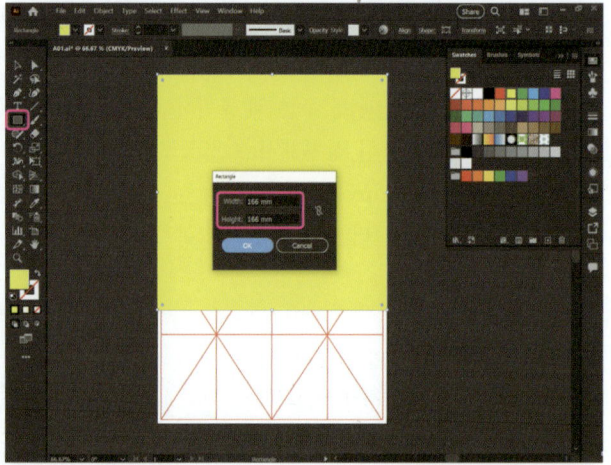

⓬ [Window]−[Swatches] 패널에서 등록한 패턴 아이콘을 클릭하여 면에 패턴을 적용합니다.

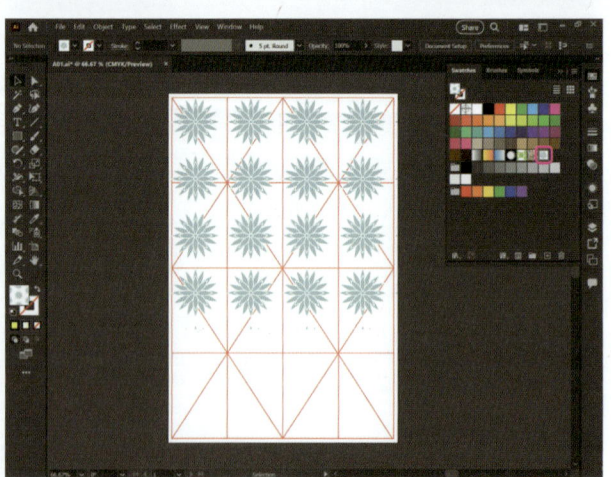

⑬ [Swatches] 패널에서 등록한 패턴을 더블 클릭하여 [Pattern Options] 패널을 활성화하고 Tile Type : Brick by Column, Size Tile to Art 선택하고 H Spacing, V Spacing 간격을 적당한 너비로 지정 후 상단 [Done]을 눌러 작업 화면으로 전환합니다.

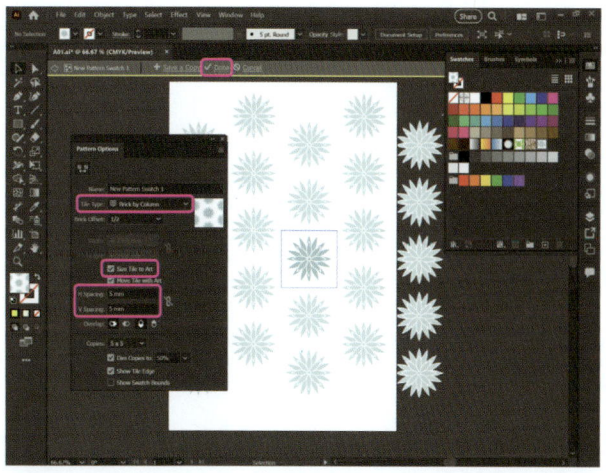

⑭ Selection Tool()로 선택한 후 패턴의 크기를 조정하기 위해 Scale Tool( )을 더블 클릭하여 Options : Transform Objects 체크 해제, Transform Patterns 체크, Uniform의 입력값을 적절히 조절하고 [OK]를 클릭합니다.

> **Tip**
>
> Scale, Move Options의 Transform Objects가 선택되어 있으면 이미지의 크기, 이동과 패턴의 크기, 이동이 모두 조절되므로 Transform Objects는 선택 해제합니다.

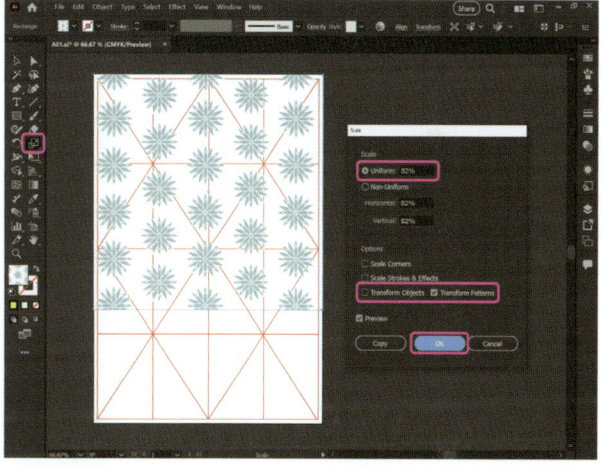

⑮ 패턴의 위치를 조정하기 위해 Selection Tool( )을 더블 클릭하여 Options : Transform Patterns 선택, Position의 입력값을 적절히 조절하고 [OK]를 클릭합니다.

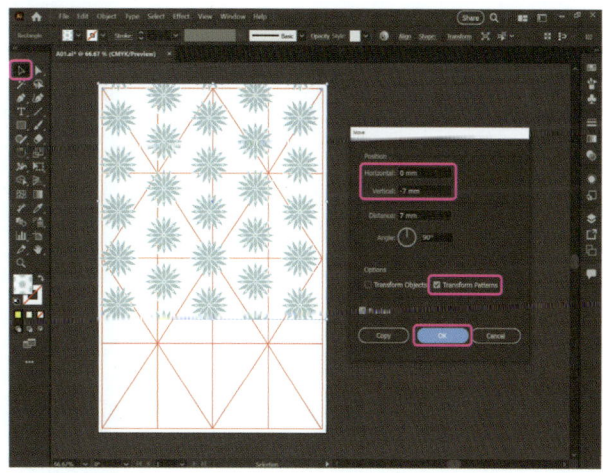

⓰ Selection Tool( )로 패턴을 선택하고 옵션 바에서 Opacity : 40%로 설정합니다.

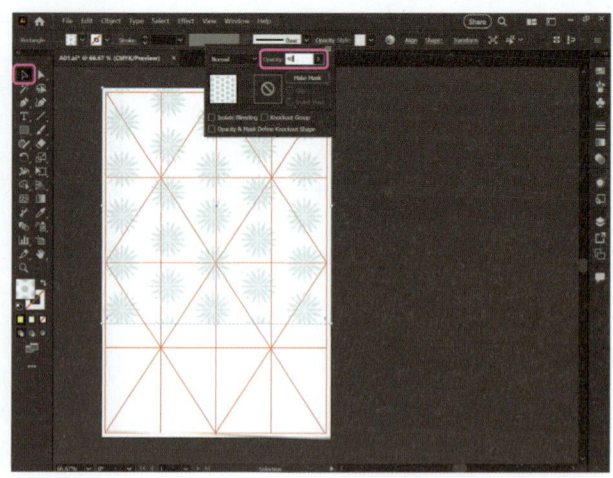

4) 산

❶ Pen Tool( )로 그림과 같이 부드럽게 산을 그립니다.

❷ 면색은 [Window]-[Gradient] 패널에서 Type : Linear Gradient, Angle : −90°, 그라데이션 C10Y100 → C80M15Y25, 선색은 None으로 설정합니다.

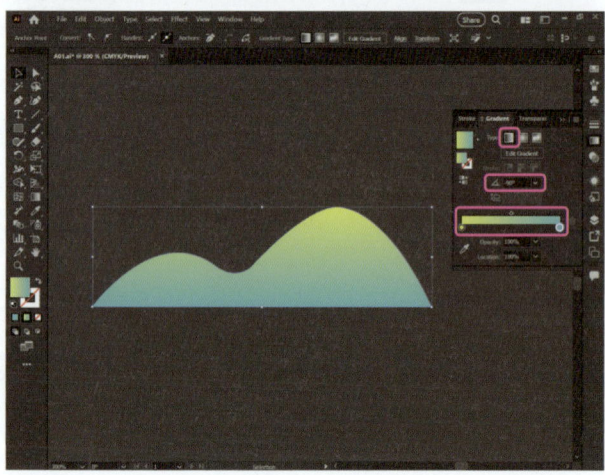

❸ 산을 Selection Tool( )로 선택하고 Alt 를 누른 채 드래그하여 복사합니다.

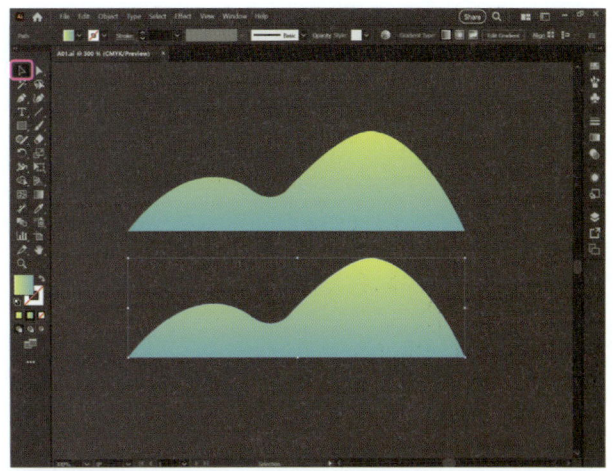

❹ 복사한 산의 면은 [Window]-[Gradient] 패널에서 Type : Linear Gradient, Angle : -90°, 그라데이션 C60Y100 → M25Y100, 선색은 None으로 설정합니다.

> **Tip**
>
> Selection Tool( )로 오브젝트를 선택하고 Gradient Tool( )로 드래그하여 그라데이션의 방향을 직접 설정할 수 있습니다.

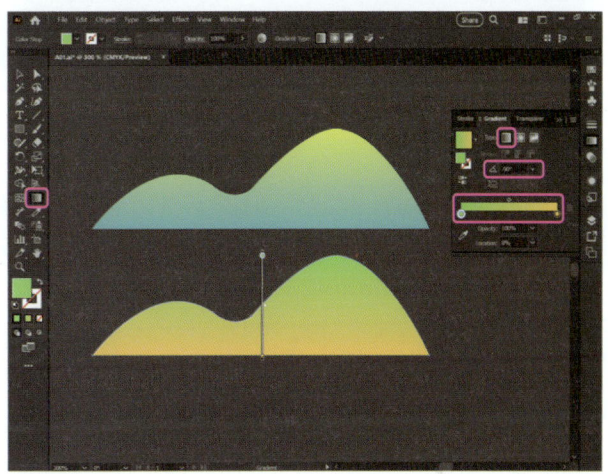

5) 로고

❶ Pen Tool( )을 선택한 후 면색은 None, 선색은 C100M95Y40K20으로 설정합니다. 그림과 같이 선을 그리고 Width Tool( )로 아래의 패스를 드래그하여 넓게 조정합니다. 모든 선은 [Object]-[Expand Appearance]를 눌러 면으로 변경합니다.

> **Tip**
>
> **Width Tool( ) 수정**
> Width Tool로 추가한 폭 점은 바깥쪽 또는 안쪽으로 드래그하여 선의 두께를 조절하거나 폭 점을 선택한 후 Delete 를 눌러 삭제합니다.

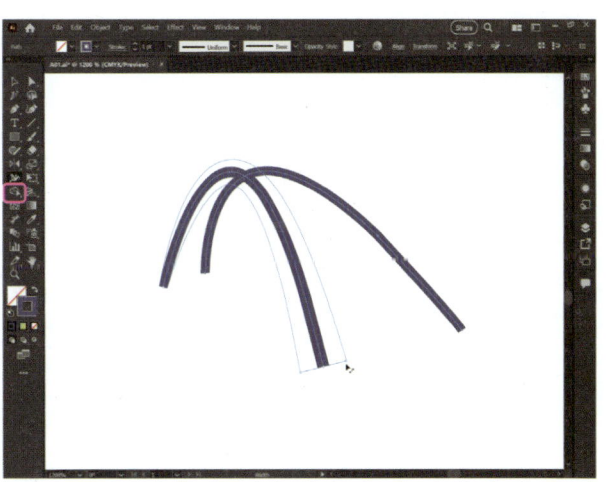

CHAPTER 5 국가 정원 포스터 디자인 **553**

❷ 도형과 Pen Tool( )로 필요한 이미지를 그린 후 그림과 같이 심벌을 완성합니다.

❸ Type Tool( )로 'The Ulsan Taehwa River'을 입력하고 문자 색상은 C100M95Y40K20으로 설정합니다. 다시 Type Tool( )로 '2nd NATIONAL GARDEN OF KOREA'를 입력하고 문자 색상은 K100으로 설정합니다.

글자는 각각 [Window]−[Type]−[Character] 패널에서 서체, 크기와 자간, 장평 등을 문제지 출력형태와 비슷하게 설정합니다.

- 서체 : 한컴 고딕, 휴먼엑스포(그림과 동일한 서체가 없을 시 비슷한 서체를 선택하여 사용)
- 글자 크기 : 12pt, 7.8pt

4 포토샵 작업

01 작업 준비하기(도큐멘트 설정, 가이드 선)

❶ 포토샵 프로그램에서 [File]−[New]를 선택합니다. [New] 옵션 상자의 Width : 166mm, Height : 246mm, Resolution : 300pixels/inch, Color Mode : RGB Color, Background Contents : White 로 설정한 후 [Create]를 누릅니다.

> **Tip** ✓
>
> 1. Resolution : 300pixels/inch은 고품질의 해상도로 인쇄, 출판에 적합한 해상도입니다. 해상도가 높아지면 파일의 용량이 커집니다. 시험에서 제출할 파일의 총 용량은 10MB 이하이기 때문에 작업 완료를 한 후 용량이 10MB를 넘으면 [Image]−[Image Size]에서 150~250 정도의 해상도로 변경하여 제출합니다.
> 2. 인쇄에 적합한 Color Mode는 CMYK Color입니다. 하지만 포토샵에서 CMYK Color로 설정되어 있으면 시험에서 요구하는 Filter의 효과가 제한됩니다.
> 시험장에서 사용되는 일반 프린트 기기는 RGB Color를 사용하여도 오류가 없기 때문에 포토샵에서 작업할 시 도큐멘트의 Color Mode는 RGB Color로 사용합니다.

❷ [File]−[Save as]를 선택하고 [Save as] 옵션 상자에 저장할 비번호 폴더(A01)를 찾아 클릭합니다. 파일 이름은 비번호 'A01'을 입력하고 파일형식 : Photoshop(*.PSD,*.PDD,*.PSDT)을 선택한 후 [저장(S)]을 누릅니다.

> **Tip** ✅
>
> Ctrl + S 를 눌러 작업한 내용을 수시로 저장하는 습관을 들이면 프로그램 오류에 빠르게 대처할 수 있습니다.

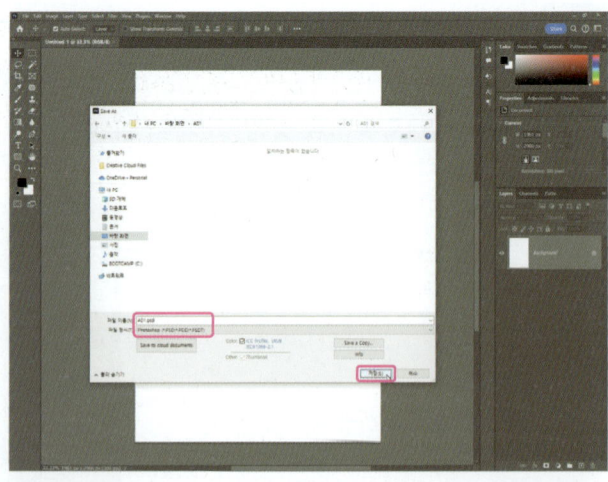

❸ 일러스트 작업 창 [Window]−[Layers] 패널에서 '가이드 선' 레이어의 [Toggles Lock] 아이콘을 클릭하여 잠금을 해제합니다.
Selection Tool(▶)로 가이드 선을 선택하고 Ctrl + C 를 눌러 복사합니다.

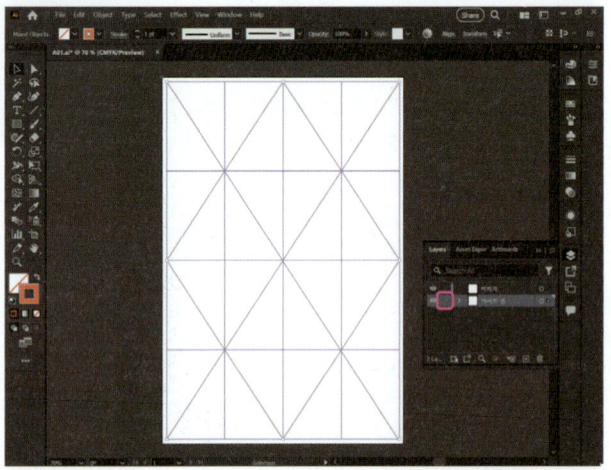

❹ 포토샵 작업 창에 Ctrl + V 를 누르고 [Paste] 옵션 상자에서 'Pixels'를 선택한 후 [OK]를 클릭합니다. [Window]− [Layers] 패널에서 레이어 이름을 더블 클릭하여 '가이드 선'으로 레이어 이름을 변경합니다.

❺ Move Tool()을 선택하고 옵션 바의 Align To : Canvas, 'Align vertical centers', 'Align horizontal centers'를 클릭하여 도큐멘트의 가운데에 배치합니다. '가이드 선' 레이어의 'Lock all' 아이콘을 클릭하여 잠그고 'Background' 레이어를 선택한 후 작업을 시작합니다.

Tip

'가이드 선' 레이어가 선택되어 있으면 이미지를 불러올 때 '가이드 선' 레이어 위에 위치하게 되므로 가이드 선이 보이지 않게 됩니다. 정확한 이미지 배치를 위해 '가이드 선' 레이어는 항상 작업물 위에 위치하도록 합니다.

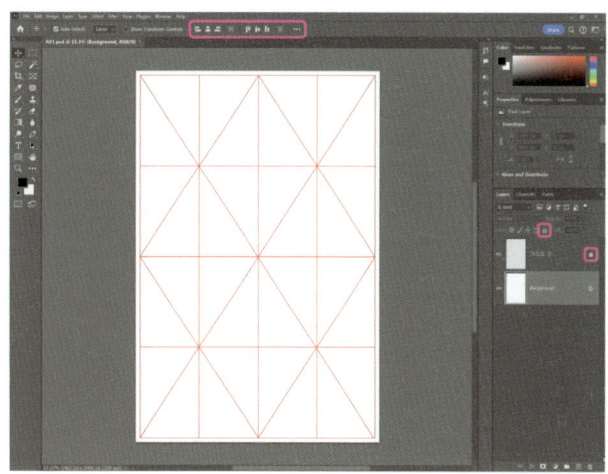

02 이미지 합성 제작

1) 배경

❶ [Layers] 패널에서 'Create new fill or adjustment layer' 아이콘을 클릭하고 'Gradient'를 실행합니다.

❷ [Gradient Fill] 옵션 상자의 그라데이션 색상 바를 선택하고 C40M10 → C50M10 으로 입력하고 Angle : 90°로 설정한 후 [OK]를 클릭합니다.

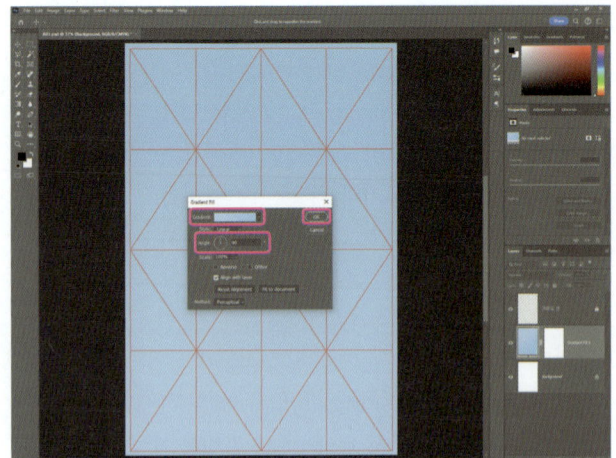

❸ [Layers] 패널에서 'Gradient Fill 1' 레이어는 마우스 우클릭하여 'Rasterize Layer'를 선택하고 [Filter]-[Render]-[Lens Flare]를 클릭한 후 옵션 상자에서 '미리 보기 창'의 빛을 드래그하여 적절한 위치로 이동시킨 후 [OK]를 클릭합니다.

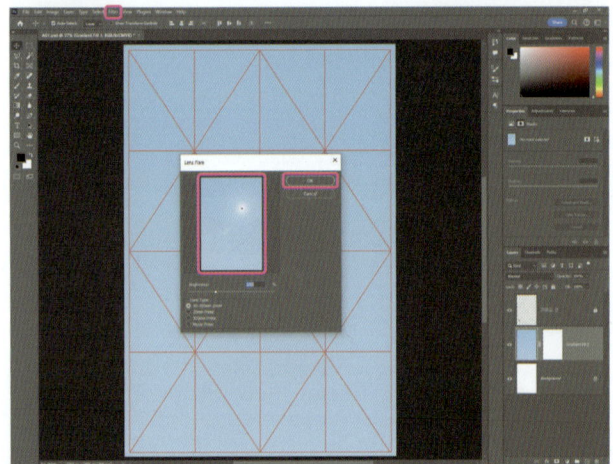

❹ [File]-[Open]을 선택하고 '정원_02.jpg' 파일을 불러옵니다. [Layers] 패널의 자물쇠 아이콘을 눌러 잠금 해제합니다. Quick Selecton Tool()로 드래그하여 하늘을 선택하고 Delete 를 눌러 삭제합니다.

> **Tip** ✓
> 1. Alt 를 누른 채 드래그하면 선택영역을 제거할 수 있습니다.
> 2. 배경을 클릭하고 [Select]-[Similar]를 선택하면 배경과 비슷한 색상을 모두 선택할 수 있습니다.

❺ Ctrl + A 를 눌러 전체 선택한 후 Ctrl + C 를 누릅니다.
'A01.psd' 작업창으로 이동한 후 Ctrl + V 로 붙여넣습니다. Ctrl + T 를 누르고 이미지의 크기를 조절하여 알맞게 배치하고 레이어의 이름을 '정원_02'로 변경합니다.

❻ [Filter]−[Filter Gallery]−[Artistic]에서 'Dry Brush'를 선택하고 Brush Size : 1, Brush Detail : 6, Texture : 1로 설정한 후 [OK]를 클릭합니다.

 Tip

Dry Brush 설정
- Brush Size : 붓 크기
- Brush Detail : 붓의 디테일
- Texture : 질감

❼ [File]−[Open]을 선택하고 '정원_03.jpg' 파일을 불러옵니다. Ctrl + A 를 눌러 전체 선택한 후 Ctrl + C 를 누르고 'A01.psd' 작업 창으로 이동하여 Ctrl + V 로 붙여넣습니다. Ctrl + T 를 눌러 이미지의 바운딩 박스 점을 드래그하여 크기를 조정하고 Enter 를 눌러 알맞게 배치하고 레이어의 이름을 '정원_03'으로 변경합니다.

❽ [Filter]-[Filter Gallery]-[Artistic]에서 'Dry Brush'를 선택하고 옵션값을 알맞게 조정한 후 [OK]를 클릭합니다.

> **Tip**
>
> **Dry Brush 설정값**
> Brush Size : 1, Brush Detail : 6, Texture : 1

❾ '정원_03' 레이어에 [Add layer mask] 아이콘을 클릭하고 를 눌러 전경색은 검은색, 배경색은 흰색으로 설정하고 Gradient Tool( ) 선택합니다.
옵션 바에서 [Presets]의 [Foreground to Transparent] 아이콘을 클릭하고 Type : Linear Gradient를 선택합니다.

❿ 상단에서 하단 방향으로 드래그하여 자연스럽게 합성합니다.

> **Tip**
>
> 를 누른 채 드래그하면 정방향으로 고르게 이미지를 가릴 수 있습니다.

⓫ 일러스트 작업 창에서 Selection Tool(▶)로 '꽃패턴' 이미지를 선택하고 Ctrl + C 를 누릅니다.
포토샵 작업 창으로 이동한 후 Ctrl + V 로 붙여넣습니다. [Paste] 옵션 상자에서 'Pixels'를 선택하고 [OK]를 클릭한 후 알맞게 배치하고 레이어의 이름을 '꽃패턴'으로 변경합니다.

⓬ '꽃패턴' 레이어는 [Layers] 패널에서 블랜드 'Normal'을 클릭한 후 'Multiply', Opacity : 50%로 입력하여 자연스럽게 합성합니다.

CHAPTER 5 국가 정원 포스터 디자인

2) 오브젝트 합성

❶ [File]-[Open]을 선택하고 '정원_04.jpg' 파일을 불러옵니다. [Layers] 패널의 자물쇠 아이콘을 눌러 잠금 해제합니다.
Quick Selecton Tool( )로 드래그하여 배경을 선택하고 Delete 를 눌러 삭제합니다.

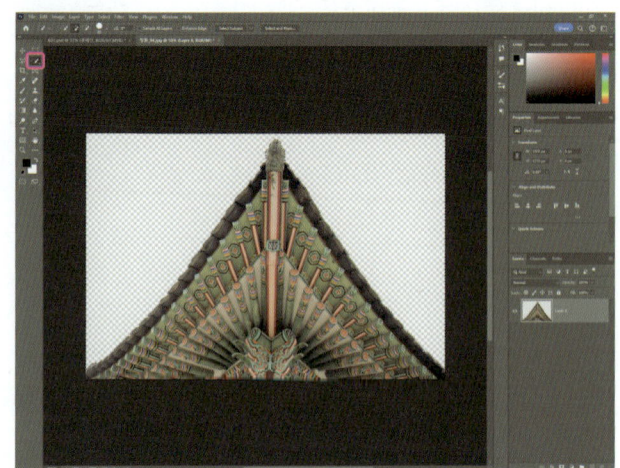

❷ Ctrl + A 를 눌러 전체 선택한 후 Ctrl + C 를 누릅니다.
'A01.psd' 작업 창으로 이동한 후 Ctrl + V 로 붙여넣습니다. Ctrl + T 를 누르고 이미지의 크기를 조절하여 알맞게 배치하고 레이어의 이름을 '정원_04'로 변경합니다.

❸ [Layers] 패널에서 'Create a new layer' 아이콘을 눌러 레이어를 생성하고 D 를 눌러 전경색은 검은색, 배경색은 흰색의 기본값으로 설정합니다.
Gradient Tool( )을 선택하고, 옵션 바에서 [Presets]의 [Foreground to Background] 아이콘을 클릭하고 Type : Radial Gradient를 선택합니다.

❹ 하단에서 상단 방향으로 드래그하여 그라데이션을 적용한 후 레이어의 이름을 '하프톤'으로 변경합니다.

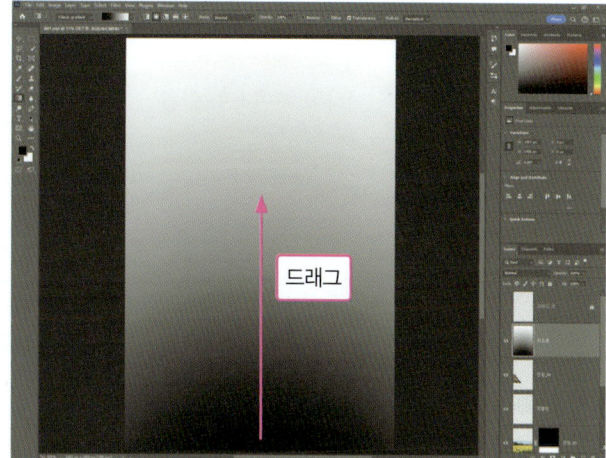

❺ [Filter]−[Filter Gallery]−[Sketch]에서 'Halftone Pattern'을 선택합니다. Size : 12, Contrast : 50, Pattern Type : Dot을 선택하고 [OK]를 클릭합니다.

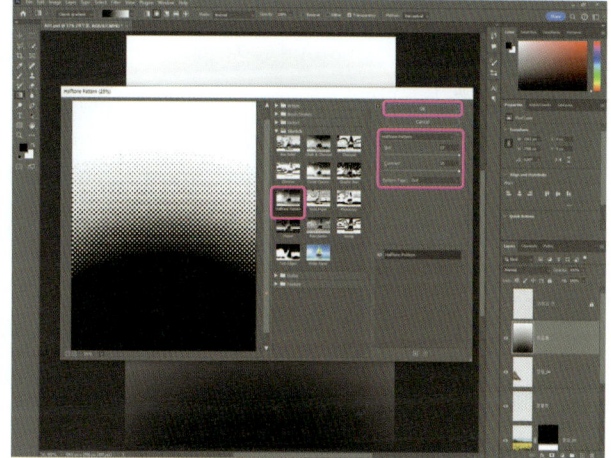

❻ '하프톤' 레이어는 '정원_04' 레이어 위에 배치하고 Alt + Ctrl + G 를 눌러 클리핑 마스크를 적용한 후 Ctrl + T 를 눌러 크기와 위치를 조정하고 Enter 를 눌러 알맞게 배치합니다.

CHAPTER 5 국가 정원 포스터 디자인 **563**

❼ '하프톤' 레이어는 [Layers] 패널에서 블랜드 'Normal'을 클릭한 후 'Soft Light', Opacity : 60%로 입력하여 자연스럽게 합성합니다.

❽ 일러스트 작업 창에서 Selection Tool(　)로 푸른 '산' 이미지를 선택하고 Ctrl + C 를 누릅니다.
포토샵 작업 창으로 이동한 후 Ctrl + V 로 붙여넣습니다. [Paste] 옵션 상자에서 'Pixels'를 선택하고 [OK]를 클릭한 후 알맞게 배치하고 레이어의 이름을 '산'으로 변경합니다.

❾ 일러스트 작업 창에서 Selection Tool(　)로 노란 '산' 이미지를 선택한 후 Ctrl + C 를 누르고 포토샵 작업 창으로 이동하여 Ctrl + V 로 붙여넣습니다.
[Paste] 옵션 상자에서 'Pixels'를 선택하고 [OK]를 클릭한 후 알맞게 배치하고 레이어의 이름을 '산1'로 변경합니다. 추가로 필요한 산의 이미지는 Move Tool(　)로 Alt 를 누른 채 드래그하여 복사하고 Ctrl + T 를 눌러 마우스 우클릭 후 'Flip Horizontal'을 선택하여 좌우 반전을 합니다. 각각 크기를 조절하여 알맞게 배치합니다.

⓾ [Layers] 패널에서 '산' 레이어를 각각 더블 클릭하여 [Layer Style] 창을 실행합니다.
Styles : Inner Glow를 선택하여 빛의 색상은 C10Y70으로 설정하고 나머지 옵션값을 알맞게 조정한 후 [OK]를 클릭합니다.

> **Tip**
>
> **Inner Glow 설정값**
> Blend Mode : Screen, Opacity : 60%, Noise : 0%, Technique : Softer, Choke : 0%, Size : 60px

⓫ [File]-[Open]을 선택하고 '정원_05.jpg' 파일을 불러옵니다. [Layers] 패널의 자물쇠 아이콘을 눌러 잠금 해제합니다.
Quick Selecton Tool()로 드래그하여 하늘을 선택하고 Delete 를 눌러 삭제합니다.

⓬ Ctrl + A 를 눌러 전체 선택한 후 Ctrl + C 를 누릅니다.
'A01.psd' 작업 창으로 이동한 후 Ctrl + V 로 붙여넣습니다. Ctrl + T 를 누르고 이미지의 크기를 조절하여 알맞게 배치하고 레이어의 이름을 '정원_05'로 변경합니다.

⓭ [Layers] 패널에서 '정원_05' 레이어를 더블 클릭하여 [Layer Style] 창을 실행합니다.
Styles : Outer Glow를 선택하고 Blend Mode : Screen, Opacity : 60%, Noise : 0%, Technique : Softer, Spread : 0%, Size : 60px로 설정한 후 [OK]를 클릭합니다.

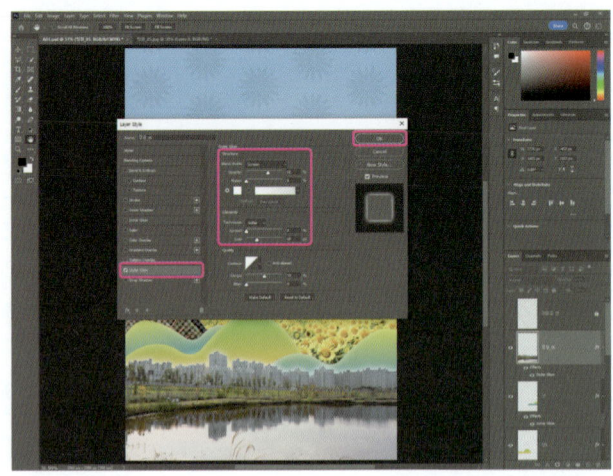

Tip

Outer Glow 설정
- Blend Mode : 외부 빛의 혼합모드
- Opacity : 외부 빛의 투명도
- Noise : 섬세한 빛 조절
- Color : 외부 빛의 색상
- Size : 외부 빛의 크기
- Spread : 빛의 확산 정도

⓮ [Layers] 패널에서 'Create a new layer' 아이콘을 눌러 레이어를 생성하고 전경색을 흰색으로 설정합니다.
Gradient Tool()을 선택하고, 옵션 바에서 [Presets]의 [Foreground to Transparent] 아이콘을 클릭한 후 Type : Linear Gradient를 선택합니다.

⓯ 왼쪽에서 오른쪽 방향으로 다시 오른쪽에서 왼쪽 방향으로 드래그합니다.

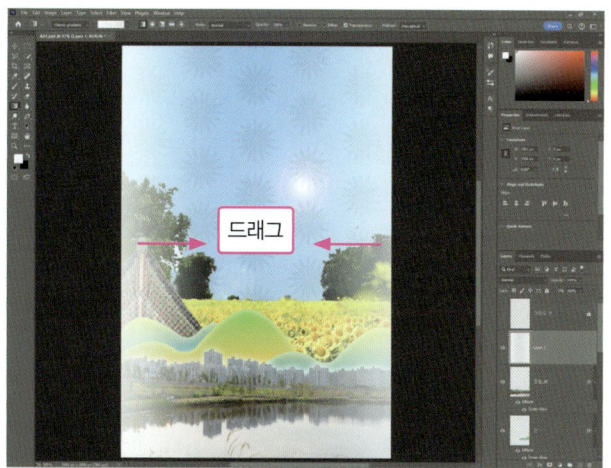

⓰ 'Layer 1' 레이어는 Alt + Ctrl + G 를 눌러 클리핑 마스크를 적용한 후 [Layers] 패널에서 Opacity : 80%로 입력하여 자연스럽게 합성합니다.

⓱ [File]-[Open]을 선택하고 '정원_01.jpg' 파일을 불러옵니다. [Layers] 패널의 자물쇠 아이콘을 눌러 잠금 해제합니다. Magic Wand Tool( )을 선택한 후 옵션 바에서 Tolerance : 25로 입력하고 배경을 클릭한 후 Delete 를 눌러 삭제합니다. 지워지지 않은 부분은 Polygonal Lasso Tool( )로 선택하고 Delete 를 눌러 배경을 삭제합니다.

배경을 클릭하고 [Select]-[Similar]를 선택하면 배경과 비슷한 색상을 모두 선택할 수 있습니다.

CHAPTER 5 국가 정원 포스터 디자인 **567**

⑱ Ctrl + A 를 눌러 전체 선택한 후 Ctrl + C 를 누릅니다.
'A01.psd' 작업 창으로 이동한 후 Ctrl + V 로 붙여넣습니다. Ctrl + T 를 누르고 이미지의 크기를 조절하여 알맞게 배치하고 레이어의 이름을 '정원_01'로 변경합니다.

⑲ [Layers] 패널에서 '정원_01' 레이어를 더블 클릭하여 [Layer Style] 창을 실행합니다.
옵션은 Styles : Bevel & Emboss를 선택한 후 Style : Outer Bevel, Technique : Smooth, Depth : 100%, Direction : Down, Size : 10px, Soften : 3px로 입력하고 [OK]를 클릭합니다.

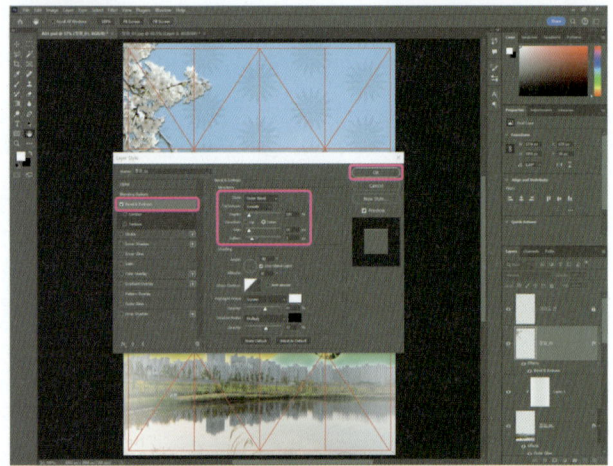

⑳ '정원_01' 레이어는 Ctrl + J 를 눌러 이미지를 복사합니다. Ctrl + T 를 누르고 마우스 우클릭 후 'Flip Horizontal'을 선택하여 좌우 반전을 합니다. 크기를 조절하고 회전하여 알맞게 배치합니다.

3) 배너와 로고

❶ 일러스트 작업 창에서 Selection Tool( )로 '배너' 이미지를 선택하고 Ctrl + C 를 누릅니다.
포토샵 작업 창으로 이동한 후 Ctrl + V 로 붙여넣습니다. [Paste] 옵션 상자에서 'Pixels'를 선택하고 [OK]를 클릭한 후 알맞게 배치하고 레이어의 이름을 '배너'로 변경합니다.

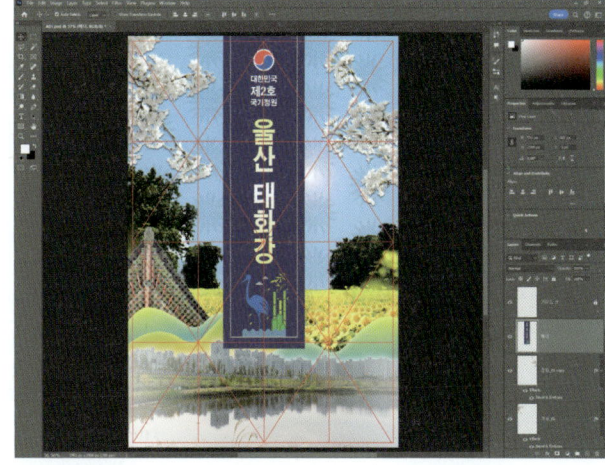

❷ [Layers] 패널에서 '배너' 레이어를 더블 클릭하여 [Layer Style] 창을 실행합니다. Styles : Inner Shadow를 선택하고 Opacity : 50%, Angle : 90°, Distance : 10px, Choke : 0%, Size : 60px로 설정합니다.

> **Tip**
>
> **Inner Shadow 설정**
> - Blend Mode : 그림자의 혼합모드
> - Opacity : 그림자의 투명도
> - Angle : 그림자의 각도
> - Distance : 그림자의 거리
> - Choke : 그림자 경계의 부드러움
> - Size : 그림자의 크기

❸ 이어서 Styles : Drop Shadow를 선택하고 옵션값을 알맞게 조정한 후 [OK]를 클릭합니다.

> **Tip**
>
> **Drop Shadow 설정값**
> Opacity : 40%, Angle : 180°, Distance : 20px, Spread : 20%, Size : 10px

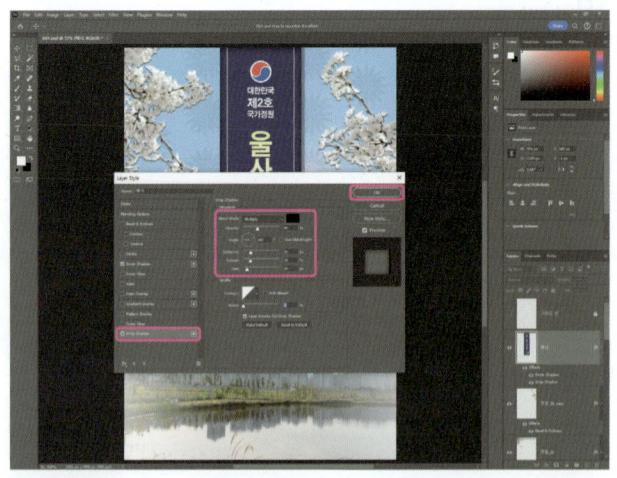

❹ 일러스트 작업 창에서 Selection Tool(▶)로 '로고' 이미지를 선택하고 Ctrl + C 를 누릅니다.
포토샵 작업 창으로 이동한 후 Ctrl + V 로 붙여넣습니다. [Paste] 옵션 상자에서 'Pixels'를 선택하고 [OK]를 클릭한 후 알맞게 배치하고 레이어의 이름을 '로고'로 변경합니다.

❺ [Layers] 패널에서 '로고' 레이어를 더블클릭하여 [Layer Style] 창을 실행합니다. Styles : Stroke를 클릭하고 Size : 4px, Position : Outside, Color : C0M0Y0K0 색상으로 설정한 후 [OK]를 클릭합니다.

03 파일 검토 및 저장하기

❶ 전체적으로 가이드 선을 이용하여 크기와 배치를 최종 검토합니다.
[Layers] 패널의 '가이드 선'은 'Toggle layer visibility' 아이콘을 클릭하여 눈 모양을 끕니다.

❷ [File]－[Save a Copy]를 선택하여 파일 명 : 비번호 'A01', Format : 'JPEG'를 선택한 뒤 [저장(S)]을 누릅니다. [JPEG Options] 상자에서 Quality : 12, Format Options : Baseline("Standard")으로 설정하고 [OK]를 클릭합니다.

JPEG 저장 경로(버전 22.4부터 변경)
- 2021 버전 이하 : [File]－[Save As]
- 2021 버전 이상 : [File]－[Save a Copy]

5 인디자인 작업

1) 도큐멘트 설정하기

[파일]-[새로 만들기]-[문서] 또는 Ctrl + N 를 실행하여 새로운 도큐멘트 대화상자를 활성화합니다. 대화상자 상단 탭에서 [인쇄]-[새 A4 문서 - 210×297mm 시작]을 선택하고 페이지 : 1, 페이지 마주보기 : 체크 해제한 후 [여백 및 단]을 누릅니다.

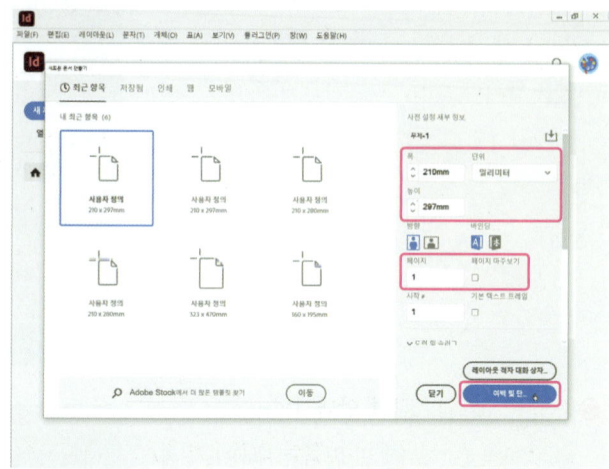

2) 여백 및 단 설정하기

대화상자의 링크 아이콘은 클릭하여 끊어진 링크로 설정합니다. 여백의 위쪽과 아래쪽 : 25.5mm, 왼쪽과 오른쪽 : 22mm로 설정하고, 열의 개수 : 1로 입력 후 [확인]을 누릅니다.

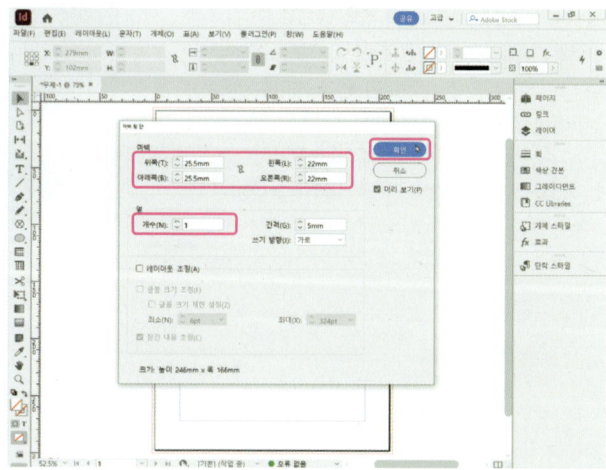

3) 안내선 만들기

❶ Ctrl + + 를 눌러 작업 창의 왼쪽 상단을 확대하고, 눈금자의 기준점을 왼쪽 상단의 여백에 드래그하여 눈금자의 숫자를 '0'으로 설정합니다.

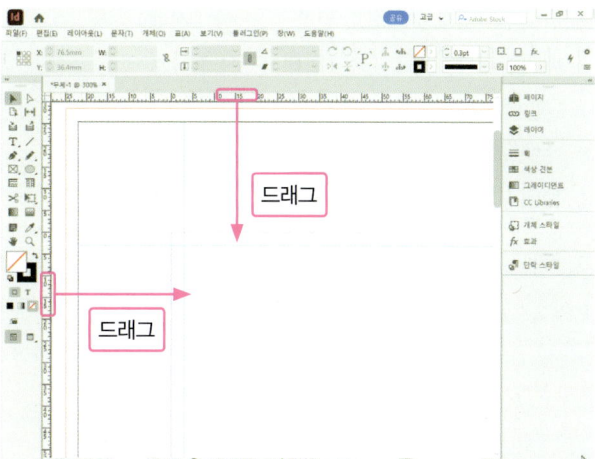

❷ 눈금자를 드래그하여 안내선의 위쪽, 아래쪽, 왼쪽, 오른쪽을 3mm만큼 안쪽으로 이동시켜 가이드 선을 배치합니다.

Tip

눈금자의 기준점을 각 모서리에 드래그하여 각각의 모서리를 모두 '0'으로 설정할 수 있고 안내선을 선택 후 옵션 바에서 X 또는 Y : 3mm 또는 -3mm를 입력하면 쉽게 가이드 선을 제작할 수 있습니다.

4) 재단선 만들기

❶ 선 도구(/)를 이용하여 Shift 를 누른 채 세로 방향으로 드래그합니다. 옵션 바에서 L : 5~10mm, 두께 : 0.3pt로 입력하여 세로 선을 만듭니다.

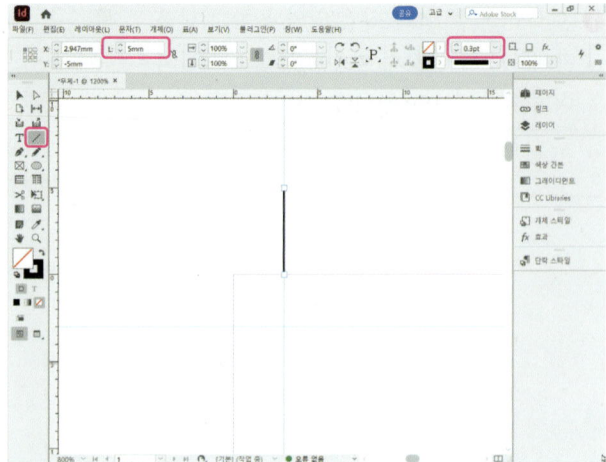

❷ 선택 도구(▶)로 세로 선을 세로 안내선에 배치합니다. 세로 선은 선택 도구(▶)로 Alt 를 누른 채 드래그하여 복사하고 Shift 를 누른 채 회전시켜 가로 안내선에 배치합니다.

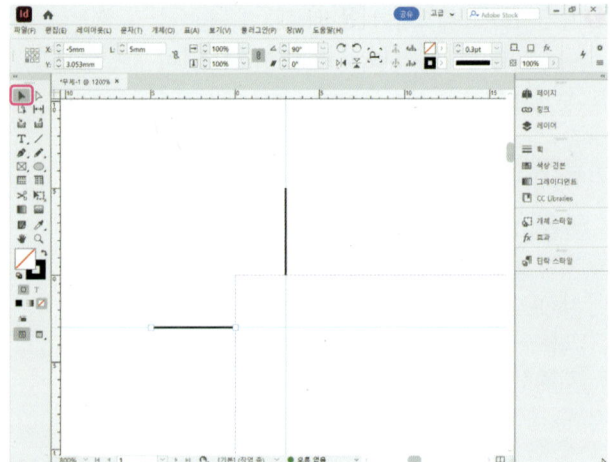

❸ 각 모서리를 ❷와 같은 방법으로 복사한 후 가로 안내선과 세로 안내선에 알맞게 배치하여 재단선을 만듭니다.

5) 비번호 만들기

❶ 왼쪽 아래에 문자 도구(T)로 입력할 영역을 드래그하여 문자 프레임을 생성한 후 비번호 'A01'을 입력합니다.

❷ [창]-[문자 및 표]-[문자] 패널에 서체 : 돋움 또는 Arial(고딕), 문자 크기 : 10pt 로 입력합니다.

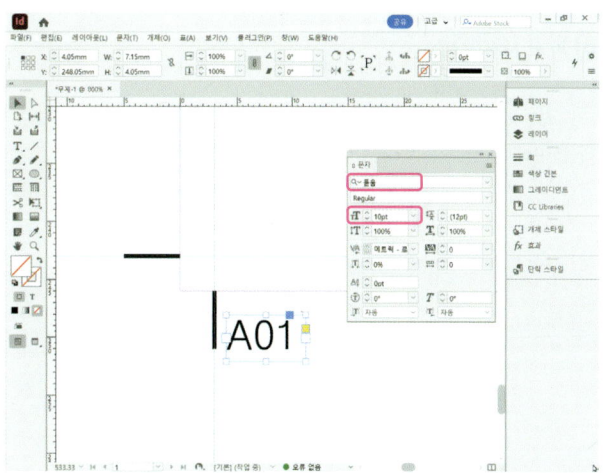

❸ 선택 도구(▶)로 문자와 왼쪽 하단의 세로 재단선과 같은 위치에 배치하기 위해 [창]-[개체 및 레이아웃]-[정렬] 패널에서 왼쪽 정렬 아이콘을 누릅니다.

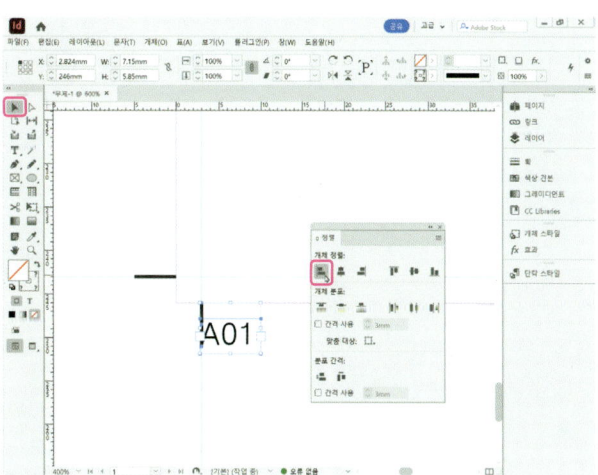

❹ [정렬] 패널의 분포 간격에서 간격 사용을 체크하고 3mm을 입력합니다. '수평 공간 분포' 아이콘을 눌러 재단선에서 3mm를 띄어 배치합니다.

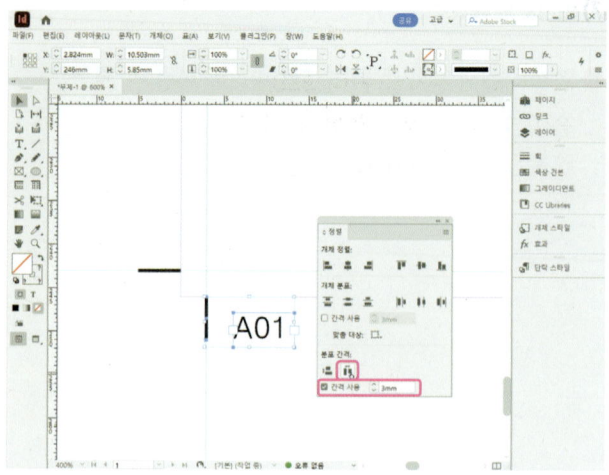

6) 파일 저장하기

[파일]-[다른 이름으로 저장]을 선택한 후 바탕화면에 있는 'A01' 폴더를 클릭하고 파일 이름 : A01.indd(비번호)로 저장합니다.

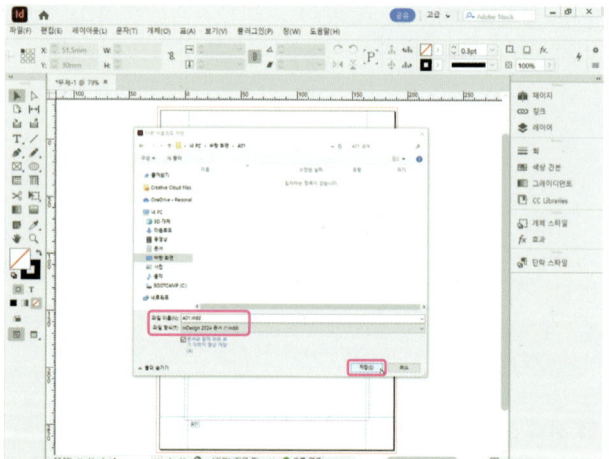

7) 이미지 배치하기

❶ [파일]-[가져오기] 또는 Ctrl + D 를 눌러 'A01.jpg' 파일을 선택한 후 [열기(O)]를 누릅니다.

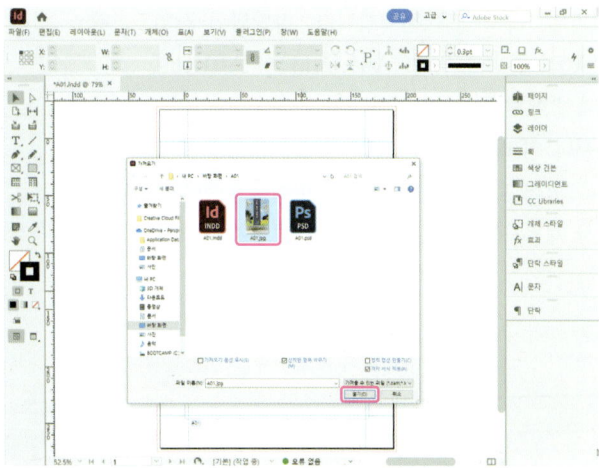

❷ 왼쪽 상단의 여백 모서리를 클릭하여 이미지를 불러옵니다.

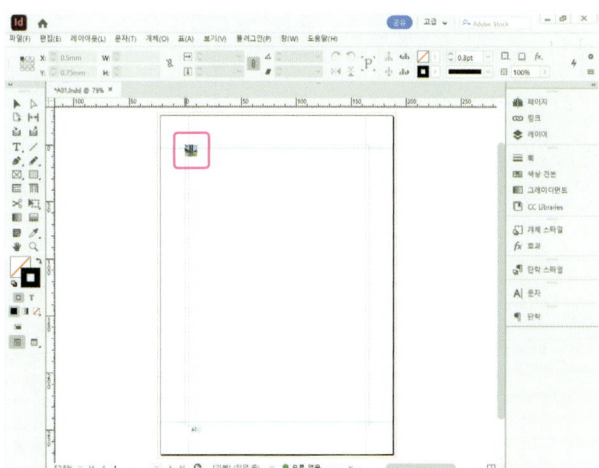

❸ 이미지를 선택한 후 옵션의 이미지 중심이 왼쪽 상단이 될 수 있도록 점을 선택하고 X : 0mm, Y : 0mm, W : 166mm, H : 246mm로 입력하여 정확하게 배치합니다.

이미지는 [보기]-[화면 표시 성능]-[고품질 표시]를 선택하면 선명하게 볼 수 있습니다.

8) 파일 제출하기

[파일]−[저장]을 선택합니다. 바탕화면 작업 'A01' 폴더를 열어 'A01.indd'와 'A01.jpg' 파일만 넣어 제출합니다.

출력 지정 자리로 이동하여 'A01.indd' 파일을 열어 출력하고, 출력된 이미지는 시험장에서 제공하는 A3용지 가운데에 부착시켜 제출합니다.

좋은 책을 만드는 길, 독자님과 함께하겠습니다.

유선배 컴퓨터그래픽기능사 실기 합격노트

초 판 발 행	2025년 06월 20일 (인쇄 2025년 04월 18일)
발 행 인	박영일
책 임 편 집	이해욱
저 자	김가은
편 집 진 행	노윤재 · 한주승
표지디자인	김도연
편집디자인	김예슬 · 고현준
발 행 처	(주)시대고시기획
출 판 등 록	제10-1521호
주 소	서울시 마포구 큰우물로 75 [도화동 538 성지 B/D] 9F
전 화	1600-3600
팩 스	02-701-8823
홈 페 이 지	www.sdedu.co.kr
I S B N	979-11-383-8996-9 (13000)
정 가	31,000원

※ 이 책은 저작권법의 보호를 받는 저작물이므로 동영상 제작 및 무단전재와 배포를 금합니다.
※ 잘못된 책은 구입하신 서점에서 바꾸어 드립니다.

유선배 과외!

자격증
다 덤벼!
나랑 한판 붙자

- ✓ 혼자 하기 어려운 공부, 도움이 필요한 학생들!
- ✓ 체계적인 커리큘럼으로 공부하고 싶은 학생들!
- ✓ 열심히는 하는데 성적이 오르지 않는 학생들!

유튜브 **무료 강의** 제공
핵심 내용만 쏙쏙! 개념 이해 수업

[자격증 합격은 유선배와 함께!]

맡겨주시면 결과로 보여드리겠습니다.

| QL개발자 (SQLD) | 컴퓨터그래픽 기능사 | 웹디자인 개발기능사 | 미용사 (일반) | GTQ 포토샵 / GTQ 일러스트 | 경영정보시각화 능력 |

유튜브 선생님에게 배우는
유·선·배 시리즈!

▶ **유튜브** 동영상 강의 무료 제공

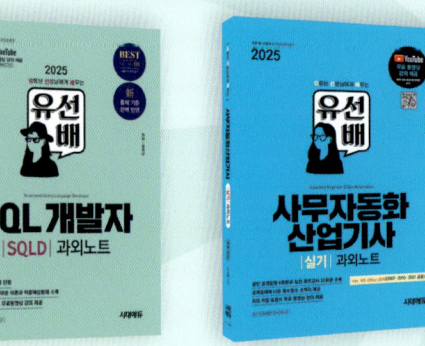

체계적인 커리큘럼의 온라인 강의를 무료로 듣고 싶어!

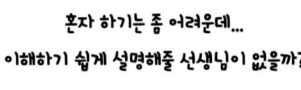
혼자 하기는 좀 어려운데... 이해하기 쉽게 설명해줄 선생님이 없을까?

문제에 적응이 잘 안 되는데 머리에 때려 박아주는 친절한 문제집은 없을까?

그래서 시대에듀가 준비했습니다!

유·선·배 시리즈로
필기·실기 대비를 함께!

▶ **유튜브** 동영상 강의 무료 제공

필기부터 실기까지
무료 동영상 강의로 공부할 수 있어!

다음 자격증 시험도
유선배 시리즈로 공부할 거야!

시대에듀가 안내하는 필기·실기 합격의 지름길!